영적 거장들의 기도

Prayers of spiritual masters

편집 안명준
자문위원 노영상, 이상규, 이승구

홀리북클럽

발간사

  이 책은 고난 속에 있는 한국교회의 성도님들을 위하여 집필되었습니다. 2년 동안 예배에 참여하지 못하고 비대면으로 살아왔던 성도님들을 위한 경건의 훈련서이며 하나님과 교제를 위한 지침으로 〈영적 거장들의 기도〉를 출판하게 되었습니다.

  많은 거장들의 기도가 계획되었지만 여러 교수님들께서 개인 사정으로 참여를 하지 못하시어 한국의 신학 교수님들 49명이 쓰신 52편의 원고를 중심으로 구성되었습니다.

  기도는 아무리 강조해도 지나치지 않으며 기도에 대해 언제나 부족함을 고백할 수 밖에 없습니다. 여러 교수님들이 쓰신 기독교의 거장들의 기도는 고난 중에 있는 많은 한국의 성도님들에게 다시 한번 영혼의 생기와 삶의 의미를 공급할 수 있는 소중한 기회가 될 것입니다.

  이 책은 많은 분들의 참여와 후원으로 만들어지게 되었습니다. 글을 편집하는 자로서 도움을 주신 분들에게 감사와 존경을 표하는 것은 지극히 당연한 것입니다. 제일 먼저 사회의 여러 약자들과 소외된 사람들에 대한 헌신적 사랑과 열정적인 섬김으로 활동하시는 영원한 스승이신 김명혁 교수님, 합동신학대학원 대학교의 이사장이시며 인천 송월교회의 담임이시며 인품과 덕에 모범이 되시는 박삼열 목사님, 부족한 사람의 학문적 활동을 위하여 격려와 후원을 아낌없이 하시는 대신총회 총회장이시며 소망교회 담임이신 이정현 박사님께 감사를 드립니다.

  여러 책들의 편집을 위하여 총체적인 제안을 주시며, 금번에는 교회의 인물들을 간단하게 설명까지 하며 추천해 주신 기독교학술원의 원장이신 김영한 박사님, 학자들의 학회와 저작 활동을 위해 긴 기간에 전폭적으로 아낌없이 후원해 주시는 대전 새로남 교회의 오정호 목사님, 매우 바쁘신 가운데서도 언제나 모든 신학자들에게 생명력 있는 기도의 중요성을 강조하셨던 백석대학교의 설립자이신 장종현 박사님, 평택지역에서 모범적인 제자훈련 사역으로 모범적인 교회를 이루신 배창돈 목사님, 웨스트민스터 신학교의 동문으로 늘 격려와 후원을 베푸신 산본중앙교회의 정영교 목사님, 미국 유학 시절부터 언제나 격려와 후원으로 도와주시는 채이석 박사님과 사모님, 여러 학회 활동으로 수고하시며 츠빙글리 종교개혁을 새롭게 강조하신 주도홍 박사님, 긴급한 상황에서 신속하게 칼빈의 기도를 맡아 주신 박해경 박사님과 마지막까지 대천덕 신부의 중보기도에 대한 귀한 글을 주신 평택대학교의 은퇴교수인 김현진 박사님, 그리고 자원하시며 기쁨으로 참여하신 한국복음주의조직신학회 회장이시며 백석대학교에 계신 박찬호 박사님께 감사를 드립니다.

〈한국의 신학자들 1〉권에 참여와 후원을 주시고 금번에도 2개의 원고로 수고하신 광신대학교의 김호욱 박사님께도 진심으로 감사를 드립니다. 금번에는 여성학자들의 수고 속에서 귀한 원고가 풍성해졌습니다. 함께 참여하신 한국목회상담협회 슈퍼바이저이신 이우금 박사님과 여러 차례 저의 원고청탁을 기쁨으로 허락하신 실천신학대학원대학교의 김선영 박사님을 비롯한 여러 교수님들께 감사를 드립니다. 펜데믹으로 힘든 시기에 기도의 중요성에 적극적으로 참여하셔서 글을 집필하신 웨스트민스터 신학교에서 존 코톤으로 박사학위를 받으시고 존 코톤의 기도를 국내에서 소개하신 오덕교 박사님과 신학자이신 부친의 평소 기도의 삶을 보고 집필에 참여하신 한상화 박사님을 비롯한 모든 교수님들께 진심으로 감사를 드립니다.

언제나 여러 책들의 집필에 함께 하시는 편집자문위원들이신 노영상 박사님, 이상규 박사님, 이승구 박사님의 헌신에 감사를 드립니다.

부족한 사람이 오늘날 신학교수가 되는데 희생과 후원을 하셨던 장인 되시는 노윤석 목사님의 둘째 딸로 아내인 노혜선 사모, 기도와 격려로 후원해 주시는 노혜정 권사님, 늘 새벽마다 기도하셨던 노윤래 권사님과 박성혜 원장님께 감사를 드립니다.

저의 장모님 김춘옥 사모님의 동생이신 김병철 회장님께 감사를 드립니다. 아내의 삼촌께서는 교회와 어려운 성도들 그리고 많은 친인척을 돌봐주셨으며, 미국 유학 시절부터 지금까지 부족한 사람을 삶의 지혜와 사랑으로 격려해 주시고, 또한 출판을 후원해 주셨습니다. 그는 평생 모은 수천개의 가야, 신라 토기들과 석탑을 연세대학교 박물관에 기증하여 우리 문화 사랑을 보여주시며 의미있는 인생의 모범을 보여주셨습니다. 직접 책을 구입하셔서 여러 지인들과 목회자들에게도 보내주신 고마운 저의 은인이십니다. 이 출판을 통하여 감사를 드립니다.

미국 유학 시절 필라델피아에 거주했던 아내의 이모부되시는 전칠홍 목사님의 가족들, 특별히 전혜옥 전도사님이 저희 가정을 따뜻하게 보살펴 주셨는데 이 때에 감사를 드립니다. 유학 공부를 위해 후원해 주셨던 이승희 권사님과 김희선 장로님 그리고 아내의 친구인 김순영 성도님께도 감사를 드립니다. 유학시절 큰 도움으로 저희 가정을 사랑해 주셨던 박석호 목사님께도 감사를드립니다.

독립운동가 안봉순 열사의 후손으로 남한 땅에 사시면서 자녀들을 위해 평생 수고하셨던 저의 아버지 그리고 현재 몸이 불편하신 어머님께 존경과 사랑을 올려드리며, 부모님의 신앙을 돌봐주시며, 또한 우간다개혁신학대학(Reformed Theological College, Uganda)의 교장인 안승준 선교사님을 후원하시는 개봉교회 노창영 목사님께도 진심으로 감사를 드립니다.

끝으로 어려운 출판업계의 사정 속에서도 사명으로 이 책의 출판을 허락하신 홀리북클럽의 최현기 대표님께 감사를 드립니다.

편집인 안 명 준
(평택대명예교수)

추천사

　안명준 교수는 교회사와 교회사에 나타난 인물들에 대한 관심이 아주 다양하고 광범위하고 실천적인데, 최근에 교회사에 나타난 인물들에 대한 귀중한 저서들을 편집해서 출판하게 된 것을 아주 귀중하게 생각하며 진심으로 축하하며 추천합니다. 먼저 안명준 교수는 2020년 1월 10일 『한국교회를 빛낸 칼빈주의자들』이라는 제목의 책을 편집해서 출판했는데 1588페이지에 달하는 아주 섬세한 서술의 책이라고 생각합니다. 조직신학자들 20명, 성경신학자들 10명, 역사신학자들 9명, 실천신학자들 9명, 목회자들 11명을 포함하여 총 59명의 인물들이 집필해서 출판하게 했습니다. 그 다음 같은 해인 2020년 8월 22일 『그리워지는 목회자들』이라는 제목의 책을 편집해서 출판했는데 551페이지에 달하는 서술의 책인데 목회자들의 자녀들 또는 제자들이 저술해서 출판하게 했습니다.

　이번에는 2021년 12월에 『영적 거장들의 기도』라는 제목의 책을 편집해서 출판할 예정인데 아주아주 다양한 내용의 책이 될 것이라고 생각합니다. 우선 『영적 거장들의 기도』라는 제목이 너무너무 귀중하고 아름답고 축복된 제목이라고 생각합니다. 그리고 한나의 기도로부터 사도 요한의 기도까지 성경에서의 기도 9가지를 취급했고, 이레니우스의 기도로부터 패커의 기도까지 교회사속에서의 기도를 취급했고, 아펜셀러의 기도로부터 한철하 박사의 기도까지 한국교회의 기도를 소개했습니다. 모세의 기도와 어거스틴의 기도와 손양원 목사의 기도와 이성봉 목사의 기도를 돌아보면서 배우려고 하는 것이 너무너무 귀중하고 아름답고 축복된 일이라고 생각합니다. 마지막으로 안명준 교수에게 감사를 드리는 것은 본인은 물론 다양한 집필자들을 설득해서 귀중한 집필을 하게 하신 일이라고 생각합니다. 지금 한국교회에 필요한 것은 성부 성자 성령 하나님을 바라보고 믿고 닮으려는 일과 함께 성경과 교회사에 나타난 귀중한 신앙의 선배님들을 바라보고 배우고 닮으려는 일이라고 생각합니다. 안명준 목사님! 수고를 많이 하셨습니다! 고맙습니다! 축하드립니다!

김 명 혁 목사
(강변교회 원로, 전 총신과 합신의 교회사 교수)

안명준 교수의 『영적 거장들의 기도』 편집서 출판을 축하드린다.
이번 편집서는 2020년 출판한 『한국교회를 빛낸 칼빈주의자들』(킹덤북스, 1588쪽)에 이어 2021년 그 후속편으로 『한국의 신학자들 1』(아벨서원, 967쪽)이라는 편집서에 이어 출판된 방대한 편집서다.

이번에 출판된 『영적 거장들의 기도』 편집서의 특징은 다음과 같다.
서구 기독교 역사 가운데서 영적 최고의 봉우리인 거장들의 기도가 소개되면서 이에 대한 참고적 보조 자료로서 성경 인물들의 기도, 그리고 한국 영적 거장들의 기도가 소개된 것이다.

첫째, 영적 거장들의 경건과 기도의 실제에 관해 소개하였다.
서문으로 "기도란 무엇인가?"(이승구 글) 제목으로 기도에 대한 신학적 의미가 설명되었다. 그리고 성경의 기도들로서 "한나의 기도"(송예진 글), "다윗의 기도"(김진규 글), "이사야의 기도"(장세훈 글) 가 소개되었다.

그리고 초기 교회에서 현대 교회에 이르기까지 중요한 영적 거장들을 거의 열거하여 영적 거장들의 기도에 대한 백과전서의 성격을 띠고 있다.
고대 기독교 교부들의 기도로서 2세기 최초의 교부 및 위대한 조직신학자 이레니우스(130-202)의 기도(배정훈 글), 4세기 동방정교회의 교부 니사의 그레고리우스(335-395)의 기도 (이충만 글)가 소개되었다.
중세의 교부들의 기도로서, 11세기 끌레보르 버나드(1090-1153)의 기도(이우금 글), 15세기 그리스도 본받기 실천한 수도사 토마스 아 켐피스(1380-1471)의 기도(신현광 글)가 소개되었다.
종교개혁의 선구자들의 기도로서 14세기 영국의 최초의 성경번역자요 종교개혁자 존 위클리프(1320-1384)의 기도(김호욱 글), 14세기-15세기 체코의 종교개혁자 얀 후스(1372-1415)의 기도(서혜정 글)가 소개되었다.

종교개혁자들의 기도로서 15세기-16세기 독일의 종교개혁 창시자 마르틴 루터(1483-1546)의 기도 (김선영 글), 스위스 개혁파 종교개혁의 선구자 울리히 츠빙글리(1484-1531)의 기도(조용석 글), 칼빈의 영적 스승이요 스트라스부르그의 종교개혁자 마르틴 부처(1491-1551)의 기도(최윤배 글), 제네바의 개혁자 존 칼빈(1509-1564)의 기도(박해경 글)가 소개되었다.

16세기 루터교 종교개혁자 필립 멜랑히톤(1497-1560)의 기도(류성민 글), 스위스의 종교개혁가 하인리히 불링거(1504-1575)의 기도(박상봉 글)가 소개되었다. 15세기 말-17세기 초중엽 청교도들의 기도로서 캠브리지대 출신의 청교도 설교가 토마스 카트라이트(1535-1603)의 기도(이신열 글), 영국 회중교회파 청교도의 아버지 윌리엄 퍼킨스(1558-1602)의 기도(김지훈 글), 영국 및 미국식민지 시대의 목회자 존 코튼(1585-1652)의 기도(오덕교 글)가 소개되었다.

17세기 스코틀랜드 언약도였던 존 브라운(1610-1679)의 기도(박홍규 글), 청교도인 천로역정의 저자 존 번연(1628-1688)의 기도(강효주 글), 청교도 신학의 거장 존 오웬(1616-1683)의 기도(서창원 글) 가 소개되었다. 17세기 경건주의 지도자 독일의 필립 슈패너(1635-1705)의 기도(김은진 글), 스위스의 개혁주의 정통신학자 프란시스 튜레티니(1623-1687)의 기도(권경철 글)가 소개되었다.

18세기 영국의 부흥지도자의 기도로서 감리교의 창시자 존 웨슬리(1703-1791)의 기도(김영선 글), 장로교 부흥설교자 죠지 휫필드(1714-1770)의 기도(김현배 글)가 소개되었다.

18세기 중엽 - 19세기 초엽 독일 개혁파 신학자 콜브루게(1803-1875)의 기도(권호덕 글), 정통신학자의 기도로서 미국 프린스턴 신학자 B.B. 워필드(1851-1921)의 기도(김상엽 글), 화란의 신학자 헤르만 바빙크(1854-1921)의 기도(박태현 글)가 소개되었다.

18-19세기 선교사의 기도로서, 영국의 근대 선교의 아버지 윌리엄 케리(1761-1834)의 기도 (김은홍 글), 19세기 독일 출신의 영국 선교사 고아의 아버지 조오지 뮬러(1805-1898)의 기도(김현진 글), 영국 선교사 및 탐험가 리빙스톤(1813-1873)의 기도(안승준 글), 영국 출신의 중국 내지 선교사 허드슨 테일러(1832-1905)의 기도(유정선 글)가 소개되었다. 그리고 19세기 영국의 청교도 목회자요 설교의 황태자 찰스 스펄전(1834-1892)의 기도(박재은 글), 덴마크의 기독교철학자 케에르케고르(1813-1855)의 기도(이승구 글)가 소개되었다.

19세기-20세기 영국의 청교도 및 선교사요 평택대 설립자 A. T. 피어선(1837-1911)의 기도(안명준 글), 미국의 퀘이크교도 한나 스미스(1832-1911)의 기도(안수정 글)가 소개되었다.

19세기-20세기 영적 지도자들의 기도로서 칼 바르트(1866-1968)의 기도(황돈형 글), C.S. 루이스(1898-1963)의 기도(우병훈 글), 마르틴 로이드 존스(1899-1981)의 기도(서문강 글),

20세기 본회퍼(1906-1945)의 기도(이상규 글), 헬무트 틸리케(1908-1986)의 기도(김영한 글), 20세기-21세기 웨인 그루뎀(1948-)의 기도(박찬호 글) 등이 소개되었다.

그리고 끝으로 한국의 대표적 영적 지도자들의 기도가 소개되었다. 초창기 감리교 선교사 아펜젤러의 기도(이재근 글), 그리고 장로교 정통신학자 박형룡 박사의 기도(이상웅 글), 성결교 지도자요 부흥사 이성봉 목사의 기도(오현철 글), 신사참배 저항한 장로교 영적 지도자 한상동 목사의 기도(나삼진 글), 사랑의 원자탄이요 순교자, 나환자들의 어버이 손양원 목사의 기도(김호욱 글), 장로교 지도자요 한국성서대학교 창립자 강태국 박사의 기도(박태수 글), 성공회 소속으로 예수원 창립자 대천덕 신부의 기도(김현진 글), 청교도 계약 신학 주창자 이병규 목사의 기도(정규철 글), 장로교 신학자요 아신대 창립자 한철하 박사의 기도(한상화 글)가 소개되었다.

둘째, 교파를 막론하고 초교파적인(장로교, 감리교, 성결교) 공신력 있는 학자들이 원고를 썼다. 공교회의 공신력을 갖춘 학자들이 박식한 신학적 지식을 배경으로 영적 거장들의 기도를 집필하였다. 다양한 학자들이 자신이 많이 연구해 본 경험이 있는 영적 거장들을 소개함으로써 읽는 독자들에게 공정하고 올바른 기도 실재를 소개해주고 있다.

셋째, 복음주의 신학의 관점에서 저술되었다. 이들 필진들은 복음주의 신학의 관점에서 영적 거장들의 기도에 관하여 집필 하였기 때문에 내용들은 개인의 경건을 함양하고 기도하는 이유와 기도의 의미와 내용에 대하여 이들의 영적 거장들로부터 배울 수 있을 것이다.

본서의 편집자인 안명준 교수는 평택대에서 조직신학과 해석학을 가르치고 은퇴한 학자로서 한국복음주의 신학계에서 학문적 지식으로나 신앙적 인격으로나 훌륭한 신학자로서 인정받는 분이시다. 그리고 세 분 자문위원 고신대 이상규 명예교수, 합신대 이승구 교수, 호남신대 총장을 역임한 노영상 교수는 이러한 편집서를 출판하는데 필요하고 요긴한 학자들의 선정에 있어서 크게 기여하였다.

그러므로 본 편집서는 한국신학계의 보수 진보 모든 진영의 학자들이 총 동원되어 기독교 2천년 역사를 통관하여 중요한 영적 거장들의 기도를 소개하는 점에서 한국교회의 경건과 기도의 삶을 성숙하게 하는데 기여할 것이다. 편파적이지 않고 모든 교단의 신학생, 신자, 학자들이 함께 공감적으로 읽고 은혜를 받으며 기도하는 정신과 방식을 배울 수 있을 것을 확신한다. 본서는 기도의 백과전서로서 믿음의 선조들의 기도를 읽고 따라함으로써 올바른 기도의 의미와 내용을 배울 수 있도록 할 것이다. 따라서 본서는 한국개신교의 경건과 영성을 향상시키는데 크게 기여할 것으로 생각하고 추천하는 바이다.

김 영 한 원장
(기독교학술원장, 숭실대 명예교수)

안명준 교수님이 편집한 『영적 거장들의 기도』의 출간을 축하드립니다. 이상규 교수님과 이승구 교수님 그리고 제가 이 일에 동참하여 작은 조언을 하기도 하였는데 좋은 프로젝트였다고 생각됩니다.

코로나19로 인해 기도할 일이 많아지고 있는 이 즈음, 이런 좋은 책이 출간되어 큰 의의가 있는 것 같습니다. 이 책에는 여러 신학자들과 목회자들의 기도에 대한 내용과 원리와 적용점 등이 기술되어 있습니다. 그들의 삶에서의 기도의 의미가 무엇이었으며, 그들은 실제 어떤 기도를 하였고, 그들의 기도를 오늘 우리의 현장에 구체적으로 어떻게 적용할 수 있을까를 우리는 이 책을 통해 배울 수 있습니다.

이 책에는 성서 시대의 이사야와 한나의 기도를 비롯하여, 고대교회 시대의 이레네우스, 니사의 그레고리우스, 중세교회 시대의 토마스 아 켐피스, 끌레르보의 버나드, 종교개혁 시대의 루터, 위클리프, 불링거, 부처, 멜란히톤, 현대교회 시대의 바르트, 본회퍼, 로이드 존스, C. S. 루이스, 우리나라 목회자나 신학자 중에서 손양원, 이성봉, 박형룡, 강태국, 이병규 목사님 등 많은 분의 기도들이 분석되어 있습니다.

오늘날 인류는 많은 위기에 직면하여 있습니다. 코로나19, 기후변화, 전쟁, 기아, 생명 다양성의 고갈, 양극화 등의 위기가 우리를 짓누르고 있는 이때 깨어 기도하여야 하는 것으로, 이 책은 기도의 바른 방법을 우리에게 잘 설명하고 있습니다. 부디 이 책이 코로나19로 어려움 가운데 있는 오늘의 한국교회에 격려가 되고 위로가 되길 바라며 축사의 글에 갈음합니다.

노 영 상 원장
(총회한국교회연구원, 전 호남신학대학교 총장)

"침묵정진", "여주동행", "기도일관"등을 늘 자리 옆에 갖추어 두고 가르침으로 삼으며 살았던 고 정암 박윤선 목사님은 하나님의 특별한 역사로 성경 66권 주석의 대 역사를 마치고 하늘 나라에 가셨습니다. 지금도 그의 주석은 읽는 모두를 하나님 존전에 서게 합니다. 그가 남긴 뜻 깊은 말이 있습니다. "임자, 사람은 기도한 만큼 되네."그는 실로 기도의 사람이었고 우리 모두에게 기도가 얼마나 중요한지 각성하게 하는 말이라고 생각합니다. 저도 목사님의 이 말을 종종 생각하며 기도에 힘을 내곤 합니다. 개인적으로 저는 '기도'에 대한 책이 나오면 반가운 마음으로 사서 보곤 합니다. 그런 중 금번에 여러분의 수고로 아주 귀한 책이 나오게 됨을 진심으로 기쁘게 생각합니다. 읽는 모든 분들마다 많은 기도 많은 은혜의 성도들이 되어서 하나님께 큰 영광이 되며 삶에 놀라운 변화가 임할 줄로 믿으며 매우 기쁜 마음으로 추천합니다.

박 삼 열 목사
(송월교회 담임목사)

좋은 기도의 모델이 있다는 것은 참으로 감사한 일이다. 대부분의 믿음의 사람들은 부모나 신앙의 선배들로부터 영향을 받는다.

어린 시절 교회 예배시간 마다 반복적으로 들었던 대표 기도의 내용은 형식적인 것 같아서 마음에 와 닿지 않았던 기억이 있다. 하지만 세월이 지나 그 기도가 응답된 것을 보며 기도의 능력을 실감하게 된다.

또한 가정예배 시간에 어머니의 긴 기도와 기도 시간마다 눈물로 기도하시던 어머니의 모습을 이해할 수 없었지만 지금 그 기도의 열매를 고스란히 누리며 살아가고 있다.

믿음의 기도는 개인과 가정, 국가 더 나아가 하나님 나라를 확장하는 능력이 된다. 하나님은 기도하는 자를 통해 이 땅에 하나님의 나라를 이루어 가기를 원하신다. 하나님으로부터 쓰임 받는 자는 모두 기도의 사람이라고 해도 과언이 아님을 지나간 역사가 보여 주고 있다.

특별히 유혹이 많고 악한 시대에 '영적 거장들의 기도'가 출간되어 한국 교회에 큰 도움이 될 것을 확신한다.

'영적 거장들의 기도'는 암울한 시대와 변혁의 시대 뿐 아니라 다양한 시대에 걸쳐 기도한 내용과 기도의 삶을 배울 수 있는 귀한 교과서이다. 목회자로부터 평신도에 이르기까지 큰 도움을 줄 귀한 역작이 될 것을 확신하며 기쁨으로 추천한다.

끝으로 지금까지 여러 책을 출간하여 한국 교회에 큰 유익을 주기 위해 노력하시는 안명준 교수님과 주옥같은 내용을 위해 산고의 노력을 해 주신 여러분들에게 감사와 존경의 마음을 전해 드린다.

배 창 돈 목사
(평택대광교회 담임)

예기치 않은 놀라운 선물

우리의 손에 놀라운 선물이 들려지게 되었다.

코로나19 팬데믹 시대를 힘겹게 지나는 성도들의 손에 주님께서 예비하신 은혜의 선물이 주어졌다. 바로 "영적 거장들의 기도"이다.

수많은 종류의 고난이 어떤 이의 말대로 변장된 축복이며 하나님의 확성기로 우리의 삶에 이르기 위해서는 예외 없이 기도의 골짜기를 지나야 한다.

기도는 성도와 하나님과의 생명줄이다. 기도는 어머니와 아기의 탯줄이다.

이런 의미에서 우리의 인생은 기도의 방향대로 결정된다.

목회자의 진실한 기도는 건강한 교회의 기초가 된다.

어머니의 눈물의 기도는 자녀들에게 생명의 자양분이 된다.

병사의 기도는 전쟁터에서 생명의 노래를 부르게 한다.

구원받은 자의 기도는 하나님을 기쁘시게 한다.

존경하는 안명준 교수님의 해산의 수고를 통하여 "영적 거장들의 기도"가 우리 손에 들려지게 되었다. 목회자와 성도들의 가장 급한 필요를 꿰뚫어 아시는 교수님의 통찰력과 섬기는 마음에 경의를 표한다. 가치 있는 작품은 누군가의 헌신과 희생을 통하여 이루어지기 때문이다.

성경에 나타난 대표적인 기도와 역사의 존재였던 영적 거장들의 기도와 특히 우리나라의 신앙적 계보가운데 출중한 역할모범으로 쓰임 받은 선조들의 기도를 읽을 때 영혼의 깊은 울림이 자리 잡게 된다.

성도는 무릎으로 전진하는 존재이다. 이 소중한 책자가 무릎으로 전진하는 삶의 방향을 설정하고 컨텐츠를 풍성하게 하고 새롭게 하는 일에 탁월하게 쓰임 받을 줄 확신한다.

   은혜로우신 우리 하나님은 지금도 믿음으로 기도하는 자를 찾고 계시기 때문이다.

오 정 호 목사
(새로남교회/Cal-Net 이사장)

이번에 『영적 거장들의 기도』라는 책을 출판하게 된 것을 축하하고 환영합니다. 우리에게 있어서 기도에 대한 책은 부족하지 않습니다. 기도에 대한 고전적인 작품으로 불리는 에드워드 바운즈의 '기도의 능력'을 비롯한 수많은 책이 출판되거나 역간되었고 기도가 무엇이며 왜 기도해야 하는 가에 대해서는 많은 책이 출판되었습니다. 그러나 성경과 교회 지도자들이 어떻게 기도했고, 그들의 기도가 어떠했는가에 대한 문헌은 많지 않습니다. 이런 상황에서 성경과 교회의 인물 52명에 달하는 영적 지도자들의 기도에 관한 이와 같은 방대한 책의 출판은 한국에서는 처음 있는 일이고, 서양 기독교계에서도 흔치 않는 일이라고 생각됩니다. 독일어권이나 화란어 권은 살펴보지 못했습니다만, 영어권에서 이와 같은 방대한 영적 지도자들의 기도에 대한 도서는 거의 찾지를 못했습니다. 이런 점에서 이 책은 특별한 가치를 지닙니다.

교회 지도자들 특히, 교회사와 기독교, 혹은 기독교신학의 발전에 커다란 영향을 끼친 이들의 중요한 특징은 진정한 의미의 기도의 사람이었다는 점입니다. 기도는 그들의 삶과 신앙, 신학과 사상을 결정했고, 그 기도의 영성이 교회와 역사를 움직이는 힘이었습니다. 이 책 속에는 이런 삶을 살았던 영적 지도자들의 삶의 여정, 기도생활과 영성이 드러나 있습니다. 이런 점에서 이 책은 오늘 우리들에게 값진 교훈을 줄 것입니다.

우리 주변에는 기도 없이 자신의 이성으로 목회하거나 주님 의지하지 않고 자기 능력으로 목양하려는 이들이 있다고 합니다. 그렇다면 이 책은 그들을 향한 경고일 것입니다. 우리의 날카로운 이성으로는 사람의 마음을 변화시킬 수 없습니다. 뜨거운 영성, 기도의 능력이 어느때보다 긴요한 때가 되었습니다. 이런 점에서 이 책은 소중한 문헌이라고 생각합니다.

이 책 출판을 위해 편집자의 수고를 기꺼이 감내하신 안명준 교수님의 노고에 대하여 감사를 드립니다. 이 책은 그의 희생과 헌신의 결실입니다. 또 여러 필자들의 수고에 대하여 감사를 드리며 이 책이 널리 읽혀지기를 기대합니다.

2021년 12월 10일
이 상 규 교수
(고신대학교 명예교수, 백석대학교 석좌교수)

평소 기도에 대한 아쉬움을 갖고 있다. 이 아쉬움은 기도에 관한 성경적, 신학적 지식, 실제적 기도 생활과 아울러 예배 중 바람직한 공중기도의 실행 등에 대한 것이다. 『영적 거장들의 기도』를 통해 발표된 일련의 글들은 나의 이러한 아쉬움을 많이 해소하게 해주었다. 필자들에게 감사를 표한다.

『영적 거장들의 기도』는 신학생들을 가르치는 교수님들이 해외의 경건한 자 40명, 국내의 목회자, 신학자 9명과 구약의 세 인물, 총 52명의 기도생활을 조망한 책이다. 여기에는 기도의 정의, 필요성, 대상, 삼위일체 하나님과의 관계, 바람직한 형태, 기도의 요건, 예수님의 이름으로 기도한다는 말의 의미, 기도의 자세와 마음, 하나님이 들으시는 것과 듣지 않으시는 것, 기도의 종류, 공동기도서를 거부한 이유 등등의 내용이 담겨져 있다. 그래서인지 한 편씩 읽어나갈 때마다 마치 잘 정리된 기도의 백과사전을 읽는 듯했다. 여러 인물에 대한 다양한 학자들의 글이라 약간 상충 되는 듯한 내용도 있지만 대다수의 글은 성경과 개혁주의 기도론의 범주에서 벗어나지 않고 논리 정연하며 의미 있는 글들이었다.

D. A. Carson이 편집한 『Teach Us to Pray』라는 책이 있다. 이 책의 1부에는 신구약 학자들의 기도에 대한 8편의 논문이 있고, 2부에는 네 명의 학자들이 '기도와 영성'의 주제를 다루었고, 3부에서는 5개국의 학자들이 자기 나라의 기도의 성향과 실제로 기도에 힘쓴 사람들을 소개하고, 마지막 부는 '기도하기에 대한 도전'으로 세 편의 글이 실려 있다. 우리나라 신학자들의 글이 있어서 더 호감을 가지고 읽었는지 모르겠으나, 나는 이 책을 통하여 기도에 대하여 많이 깨닫게 되었고 몇몇 나라의 기도의 정황에 대해서도 알게 되었다. 그래서 한때는 이 책을 신학대학원에서 개설한 "기도의 신학"이라는 과목의 주 교재로 사용하기도 하였다.

그런데 『영적 거장들의 기도』가 출간되면, 『Teach Us to Pray』에 이어서, 기도의 신학을 가르치는 훌륭한 교과서와 성도들의 경건 훈련의 교재가 되기에 충분하다고 본다. 더구나 이 책은 과거와 현재, 해외와 국내를 막론한 경건한 51인의 기도 생활을 다루었으므로 이론뿐 아니라 실제도 충분히 볼 수 있는 장점이 있다.

　제자들이 주님이 가르쳐주시고 실제로 기도하신 삶을 통하여 기도를 배워서 평생에 걸쳐 하나님과 교통하며 하나님의 나라를 이 땅 위에 이루어 갔던 것처럼, 우리 또한 성경과 이 책을 통하여 기도를 배우고 훈련하여 기도하는 영적 거장들이 되기를 소망한다. 성경적 기도의 신학을 알아 바르게 기도하고 하나님의 뜻을 이루고 하나님 나라의 삶을 풍성히 누리기 원하는 주의 백성들에게 이 책의 일독을 정중히 권한다.

이 정 현 목사
(소망교회)

『영적 거장들의 기도』라는 귀한 저서의 출간을 진심으로 축하를 드립니다. 그 어느 때보다 기도의 능력이 요청되는 시기에 영적 거장들의 기도를 생생하게 만날 수 있게 되어 참으로 기쁘게 생각합니다. 저는 평소에 설교하는 목회자들에게 1시간 주석을 보면 2시간 성경을 읽고 2시간 성경을 읽으면 3시간 기도하라고 권면하곤 합니다. 기도를 통해서 하나님의 세미한 음성을 듣기 위해 노력하는 설교자만이 생명의 말씀을 선포할 수 있다고 믿기 때문입니다. 설교를 준비할 때 말씀과 기도보다 다른 책들에 치중하면 하나님의 말씀보다 세상 지혜와 인간의 지식이 더 부각될 수 있습니다. 우리는 우리가 보고 들은 것들을 통해서 영향을 받기 때문입니다. 그렇게 전해지는 설교는 깨달음은 줄지 모르지만 영적인 변화를 가져올 수 없습니다. 그런 면에서 하나님의 말씀을 전하는 목회자들에게 기도는 그 무엇보다도 우선되어야 할 의무이자 특권이라고 할 수 있습니다.

　이번 저서의 발간이 더욱 큰 의미를 갖는 것은 단지 신학 지식만을 담은 책이 아니라는 점입니다. 신학을 단순히 학문으로만 접근하는 책이 아니라 영적 거장들의 기도, 즉 하나님과의 만남과 씨름에 대해 우리에게 알려주는 책이기 때문에 신학자와 목회자 뿐 아니라 성도들에게도 큰 교훈을 주는 책입니다. 어떤 사람의 신학적 입장을 알려면 그 사람의 기도에 대해 살펴보는 것이 가장 확실합니다. 아무리 좋은 신학을 주장하더라도 기도하지 않는 신학자에게는 생명이 없습니다. 기도를 통하여 하나님과 살아 있는 교제를 갖지 않는 사람은 경건의 모양은 있을지 모르지만 경건의 능력은 없습니다. 그러므로 우리는 기도에 대한 여러 이론에 앞서 우리 자신이 먼저 하나님 앞에 무릎 꿇어 기도해야 합니다. 우리는 루터와 칼빈의 신학에 대해서는 많은 관심을 기울입니다. 하지만 그들이 얼마나 열심히 기도하는 사람이었는지는 잘 깨닫지 못하는 것 같습니다. 영적 거장들이 주장한 신학이나 그들이 이룬 업적보다 더 중요한 것은 그들의 기도생활입니다.

　오늘의 한국교회가 영적 생명을 상실한 가장 중요한 이유는 기도의 능력을 잃어버린 데 있습니다. 그런 면에서 『영적 거장들의 기도』를 통해 우리가 기도에 대해 더욱 큰 관심을 기울이는 계기가 되었으면 합니다. 참으로 감사한 것은 개혁주의신학을 실천하기 위해 시작한 개혁주의생명신학이 기도의 불씨를 살리기 위해 기도성령운동에 진력하고 있는 이 때에 이렇게 귀한 저서가 발간되었다는 사실입니다. 기도하는 나라, 기도하는 민족은 하나님께서 반드시 책임을 지십니다. 많은 사람들이 이 귀한 책을 통해 기도의 중요성을 깨달음으로 한국교회의 영적 회복에 기여하기를 기대하며 기쁨으로 이 책을 추천하는 바입니다.

장 종 현 총장
(백석대학교 설립자 겸 총장)

흔히 기도는 하늘 창고를 여는 황금열쇠라고 한다. 기도는 생명줄이요 안식으로서 기도 없는 하루는 축복 없는 하루이며 기도 없는 일생은 능력 없는 일생일 것이다. 캠벨 몰갠은 "모든 생물들이 오열과 탄식 가운데 있으나, 기도할 줄 아는 인간만이 문제를 극복하는 능력있는 기도를 할 줄 안다"고 말했다. 죠웻박사는 "나는 열 사람에게 설교를 가르치기 보다는 한 사람에게 기도를 가르치고 싶다"고 했다. 사무엘 차드윅은 "악마의 한 가지 관심은 그리스도인들이 기도를 하지 못하게 하는 것이다"고 했다. A. W. 로프는 "기도는 하나님을 그의 은신처에서 불러내어 이 땅에서 기적을 행하게 하고 신자를 통하여 길 잃은 영혼의 세계 속에 그 자신을 나타낸다."고 하였다. 마틴 루터는 "오늘 할 일이 많이 있지만 처음 3시간은 기도로 보내리라."고 했다.

그만큼 중요한 기도이기에 영적 거장들은 어떻게 기도하였는가? 그들의 기도를 연구하여 "영적 거장들의 기도"라는 책을 출판함으로써 성도들에게 기도를 통한 믿음이 일어나게 하고 경건을 격려할 수 있으니 얼마나 기쁜 일인가.

정 영 교 목사
(산본양문교회, 캐나다 총신대학원장)

현재 한국교회가 어렵지만 감사한 것은 신학교수들이 기도의 긴급성과 중요성을 알고 있다는 사실이다. 52개의 기도에 관한 귀한 논문들이 이토록 방대하게 제시되는 일은 세계교회에 드문 일이라 하겠다. 나는 얼마 전 미국에서 온 식구가 모인 가운데 말씀을 전했다. 주제는 기도였다. 기도해야 하고, 기도의 능력을 믿어야 하며, 기도는 하나님과의 대화이며, 어려운 인생에서 기도는 하나님의 지혜를 가져오는 축복의 통로임을 강조했다. 내가 아빠로서 얼마나 두 아들과 딸, 사위, 며느리, 손자들을 위해 기도하는지를 일깨웠다. 기도하지 않는 자가 신앙이 없는 자요, 결국 무신론자임을 강조했다. 나는 성령의 능력을 믿지 않고 설교하는 목사, 기도하지 않는 성도는 무신론자라 생각한다. 그저 머리로 지식으로 수사와 논리로 설득하려 하고 교육한다면, 이는 결코 기독교적이지 않다는 말이다. 기도의 심포니 같은 이 저서가 한국교회에 기도의 파도를 불러일으키길 소망한다. 말씀과 기도로 거룩해지고 성령의 역사로 갱신과 부흥이 일어나는 교회이길 기대하며, 이 저서를 기쁘게 추천한다. 칼빈은 매일매일 내려주시는 하나님의 축복을 받는 통로요 수단이 기도라고 하였다.

주 도 홍 교수
(총신대 교수, 전 백석대 부총장)

코로나 팬데믹으로 온 세상이 하나님 앞에 나아와 부르짖어야 할 때 때마침 안명준 교수님이 편집한 『영적 거장들의 기도』가 출간된 것은 매우 고무적인 일이 아닐 수 없다.

『영적 거장들의 기도』는 초대교회 교부들로부터 한국교회 대표적인 영적 지도자들의 기도까지 다시 접할 수 있게 해주는 책으로 험한 시대를 기도로 승리했던 분들이 팬데믹으로 어려움을 겪고 있는 한국 교회에게 "너희는 이렇게 기도하라"고 안내해주는 것처럼 우리에게 기도의 본을 보여주는 기도의 가이드와 같은 책이다. 교회사를 통해서 얻는 유익이 많지만 지난 2천 년 교회사를 통해서 우리에게 기도의 유산을 남겨준 영적 거장들의 기도를 이 책을 통해서 다시 만날 수 있다는 그것만으로도 우리에게 큰 기대감을 갖게 해준다.

로버트 윌킨(Robert Wilken)은 오늘날 많은 신학자와 일반 그리스도인들이 세속과 교회 사이에서 뿌리 없이 떠돌고 있는 근본 원인은 그들이 기독교의 과거를 잊어버렸기 때문이라고 진단하였다. 기억의 부재는 영적 유산을 잃어버릴 수 있다. 기도의 영성을 가진 영적 거장들은 단순히 "전통을 나르는 자들"(bearers of tradition)이 아니라 "영성을 나르는 자들"(bearers of spirituality)이다.

『영적 거장들의 기도』는 2천 년 교회사가 배출한 탁월한 영적 거장들의 기도를 통해서 우리에게 주는 영적 유익이 크다. 코로나 팬데믹으로 인하여 생각보다 빨리 온라인시대가 도래한 상황 속에서 이 책은 우리로 하여금 경건의 영성을 잃지 않고 흔들림 없이 믿음의 길과 사명자의 길을 달려갈 수 있도록 도와주는 유익한 책이라는 확신에 일독을 권한다.

채 이 석 목사

(비전교회 담임, 전 총신대학교 목회신학전문대학원 교수)

목 차

발간사/ 안명준 ·· 003
추천사 ··· 007
    - 김명혁, 김영한, 노영상, 박삼열, 배창돈, 오정호, 이상규,
      이정현, 장종현, 정영교, 주도홍, 채이석

서 문

기도란 무엇인가? / 이승구 ··· 035

성경의 기도들

한나의 기도 / 송예진 ·· 051
다윗의 기도 / 김진규 ·· 064
이사야의 기도 / 장세훈 ··· 077

영적 거장들의 기도

이레네우스의 기도 / 배정훈 ··· 089
니사의 그레고리우스의 기도 / 이충만 ··································· 098

끌레보르 버나드의 기도 / 이우금 ·········· 106
위클리프의 기도 / 김호욱 ·········· 116
얀 후스의 기도 / 서혜정 ·········· 126
토마스 아 켐피스의 기도 / 신현광 ·········· 144
루터의 기도 / 김선영 ·········· 160
츠빙글리의 기도 / 조용석 ·········· 170
마르틴 부처의 기도 / 최윤배 ·········· 176
멜란히톤의 기도 / 류성민 ·········· 185
하인리히 불링거의 기도 / 박상봉 ·········· 197
존 칼빈의 기도 / 박해경 ·········· 212
토마스 카트라이트의 기도 / 이신열 ·········· 224
윌리엄 퍼킨스의 기도 / 김지훈 ·········· 235
존 코튼의 기도 / 오덕교 ·········· 246
존 브라운의 기도 / 박홍규 ·········· 261
존 오웬의 기도 / 서창원 ·········· 271
프랑수아 투레티니의 기도 / 권경철 ·········· 283
존 번연의 기도 / 강효주 ·········· 300
슈페너의 기도 / 김은진 ·········· 312
존 웨슬리의 기도 / 김영선 ·········· 321

조지 휫필드의 기도 / 김현배 ········· 332
윌리엄 캐리의 기도 / 김은홍 ········· 343
콜부루게의 기도 / 권호덕 ········· 354
조지 뮬러의 기도 / 김현진 ········· 371
데이빗 리빙스톤의 기도 / 안승준 ········· 382
쇠얀 키에르케고어의 기도 / 이승구 ········· 397
허드슨 테일러의 기도 / 유정선 ········· 408
한나 휘톨 스미스의 기도 / 안수정 ········· 422
찰스 스펄전의 기도 / 박재은 ········· 431
A.T. 피어선의 기도 / 안명준 ········· 444
벤자민 워필드의 기도 / 김상엽 ········· 458
헤르만 바빙크의 기도 / 박태현 ········· 471
칼 바르트의 기도 / 황돈형 ········· 483
C.S. 루이스의 기도 / 우병훈 ········· 492
마틴 로이드 존스의 기도 / 서문강 ········· 507
본회퍼의 기도 / 이상규 ········· 518
헬무트 틸리케의 기도 / 김영한 ········· 535
웨인 그루뎀의 기도 / 박찬호 ········· 543

한국의 인물들

아펜젤러의 기도 / 이재근 ·· 557
박형룡 박사의 기도 / 이상웅 ·· 568
이성봉 목사의 기도 / 오현철 ·· 579
한상동 목사의 기도 / 나삼진 ·· 587
손양원 목사의 기도 / 김호욱 ·· 599
강태국 박사의 기도 / 박태수 ·· 608
대천덕 신부의 기도 / 김현진 ·· 621
이병규 목사의 기도 / 정규철 ·· 629
한철하 박사의 기도 / 한상화 ·· 639

서문

서문

기도란 무엇인가?

이승구

이 글에서는 그리스도인의 삶에 있어서 매우 중요한 요소의 하나인 "기도하는 일"에 대해서 생각해 보려고 한다. 기도는 그리스도인들에게 있어서 매우 필수적인 것이기에 그리스도인들은 고래(古來)로부터 이런 기도의 필수성을 지적하면서 기도는 영혼의 호흡이라고 표현하거나 생명과도 같다고 표현하는 일들이 많았다. 그러나 그리스도인들 사이에서는 이 중요하고도 필수적인 기도에 대한 오해와 오용도 많았던 것이 사실이다. 그러므로 우리가 기도에 대해서도 성경으로부터 바르게 배워서 기도하지 않으면 열심히 기도한다고 하면서도 잘못된 기도를 하고, 기도에 대한 잘못된 습관에 젖어들기 쉽다. 그러므로 기도는 그저 하는 것이지, 그것에 대해 생각하거나 성경의 가르침을 받을 필요가 없다고 생각하는 것은 매우 위험한 생각이 아닐 수 없다. 따라서 우리는 성경이 가르치는 기도에 대해서 바르게 배우고 그것에 근거해서 기도해 가야 한다. 그러나 성경에서는 기도가 무엇이라고 정의하여 주는 일보다는 하나님께 기도하는 이들의 모습을 제시하고, 기도의 내용을 보여 주고, 기도하며 살아가는 사람들의 모습을 우리에게 제시해 준다. 이를 찬찬히 살펴 가는 것이 우리의 과제이지만 먼저 우리 주님께서 잘못된 기도의 예들로 드신 것들을 살펴보고, 그에 비추어서 참된 기도란 무엇인지를 생각해 보도록 하겠다.

1. 잘못된 기도들의 대표적인 예들(1)

잘못된 기도의 첫째 예로 우리 주님께서는 "사람에게 보이려고 하는 기도"를 들고 있다(마 6:5). 기도가 사람들에게 보이려고 하는 의도로만 드려지거나, 그것이 아니라면 적어도 그런 의도를 포함해서 드려질 때에는 그것이 잘못된 기도라고 말씀하시는 것이다. 그러므로 기도는 그 의도에 있어서나 실제적으로도 오직 하나님께 드리기 위해 드려지는 것임을 분명히 한다. 그래서 주님께서는 "너는 기도할 때에 네 골방에 들어가 문을 닫고 은밀한 중에 계신 네 아버지께 기도하라"고 한다(마 6:6). 이는 골방에 들어가서 자신이 기도한다는 것임을 드러내라는 뜻이 아님을 누구든지 알 수 있을 것이다. 아무도 모르는 은밀한 중에 하나님께만 관련하여 드리는 것이 기도라는 것이다. 이렇게 우리 주님께서는 기도는 하나님과의 은밀한 관계성 가운데서 드려지는 것임을 강조하신다. 그러므로 우리의 기도가 사람들에 대한 그 어떤 고려 가운데서 드려지는 것이 안 되도록 주의해야 한다. 특히 공예배 때에 공기도(public prayer)를 할 때에도 역시 그렇다. 다른 사람들이 같이 기도하는 상황에서도 우리의 마음은 오직 하나님에게만 초점 맞추어져 있어야 한다. 그렇게 기도하지 않고 다른 사람들을 의식해서 기도한다면 우리가 다 외식하는 자가 되는 것이다.

물론 기도하는 사람들 가운데서 순전히 사람들만을 염두에 두고 기도하는 사람은 거의 없을 것이다. 단지 하나님께 기도한다는 기도의 바른 목적 외에 사람들에 대한 고려라는 다른 목적이 덧붙여지는 경우가 많다. 그러나 주님의 말씀의 의도에 따르면, 그렇게 기도한 이들은 그런 자신들의 의도에 따라 그 의도한 바가 이미 이루어진 것이 된다. 그래서 그들에게 대해서 우리 주님께서는 "저희는 자기 상을 이미 받았느니라"라고 말씀하신다(마 6:5하). 그러므로 그들은 그 기도에 대해서 주께로부터 무엇을 얻으리라고 생각하지 말라고 단언하신다. 그렇다면 기도의 바른 목적 이외에 작용하는 사람들에 대한 고려라는 것은 과연 어떤 것일까?

예를 들자면, 기도하는 때에 그 기도를 통해서 사람들의 마음을 얻으려는 의도가 같이 덧붙여진 경우가 이에 해당할 것이다. 사람들의 마음을 얻으려는 기도는 사실 기도를 드리는 하나님께 드리는 간절한 마음과 함께 그 기도에 감동한 사람들이 어떻게 해 주기를 바라는 것이기에 문제가 되는 것이다. 사람들이 이 기도에 대해서 매우 좋은 기도라고 생각해 주고, 이에 감동 받으며, 또 이에 감동 받아 어떻게 하기를 원하는 목적이 있는 경우가 다 이에 해당하는 것이다.

또한 기도함으로써 사람들을 가르치고 교육하려고 하는 것도 그런 예가 될 것이다. 아마 예수님께서 이 말씀을 하실 때에 예로 든 바리새인들의 경우가 그런 것일 것이다. 그들이 회당과 큰 거리 어구에 서서 기도하는 것은 그저 자기 과시적인 것이기보다는 그렇게 함으로써 이스라엘 민족 전부가 하나님을 경외하고 하나님께 기도하는 이들이 되도록 하여야 하겠다는 교육적 의도가 있었던 것으로 보인다. 유대인의 관례에 의하면 기도 시간(유대인의 관례로는 아침 9시, 정오, 그리고 오후 3시)에 될 수 있는 대로 성전이나 예배처에 있어야 하지만, 어떻게 하다가 거리에 있게 되면 그 자리에 서서 성전을 향해 두 손을 들고 기도하는 것이 적법한 것이라고 했었다. 그런데 좀 다른 목적을 지닌 이들은 의도적으로 자신들이 기도 시간에 큰 거리 어귀 등에 있도록 삶을 조절했다.[1]

그러므로 그들의 기도는 하나님께서 그 기도를 들어주신다는 것 외에 (1) 아주 나쁜 경우에는 자신들의 종교심의 과시나, (2) 좀 나은 경우에는 유대 민족 교육과 민족의 종교적 갱신이라는 목적으로 지니고 있는 것이었다. 따라서 그 어떤 경우든지 이는 기도의 본래적인 의도 외에 다른 목적이 첨가된 것이므로 그것은 심각하게 잘못된 것이다.

그러므로 만일에 우리들도 기도하면서 자신의 영적이고 종교적인 심

---

[1] 이는 일반적인 것이나, 특히 이를 지적한 예로 Robert H. Mounce, Matthew, A Good News Commentary (San Francisco: Harper & Row, 1985), 52를 보라.

리를 잘 드러내려 하거나 다른 이들의 마음을 얻어 보려고 하거나 다른 이들을 움직여 보려고 한다면, 우리의 기도도 이런 동일한 문제를 지니고 있는 것이다. 그러므로 본질적으로 기도는 은밀히 하는 것이다. 사람들 앞에 드러내어 놓고서 사람들이 그 기도회를 통해 어떤 영향을 받으라고 하는 기도는 참된 것이라고 하기 어렵다. 그러므로 오늘날 기도회라는 미명하에서 이렇게 사람들의 마음을 얻어 보려고 하거나 본인들이 원하는 바를 관철시키려고 하거나 자신들의 주장을 하려는 것들은 기도의 본질을 왜곡한 것이다. 그것이 바리새인들이 하던 큰 거리 어귀에 서서 하는 기도를 좀 더 조직화해서 하는 것이다. 그런 것에 대해서 주께서는 "저희는 자기 상을 이미 받았느니라"고 말씀하신다.

2. 잘못된 기도들의 대표적인 예들(2)

또한 우리 주님께서는 "이방인과 같이 중언부언하지 말라"고 말씀하신다. 이는 이들의 기도가 기본적으로 "말을 많이 하여야 들으실 줄로 생각하는" 잘못된 태도를 지니고 있음을 지적하시면서 하시는 말씀이다. 이는 이방 종교에서 일정한 기도에 사용되는 말을 정해 놓고 그것을 주문하듯이 하거나, 웅변하듯이 유창하게(rhetorical oration) 기도하면 그것으로 기도가 이루어진다고 하거나, 특히 그런 말을 많이 하여 기도의 시간과 회수가 많아질수록 기도의 효과가 높다고 생각하는 것이 옳지 않은 것이라고 말씀하시는 것이다. 그러므로 (1) 어떤 정형화된 기도문의 마술적인 사용과 (2) 기도하는 시간과 말의 많음이 기도의 효과를 낸다는 생각에 문제가 있다. 정성을 다하는 기도, 자기 희생을 무릅쓰는 기도, 헌신을 많이 표하면서 하는 기도가 더 효과 있다고 생각하는 것은 모두 다 이런 공로주의적 의식을 부추길 수 있다. 물론 우리들로서는 정성을 다하여 기도해야 하지만, 우리의 정성이 하나님을 감동시키거나 하나님의 뜻의 성취가 더 잘 이루어지게 하는 것이 아님을 우리는 분명히 의식해야 한다.

이렇게 잘못된 예들을 주께서 지적하시는 것을 보면서 우리는 주께서 말씀하시는 진정한 기도가 무엇인지 생각해야 할 것이다.

3. 기도란 무엇인가?

위의 잘못된 예들에 대한 고찰로부터 우리가 기본적으로 생각할 수 있는 것은 기도는 우리 하나님께 드리는 것으로서, 그것은 인간의 자격과 노력 등에 의해서 하나님께 받아들여지는 것이 아니라는 것이다. 아무나 무엇을 구한다고 해서 그것이 다 기도이고, 따라서 그것이 이루어지는 것이 아니다. 또한 기독교가 말하는 하나님께 구한다고 해서 그것이 다 기도이고, 그것이 다 이루어지는 것도 아니다. 그러므로 기도는 하나님께서 이 역사 가운데서 이루신 구속에 근거해서 하나님의 자녀가 된 자들이 하나님께 그리스도의 공로에 근거해서 무엇인가를 간구하고 주께서 그것에 반응하여 응답하여 주시고, 그것에 반응해서 하나님의 백성이 또 주님의 뜻을 아뢰고 하여 나아가는 것이다. 이를 구체적으로 이해하기 위해 다음 몇 가지로 나누어 생각해 보도록 하겠다.

(1) 기도는 구속받은 하나님의 백성된 자들이 드리는 것이다.

본래 하나님께서 사람을 창조하셨을 때는 하나님과 사람들 사이의 교제가 자연스러운 것이었다. 그러나 사람이 타락하고 죄에 빠진 후에는 사람이 하나님과 교제할 수 없는 존재가 되어 버렸다. 그들은 하나님을 피하여 숨는 존재가 된 것이고, 감히 하나님 앞에 설 수 없으며 따라서 하나님께 말씀을 아뢰고 하나님의 말씀을 들을 수 없는 존재가 된 것이다. 이 문제를 해결하고자 하나님께서 타락한 인간을 향해 찾아 오셔서 장차 이루실 구속에 대한 약속을 주시고, 그 약속을 믿는 이들은 하나님께서 장차 이루실 구속에 근거해서 하나님과 교제할 수 있도록 해주셨다. 그러므로 구약에서나 신약에서나 하나님의 구속에 대한 약속을 믿음으로 하나님의 구속에 적용하심을 입은 하나님의 백성만이 하나님께 기도할 수 있는 것이다. 우리를 구속하셔서 하나님과 교제하게 하시며 감히 하나님께 우리의 생각과 소원을 아뢰며 살 수 있게 해주신 것에 대해서 우리는 항상 하나님께 감사드려야할 것이다.

(2) 기도는 다른 존재에게가 아니라 오직 삼위일체 하나님께만 드리는 것이다.

기도의 대상은 유일하신 하나님이시니, 그러므로 기독교 유신론이 말하는 삼위일체 하나님께서 우리의 기도의 대상이시다. 우리는 하나님께 기도한다고 할 때 이렇게 당신님을 삼위일체로 드러내신 삼위일체 하나님께 기도드린다는 것을 명확히 의식하면서 기도해야 한다. 그러므로 성부 하나님께 기도하는 것도, 성자 하나님께 기도하는 것도, 성령 하나님께 기도하는 것도 가능하고, 성부 성자 성령 삼위일체 하나님께 기도할 수도 있다. 하나님은 항상 삼위일체적 존재로 계시기 때문이다.

(3) 기도는 나의 애씀과 공로에 근거하는 것이 아니고 오직 그리스도의 구속의 공로에 의존해서 주께 아뢰는 것이다.

다시 말하지만, 우리는 하나님의 구속에 근거해서만 주께 기도할 수 있다. 기도는 오직 그리스도의 공로에 근거해서 주께 드리는 것이다. 신약 시대에는 이것이 비교적 명확하다. 주께서 자신의 이름으로 기도하라고 명시적으로 명령하셨기 때문이다: "지금까지는 너희가 내 이름으로 아무 것도 구하지 아니하였으나, 구하라[2] 그리하면 받으리니 너희 기쁨

---

[2] 이 현재형을 "지속적인 구함"(keep on asking)으로 이해하는 Leon Morris, The Gospel According to John, NICNT (Grand Rapids: Eerdmans, 1971), 708을 보라.

이 충만하리라"(요 16:24). 예수님의 이름으로 구한다는 것은 그의 존재에 근거해서 구한다는 것이며, 이는 결국 예수님께서 이루시는 구속 사역에 근거하여 구한다는 것이다. 이것은 그리스도의 이름이나 예수님의 이름을 그저 공식으로 기도문의 양식으로 사용하면 된다는 것을 뜻하는 말이 아니다. 이것은, 레온 모리스가 잘 지적하듯이, "그 이름이 대표하는 모든 것"으로 구한다는 것이고,[3] "예수님의 대속적 죽음이 전 상황을 혁명적으로 변화시키는 것"을 염두에 두고 하는 말이다. 그리고 "성자의 존재 전체와 그의 사역에 근거해서 사람들은 성부로부터 선물을 받게 되는 것이다."[4] 이렇게 자신의 구속 사역에 근거하여 기도하는 것을 의도하시면서 우리 주님께서는 또 이렇게도 말씀하셨다: "내가 진실로 진실로 너희에게 이르노니 너희가 무엇이든지 아버지께 구하는 것을 내 이름으로 주시리라($\delta\omega\sigma\epsilon\iota$)"(요 16:23). 또한 성부께서만 기도를 듣고 성취하시는 것이 아니시기에 이렇게도 말씀하신다: "너희가 내 이름으로($\dot{\epsilon}\nu\ \tau\tilde{\omega}$ $\dot{o}\nu\acute{o}\mu\alpha\tau\acute{\iota}\ \mu o\upsilon$) 무엇을 구하든지 내가 시행하리니($\pi o\iota\acute{\eta}\sigma\omega$) …… 내 이름으로 무엇이든지 내게 구하면 내가 시행하리라"(요 14:13, 14). 이처럼 신약에서는 분명하게 그리스도의 구속 사역에 근거하는 예수님의 이름으로 하는 기도를 말한다.

그런데 엄밀하게 생각해 보면 구약 시대 하나님 백성의 기도도 듣고 응답하신 이유도 결국은 그리스도께서 장차 이루실 구속 사역에 근거하여 주께서 일을 성취하신 것이라고 생각하지 않을 수 없다. 구약 백성도 그들 스스로의 힘으로 하나님께 나아 갈 수 없었고, 하나님께서 마련하시는 구속의 방도에 근거해서만 하나님께 가까이 할 수 있었기 때문이다. 예를 들어서, 이스라엘의 대제사장이라도 자신의 자격으로 하나님 앞에 나아간 것이 아니고, 그도 죄가 있으면 지성소에서 즉사(卽死)하고, 그가 일 년에 한 차례 어린양의 피에 의존하여 하나님 앞에 나아가 온 이스라

---

3 Morris, The Gospel According to John, 646.

4 Morris, The Gospel According to John, 708.

엘을 위해 기도하였는데, 그것은 결국 우리의 어린양이신 주 예수 그리스도께서 이루실 것에 근거해서 기도하였다고 말할 수밖에 없는 것이다. 이 세상의 참된 기도는 모두 예수 그리스도의 구속의 공로에 의존해서 하나님께 드려지는 것이다.

따라서 기도하는 일에서 우리 자신 지극 정성이 하나님을 감동해서 주께서 들으시는 것도 아니고, 우리가 우리 몸을 희생하면서 기도하므로 하나님을 감동시킬 수 있는 것도 아니다. 성경에서는 이교도들의 기도가 그런 성격을 지녔음을 드러내 주고 있다. 엘리야에게 맞서서 기도의 대결을 보이던 바알 선지자들은 바로 그런 의미에서 자신의 몸을 상해(傷害)하면서 그들의 진언(陳言)을 바알에게 드린 것이다. 그러나 기독교적 기도는 우리의 정성과 힘씀과 노력에 근거해서 주께서 우리의 기도를 들으신다고 하지 않는다. 주께서 우리의 기도를 들으시는 유일의 근거는 예수 그리스도의 십자가 사건일 뿐이다.

(4) 주께서 우리 상황을 모르시기에 하나님께 우리의 정황을 아뢰는 것이 아니다.

왜냐하면, 우리 하나님께서는 "구하기 전에 우리에게 있어야 할 것들을 이미 아시는 것"이기 때문이다(마 6:8). 그러므로 마치 주께서 무엇을 알지 못하셔서 하나님께 무엇을 아뢰고 보고하는 것으로 기도에 대해 생각해서는 안된다.

그렇다면 주께서는 왜 기도하라고 하셨는가? 여기서 분명히 드러나는 것은 하나님께서 우리의 기도를 통해서 그저 우리가 필요한 것을 인식하시고 그것을 내려 주시기 위해 기도하라고 한 것이 아니라는 것이다. 그러면 하나님께서는 그의 백성된 우리에게 왜 기도하라고 하셨는가?

(5) 기도는 구속에 근거해 하나님 백성된 자들의 하나님과의 교제

(fellowship with God)이다.

하나님께서는 당신님께서 구속하신 백성들과 교제하기 원하셔서 우리에게 기도하라고 하신 것이다. 그러므로 기도는 우리가 주님에게서 무엇인가를 얻어내는 데에 그 목적이 있는 것이 아니고, 주님과의 깊은 교제에 목적이 있는 것이다. 그러므로 우리는 하나님의 백성이요 자녀라는 인식 가운데서 주께서 원하시는 바를 깨달은 대로 주께 아뢰고, 그것이 과연 주님의 뜻이라는 재가를 받고, 그것에 근거하여 주의 백성다운 삶을 살아가야 한다. 이렇게 기도를 통해서 우리와 주님 사이의 친밀한 교제가 있게 되는 것이다. 따라서 기도의 목적은 주님과 좀 더 가까워지는 데 있다. 우리는 주님을 더 잘 알고 주님의 뜻을 이루기 위해 진력하기 위해서 기도하는 것이다. 우리가 무엇인가를 얻어 이 세상에서나 저 세상에서 편히 살아가기 위해 기도드리는 것이 아닌 것이다.

4. 기도를 어떻게 드려야 하는가?

그렇다면 우리는 어떻게 기도해야 하는가? 이를 위해 성경이 말하는 바른 기도의 방법에 대해서 생각해 보기로 하자.

(1) 실제로 기도해야 한다. 주께서는 구속받은 백성들에게 기도하라고 명하셨기 때문이다: "구하라 주실 것이요"(마 7:7). 또한 "너희가 얻지 못함은 구하지 아니함이요"(약 4:2 하)라고 말씀하셨다. 그러므로 주께 기도하지 않는 자는 주님으로부터 무엇을 얻을 것이라고 전혀 기대할 수 없다. 우리는 주님의 명령을 따라서 주께 기도 드려야 한다. 실제로 이 세상에는 기도하지 않은 많은 이들이 너무 많이 있다. 우리는 실제로 주께 기도해야 한다. 하나님 백성이 기쁨을 얻게 되는 것은 결국 기도와 연관되어 있다. "그들의 기쁨이 온전하게 되기 위해서 그들은 기도

해야만 한다."⁵

　(2) 그러나 위에서 언급했지만 아무나 기도하면 하나님께서 다 들어주시는 것이 아니라, 그리스도의 구속에 공로에 근거해서 하나님 백성된 자들이 하나님의 자녀의 신분에서 하나님께 간구할 때 주께서 응답하여 주시는 것이다. 그러므로 우리는 기도할 때에 온전히 그리스도의 구속에만 근거해서 그리스도의 이름으로 기도해야 한다.

　(3) 기도는 또한 성령님 안에서 하는 것이다. "양자의 영을 받은" 이들만이 "아바 아버지라 부르짖는" 것이다(롬 8:15). 그러므로 진정한 기도는 그리스도의 공로에 근거해서 성령의 능력으로 삼위일체 하나님께 드리는 것이다. 성령님께서 모든 것을 가르치시고(요 14:26), 따라서 우리는 성령님의 가르치심 안에서 하나님의 뜻을 바로 깨닫고 주께 간구하게 되는 것이다.

　(4) 우리는 기도할 때 하나님의 뜻을 구해야 한다. 요즈음 어떤 이들이 잘못 강조하듯이 믿는 이가 아무 것이나 구하면 주시는 것이 아니다. 별 생각 없이 자신에게 필요한 것을 주께 구하여 얻는 것이 기도가 아니다. 기도는 하나님 백성이 하나님의 뜻을 구하는 것이다. 그러므로 하나님께서는 "그의 성격과 목적과 일치하는 식으로 드려진 기도만 들어주실 것이다. 왜냐하면 기도에서 우리는 우리의 변덕스러운 뜻을 허락해 주시기를 기원하는 것이 아니라 당신님의 뜻을 이루어 주시기를 그에게 구하는 것이기 때문이다"고 말하는 메릴 테니의 말은 매우 의미심장한 것이다.⁶

5　요한복음 16:24과 관련하여 이점을 지적하는 Morris, The Gospel According to John, 708을 보라.

6　Merrill C. Tenney, "The Gospel of John," in The Expositor's Bible Commentary, vol. 9 (Grand Rapids: Zondervan, 1981), 146: "for he would grant only such petitions as could be presented consistently with his character and purpose.

하나님의 뜻을 구하지 않는 대표적인 경우가 자신의 욕심으로 무엇을 주께 구하는 것이다. 성경에서는 아주 명시적으로 이런 이들은 기도의 응답을 받을 수 없다고 밝혀 놓았다: "구하여도 받지 못함은 정욕으로 쓰려고 잘못 구함이니라"(약 4:3). 또한 하나님의 뜻을 생각하지 않는 것이 마음이 죄악을 품는 것인데, 시편에서는 "내가 내 마음에 죄악을 품으면 주께서 듣지 아니하시리라"고 하셨다(시 66:18).

이렇게 기도는 하나님의 뜻을 구하는 것이므로 우리가 성숙해 감에 따라서 우리는 점점 더 바르게 기도할 수 있게 된다. 하나님 안에서 성숙하여 감에 따라서 하나님의 뜻을 더 잘 파악할 수 있기 때문이다. 그런데 우리가 하나님의 뜻을 잘 알게 되는 것은 주께서 이미 그의 뜻을 밝혀 놓으신 성경의 가르침에 잘 주의할 때이다. 그러므로 성경에 나타난 하나님의 뜻을 잘 깨닫고 그 말씀에 따라 주께 주님의 뜻을 간구하는 사람들이 참으로 기도하는 사람들이다.

(5) 우리는 기도할 때 믿음을 가지고 하나님의 뜻을 구해야 한다. 하나님을 신뢰하는 마음으로 주께 구하는 것이다. 하나님의 뜻을 이루실 것임을 굳게 믿으면서 간구하는 것이다. 하나님의 뜻을 구하되 주께서 그것을 이루실지 아닌지 반신반의하면서 구하는 것은 바른 기도가 아니다. 주님의 뜻을 구할 때는 그것을 믿는 마음으로 구해야 한다. 야고보는 하나님의 뜻을 구할 때 (특히 그가 말하는 맥락에서는 지혜를 구할 때에) "오직 믿음으로 구하고 조금도 의심하지 말라"고 명령하면서(약 1:6). 그렇게 의심하고 믿음이 없이 구하는 자를 "마치 바람에 밀려 요동하는 바다 물결 같으니 이런 사람은 무엇이든지 주께 얻기를 생각하지 말라"고 한다(약 1:6, 7). 그런 이는 "두 마음을 품어 모든 일에 정함이 없는 자로다"고 하시는 것이다(약 1:8). 하나님께서 하나님의 뜻대로 우리가 구하는 것을 주

In prayer we call on him to work out his purpose, not simply to gratify our whims."

시리라고 하면서도, 그렇지 않을 수도 있다고 두 마음을 품고 있으니 이리 저리 물결에 밀려 요동하는 바다 물결 같이 모든 일에 정함이 없다는 것이다. 그러므로 주님의 뜻을 구하는 자는 자신이 주님의 뜻을 구하는 것이므로 이것에 대해서 반드시 주께서 이루실 것임을 생각하면서 믿고 간구해야만 한다.

이때 필요한 것이 인내하는 것이다. 우리는 "항상 기도하고 낙망하지 말아야" 한다(눅 18:1). 그런데 이 말에는 기도하는 일이 우리가 기대하는 그 시간에 속히 이루어지지 않고 그래서 우리가 끝까지 인내하지 않으면 우리를 낙망하도록 하는 그런 상황이 있을 수도 있다는 것을 전제하는 말이기도 함을 잊어서는 안 된다. 그런 상황 가운데서도 우리는 "항상 기도하고 낙망하지 말아야" 한다. 우리는 믿음을 가지고 주님의 뜻의 성취를 위해 "밤낮 부르짖는"이들이 되어야 한다.

(6) 이와 같은 조건만 만족되면 어떤 형태의 기도든지 주님과 깊은 교제를 이루는 것이다. 그런 의미에서 그리스도의 구속에 근거해서 성령님 안에서 삼위일체 하나님께 드리는 것이라면 그런 기도에는 어떤 고정된 형태가 있는 것이 아니다. 위에서 언급한 요건에만 맞으면 그것은 충분한 기독교적 기도가 되는 것이다. 그것이 어떤 자세에서 드려지든지, 어떤 모습으로 드려지든지 이와 같은 형태를 만족시키면 된다. 그러므로 참된 기도는 주님 공로에 근거해서 성령님 안에서 드려지는 한 자유스러운 것이다.

5. 기도하는 자들의 모습

그렇다면 기도하는 이들은 이 세상에서 어떤 사람들로 나타나게 될까? 이는 우리가 참으로 기도하는 이들인지 아닌지를 잘 드러내게 하는 시금

석 역할을 하는 것이다.

(1) 아마도 그들은 하나님의 뜻을 깨닫고 그것의 구현을 위해 기도하며 애쓰는 이들로 나타나게 될 것이다. 진정으로 기도하는 이들은 자신의 유익을 구하지 아니하고, 자신의 뜻의 성취를 추구하지 아니한다. 그는 자신과 자신의 가족이나 자신의 나라나 자기 민족 정도를 위해 사는 사람이 아니다. 그는 진정으로 하나님 나라와 그 의를 구하는 사람으로 나타나게 될 것이다. 그러므로 그들은 세월이 지남에 따라서 하나님의 뜻을 더 잘 깨달아 가는 자로 나타날 것이고, 성경으로부터 깨달은 하나님의 말씀을 실천하는 자로 나타나게 될 것이다. 하나님의 뜻에 대해 지혜로우며, 그 뜻을 이루는 일에 있어서 용감한 자들로 나타나게 될 것이다. 그리고 하나님의 뜻이 다 이루기까지 온전히 인내하는 이들로 나타나게 될 것이니다.

(2) 따라서 그들은 세월이 지남에 따라서 하나님의 어떠하심과 같이 사랑하는 이들로 나타나게 될 것이다. 성령 안에서 그리스도의 공로 가운데서 기도하고 사는 이들이 어떻게 사랑의 사람이 되어가지 않겠는가? 날이 갈수록 그는 하나님을 사랑하고, 이웃을 사랑하는 이들로 나타나게 될 것이다. 마찬가지로 그는 가장 온유하고 자비하며 용서하는 사람으로 나타나게 될 것이다. 한마디로 그는 그리스도적인 품성을 잘 드러내는 성령의 열매를 맺는 이로 나타나게 될 것이다.

그러므로 기도하는 그리스도인은 하나님께서 이 세상에 인간을 처음 창조하실 때에 하나님께서 의도하셨던 그런 사람으로 드러나게끔 되어 있다. 주께서 우리에게 기도하라고 하신 것도 바로 이런 의미에서였다는 것임을 생각해야 한다. 부디 우리 모두가 이런 의미에서 진정으로 주께 기도하는 그리스도인일 수 있기를 원한다.

이승구

총신대학교
서울대학교 대학원 (M.Ed.)
합동신학대학원대학교 (M.Div.)
University of St. Andrews 신학부 (M.Phil.)
University of St. Andrews 신학부 (Ph.D.)
(현) 합동신학대학원대학교 조직신학 교수
(전) 한국개혁신학회 회장
(현) 한국복음주의신학회 회장

성경의 기도들

한나의 기도

송 예 진

1. 서론: 한나의 생애와 신학

성경에서 하나님이 어떤 한 사람에 대하여 특별한 뜻을 갖고 계실 때에 그 선택된 한 사람의 탄생 이전에 많은 예비하심이 있다는 것을 알 수 있다. 하나님의 특별한 뜻에 의해 태어나는 인물은 대부분 그 인물의 잉태부터 출산 때까지 고통스런 상황이 펼쳐지거나 심상치 않은 일을 겪게 된다. 자식이 없음으로 인해 멸시 받거나 낙담하다가 기도함으로 자식을 얻게 되는 내용은 성서 여러 곳에서 발견할 수 있다. 자식이 없던 상황에서 기도했던 대표적인 인물들로는 구약성서에 '한나'와 '사라'가 있고, 신약성서에는 '엘리사벳'이 있다. 이들은 모두 자식을 잉태하지 못해 고통을 겪다가 오랜 기간 인내하며 기도한 결과로 하나님의 응답을 받아 각각 '사무엘', '이삭', '세례요한'과 같은 특별한 자식을 얻었다.

한나(Hannah)는 엘가나(Elkanah)[1]의 부인이었다. 엘가나는 에브라임 산지 라마다임소빔[2]에 사는 에브라임 사람이었다. 엘가나에게 부인이 두 명이 있었는데, 그 중 첫째 부인이 한나였고, 브닌나는 둘째 부인이었을 것이다. 구약성경에서 남자들이 둘 혹은 그 이상의 아내들을 거느렸다는

---

1 엘가나란 이름의 뜻은 "하나님께서 얻으셨다" 혹은 "하나님께서 창조하셨다"라는 뜻이다.

2 라마다임소빔은 문자적으로 '숩(Zuphite) 땅에 있는 고지'라는 뜻이며 에브라임의 산간 지방 중 한 도시로 예루살렘 북쪽 8km지점에 위치해 있다.

증거들이 있다. 다윗과 솔로몬 같은 왕들의 경우, 그 관행은 부분적으로 정치적 요인들에 의한 것이었다고 설명 할 수 있다. 다른 사람들의 경우에 두 번째 부인을 얻는 것은 첫 번째 부인의 불임에서 기인했을 것으로 추정할 수 있다(신 21:15-17은 두 사람 모두 자녀를 낳았을 때의 상속 관행들을 법제화 한다). 하나님께서 일부다처제를 허용하셨을까? 아브라함, 야곱, 기드온, 다윗, 솔로몬 등이 모두 중혼을 했고, 모세의 율법도 일부다처제를 묵인한 것으로 여길 수도 있는 부분이 있다. 즉 신명기 21장 15-17절의 본문으로 인해 하나님께서 한 명의 남편이 여러 명의 부인과 결혼하는 풍습을 허용하신 걸로 오인할 수도 있다. 그러나 결혼에 대한 하나님의 원 뜻은 일부일처제이며, 신약 성경에서도 이 점에 관해 더욱 단호한 태도를 보이고 있다(딤전 3:12). 중혼을 묵인한 것과 적극적으로 그것이 옳다는 것은 전혀 별개의 문제이다. 즉 일부일처제는 창조의 원리(창세기 2:24)인 반면에 중혼은 명백한 죄악으로서 하나님이 세우신 창조 질서를 파괴하는 것이며 결코 정당한 일이 아니다. 사랑하는 남편에게 자신 이외에 또 다른 아내가 있는 여자의 일생은 어떤 삶이었을까? 가난보다 힘들고 척박한 삶이 아닐까? 한나의 삶이 바로 그런 고통스런 삶이었다. 세상 일이 남편이 자신을 사랑한다는 그 한 가지 사실만으로 다 해결이 된다면 이렇게 복잡한 세상은 아니었을 것이다. 그리고 엘가나도 한나의 불행을 보면서 행복하지만은 않았으리라. 엘가나의 또 다른 아내인 브닌나(Peninnah). 그녀는 그녀대로 행복하지 않았다. 브닌나는 사랑받지 못하는 여인의 모습으로 한나를 괴롭힌다. 사무엘서는 초장부터 한 남자에게 아내가 둘이라는 암울함이 배경이다. 이 암울한 배경이 바로 한나의 삶의 배경이었다.

일부일처제를 최초로 파괴한 인물은 가인 계통의 라멕이다. 즉 라멕은 구약성서에서 최초로 두 아내를 맞이한 자다. 창세기 2장 24절(이러므로 남자가 부모를 떠나 그의 아내와 합하여 둘이 한 몸을 이룰지로다)에는 신성한 결혼의 원리가 나타나 있다. 이에 반해 불과 2장 뒤로 가면 창세기 4장 19-24절에 결혼 붕괴의 이야기가(라멕의 두 아내 이야기) 나타난다. 사무엘상에서는 결국 엘가나와 한나 그리고 브닌나 모두 행복하지 않은 일그러진 가정이라는 상황을 배경으로 이야기를 시작하고 있고, 한나의 삶의 투쟁에 대한 이야기가 전개 된다.

사무엘서 1장 2절에 의하면, 브닌나에게는 자식이 있고, 한나에게는 자식이 없기 때문에 브닌나는 축복받는 존재이고, 한나는 불임의 벌을 받는 존재같이 여겨질 수도 있다. 인과응보(因果應報) 사상은 당시에 널리 퍼져있던 사상이었다. 즉 선을 행하면 선의 결과로서 하나님께 축복을 받고, 악(죄)을 행하면 악(죄)의 결과로서 하나님께 벌을 반드시 받게 된다는 사상이다. 그렇기에 한나의 불임은 한나 또는 엘가나의 죄에 기인한 것으로 오해할 수도 있었던 상황이다. 그러나 그렇지 않다. 고난이 축복이라고 했던가? 사무엘서 1장에서도 결국 고난이 축복이 되었다. "고난이 축복이다"라는 사상은 사무엘서 이외에도 성경의 여기 저기(욥기 등)에 살짝 숨어있는 관념 중 하나이다. 결혼 생활에서의 한나의 불임도 겉으로 보기에는 죄에 대하여 받는 벌로 비춰질 수도 있었지만, 그렇지 않았고 사실 축복이었다. 왜냐하면 1장 5절에서처럼 한나의 불임은 하나님께서 한나로 하여금 임신하지 못하게 하셨기 때문이다. 하나님께서 한나에게 불임의 고통을 준 것은 한나에게 벌을 주시기 위함이 아니었다. 한나의 불임은 하나님께서 계획하신 계획안에 있었던 일이었고, 임신하지 못하게 하신 분도 하나님이셨다. 한나가 불임으로 인한 고통 중에 통곡하며 기도하게 하시고 서원기도까지도 하게 하신 분은 하나님이셨다(1:5). 결국 한나가 임신하지 못해 자식을 낳지 못한 일도 훗날에 사무엘을 낳게 되는 큰 복을 받게 하려 하시는 하나님의 계획안에 있었던 것이다.

엘가나는 예배의 사람이었다. 매 해 자기의 성읍에서 나와 실로에 올라가서 만군의 여호와께 경배하며 제사를 드렸다(1:3). 하나님께서는 한나에게 생명을 잉태하여 자녀를 낳는 일을 아직 허락하지 않으셨다. 그 이유로 브닌나가 한나를 업신여겼었을까? 자식은 브닌나에게만 있었음에도 남편 엘가나의 사랑이 한나에게 편중되는 것에 대한 브닌나의 질투에 의해서였을까? 브닌나는 한나를 심히 격분케 했고 괴롭게 하였다 (1:6). 엘가나는 한나를 편애하여 분깃을 두 배로 주면서 티를 냈고, 이에 브닌나는 한나를 더 미워하게 된 것 같다. 어쨌든 브닌나가 한나를 격분시키자, 한나는 화를 내는 것이 아니라 울면서 먹지 아니하였다. 이에 남편 엘가나는 왜 먹지 않고 울기만 하고 슬퍼하는지 물어 보기도 하고, 자신이 열 아들보다 낫지 않느냐고 했다(1:8). 한편 한나라는 이름은 '은혜(grace)'라는 의미이다. 그리고 '매력적인(gracious)'이라는 의미도 갖고 있다. 한나는 그 이름대로 실제로도 매력적인 여성이었을까? 그녀의 이름의 의미대로 한가가 매력적인 여성이라 남편 엘가나의 사랑을 듬뿍 받았을까? 결국 한나는 하나님께 사무엘[3]을 낳는 은혜를 입게 되고, 이후 6자녀들[4]을 더 낳는 축복을 받는다(2:21).

2. 한나의 기도: 사무엘상 1장 9-18절에 나타난 기도의 특징들

하나님만이 자신의 근본적인 문제를 해결 할 수 있음을 깨달은 한나는 기도하기 시작했다. 우리는 '한나의 기도'에서 많은 것들을 배울 수 있다. 한나의 기도는 간절한 기도였다. 어떤 간절함이었을까? 성경에 보면 여

---

[3] 사무엘은 히브리어로 '그의 이름은 하나님'이라는 의미이다. 이 의미는 '이는 내가 여호와께 구하였다'(삼상 1:20)는 이름 풀이와 어울리지 않는다. 따라서 '하나님이 들으셨다'라고 해석하기도 한다(새번역의 각주 참고). 이 번역은 기도하는 한나의 이미지와 어울린다. 따라서 사무엘이라는 이름은 하나님의 이름을 부르는 사람들과 하나님께 간구의 기도를 하는 사람들에게 한나에게 베푸셨던 하나님의 '자비'와 '사랑'을 기억하게 해 주고, 하나님께서는 우리의 간절한 기도를 들어주시는 분이시라는 것을 기억하게 하신다.

[4] 한나는 나중에 세 아들과 두 딸에 사무엘까지 총 **여섯 명**을 얻는다(삼상 2:21). **삼상 2장 5절**에서는 자녀를 총 **일곱**을 낳았다고 보고한다. 한나가 낳은 자녀의 수가 다르게 나타나는 이유는 무엇일까?

호와 앞에서 운 사람들이 그 눈물의 힘으로 승리한 경우를 보게 된다. 히스기야 왕은 이사야를 통해 죽으리라는 통보를 받자, 하나님께 기도하면서 심히 통곡했다(왕하 20:2-3). 그러자 하나님께서 그 눈물을 보아주셨고(왕하 2:5) 그는 15년을 더 사는 기적을 체험할 수 있었다.

한나의 간절한 기도의 배경은 사무엘상 1장 9절에 나타난다. '그들이 실로에서 먹고 마신 후에 한나가 일어나니, 때에 제사장 엘리는 여호와의 전 문설주 곁 그 의자에 앉았다'고 기록되어 있다. 이어 10절에서는 '한나가 마음이 괴로워서 여호와께 기도하고 통곡했다'고 한다. 이때 한나의 기도의 **첫 번째 특징**이 나타난다. 즉 **한나의 기도는 통곡하는 기도이다.** 통곡이란 무엇인가? 통곡(痛哭/慟哭)은 "소리를 높여 슬피 운다"라는 동사의 명사형이다. 히브리어로 '통곡'이라는 말은 강조의 의미를 가지고 있다. 따라서 한나가 보통으로 통곡한 것이 아니라 아주 심히 통곡한 것을 뜻하는 것이다. 한나의 기도는 여호와 앞에서 울면서 더 깊어지는 기도였다. 성경에 보면 한나가 울었다는 표현이 7절, 8절, 10절에서 세 번이나 등장한다. 그런데 7절과 8절의 눈물이 홀로 서러워서 흘린 눈물이었다면, 10절의 눈물은 하나님 앞에서 흘린 눈물이었다. 그것도 단순히 울기만 했던 것이 아니라 통곡했다. 하나님 앞에서 통곡하며 기도할 때 하나님의 역사는 시작되었다.

두 번째 한나의 기도는 서원하는 기도이다. 서원하는 기도란 맹세하는 기도이다. 즉 하나님과 1:1의 약속을 하는 기도이다. '나를 기억하사 주의 여종을 잊지 아니하시고'(11절)라는 말로 자신을 기억할 뿐만 아니라, 잊지 말아달라는 간절함을 표현했다. 한나의 서원의 내용은 1장 11절(만군의 여호와여 만일 주의 여종의 고통을 돌보시고 나를 기억하사 주의 여종을 잊지 아니하시고 주의 여종에게 아들을 주시면 내가 그의 평생에 그를 여호와께 드리고 삭도를 그의 머리에 대지 아니하겠나이다)에 나타난다.

세 번째 한나의 기도는 오래하는 기도였다. 그동안 부흥집회라든가 교회 여러 곳에서 중언부언하는 기도를 하지 말라는 말이 있어왔다. 重言復言(중언부언)하는 기도를 하지 말라는 말은 성서 중 마태복음 6:7-8에 나타난다. 한자로 중언부언이라는 말에서 중은 중복되다 할 때의 중(重)이고 부(復)는 '다시'라는 의미가 있다, 즉 반복하는 의미로 부(復)자를 사용한다. 이 말 때문에 여러 말을 반복해서 기도하는 것을 금기시 하는 사람들도 있다. 하지만 이 말은 여러 말을 반복해서 기도하지 말라는 의미라기보다는 기도하는 대상을 염두에 두지 않고 이말 저말 아무 생각 없이 반복적으로 형식적인 기도를 하지 말라는 것을 의미한다. 성서의 다른 본문으로 예를 들자면 누가복음 18장 1-8절 과부와 재판관의 이야기가 참고가 될 수 있다. **네 번째 입술로 자신의 심정을 토로하는 기도를 했다. 한나는 술에 취한 것처럼 입술을 움직이며 심정을 토로하는 기도**[5]**를 했다.** '속으로 말하매 입술만 움직이고 음성은 들리지 아니하므로'(13절)라는 말인데, 이 말은 입으로만 하는 기도가 아니라 마음에서 우러나오는 기도를 했다는 뜻이다.

다섯 번째 원망과 앙갚음 대신 기도했다. 한나는 자신을 격분하게 하고, 어려운 상황으로 만드는 브닌나에게 앙갚음을 하지 않았다. 한나는 마음이 괴롭고 원통하며 격분될 때 오히려 기도했다(1:6, 7, 10, 16).

여섯 번째 근심들을 하나님께 다 맡기는 기도를 했다. 그러했기에 한나의 얼굴에는 근심 빛이 사라졌다고 한다(1:18). 즉 자기의 집으로 돌아가

---

[5] 사무엘상 1:12~14절에 엘리는 한나가 하나님께 탄식하며 기도하고 있는 것을 술에 취한 줄로만 알고 책망하였는데 이는 엘리의 실수였다. 즉 엘리는 한나의 마음속에 있는 안타까움을 보기보다는 겉으로 나타난 표정만을 보고 판단하였던 것이다. 이 사실은 거룩한 제사장직을 행하는 그가 형식적이고 육신적인 신앙생활을 했다는 사실을 단적으로 보여 주는 것으로 이해할 수도 있다. 성도들의 삶에 있어서도 형제를 비난하기에 앞서 그 형제의 생각과 마음의 상태를 깊이 이해할 줄 아는 사랑이 필요하며 엘리와 같은 실수를 범하지 않기 위해서 끊임없이 성령의 인도를 받아야 하는 것이다. 그렇다면 엘리의 책망에 대한 한나의 답변은 무엇이었는가? 한나는 제사장 엘리에게 대답했다. 첫째로는 단순하고 날카롭게 '나의 주여 그렇지 아니하나이다'라고 잘라 말했다. 두 번째로는 술 취했다는 비난에 대하여 "자기는 영혼이 깊은 슬픔에 잠겨 있는 여자이므로 단지 여호와께 기도한 것뿐이다"라고 했다.

서 음식을 먹고 일상생활을 하며 다시는 슬픈 기색을 띠지 않았다고 한다. 엘리 제사장이 한나에게 "평안히 가라 이스라엘의 하나님이 네가 기도하여 구한 것을 허락하여 주시기를 원하노라"라고 선포했을 때, 한나는 그대로 믿고 그대로 따랐다. 엘리 제사장이 한나에게 "평안히 가라"했을 때. 한나는 걱정하고 근심하는 마음이 아닌 평안한 마음으로 갔을 것이다. 한나는 근심들을 하나님께 다 맡기는 기도를 했다. 그러했기에 한나의 얼굴에는 근심 빛이 사라졌다(1:18). 즉 자기의 집으로 돌아가서 음식을 먹고 일상생활을 하며 다시는 슬픈 기색을 띠지 않았다고 한다. '평안한 마음으로 갔다'는 것은 하나님께 근심과 걱정과 아픔과 회한 등 모든 것을 맡겼을 때 나타나는 행동이다. 하나님은 자기 백성의 간구를 멸시하지 않으시는 분이시다(시 116:1). 즉 하나님의 뜻을 바라며 인내하는 자에게는 당신의 적절한 응답을 분명히 허락하신다(약 1:4).

3. 한나의 기도 그 내용: 사무엘상 2장 1~10절

한나의 기도의 내용은 사무엘상 2장 1-10절을 통해 알 수 있다. 한나가 이런 찬양을 지어 부른 이유는 무엇인가? 한나의 찬양은 그녀의 기도에 응답하신 하나님께 대한 감사의 표현이었다. 한나의 감사 찬송은 신약의 마리아에 의해 되풀이 되었다(눅 1:46-55). 이제 그녀에게 공허와 비참함과 수치는 다 지나가고 생명과 기쁨, 그리고 존귀가 찾아왔다.

1 한나가 기도하여 이르되
내 마음이 여호와로 말미암아 **즐거워하며**
내 뿔이 여호와로 말미암아 높아졌으며
내 입이 내 원수들을 향하여 크게 열렸으니
이는 **내가 주의 구원으로 말미암아 기뻐함이니이다**

첫째로 한나의 기도는 즐거워하고 기뻐하는 감사의 기도였다. 하나님으로 말미암아 자신(내 뿔)이 높아졌음을 고백하는 기도였다. 여기서 뿔이란 '강력한 능력'을 상징한다(단 7:21 참조). 한나는 사무엘을 낳은 것이 큰 위로와 힘이 되었고, 이로 인하여 하나님께서 자기를 높여 주셨음을 감사하고 있다. 원수들을 향하여 입이 크게 열렸다는 것은 이제는 멸시하는 자들 앞에서도 하나님이 자기와 함께 하시는 분임을 증거하게 되었다. 한나는 주님의 구원하심으로 말미암아 기뻐하는 기도를 했다.

2 여호와와 같이 거룩하신 이가 없으시니 이는 주 밖에 다른 이가 없고 우리 하나님 같은 반석도 없으심이니이다

둘째로 한나의 기도는 하나님 한 분만을 향한 기도였다. 하나님 같은 반석은 그 어디에도 없고, 하나님 이외에는 거룩하신 이가 없으며, 하나님 밖에 다른 존재는 없다는 고백을 하는 기도였다. 여기서 '반석'은 예수 그리스도를 가리키는 말이다(고전 10:4).

**3 심히 교만한 말을 다시 하지 말 것이며 오만한 말을
너희의 입에서 내지 말지어다
여호와는 지식의 하나님이시라 행동을 달아 보시느니라
4 용사의 활은 꺾이고 넘어진 자는 힘으로 띠를 띠도다
5 풍족하던 자들은 양식을 위하여 품을 팔고 주리던 자들은
다시 주리지 아니하도다
전에 임신하지 못하던 자는 일곱을 낳았고
많은 자녀를 둔 자는 쇠약하도다**

셋째로 교만한 자에 대한 경고의 기도였다. 한나는 타인들(청중들, 독자

들)을 향하여 종용한다. 즉 **자신을 향해 교만한 말을 하지 말 것이며, 오만한 말을 하지 말라는 경고를 하는 기도였다.** 그리고 한나는 하나님께서는 지식의 하나님이시기에 사람의 행동을 다 아시는 분이시다. 우리의 삶은 하나님 앞에서 벌거벗은 것과 같이 낱낱이 드러날 것이다(마 10:30). 아무리 용기가 충만했다 하더라도 하나님이 없이는 그 용사의 활이 꺾인다는 것이고, 하나님 앞에서 교만한 자는 멸망하게 되고 넘어지게 된다는 것이다. 하나님께서는 교만한 자를 멀리하시고 겸손한 자를 사랑하신다(잠 16:5). 교만은 멸망의 지름길이다(잠 16:18). 결국 풍족하던 자들도 이제는 양식이 없다. 그러므로 품을 팔러 다닌다. 하지만 주리던 자들은 다시는 주리지 않게 되었다고 한다(2:5). 또한 전에 임신하지 못하던 한나는 이제 노래한다. 자신은 자녀 일곱을 낳았고, 많은 자녀를 두었던 자는 이제 쇠약하다(2:5)고 승리의 노래를 한다.

> 6 여호와는 죽이기도 하시고 살리기도 하시며
> 스올에 내리게도 하시고 거기에서 올리기도 하시는도다
> 7 여호와는 가난하게도 하시고 부하게도 하시며
> 낮추기도 하시고 높이기도 하시는도다
> 8 가난한 자를 진토에서 일으키시며 빈궁한 자를 거름더미에서 올리사
> 귀족들과 함께 앉게 하시며 영광의 자리를 차지하게 하시는도다
> 땅의 기둥들은 여호와의 것이라 여호와께서 세계를 그것들 위에 세우셨도다

넷째로 한나는 하나님의 주권에 대해 찬양하며 기도한다. 하나님께서는 우리 인간들을 죽이기도 하시고 살리기도 하신다고 한다. 그리고 스올에 내려가게도 하시고 스올에서 올리시기도 하신다는 기도이다. 한나는 모든 만물들은 여호와의 것이며 모든 것들을 세우신 이도 여호와 하나님이시기에 가난한 자를 일으키시고 빈궁한 자를 거름더미에서 올려

귀족들과 함께 앉게 하시며 영광의 자리를 차지하게 하시는 분도 하나님이시라는 것을 찬양하는 기도를 했다.

9 그가 그의 거룩한 자들의 발을 지키실 것이요
악인들을 흑암 중에서 잠잠하게 하시리니 **힘으로는 이길 사람이 없음이로다**
10 여호와를 대적하는 자는 산산이 깨어질 것이라 하늘에서 우레로 그들을 치시리로다 여호와께서 땅 끝까지 **심판을 내리시고 자기 왕에게 힘을 주시며 자기의 기름 부음을 받은 자의 뿔을 높이시리로다**

다섯째로 하나님은 심판자이시고, 하나님의 힘과 능력을 당할 자가 없다는 기도를 한다. 철저하게 하나님 한 분만을 바라고 섬기는 자만이 할 수 있는 기도이다. 거룩한 백성들의 발을 지켜주실 분도 하나님이시고, 악인들을 잠잠케 하실 분도 하나님이심을 찬양하는 기도를 했다. 하나님을 대적하는 자는 완전한 사망에 이르게 된다는 표현을 '산산이 깨어질 것이라'라고 표현했다. 하늘에서 우레로 대적자들을 치신다고 하신다. 한나의 기도는 하나님께서 심판자이심을 다시 일깨워준다. 한나는 **하나님께서는 땅 끝까지 심판을 내리시고 그 분의 왕에게 힘을 주시며, 기름 부음을 받은 자의 뿔을 높여주시는 분이시라고 하나님을 찬양하는 기도를 했다.**

4. 결론: 기도의 교훈들과 적용

하나님께서는 개인적인 삶을 주관하실 뿐만 아니라 민족의 삶 전체를 주관하신다. 하나님께서는 때로는 심판하시고 때로는 축복하시면서 당신의 예정하신 목적을 향하여 역사하신다. 이스라엘을 향한 하나님의 예정은 그들이 세상의 빛이 되도록 하게 하는 것이었으며, 또한 메시야의 강림을 위해 준비시키는 것이었다. 예를 들어 나이 어린 사무엘을 부르시고 그를 통해 범죄 한 백성 위에 임박한 진노를 게시하신 것은 하나님께서 타락한 제사장과 은혜를 저버린 백성들을 심판하신다는 주제를 반영하고 있다. 사무엘상 1장과 2장에 나타난 한나의 이야기에서 개인과 민족의 이야기가 얽혀 있지만 이 모두를 다스리는 분은 하나님이시다. 오직 한 분 이신 하나님께서는 다윗의 개인적이고 사적인 범죄로부터 흉악하고 불순종하는 민족의 큰 죄악에 이르기까지 백성을 자비와 공의로 다스리신다. 이와 같은 사상을 갖고 있는 민족은 아무리 사소한 일이라도 큰 의미를 갖는다는 것을 알고 있으며, 또한 하나님은 우리의 삶 전체를 통하여 섭리하시고 계신다는 사실을 알 수 있다. 그렇다면 여기까지 알아 본 한나의 기도에서 실천할 사항들은 어떤 것들인가? **첫째로 슬프고 괴로울 때에 기도해야 한다.** 한나는 마음이 괴로울 때 슬플 때 하나님께 기도하고 통곡하며 기도했던 것이다. 한나는 하나님께 서원 기도를 드리고 사무엘을 얻은 후에 그가 서원한 대로 이행했다. "그러므로 나도 그를 여호와께 드리되 그의 평생을 여호와께 드리나이다 하고 그가 거기서 여호와께 경배하니라."(삼상 1:28) **둘째로 눈물로 통곡하며 기도하고, 오래 기도해야 한다.** 한나의 기도에서 배웠듯이 하나님 앞에서 눈물로 기도하고, 오래 기도해야 한다. 그럴 때 하나님의 능력이 나타나고 하나님의 역사가 시작된다. **셋째로 하나님께서 개개인의 인격보다는 집합적 인격을 강조하신다는 점을 기억해야 한다.** 이스라엘의 도덕, 종교 문제는 개인적이라기보다는 가족적, 사회적, 민족적 문제였다. 하나님은 이들이 그토록 바라던 아들을 주실 때 개인적인 기도의 응답으로만 주시지 않았다. 즉 한나도 결국 기도의 응답으로 사무엘을 얻었지만 이는 개인적인 사건으로만 끝난 것이 아니었다는 것이다. 즉 한나의 아들 사무엘을 이스라엘의 사사 중 마지막이자 가장 위대한 사사로 세워 주신 분도 하나님 이셨고, 왕국 건설을 위한 선지자 중 첫 선지자(모세 이후로)로 사무엘을 주신 하나님 이셨다. 하나님께서는 한나가 브닌나로 인해 격분될 때, 통곡하며 탄식하며 기도하게 하셨다. 하나님께서는 한나의 태를 통해 위대한 영적지도자 사무엘을 주셨다. 사사시대의 어둠을 거둬내시고 빛을 주셨다. 아이를 낳지 못해 고통당했던 한나는 그저 자신에게도 아이를 허락해 달라고 개인적인 기도를 했지만, 하나님은 한 시대를 이끌어가는 지도자가 될 아이를 세워가셨다. **넷째로 근심과 걱정 그리고 고통이 있을 때 모든 걸 하나님께 맡기는 기도를 해야 한다.** 한나는 하나님을 신뢰하며 나아갔다. 한나는 하나님을 원망하지 않았다. 하나님은 완전하시다. 하나님은 사랑이시다. 완전한 계획을 예비하시는 하나님이시다. 고통이 있고 근심과 걱정 등이 있을 때, 모든 문제를 하나님께 토로하고 맡기는 기도를 해야 된다. 하나님께서 영적인 성숙으로 인도하며 하나님이 이뤄가신다. **다섯째로 사람과 다투지 말고 하나님께 기도해야 한다.** 한나가 브닌나와 다투지 않은 것처럼, 사람과 다투지 말고 염려와 고통과 억울한 심정을 다 주님께 아뢰고 기도해야 한다. 주님만이 우리에게 해결책을 주시고, 예수 그리스도만이 우리의 소망이시다. **마지막으로 사무엘서에 신학적으로 다루어야 할 필요가 있는 것들이 있다. 계시와 이스라엘 선택의 문제와 하나님의 섭리하심이다.** 엘리와 사무엘, 사울과 다윗이 섬긴 하나님은 그들에게 무슨 표(10:2-9)나, 꿈이나, 신탁이나, 예언(26:6) 등으로 나타나셨다. 하나님은 이스라엘의 하나님으로 그들과 운명을 같이 하셨고, 이스라엘의 영광이요, 힘이셨다(4:21). 이스라엘과 하나님과의 관계는 이스라엘이 하나님을 찾은 것이 아니라 하나님께서 이스라엘을 택하셨으며, 하나님의 능력은 이스라엘 백성에게만 국한되는 것이 아니었다. 하나님은 성공의 유일한 원인이시며, 이스라엘의 역사 속에서도 하나님의 도우심으로 승리했다. 병고(삼하 21:1-14)도 죽음(6:19)도 하나님의 의지에 달렸으므로, 이 세상의 역사 뿐 아니라 생명과 사망에까지 하나님께서 섭리하심으로 주관하신다(1:5). 절대자이신 하나님에게서

찾아 볼 수 있는 한 가지는 사람에게 협력을 요구하시는 것이다(15:11)

**너희 염려를 다 주께 맡기라 이는 그가 너희를 돌보심이라
베드로 전서 5:7**

기도: 우리가 한나의 기도를 배워 하나님 앞에서 통곡하며 기도하고, 오래 기도하며, 간절히 기도하고, 서원하며 기도하게 하옵소서. 모든 염려를 다 주께 맡기는 기도를 하여서 하나님의 뜻 안에서 모든 문제를 해결 받게 하옵소서. 하나님이 주시는 고난에도 감사하고, 한나처럼 욥처럼 축복도 받게 하옵소서. 예수님의 이름으로 기도합니다. 아멘.

송 예 진

평택대학교 (B.A.)

평택대학교 피어선신학전문대학원 (M.A. 구약신학)

평택대학교 피어선신학전문대학원 (M.Div.)

피어선신학전문대학원 (Ph.D. 구약신학)

시인 · 수필가(한국문인협회 2014년 등단)

(현) 순복음 목양교회 부목사

성경의 기도들

다윗의 기도

김진규

1. 다윗의 생애와 신학

다윗은 생을 마감하기 전에 자신을 이렇게 소개하고 있다.

> 이는 다윗의 마지막 말이라 이새의 아들 다윗이 말함이여 높이 세워진 자, 야곱의 하나님께로부터 기름 부음 받은 자, 이스라엘의 노래 잘 하는 자가 말하노래(삼하 23:1).

다윗은 이새의 아들로서 여덟 아들 중에 막내로 태어났다. 하나님은 용모와 신장이 빼어난 다윗의 형제들 중에서 아버지의 안중에도 없었던 다윗을 선택하여 이스라엘의 건국의 아버지와 같은 위대한 왕으로 삼으셨다. 이사야 선지자는 후일 메시아가 다윗의 혈통을 통해 태어날 것을 '이새의 줄기(뿌리)에서 난 싹'(사 11:1,10)이라고 표현하고 있다. 선지서에 종종 등장하는 '싹'(Branch)은 메시아를 가리키는 전문적인 상징어이다.

다윗은 어린 시절에 목동으로 생을 보냈다. 양들을 돌보는 목동으로서 다윗의 경험은 후일 위대한 시들을 짓는 그림언어들의 밑바탕이 되었다. '여호와는 나의 목자'(시 23:1)라는 표현은 목동으로서의 그의 경험이 없었다면 도저히 나올 수 없는 그림언어이다. 목동으로서 양을 지키기 위해 목숨을 걸고 맹수들과 싸워서 이긴 경험은 후일 골리앗과 대면하여 싸울 수 있는 용기의 밑천이 되었다. 목동으로서 그의 경험이 어우러져 위대한 여호와 신앙의 토대로 활용되었다.

사울 왕이 하나님의 말씀에 불순종함으로 말미암아 버림을 당한 후에 선지자 사무엘은 하나님의 명에 따라 이새의 아들 다윗에게 기름 부었다. 그래서 다윗은 '야곱의 하나님께로부터 기름 부음 받은 자'라는 말을 사용하고 있다. 구약 시대에 왕, 제사장, 예언자들은 직분을 맡기 전에 기름 부음을 받았다. 이 기름 부음은 자신의 원함으로 되는 것이 아니라 하나님의 특별한 예정과 선택이 있어야 가능했다. 기름 부음은 하나님께서 주신 소명을 감당케 하기 위한 성령의 기름 부으심과 연관이 있다. 후일 '기름 부음 받은 자'라는 말에서 '메시아'라는 용어가 유래했다. 메시아는 성령의 기름 부으심을 받고 복음을 전파하는 자로 이사야서는 예언하고 있고(사 61:1), 메시아 예수님께서 요단강에서 세례를 받은 후 성령의 기름 부으심을 받고 사역을 시작하심으로써 예언이 성취되었다(마 3:16).

다윗의 다윗 됨은 자신의 능력에 달린 것이 아니라, 성령의 기름 부으심이 함께 하셨기 때문이었다. 다윗은 기름 부음 받은 이후에 그가 수금을 탈 때, 사울 왕에게 붙은 귀신들이 떠나가는 역사가 나타났다. 다윗이 기름 부음 받은 이후에 그는 골리앗을 때려눕히는 능력을 발휘하게 되었다. 다윗이 위대한 왕으로 '높이 세워진 자'가 된 것은 전적으로 하나님의 기름 부으심이 함께 하셨기 때문이었다. 전적인 하나님의 은혜 때문이었다.

다윗은 자신을 또한 '이스라엘의 노래 잘 하는 자'라고 말한다. 시편은 제2성전기 유대인의 찬송가였다. 시편 중에 73개의 시편이 다윗의 시라는 표제를 달고 있다. 시편 150편 중에 거의 절반을 다윗이 기록했다고 해도 과언이 아니다. 표제가 없는 시편 중에도 다윗의 시가 있을 수 있다. 다윗은 이스라엘 백성의 찬양의 영감을 불어넣은 위대한 작사자였다. 다윗은 또한 악기를 다루는데도 능숙한 사람이었다. 사울 왕이 귀신 들려 괴로워할 때, 그를 위해서 악기를 연주해줄 사람을 뽑았는데, 다윗이 뽑혔다. 어떤 의미에서 다윗은 악기 연주에 있어서 당시 국가의 대표자로 뽑혀 왕을 위해 연주하는 자가 되었다고 볼 수 있다. 그가 악기를 다루는 실력이 보통이 아니었을 것이 분명하다.

다윗의 시나 악기 연주는 모두 여호와 하나님의 위대하심을 찬양하는데 초점을 맞추고 있다. 다윗의 시라는 표제가 달린 시들을 읽어보면 다윗이 얼마나 하나님을 마음 속 깊이 사랑하고 하나님을 철저히 의지했는지 진한 감동을 느낀다.

다윗의 시편들은 원래 기도의 형태로 쓰인 것이다. 시편의 내용을 보면 이들 시편이 찬양으로 사용되기 전에 기도의 형태로 기록된 것임을 알 수 있다. 몇몇 실례를 들어 보자.

> 내 의의 하나님이여 내가 부를 때에 응답하소서 곤란 중에 나를 너그럽게 하셨사오니 내게 은혜를 베푸사 나의 기도를 들으소서(시 4:1).

> 여호와여 나의 말에 귀를 기울이사 나의 심정을 헤아려 주소서 나의 왕, 나의 하나님이여 내가 부르짖는 소리를 들으소서 내가 주께 기도하나이다(시 5:1-2).

시편 4, 5편은 처음부터 하나님께 부르짖는 기도로 시작함을 알 수 있다. 그러므로 시편을 연구하면 다윗의 풍성한 기도의 세계를 볼 수 있다.

다윗은 다양한 장르의 기도들을 시편으로 지었다. 찬양시, 탄원시, 감사시, 제왕시 등 다양한 유형이 있다. 특히 시편의 초반부에 두드러진 것은 탄원시들이다. 이들 탄원시는 다윗이 원수들에게 쫓기면서 하나님께 자신의 곤란한 상황을 하소연하는 내용이 주를 이루고 있다.

다윗은 골리앗과 싸워 이긴 후에 사울의 질시를 받아 오랜 세월동안 쫓기는 신세가 되었다. 수많은 죽음의 고비들을 넘겼다. 생사를 오가는 위기 속에서 그가 살아남을 수 있었던 것은 하나님의 보호하심 때문이었다. 그는 하나님의 보호하심이 얼마나 중요한지 깊이 깨닫고, 순간마다 하나님을 의지하고, 도움을 요청하는 애절한 하소연을 시편을 통해 들을 수 있다. 다윗의 탄원시들이 오늘날 고난당하는 성도들에게 큰 은혜와 위로가 되는 이유는 그의 경험이 반영된 시편들이 동일을 감동으로 가슴을 터치하며 다가오기 때문이다. 다윗의 시들을 읽으면 그가 왜 하나님의 마음에 합한 자가 되었는지 이해할 수 있다.

이런 다윗에게도 위기가 있었다. 그가 승승장구하고 있을 때, 한순간의 방심으로 간음죄와 살인죄를 이중으로 범하게 되었다. 우리아의 아내 밧세바를 데려와 간음죄를 짓고, 그의 남편 우리아를 전장 일선에 내보내 죽게 했다. 이로 인해 하나님의 심판이 다윗의 가문에 임하게 되었고, 집안에 칼이 떠나지 않게 되는 비극을 맞게 된다. 다윗의 엄청난 범죄에도 불구하고 그는 사울과는 달리 하나님 앞에 철저히 회개함으로 하나님의 용서를 체험하게 된다. 이 내용이 시편 51편에 기록되어 있다. 다윗의 회개 기도를 통해서 회개 기도의 중요한 요소들을 배우게 된다.

2. 다윗의 기도의 내용: 시편 51편을 중심으로

시편 51편은 시편에 나오는 7개의 회개의 시(시 6, 32, 38, 51, 102, 130, 143) 중에 대표적인 회개시이다. 본 시편에는 "다윗이 밧세바와 동침한 후 선지자 나단이 그에게 왔을 때"라는 표제가 붙어있다. 이 시의 배경이 되는 역사적 사건은 사무엘하 11-12장에 기록되어 있다.

다윗의 부하들이 암몬 사람들과 전투하고 있을 때, 다윗은 어느 날 왕궁 옥상에서 거닐다가 목욕하는 여인을 보게 된다. 그는 여인이 우리아의 아내 밧세바란 사실을 알았지만, 그녀를 왕궁으로 끌어들여 죄를 범하게 되고, 이로 말미암아 임신하게 된다. 다윗은 자신의 죄를 은폐하기 위해서 전장에서 싸우고 있던 그녀의 남편 우리아를 불러들여 아내와 동침하게 하려 했으나, 그는 아내와 잠자길 거부한다. 다윗은 우리아의 손에 요압 장군에게 보내는 편지를 들려 보낸다. 그 편지의 내용은 우리아를 전장 일선에 내보내 죽게 하라는 것이었다. 이렇게 하여 우리아는 전사하게 된다. 그가 죽은 후에 다윗은 밧세바를 자기의 아내로 삼았다. 나중에 나단 선지자는 하나님의 명을 받고 다윗을 찾아가 그의 범죄 사실을 책망하고 하나님의 심판을 선포한다. 다윗은 자신의 죄를 인정하고 하나님께 회개한다. 그 회개의 내용이 기록된 시편이 바로 시편 51편이다.

시편 51편은 다윗의 회개를 통해 우리가 죄를 범했을 때, 어떻게 회개해야할 것이지 그 방향을 분명하게 가르쳐준다.

첫째, 다윗의 회개는 철저히 하나님께로 향하고 있다.
자신이 남의 아내를 빼앗고 그의 남편을 죽여, 그들에게도 심각한 죄를 지었지만, 더 근원적으로 하나님께 죄를 범한 것임을 인정한다. "내가 주께만 범죄하여 주의 목전에 악을 행하였사오니"(4절). 자신이 사람들에게 죄를 지은 것은 마음의 중심에서 볼 때, 하나님을 무시한 죄가 근원에 깔려있다. 사람들에게 죄를 짓지 않았다는 말이 아니라, 모든 죄는 근원적으로 하나님께 죄를 범한 사실을 인정하고 있다. 하나님을 두려워하지 않는 데서 모든 죄는 발생한다. 하나님의 공의와 정의의 원리에 어긋나는 것이 범죄 행위이다.

다윗은 자신의 죄를 용서하실 수 있는 분은 오직 하나님이시기 때문에 하나님께 자신의 죄악을 반복해서 고백하며 용서를 빈다.

> 나의 죄악을 말갛게 씻으시며 나의 죄를 깨끗이 제하소서(2절).
> 우슬초로 나를 정결하게 하소서 내가 정하리이다 나의 죄를 씻어 주소서 내가 눈보다 희리이다(7절).
> 주의 얼굴을 내 죄에서 돌이키시고 내 모든 죄악을 지워 주소서(9절).

다윗은 자신의 죄와 죄악을 말끔히 씻고, 제거하고, 지워달라고 기도한다. 회개의 중요한 요소 중에 하나는 우리가 범한 죄를 깨끗이 씻어달라고 하나님께 기도하는 것이다.

다윗은 또한 하나님의 성품에 의지하여 기도한다.

> 하나님이여 주의 인자를 따라 내게 은혜를 베푸시며 주의 많은 긍휼을 따라 내 죄악을 지워 주소서(1절).

그는 하나님의 인자와 긍휼에 호소하고 있다. 인자(헤쎄드)라는 말은 하나님의 언약적 사랑을 표현하는 전문용어이다. 하나님은 그의 백성과 언약을 맺으시고 지키시는 하나님이시다. 하나님은 그의 백성이 회개하면 용서하신다고 언약을 맺으셨다. 이 언약에 기초하여 하나님께 호소하고 있다. 다윗은 자신이 정말 심각한 죄를 지은 사실을 알지만 그의 죄를 용서하시는 하나님의 언약적 사랑은 훨씬 더 크고 차원이 높은 것이다. 그래서 그는 하나님의 인자하심에 의지하여 은혜를 구한다.

하나님의 또 다른 두드러진 성품은 긍휼이다. 인간은 연약하여 범죄할 수밖에 없는 나약한 존재들이다. 인간의 연약함을 알고 계시는 하나님이시기 때문에 그의 긍휼에 호소하여 회개한다. 하나님의 인자와 긍휼은 죄인들이 하나님께 나아갈 때, 꼭 의지하고 나아가야할 하나님의 중요한 성품들이다.

다윗은 또한 회개할 때, 하나님께서 진짜 원하시는 것이 무엇인지 알고 있었다.

의식적인 속죄제를 통한 회개 이전에 자신의 죄에 대한 '상한 심령'과 '통회하는 마음'을 갖는 것이 얼마나 중요한지 알고 있었다. 의식적인 제사 이전에 마음을 개혁하는 심령의 제사가 훨씬 더 중요하다.

> 하나님께서 구하시는 제사는 상한 심령이라 하나님이여 상하고 통회하는 마음을 주께서 멸시하지 아니하시리이다(17절).

여기 '상한 심령'과 '상하고 통회하는 마음'은 '철저히 부서진 마음, 깊이 뉘우치는 마음'을 의미한다. 회개에 진짜 중요한 요소는 자신의 죄에 대해서 철저히 뉘우치는 부서진 마음이 있어야할 것이다. 이것이 없는 제사는 하나님 앞에 의미 없는 종교행위에 불과한 것이다. 다윗은 이를 알았기 때문에 이렇게 고백한다.

> 주께서는 제사를 기뻐하지 아니하시나니 그렇지 아니하면 내가 드렸을 것이라 주는 번제를 기뻐하지 아니하시나이다(16절).

이 말씀의 의미를 오해하면 안 된다. 다윗 시대에 구약의 제사가 필요 없다는 말이 아니다. 모세가 받은 제사제도는 하나님께서 구약시대 이스라엘 백성을 위해서 제정하신 것이다. 속죄제나 속건제는 죄를 용서하는 중요한 제사들이었다. 19절을 보면, 제사와 번제를 드린다고 고백하고 있다.

그런데 제사와 번제 이전에 회개하는 사람에게 더욱 중요한 것은 자신의 죄에 대해 깊이 뉘우치는 깨어진 마음이란 사실을 성경은 밝히고 있다. 자신의 죄에 대해서 철저히 슬퍼하며 통회하는 마음으로부터 동일한 죄를 반복하지 않는 진정한 삶의 개혁이 일어날 수 있다. 같은 죄를 반복하지 않는 삶의 개혁이 일어날 때, 진정한 회개에 도달하게 된다. 얼마나 많은 사람들은 이 과정이 없기 때문에 입술로만 고백하고 동일한 죄를 반복해서 짓고 있는가! 이는 하나님을 우롱하는 행위요, 진정한 회개가 아니다.

둘째, 다윗은 자신의 범죄 사실에 대해서 솔직히 고백하고 있다.
회개는 하나님께 자신이 지은 죄를 있는 그대로 고백하고 인정하는 것이다. 이런 고백이나 인정함이 없이는 진짜 회개가 될 수 없다. "무릇 나는 내 죄과(페쉬)를 아오니 내 죄(하타트)가 항상 내 앞에 있나이다"(3절). 히브리어에 죄를 가리키는 용어 세 가지가 주로 사용되었는데, 페쉬, 하타트, 아본 등이다. 한동안 구약학자들은 이들의 의미의 차이에 대해서 다양한 견해를 제시했으나, 지금은 이들 세 용어의 의미상 큰 차이가 없다는 게 중론이다(Dalglish). 구약에서 말하는 죄란 하나님의 뜻에서 벗어난 행위를 포괄적으로 가리키는 용어이다(Youngblood). 다윗은 자신이 지은 죄과를 인정하고 있으며, 자신이 얼마나 심각한 죄를 지었는지 알고 있다. 회개자는 자신의 죄를 인정하고 고백하는 것이 꼭 필요하다.

다윗은 자신의 자범죄뿐만 아니라 자신의 근원적인 죄도 인정하고 있다. 5절은 기독교의 원죄설에 자주 인용되는 구절이다. "내가 죄악 중에서 출생하였음이여 어머니가 죄 중에서 나를 잉태하였나이다"(5절). 이 구절은 유대인들 사이에 부정함을 죄로 여기는 율법에 기인했다고 보는 사람도 있다(레 15:18). 그런데 본 시편은 다윗의 어머니의 범죄에 초점이 있는 것이 아니라 다윗 자신의 범죄 행위에 초점이 있기에, 이 구절의 의미는 다윗 자신이 출생 시부터 지니고 태어난 원죄까지 인정하고 있는 것으로 이해하는 편이 나을 것이다. 다윗은 자범죄뿐만 아니라 원죄까지 인정하며 하나님 앞에 죄를 고백하고 있다.

셋째, 다윗의 회개에는 회복을 위한 기도도 포함되어 있다.

오늘날 회개하는 사람들이 꼭 배워야할 중요한 교훈을 여기서 배울 수 있다.

1) 다윗은 자신의 범죄로 인해 생긴 영적 정신적인 고통으로부터 회복되길 기도한다.

"내게 즐겁고 기쁜 소리를 들려 주시사 주께서 꺾으신 뼈들도 즐거워하게 하소서"(8절). 여기서 "꺾으신 뼈들"은 범죄로 인해 생긴 정신적 영적인 고통을 의미한다(Tate). 고통에서 회복되어 즐거움을 회복하길 기도한다. 회개할 때, 회개자는 죄의 용서뿐만 아니라 죄로 인해 생긴 고통을 기쁨으로 바꾸어주시도록 함께 기도해야 하겠다.

2) 다윗은 깨끗하고 한결같은 마음으로 회복되길 기도한다.

"하나님이여 내 속에 정한 마음을 창조하시고 내 안에 정직한 영을 새롭게 하소서"(10절). '정한 마음'은 깨끗한 마음을 의미하고, '정직한 영'은 한결같은 마음을 뜻한다. 범죄 이후에 마음이 깨끗하지 못하거나 상황에 따라 요동치는 한결같지 않은 마음의 상태에 빠질 수 있다. 올바른 마음의 상태의 회복을 위한 기도도 회개에 꼭 포함되어야 할 기도이다.

3) 다윗은 자신으로부터 주의 성령을 거두지 마시도록 기도드린다(11절).

구약시대에는 신약시대와는 달리 성령께서 사역자를 사용하신 후에 떠나버린 경우도 있었다. 대표적으로 사울의 경우이다. 그는 한때 기름 부음 받은 이후에 성령의 사람이 되었으나 나중에 범죄로 말미암아 성령이 떠나시고 악령이 그를 사로잡았다. 다윗은 사울이 귀신들린 모습을 보았기 때문에 성령이 떠나는 것이 얼마나 큰 비극인지 잘 알고 있었다. 다윗에게 가장 두려운 것은 성령의 임재가 그를 떠나는 것이었다. 그래서 그는 성령을 거두지 마시도록 기도드린다.

4) 다윗은 구원의 즐거움과 자원하는 심령의 회복을 위해 기도드린다 (12절).

죄를 지으면 구원의 즐거움이 사라진다. 다윗은 이 사실을 잘 알고 있었을 것이다. 그는 8절에서도 죄로 인한 고통을 인정하고 있다. 죄의 용서와 함께 구원의 즐거움의 회복도 회개자가 기도해야할 중요한 요소이다. 동시에 자원하는 마음도 회개자에게 꼭 필요한 마음이다. 범죄로 인해 움츠러든 몸과 마음을 회복하여 주님을 기쁨으로 섬기는 자원하는 마음도 회복되도록 기도해야 하겠다.

마지막으로 다윗은 회개와 함께 하나님을 섬길 새로운 결심을 고백한다.
그가 하나님을 섬기길 원하는 세 가지 사역의 방향은 다음과 같다.

1) 범죄자들에게 주의 도를 가르치겠다는 결심이다(13절).

자신이 주의 도를 지키지 않아 범죄에 빠지게 되었는데, 자신의 과오를 인정하면서 범죄자들이 죄에 빠지지 않도록 주의 말씀으로 교육하겠다는 말이다. 그들을 올바로 교육하게 될 때, 죄인들이 진리에 서서 주께로 돌아오는 구원의 역사가 일어나게 될 것이다.

2) 주님의 용서를 경험한 후에 구원의 은혜를 높이 찬양하겠다고 결심한다(14-15절).

회개와 용서는 우리가 하나님께 찬양을 올려드려야 할 중요한 이유이다. 하나님의 용서가 있었기 때문에 우리는 주를 섬길 수 있다. 주를 섬기는 방법 중에 하나는 하나님께 찬양을 올려드리는 삶을 사는 것이다. 오늘날 찬송가는 예배당에서나 부르는 것으로 아는 사람이 많다. 이는 잘못된 신앙이다. 우리의 삶이 찬양이 되어야 하고, 우리의 일상이 찬양이 되어야 마땅할 것이다.

3) 하나님의 용서를 체험하고 하나님과 관계가 회복되면, 온전한 제사를 하나님께 드리기로 결심한다(19절).

다윗이 앞에서 제사와 번제를 보류한 것은 자신의 진정한 회개를 위해서 한 것이다. 그러나 통회하는 마음, 상한 심령으로 진짜 회개의 자세를 갖춘 후에 그는 마음을 다하여 하나님께 제사와 번제를 드리겠다고 고백한다. 제물 중에 최고의 제물인 수소를 드리겠다고 말한다.

회개의 마지막 단계에는 주님을 향한 사역의 열정을 회복하는 것이다. 회개의 고백으로 끝나고 주님을 더욱 열심히 섬기겠다는 결심이 없다면 반쪽짜리 회개일 것이다. 죄를 짓기 이전보다 더욱 열심을 다하여 주를 섬겨야 하겠다.

3. 다윗의 기도의 교훈과 적용

다윗의 회개기도에는 회개의 다양한 요소들이 등장한다. 단순히 죄의 고백으로 끝나지 않는다. 그의 진정한 회개에 수반된 요소들을 인식하고 우리의 기도의 모델로 삼는 지혜가 필요하다.

첫째, 우리의 회개는 철저히 하나님께로 향해야 한다.

다윗이 주께만 범죄했다고 고백하듯이, 우리가 죄를 지은 일차적인 대상은 사람이 아니라 우리에게 명령과 규례와 법도를 주신 하나님께 있다. 범죄는 먼저 하나님의 공의에서 나온 규율에 대한 범죄 행위임을 잊지 말아야 하겠다. 하나님께로 향한 우리의 회개는 하나님의 인자하심과 긍휼하심에 호소해야 한다. 하나님의 인자와 긍휼은 우리가 하나님께 호소할 수 있는 근거가 된다. 하나님께서 용서하시겠다고 약속하신 언약적 신실함이 용서의 근거가 되고, 하나님께서 선민들을 긍휼히 여기시는 마음 또한 회개의 근거가 된다. 무엇보다 회개에 있어서 가장 중요한 것은 하나님께서 진짜 원하시는 것이 우리의 삶의 변화에 있다는 사실을 알아야 한다. 다시는 범죄하지 않기 위해서 자신의 죄에 대해 철저히 부서지고 깊이 뉘우치는 마음을 갖고 회개할 때, 마음으로부터 변화가 일어나게 될 것이다. 그럴 때 우리는 동일한 죄를 반복해서 범하지 않게 될 것이다.

둘째, 우리는 자신의 범죄 사실에 대해서 하나님께 솔직히 고백해야 하겠다.

회개는 하나님께 자신이 지은 죄를 있는 그대로 고백하고 인정하는 것이다. "만일 우리가 우리 죄를 자백하면 그는 미쁘시고 의로우사 우리 죄를 사하시며 우리를 모든 불의에서 깨끗하게 하실 것이요"(요일 1:9). '우리 죄를 자백한다'는 말은 지은 죄를 하나님 앞에 솔직히 인정하고 고백하는 것을 의미한다. 다윗은 나단 선지자로부터 죄에 대한 지적을 받고 '내가 여호와께 죄를 범하였노라'(삼하 12:13)라고 솔직히 고백했다. 이 솔직한 고백이 있었기 때문에 그는 용서를 받았다. 나아가 우리는 자범죄뿐만 아니라 모태로부터 죄를 달고 나온 원죄까지도 인정하고 고백하는 자세가 필요하다.

셋째, 우리의 회개에는 회복을 위한 기도도 포함되어야 한다.

다윗의 회개 기도에는 오늘날 회개하는 사람들이 꼭 배워야할 중요한 교훈들을 포함하고 있다. 죄의 고백뿐만 아니라, 영적 정신적인 회복을 위해서도 기도해야 하겠다.

1) 범죄로 인해 생긴 영적 정신적인 고통으로부터 회복되길 기도하라.
2) 깨끗하고 한결같은 마음으로 회복되길 기도하라.
3) 주의 성령으로 다시금 충만하도록 기도드리라. 구약시대와는 달리 신약시대에는 성령님이 오시면 다시는 떠나지 않는다고 약속하셨다(요 14:16). 그러나 범죄하면 성령님과의 교제가 단절될 수 있다. 다시금 성령님과 교제를 회복하고 충만하시기를 위해 기도하라.
4) 구원의 즐거움과 자원하는 심령의 회복을 위해 기도하라.

마지막으로 회개와 함께 하나님을 섬길 새로운 결심을 고백하라.
1) 범죄자들에게 주의 도를 가르치겠다고 결심하라. 복음전파를 통해

주님의 용서의 은혜를 전할 수 있다. 하나님은 어떤 죄인도 용서하신다는 사실은 죄인들에게 큰 희망의 메시지이다.

2) 주님의 용서를 경험한 후에 구원의 은혜를 높이 찬양하겠다고 결심하라. 교회에서 뿐만 아니라 기회가 되는대로 자주 주님을 찬양하라. 우리의 감사의 표현들도 찬양의 일부가 될 수 있다. 범사에 감사하는 삶을 살 때, 하나님께 드리는 향기로운 제사가 될 것이다.

3) 하나님의 용서를 체험하고 하나님과 관계가 회복되면, 온전한 예배를 하나님께 드리기로 결심하라. 구약시대에는 제사로 여호와를 경배했지만 지금은 예배를 통해 하나님께 경배드린다. 하나님의 용서를 체험한 이후에 더욱 살아있는 예배를 드리리라고 결심하라.

김진규

경북대학교 영어영문학과 (B.A.)

Westminster Theological Seminary (M.Div.)

Fuller Theological Seminary (Th.M.)

Westminster Theological Seminary (Ph.D.)

(전) Nyack College, Adjunct Professor 역임

(현) 백석대학교 기독교학부/신학대학원 구약학 교수

(현) 한국구약학회 부회장

이사야의 기도(사 63:7-64:12)[1]

장 세 훈

1. 들어가는 말

　기도는 하나님을 향한 신뢰와 헌신을 지탱해 주는 생명의 호흡이기에 교회의 역사 속에서 믿음의 백성들의 삶의 중심에는 언제나 기도가 있었다. 무엇보다도 타인을 위한 간절한 부르짖음과 간청은 기도의 가치의 백미를 이룬다. 그렇다면 성경에서 타인을 위한 기도의 모범은 어디서 찾을 수 있을까? 우리는 소돔을 위한 아브라함의 기도(창 18:16-33), 우상숭배를 행한 이스라엘을 위해 간구하던 모세의 기도(출 32:31-32), 회복을 고대하는 민족을 향한 에스라와 다니엘의 기도(스 10장; 단 9장) 그리고 신약의 예수님의 기도(요 17장)을 떠올릴 것이다. 그러나 이사야서에도 이와 같은 애절한 기도가 담겨져 있다는 사실은 그리 잘 알려져 있지 않다. 특히 사 63:7-64:12은 하나님의 백성을 대변하는 "우리" 공동체의 탄식과 간구가 진솔하게 묘사되고 있어 큰 감동을 던져준다. 더욱이 사 63:7-64:12에 등장하는 이사야의 기도는 백성들의 죄악을 자신의 탓으로 여기며 참회하는 남은 자 공동체의 진솔한 고백을 제시함으로써 한국교회가 시급히 회복해야 할 기도가 무엇인지를 깨닫게 한다. 이 단락에는 역사적인 회상, 불평, 고백 및 간청과 같은 전형적인 탄식시의 요소들

---

[1] 본 글은 「그 말씀」 2005년 4월호에 실린 "이사야의 기도: 이사야 63:7-64:12 주해와 적용"을 부분적으로 개정한 것임을 밝힌다.

이 나타나기 때문에, 학자들은 이 단락을 공동체의 탄식시(a community lament)로 간주하기도 한다.[2] 따라서 이 기도의 내용은 이런 특징적 요소에 따라 주로 다음과 같이 네 부분으로 나누어질 수 있다: (1) 역사적 회상(63:7-14) (2) 탄식(63:15-19) (3) 고백(64:1-7) (4) 간청(64:8-12). 그러므로 필자는 위의 요소들의 특징에 근거하여 본문을 분석하고 그 적용점을 제시하고자 한다.

2. 본문 분석

2.1. 역사적 회상(63:7-14)

현재의 절망적인 상황에 놓인 선지자의 기도는 먼저 과거의 회상으로부터 시작한다. 특히 선지자는 과거 하나님과 그의 백성 이스라엘 간에 맺어진 언약관계의 특징들을 살펴나간다. 그는 7절에서 언약의 하나님의 여러 가지 성품들(자비, 긍휼, 은총 등등)을 나열한 뒤 그런 성품들이 그의 백성들을 위해 베풀어 졌음을 증거한다. 7절에서 선지자가 언약에 근거한 변함 없는 사랑을 뜻하는 "헤세드"(חֶסֶד)라는 표현으로 시작하고 끝맺고 있음은 의미심장하다. 또한 "베풀다"는 동사 "가말"(גָּמַל)이 행동의 완전성 혹은 충족성을 함축하고 있음을 고려해 볼 때, 선지자는 언약 백성들을 향한 여호와의 사랑과 은혜의 온전함과 그 충만함을 강조하고 있다. 8절은 여호와의 헤세드가 그의 백성들에게 어떻게 나타났는지를 묘사한다. 즉 여호와는 이스라엘을 그의 백성을 삼으셨으며, 그들의 아픔에 동참하셨으며, 그들의 구원자가 되셨다. 그러나 선지자는 이러한 여호와의 헤세드에 대한 이스라엘의 잘못된 반응을 지적한다. 선지자는 여호와의 헤세드에 대한 이스라엘의 반역을, 거룩한 영을 근심케 하는 행위로 규

---

[2] Walter Brueggemann, *Isaiah 40-66* (Louisville: Westminster John Knox Press, 1998), 228; John Oswalt, *The Book of Isaiah: Chapters 40-66* (Grand Rapids: Eerdmans, 1998), 603.

정한다. "영"이라는 히브리어 "루아흐"(רוּחַ)가 "거룩"이라는 명사 "코데쉬"(קֹדֶשׁ)를 수반하고 있음은 주목해 볼 만하다. 이것은 거룩한 백성으로 부름 받은 이스라엘이 여호와께 반역함으로 말미암아 그 거룩성을 상실했음을 암시한다. 그렇다면 그 거룩성의 상실의 결과는 무엇인가? 여호와는 반역을 행한 이스라엘을 향해 구원자가 아닌, 대적자가 되셨다. 이것은 선지자가 속한 공동체의 비극을 암시해 준다. 즉 옛 이스라엘은 구원자 여호와의 은혜를 체험했으나, 반역을 행한 현재의 이스라엘은 대적자 여호와의 심판에 직면했던 것이다. 그러므로 선지자는 모세 시대에 이스라엘로 하여금 홍해를 건너게 하신 여호와의 구원과 그 능력을 회상하며, 그 옛날의 구원을 다시 고대한다. 특히 두 번에 걸쳐 등장하는 "어디에 있습니까?"(אַיֵּה)라는 질문(11절)은 지난날 이스라엘을 향한 여호와의 은혜와 구원에 대한 선지자의 갈망을 더욱 강화시켜준다.

2.2. 탄식(63:15-19)

지난날 이스라엘을 구속하신 여호와의 은혜를 갈망하던 선지자는 그 놀라운 구속의 역사하심이 현재의 상황에는 왜 나타나지 않는가에 대해 탄식하며 불평한다. 그는 아브라함과 옛 이스라엘은 현재의 공동체를 알지 못하고 인정치 않을 수 있다고 말한다. 여기서 "알다"라는 동사 "야다"(יָדַע)와 "인정하다"라는 동사 "나칼"(נָכַר)은 친밀한 관계와 결속을 함축하기 때문에(신 33:9 참조), 아브라함과 옛 이스라엘이 현재의 공동체를 알고 인정치 않는다는 말은, 여호와의 구속의 은혜를 체험한 옛 이스라엘과는 달리, 반역을 행한 현재의 공동체는 하나님의 백성으로서의 자격을 상실했음을 암시해준다. 그럼에도 불구하고 선지자는 그들에게 여호와는 여전히 아버지가 되신다고 강변한다. 실제로 여호와는 애굽의 왕 바로를 향해 이스라엘의 자신의 아들로 소개한 바 있다:

너는 바로에게 이르기를 여호와의 말씀에 이스라엘은 내 아들 내 장
자라 내게 네게 이르기를 내 아들을 놓아서 나를 섬기게 하라 하여도
내가 놓기를 거절하니 내가 네 아들 네 장자를 죽이리라 하셨다 하라
하시니라(출 4:22-23)

이스라엘을 아들로 삼으신 여호와는 애굽의 압제아래 있던 그의 백성
들을 홍해를 건너게 하시고 그들을 가나안 땅으로 인도하신 구원자가 되
셨다. 선지자는 바로 이와 같은 구원사건을 염두에 두고 현재의 공동체를
위한 구원을 간청하고 있는 것이다. 선지자는 여호와께서 현재의 공동체
를 버리지 않으셨으며 그의 구원이 아직도 유효하다고 믿고 있다. 그럼에
도 불구하고 선지자는 여호와로부터 단절되어 있는 현재의 공동체의 실
상을 바라보며 탄식한다. "강퍅케 하다"는 동사 "카샤흐"(קָשָׁה)는 완고했
던 바로의 마음을 연상시킨다(출 7:3). 그는 그 옛날 애굽의 왕 바로처럼
현재 공동체의 마음이 강퍅하여 여호와로부터 떠나 있다고 불평한다. 선
지자는 이제 여호와께 더 이상 주의 백성들을 이런 상태로 내버려두지 말
것을 간청한다. 그 이유는 현재의 공동체 역시 주의 종이며 주의 기업이
기 때문이다. 여호와는 그의 백성들을 그의 종으로 부르신 바 있다(41:9;
42:19; 43:10; 44:1; 45:4). 과연 주인이 그의 종을 버릴 수 있겠는가? 또한
여호와는 이스라엘에게 가나안 땅을 그의 유업으로 주신 바 있다. 그렇
다면 과연 여호와는 그의 기업을 포기할 수 있겠는가? 선지자는 그럴 수
없다고 항변한다. 그러기에 선지자는 반역을 행한 이스라엘을 떠나버린
여호와께 다시 돌아올 것을 호소한다. 나아가 선지자는 반역한 이스라엘
의 현재적 고통을 두 가지로 묘사한다. 첫째, 현재의 공동체는 하나님의
전을 상실했으며, 둘째, 여호와의 다스림을 받지 못해 주의 이름으로 칭
함을 받지 못하는 자들이 되고 말았다. 전자는 제사장 나라로 부름 받은
이스라엘의 정체성의 상실을, 후자는 여호와의 왕권과 통치로부터 멀어

진 이스라엘의 언약적 단절을 암시해준다. 이처럼 선지자는 현재의 공동체가 여전히 하나님의 백성임을 강변하지만, 여호와로부터 단절된 현재의 상황을 절망적으로 바라보며 탄식에 빠져든다.

2.3. 고백(64:1-7)

이제 선지자는 여호와께서 이 절박한 현재의 상황 속에 간섭하시기를 간구한다. 선지자는 오직 여호와의 임재만이 현재의 상황을 변화시킬 수 있다고 믿는다. "하늘의 갈라짐", "산의 진동", "타오르는 불"은 거룩하신 자의 임재를 나타내주는 전형적인 표현이다(시 18:7; 46:1). 가장 대표적인 예는 시내산에 나타난 여호와의 임재를 들 수 있다(출 19:18-20). 비록 여호와는 창조세계를 초월하신 전능자이신 동시에, 그의 창조세계 안에 들어오셔서 현 역사를 간섭하시는 분이다. 그렇다면 여호와께서 이스라엘 가운데 임재하실 때, 어떤 일이 일어나는가? 선지자는 여호와께서 임재하실 때 대적들이 여호와의 이름을 알며, 열방이 주의 앞에서 떨게 된다고 말한다. 이것은 열방의 복의 근원으로 부름 받은 아브라함의 언약(창 12장)을 연상시킨다. 여호와께서 이스라엘과 함께 하시며 그들과 언약적 관계를 맺고 있을 때 열방은 그의 백성들을 통해 하나님을 알며 그의 백성들을 통해 복을 받게 된다. 그러므로 선지자는 옛 조상들과 함께 하셨던 그 여호와의 임재를 다시 간절히 갈망하고 있는 것이다. 나아가 선지자는 이스라엘과 함께 하시는 여호와께서 그의 백성들이 예상치 못한 놀랍고 기이한 기적들을 행하셨다고 고백한다. 그러나 여호와는 이와 같은 기적들을 누구에게나 베푸시지는 않는다. 하나님의 기적을 체험할 수 있는 자들은 제한적이다. 그렇다면 누가 이와 같은 하나님의 놀라운 기적을 체험할 수 있는가? 선지자는 여호와를 앙망하는 자, 주를 위해 의를 행하는 자, 주를 기억하는 자가 이런 기적을 체험할 수 있다고 말한다. "앙망하다"는 동사 "하카"(חָכָה)는 사 40:31의 동사 "카와"(קָוָה)

와 유사어로서 소망을 품고 인내하는 참된 믿음을 가리킨다. 그렇다면 하나님을 신뢰하며 인내하는 믿음의 증거는 무엇인가? 그것은 의로운 하나님의 성품을 삶 속에서 실천해 나가는 것이다. 또한 하나님의 말씀과 그의 도를 늘 기억하고 하나님의 길을 따라 살아가는 삶을 가리킨다(신 8:10-20). 즉 여호와를 앙망한다는 것은 수동적인 신앙이 아닌 역동적인 신앙을 의미한다.[3] 그러나 선지자는 이런 역동적인 신앙과는 대조되는 현 이스라엘 공동체의 실상을 목도한다.[4] 선지자는 여호와의 진노와 공동체의 범죄가 대립과 충돌을 일으킴을 절감한다. "범죄하다"는 동사 "하타"(חטא)와 "진노하다"는 동사 "카짜프"(קצף)가 모두 완료형으로 되어 있음은 이와 같은 진노와 범죄의 항속적인 대립을 암시해 준다. 여호와는 진노하시고, 이스라엘은 계속 범죄한다면 과연 구원은 가능한 일인가? 이런 절망적인 상황 속에서 선지자는 공동체의 절망적인 상황을 더욱 처절하게 고백한다. 선지자는 공동체의 상태를 죽은 잎사귀에, 그리고 공동체의 죄악을 바람에 비유한다. 즉 죽은 잎사귀는 바람 앞에 힘없이 날려갈 수 밖에 없듯이, 현 공동체는 죄악에 힘없이 굴복하는 무기력한 백성들로 간주한다. 즉 선지자는 악인을 바람에 나는 겨에 비유하는 시편 기자의 이미지를 그대로 반영하고 있는 것이다(시 1:4). 나아가 선지자는 바람에 나는 겨처럼 죄악에 무기력한 백성들이 이런 위기의 상황 속에서도 여호와께 도움을 구하지 않으며, 그를 붙잡지 않는다고 탄식한다. 여기서 "붙잡다"는 표현은 천사와 씨름했던 야곱의 이야기를 연상시켜준다(창 32:24-32). 형 에서에 대한 공포와 두려움에 사로잡혀 있던 야곱은 천사를 붙잡고 도움을 구한 바 있다. 야곱이 천사를 붙잡았다는 것은 그의 절박함과 간절함을 나타내준다. 그러므로 선지자는 비록 현 공동체가 절박한 상황에 처해 있음에도 불구하고 간절히 여호와를 찾지 않고 있음에 탄식하고 있는 것이다. 죄악에 무기력하며, 그런 상황 속에서

---

[3] John Oswalt, The Book of Isaiah: Chapters 40-66, 623.

[4] Walter Brueggemann, Isaiah 40-66, 234.

도 여호와를 찾지 않는다면, 과연 어떻게 되겠는가? 선지자는 여호와께서 얼굴을 숨기셨다고 말한다(참조. 사 8:16). 이것은 관계의 단절을 뜻하며, 더 이상의 희망이 없음을 의미한다.

2.4. 간청(64:8-12)

그럼에도 불구하고 선지자는 공동체의 구원과 회복에 대한 희망을 버리지 않는다. 반의 접속사 "바브"(ו)로 시작하는 8절은 분위기의 반전을 보여준다. 또한 "이제" 혹은 "지금"을 뜻하는 부사 "아타"(עַתָּה)의 등장은 새로운 국면과 시점을 암시해준다. 선지자는 현 공동체의 절망적인 상황에서도 한 가닥 희망을 걸고 있다. 여기서 선지자는 희망의 근거로 이스라엘이 여호와의 창조 작품이라는 사실을 부각시키고 있다.

그러므로 선지자의 논점은 분명하다. 비록 이스라엘의 죄악이 하나님과의 관계를 단절시켰다 하더라도, 이스라엘을 창조하신 여호와께서 과연 그런 관계를 부정할 수 있겠는가? 이스라엘의 죄악이 극심하다 하더라도, 과연 여호와께서 창조목적을 좌절시킬 수 있겠는가? 이런 질문들에 대한 대답은 당연히 "결코 그럴 수 없다!"이다. 선지자는 여호와의 창조목적에 호소함으로써 공동체를 향한 구원의 희망을 버리지 않는다. 비록 선지자는 죄악으로 인한 심판을 피할 수 없지만, 여호와께서 영원히 그의 창조작품들을 버릴 수는 없다고 역설한다.

특히 선지자는 범죄한 백성들을 히브리어로 '아므카' 즉 '당신의 백성'으로 부른다. 이런 호칭은 멸망의 위기에 처한 이스라엘을 위해 간청했던 모세의 기도를 연상시킨다(출 32:11, 14). 비록 이스라엘이 여호와의 뜻을 어겨 심판을 당할 수 밖에 없지만, 여전히 그들은 여호와께서 창조하신 그 분의 백성이다. 그러므로 여호와는 영원히 그들을 버릴 수 없다. 심판은 그들에게 결코 마지막 말(the last word)가 될 수 없다.

이제 선지자는 죄악의 결과로 찾아온 심판의 극심함을 부각시킴으로써 여호와의 긍휼을 고대한다. 이스라엘의 범죄는 예루살렘과 성전의 멸망을 초래했다. 예루살렘 도성은 다윗 왕국을 통한 여호와의 왕권과 통치의 중심지였으며, 성전은 거룩한 백성 즉 제사장의 나라로서 그 정체성을 확보해 주었다. 그러므로 도성과 성전의 파괴는 여호와의 왕권 부재와 거룩한 백성의 정체성의 상실을 의미한다. 특히 절망에 처한 구약의 백성들은 성전에서 기도함으로써 응답을 체험한 바 있다. 그러므로 성전의 파괴는 절망에 처한 백성들에게 이런 한 가닥 희망의 근거조차 살아져 버렸음을 암시한다.

그러나 선지자는 범죄로 인한 심판의 결과가 극심하며 그 결과에 대해 어떤 변명의 여지도 없지만 여호와께서 백성들을 버리지 말 것을 강력하게 호소한다. 특히 선지자가 8절과 9절에 이어 마지막 12절에서 반복되는 하나님의 인격적 이름은 '아도나이'를 부르며 간청하고 있음은 하나님과 인격적 관계와 그 친밀성을 부각시키기 위함이다. 오직 여호와의 긍휼하심만이 이스라엘을 구원할 수 있다. 그러므로 선지자의 기도는 다음과 같은 간청으로 요약될 수 있다. '여호와여, 우리를 긍휼히 여기소서!'

3. 나가는 말: 적용적 고찰

이사야 63:7-64:12에서 등장하는 이사야의 기도의 논점은 자명하다. 선지자는 이스라엘의 죄악을 모두 인정하며, 심판의 결과도 수용한다. 그러나 그는 여전히 여호와의 긍휼하심이 남아 있다고 믿는다. 비록 현 이사야의 공동체는 여호와의 은혜를 받을 자격이 없지만 여호와의 그 긍휼하심을 포기하지 않는다. 이처럼 현대를 살아가는 그리스도인들에게도 하나님의 긍휼하심은 더욱 절실하다. 이사야 시대 부패한 이스라엘 백성처럼 현대의 그리스도인들도 때때는 죄악에 무기력하고 하나님을 찾지 않으며, 하나님의 길로 행하지 않는다. 심지어 회개의 능력마저 상실하여 부패한 자신의 죄악상을 깨닫지 못하고 방황하기도 한다. 이런 암울한 현실만을 직시하면 한국교회를 향한 부흥과 회복의 때는 요원해 보인다. 그러나 우리의 유일한 소망의 근거는 여전히 하나님의 긍휼하심에 있다. 오직 하나님의 긍휼하심만을 의지하며 부패한 공동체를 위해 간절한 부르짖었던 이사야의 간청은 어쩌면 한국교회가 가장 시급히 회복해야 할 기도가 아닐 수 없다. 이방인의 신분으로 인해 자신의 문제를 아뢸 자격이 없었지만 예수님께 긍휼과 은혜를 구했던 수로보니게 족속 여인처럼(막 7:26), 이제 한국교회의 기도는 긍휼하심을 구하는 간구가 되어야 한다. 하나님의 회복을 고대하는 한국교회의 유일한 소망은 오직 여호와의 긍휼하심뿐이다. 여호와여 우리를 긍휼히 여기소서!

장 세 훈

고신대학교 졸업 (B.A.)

총신대학교 신학대학원 졸업 (M.Div.)

The University of Queensland (Ph.D.)

(현) 국제신학대학원대학교 구약교수

(현) 한국복음주의신학회 총무

(현) 한국성경신학회 총무

영적 거장들의 기도

이레네우스의 기도

배 정 훈

1. 서론: 이레네우스의 생애와 신학

이레네우스(Irenaeus of Lyons, c.130-c.202 A.D.)는 당대 영지주의 비판으로 잘 알려져 있다. 그는 이단의 위협 앞에서 복음을 변증한 신앙의 파수꾼이자 복음의 선구자였다. 그의 생애에 관해서는 많은 자료들이 남아있지 않다. 그의 작품과 이를 인용한 유세비우스(『교회사』, 5.3-25)에 몇 몇 정보들이 등장한다. 그는 주후 약 130년경 소아시아의 서머나에서 태어나 그곳에서 교육을 받았다. 어느 날 서머나의 감독이었던 순교자 폴리갑(Polycarp of Smyrna)의 설교를 들었고 그의 제자가 되었다. 이레네우스는 155-166년 사이에 학업을 위해 로마에 머물렀고 그 후 현재 프랑스 남부의 리용으로 이주하여 이곳에서 장로가 되었다. 리용의 공동체는 177년경 로마의 감독 엘레우테루스(Eleutherus)에게 몬타누스파에 관한 조언을 담고 있는 편지를 전달하기 위해 이레네우스를 사절로 보냈다. 그가 로마에 머무르는 동안 리용에 박해가 있었고 그로 인해 감독 포티누스(Photinus)가 처형되었다. 그 뒤를 이어 이레네우스가 감독으로 선출되었고(177년) 202년경에 순교한 것으로 보인다.

이레네우스는 당시의 이단들, 특히 영지주의자들을 비판하면서 기독교 신앙과 생활에 관한 가르침을 체계 있게 만들었다. 그의 작품들 중에 현재는 두 개, 즉 『이단반박』과 『사도적 가르침의 논증』만이 남아있다. 다섯 권으로 이루어진 『이단반박』은 180년경에 저술되었는데 발렌티누스적 영지주의와 함께 이레네우스 시대의 모든 이단들을 비판하며 기독교 신학의 내용들을 체계적으로 설명한다. 1-2권은 발렌티누스의 영지주의의 선구자인 프톨레미(Ptolemy)와 발렌티우스(Valentius)의 사상을 비판한다. 3권은 창조주 하나님, 그리스도의 성육신과 그의 신성과 구원자 됨을 다룬다. 4권은 신구약의 상관성을, 5권은 육체의 부활과 창조주 아버지와 예수 그리스도의 아버지의 동일성을 논한다. 이런 점에서 야쉬케(H.-J. Jaschke)는 이레네우스를 '교의학의 창시자'로 부르기도 한다.

안타깝게도 이레네우스는 이 책에서 교황의 수위권에 발언을 남겼다. 그에 따르면 신약성경은 사도들이 그리스도에게서 직접 들은 완전한 진리를 기록한 것이기 때문에 참된 신앙의 표준이다. 이 진리가 사도들을 통해 로마 주교에게 전달되어 보존되어있다. 이레네우스는 사도전승의 증거로 베드로 이후의 주교 목록을 처음으로 기록하였다(『이단반박』, 3.3.3). 그는 정통교회의 척도로 진리의 규범(canon veritatis)과 신앙의 규범(regula fidei)를 제시했는데 이 규범은 성경, 세례신앙, 로마 교회와 일치된 신앙고백으로 규정되었다. 그는 로마 교회에 속해 있는 교회가 참된 정통 교회라고 주장한다(『이단반박』, 3.3.2).

『사도적 가르침의 논증』은 마르키온(Marcion)에 대한 반박을 잘 보여준다. 책은 총 2부로 1부는 구원사, 즉 하나님의 창조, 인간의 죄와 하나님의 자비, 예수 그리스도를 통한 구원의 실현을 설명하고 2부는 성경에 나타난 하나님의 아들의 선재와 성육신, 예수에 대한 예언의 성취, 메시야의 예언의 성취로서의 기독교를 다룬다.

이레네우스는 역사 속에 나타난 하나님의 경륜을 강조했다. 이 경륜은 구원의 역사를 통해 나타나는 하나님의 계획이다. 이레네우스에 따르면 하나님은 목자이며 인류 전체를 최종 목적까지 이끌어 가기를 원한다. 하나님에 의해 창조된 인간은 그와의 교제를 통해 완전한 존재가 된다. 이레네우스는 최초의 인류인 아담과 하와는 성숙한 존재가 아니었다고 주장했다. 그들은 하나님의 양손(말씀과 성령)의 인도를 통해 그와 하나가 될 수 있었다. 그러나 죄로 인해 아담과 하와는 에덴동산에서 추방되었고 성장은 멈췄다. 이레네우스는 원래 에덴동산은 창조의 최종목표가 아닌 출발점이었고 성육신 할 말씀(그리스도)은 인간이 따라야 할 모범이었다고 주장한다. 죄로 인해 그리스도에게 죄와 사탄의 권세를 무너뜨리는 과업이 부과되었다. 이레네우스는 이스라엘의 역사를 하나님의 구속 사역의 전개로 보았다. 하나님의 양손의 역사를 통해 이스라엘은 하나님과 교제했고 이후의 구원 경륜의 길을 예비해 나갔다. 이런 점에서 구약은 기독교와 별개의 책이 아니라 원대한 하나님의 구속적 경륜 속에 놓여있다. 이러한 하나님의 경륜의 절정은 성육신이다. 예수는 죄로 인해 어그러졌던 모든 것들을 바로잡았다. 이레네우스는 우리가 세례를 통해 그리스도와 연합하고 성찬을 통해 성장하여 최종적으로 하나님과 연합하게 된다고 주장했다.

2. 기도의 특징

1-3세기 기독교인들의 기도

초대교회에도 현대교회와 같이 공적인 기도가 있었다. 말씀예배와 성찬예배의 곳곳에 예식을 위한 기도가 있었고 통일성을 주기 위해 형식화되었다. 이외에도 개인기도와 가정기도가 강력하게 권고되었다. 성도들은 쉬지 말고 기도하라는 바울의 가르침(살전 5:17)에 따라 어디에 있든지 기도하기에 힘썼다. 클레멘트(Clement of Alexandria, c.150-c.215)는 기도를 하나님과 신자들 사이의 대화로 정의하였다. 초대교회 성도들은 지속적인 기도를 실천하기 위해 하루의 특정한 시간을 하나님을 찾는 시간으로 정했다. 교회지침서로 초대교회의 가장 초기의 문서들 중에 하나인 『디다케』는 유대인들의 관습을 대체하여 주기도문으로 하루에 세 번씩 기도하라고 가르친다. 터툴리안(Tertullian, c.160-c.223), 키프리안(Cyprian of Carthage, c.200-258), 오리겐(Origen, c.185-c.254)은 주기도문을 강해하면서 3시, 6시, 9시 이렇게 세 차례뿐만 아니라 목욕하기 전과 한밤중에도 기도할 것을 권했다. 『사도전승』에 따르면 이러한 시간들은 모두 예수님의 수난과 십자가 죽음과 관련 있다. 가령 3시의 기도는 예수님이 십자가에 달리신 시간을 기억하는 것이다. 초대 기독교인들은 특히 한밤중 적어도 밤중 기도를 강조했다. 집안 식구들이 모두 모일 수 있는 조용한 시간이었기 때문이다. 그들은 저녁 식사 후 등불을 가져오거나 점등하여 하나님께 기도했다. 이러한 이유로 키프리안은 밤중의 기도의 빛이 어둠을 밝힌다고 말했다. 신자들은 개인기도와 더불어 교회에서 함께 모여 기도하는 것을 중요하게 여겼다. 『사도전승』에 따르면 그들은 교회에서 기도하며 매일 하나님의 지키심과 인도하심을 체험하였다.

주기도문은 초대교회에서 오랫동안 기도의 표본으로 애용되었다. 터툴리안, 오리겐, 키프리안과 같이 여러 교부들이 주기도문 강해를 남겼다. 주기도문이야말로 주님 자신의 말로 하나님께 간청할 수 있는 호감 있고 친밀한 기도였다. 이러한 전통은 종교개혁 때까지 계속되어 루터는 "나는 매일 밤마다 주기도문을 묵상하면서 기도한다. 여기에 십계명이 더해진다면 그날은 정말 풍성한 밤이 될 것이다"고 했다. 교회는 또한 기독론적으로 해석된 시편집도 선호하였다. 이러한 기도집은 영지주의 무리에서 만들어진 것도 있는데 교회는 이를 변경하여 사용했다. 교부(church fathers)들은 시편에서 기도하는 사람을 그리스도 혹은 신자로 바꿔 읽었다. 순교자 저스틴(Justin Martyr, 100-165)은 시편 3장 5절("내가 누워 자고 깨었으니 여호와께서 나를 붙드심이로다")을 예수님의 부활과 관련시켰다.

헤르마스의 『목자』는 동쪽을 향해 기도하는 관습을 보여준다. 사람들은 주님께서 동쪽으로 재림하시고 또한 거기에 낙원이 있다고 믿었기 때문에 종말론적인 기대 속에서 동쪽을 바라보며 기도했다. 후대에는 동쪽 방에 십자가를 걸어두거나 그려 놓고 그 앞에서 기도를 드렸다. 기도 전에 이마에, 후대에는 눈과 입에도 십자 표시를 했다. 하늘을 우러러 보거나 손을 올려 기도하기도 했다. 무릎을 꿇거나 찬양, 용서를 위한 간청이나 탄원하는 기도에는 그에 상응하는 동작을 했다. 클레멘트는 신자들이 말하지 않으면서 마음속에서 늘 하나님의 임재를 느끼며 그와 교제하는 마음의 기도를 최고로 여겼다.

이레네우스의 기도의 특징과 교훈

이레네우스는 기도의 본질과 방법에 대해 어떤 가르침을 남겨놓았을까? 안타깝게도 이에 대한 자료가 거의 없다. 그의 이름으로 현존하는 저술들이 두 개밖에 없기 때문이다. 여기서는 『이단반박』에 등장하는 기도에 대한 간략한 언급에 집중할 것이다. 『이단반박』 3권에서 이레네우스는 영지주의 이단들의 주장과 오류를 비판하면서 그들을 위해 기도한다. 그는 정통교회를 변호하고 이단들의 잘못을 드러내기 위해 성경과 교회의 전통적인 신앙에 의존하면서도 그들의 회심을 위해 기도한다. 성경과 전통, 그리고 기도가 이단을 대처하는 그의 방법이었다.

영지주의는 초대교회의 대표적인 이단으로 이 명칭은 '지식'을 의미하는 헬라어 그노시스(gnosis)에서 나왔다. 1945년 이집트의 나그 함마디(Nag Hammadi)에서 발견된 『도마복음』과 『진리의 복음』과 같은 영지주의 문서들로 인해 영지주의에 대한 분명한 이해가 가능하게 되었다. 이들은 자신들만이 세계와 인간에 대한 특별하고 비밀스러운 지식을 가지고 있다고 자부하면서 오직 이 지식을 통해서만 구원을 받을 수 있다고 생각했다. 이 지식들은 꿈이나 환상을 통해 그리스도께 직접 받거나 구전으로 전수되었다. 따라서 이들은 기록된 성경의 권위를 부정했다. 구약의 하나님과 신약의 하나님이 다르다고 주장했고 육체는 악한 것으로 간주하여 하나님의 창조, 예수님의 성육신과 죽음, 부활을 부인했다. 예수님의 몸은 육체처럼 보일 뿐이라고 주장했고 이는 '가현설'(docetism)로 불린다. 이레네우스는 신·구약의 하나님은 하나이시며 동일하며 예수님은 우리와 같은 인간의 몸을 입고 오셨다고 반박한다. 또한 구원의 경륜과 계획은 오직 "우리 믿음의 근원이며 기둥인" 성경에 계시되어 있다고 명확하게 선언하며 성경의 권위를 내세웠다.

이레네우스는 영지주의 이단을 비판하면서 『이단반박』 3권 6장 4절에서 그들을 위해 기도한다. 원수와 박해하는 자까지도 사랑하라는 주님의 가르침(마 5:43-44)에 따라 그는 영지주의자들도 생명으로 나아오길 바란다. 예수님이 무가치한 우리를 받아주셨듯이 기도의 대상에는 제한이 없다. 열왕기상 18장이 기도의 배경을 이룬다. 엘리야가 바알 선지자들과 마지막 영적 전쟁을 벌이며 아브라함과 이삭과 이스라엘의 하나님이 유일한 참된 하나님임을 드러냈듯이 이레네우스 역시 하나님의 참되심을 보여주기 위해 영지주의자들과 맞서며 하나님께 간절히 기도드린다.

여호와, 아브라함의 하나님, 이삭의 하나님, 야곱과 이스라엘의 하나님, 당신께 기도드립니다. 당신은 우리 주 예수 그리스도의 아버지입니다. 우리가 당신을 알도록 풍성한 자비로 은혜를 주신 하나님입니다. 당신은 하늘과 땅을 만드시고 모든 만물을 다스리는 유일하고 참된 하나님입니다. 당신 외에 다른 신은 없습니다. 우리 주 예수 그리스도를 통하여 성령의 선물을 주시고 이 책의 모든 독자들에게 성령을 주시어 당신만이 유일한 하나님임을 알게 하시고 당신 안에서 강하고 모든 이단적이며, 무신론적이며, 불경건한 생각을 피하게 하옵소서.

비록 짧은 기도이지만 우리는 여기서 여러 가지 교훈들을 얻을 수 있다. 첫째, 기도의 대상에 대한 올바른 인식의 중요성이다. 이레네우스는 기도는 모든 만물을 창조하시고 통치하시는 하나님께 하는 것임을 분명히 말한다. 이는 영지주의 잘못된 가르침을 비판하는 것이다. 영지주의자들은 이 세상은 열등한 신에 의해 만들어 졌다고 생각했기 때문에 세계를 부정적으로 보았다. 그러나 이레네우스는 전능하신 하나님이 천지만물을 창조했고 세계를 다스리고 있으며 따라서 이 세상은 가치 있다고 주장한다. 이 세상은 단지 버려야 할 의미 없는 곳이 아니라 창조주의 오묘하신 계획과 섭리 속에 있다. 우리는 기도할 때 온전히 전능하신 하나님을 믿어야 한다. 그 분은 우리의 필요와 쓸 것을 알고 있으며 채워줄 수 있는 능력을 가지고 계신다. 또한 우리가 가지고 있는 모든 것이 하나님의 은혜로 된 것임을 깨달아야 한다. 루터는 사도신경의 첫 문장 "전능하사 천지를 만드신 하나님을 내가 믿사오며"를 해설하면서 그 의미를 다음과 같이 설명한다.

> 나는 믿습니다. 하나님은 나와 모든 만물을 창조하셨습니다. 하나님은 내 몸과 영혼, 눈과 귀, 몸의 모든 기관, 이성과 모든 감각을 나에게 주셨고, 지금도 돌보아 주십니다. 하나님은 입을 것과 신을 것, 먹을 것과 마실 것, 집과 뜰, 반려자와 아이, 경작할 땅과 가축, 그 밖의 모든 것을 나에게 주셨고, 살아가는데 필요한 모든 것을 시시때때로 풍성히 더하십니다. 이는 나의 수고나 내가 잘나서 받는 것이 아니라, 오직 하나님 아버지의 선하심과 인자하심 때문입니다. 그러므로 이 모든 것을 나에게 주신 하나님께 감사하고 찬양하며 섬기고 순종하는 것이 나의 마땅한 의무입니다.

둘째, 이레네우스는 기도에 있어서 성령님의 사역을 강조한다. 그는 신자들과 교회를 이단들의 오류로부터 지키고 더 나아가 이단들을 진리로 다시 이끄는 것은 본질적으로 성령님의 사역이라고 말한다. 이레네우스에 따르면 우리는 하나님의 은혜와 자비로 그를 알 수 있다. 이것은 구체적으로 성령님의 일하심을 통해 이루어진다. 성령님은 우리로 하여금 하나님이 참된 창조주이며 주권자임을 알게 하고 이단적이며 불경건한 생각으로부터 우리를 지킨다. 『이단반박』 3권 초반부에서 이레네우스는 성령님이 신약성경의 형성과 진리의 보존에 있어서 핵심적인 역할을 한다고 지적한다. 이단의 회심 역시 인간의 힘으로는 매우 힘들지만 성령님께는 가능하다. 이레네우스는 영지주의 대적자들을 진리의 힘으로부터 피하려고 안간힘을 쓰는 꿈틀거리는 뱀으로 비유한다. 비록 잘못된 오류에 사로잡힌 자들이 정상으로 돌아오는 것은 쉽지 않지만 진리가 그들을 지배한다면 불가능하지 않다. 우리 역시 성령님의 역사와 인도하심을 간구해야 한다. 이레네우스는 성령님의 역사는 철저히 예수님을 통해 이루어진다고 말한다.

셋째, 이레네우스는 하나님은 말씀을 통해 우리는 인도하신다는 점을 가르친다. 그는 하나님이 자신의 책을 사용하여 독자들을 참 하나님에 대한 지식 안에서 강하게 하고 이단적이며 무신론적이고 불경건한 생각을 피하게 해달라고 기도한다. 이러한 기도는 성경의 중요성을 전제한 것이다. 영지주의자들은 꿈이나 계시를 추구하며 기록된 하나님의 말씀을 무시했다. 하지만 그들을 영적으로 건강하게 하는 것은 비록 기록되었지만 살아있고 능력 있는 하나님의 말씀이다. 이레네우스와 같은 초대 기독교인들은 사람의 마음과 생각을 변화시키는 말씀을 능력을 알고 있었다.

3. 결론

이레네우스는 성경과 기독교의 전통 속에서 영지주의 이단들을 비판하면서도 그들의 구원을 위해 기도하는 것을 잊지 않았다. 그의 기도는 우리의 기도의 대상이 되는 하나님을 바르게 알아야 함을 알려준다. 하나님은 온 우주 만물을 창조하시고 지금도 다스리고 계신다. 불가능한 것이 없는 유일하고 참된 하나님이다. 이것이 우리가 하나님을 온전히 의지해야 하는 이유이다. 또한 하나님은 말씀과 성령님을 통해 우리는 지키시고 인도하신다. 죄의 길과 사탄의 시험으로부터 건지시고 우리를 의의 길로 인도하신다. 이레네우스는 기도를 통해 삼위 하나님을 경험할 수 있음을 보여준다.

배 정 훈

고신대학교 신학과 (B.A.)

고신대 신학대학원 (M.Div.)

Boston College (Th.M.)

호주 Australian Catholic University (Ph.D.)

(현) 고신대학교 신학과 교회사 교수

(현) 한국복음주의역사신학회 편집위원

니사의 그레고리우스의 기도

이 충 만

1. 기도가 무슨 소용?

우리는 '세속화' 시대에 살고 있다. '하나님'이라는 단어가 한국사회의 평범한 일상에서만큼은 여기저기에서 찾아볼 수 있었으나, 이제는 사라졌다. 구내식당에서나 음식점에서 간간이 볼 수 있었던 수줍은 기도의 모습은 더는 보기 힘들다. 식당이나 사업장 벽면에 걸려 있던 상투적인 성경 구절은 눈에 띄지 않는다. 반기독교적 정서가 팽배한 온라인 공간은 이미 세속화 된 지 오래다. 성도의 자녀들은 자신들이 기독교인인 것을 숨기고 싶은 지경에 이르렀다. 이제 '교회의 담장'밖에서 '하나님'이라는 단어는 의미를 상실했다.

세속화도 버거운데 '탈세속화'의 모습도 역력하다. '탈세속화'란 기독교로 대표될 수 있는 종교의 힘이 근대화의 결과로 사라진 듯하였으나 다시금 직간접적으로 다양한 분야에서 영향을 미친다는 것이다. 혹 이것이 기독교의 영향력이 회복될 기회일지도 모르겠다. 그러나 내막은 그렇지 않다. 캐나다의 철학자 찰스 테일러(Charles Taylor, 1931 -)가 분석하듯, 탈세속화는 '진정성의 문화'(culture of authenticity)이며 '표현적 개인주의'(expressive individualism)를 표방한다. 탈세속화는 종교도 '개인의 진정성'을 '표현'하는 수단으로 이용하고 소비한다. 따라서 탈세속화가 스며든 기독교는 '하나님'을 부르지만 이것은 자칫 쌍방향의 교제를 위한 사랑의 대화가 아니라 '하나님'을 이용하려는 독백이 될 수 있다. '하나님이 필요 없다'고 말하는 세속화를 지나 하나님을 '이용'하고 '소비'하는 시대로 접어든 것이다. 세속화가 하나님을 달가워하지 않는다면, 탈세속화는 하나님을 부르면서도 그분을 침묵하게 만든다.

이런 시대에 우리가 하나님께 기도한다는 것은 도대체 무슨 의미를 가지는가? 이 질문과 관련하여 약 1600년 전 니사의 주교였던 그레고리우스(Gregory of Nyssa)가 오늘의 우리를 돕는다.

2. 니사의 그레고리우스의 생애와 작품

주후 372년 카파도키아(Cappadocia) 니사의 주교로 선출된 그레고리우스는 카이사레아의 주교였던 바실리우스(Basil of Caesarea, 329/30경-379)의 형제이다. 이 두 형제는 나지안주스의 주교였던 그레고리우스(Gregory of Nazianzus, 326/30경-390경)와 함께 4세기 헬라교부신학의 발전에 중대한 역할을 담당하였고, 이후 비잔틴신학과 동방정교회의 전통을 형성하는 데 지대한 영향을 끼쳤다.

니사의 그레고리우스는 335년경 폰투스(Pontus)의 네오카이사레아(Neocaesarea)에서 태어났다. 그의 부계와 모계는 모두 기독교인으로서 경건하면서도 유복하고 명망 높은 귀족 집안이었다. 그는 형제 바실리우스와 달리 정식 교육을 받은 것으로 보이지는 않지만 헬라철학과 수사학에 정통하였다. 이러한 학식에 힘입어 그는 수사학자로 일하면서 사제가 아니라 교회의 독경사로 봉사하였다. 그러나 바실리우스의 권유로 그레고리우스는 바실리우스가 관할하던 지역인 카파도키아의 니사에서 주교로 일하게 되었다.

그레고리우스가 주교직을 수행하기 시작할 때, 325년 제1차 보편공의회(니케아 공의회) 이후 해결되지 않았던 삼위일체론논쟁이 한창 진행되고 있었다. 그레고리우스는 4세기의 카톨릭 교회(ecclesia catholica)를 신앙과 교회정치적인 측면에서 큰 위기에 빠뜨렸던 삼위일체 하나님에 대한 이단들(아리우스, 에우노미우스, 그리고 성령훼방론자들)과의 교리적 싸움을 승리로 이끄는 데 지대한 역할을 하였다. 그의 대표저작 중 하나인 「에우노미우스 반박」(Contra Eunomium I-III [GNO I, II])은 삼위일체론에 대한 이단들을 정죄하고 삼위일체 하나님에 대한 바른 신앙고백을 신조로 작성한 381년 제2차 보편공의회(콘스탄티노플 공의회)의 신앙을 대변한다. 그뿐만 아니라, 라오디케아의 주교였던 아폴리나리스(Apollinaris of Laodicea, 315경-392이전)의 신학을 비판하면서 그레고리우스는 후대에 촉발될 기독론 논쟁에서 예수 그리스도에 대한 정통신앙이 확립될 수 있도록 하는 정초를 제공하였다(Ad Theophilum [GNO III/1], Antirrheticus adversus Apollinarium [GNO III/1]).

교의적 논쟁에서 혁혁한 공을 세운 그레고리우스는 장구한 기독교 역사 속에 손꼽히는 걸출한 영성가였다. 그의 생애 마지막에 적은 「모세의 생애」(De vita Moysis [GNO VII/1])와 「아가서 주해」(In Canticum canticorum [GNO VI])는 그레고리우스 이후 헬라교부신학과 비잔틴신학의 영성신학 발전에 지대한 영향을 끼친 탁월한 작품이다. 더하여, 우리의 주제인 기도와 관련하여 그가 그리스도께서 가르치신 기도를 강해한 「주기도문에 대하여」(De oratione dominica [GNO VII/2])도 반드시 숙고해야 할 작품이다. 이 작품을 남김으로써 그레고리우스는 4세기까지의 교부들 중 주기도문에 대해 단행본으로 주해를 남긴 몇 안 되는 인물 중 하나가 되었다.

3. 「주기도문에 대하여」

3.1. 작품 소개

「주기도문에 대하여」의 저작 연도는 학자들 사이에서 지금껏 논의 중이다. 주목할 점은 그레고리우스가 주기도문을 강해하면서 당시 성령 하나님의 신성을 부정하는 성령훼방론자들(Pneumatomachi)을 비판하고 있다는 것이다. 이는 이 강해의 저작 연도가 381년 보편공의회 전후일 것임을 추측하게 한다.

「주기도문 대하여」는 마태복음 6장 9-13절에 기록된 주기도문에 대한 총 5편의 강해로 구성되어 있다. 첫 번째 강해는 기도에 대한 총론적 설명을 하고, 나머지 네 편의 강해는 주기도문의 6개의 간청을 해설한다. 간략하게 「주기도문 강해」의 내용을 정리하면 다음과 같다.

그레고리우스는 첫 번째 강해에서 기도의 필요성을 역설한다. 한 마디로 기도는 하나님의 모상(image of God)인 인간이 참으로 인간답기 위해, 다시 말해, 참으로 하나님의 모상으로 존재하기 위해 필요한 것이다. 이 주제로 나머지 강해들은 다 요약될 수 있다.

두 번째 강해는 주기도문을 시작하는 부름인 "하늘에 계신 우리 아버지여"(마 6:9)를 주해한다. 핵심은 '아버지'라는 이름이다. 기도하는 자는 하나님을 '아버지'라 부르는 자로서 아버지를 닮은 자여야 하고 또한 닮아가야 한다. 이렇게 아버지를 닮고 또 닮아가는 인간의 본향은 "하늘"이다. 그레고리우스에게 "하늘"은 장소적 개념이 아니라 인간이 하나님을 닮아가는 영적인 영역이다.

세 번째 강해에서는 주기도문의 첫 번째와 두 번째 간청인 "거룩히 여김을 받으시오며"와 "나라가 임하시오며"(마 6:9, 10)를 다룬다. 특히 세 번째 강해는 성령훼방론자들을 비판하고 있기에 「주기도문에 대하여」 중 가장 교의적인 부분이다. 교의적 해설과 더불어 그레고리우스가 강조하고자 하는 바는, 이미 거룩하시고 영광 중에 계신 하나님의 이름이 거룩히 여김을 받는 것은 하나님을 '아버지'라 부르는 자들이 이 부름에 걸맞게 아버지를 닮아 살아가는 삶을 통해서 가능하다는 것이다. 더욱이, 하나님을 떠나고자 스스로 결정한 타락한 인간에게 하나님의 이름을 거룩하게 할 가능성이 없고, 오직 하나님의 능력으로 가능함을 그레고리우스는 강조한다. 그러기에 임하셔야 할 "나라"는 하나님의 통치를 실현하시는 성령 하나님이시다. 성령 하나님께서 '아버지'와 닮은 삶을 가능하게 하신다.

네 번째 강해에서는 주기도문의 세 번째와 네 번째 간청(마 6:10, 11)이 다루어진다. 하나님 아버지의 뜻은 인간이 죄와 악으로부터 해방되고, 원래 창조되었던 것처럼 하나님의 형상으로 회복되는 것이다. 그러나 타락한 인간은 하나님을 떠나고자 스스로 원하고 결정하였다. 그러기에 하나님으로부터 등진 인간의 뜻이 아버지의 뜻에 부합하게 되어 그분의 뜻이 이루어져야 한다. 이것은 인간에게 필요한 "일용할 양식"을 간청하는 것에서도 드러나야 한다. 매일을 위해 필요한 것 이상의 양식을 간청하는 것은 욕심이고 탐심이며, 이러한 기도는 수신자가 하나님이 아니시다. 아버지의 뜻에 부합하고자 하는 자는 매일 필요한 양식만을 겸손하게 하나님께 의탁한다. 욕심과 탐심 대신 절제가 아버지의 뜻이다.

마지막 다섯 번째 강해에서 그레고리우스는 주기도문의 나머지 두 간청(마 6:12, 13)을 다룬다. 하나님의 뜻에 부합하여 하나님을 닮아가는 자녀들은 하나님께서 용서하셨듯이 이웃을 용서한다. 용서는 하나님의 용서를 모방함으로써 하나님을 닮아가는 방편이다. 하나님의 용서를 모방하는 자에게만 하나님의 용서의 효능이 나타난다. "시험"과 "악"은 그레고리우스에게 동의어로서 시험하는 악한 자(마 4:3; 요일 5:19)인 사단을 의미한다. 기도하는 자는 악한 자가 시험하며 지배하는 이 세상의 것을 탐하지 않고, 오히려 이 세상을 미워하며 하나님 아버지가 계신 하늘의 것을 추구해야 한다.

3.2. 「주기도문에 대하여」의 신학: 왜 기도해야 하는가?

이상의 요약이 보여주듯이, 그레고리우스의 「주기도문에 대하여」는 기도라는 것은 하나님의 모상인 인간이 참으로 인간답게 존재하는 존재

방식임을 가르친다. 그레고리우스의 탁월한 영성신학은 삼위일체 하나님의 모상인 인간(창 1:26)에 대한 그의 깊은 신학적 고민에서 기인한다. 하나님의 모상인 인간은 반드시 하나님을 닮아가도록 창조되었다. 하나님을 닮아가는 것은 성경에 기록돼 있고 하나님께서 인간이 되셔서 보여주신 신적인 속성들을 본받고 모방하는 것으로 가능하다. 이를 위해 인간은 기도해야 한다. 기도 중 하나님을 '아버지'라 부르며 인간은 자기 자신이 '아버지'라 부르는 그분과 '친족 관계'로 창조되어 그분을 닮아 가도록 창조되었음을 늘 기억해야 한다. 또한 기도 중 하늘에 계신 하나님을 '아버지'로 부르는 인간은 하나님을 닮아감이 타락한 인간의 자유의지로 불가능하며 자신의 뜻이 아버지의 뜻에서부터 멀어져 있음을 발견한다. 이로써 기도 중 인간은 자신의 의지를 돌이켜 아버지의 뜻에 복종해야 함을 깨닫고, 이를 위해 절실한 성령 하나님의 도우심을 간청한다. 이제 기도하는 인간은 하나님의 뜻을 거스르는 죄와 악으로 가득한 땅의 것을 탐하지 않고자 하며, 하나님께서 주시는 일용한 양식에 만족하고자 하며, 하나님을 닮았기에 이웃을 용서하고자 한다. 결론적으로 기도하는 인간은 자신이 '아버지'라 부르는 하나님을 모방하며 닮아가서 그분의 피조물 가운데 그분을 드러내고 영화롭게 하려 한다. 참된 인간다움은 기도하는 자에게만 가능하다.

4. 기도-참으로 인간답기!

세속화와 탈세속화의 시대는 인간이 하나님 없이도 충분히 의미 있는 존재라고 자랑하거나, 하나님을 이용함으로써 개인의 가치를 자랑하고자 한다. 참된 '인간다움'은 '하나님 없이' 실현 가능하거나, 필요하다면 '하나님'은 이용될 뿐이다. 그러나, 이러한 사조 안에서 '인간다움'의 참된 아름다움이 꽃을 피우고 있는가?

영적 거장들의 기도

니사의 그레고리우스는 그의 주기도문 강해를 통해 참된 '인간다움'은 오직 하나님을 향해 기도하는 것으로 구현됨을 가르쳐 준다. 이는 아주 단순한 성경의 진리이다. 하나님께서 인간을 하나님의 모상(혹은 형상)으로 창조하셨기에, 인간은 모상으로서 존재할 때에 아름답다. 이것이 성경이 가르치는 참된 '인간다움'이다. 기도가 바로 이 인간다움이 실현되는 구체적인 시간이며 원리이다. 기도 중 하나님을 '아버지'라 부르며 그분과의 친족 관계를 확인하고, 자신의 됨됨이가 그분을 닮아 가는 것에 있음을 제대로 깨달으며, 성령 하나님의 도우심으로 타락한 자신의 의지를 하나님의 뜻에 복종시키는 자가 참된 인간으로 존재할 수 있다.

"나는 [니사의 그레고리우스] 성경에 기록된 가르침[주기도문]에 감히 몇 마디를 덧붙이고자 합니다. 그것은 어떻게 기도해야 하는가가 아니라 기도가 절대적으로 필요하다는 사실입니다. 그런데 이 사실은 여전히 많은 사람들의 시선을 끌지 못하고 있습니다"(*De oratione dominica* 1 [GNO 7/2,5,6–9]).

"주님께서 기도 중에 하나님을 '아버지'라 부르도록 하시면서 우리에게 명하시는 것은 다름이 아니라 우리가 하늘에 계신 아버지를 닮아 그분께 걸맞은 삶을 살도록 명하신 것입니다. 이는 다른 곳[마 5:28]에서 '그러므로 하늘에 계신 너희 아버지의 온전하심과 같이 너희도 온전하라'라고 명하신 것과 동일한 것입니다"(*De oratione dominica* 2 [GNO 7/2,28,23–29,3]).

이충만

고신대학교 신학과 (B.A.)

고려신학대학원 목회학 석사 (M.Div.)

Theologische Universiteit Kampen (M.A.)

Theologische Universiteit Kampen (Th.D.)

(현) 남천교회 부목사

(현) 고려신학대학원 외래교수

끌레보르 버나드의 기도

이우금

12세기 전반에 활동한 버나드는 중세 스콜라주의가 형성되기 전 시대의 사람으로 어거스틴의 전통을 이어간 마지막 교부라고 할 수 있다. 성경에 근거하고 전통신학을 계승하면서 수도원 공동체의 영성을 개혁하고 부흥시켰다. 그는 성경의 진리가 피폐해진 중세교회에 어거스틴의 전통에 입각한 성경과 진리를 회복시켜 16세기 개신교 종교개혁으로 연결시켰다는 점에서 교회사적으로 중요한 의미를 지닌다. 내면성과 신앙적 체험을 강조한 그의 사랑의 신학은 21세기를 살아가고 있는 우리에게도 신앙적 유익과 실천적 도전을 준다. 본고에서는 버나드의 기도를 통해 하나님을 향한 그의 갈망이 어떻게 나타나고 있는지 살펴보고자 한다.

I. 버나드의 생애와 신학

버나드는 1090년 프랑스 디용에서 가까운 폰테인에 있는 부르건디안 백작 가문에서 태어났다. 버나드의 아버지 테셀링은 1차 십자군 원정에서 출정하여 전사했고, 버나드가 17세(14세라고 하는 자료도 있음) 되는 해 그의 어머니도 세상을 떠났다. 영적인 후원자인 경건한 어머니의 죽음으로 버나드는 큰 충격을 받았고, 그 이후부터 더욱 세속적인 관심에서 떠나 영적인 것을 추구하게 되었다. 21세 때 어느 시골의 작은 교회에서 예수 그리스도를 인격적으로 만나는 체험을 했고, 그 뒤 버나드는 평생 하나님을 위한 헌신의 삶을 살기로 다짐한다. 그의 친구 윌리엄((William of St. Thierry)은 버나드가 세상과 결별하고 수도사가 된 것은 육체의 시험들을 피하고 영적인 온전함을 구하기 위함이었다고 회고한다.

23세의 젊은 청년 버나드는 30여 명의 주변의 사람들과 함께 시스터시안 교단의 첫 번째 수도원이었던 시토에 입교함으로 구도자의 삶을 시작했다. 당시 시토 수도원은 수도원의 갱신과 회복을 위해 베네딕토 수도원 정신에 입각한 엄격한 규칙과 원칙과 금욕적인 삶을 토대로 초기 수도원 운동의 회복을 되찾기 위한 노력을 하고 있었다. 1115년 시토 수도원장이었던 스테벤 하딩에 의해 버나드는 클레르보어에 파견되어 자신을 따르는 수도사들과 함께 수도원을 열고 원장이 되었다. 이 수도원에 38년 동안 평생 머무르면서 68개의 시토 수도원을 유럽 곳곳에 설립했다. 버나드가 설립한 수도원은 기존의 수도원들이 수사만을 위한 구별된 방식을 추구한 "흑의 수도사(black monks)"방식을 버리고, 일반 백성들까지 가르치기 위한 "백의 수도사(white monks)"방법을 채택한다. 하나님의 사랑을 경험하는 데 있어서 수도사들뿐 아니라 일반 백성들에게도 동일한 만남과 경험을 이루게 하는 것이 수도원의 목적이었다. 버나드의 불후의 명성은 그가 경건 가운데서 열정적으로 사랑을 나눈 사람이라는 데 있다. 그리스도 안에서 차별 없는 공동체 운동은 중세에서 가장 성공적인 일화를 남겼다. 버나드는 일반 평민들을 수도원으로 불러 모아 이들을 "사랑의 학교"(수도원에 설립된 학교로 그리스도의 청결을 경험하는 학교)에서 훈련 시켰고, 그들로 끌레보르 수도원 운동의 중심이 되게 하였다. 그 이후 클뤼니의 버나드와 샤르트르의 버나드와 구별하기 위해서 클레보르의 버나드라 이름하였다.

버나드는 수도원에 머물면서 개혁 운동을 그 안에서 펼쳤지만 동시에 수도원 밖에서 일어나는 여러 신학 논쟁들과 교황의 직무와 역할 그리고 교권 정치에 이르기까지 광범위한 개혁 등을 위해 실천적 노력을 하였고, 한편으로는 하나님의 사랑에 관한 많은 글을 썼다. 그중에서 버나드의 『아가서』는 버나드 신앙의 총체라고 할 수 있다.

버나드의 신학은 사랑의 신학이다. 그리스도 중심적이고, 사랑, 의지, 실천적 경건을 강조하며 예수 그리스도를 마음속에 깊이 담고 그리스도를 통하여 하나님에게 자신의 의지를 일치시키는 신비적 연합을 그 핵심으로 한다. 특히 성 버나드는 인간의 전적 타락, 오로지 이신칭의 등 중심신학의 내용에서 개신교 종교개혁과 거의 일치하는 신학은 루터와 칼빈 같은 종교개혁자들의 흠모를 받았고, 그들의 신학적인 연구에는 버나드의 신학을 많이 인용하였다.

II. 버나드 기도의 특징

버나드의 기도 제목은 자기 개혁이다. 자기 개혁의 범위와 한계를 하나님과의 "영혼의 연합"에 두었다. 그는 끊임없이 그리스도 안에 있는 하나님의 선행하시는 사랑과 은혜로 내면의 자기를 발견하고 그리스도와 닮은 모습으로 자기를 개혁하기를 기도했다. 하나님과의 "영혼의 연합"은 그 마음을 하늘에 둔 사람을 위한 것이므로, 하나님 사랑에 연합되기를 바라는 것보다 더 가치 있는 것은 없고, 그분을 찾는 것보다 더 달콤한 것은 없고, 그분을 소유하는 것보다 더 유익한 것은 없다고 여겼다. 하나님을 매 순간 추구하였다. 다음에 소개한 하나님을 갈망하는 버나드의 기도문에서 구체적으로 그의 기도의 특징을 살펴보겠다.

《하나님을 향한 갈망의 기도》

오 하나님! 당신을 떠나게 하는 이상한 신들을 구하지 않도록 나를 지켜 주옵소서.
당신 안에 품어주시고, 자비를 베푸시며, 당신의 기쁘신 공의 속에서 나를 일으키소서.
나의 감정도, 기억도, 나의 전(全) 존재가 모두 당신 안에 거하도록 나를 도우소서.
당신은 내 모든 존재의 근원이시며, 나의 행복의 근원이시기 때문입니다.

오 하나님!
당신을 사랑하는 일이 내게 주어져 있습니다.
양심과 확신 속에 더욱 열정과 소원을 가지고 당신을 사랑하는 이 축복이 내게 주어져 있습니다. 우리로 하여금 사랑스럽고, 매력적이며, 칭찬할 만하고, 부드러우며, 양순하고, 무한히 자비롭게 될 수 있도록 당신의 사랑으로 우리를 영화롭게 하소서.
나의 본성이 당신의 본성과 하나 되게 하소서.

오 하나님이여, 당신의 포옹은 은혜의 계시와 같습니다.
당신이 위로하시는 왼편 손에는 부족함이 없나이다. 이 손으로 나의 머리를 붙드시고 일으켜 세우시나이다. 당신의 오른손으로는 신령하고 영원한 위로로써 나를 품으시고 내 속에 기쁨으로 넘치게 하시나이다.
당신의 달콤한 입맞춤으로 나의 영혼은 잠잠히 평안 속에 쉬나이다.
오 주여, 이는 당신이 나를 소망 중에 세우셨기 때문입니다(시 4:8).[1]

버나드는 자기의 내면을 탐구하며 자기 개혁을 기도하였다. 하나님과 영혼의 연합에 적대적인 요소들을 찾아내 단계적으로 기도하고 변화를

---
1 『성 버나드의 하나님의 사랑』 심이석 번역, 크리스챤다이제스트, 157p.

실천하였다.

첫째, 버나드는 자기 성향(affection)의 개혁을 위해서 기도했다. 성향은 사람이 선호하는 쪽으로 기울게 되는 인간의 자연적 사랑의 경향이다. 버나드는 자신의 성향이 하나님께 향하기를 위해 기도했다. 버나드는 오로지 하나님의 자비와 공의가 자신의 성향을 붙들기를 기도했다. 그는 사람이 가지고 있는 성향이 사랑의 대상을 결정한다고 말한다. 아담 이후 죄악에 더럽혀진 비참한 영혼과 타락한 정신의 성향은 감각적인 것들(보암직, 먹음직, 이생의 자랑)에 끌리게 되는 속성을 갖게 되었다. 탐욕의 애착을 끊지 못하고, 물질, 명예, 권력을 위해 막막하게 살아간다. 죄에서 분리를 원하지만 어떻게 본연의 자리로 돌아가야 하는지를 몰라서 오히려 죄악 된 행동에 빠져들 뿐이다. 죄의 노예 된 인간의 성향은 하나님을 떠나 다른 신들을 구하게 되는 것이다. 그러나 버나드는 연기가 흩어지듯이 육신의 정욕과 안목의 정욕과 이생의 자랑이 감염시키는 모든 전염병들을 쫓아낼 수 있는 것은 하나님의 은혜뿐인 것을 알기에, "당신을 떠나게 하는 이상한 신들을 구하지 않도록 나를 지켜 주옵소서"라고 하나님께 기도한다. 우리를 먼저 사랑하신 하나님의 은혜로 인해 우리가 진정한 사랑의 대상에게로 돌아가고 돌아가야만 하나님을 만나게 된다고 고백하는 것이다. 하나님이 모든 선의 근원으로서 우리의 능력과 성향의 근원이 되심을 고백하는 것이다.

버나드는 우리의 성향이 하나님의 사랑으로 나아가는 것은 완전한 실재를 향한 전진이라고 말한다. 죄와 타락의 영향으로 부정적인 관계에서 발생한 악한 성향(affection)이 긍정적인 감정으로 변화되어야 한다는 것을 하나님의 조명으로 이성적으로 이해하며 자각하게 되면, 스스로 성향의 변화를 갈망하게 된다. 버나드는 성향이 하나님께 나아감(전진)을 자기의 참 위치의 발견이며 내적인 개혁의 시작이라고 여긴다. 이러한 상태에서는 영혼의 호기심과 영혼의 분산 부패를 조심해야 한다. 지식으로 교만한 사상에 맛을 들여서는 이루어지지 않으며, 참 만족은 하나님께 있으며, 하나님의 길을 선택하는 것이 최우선이며, 하나님의 길을 사모해야 한다는 것을 아는 것이다. 성향이 하나님께로 향한 자는 내적인 가치의 기준이 실재이신 하나님께 있으며, 하나님의 말씀대로 하나님을 이성적으로 이해하며, 가장 뛰어난 존재를 향해 손을 벌리는 것이 인생의 목적인 것을 알게 된다. 버나드는 먼저 자신의 사랑의 방향이 오직 하나님께로 향하기를 기도하였다.

둘째, 버나드는 자신의 감정, 기억, 의지를 위해 기도했다. "나의 감정도, 기억도, 나의 전 존재가 모두 당신 안에 거하도록 나를 도우소서"라고 간절히 구하였다. 성향이 사모하는 대상이 하나님이 될 때 소원의 범위와 그 대상에게 나아가는 방식을 검토하게 된다. 하나님의 사랑의 질서, 하나님께서 먼저 베푸신 사랑을 마음속 깊이 깨닫게 되면 하나님을 사랑하는 것이 우리의 기본적 소원이 된다. 하나님의 사랑이 영혼의 합당한 근거(기준)가 될 때, 인간의 기억, 이해, 의지는 하나님의 질서 안에서 질서를 회복하게 될 것이다. 그리스도로 인하여 하나님의 아들로 부르신 것과 '아바 아버지'라 부르게 하신 것이 하나님의 실체적 사랑이고, 하나님의 형상으로 남았던 기억, 이해, 의지는 하나님 사랑의 실체인 그리스도를 닮고자 하는 열망을 가지게 되며, 인간의 연약함 속에서도 그리스도를 닮고자(likeness) 하는 열망을 위해 성령은 "자비(Charity)"를 베푸신다. 이때 생명의 영이신 성령은 사랑으로 성령의 임재를 깨닫게 하신다. 성령에 의해 하나님께 몰두하거나 그분과 연합하는 것이 최상의 기쁨이 된다. 인간의 의지는 그 자체가 사랑이 되는 단계에 도달하게 될 것이다. 사랑은 피조물이 창조주 하나님께 감각과 애정을 가지고 반응을 보일 수 있는 유일한 움직임이다. 그리스도 안에서 인간의 의지가 하나님의 의지에 합일될 때 인간의 기억 속에 있던 감정들이 즉 지혜로운 감정이 되어 하나님의 선한 것을 마음으로 맛보아 알게 된다. 하나님과 연합된 자는 죄악으로 인해 마음속에 잠재되었던 두려움, 죄책감, 수치심, 소외감, 슬픔, 불안의 감정들이 치유되어 온 맘 다해 하나님의 사랑에 전인격적으로 응답하는 상태가 된다는 것이다. "내가 아버지의 이름을 그들에게 알게 하였고, 또 알게 하리니 이는 나를 사랑하신 사랑이 그들 안에 있고, 나도 그들 안에 있게 하려 함이라."(요 17:26) 하신 진리의 말씀을 그 마음을 둔 사람을 위한 것임을 깨닫게 된다. 더욱더 하나님을 사모하게 된다. 하나님께로의 나아감은 하나님의 뜻하시는 대로 인간이 뜻(의지)하는 것이 같아지는 것이고, 하나님께서 뜻하시는 것과 존재하는 것이 하나가 되는 것이다.

셋째, 버나드는 자신이 청결한 자 되기를 기도했다. "**나의 본성이 당신의 본성과 하나 되게 하소서**"라고 기도하였다. 자신의 끊임없이 일어나는 시행착오 속에서 선하신 하나님의 본성이 자기의 영혼을 지배하기를 기도하였다. 하나님 안에서 회복된 자신의 존엄성이 흠이 없이 보존되기를 기도하였다. 하나님의 사랑에 응답하는 자의 성령의 열매가 자신에게 성취되기를 소원하였다. 버나드는 그리스도 안에서 하나님과 하나가 된다는 표현은 실재로는 표현될 수 없는 방식으로만 관찰될 수 있기에, 이것을 체험(경험)하게 될 사람들은 자기 마음을 항상 청결하게 해야 한다고 말한다. 청결한 자의 상태를 버나드는 『아가서』의 신랑을 향한 신부의 순수하고 다른 목적이 없는 전폭적인 사모함과 애정으로 이해한다.

버나드는 오로지 하나님의 사랑 안에서만 자기 발견과 자기 개혁을 기도했다. 내적인 탐구로 자신의 성향과 감정의 흐름, 감정의 변화와 이성의 변화, 이성의 변화와 마음의 변화, 마음의 변화와 의지의 변화를 세밀하게 심층적으로 분석하며 자기를 발견했고 자기의 영혼을 위해 기도했다. 분석과 자기 개혁의 기준은 늘 하나님 말씀이었다. 그리스도의 성품을 닮는 것이 자기 개혁이었다.

Ⅲ. 버나드 기도의 교훈

버나드는 오직 하나님 사랑에 힘입어 기도하였다. 버나드는 사랑이라는 인간의 정서가 구원의 과정에서 어떻게 작용하는가를 기도를 통하여 우리에게 세밀하게 안내한다. 버나드의 기도는 우리 안에 사랑의 걸림돌이 무엇인지와 그것을 어떻게 해결해야 하는지를 점진적으로 가르쳐준다. 인간의 내면에는 삼위일체 하나님의 형상(image)이 기억, 이해, 의지로 남아 있어 하나님을 사랑의 대상으로 사랑할 수 있다. 그러나 죄의 습성으로 일그러진 기억, 이해, 의지는 사랑의 교제에 걸림돌이 된다는 것이다. 기억(경험)에서 비롯된 우리의 감정은 마음의 습관을 형성해서 죄악 된 생각으로 이끌며, 결국 습관적 행동(잘못된 의지) 속으로 빠지게 하기 때문이다. 습관적 행동(will)을 고치려면 생각을 바꿔야 하며, 생각을 바꾸려면 감정을 바꿔야 하는 버나드의 분석은 현대의 뇌 생체학자들의 연구 결과와 같다. 감정의 치유가 선행될 때 인간의 생각과 행동을 고칠 수 있다고 심리학자들도 주장한다. 어떻게 우리의 감정을 치유할 수 있을까? 감정은 여러 가지 인생의 기억(memory)과 이해(understanding)들과 얽혀있기 때문에 치유가 쉽지 않다.

버나드는 성령께서 우리의 감정의 근원(根源, 감정이 나오기 시작하는 곳)이 될 때 인간의 기억, 이해, 의지는 치유되고 회복되어 하나님의 사랑에 연합할 수 있으며, 의지는 하나님의 의지와 합일할 수 있음을 가르친다. 하나님의 의지와 합일된 자는 하나님의 의지(뜻)를 따라(To will as God wills) 행동하는 사람이다. 하나님을 향한 기도의 궁극적인 목적은 하나님과의 의지의 합일이 궁극적인 목적이다. 버나드의 합일은 존재론적 합일이 아니고 의지적 합일이다. 그러므로 버나드는 사랑(사랑의 본성은 기도이다)을 통하여 전 존재가 하나님의 의지와 합일하는 목표를 향하여 나가는 것이 가장 가치 있는 일이라고 끌레보르 수도원의 "사랑 학교"에서 늘 가르쳤고 기도하였다. 그의 서거 800주년이 되는 1953년에 교황 피우스 12세로부터 진정한 생명을 주는 교부로, 감미로운 박사(Doctor Mellifluous)라고 경하 받을 정도로 하나님의 의지대로 사랑을 실천하며 많은 사람의 귀감이 되었다.

버나드의 하나님 사랑은 관계적이고, 창조적이고, 실천적이다. 하나님을 사랑하며 아울러 하나님께서 사랑하신 우리의 이웃과 사랑을 나눌 수 있는 생명력 있고 갱신된 관점을 제공해준다. 끊임없는 하나님 사랑에 대한 사모함과 깨끗한 마음에서 나오는 그의 사랑의 순종(행동)이 우리의 것이 된다면, 하나님과 같은 성향과 생각과 의지를 가진 자로 감미로운 오늘의 삶을 누리게 될 것이다. 진정한 하나님의 사랑을 누리는 자의 기쁨을 이웃에게 전달하는 행복자가 될 것이다. 버나드가 작사했다고 전해지는 찬송가 85장 "구주만 생각하여도(Jesus, the very thought of Thee)"에서도 하나님의 사랑을 영과 혼과 육으로 경험한 자의 기쁨에 넘치는 향기로운 사랑을 엿볼 수 있다.

《구주를 생각만 해도》

구주를 생각만 해도 내 맘이 좋거든 주 얼굴 뵈올 때에야 얼마나 좋으랴.
만민의 구주 예수여 귀하신 이름은 천지에 온갖 이름 중 비할 데 없도다.
참 회개하는 자에게 소망이 되시고 구하고 찾는 자에게 기쁨이 되신다.
예수의 넓은 사랑을 어찌 다 말하랴 그 사랑 받은 사람만 그 사랑 알도다.
사랑의 구주 예수여 내 기쁨이 되시고 이제와 또한 영원히 영광이 되소서.

결론

중세를 살았던 버나드는 지금의 우리에게도 우리가 가야 할 본연의 자리와 사랑의 대상을 명확하게 안내한다. 버나드의 기도는 하나님을 "체험하기 위해서 믿는다(Credo ut Experiar)"라고 하였다. 하나님과 합일의 체험은 사랑을 통해서 이루어진다. 그는 체험한 하나님의 사랑을 삶으로 보여주었고 친구(이웃)를 사랑하였다. 우리가 사랑할 수 있는 것도 우리에게 베푸신 하나님의 사랑이라는 것을 깨닫게 한다. 우리도 하나님 안에서 깨어지고 일그러진 마음(mind)의 치유와 사랑받는 자의 기쁨을 누릴 수 있음을 확신하게 한다. 위기의 시대를 살아가고 있는 위태로운 우리에게 하나님께 소속된 자로서의 안정감과 하나님께 나아갈 용기를 준다. 그의 기도는 버나드처럼 하나님 사랑에 의지하여 마음이 청결한 자 되기를 소원하고 성경 말씀에 이끌려 일심으로 기도하게 하는 영적인 도전을 준다. "주님! 저에게도 주의 도를 가르치소서 내가 주의 진리에 행하리오니 일심으로 주를 경외하게 하소서"(시 86:11).

이 우 금

이화여자대학 국어국문과 (B.A)

서울신학대학교 상담대학원 (M.A)

성균관대학교 경영대학원 수료

평택대학교 피어선신학전문대학원 (Ph.D. 상담학)

평택대학교 피어선신학전문대학원 (Ph.D. 조직신학)

(전) 평택대학교 외래교수

(전) 가나안상담코칭센터장

(현) 한국목회상담협회 슈퍼바이저

위클리프의 기도

김 호 욱

1. 그의 생애

존 위클리프(John Wycliffe, 1320?-1384)는 로마 카톨릭의 교황제도와 그들의 전반적인 부패상을 강력하게 지적하여 종교개혁의 새벽별(the morning star)로 인정받고 있다. 그의 이름의 철자는 20개(Wyclif, Wycliff, Wiclef, Wicliffe, 그리고 Wickliffe 등) 정도로 주장되고 있지만, 대부분의 학자들과 영국 옥스퍼드의 위클리프 홀(Wycliffe Hall, Oxford)과 캐나다 토론토 대학교의 위클리프 칼리지(Wycliffe Collage, University Toronto) 등은 John Wycliffe를 그의 이름 철자로 사용하고 있다. 그는 철학자, 신학자, 성경 번역가, 개혁가, 성직자, 그리고 신학교 교수(옥스포드 대학)였다.

그는 1320년경 영국 요크셔 노스 라이딩의 리치몬드(Richmond in the North Riding of Yorkshire) 근처 힙스 웰(Hips well) 마을에서 태어났다. 그의 가족은 요크셔에 꽤 큰 영토를 차지하고서 오래 정착했으므로, 위클리프의 초기교육은 집 가까운 곳에서 이루어졌다. 그가 옥스퍼드에 언제 입학했는지 정확히 알려져 있지 않지만 1345년경에 옥스포드에 있었던 것으로 알려져 있다.

위클리프는 1356년 메르톤 칼리지(Merton College)에서 학사학위(Arts Degree)를 받았다. 몽골인들에 의해 유럽에 급격하게 퍼지기 시작한 흑사병이 1348년 6월 경 영국에 전파되었고, 흑사병이 1년 남짓 창궐할 동안 잉글랜드 인구의 약 절반이 그 전염병으로 목숨을 잃었다. 이러한 모습을 지켜보았던 위클리프는 14세기 말에 세상의 종말이 올 것이라는 내용을 포함하고 있는 "교회의 마지막 시대(The Last Age of the Church)"라는 작은 논문을 1356년에 발표했다. 많은 사람들은 이 재앙을 죄 많은 사람들에 대한 하나님의 심판으로 보았지만, 위클리프는 합당하지 않은 생활을 하는 성직자들에게서 그 원인을 찾았다. 성직자들의 사망률이 특히 높았기 때문이다.

그는 1361년 밸리올 칼리지(Balliol College)에서 석사학위를 받았고, 1369년에는 신학학사 학위를 취득하였으며, 1372년에 박사 학위를 취득했다. 1374년에는 레스터셔(Licestershire)에 있는 루터워스(Lutterworth)의 세인트 메리교회(St. Mary's Church)를 담당하기 시작했고, 그는 죽을 때까지 이 자리를 유지했다.

그의 생애는 교황과 성경의 정신에 위배되는 로마 카톨릭의 잘못된 교리와 부패한 성직자들과의 투쟁으로 물들어 있다. 위클리프는 잉글랜드에서 강력하게 자신들의 역할을 강화시키면서 특권을 누리는 성직자와 지역 교구의 사치와 화려함을 공격했다. 그는 성경이 "국민의, 국민에 의한, 국민을 위한 정부"를 만들어낼 것이라고 주장하면서 라틴어 성경을 영어로 번역하는 일에 심혈을 기울였다. 그는 1382년 신약성경 전체를 번역 완료했고, 그의 동료들은 구약성경을 번역함으로써, 위클리프 성경(Wycliffe's Bible)이 1384년 완성되었다.

위클리프의 추종자로 알려져 있는 롤라드(Lollards)는 그의 예정론(predestination), 성상파괴(iconoclasm), 그리고 황제 교황주의에 대한 개념(the notion of caesaropapism)에 대한 그의 생각을 전적으로 옹호했고, 성인숭배(the veneration of saints), 성례전(the sacraments), 추도 미사(requiem masses), 화체설(transubstantiation), 수도원주의(monasticism), 그리고 교황

권(the Papacy)의 존재를 공격하였다. 위클리프의 영향을 받은 후스는 체코의 개혁가가 되었고, 콘스탄스 공의회(The Council of Constance, 1414-1418)의 후스(Jan Hus, 1369-1415) 처형(1415) 결정은 후스파 전쟁(Hussite Wars, 1419-1434)의 원인이 되었다.

콘스탄스 공의회는 1415년 5월 4일 위클리프를 이단자로 선포했으며, 시의회는 위클리프의 저작물을 태워야하고 그의 몸은 봉헌 된 땅에서 제거되어야한다고 결정했다. 교황 마르티누스 5세(Martinus V)에 의해 확인된 이 명령은 1428년에 수행되었다. 위클리프의 시체는 발굴되어 재로 변해 루터워스(Lutterworth)를 통과하여 흐르는 스위프트 강(Liver Swift)에 던져져 대서양을 통해 대륙으로 흘러갔다.

2. 기도에 대하여[1]

2.1. 주기도문 해설에 나타난 기도

위클리프는 "성 프란시스의 규범"이란 논설을 "아버지와 아들과 성령의 이름으로. 아멘"이란 말로 시작했다. 그런 다음 "성직자들은 자신의 직무에 대해 다른 성직자처럼 말해야만 하지만 무식한 수도사들은 주기도문을 말해야 한다."고 했다. 그리고 "예수 그리스도는 다른 죄인들보다 더 큰 가치가 있으므로 다른 죄인이 만든 기도문이 선하다고 해도 이 주기도문은 다른 기도보다 더 권위가 있다"면서 "주기도문"논설을 통해 기도에 대한 자신의 생각을 정리하였다.

첫째, "우리는 경건하게 믿음이 확고해질 것을 위해 간구"해야 하며, 또한 "모든 사람의 악한 태도와 표정이 우리에게서 제거되기를 위해" 기도해야 한다고 했다. 그 이유는 "믿음 없이 우리는 하나님을 기쁘게 하

---

[1] F. D. Matthew, ed, *The English Works of Wyclif* (London: The Early English Text Society, 1880). 존 위클리프, 『존 위클리프 VOL Ⅱ: 여러 주제에 관한 논설』, 홍성국 역 (서울: 림우회, 2018).

지"못하기 때문이며, "교만은 사람을 루시퍼의 자녀들로 만들기 때문"이라고 했다.

둘째, "우리는 하늘의 복을 누릴 영원하며 참된 소망을 갖도록 기도"할 것을 강조하였다. 그러면서 "모든 저주스런 시기와 미움이 우리에게서 사라지도록 그리고 모두가 하나님과 우리의 동료 그리스도인들을 사랑하게 해"주시기를 간구하라고 했다. 이유는 하늘의 복에 대한 소망이 없고, 그리스도인들을 사랑하지 않는다면 "이 세상에서 실패한 것"이며, "미래에는 아무 것도 기대 될 것이"없기 때문이라는 것이다.

셋째, "우리는 모든 일에 있어서 우리의 뜻이 하나님의 뜻에 맞추어질 것을 위해"기도해야 한다고 했다. 우리의 뜻을 하나님의 뜻에 맞추는 것은 "영원한 선과 의이신 하나님으로부터 이탈"하지 않는 것이며, "항상 사랑의 큰 덕을"세우는 것이라고 했다. 이러한 것을 실천하려면 "세상 재물에 대한 악한 탐욕"을 버릴 수 있도록, 그리고 "하나님의 계명을 어기지 말고, 거짓 맹세치 말고, 거짓 척도나 무게를 달지 말고, 어떤 간계를 쓰지 말고, 이웃의 재물을 취하지 말고, 하나님의 뜻을 어기지 말도록"기도해야 한다고 강조하였다.

넷째, "우리는 어느 정도의 물질이 우리에게 필요하고 합당한지 알 수 있는 지혜를 달라고 기도해야 한다."고 했다. 그러면서 이를 위해서 우리는 하나님께 드릴 몫과 우리가 취해야 할 몫을 분별할 수 있도록, 그리고 낭비하는 습관이 없도록 기도하라고 했다. "식탐과 술 취함은 사람들로 하여금 전능한 하나님보다 자신의 목과 배를 더 사랑하게 만들기 때문이다."

다섯째, "우리는 의의 덕을 가지며 비이성적 분노와 보응을 제거하고 험한 성격을 가진 사람과 비이성적 사람에 대해 참 긍휼과 인내로써 우리를 단단히 붙들어 달라고 기도"하는 것이 필요하다고 했다. 그래야 "이성과 긍휼이 우리 마음의 동요와 말과 행동을 잘 다스리게"되기 때문이라는 것이다.

여섯째, "우리는 영적인 힘의 덕을 갖고, 모든 시험에 대항할 수 있게 하는 성령의 도움으로 강하게 해달라고 기도해야 한다."고 강조했다. 우리가 이렇게 기도해야하는 이유는 "자신의 죄에 대한 무시와 나태함과 죄를" 즐기고 싶어 하는 마음 때문이라고 했다.

일곱째, "우리는 성품의 덕을" 갖도록, 그리고 "이 세상의 재물과 즐거움에 빠져서 하늘의 복을 주는 하나님을 잊지 않도록 기도해야 한다."고 했다. "그렇게 되면 우리는 우리 육체의 정욕의 소욕을 억제하여 다른 여자를 육신적으로 대하지 않고 합법적이고 진실 된 결혼을 유지 하게 된다."는 것이다.

2.2. 고위 성직자와 기도

위클리프는 "고위 성직자들은 공염불과 같은 기도로, 헛된 새 음악의 잔꾀로 영주들과 모든 그리스도인을 속인다."는 내용이 포함되어 있는 "고위 성직자들을 고발한다"는 제하의 논설에서 다음과 같이 기도를 하였다:

> 주 예수여! 이들 어리석은 죄인들, 지옥의 마귀들이 당신보다 더 힘 있고 지혜롭다고 합니다. 참 된 사람들이 마귀의 허락 없이는 당신의 뜻을 행할 수 없나이다. 모든 지혜와 사랑이 충만한 전능하신 주 하나님! 이들 적그리스도들이 당신의 거룩한 복음을 멸시하며 그리스도인의 영혼의 도움을 주지 못하도록 얼마나 오래 동안 방치하시렵니까? 무한하신 주여! 죄가 백성들 가운데에 지배하는 것을 얼마나 오래 동안 방치하시렵니까? 무한히 긍휼이 많고 선한 주여, 이 가련하고 불쌍한 당신의 사제들과 종들이 당신의 백성들이 사랑을 갖게 하는 일을 하도록, 당신의 복음을 두려워하고 존중하도록, 그리고 당신의 명

예와 뜻이 적그리스도와 지옥의 마귀의 그릇된 위협으로 대치되지 않도록 도우소서.

긍휼과 무한의 지혜를 가진 전능하신 주 하나님! 당신이 고난당할 때 죽음이 두려워서 도망친 비겁한 사람 그리고 너무 큰 두려움을 가진 베드로와 모든 사도들을 용납한 당신! 가련한 한 여인의 음성을 용납하고 성령의 위로로 그들을 강하게 하여 그들이 누구도 두려워하지 않고, 고통이나 죽음을 무서워하지 않도록 도와주신 주여 이제 같은 성령의 은사로 전에 비겁했던 당신의 가련한 종들을 강하고 담대하게 하여 적그리스도와 이 세상의 폭군에 대항하여 복음을 지키게 하옵소서. 그리고 우리의 모든 영주들이 복음과 당신의 규례와 특별히 당신의 명예를 추구하며 죄를 철저하게 파괴시키도록 은혜를 베푸소서. 이 직임은 당신이 영주들에게 위임한 것입니다.

전능하신 주님, 이 세상의 어리석음이 당신의 계획을 정복하고 적그리스도가 승리하며 가난한 사람들이 당신을 위한 사역을 감당하지 못하고 있으나 지금 당신의 이름의 영광과 당신의 보배로운 피로 사신 그리스도인의 영혼의 구원을 위하여 그리고 적그리스도의 교만과 자랑과 그토록 높아진 그의 능력을 파괴하기 위하여 당신의 종들에게 은혜를 베풀어 복음의 진리를 지키며 그것을 말과 행위로써 전하게 하옵소서. 그리고 당신이 세우신 영주들이 적그리스도의 성직자들을 대항하여 강하게 그 복음을 지키게 하옵소서. 주여, 당신의 공동체가 당신의 약속들을 지키며, 적그리스도의 속임수를 알며, 복음을 존중하며, 적그리스도와 다른 마귀들의 그릇된 두려움이 지배하지 않게 하소서. 아멘.

위클리프가 고귀 성직자들의 기도를 공염불과 같다고 비난한 것은 그들이 기도한 내용과 그들의 실제 삶이 일치하지 않았기 때문이다. 그는 "기도는 원칙적으로 선한 삶과 병행되는 것이다. 그에 대해 예수님도 복음서에서 우리는 늘 기도해야 한다고 말했다."고 했다. 위클리프는 "기도는 하나님의 뜻을 행하고자 하는 거룩한 열망과 같이 간다."면서 "율법을 듣지 않으면 그의 기도는 가증한 것"이라는 잠언 28장 9절 말씀을 인용하였다.

그는 고위 성직자들 자신은 하나님의 말씀을 전하지 않으면서, 다른 사람들이 복음을 진실하고 자유롭게 전하는 것을 금지시킨다고 고발한다. 그러면서 "오! 주여, … 구원받은 평신도의 기도는 측량할 수 없이 저주받을 고위 성직자의 기도 보다 낫습니다."란 내용으로 기도하였다. "마귀는 … 위선자들의 기도를 신뢰하게 한다."면서, "마귀의 기도는 자신들의 죄에 대해서 고치지 않고 오히려 그 죄를 그대로 용인한다."고 했다.

2.3. 위장된 기도에 대한 비난

위클리프는 "위장된 기도(명상)의 삶"을 논하면서 기도를 명분삼아 복음을 전하지 않는 사제들을 비난하였다. 그는 "눈먼 위선자들은 그리스도가 우리에게 늘 기도하라고 명했고", "바울도 우리가 쉬지 말고 기도하라"고 했으니, 성직자의 사명은 기도하는 것이라면서 복음을 전하지 않는다고 주장했다. 그러면서 "위선자들이 반드시 알아야 할 것은 그리스도와 바울은 거룩한 삶이 전제된 기도를 의미하는 것이고, 각 사람은 사랑 안에 거하는 한 기도해야 한다는 것이다. 단지 중단 없는 입술의 중얼거림이 기도가 아니라는 것이다. 어떤 사람도 중단 없이 기도한 사람은 없다."고 강조했다.

그는 기도를 핑계 삼아 복음을 전하지도 않고 성직을 매매하고 세상의 명예에만 관심을 가지는 사제들을 향해 "하나님의 법을 준행하지 않고 사랑이 없는 사람의 입술의 기도는 용납되지 않기 때문에 입술만의 기도는 가증스런 것이다."고 꼬집었다. 또한 그는 위장된 경건의 삶을 추구하는 사제들은 마귀의 헛된 규범을 강조한다면서, "이들 어리석은 자들은 하나님의 법을 통하여 무엇이 활동적인 삶이며 명상의 삶인지 배워야만 한다."고 했다.

위클리프가 "성직자들이 지켜야 할 신조"와 "종들과 영주들의 본분에 대해"논설하면서, 그들에게 시간을 내어 기도하는 것이 얼마나 중요한 일인지에 대해 강조하지 않은 것은 당시 시대적 상황을 고려하면 그 이유를 알 수 있다.

2.4. 고해성사의 부당성과 바른 고백(참회의 기도)

위클리프는 로마 카톨릭의 고해성사의 부당성을 지적하면서 참된 기도, 성경이 가르치는 바른 고백이란 무엇인지에 대해 상세하게 논설하였다. 그는 먼저 "고해는 일반적으로 의지와 함께 하는 지식이다. 어떤 고백은 죄 없이 이루어지고 어떤 것은 죄에 대한 인식이다."면서 고백이란 무엇인지를 말하고 그 고백의 필요성을 강조한다.

첫째, 죄 없으신 예수님도 하나님께 고백했다고 말한다(마 11:25). 그러면서 "그리스도가 죄를 범하지 않았기에 그의 고백은 헛된 것이 아니다."고 했다.

둘째, 죄를 범한 자는 두 가지 방식의 고백이 있다고 했다. 하나는 "오직 마음으로부터 참되게 하나님께 고백하는 것"이고, 다른 하나는 사람에게 하는 것이다. 고백이 공개적으로 행해지든지 아니면 비밀리에 속삭이듯이 행하든지, 그 고백은 죄 지은 사람이 자발적으로 행해야 고백자에게 유익이 된다고 가르친다. 그러면서 비밀리에 사제에게 고백하는 것은 그리스도나 사도 중 누구도 그렇게 한 적이 없는 것으로써, 인노켄티우스(Innocentius III, 1198-1216) 때 풀려난 "마귀가 끌어 들인 것"이라고 강조했다. 또한 그는 사제에게 비밀리에 하는 고해성사를 이성에 반대되는 것으로 규정하면서, "주여, 그렇다면 왜 이 사람이 귀에 대고 고해를 하지 않았기 때문에 저주를 받아야 합니까?"라고 기도했다.

셋째, 사제는 고백자의 죄를 하나님께서 용서해 주시기를 기도해야 한다고 했다. 교황이나 사제는 하나님께 범한 고백자의 죄를 용서할 수 있는 권한이 없고, 고백자의 참회가 인위적일 수 있기 때문이다. 그러면서 "고해 받는 자들이 … 하나님께 범한 죄도 자신들이 용서해주고 자신들의 기호에 따라서 고행을 부과한다고 말하는 것은 [하나님을]모독"하는 것이라고 했다.

넷째, 참다운 참회의 기도자(고백자)는 "하나님께 범한 불경건의 죄를 통회하고 그것에서 떠나려고 하는 완전한 의지를 가지고 다시는 죄를 범하지 않는다"고 했다. 위클리프의 이 말은 암브로시우스(Ambrosius, 340?-397)와 그레고리우스(Gregorius Ⅰ, 540?-604)가 한 말을 인용한 것이다. 위클리프는 "우리는 하나님의 은혜가 너무나도 크고 충만하기 때문에 … 하나님의 긍휼을 구하며 자신의 죄를 참회하면 … 하나님이 죄를 사해준다고 믿는다."고 했다. 그러면서 "그러나 애통과 불쾌함 없이 죄를 계속 범하면 자신의 죄가 더욱 심해지며 죄를 슬퍼하며 긍휼을 구하는 힘을 박탈당한다는 위험을 사람들은 알아야 한다."고 경고했다.

3. 정리

주요 활동이 교황의 아비뇽 유수(1309-1377) 기간과 겹쳐 있는 위클리프는 사도 바울 등 위대한 하나님의 사람들처럼 기도를 매우 소중하게 생각한 신학자였다. 그가 자신의 시대의 로마 카톨릭 고위 성직자들의 기도에 대해 심한 비난을 퍼 부은 것은 그들의 기도 내용과 실제의 삶 사이에 너무나 큰 괴리가 있었기 때문이다. 위클리프는 로마 카톨릭 고위 성직자들이 기도하지 않는다고 비난하지 않았다. 오히려 범사에 그들은 기도하고, 쉬지 말고 기도하라는 성경구절을 인용하면서 지나치게 기도에 매달려 시간을 보내면서 복음전파에는 시간을 사용하지 않는 것을 비난하였다. 그러면서 그들은 자신을 위한 여러 가지 법을 만들어서 세상적인 풍부함과 안락함을 추구한다고 비난하였다.

위클리프는 자신은 기도하는 일을 소홀히 하는 데, 당시 로마 카톨릭의 고위 성직자들은 기도하는 일에 힘쓰는 것을 보고 자신을 정당화시키기 위해 그들을 비난한 것이 결코 아니다. 위클리프의 논설 내용에는 상당히 긴 분량으로 기록한 그의 기도문이 들어 있다. 그리고 논설 사이사이에도 그의 기도문이 들어 있다. 이것은 위클리프는 기도의 사람이었음을 암시한다.

외형적으로 볼 때, 로마 카톨릭 고위 성직자들도 기도의 사람들이었고, 위클리프도 기도의 사람이었다. 그런데 로마 카톨릭 고위 성직자들의 기도는 실천이 없는 진실하지 못한 공허한 메아리였다면, 위클리프의 기도는 실천이 따르는 진실한 기도였다는 것이 커다란 차이점이었다. 이것이 위클리프가 그의 논설을 통해 오늘날 우리에게 가르쳐주는 기도의 교훈이다.

김호욱

광신대학교 신학대원 (M.Div. equ.)

광신대학교 일반대학원 (Th.M.)

광신대학교 일반대학원 (Ph.D.)

(전) 군산화력발전소 및 영광원자력발전소 근무

(현) 기독교향토역사연구소 소장,

(현) 한국복음주의조직신학회 편집위원

(현) 한국복음주의역사신학회 임원

(현) 한국기독교문화유산보존협회 법인이사

(현) 광신대 역사신학 교수

얀 후스의 기도

서 혜 정

Exécution de Jean Hus et dispersion de ses cendres
© S.H.P.F.

"서로 사랑하라. 모든 사람들 앞에서 진리를 부인하지 말라"

일평생 성경의 진리를 사랑하고, 진리를 가르치며, 진리대로 살고자 했던 체코의 얀 후스는 중세 말 가톨릭교회의 비진리와 부패와 맞서 싸웠다. 후스는 삽화 속의 모습처럼 종교재판에서 이단으로 정죄되어 화형 당했고 그의 재는 라인강(Rhin)에 뿌려졌다. 그는 화염 속에서 한 줌의 재로 사라질 때까지 성경의 진리와 자신의 신앙을 부인하지 않았다.

1. 얀 후스의 생애와 신학

종교 개혁의 선구자 얀 후스는 1370년 경(1372 ?)에 보헤미아 남쪽의 프라카티체(Prachatice) 근교의 후시네크(Husinec, "거위를 키우는 마을")에서 가난한 농부의 아들로 태어났다. 그는 어려서부터 모친의 독실한 신앙에 영향을 받았고 젊은 시절에는 로마의 순교자 성 로렌스(Saint Laurence,

225-258)의 경건한 삶과 순교에 깊은 감동을 받았다. 1390년 프라하 대학에 입학하여 1393년에 문학사 학위와 1396년 석사 학위를 받은 후스는 1398년부터 프라하 대학에 재직하여 신학부에서 철학을 가르쳤다. 1409년에는 프라하 대학의 학장으로 임명되었다. 당시 체코는 보헤미아의 왕(1346-1378 재위)이자 신성로마제국의 황제(1355-1378 재위)인 룩셈부르크 왕가 출신인 카를 4세(Karel 1346-1355 재위)의 통치를 받고 있었다. 그는 독일어 교육을 하는 대학들을 세워 독일화 정책을 폈는데, 프라하 대학은 체코의 독립을 주장하는 애국주의 운동이 있었다. 그 일환으로 후스는 모국어인 체코어의 철자법을 개량하고 모국어 사용을 권장하며 체코어 찬송가도 보급했다. 이것은 지배 권력에 대항하는 의지를 나타냈고 독립을 위한 민족주의를 고취시켰다.

한편, 1401년 사제 서품을 받은 후스는 프라하의 구시가지에 있는 성 미셸 성당(Église Saint-Michel)에서 설교를 시작하여 1402년에는 유서 깊은 베들레헴 소성당에서 설교가로 명성을 얻게 된다. 그는 라틴어 대신 대중들이 이해할 수 있는 체코어로 설교 했을 뿐만 아니라 예배 시에 모국어로 찬송을 불렀다. 후스가 인도하는 예배는 활기가 넘쳤고 신자들은 많은 위로를 받아 무려 3천명이나 되는 사람들이 모였다. 후스는 대중들뿐만 아니라 프라하의 교수들과 왕실, 일부 귀족들의 지지를 받았다.

프라하 대학은 영국의 옥스퍼드 대학의 존 위클리프(John Wyclif, 1320-1384)의 사상이 유입되어 실재론이 가르쳐지고 있었다. 특히 옥스퍼드 대학에서 2년간의 유학을 마치고 돌아온 프라하의 제롬(Jerome of Prague, 1379-1416)이 위클리프의 신학 논문들을 소개했다. 위클리프는 모든 진리의 근거가 교황이 아니라, '성경'에 있다고 주장했다. 또한 진리를 바로 알기 위해서는 교회의 전통이나 교황의 성경 해석이나 성경 자체를 연구해야 한다고 강조했다. 이런 위클리프의 주장은 프라하 신학자들에게 많은 공감을 불러 일으켰고, 후스도 그를 존경하며 그의 저서들을 필사했다. 후스도 종교적 양심의 자유를 강조했고, 구원은 제도적인 교회에 속한 것이 아니라, 하나님께 속한 것이라고 주장했다. 교황의 권위는 성경의 권위를 앞서지 못한다. 그는 세속적 욕망과 돈에 대한 탐심이 교회의 부패를 가져온다고 보았고 면죄부 판매를 비판했다. 위클리프는 1382년 라틴어 성경을 영어로 번역했는데, 후스도 이런 성경 번역 작업은 대중들에게 하나님의 진리를 바로 알게 하는 중요한 일로 간주했다. 하지만 후스의 이런 가르침과 행보는 가톨릭교회 종교 지도자들의 분노를 사게 되어, 급기야 후스가 베들레헴 성당에서의 설교하는 것을 금지 당했다.

한편, 15세기 중세 교회는 정치적 권력과 결탁된 부패로 인해서 교황청이 분열되어 로마, 아비뇽, 피사를 중심으로 무려 세 명의 교황(로마의 그레고리 12세, 대립 교황 베네딕트 13세, 피사에서 선출된 알렉산더 5세)이 있었는데, 피사의 공의회에서 선출된 교황 알렉산더 5세는 1412년 칙서를 내려 위클리프를 정죄하고 그의 저서들을 금지시켰다.

1514년 분열된 교황청의 문제를 해결하기 위한 목적으로 콘스탄츠(Konstaanz, 현 독일) 공의회가 소집되는데, 정치적으로는 신성 로마 제국의 황제 지기스문트(Sigismund Luxemburg, 1361-1437, 1387-1437재위)가 보헤미안의 민족적 소요가 전 유럽으로 확산되는 것을 방지시키기 위해 알렉산더 5세의 후임인 교황 요한 23세를 압박하여 이 공의회(1414년 11월 5일-1418년 4월 22일)를 개최하게 되었다. 그런데, 1414년 공의회에서 죽은 지 30년 된 위클리프와 그의 200개의 명제들을 정죄하고 위클리프의 무덤은 파헤쳐 그의 시신을 불태웠고, 위클리프의 사상에 동조했던 후스를 이단으로 정죄하고 종교재판에 회부한다. 1414년 11월 3일 콘스탄츠에 도착한 후스는 11월 28일에 체포되고 라인 강 근처 도미니칸 수도원에 감금된다. 춥고 어두운 열악한 환경에 쇠사슬에 묶인 후스는 몸이 많이 쇠약해 졌고 견디기 힘든 육체적 고통 가운데 있었지만 간수들을 전도하기 위해 끝까지 선대하며 복음을 전했고 자신을 지지하는 동료들에게 편지를 썼다.

　1414년 10월 공의회 재판위원회는 후스에게 자신의 주장을 철회할 것을 요구했지만 후스는 끝까지 자신의 결백을 주장했다. 결국 후스는 1415년 7월 6일 위클리프 사상을 옹호하고 따랐다는 이유로 사형 선고를 받았다. 1415 7월 6일 후스는 화형대의 장작더미에 올려 졌을 때 "당신은 지금 거위 한 마리를 태우지만, 한 세기가 지나면 불에 굽지도 끓이지도 못할 백조를 나타날 것이오."라고 말했다. 그가 화형에 처해진 뒤 102년 후에 종교 개혁의 선봉에 선 마틴 루터가 그 뒤를 이어받는다. 그의 예언처럼 루터도 후스처럼 파문당하고 사형 선고를 받았지만, 극적으로 죽음을 피했다.

　후스는 마지막으로 "주, 예수 그리스도시여, 당신의 말씀을 전한다는 이유로 이렇게 비참하고 끔찍한 죽음을 당하지만 두려워하지 않게 하소서! 다윗의 아들 예수님이여, 자비를 베푸소서!"라는 말을 남기며 즐겨 부르던 찬송을 부르다가 화염 속에 사라졌다.

후스의 신학

　첫째, 후스의 신학은 무엇보다도 성경 말씀, 특히 그리스도의 가르침과 그리스도의 삶에 기초를 둔다. 진리를 자신의 삶과 행동에 얼마나 일치시키느냐의 문제는 후스의 신앙의 핵심을 이룬다. 얼마나 그리스도의 말씀대로 순종하며, 그분의 발자취를 따르느냐에 따라 신앙의 진위를 가릴 수 있다고 믿었다. 그는 설교를 통해서 청중들에게 죄를 짓지 않도록 권면하며 그리스도의 삶을 본받기를 강조했다. 하나님의 법과 일치하지 않는 모든 것을 비판했다. 후스는 죽는 날까지 자신의 종교적인 신념과 신앙 양심을 지켰고, 자신이 가르친 대로 그리스도의 삶을 따랐다.

　둘째, 후스의 구원의 교리는 바울의 이신 칭의 교리에 기초를 둔다. 구원은 선행이 아닌 '믿음'을 통해서 가능하다고 가르쳤다. 구원은 돈을 주고 살 수 있는 것도 아니고, 교황의 권위로 발부되는 면죄부를 통해서 얻는 것도 아닌 오직 회개를 통해서 받는 용서 즉 하나님의 은혜를 통해만 가능하다. 후스의 적대자들과 추기경이 후스에게 베들레헴 교회에서의 예배를 금지시켰을 때, 구원은 유형 교회 안에 있다고 믿었던 신자들은 하나님과의 관계도 단절되는 것으로 알고 불안해했다. 그러나 후스는 구원은 개인의 믿음을 통해 얻는 것이기에 하나님과의 관계에는 문제가 없다고 그들을 위로했다. 이처럼 후스의 구원 교리는 당시 기존의 중세 교회의 가르침과 달랐다는 것을 발견하게 된다.

셋째, 후스는 성직자의 청빈, 겸손, 온유를 강조한다. 당시 교회는 부와 권력을 추구하며, 기득권을 유지하기 위해 성경의 진리를 왜곡하고 타락의 길을 걷고 있었다. 성직자들은 시민들의 세금을 거두어 들였고, 수도원과 사제들은 보헤미아 토지의 절반 이상을 소유할 정도로 부를 차지하고 있었다. 성직자들은 종교적인 일보다는 이런 세속적인 일에 더 관여함으로 직무태만이 비일비재했고 추기경과 감독직을 돈 주고 사고파는 성직 매매도 통용되었다. 후스는 성직매매는 근본적으로 신성모독이며 도덕적 타락이기에 이런 일을 행하자는 자는 불신앙 자이며 교회 밖의 사람이라고 혹독하게 비판했다. 후스는 성도의 헌금을 통하여 온갖 화려한 성상과 성화로 교회를 장식하는 것과 성직자의 화려한 예복과 성배, 종 등을 위해 사용되는 것을 반대했다. 이런 것들은 하나님을 진정으로 추구하는 삶과는 거리가 멀다고 여겼고 교회의 개혁을 주장했다.

넷째로, 후스는 교황 무오 설에 대해 동의하지 않았다. 교황을 죄가 없는 가장 거룩한 '교회의 아버지'로 불리는 것을 반대했다. 죄가 없는 분은 오직 주님 한분뿐이시기 때문이다. 교황도 일반 신자와 마찬가지로 그리스도를 본받아 살아가기를 훈련하며 청빈과 겸손과 온유를 실천해야 한다고 주장했다.

후스의 기도의 내용과 특징들

후스는 자신이 알고 믿는 바를 실천하는 행동하는 그리스도인이었다. 그의 신앙과 삶은 그가 하나님의 사람이요, 기도의 사람이었다는 것을 반영한다. 후스에게서 신앙과 삶은 결코 분리되지 않는다. 그는 믿는 대로 행동했으며, 믿음을 지키기 위해 싸웠다. 후스가 교수로 설교가로 살면서 간절히 간구했던 것은 이 땅에서도 하나님의 뜻, 하나님의 진리가 실현되는 것이었다. 후스는 먼저 성경의 진리를 가르치고 진리대로 실천하며 살고자 했던 사람이었고, 그가 속한 학교와 교회가 진리대로 그 소명을 감당하기를 원했다. 이처럼 후스의 신앙 중심에는 '진리'가 자리 잡고 있다. 그는 진리로 인하여 살았기 때문에 죽는 날까지 진리를 사수하며 진리를 위해 살고자 했다. 진리는 후스에게 있어서 존재 이유이자, 최고의 가치였다.

후스는 신학적인 소논문들과 옥중의 서신들을 남겼지만, 개인적인 기도문을 기록으로 남기지는 않았다. 그러나 그의 삶과 저서들 특히, 개인적인 옥중 서신들을 통해 그가 하나님과 소통했던 간구와 기도가 무엇이었지 유추해 볼 수 있다. 후스의 신앙과 기도에서 나타타는 특징은 크게 다섯 가지로 요약될 수 있을 것이다.

첫째, 후스의 기도는 그리스도의 가르침에 순종하기 위한 기도이다. 다시 말해서 그리스도의 말씀에 온전히 순종하기 위해 필요한 지혜와 힘과 용기를 간구했다. 그는 삶의 목표는 오직 자신의 삶에 그리스도의 가르침을 실현하는 것이었다. 그에게 기도는 곧 행함이다. 후스의 기도는 실천하기 위한 기도이고, 순종하기 위한 기도이다. 이런 기도가 어떻게 가능한가? 학자로서 사제로 살았던 후스는 무엇보다 성경 연구를 강조한 사람이다. 우리가 배우고 따라야 할 모든 진리는 교황의 가르침이나, 교황의 성경 해석에 있는 것이 아니라, 성경 말씀에 쓰여 있다고 믿었기에,

성경을 직접 읽고 연구하는 일에 주력했다. 그래서 대중들을 위해 위클리프처럼 성경번역에도 힘을 썼다. 성경에 대한 열정, 진리에 대한 그의 간절함은 진리를 토대로 하는 기도를 가능하게 했다. 후스의 기도의 원리는 성경 말씀, 특히 예수님의 가르침에 기반을 둔다. "이러므로 그들의 열매로 그들을 알리라. 나더러 주여 주여 하는 자마다 다 천국에 들어갈 것이 아니요, 다만 하늘에 계신 아버지의 뜻대로 행하는 자라야 들어가리라…그러므로 누구든지 나의 이 말을 듣고 행하는 자는 그 집을 반석 위에 지은 지혜로운 사람 같으리니"(마 7:17-20,21,24)

둘째, 후스 기도는 개인적인 안일이나 평안을 구하지 않았다. 그의 열정과 간구는 교회와 나라가 진리 가운데 바로 서는 것이었다. 그는 하나님의 말씀에 기초해서 개인의 삶과 교회와 나라를 조명하며 말씀에 맞게 교정하며 개혁해 나가길 원했다. 교회가 말씀에 비추어 왜곡된 길을 걷고 있는 부분에 대해 과감하게 비판과 각성의 목소리를 내는 것을 두려워하지 않았다. 그는 탐욕과 부패를 일삼고 있는 교회에 선지자적인 메시지를 통해 이 땅 가운데 하나님의 나라가 실현되기를 간절히 간구했다. 또한 그리스도의 몸된 교회의 머리는 교황이 아니라, 오직 그리스도라는 것을 강조했다. 그러기에 하나님처럼 군림하려는 교황과 그의 종교 지도자들의 부패와 잘못된 가르침과 의식에 맞서 과감하게 싸웠다. 이 땅에서 교회가 진리의 등대 역할을 하지 못하는 것에 대해 안타까워하며 개혁되기를 바라며 기도했다. "그런즉 너희는 먼저 그의 나라와 의를 구하라 그리하면 이 모든 것을 너희에게 더하시리라"(마 6:33)

셋째, 후스의 기도는 의를 위하여 핍박받는 것을 거부하거나 피하기 위해 기도하지 않았다. 오히려 진리를 배반하지 않고 사수하기 위해 죽음까지도 기꺼이 감당하기를 간구했다. 그는 진리를 위해 받는 세상의 조롱이나 비난이나 위협을 두려워하지 않았다. 완전한 재판장이신 하나님을 두려워할 줄 아는 사람이었다. 후스는 사도 바울처럼 사나 죽으나 오직 자신의 삶에서 그리스도만이 영광받기를 위해 기도했다. 그는 의연하게 그리스도만을 붙잡고 그리스도를 위해 죽기를 각오했다. 진리를 위해 모욕을 당하고, 박해를 받고, 거짓된 것으로 온갖 박해를 받을 때, 오직 진리를 위해 진리를 배반하지 않고 끝까지 거짓에 저항하며 진리를 사수하기 위해 기도했다. "의를 위하여 박해를 받는 자는 복이 있나니, 천국이 그들의 것임이라."(마 5 : 10)

넷째, 후스는 자신의 결백을 주장하는 기도를 한다. 후스의 기도에서 욥의 간구를 볼 수 있다. 그는 적들이 자신의 잘못을 인정하고, 교회의 권위에 순종하고 나아가라고 요구받았지만, 끝까지 하나님과 진리 앞에 자신의 결백을 주장한다. 그만큼 그는 매사에 말씀대로 살기에 힘썼고, 양심에 부끄러움이 없는 삶을 살았다는 것을 엿볼 수 있다. 그는 사람의 판단을 구하지 않고 완전한 심판자 되시는 주님께 자신의 판결을 맡긴다. 순간적인 위기를 모면하기 위해 거짓과 타협하지 않는 단호한 의지와 결단의 모습을 볼 수 있다. 감옥의 열악한 상황이나 질병조차도 그의 강한 의지를 꺾지 못했다. 활활 타오르는 화염 속에서도 그의 결단과 의지는 변함이 없었다. 그것이 진리 되시는 하나님을 배반하지 않는 길이라 확신했기 때문이다. 그는 죽는 날까지 자신의 가르침과 신념이 진리를 토대로 하고 있다고 확신했기 때문이다. "누군가가 나에게 내가 쓴 것들이 틀렸다는 것을 보여줄 수만 있다만 나는 내가 쓴 것들을 부인할 준비가 되어 있다." 이 말은 정확히 106년이 지난 후인 1521년에 보름스 회의에서 루터가 한 말과 같다. 화형대에 있는 후스에게 자신의 신념을 부인할 수 있는 마지막 기회를 주지만, 후스는 "내가 무슨 잘못을 행했기에 그것을 부인하라 한단 말이요? 내가 글을 쓰고 전한 것은 모든 사람을 죄와 멸망에서 구원하기 위하기 위해 하나님의 이름으로 증거 한 것이오. 나는 잘못된 교리를 가르치지 않았소. 내가 전에는 입술로 전했지만, 이제는 피로서 그것을 증거 합니다."라고 큰 소리로 외치며 결백을 주장했다. 오직 주님만이 자신을 변호해 줄 증인이라고 고백했다. 주님이 진리의 길로 가셨기 때문에, 자신도 진리의 길로 간다고 했다. 진리 편에 끝까지 서며 진리를 배신하지 않겠다고 선포한다. "내가 가는 길을 그가 아시나니, 그가 나를 단련하신 후에는 내가 순금같이 되어 나오리라."(욥 23 :10)

다섯째, 불의와 타협하지 않기 위해 기도한다. 다시 말해 진리를 위해 어떤 고통과 감내하길 원하며 목숨을 위협하는 상황 속에서 후스는 자신의 목숨을 구하기 위해 타협하지 않았다. 자신의 목숨을 연명하게 해 달라고 간구하지 않는다. 다만, 죽는 그날까지 하늘을 향해 한 점의 부끄러움도 없이 자신의 삶이 드려지기를 간구했다. 그는 비진리와 타협하지 않았다. 그는 자신의 목숨을 위해 진리를 부인할 수 없다고 말하며, 그러느니 차라리 연자 맷돌에 매어 바다에 빠지는 것이 낫다고 했다. 또한 순간 목숨을 부지하기 위해 영원한 수치를 당하느니 영원한 삶을 살기 위해 불속에서 죽는 것이 낫다고 했다. "내가 화염에 던져지는 것은 당신의 품에 안기는 것과 같습니다."추기경은 그가 교만하고 삼위일체 다음의 지위를 차지할 정도라고 비난하며 중상모략을 한다. 이런 후스는 적들로부터 온갖 조롱과 수모를 겪은 그리스도의 길을 따랐다. 죽기까지 그리스도에 순종하며, 죽기까지 진리를 진리 되게 하기 위해 자기의 십자가를 짊어졌다. "나는 결코 너희를 옳다 하지 아니하겠고, 내가 죽기 전에는 나의 온전함을 버리지 아니할 것이라."(욥 27:5)

후스는 자신이 즐겨 암송하며 기도하던 시편 31편의 다윗의 고백처럼 하나님께 피난처를 둔 사람이었다. 후스의 측근들은 자신의 뜻을 철회하지 않는 후스가 곧 화형에 처해질 것이라 알렸지만, 후스는 사람의 화형보다 하나님 앞에서의 불 심판이 더 무서운 것이라고 말하며 기꺼이 죽기를 택했다. 그는 십자가에 온갖 모욕과 수치를 참으며 육체에 가해진 모든 고통을 참아내시고 구원의 잔을 거부하지 않으신 그리스도의 길을 따르기 원했다. 철저하게 전능하신 주님을 의지하며, 기꺼이 고난의 잔을 마시길 원했다. 후스를 이단으로 정죄하는 의식에서 그의 사제복은 벗기고, 머리에는 '이단 괴수'라 쓰인 지옥의 화염에 속에 악마가 그려진 종이 모자가 씌워졌지만 후스는 여기에 굴하지 않고 오직 그리스도가 구속하셨다고 믿었다. "나의 주님 예수 그리스도가 나를 위해서 이것보다 더 무겁고 끔찍한 가시관을 쓰셨습니다. 죄가 없으신 그분이 가장 수치스러운 죽음의 정죄를 받았습니다. 그러면 가련하고 불쌍한 죄인인 나는 그분의 사랑과 진리를 위하여, 비록 수치스런 관이지만 이 관을 쓸 것입니다."라고 말했다.

"여호와여 내가 주께 피하오니, 나를 영원히 부끄럽게 마시고, 주의 공의로 나를 건지소서 (…)내가 나의 영을 주의 손에 부탁하나이다. 진리의 하나님 여호와여 나를 속량 하셨나이다."(시 31:1,5)

기도의 교훈들, 어떻게 적용할 것인가?

오늘날 후스의 기도를 통해 무엇을 배울 수 있는가? 후스의 삶과 그의 간구함을 볼 때, 오늘날 우리의 기도는 하나님의 나라와 의와는 상관없는 지나치게 세속적 기도에 편중되어 있는 것을 발견하게 된다. 주님이 우리에게 기도를 가르쳐 주셨다. "하늘에 계신 우리 아버지여, 이름이 거룩히 여김을 받으시오며, 나라가 임하옵시며, 뜻이 하늘에서 이루어진 것 같이 이 땅에서도 이루어지이다. 오늘날 우리에게 일용할 양식을 주시옵고, 우리가 우리에게 죄 지은 자를 사하여 준 것 같이 우리의 죄를 사하여 주시옵고, 우리를 시험에 들게 하지 마시옵고, 다만 악에서 구하시옵소서!"주님이 우리에게 가르쳐 주신 기도는 첫째, 하나님의 나라가 이 땅 가운데 실현되기 위한 기도이다. 즉, 하나님의 뜻이 이 땅 가운데 실현되기 위한 간구이다. 둘째는, 일용할 양식을 간구한다. 다시 말해 이 땅에서 육체로 있는 동안, 육체를 지니고 하나님께 영광을 돌릴 수 있는 능력과 힘을 공급받기 위한 기도이다. 셋째는 용서를 위한 기도이다. 이 용서는 내가 타인을 용서함으로 그리스도의 용서의 삶을 실천할 때, 내가 하나님으로 용서받는다는 것을 의미한다. 넷째, 하나님을 대적하고 하나님의 뜻을 방해하는 모든 악에 넘어지지 않기를 간구하는 기도이다.

이런 의미에서 후스의 기도는 참으로 주님이 가르쳐 주신 기도와 가깝다. 기도가 단순히 자신의 욕망을 실현시키기 위한 간구나, 종교적인 의식 중의 일부로 자리 잡게 된다면, 그것은 내용 없는 형식이고, 능력 없는 종교 생활에 지나지 않을 것이다. 기도는, 내 삶에서 주님의 뜻을 이루기 위한 바램이자 간구로 나타나야 한다. 나의 모든 삶에, 내가 처해진 공동체와 사회 속에서 주님의 정의와 사랑을 실현시키어 하나님의 나라가 하늘에서 이루어진 것같이 이 땅 가운데에서도 실현시키고자 소망하는 마음의 중심으로 자리 잡아야 한다. "누가 주의 마음을 알아서 주를 가르치겠느냐 그러나 우리가 그리스도의 마음을 가졌느니라."(고전2:16)

그러면, 오늘날 우리는 무엇을 위해 기도하는가? 우리 각 개인과 교회는 그리스도의 몸된 지체로서 무엇을 위해 간구하며, 작정 기도를 하며, 금식하는가? 우리의 기도의 제목들은 지나치게 기복적이라는 것을 부인하지 않을 수 없다. 가장 절박하고 간절한 기도는, 작정기도, 혹은 금식기도로 나타난다고 할 수 있는데, 대부분의 작정기도와 금식기도의 동기와 제목은 무엇인가? 교회 건축을 위한 기도, 개교회 부흥과 성장을 위한 기도, 개인적으로는 시험이나 승진에 합격하기 위한 기도, 중요한 결정이나 결단을 앞두고 하는 경우가 많다. 우리의 기도는 얼마나 주님의 기도와 얼마나 근접한가? 주님의 뜻에 나를 복종시키고 내가 주님의 도구로 사용되기 위한 기도라기보다는, 나의 뜻을 관철하시 위해 주님을 끌어 들이려는 이기적인 기도가 아닌가? 이것은 주님이 주인이 아니라, 내가 주인이 된 기도라 할 수 있다. 주님께서는 '나를 따라 오려거든 십자가를 지라'라고 말씀하셨고, 생명의 길은 넓은 길이 아닌, 좁은 길이라고 하셨다. 그리스도는 우리가 따라 가야할 모범을 보여주셨다. 죽기까지 하나님 아버지께 순종하는 모습을 보여주셨다. 그리스도인, 즉 그리스도를 따르는 사람은 그의 발자취를 밟는 사람이다. 그를 따르는 삶을 통해, 즉 한 알의 밀이 떨어져 죽을 때, 또 다른 생명이 잉태될 수 있기 때문이다. 주님께서는 "자기 목숨을 얻는 자는 잃을 것이고 나를 위해 자기 목숨을 잃는 자는 얻으리라"말씀하셨다(마 10:39). 후스는 정확히 이 주님의 말씀을 실행한 사람이다.

우리가 후스의 신앙과 삶을 살펴 볼 때 그는 진리를 위해 살았고, 진리를 위해 죽었다. 기도로 대변될 수 있는 간구, 바램은, 삶으로 실천되었다. 후스의 그리스도의 가르침대로 사랑하며 용서하는 삶이고, 죽기까지 진리를 배반하지 않고, 진리를 위해 목숨도 아끼지 않기를 간절히 원했다. 후스의 신앙을 통해 우리가 배울 수 있는 점은 무엇인가?

첫째, 하나님 나라가 이 땅 가운데 이루어지기 위한 간절한 간구가 필요하다. 구약의 선지자들이 불의와 부패가 만연한 세상 가운데, 정의와 공의가 실현되기를 부르짖었고, 자비와 사랑이 실현되기를 외쳤다. 거짓과 탐욕과 부패가 있는 곳에 하나님의 정의와 공의가 실현되기를 위해 간구해야 할 것이다.

둘째, 거짓된 것들과 맞서 싸우는 용기가 필요한데, 그러기 위해서는 무엇보다 진리를 분별함이 우선되어야 할 것이다. 오늘날 세상엔 거짓된 것으로 만연되고 있다. 거짓된 정보들, 거짓된 역사, 거짓된 소망들이 활개를 치고 있다. 이른바 혼탁한 세상을 살고 있다. 빛이 빛의 역할을 감당하지 못하고, 세상은 미세먼지로 꽉 채워 있는 듯 진리를 먹고 숨 쉬기 어려운 시대를 살고 있고, 세상의 휘황찬란한 거짓된 불빛들로 인해 이 땅 가운데 진정한 하늘의 밝은 빛을 보기 힘든 세상이 되었다. 무엇보다 거짓된 것들이 영웅이 되고 있는 세상이다. 평등이라는 이름으로, 인권이라는 이름으로, 박애라는 이름으로, 자유라는 이름으로, 하나님의 진리는 땅에 팽개쳐 버리고, 강도인 바라바가 영웅이 되는 세상이다. 세상은 예수님이 아닌, 바라바를 살려야 한다고 소리치고 있다. 진리와 공의와 인애는 땅에 떨어지고 있다. 지금 우리에게 절실한 것은 무엇보다 진리가 이 땅 가운데 회복되는 것이다. 이것을 위해 거짓을 분별하고 거짓된 것들과 맞서 싸워야 할 것이다. 적신이나 칼이나 죽음도 두려워하지 않고 진리를 위해 싸웠던 선지자들과 사도들과 종교 개혁가들의 용기와 외침이 절실히 요구되는 시대를 살고 있다. 이 땅 가운데 하나님의 진리가 온전히 진리가 될 수 있도록, 세상에 하나님의 공의와 정의가 물같이 흐르는 사회가 실현되기 위한 간구가 필요하다.

"진리를 사랑하라. 진리를 말하라. 진리를 지키라" 후스의 생애와 사상은 한마디로 진리에 대한 탐구와 열정으로 요약할 수 있다. 그가 추구했던 진리는, 하나님께서 인간에게 하신 사랑의 약속 가운데 육신을 입고 이 땅에 오셔서 우리 죄를 대속하신 예수 그리스도였다. 그가 화형되기 전에 남긴 글은 그가 전 생애를 통해 추구했던 진리가 무엇인지 증언하고 있다. "신실한 그리스도인들이여, 진리를 찾으라. 진리를 들으라. 진리를 배우라. 진리를 사랑하라. 진리를 말하라. 진리를 지키라. 죽기까지 진리를 수호하라. 그것은 진리가 너를 죄와 악마와 영혼의 죽음과 마침내 영원한 죽음으로부터 자유롭게 하기 때문이다."

셋째는 용서와 사랑의 기도이다. 오늘날 이기적이고 무정한 시대를 살고 있다. 개인이나 공동체, 혹은 나라의 이익이 최 우선시되는 사회를 살고 있다. 이익을 위해서라면 약속이나 신의도 쉽게 저버리는 세상이다. 자신의 배만을 위하는 세상이다. 그러기에 자신에게 반대되고 유익되지 않는 것은 무정하게 버리고, 자신에게 손해를 입히는 것에 무자비함으로 보복하며 무정함으로 적대시하는 것을 쉽게 발견할 수 있다. 개인적인 용서, 국가적인 용서와 관용을 어디서 찾을 수 있을 것인가? 개인이나 국가는 용서와 화합을 찾기 보다는 쉽게 마음이 빗장을 잠그고 단절하고 분열을 일삼는다. 갈등 속에 개인과 나라는 고립을 초래해 가는 모습을 발견하게 된다. 사도 바울은 말세 때의 모습에 대해, 무정하고 원통함을 풀지 아니하며, 모함하며 절제하지 못하고 사나우며 선한 것을 좋아하지 않고, 배신하며 조급하며 자만한다고 말하고 있다. 후스는 평소에 그리스도의 사랑과 자비의 실천을 강조했고, 장작더미 위에서 자신을 화형에 처한 자들을 용서했다. 예수님도 십자가상에서 무지한 군중들의 죄를 용서하신 길을 따랐다. 원수 갚는 것은 하나님께 있다. 재판하시는 이도, 신원해 주시는 이도 하나님께 있음을 기억하며 우리 안에서 사랑과 용서의 삶을 위한 기도와 간구가 필요할 것이다.

얀 후스의 기도문
진리의 길을 갔고, 진리대로 살았고, 진리대로 교회를 개혁하길 원했고, 진리대로 살고 죽기를 원했다. 후스의 삶은 곧 기도였고, 그의 기도는 곧 삶이었다고 정의할 수 있을 것이다. 그가 옥중에 있는 기간 동안, 특히 죽음을 앞두고 감금 되어 있는 상황 속에는 그의 기도는 더욱 절박했을 것이고, 살아서 남은 사명을 감당해 나가야할 동료들을 향한 마음은 더욱 간절했을 것이다.
다음은 후스 콘스탄츠 공의회가 있는 동안 감옥에 있을 때 자신의 동료들에게 보낸 중보를 요청한 편지이다. 사도 바울의 옥중 서신에게 볼 수 있는 바와 같이 그가 진정으로 추구하는 것이 무엇이고, 그가 하나님께 진정으로 구하는 것이 무엇인지 잘 엿볼 수 있다.

"나는 전능하신 하나님 안에, 나의 구세주 안에 완전히 갇혀 있습니다. 나는 여러분들의 기도가 응답되기를 소원하며, 고소 자에 대항해 끝까지 저항할 수 있는 주님의 명철과 지혜가 내 입술에 있기를 소원합니다.

또한 주님의 진리 안에서 강건해 져서 유혹들과 감옥 생활 그리고 필요하다면 끔찍한 죽음마저도 잘 감당할 수 있는 용기를 가질 수 있도록 내게 성령을 부어주시길 소원합니다.

만약 나의 죽음이 주님의 영광을 위한 것이라면, 그 죽음이 속히 내게 임할 수 있게 해 달라고 기도해 주십시오.

예수 그리스도께서는 당신의 사랑하시는 자녀들을 위하여 고난을 당하셨습니다.

우리로 하여금 모든 일에 참을 수 있도록 본을 보여 주셨으니, 놀라운 일이 아니겠습니까!

그분은 하나님이시며, 우리는 그분의 피조물입니다.

그분께서는 이 세상의 주인이시며, 우리는 비천한 인간들입니다.

그런데 그분께서 고난을 당하셨으니 피조물인 우리가 고난을 당하는 것이 마땅하지 않겠습니까!

더욱이 그 고난을 통하여 우리가 거룩함을 입었는데, 우리가 어찌 고난을 거부할 수 있겠습니까!

주님이 주시는 인내와 용기를 통해 이 모든 고통을 참아낼 수 있기를 위해서 기도해 주십시오.

행여나, 내가 여러분께로 되돌아가는 것이 더 낫다면, 내가 아무런 흠이 없이 돌아 갈 수 있도록 기도해 주십시오. 즉, 복음의 진리를 배반하는 일이 없이 여러분 품에 돌아가게 해 달라고 기도해 주십시오. 그래서 여러분들이 본받아야 할 모범이 될 수 있도록 기도해 주십시오. 복음의 진리를 일점일획이라도 숨기는 일이 없게 해달라고 기도해 주십시오.

나는 프라하에서 당신들의 얼굴을 다시 보게 되리라고는 생각하지 않습니다.

그러나 만일 전능하신 하나님의 뜻 가운데, 나를 다시 여러분 품으로 돌아가게 하신다면, 그때야말로 우리가 하나님의 율법과 지식과 사랑으로 마음을 더욱 굳게 하여 전진해야 할 것입니다."

이처럼 후스는 삶의 마지막까지 주님께 영광이 되기 위한 간구했다. 이 기도에는 주님의 영광을 위해서라면, 진리를 위해서라면, 그 어떤 위험과 고통도 감수하겠다는 강한 의지가 담겨져 있다. 그리고 자신의 목숨을 위해 지금까지 신앙의 신념을 갖고 살아 왔던 것을 배반하지 않기를 원했을 뿐만 아니라, 남아 있는 그리스도인들에게 좋은 믿음의 모범을 보이고자 했다. 바로, '나를 따르라', '나를 본받는 자가 되라'라는 사도 바울의 권면처럼, 후스는 초지일관 하나님의 신실한 종으로 살고 죽기를 소망했다. 그리스도의 계명을 어기는 것보다 순교하는 편을 택하겠다고 할 정도로 진리의 문제 있어서는 단호했다. "잘못 사는 것보다 잘 죽는 게 낫다." 마틴 루터도 인간의 삶도 중요하지만, '아름다운 죽음'의 중요성을 강조한 바 있다. 인간의 삶을 총괄하고 정리하는 죽음, 그 죽음이 어떤 죽음이냐에 따라서 그 사람의 삶을 평가할 수 있을 것이다. 후스는 진리를 배반하는 부끄러운 삶을 택하느니, 차라리 의로운 죽음을 택했다. 그것이 오직 주님께 영광이 되는 것이라면 자신의 목숨도 중한 것으로 여기지 않았다는 것을 볼 수 있다. "주신 이도 여호와시요, 거두시는 이도 여호와시니"(욥1:21).

후스의 다음의 기도는 화형대로 끌려가기 전에 감옥에서, 그리고 장작더미에서 죽기 직전에 하나님께 드렸던 기도이다.

"주님, 나는 비록 약하지만 당신을 따르도록 이끌어 주옵소서.
나의 영혼을 강건하게 하셔서 이 모든 것을 기꺼이 감당하도록 하소서.
나의 육신이 약하거든 당신의 은혜로 나를 이끄소서.
당신의 은혜로 인해 당신이 갔던 길을 뒤따르게 하소서.
주 예수님 당신이 아니었다면, 당신을 위한 이 끔찍한 죽음을 감당할 수 없나이다.
두려움이 없는 마음과 올바른 신앙과 흔들리지 않는 소망과 완전한 사랑을 내게 허락하소서.
당신을 위해 인내와 기쁨으로 나의 생명을 드리게 하옵소서.
"너희 안에서 행하시는 이는 하나님이시니, 자기의 기쁘신 뜻을 위하여 너희에게 소원을 두고 행하게 하시나니"(빌 2:13)
내 안에 계시는 그리스도는 모든 시험을 이기게 하시는 우리의 능력이십니다!"

"나는 예수 그리스도의 손에 나를 맡깁니다.
그리스도는 거짓 증언이나 오류에 가득 찬 종교회의를 통해서가 아니라 오직 진리를 토대로 나를 심판하실 것이기 때문입니다.
내게는 잘못이 없습니다.
내가 저술하고 전파한 내용은 모든 사람을 죄와 멸망에서 구원하기 위한 것들이었습니다.
나는 내가 기록하고 전파한 진리를 나의 피로 기꺼이 확인합니다.

주여, 나는 이 잔인한 죽음을 아무런 불평 없이 감당하겠습니다.
적들에게 자비를 내려주십시오."

겟세마네 동산에서 예수님은 땀이 핏방울이 되도록 기도하셨다. 참혹한 십자가의 죽음을 감당하기 위해, 마지막까지 하나님의 뜻에 순종하기 위한 마지막 몸부림이셨다. "내 아버지여, 할 만하시거든 이 잔을 내게서 지나가게 하옵소서. 그러나 나의 원대로 마시옵고, 아버지의 원대로 하옵소서!"(마26 :39) 후스도 자신의 죽음을 감지하고 끝까지 진리를 배반하지 않는 길, 주님께 영광이 되는 길, 순종의 길을 가기 위해 주님께 간구하고 있다. 후스가 사제가 되고, 강단에서 주님의 말씀을 선포하고 가르치면서 살았던 그의 생애가 마감되는 시점에서, 그는 마지막까지 진리를 사수하며, 하나님께 영광이 되는 길을 선택했다.

우리는 과연 무엇을 위해 살아야 하며, 무엇을 위해 기도해야 하는가? 구원의 길을 가며, 진리의 길, 십자가의 길을 가는 자가 진정 예수님을 사랑하는 자들이 가는 길일 것이다. 그 길이야 말로 생명길이요 진리의 길일 것이다(*)

서 혜 정

대전대학교 전자계산학과(B. Sc.)

총신대학교 신학대학원 (M. Div., Th. M.)

Facultéde théologie protestante de Paris (M. en Théol.)

Facultéde théologie protestante de Paris (D. en Théol.)

(현) Globe Covenant Seminary 교수

토마스 아 켐피스의 기도

신 현 광

1. 생애와 신학

토마스 아 켐피스(Thomas à Kempis, 1380-1471)는 독일의 신비사상가로 널리 알려져 있으며, 개신교 진영에서는 그를 거룩한 삶을 실천한 경건주의자로 분류한다. 그는 꼴로뉴(Cologne) 근교인 라인강 하류 지방 켐펜(Kempen) 출신이었는데, 그의 성(姓)인 아 켐피스는 바로 이 장소에서 유래한 것이다. 그의 아버지 존 햄머라인(John Haemmerlein)은 대장장이였고, 어머니는 유아들을 위한 학교를 운영하였다. 토마스는 신앙심을 가진 어머니에게서 예술과 교회법을 교육 받았다. 어린 시절부터 그는 배우는 것을 좋아했고, 특히 조용한 곳에서 독서와 명상을 즐기곤 했다. 그는 종종 말하기를 "나는 작은 책과 더불어 좁은 구석에 앉아 있는 것 이외에는 어디에서도 결코 휴식을 찾지 못했다"고 하였다. 아마도 그가 종교적인 생활이나 수도 생활에 대한 부르심을 느낀 것도 이 시절의 성향과 전혀 무관하지는 않을 것이다.

13세가 되던 해에 토마스는 집을 떠나 헤이르트 흐로테(Geert Groote, 1340-1384)와 그의 제자이자 동역자인 플로렌스 라데베인스(Florens Radewijns, 1350-1400)가 1376년에 설립한 데벤터(Deventer)의 공동생활형제단(Brethren of the Common Life)에 가입하였다. 이 형제단은 속세에 있으면서도 그리스도를 본받아 수도적인 청빈·순결·복종의 생활을 실천하고자 하였다. 그들은 프란치스코회와는 달리 자신의 양식을 다른 사람에게 구걸하는 것을 허용하지 않았기 때문에 스스로의 노동으로 일용할 양식을 마련하고 재산은 공유하면서 생활했다. 또한 그들은 극단적인 금욕주의의 엄격함보다는 온건함을 강조하며 다른 이들의 눈에 띄지 않는 조용한 신비주의적 활동을 중시하였다. 형제단의 주된 일은 사본(寫本) 및 인쇄·제본이었고, 이를 바탕으로 특별히 어린이 교육을 강조하였기 때문에 후에 니콜라우스 쿠자누스(Nicolaus Cusanus, 1401-1464)와 에라스무스(Erasmus, 1466-1536) 같은 걸출한 사상가들을 배출했다. 신학을 체계적이고 이론적인 학과라고 본 아퀴나스 전통이 신학자들 사이에 큰 인기를 얻게 되었을 때, 토마스는 이런 현상이 하나님께 순종하기보다는 하나님에 관한 사변을 조장한다고 생각했다. 토마스는 이곳에서 모범적이고 경건하게 생활하며 신비 사상의 영향을 받게 되었고, 이는 훗날 그가 순종의 삶, 하나님의 의지와의 연합, 그리스도를 본받는 삶 등에 관심을 갖게 된 배경이 되었다.

토마스는 처음에 빈데스하임(Windesheim)에 있는 수도원에서 수도사 생활을 시작했다. 그리고 스승 라데베인스의 추천으로 1399년에 열다섯 살 위인 친형 요한이 원장으로 있는 즈볼레(Zwolle)의 성(聖) 아그네텐베르크(Agnetenberg) 수도원에 들어갔다. 그는 1406년경에 청빈·순결·복종이라는 수도사 서약을 하였고, 1408년에 "누구든지 나를 따르려거든 자기를 부인하고 제 십자가를 지고 나를 따르라"는 말씀을 자신의 삶에 적용하기로 결단하고 서원하였다. 토마스는 1413년에 33세의 나이로 사제 직분을 받았으며, 1425년부터는 아그네텐베르크 수도원에서 부원장으로서 섬겼다. 그는 수도원에 들어간 후에 70년 동안 한 번도 외출을 하지 않는 정주(定住) 수도생활을 실천하면서, 평생 필사본을 만들고 수련 수사들을 지도하는 일에 전념했다. 토마스는 "흐로테의 생애"를 포함하여 많은 글을 옮긴 탁월한 필사자요, 라틴어 학자이자 성경 연구가였다.

그는 꾸준하게 전체 라틴어 성경을 필사했으며, 이러한 경험은 후에 『그리스도를 본받아』(De Imitatione Christi)에서 나타나는 풍성한 성경 인용을 가능하게 한 원동력이 되었다.

    토마스는 자신의 주저인 『그리스도를 본받아』에서 경건의 삶에 대하여 관심을 가지고 있는 대부분의 사람들에게 다양하고 구체적인 실천 방법들을 친절히 소개하고 있다. 이 책은 각기 독립적으로 쓰인 것으로 추정되는 네 부가 1427년에 한 권으로 모여진 이후부터 빛을 보게 되었다. 『그리스도를 본받아』는 전세계적으로 수천 판 이상 인쇄되었으며, 성경 외에는 가장 널리 읽혀진 책으로 알려져 있다. 국내에서도 어림잡아 스무 곳이 넘는 출판사에서 번역하였는데, 라틴어 완역판도 4종이 있을 정도로 한국 기독교인의 사랑을 많이 받았다. 존 웨슬리(John Wesley)는 이렇게 평가했다. "『그리스도를 본받아』는 천 번을 거듭해서 읽더라도 결코 만족을 얻을 수 없다. 그 일반 원리들은 묵상의 씨앗들이다. 따라서 거기에 담긴 내용들은 고갈되는 법이 없다."

    이 책의 1부는 그리스도인이 갖추어야 할 삶의 기본자세인 '경건 생활'에 관한 조언, 2부는 그리스도와의 영적 교제의 '내면 생활'에 관한 조언, 3부는 험난한 세상을 살아가는 그리스도인이 얻는 위로와 희망을 다루는 '내면의 위안'에 관한 조언, 그리고 4부는 '복된 성찬'에 관한 조언을 제시하고 있다. 토마스는 말씀과 성찬이 거룩한 교회의 보물창고 안에 마련된 두 개의 식탁이라고 설명했다. 이 책은 수백 년이 흐르는 동안 기독교인들에게 널리 알려지고 애독되어 수많은 영혼을 감동시켰다. 15세기에는 저자가 누구인가 하는 문제를 두고 논란이 많았는데, 한때는 클레르보의 베르나르, 보나벤투라, 타울러, 수소 등을 포함하여 30여 명이나 되는 사람들이 저자 후보에 오르내렸다. 그러나 논의가 계속되던 가운데 "즈볼레 근교 성 아그네스 산에서 사역하는 켐펜의 토마스(Thomas van Kempen) 형제에 의해서 주후 1441년에 마쳐지고 완성됨"이라고 적혀 있던 라틴어 사본이 발견되었고, 이를 통해 단지 필사자 혹은 편집자로만 알려져 있던 토마스가 실제 저자인 것으로 공식적으로 인정되었다.

교회사적으로 이 책은 '데보티오 모데르나'(devotio moderna)의 사상과 경건성을 엿볼 수 있게 해주는 대표적인 책이다. 데보티오 모데르나는 교황에게 충실했던 프란체스코회나 도미니크회와는 달리 교회로부터 보다 독자적으로 공동체 생활을 영위하였지만, 종교성과 도덕적 행위에 역점을 둔 공동체였다는 점에서는 중세 가톨릭교회의 사상적인 테두리 안에 머물렀던 운동이다. 따라서 그리스도가 보인 모범에 자신의 삶을 일치시켜야 하는 인간의 책임을 크게 강조한 데보티오 모데르나의 신학은 후에 종교개혁자들이 칭의와 은혜 교리와 더불어 믿음의 대상이 되시는 중보자 그리스도를 강조한 신학적 방향성과 차이가 있다고 여겨지게 되었다. 이러한 연장선상에서 혹자는 『그리스도를 본받아』가 내포하고 있는 사상은 역사적인 그리스도를 모범으로 여기는 데 그치며, 그리스도께서 하나님이시면서 사람이 되신 사실이나 그리스도를 통하여 성령 안에서 아버지 하나님께 나아갈 수 있다는 진리에 대한 명상이나 언급은 볼 수 없다고 비판한다. 또한 하나님의 사랑이 충만할 때 비로소 이웃을 사랑하고 교회를 위하게 된다는 생각도 볼 수 없으며, 선교의 사명에 대한 강조도 결여되고 있다고 지적한다.

이러한 비판들에도 일리는 있지만, 이는 이 책이 본래 쓰인 목적을 깊이 고려하지 않은 평가라고 여겨진다. 이 책은 엄밀한 신학적인 논쟁보다는 그리스도를 따르고, 그리하여 평안을 얻고, 심지어 십자가의 길에 서조차 영혼의 안식을 누리는 인생 전반에 걸쳐서의 소명을 말하는 것이 주된 관심사이다. 그리고 그리스도인의 삶의 전 영역을 망라한다기보다는 특별히 영적인 메마름과 "영혼의 어두운 밤"에 대한 깊이 있는 영적-심리적 통찰을 제공해 주고 있다. 그리고 이 책이 토마스가 살던 시대의 수도원 분위기를 반영하고 있음을 감안하여 볼 때, "모든 사람이 그리스도를 사랑하고 그리스도의 사랑 안에 거하라"라는 명령을 제외하고는 일반적인 사회적 행동에 관해서는 거의 언급하고 있지 않다는 사실 역시 충분히 납득할 수 있다.

또한 어떤 이들은 이 책이 과연 실제로 신비주의의 영향을 받았는가 하는 의문을 제기했다. 그 이유는 이 책이 신비적인 내용들을 담고 있지 않고, 다만 그리스도의 뜻과 그리스도를 따르는 길에 대한 깊은 개인적인 경건과 고요한 즐거움을 담고 있기 때문이다. 그러나 그것은 아주 높은 수준의 신비라고 할 수 있다. 어떤 책도 하나님이 인간의 영혼에게 말씀하시는 모든 것을 담을 수는 없다. 이 책은 영적인 것에 관한 많은 것을 담고 있다. 그가 사제가 된 후 70여 년간 했던 일은 기도와 말씀 묵상 외에 사본들을 복사하고 편지, 찬송, 전기문학을 쓰며 많은 사람을 상담한 것이다. 또한 자연과 생물을 사랑하고 존중하였기에 그가 숲속을 걸으며 새들과 교감했다는 말이 전해질 정도이다. 데보티오 모데르나에서 학문적으로 탁월한 신학자는 나오지 않았는데, 이는 그들이 신학적 논쟁을 피하고 영적인 실생활에 역점을 두었기 때문이다. 그들은 그리스도의 삶을 본받는 것을 모든 덕의 원천이요 거룩한 삶의 모델로 삼았으며, 특히 그리스도께서 고난 가운데 겸손히 순종하신 것을 본받아야 할 것으로 여겼다. 이는 그리스도의 인성을 본받음으로써 그의 신성에 접근할 수 있다는 생각이었다. 물론 개혁파 신학의 입장에서는 토마스의 신비주의적이며 개인주의적인 영성에 치우칠 경우 언약공동체에 대한 헌신과 필요성을 약화시킬 수 있음에 주의해야 할 것이다.

아쉽게도 『그리스도를 본받아』를 제외한 토마스의 다른 저술들 가운데 대중에게 알려진 책은 한 권도 없다고 해도 과언이 아닐 정도로 소개된 바가 드물다. 중세의 영성을 다룬 학술논문 몇 편에서 토마스의 저술이 인용된 것 외에는 전문적인 학자들조차 큰 관심을 보이지 않고 있는 것이 현실이다. 토마스의 저작에 관하여 영미권에서는 런던에 소재한 Kegan

Paul, Trench, Trübner 출판사에서 1905년부터 1908년까지 토마스 전집(The Works of Thomas à Kempis) 7권을 출판하였다. 전집은 모두 2,000여 쪽에 달하는 방대한 분량이며, 각 권의 제목은 다음과 같다. 제1권은 『그리스도의 생애에 관한 기도와 묵상집』, 제2권은 『데보티오 모데르나를 실천하는 이들의 삶』 제3권은 『성 아그네스 산의 정규 수도회 연대기』, 제4권은 『그리스도의 성육신에 관한 묵상집; 우리 주님의 삶과 수난에 관한 설교집; 복음을 듣고 전하는 것에 관한 설교집』, 제5권은 『수련수도사들을 위한 설교집』, 제6권은 『성녀 리드와인(Lydwine)의 생애』, 그리고 마지막 제7권이 바로 『그리스도를 본받아』이다.

특별히 전집 내에서 예수님의 가르침을 공시적으로 파악한 제7권 『그리스도를 본받아』와 예수님의 전 생애를 통시적인 관점으로 조망한 제1권 『그리스도의 생애에 관한 기도와 묵상집』이 수미상관을 이룬다는 점에 주목할 필요가 있다. 일평생 그리스도중심적인 경건을 추구하였던 토마스는 후자의 책에서 예수님의 나심부터 시작하여 공생애 사역과 죽으심까지, 그리고 부활 승천하셔서 지금도 믿음이 연약한 성도들을 위해 중보하시는 매순간을 생동감 있게 그리며 기도를 올린다. 그의 첫 기도는 삼위일체 안에서 구속 언약(pactum salutis)을 맺으신 성자 하나님께 바치는 감사로 드려진다. 이어지는 기도들에서는 토마스의 상상력이 빛을 발하는데, 예컨대 그는 아기 예수님의 울음소리가 어떠했을지, 할례를 받으실 때 얼마나 아파하셨을지, 부모님을 따라가지 않고 왜 성전에 남아 계셨는지를 기도문의 형식으로 풀어낸다. 하지만 그의 상상력은 자칫 불경함으로 흐를 수 있는 세속적이고 도발적인 류(類)와는 매우 거리가 멀다. 상술하자면 토마스는 아기 예수님의 울음과 눈물을 온 인류가 아담의 죄와 스스로의 죄로 인하여 영원한 형벌로 향하는 모습을 슬퍼하시는 것으로 해석하며, 할례의 아픔은 다른 것이 아니라 신자의 죄를 대속하기 위해 당하신 십자가형의 고통으로 이해한다. 또한 성전에 남아계셔서 율법 선생들과 대화를 나누셨던 것은 결국 육신의 부모에게 순종을 하시기 위한 예수님의 신적 낮추심(divine condescension)으로 묘사한다. 이러한 방식으로 본서에서 토마스는 경건한 영성에 뿌리내린 상상력으로 예수님의 신인 양성을 조화시키고 있음을 볼 수 있다.

이처럼 토마스는 평생을 그리스도의 말씀에 순종하는 일, 자연과 생명을 사랑하는 일, 하나님의 뜻을 따르고 실천하는 일, 기도하는 일, 십자가를 지고 그리스도의 진정한 제자가 되는 일에 힘썼다. 그러한 경건을 자신의 삶에 아름답게 적용할 수 있었던 원동력은 수많은 시간을 기도하며 주님과 깊은 교제를 나눈 데서 비롯되었다고 할 수 있다. 지성보다 실천적 경건을 강조했던 토마스의 영성가적인 삶은 수많은 사람의 영혼과 삶을 일깨웠다. 그리고 그의 생각이 옹골차게 담긴 이 책을 통하여 많은 기독교의 위인들이 자신의 경건을 함양할 수 있었다. "그보다 더 경건한 사람은 없다"는 찬사를 들은 토마스는 91세가 되던 1471년에 네덜란드 암스테르담 근교에서 생을 마감했다. 1897년에 그의 무덤 앞에 하나의 기념비가 세워졌는데, 이는 전 세계 각지의 모금으로 세워진 것이었다. 그 비문은 다음과 같다.

"토마스 아 켐피스를 기념하기 위해서가 아니라 그의 명예를 위해서.
그의 이름은 어떤 기념비보다도 오래 남으리라."

2. 기도의 특징들

2.1 기도의 내용

⟨위로의 기도⟩
오 가장 달콤하시고 사랑스러운 주님,
주님은 저의 연약함과 필요를 아십니다.

제가 얼마나 많은 죄악 가운데 거하는지
얼마나 자주 유혹을 받고 낙심하는지 아십니다.

저는 주님의 위로와 격려를 구합니다.
모든 것을 아시는 주님께 구합니다.
저의 모든 내밀한 생각을 아시는 주님만이
저를 완전한 평안으로 이끌어 주실 수 있습니다.

제가 무엇을 가장 필요로 하는지 주님께서 아십니다.
보소서, 저는 주님 앞에 가진 것 하나 없이 서 있습니다.
주님 앞에서 은혜와 자비를 구합니다.

주님의 굶주린 자녀를 새롭게 하시고
사랑의 불꽃으로 저의 추위를 녹여 주시고
임재의 빛으로 어둔 제 눈을 밝혀 주소서.
저를 떠나지 마시고 옛 성도들을 돌보셨던 것처럼
주님의 자비로 저를 붙들어 주소서.

〈주를 향한 기도〉
주님, 인생을 살아가는 데에 저의 의지할 것이 무엇일지요?
오 주님, 나의 하나님, 무궁한 은총이 주께 있지 않은지요?
주께서 함께 계실 때 제가 위험에 처한 적이 있었는지요?
주님과 동행할 때에 제가 한 번이라도 연약했던 적이 있었는지요?

주님이 계시지 않다면 저는 천국도 소망하지 않습니다.
그저 이 땅 위에서 순례자로서 살아가겠습니다.

주님이 계신 곳이 천국이며, 그렇지 않은 곳은 죽음과 지옥일 뿐입니다.
하나님 외에는 제가 도움을 구할 이가 없습니다.
하나님만이 제 소망이시요 의지할 분이십니다.

때때로 주님께서 시험과 환난을 허락하시더라도
그 모든 것이 저를 위함이신 것을 고백합니다.
고난 가운데 드리는 주를 향한 저의 사랑과 찬양은
하늘의 복락을 누릴 때 드리는 사랑과 찬양보다
결코 덜하지 않을 것입니다.

〈하나님과 그분의 율법에 대한 사랑〉
은혜가 충만하신 하나님,
선하고 완전한 모든 것들이 주님께로부터 말미암습니다.
저희의 언행을 주관하사 주님의 뜻을 이루게 하소서.

우리의 심령을 밝히사 주님을 알게 하셔서
주님을 아는 지식이 풍성한 열매를 맺게 하소서.
주님, 우리의 마음에 참된 믿음과 정결한 소망과
주님을 향한 사그러들지 않는 사랑을 새겨 주소서.

주님께 전적인 신뢰와 열망과 존경을 바치기 원합니다.
주님의 위엄을 두려워하게 하시고 주님의 은총에 감사하게 하소서.
주님의 견책에 겸손하게 하시고 주님을 섬김에 최선을 다하게 하소서.
무엇보다 저희의 죄과에 마음 아파하게 하소서.

창조주 되시는 하나님의 피조물에 합당한 삶을 살게 하소서.

우리는 주님의 종들이오니 그 의무에 성실하도록 만드시고
주님께서 주시는 깨끗하고 순수한 기쁨으로
세상이 주는 모든 유혹을 물리치게 하소서.

오 주님, 저희를 도우사 주님의 뜻대로 이웃들을 돌보게 하소서.
우리 구주 예수 그리스도께서 다시 오실 날에
영육에 아무런 흠이 없는 자가 되도록 성결하게 구별하소서.
성부, 성자, 성령 하나님께 모든 영광과 존숭을 영원토록 드립니다.

〈다른 이를 위한 기도〉
지금도 아파하고 슬퍼하는 이들을 위하여
저의 잘못으로 인해 상처받을 이들을 위하여
저를 힘들게 하고 괴롭게 한 이들을 위하여
주님께 저의 기도와 간구를 올려드립니다.

누구에게든지, 언제이든지, 얼마큼이든지,
저희가 의도를 가졌든 그렇지 않았든 말이나 행위로써
다른 이들을 곤경에 빠뜨리고 괴롭게 했다면
주님, 저희가 서로를 함부로 대했던 것을 용서하여 주소서.

저희의 마음 가운데에서
의심과 분노와 욕심과 자랑을 거두어 주셔서
형제자매 간의 사랑이 조금도 줄지 않게 하소서.

오 주님,
주님의 자비만을 바라보는 저희를 불쌍히 여기소서.

저희가 함께 성장하여 영원한 생명도 함께 얻게 하소서.

⟨분별을 위한 기도⟩
오 주님,
제가 알아야 할 것을 알게 하시고
제가 사랑해야 할 것을 사랑하게 하시며
주님을 가장 기쁘게 하는 일을 찬양하게 하시고
주님이 보시기에 값진 것을 가치 있게 생각하게 하시고
주님께 거슬리는 일을 미워하게 하소서.
제 눈에 보이는 대로 판단하게 하지 마시고
무지한 인간의 귀에 들리는 대로 말하지 않도록 하시고
눈에 보이는 것과 영적인 것 사이에서
참된 판단을 분별력 있게 내리도록 하시며
주님의 뜻에 합당한 것이 무엇인지 묻게 하소서.

⟨경건을 위한 기도⟩
오, 우리 하나님, 우리 주여! 주님은 우리의 전부이며 또한 모든 선(善)이십니다. 주님께 기도드리는 우리는 도대체 누구이온지요? 주님의 종들 중에서도 가장 비천한 자이며 천하기가 벌레와 같으며 스스로 생각하고 표현하는 것보다 더 비천하고 값없는 존재입니다.

오 주님! 주님 뜻대로만 행하고 주의 존전에서 보람 있게, 또 겸손하게 살도록 하옵소서. 주님이 우리의 지혜 되시며 주님이 참으로 우리를 알아주시며 이 세상이 만들어지기 전, 우리의 형체를 이루기 전부터 이미 우리를 아셨기 때문입니다. 십자가 위에서 구속하신 예수 그리스도의 이름으로 빌며, 아멘.

〈영혼을 위한 기도〉

보소서! 먹는 것, 마시는 것, 입는 것, 그리고 가련하게도 육체를 지탱하기 위해 필요한 온갖 다른 물건들이 하나님을 위해 불타는 영혼에는 짐이 됩니다. 육체를 지탱하는 이러한 물건들을 절제하며 살도록 허락하소서. 이러한 일용할 물품을 전적으로 제쳐 놓을 수는 없습니다. 신성한 율법은 우리가 필요 이상 구하는 것을 금하며, 또한 단순히 즐기기 위해 구하는 것을 금합니다. 그러지 않으면 육체가 영혼 위에 왕노릇할 것이기 때문입니다. 이러한 모든 일에 주님의 손으로 저를 인도하시고 가르쳐 주셔서 어떠한 일이든 지나침이 없도록 하소서.

〈말해야 합니다〉

주님, 제가 말해야만 합니다. 침묵하고 있을 수 없습니다. 저는 외치고 싶습니다.
주님이 당신을 의지하는 사람들에게 주시는 그 큰 기쁨을 널리 전하고 싶습니다.
주님을 생각하는 것만으로도 말로 표현할 수 없는 기쁨이 넘칩니다.
주님은 사랑으로써 저를 창조하셨고, 죄의 길로 빠졌던 저를 사랑으로 회복하셨고, 사랑으로써 주님의 사랑에 대해 저를 가르치십니다.

〈그리스도를 얻기 위한 기도〉

오, 세상의 영화는 어찌나 빨리 지나가는지요! 세상에는 얼마나 많은 사람들이 헛된 학문 때문에 망하는지요! 저들은 하나님을 섬기는 것에 대해 별로 상관하지도 않고 겸손하게 살려고 하지 않으며 훌륭한 사람처럼 보이려고 하기 때문에 그들의 생각은 헛된 것이 되고 맙니다.

참으로 위대한 자는 사랑과 덕을 많이 가진 자입니다.

참으로 높은 자는 자기 자신을 작게 보고 모든 존귀한 영예를 덧없다고 생각하는 자입니다.
참으로 슬기로운 자는 그리스도를 얻기 위하여 세상의 모든 것을 거품과 같이 보는 자입니다.
참으로 유식한 자는 하나님의 거룩하신 뜻을 따르고 자기의 뜻은 버리는 사람입니다.

〈고요히 드리는 기도〉
주님,
처음 죄를 지었던 그날부터 지금 이 시간까지
제가 주님 앞에서 저지른 모든 죄된 행위들을 고백합니다.
사랑의 불로서 저의 죄를 하나도 남김없이 태워 주시고,
죄들이 남긴 자국들도 깨끗이 지워 주소서.
죄에 머물러 있던 저의 양심을 정결하게 씻어 주시고
주님의 은혜로 저에게 완전한 용서를 베푸시사
평안의 입맞춤으로 저를 회복시켜 주소서.

주님,
보잘것없고 불완전하지만
제 안에 있는 모든 선한 것을 또한 주님께 바치옵나이다.
주님께서 친히 고치시고 성별하시고 완전하게 하소서.
그리하여 주님께서 기뻐 받으시는 것이 되게 하여 주소서.
게으르고 무익한 종을 인도하사 선하고 복된 목적에 쓰임 받게 하소서.

2.2 기도의 원리와 방법

위에서 살펴 본 토마스의 대표적인 열 편의 기도문을 통하여 우리는 다

음과 같은 기도의 원리와 방법 열 가지를 배울 수 있다.
1) 자신의 죄를 절실하게 통회하며 하나님에 대한 경외심을 회복하게 해 달라고 기도한다.
2) 하나님의 임재를 간구하고 그분과 깊이 있는 교제 가운데서 기도한다.
3) 말씀에 근거한 깊은 사색과 영적 생활에서 얻은 깨달음을 고백하며 기도한다.
4) 세상의 헛된 것을 버리고 그리스도와의 연합을 위해 기도한다.
5) 주께서 사랑하시는 것을 사랑하고 주께서 미워하시는 것을 미워할 수 있도록 기도한다.
6) 그리스도를 본받음을 통하여, 곧 그의 고난과 자기 부정의 길을 따라가야 한다.
7) 경건이 깊어질수록 그만큼 더 무거운 십자가를 짊어지게 된다는 점을 기억해야 한다.
8) 고통 가운데서도 고통의 무게보다 더 크고 값진 위로를 주시는 하나님을 깨달아야 한다.
9) 평안할 때나 어려움 속에 있을 때나 오직 하나님만을 전적으로 의지해야 한다.
10) 주님이 우리를 사랑하신 것처럼 이웃을 사랑할 수 있게 해 달라고 기도한다.

3. 결론

토마스 아 켐피스는 교회개혁 이전의 수도사로서 공동생활 형제단의 대표였으며, 하나님과 가까워지고 하나님과 하나 되는 삶을 사는 것을 목적으로 했다. 그는 새로 입문하는 수도사들의 영적·내면적 성숙한 삶을 위해 『그리스도를 본받아』를 저술했다. 이 책은 토마스의 내밀한 영적 고백의 기록이자 '하나님과의 대화'의 기록이다. 토마스는 하나님을 향한 사랑과 깊은 겸손, 성경에 대한 깊은 지식, 인간성에 대한 통찰력으로 인생의 참된 목적을 알고 그것을 성취하려는 모든 이들에게 신뢰할 만한 조언자가 되고 있다. 그의 생애와 저작은 후기 중세교회의 영적인 꽃이었으며, 마르틴 루터와 같은 믿음의 사람들에게 감화를 주었다.

기독교가 전하는 복음의 핵심은 예수께서 그리스도, 메시아, 구원자이시라는 점이다. 그분은 인간의 죄와 하나님과의 화해를 위해 자기 자신을 대속 제물로 바치신 대제사장이다. 참 하나님이며 참 사람이시다. 반면 인간은 본질상 진노의 자녀이며, 오직 그리스도 안에서만 성령의 힘으로 거듭나게 된다. 그리스도와의 연합(union with Christ)을 통하여 하나님과 동행할 때에만 죄를 멀리할 수 있다. 이것이 바로 토마스가 힘주어 말한 그리스도를 본받는 삶이 가능해지는 조건이다.

토마스에게는 경건한 두려움뿐 아니라 겸손과 평화의 정신이 숨 쉬고 있다. 만일 토마스가 죄악에 대한 돌이킴과 우리가 거역했던 하나님에 대한 경외심을 강력히 주장하고 있다면, 그는 그러한 회개와 경외심이 지니는 궁극적인 목표가 곧 기독교인의 신앙과 참된 기쁨이라는 사실을 기억하고 있다고 보아야 할 것이다. 이러한 점에서 비추어 볼 때, 그가 비록 교리에 근거하여 이런 것들을 설명하지 않았다고 할지라도 그는 단순히 그리스도에 대한 모방만을 말했다고 단정할 수는 없다. 우리는 진실하게 기도하는 가운데 장성한 분량에 이르기까지 끊임없이 그리스도를 닮아가면서 그분을 따라가야 한다.(*)

신현광

총신대학교 (B.A.)

총신대학교 대학원(M.A.)

총신대학교 신학대학원 (M.Div.)

총신대학교 대학원 (Th.M.)

총신대학교 대학원 (Ph.D.)

(현) 안양대학교 기독교교육과 교수

(전) 한국복음주의실천신학회 회장

(전) 한국실천신학회 이사, 감사

영적 거장들의 기도

루터의 기도

김 선 영

I. 들어가는 말

　1505년 7월 2일, 천둥번개 속에 벼락이 가까이 내리치자 생명에 위협을 느끼며 공포에 휩싸인 22세의 한 전도유망한 법학도가 살려만 주면 수도사가 되겠다고 성 안나에게 다급히 서원했다. 그러고는 곧바로 학교를 자퇴하고 수도원에 들어갔다. 12년 뒤 이 수도사가 철옹산성과 같은 중세 로마 가톨릭교회를 개혁하고, 유럽 전역을 뒤흔들며 새판을 짜고, 인류 역사에 한 획을 그을 인물이 되리라고는 아무도 상상치 못했다. 그의 이름은 마르틴 루터였다.

　16세기 프로테스탄트 개혁을 시작하고 선도함으로써 현재 개신교가 있게 한 장본인인 루터는 무엇보다 기도의 사람이었고, 그의 신학은 기도의 신학이었다. 기도는 그의 삶과 신학의 원천수와 같았다. 『독일어성경 서문』에 나오는 신학을 공부하는 올바른 방법은 기도가 삶과 신학의 근간이 되어야 한다는 루터의 신념을 명료히 보여준다. 다윗의 시편 119편에 근거한 이 방법은 세 단계로 구성되어 있는데, 그것은 기도(Oratio), 묵상(Meditatio), 그리고 영적 시련/시험(Tentatio)이다. 기도가 첫 단계인 이유는 성령의 도움 없이는 이성만으로 성경의 세계에 들어가 그 내용을 이해할 수 없기 때문이다. 그래서 루터는 하나님께서 예수 그리스도를 통해 성령을 주어 우리를 깨우치고 안내함으로써 성경 말씀을 깨달을 수 있게 해 달라고 먼저 겸허한 자세로 기도해야 함을 강조한다.[1] 말씀을 묵상하고 깊이 파고들기 전에 전제조건으로 성령의 계몽을 간구하는 기도가 필요한 것이다. 루터는 이 세 단계를 그리스도인이 자신의 삶에 접근하는 방법으로도 적용한다. 『소교리문답』에서 루터는 그리스도인은 아침에 일어나면 기도와 사도신경과 주의 기도와 추가적인 기도와 찬양으로 하루를 시작하고, 그 다음에 기쁜 마음으로 일하러 나가라고 조언한다.

루터의 삶과 신학에서 기도가 빠질 수 없듯 그의 프로테스탄트 개혁에서도 기도개혁은 중추적 역할을 했다. 기도를 교회의 표지 중 하나로 본 루터는 『개인 기도서』에서 "그리스도인들을 오도하고 속이며, 잘못된 신념을 무수히 낳는 많은 유해한 책과 교리들 중에서도 나는 개인 기도서들이 아주 못마땅하다."고 비판했다.[2] 그리고 개인 기도서들은 완전히 근절까지는 못하더라도 근본적이고 철저한 개혁이 필요하다고 역설했다. 그리고 프로테스탄트 정신에 기반을 둔 새로운 기도신학과 관행을 만들고자 매진했다. 루터가 기도개혁과 기도의 삶을 위해 모델로 삼은 것은 주기도문이다. 이를 통해 예수 그리스도는 우리가 무엇을 위해 기도하고 어떻게 기도해야 하는지에 대해 간단명료한 형식을 알려주었기 때문이다.

기도에 대한 루터의 가르침은 특히 『단순한 일반 신자를 위한 주기도문 해설』(1519), 『개인 기도서』(1522), 『기도하는 간단한 방법』(1535), 그리고 『소교리문답』과 『대교리문답』(1529)에 집중적으로 잘 나타난다. 여기서 주목할 만한 사항은 『개인 기도서』가 기도문 모음집이 아니라 십계명과 사도신경과 주기도문을 가지고 기도하는 법을 가르치고 있다는

---

1 D. Martin Luthers Werke, Kritische Gesamtausgabe, 73 vols., ed. J. F. K. Knaake et al. (Weimar: Hermann Böhlau, 1883-2009), 50:659(이후로는 WA 50:659와 같이 표기); Luther's Works in American edition, 75 vols., ed. Jaroslav Pelikan et al. (St. Louis, MO: Concordia Publishing House, 1955 ff.; Philadelphia, PA: Fortress Press, 1955-1986), 34:285-286(이후로는 LW 34:285-286과 같이 표기).

2 WA 10/2:375; LW 43:11.

점이다. 루터는 이 세 가지가 그리스도인이 알아야 할 성경 전체의 핵심적 내용을 담고 있다고 확신했다. 그래서 이 세 가지를 기도문으로 사용함으로써 그 안에 요약된 성경의 핵심을 익힐 수 있게 했다. 이런 점에서 일반 성도를 가르치기 위해 준비한 루터의 교리문답과 기도는 긴밀한 관계를 맺고 있다.

이와 함께 루터는 『개인 기도서』에서 구원받기 위해 알아야 할 세 가지로 1) 무엇을 해야 하고 무엇을 하지 말아야 할지, 2) 해야 할 일을 하거나 하지 말아야 할 일을 하지 않을 능력이 없음을 깨달았을 때 어디서 그럴 힘을 얻을 수 있는지, 3) 그 힘을 어떻게 찾고 얻을 수 있는지를 든다. 이것은 곧 환자가 1) 어떤 병에 걸렸는지를 확인한 뒤 병을 치료하기 위해 무엇을 해야 하고 무엇을 하지 말아야 하는지 알고, 2) 병을 고치기 위한 약을 어디서 구할 수 있는지 알고, 3) 그 약을 찾고 얻기를 원해야 하는 것과 같다. 루터는 십계명과 사도신경과 주기도문을 이 세 가지와 각각 연결시켜 풀이한다.[3] 이 구조는 『대교리문답』에서 중요한 역할을 한다. 주기도문과 함께 루터는 시편과 성경에 나오는 기도들도 유용한 모델이 될 수 있다고 보았다. 그리고 팸플릿, 설교, 성경 강해 등 다양한 방법을 통해 성경과 프로테스탄트 신학에 토대를 둔 기도가 무엇인지를 알렸다.

II. 기도의 원리

『창세기 강해』에서 루터는 성경에 따른 기도신학의 토대를 제시하는데 이를 기도의 원리라는 표현을 사용하여 다음과 같이 다섯 가지로 정리해 볼 수 있다.[4]

---

[3] WA 10/2:375-376; LW 43:13-14.

[4] 이 부분은 김선영, "루터의 기도개혁과 기도신학: 『창세기 강해』를 중심으로", 「한국교회사학회지」 56(2020), 39-87 참조. 특히 50-65. 이 글에서 "육하원칙에서 본 루터의 기도 신학"도 참조, 66-78.

1. 하나님의 명령과 약속

『창세기 강해』에서 기도와 관련된 내용을 보면 루터가 일관되게 강조하는 바가 있다. 그것은 바로 "모든 기도는 하나님의 명령과 약속에 의존하고 있다"는 점이다.[5] 신학적으로 그리스도인이 기도를 해야 하는 이유는 근본적으로 자신이 그렇게 해야 할 처지에 놓였거나, 그럴 필요를 느꼈기 때문이라기보다는 하나님이 기도하라고 명령했고, 기도를 들을 것이라 약속했기 때문이다. 물론 루터는 인간이 부르짖고 간구할 수밖에 없는 실존적 상황 역시 매우 진지하게 다뤘고, 마음속에서 솟아 나오는 절박한 간청이야말로 진정한 기도임을 지속적으로 강조했다. 그럼에도 불구하고 기도를 기도로 만드는 것, 기도가 능력과 효과를 발휘하게 되는 것은 명령과 약속의 형태로 기도에 주어진 하나님의 말씀 때문이다.

루터는 "네 하나님 여호와의 이름을 망령되게 부르지 말라"(출 20:7)는 십계명의 두 번째 계명이나 "환난 날에 나를 부르라"(시 50:15a)는 말씀 등에 근거해 기도는 하나님의 명령임을 강조한다. 그러면서 루터는 "하나님께서 우리에게 기도하고, 믿고, 그분을 부르고, 그분의 이름을 거룩히 여기고, 소망하라고 명령하셨기 때문에, 기도는 무슨 일이 있어도 중단되어서는 안 된다."고 역설한다. 더 나아가서 루터는 하나님은 우리에게 기도하라고 명령했을 뿐만 아니라, 기도를 듣겠다고 약속했음에 주목한다. 이러한 약속의 말씀은 시편 50:15("환난 날에 나를 부르라 내가 너를 건지리니"), 이사야 65:24("그들이 부르기 전에 내가 응답하겠고 그들이 말을 마치기 전에 내가 들을 것이며"), 그리고 다니엘 9:23("네가 기도를 시작할 즈음에 명령이 내렸으므로") 등에 나와 있다.[6] 신약성경에도 이 약속은 요한복음 16:23("너희가 무엇이든지 아버지께 구하는 것을 내 이름으로 주시리라")이나 누가복음 11:10("구하는 이마다 받을 것이요") 등에 기록되어 있다. 이러한 약속의 말씀 때문에 그리스도인은 기도를 하면 하나님이 그 기도를 듣는다

---

5 WA 43:396; LW 4:361.

6 WA 44:575; LW 7:369.

는 것을 의심치 말아야 한다. 진실한 하나님의 "약속은 거짓일 수가 없다." 바로 이 약속 때문에 기도는 능력이 있고 효과가 있다. 그래서 루터는 "기도의 토대는 약속이다. 기도의 토대는 우리의 의지도, 우리의 가치도, 우리의 공로도 아니다."라고 말한다. 바로 이 약속 때문에 기도는 "모든 시련 가운데 우리의 힘이요 승리다."[7]

2. 인간의 믿음과 사랑

약속과 명령은 하나님의 말씀이라는 공통점이 있지만 동시에 차이점도 있다. 약속은 하나님의 선물이다. 하나님은 약속을 통해 우리에게 무엇인가를 제공한다. 이 약속은 믿음으로 받아야 한다. 반면에 율법은 하나님의 명령이다. 하나님은 명령을 통해 우리에게 무엇인가를 요구하고 우리가 무엇인가를 행하기를 원한다. 이 명령은 사랑으로 수행해야 한다.

또한 하나님이 참으로 나의 아버지이며 나에게 호의적이라는 확신과 믿음이 없으면 하나님의 이름을 부르며 전심으로 기도할 수 없기에 하나님과 화해되었으며, 하나님이 나에 대해 좋은 생각을 갖고 있고, 나의 기도를 들을 것이라는 믿음이 필요하다. 이런 점에서 믿음은 무엇보다 예수 그리스도와 떼려야 뗄 수 없는 관계를 맺고 있다. 왜냐하면 믿음이란 그리스도를 통해 하나님께서 호의적이시며, 그리스도를 통해 우리에 대한 하나님의 의지는 고통이나 분노가 아닌 평화라는 확고하고 확신하는 생각 또는 신뢰이기 때문이다. 기도를 듣겠다는 하나님의 약속에 대해 인간은 믿음으로 응답하며 기도해야 한다. 그 약속을 지킨다는 것을 신뢰하고 확신하면 기도하는 자는 하나님을 향해 간절한 마음으로 부르짖을 수 있다.

그런데 이 "믿음은 결코 혼자 있지 않고 항상 사랑 및 다른 여러 가지 선물들을 동반한다."[8] 왜냐하면 하나님을 믿고, 독생자는 물론 그 아들과 함께 영생에 대한 소망까지 주었기에 하나님이 우리를 향해 자비로

7　WA 44:574; LW 7:369.

8　WA 42:566; LW 3:25.

운 의향을 갖고 있음을 확신하는 자는 전심으로 하나님을 사랑하지 않을 수 없기 때문이다. 그리고 하나님께 감사하며 순종하지 않을 수 없기 때문이다. 기도를 하라는 하나님의 명령에 대해 인간은 순종으로 응답하며 기도해야 한다.

3. 인간의 절박한 필요

루터는 진실한 기도란 눈과 마음으로 먼저 하나님의 말씀에, 그리고 절박한 필요에 주시하는 기도라고 말한다. 즉, 참된 기도란 믿는 마음, 그리고 하나님의 명령과 기도하는 자의 필요에 집중하는 마음에서 우러나와야 한다는 것이다. 왜냐하면 이런 자세에서 마음이 믿음으로 간청할 수 있게 불이 붙기 때문이다. 고난과 시련으로 애가 탈수록 우리는 울부짖으며, 신음하며, 더 열정적으로 기도하게 된다. 긴박한 필요성이 우리로 하여금 과감하고도 담대하게 부르짖게 만든다. 그러나 항상 절박한 필요에서 열정적으로 부르짖지 못하는 것이 현실임을 루터는 인정한다. 원죄뿐만 아니라 육체의 무심함과 게으름이 기도의 참된 감정과 관련해 우리의 감각을 둔하게 하고 우리를 나른하고 느슨하게 만들기 때문이다. 이에 더해 여러 가지 신경 써야 할 일들로 가득 차 있는 바쁜 일상 때문에 주의가 산만해져 기도에 전념하지 못하게 되기 때문이다. 하지만 그럼에도 불구하고 루터는 전심으로 열성을 다해 기도하고자 최선을 다하되 특히 무엇인가 절박하게 필요한 때 그래야 함을 재차 강조한다. 절박한 필요성이 기도하고 싶은 충동을 강하게 불러일으키면 그 순간 기도의 성령이 임해 우리로 하여금 하나님이 듣고 있다는 확신을 갖고 간구할 바를 하나님 앞에 내려놓게 한다. 이러한 기도는 결코 헛되지 않으며, 위대하고 놀라운 일들을 일으킨다. 더 이상 "어떤 자원도 희망도 남아 있지 않은 바로 그 순간 하나님의 도움이 마침내 시작된다."[9] 이러한 기도가 완벽한 기도다.

---

9 WA 43:396; LW 4:362.

4. 말씀과 소명에 충실

루터는 진실한 기도의 중요한 요소인 절박한 필요성은 소명에 충실할 때 나온다는 점을 강조한다. 즉, 하나님의 말씀과 하나님이 맡겨준 소명에 충실하면 시련과 시험이 따라오게 마련이고, 그러면 가슴속 깊은 곳으로부터 터져 나오는 기도를 드릴 수밖에 없고, 기도하면 구원을 경험하고 찬양의 제사를 드리게 된다는 것이다. 루터는 이것이야말로 바로 십자가를 지는 삶이라고 말한다. 그러면서 루터는 수도사들이 일상생활과 떨어진 상황 속에서 드리는 기도가 아니라 치열하게 일상생활을 하면서 매순간 부딪히는 문제들을 놓고 드리는 기도가 하나님이 명령하는 기도라고 말한다. 이러한 기도는 외적으로 보여주기 위한 기도도, 위선적인 기도도, 무의미한 말을 반복하는 기도도, 형식적인 기도도, 종교적 의식으로서의 기도도 아닌 진실하고 절실한 기도이기 때문이다. 루터는 이와 관련해 어떤 사람들은 집안을 다스리는 일이 저속한 종류의 삶이라고 판단하지만 사실 수도원 생활보다 결혼 생활을 통해 훨씬 더 엄격히 믿음, 소망, 사랑, 인내, 그리고 기도 훈련을 받게 된다고 단언한다.

5. 기도와 삼위일체 하나님

첫째, 기도는 참 하나님께 해야 한다. 참 하나님만이 기도하라 명령했고 기도를 듣겠다고 약속했기 때문이다. 게다가 그 하나님만이 우리가 이해하거나 구하는 것 이상을 주실 수 있는 하나님이기 때문이다. 그리고 두려운 마음으로 간구하는 자들에게 자애로우며, 은혜를 베푸는 하나님이기 때문이다. 그래서 기도를 하기 위해서는 먼저 우리가 어떤 분에게 기도를 드리고 있는지를 제대로 인식하고 있어야 한다. 이런 이유로 루터는 설교와 기도가 서로 밀접히 연결되어 있음을 강조한다. 참 하나님에 대해 먼저 가르쳐주지 않으면 기도하는 일은 불가능하기 때문이다. 인간의 본성은 타락했기 때문에 하나님의 말씀과 성령에 의해 조명

받지 않으면 참된 하나님을 알지 못하며, 그로 인해 하나님을 올바로 사랑할 수도, 갈망할 수도 없다.

둘째, 참 하나님께 드리는 기도에 성자가 빠질 수 없다. 왜냐하면 성부 하나님은 성자 하나님을 통해 자신을 계시했고, 하나님의 모든 약속은 그리스도를 포함하고 있고, 그리스도만이 유일하게 하나님과 인간 사이의 중재자이기 때문이다. 이 중재자를 통해 하나님은 인간을, 인간은 하나님을 대한다. 그리고 기도는 그리스도에 대한 믿음을 요구한다. 왜냐하면 믿음은 하나님을 믿고, 중재자이신 예수 그리스도 안에서 확신을 갖고 하나님께 다가가기 때문이다. 하나님이 참으로 나의 아버지이며 나에게 호의적이라는 확신과 믿음이 없으면 하나님의 이름을 부르며 전심으로 기도할 수 없기에 하나님과 화해되었고, 하나님이 나에 대해 좋은 생각을 갖고 있고, 나의 기도를 들을 것이라는 믿음이 필요하다.

셋째, 성령은 우리가 기도를 드려야 할 참 하나님이 누구인지 알려준다. 루터는 하나님을 알지 못하면 하나님에 대한 사랑도 신뢰도 있을 수 없으며, 따라서 올바른 기도도 할 수 없음을 강조한다. 그리고 하나님에 대한 참된 앎은 하나님의 말씀과 영을 통해서만 가능함을 역설한다. 또한 우리는 무엇을 구해야 할지, 어떻게 구해야 할지 알지 못하지만, 그럼에도 불구하고 하나님의 성령이 우리 안에서 우리를 위해 탄식하며 기도한다. 그리고 이러한 도움을 통해 성령은 우리가 진실하고도 절실한 기도의 감정과 자세를 갖게 한다. 루터는 입술만 움직이는 형식적인 기도가 아닌 마음속 깊은 곳에서 솟아오르는 기도를 높이 평가한다. 무엇보다 이런 애통과 신음은 로마서 8:26에 기록된 바처럼, 성령이 경건한 자의 마음속에 불러일으키는 감정이기 때문이다.

III. 나가는 말

　기도의 사람 루터의 기도개혁과 기도신학은 우리에게 많은 도전을 던진다. 한국 개신교회도 개혁을 위한 구체적인 노력의 일환으로 기도신학과 기도관행을 재정립할 필요가 있다. 그동안 우리는 기도를 무엇이라고 생각했는지, 기도를 통해 무엇을 바랬는지, 어떤 마음 자세로 기도했는지, 중언부언하면서 말만 많이 하면 기도를 잘 한 것이라고 착각하지는 않았는지, 형식적이고 무의미한 기도를 하지는 않았는지, 기도를 함으로써 자기-의를 내세우지는 않았는지, 기도원에 열심히 다니고 새벽기도회와 금요철야 기도회 등에 빠지지 않고 참석하면서 기도를 많이 한다는 이유로 교회에서 힘을 행사하고 목소리를 크게 낼 수 있는 자격을 갖게 되었다고 자만하지는 않았는지, 기도를 통해 하나님과 거래를 하려고 하지는 않았는지, 하나님께 기도를 한다고 하면서 점을 보러 다니거나 하나님 외에 다른 것을 의지하는 우상숭배 행위를 하지는 않았는지, 기도를 한다고 하지만 전혀 그리스도인답지 않은 삶을 살지는 않았는지 등 많은 것을 돌이켜볼 필요가 있다. 그리고 루터가 그랬듯이 개인기도, 가정기도, 공동기도, 대표기도 등 다양한 형태의 기도를 위해 신학적으로 건전하고 좋은 기도문들을 계속 제공해주고, 기도할 수 있게 영감을 불러일으키고 마음에 감동을 주는 일도 필요하다. 이런 과제들을 풀어나갈 때 루터의 기도신학과 기도관행의 개혁을 위한 노력이 우리에게 많은 도움을 줄 것이다.

♠ 루터의 기도 ♠

　주님, 당신께서는 제가 저의 힘으로 당신 앞에 나아온다고, 제가 그럴 만한 가치가 있어 당신 앞에 나아온다고 생각하지 않음을 아십니다. 제가 저 자신을 의지한다면 저는 당신께 눈을 들 수 없을 것입니다. 어떻게 기도를 시작해야 할지 모를 것입니다. 제가 당신 앞에 나아오는 이유는 우리가 당신께 간구해야 한다고 당신께서 직접 명령하시고 진지하게 요청하셨기 때문입니다. 당신께서는 우리의 기도를 듣겠다고 약속하셨습니다. 당신께서는 또한 우리가 무엇을 기도해야 하는지를 가르쳐주시고, 우리가 기도할 때 해야 할 말을 알려주신 당신의 독생자도 보내주셨습니다. 그래서 저는 이 기도가 당신을 기쁘시게 한다는 것을 압니다. 하나님의 자녀로서 제가 당신 앞에 아무리 대담하게 선다 해도 저는 당신께 순복해야만 합니다. 그것이 당신께서 원하시는 바이기 때문입니다. 당신께서는 진실을 말씀하십니다. 제가 당신의 명령을 경시하고 당신의 약속을 의심한다면 저는 저의 죄를 더하고 당신의 뜻을 더욱 거스르고 있는 셈일 뿐입니다. 아멘.

김선영

이화여자대학교 (B.A.)

이화여자대학교 (M.A.)

연세대학교 (M.A.)

연세대학교 (Ph.D.)

프린스턴신학대학원 (M.Div.)

프린스턴신학대학원 (Ph.D.)

(현) 실천신학대학원대학교 교수

(현) 한국루터학회 부회장

(전) 한국교회사학회 회장

(전) 한국기독교학회 국제교류위원장

츠빙글리의 기도

조용석[1]

"개혁교회의 아버지"(Vater der reformierten Kirche)라고 불리는 16세기 스위스 종교개혁자 츠빙글리 신학의 핵심은 바로 '하나님 중심적인 삶' 입니다. '하나님의 절대주권'을 인정하며, 어떠한 인간적인 욕심을 버리고, 오로지 하나님만을 바라보는 삶이야말로, 피조물인 인간이 추구해야 할 참된 모습이라고 강조하고 있습니다.

기도 또한 마찬가지입니다. 인간적인 기도와 하나님께서 진정으로 원하시는 기도는 전적으로 다른 것입니다. 그는 대가를 바라는 기도야말로, 매우 인간적인 기도로서, 하나님의 절대주권을 인정하지 않는 죄인의 기도라고 말합니다. 하나님께서 진정으로 원하시는 기도는 어떠한 대가를 바라지 않은 채, 오직 하나님만을 바라보고 의지하며 하나님과 나누는 대화입니다. 그는 이렇게 말합니다.

"대가를 바라는 기도란 하나님께 수치이며, 그래서 영광이 아니다."[2]

"기도는 그러니까 우리가 믿음으로 인해서 우리 아버지로 최고로 의

---

[1] 독일 보쿰대학교(Ruhr-Universität Bochum) 신학박사(Dr. Theol.), 안양대학교 HK 연구교수
[2] 『츠빙글리 저작선집 3』 (서울: 연세대학교 대학출판문화원, 2017), 346.

지할 수 있는 분이신 하나님과 나누는 대화이다."³

하나님 중심적인 삶에서 우러나오는 기도는 위선의 탈을 쓴 기도가 아니라, 마음 깊은 곳에서 자연스럽게 우러나오는 진실의 기도입니다. 하나님을 바라보는 삶 자체가 기도입니다. 삶과 기도가 분리되지 않습니다. 그는 이렇게 말합니다.

"음성을 사용하지 않고도 기도할 수 있다. 이를테면 밭을 가는 동안, 하나님의 자비와 은혜에 감사하고, 또 땅과 씨 안에 있는 전능하신 하나님의 능력을 찬양하며 놀라워하면서 말이다. 왜냐하면 그 기도는 마음이 하고 있기 때문이다."⁴

하나님을 진실하게 경외하는 삶 자체가 바로 기도의 참된 근본이 됩니다. 하나님을 경외하지 않고는 하나님을 향한 기도는 무의미하기 때문입니다.

츠빙글리가 추구했던 진실한 그리스도인으로서의 삶은 바로 순수하게 이 땅 위에서 살아가면서 하나님만을 바라보는 것입니다. 인간의 욕심이 만들어낸 '종교'의 껍질을 벗겨내고, 오로지 하나님의 영광만이 가득한 천상의 세계를 바라보며, 이 땅 위에서 하나님의 거룩하신 뜻이 온전하게 실현되는 과정을 목격하기를 원했습니다. 그에게 있어서, 이와 같이 온전하게 하나님의 영광을 추구하는 인간의 삶의 근거는 오로지 하나님 말씀인 성경이었습니다.

더 나아가 인간이 하나님의 섭리의 진정한 의미를 깨달을 때, 하나님

---

3 같은 책, 345.
4 같은 책, 347.

중심적인 삶을 살게 됩니다. 하나님 중심적인 삶은 편협한 인간의 시각을 벗어나는 것을 의미합니다. 츠빙글리는 하나님의 섭리를 설명하게 위하여, 인간의 이성을 실례로 제시합니다. 인간의 모든 육체적 행위가 인간의 이성의 명령에 따라 이루어지는 것처럼, 세상만물을 움직이는 근본적인 원리는 바로 하나님의 섭리라는 것입니다. 일종의 비유입니다. 물론 인간의 이성과 하나님의 섭리는 비교 자체가 불가능합니다. 그는 다음과 같이 말합니다.

"이성이 발에게 가라고 명하면 발은 간다. 손으로 쟁기를 잡으라면 손은 따른다. 이성이 없이는 인간이 손가락 하나도 움직이지 못한다. 이보다 능력 있는 확실한 것이 만사를 이끄는 하나님의 섭리이다. 혹시 작은 것을 큰 것과 비교할 수 있다면, 하나님은 이성이 사람 안에서 의미하는 것과 같은 것이기 때문이다."[5]

하나님의 섭리에 대한 진정한 통찰은 생명과 삶을 허락하신 하나님을 경외하며, 하나님께 영광을 돌리는 삶으로 귀결됩니다. 왜냐하면 세상만사의 원인과 목적, 그리고 과정 뒤에 이 모든 것을 움직이시는 하나님의 섭리가 있기 때문입니다. 인간의 능력으로 이해할 수 없는 사건이 발생한다면, 이것은 유한한 인간의 눈으로 바라보기 때문입니다.

희노애락의 인간의 삶은 고통과 기쁨이 공존하는 삶입니다. 불행과 행복이 공존합니다. 눈물과 웃음이 공존합니다. 하나님의 섭리를 깨닫는다면, 고통은 기쁨으로 가는 길이며, 불행은 행복으로, 눈물은 웃음으로 가는 길이었다는 사실을 깨닫게 됩니다. 왜 우리에게 고난을 허락하셨는지, 그 이유를 알게 되는 것, 그것이 하나님의 섭리의 눈으로 바라보는 우리의 신앙고백이 됩니다. 하나님의 섭리의 눈으로 바라본 우리의 지나

---
5 같은 책, 330.

온 삶의 길에 대한 신앙고백은 바로 하나님께서 주신 생명과 삶의 시간에 대한 절대적 긍정을 의미하게 됩니다. 오로지 토기장이만이 진흙으로 귀하게 쓸 그릇과 천히 쓸 그릇을 만드실 수 있는 권리가 있다는 진리를 진정으로 깨닫게 되는 것입니다. "토기장이가 진흙 한 덩이로 하나는 귀히 쓸 그릇을, 하나는 천히 쓸 그릇을 만들 권한이 없느냐"(로마서 9:21)

이 말씀은 인간의 눈으로 볼 때는 정말 이해하기 어려운 하나님 말씀입니다. 하지만 이 말씀은 인간의 유한함과 연약함을 뼈저리게 체험하며, 간절하게 구원을 갈망하는 사람에게는, 이성적으로는 절대로 설명할 수 없는 하나님의 무한하신 은혜가 깊이 느껴지는 하나님 말씀입니다. 비록 제가 천하게 쓰이는 그릇으로 만들어졌다고 하더라도, 이 또한 하나님께서 허락하신 삶에 대한 절대적 긍정을 의미할 뿐입니다. 여기서 우리는 하나님께 영광과 감사의 찬양을 드릴 수밖에 없는 역설적인 신앙의 진리를 깨닫게 됩니다.

이와 같이 하나님 섭리의 눈으로 세상만사와 인간의 삶을 바라보는 것은, 하나님 중심적인 삶의 시작과 끝입니다. 바로 여기서 참된 기도는 시작됩니다. 츠빙글리는 역설합니다. 우리가 할 수 있는 기도, 해야만 하는 기도는 바로 어떠한 대가를 바라지 않고, 오직 하나님을 경외하며, 바라보며 하나님과 대화하는 것이라고.

> "무엇인가 얻기 위해서 이루어진 기도는 진리를 모른다. 우리가 영으로 하나님께 매달리면, 그러니까 정말 그 분께 매달림으로 그 어떤 고난이 닥칠 때, 오직 하나님께만 달려가서 그것을 제해 달라고 간구한다면, 바르게 기도하는 것이다."[6]

마지막으로 츠빙글리가 하나님께 드리는 기도와 관련하여, 하나님을

---
6 같은 책, 346.

경외하고 하나님께 영광을 돌리는 것 이외에, 제일 중요하게 여겼던 기도의 원칙을 소개해 드리고자 합니다. 그것은 바로 이웃사랑입니다. 츠빙글리가 주도했던 스위스 취리히 종교개혁은 교회개혁 뿐만 아니라, 하나님의 말씀에 따른 공동체의 개혁 또한 성공적으로 이루어 냈습니다. 교회개혁의 핵심포인트가 하나님 말씀인 성경으로 돌아가는 것이었다면, 공동체 개혁의 핵심포인트는 하나님 말씀에 근거하여 순수한 사랑의 마음으로 불우한 이웃을 돌보는 것이었습니다. 즉 불우한 이웃의 처지를 배려하고, 좀 더 나은 환경이 될 수 있도록 노력하는 것이었습니다. 하나님께 드리는 기도 또한 마찬가지입니다. 이웃사랑이 없는 기도는 진정으로 하나님께 드리는 기도가 아닙니다. 츠빙글리는 이렇게 외칩니다.

"우리가 정말 하나님을 두려워 한다면 이웃의 비참함이 우리에게 고통이 되며, 그래서 우리는 그를 위해서 하나님께 애타게 간구한다. 그런데 우리가 이웃을 사랑하지 않는다면, 아무리 기도 때문에 금덩어리를 한 무더기 받게 되더라도 그 기도는 쓸데없이 한 것이다."[7]

진심으로 이웃을 사랑하는 마음으로 드리는 기도는 결코 대가를 바라지 않습니다. 하나님의 뜻을 구할 뿐입니다. 그렇다고 해서, 가만히 있는 것도 결코 아닙니다. 이웃사랑을 진심으로 행동을 통해 표현합니다. 하나님의 뜻이 이루어지기를 간절하게 기도하면서, 이웃사랑을 표현할 뿐입니다. 그는 이렇게 단호하게 말합니다.

"대가를 구하는 것과 사랑은 서로 맞지 않는다. 우리는 하나님과 맘몬, 곧 부를 동시에 섬길 수 없다."[8]

물론 츠빙글리의 말과 글이 하나님 말씀은 결코 아닙니다. 단지 하나

---

7 같은 책, 346.
8 같은 책, 347.

님 말씀을 올바로 이해하기 위한 유익한 길잡이가 될 뿐입니다. 그들에게 있어서 신학은 하나님을 경외하는 경건한 삶의 표현이었습니다. 따라서 우리는 개혁자들의 말과 글을 단순한 신학적 진술로서 이해해서는 안 될 것입니다. 그들에게 있어서 말, 글, 삶이 분리되지 않았습니다. 경건한 삶을 향하여 말, 글, 삶이 하나가 되어 움직였습니다. 오직 성경만이 삶, 글, 말이 일치시켜 줄 수 있는 최종적인 근거입니다.

조용석

연세대학교 신학과 (Th.B.)

연세대학교 대학원 (Th.M.)

장로회신학대학교 신학대학원 (M.Div.)

보쿰대학교(Ruhr-Universität Bochum) 개신교 신학부 (Dr. Theol.)

(현) 안양대학교 연구교수

(현) 츠빙글리 기념학술대회 사무총장

영적 거장들의 기도

마르틴 부처의 기도

최 윤 배

I. 마르틴 부처(1491-1551)의 생애[1]

마르틴 부처가 종교개혁운동에 기여한 그의 큰 공헌에 비추어 볼 때, 그는 다른 종교개혁자들보다 거의 "잊혀진 종교개혁자"였다.[2] 마르틴 부처는 1491년 11월 11일에 알자스로렌 지방에 있는 쉴레트쉬타트 (Schlettstadt, Sélestat)에서 태어났고, 일생 대부분(1523-1549) 스트라스부르에서 사역하다가 1549년 생애 말년에 영국으로 망명하여, 1551년 2월 28일에 하나님의 품에 안겼다. 그는 그의 고향에 있는 라틴어 학교에서 "현대경건"(devotio moderna) 운동과 인문주의의 영향하에 공부했다. 마르틴 부처는 15세 때 도미니칸 수도원에 수도사로 들어갔다. 여기서 그는 그의 『신학대전』(Summa Theologiae)으로 유명한 신학자 토마스 아퀴나스 (Thomas Aquinas, 1225/1226-1274)의 사상을 심도 있게 공부했다. 마르틴 부처는 1515년 말경 쉴레트쉬타트에 있는 이 도미니칸 수도원을 떠나 하이델베르크에 있는 도미니칸 수도원으로 옮겼다.

"맹모삼천지교"라는 교훈이 있듯이, 마르틴 부처가 그의 고향을 떠나

1 참고, 최윤배, 『잊혀진 종교개혁자 마르틴 부처』(서울: 대한기독교서회, 2012), 44-69.

2 참고, 최윤배, "한국에서 마르틴 부처(Martin Bucer)에 대한 연구사," 『한국조직신학논총』 제51집(2018년 6월), 159-199.

그 당시에 유명한 종교개혁 도시들 중에 하나인 하이델베르크(Heidelberg)로 이사한 것은 마르틴 부처를 장차 위대한 종교개혁자로 만들기 위한 하나님의 큰 섭리가 있었다고 볼 수 있다. 그는 하이델베르크에 있는 도미니칸 수도원에서도 자신의 고향에 있는 도미니칸 수도원에서 열심히 공부했던 인문주의에 계속적으로 몰두했다. 그러나 마침내 마르틴 부처에게 결정적인 사건이 일어났다. 이미 종교개혁자가 된 마르틴 루터는 독일의 유명한 곳곳에서 16세기 로마천주교회의 대표 학자들과 신학논쟁을 벌였다. 그런데 루터가 1518년 4월에 하이델베르크에서 로마천주교회의 아우구스티누스파들과 논쟁을 벌인다는 소식을 들은 마르틴 부처는 루터의 하이델베르크 신학토론회(논쟁)에 참석하여 양측의 말을 열심히 경청했다. 마르틴 부처는 루터의 하이델베르크 신학논쟁에 큰 감동을 받고 루터처럼 장차 종교개혁자가 되기로 결심했다. 인문주의자인 에라스무스의 제자였던 마르틴 부처는 이 때부터 루터의 『갈라디아서 주석』 등에 심취하여 제2의 루터가 되었다.

　루터를 통해 종교개혁자로 전향한 마르틴 부처는 로마천주교회와 결별을 선언하기 위해 자신의 고향에 있는 도미니칸 수도원에서 행했던 수도원 맹세(서약)를 교황이 해제해 줄 것을 1521년에 요청했다. 교황은 1521년 4월에 마르틴 부처의 수도원 서약을 해제해 주었다. 마르틴 부처는 1522년 여름에 과거에 수녀였던 엘리사베드 질버라이젠(Elisabeth Silbereisen)과 결혼한 후, 1522년 겨울 내내 바이센부르크(Weissenburg)라는 도시에서 종교개혁 사상이 담긴 복음적 설교를 열정적으로 했다. 마르틴 부처는 1523년에 드디어 자신의 고향 도시이며, 부모님이 살고 있는 스트라스부르에 돌아왔다. 1523년에 스트라스부르 도시가 로마천주교회를 벗어나 종교개혁 진영으로 변화되려는 조짐을 목격한 마르틴 부처는 스트라스부르를 종교개혁 도시로 변화시키는 큰 사명감을 가지고 종교개혁운동을 시작했다. 마르틴 부처는 1523년에 그의 최초의 작품에 해당되는 『어떤 사람도 자기 자신을 위해서 살 것이 아니라, 우리 모두는 다른 사람들을 위해서 살아야 한다. 어떻게 우리가 이 목표에 도달할 수 있을까?』(Das ym selb, 1523)를 출판했다.³ 앞에서 이미 말했다시피, 마르틴 부처는 그의 대부분의 생애를 스트라스부르에서(1523-1549) 스트라스부르의 교회 '감독'(스트라스부르 시의 수석목사)이 되어, 스트라스부르 시당국과 긴밀한 협조 하에 교회에 대한 특별한 관심과 사랑을 보여 주면서, 스트라스부르의 교회와 시당국은 물론 유럽 종교개혁 진영 전체를 인도하는 강력한 영적 지도자가 되었다.

종교개혁자 마르틴 부처는 "화해와 평화의 교회연합의 종교개혁자"였다. 루터와 츠빙글리의 관계는 상호 불편한 관계로 끝까지 지속되었지만, 마르틴 부처는 「비텐베르크 일치신조」(1536)에 루터와 상호 합의하여 서명함으로써, 신앙 안에서 상호 형제애를 재확인했다. 그리고 마르틴 부처는 루터와 츠빙글리 사이를 중재시키고, 화해시키기 위해 백방의 노력을 기울인 나머지 양쪽으로부터 "타협자"등의 오해를 받곤 했다. 수많은 오해를 무릅 쓰고, 마르틴 부처는 기독교 간의 화해와 평화, 종교개혁 진영 안에서의 화해와 평화를 위해 열정적으로, 헌신적으로 노력했다. 그는 참된 의미에서 화해와 교회연합을 위해 온 몸을 바쳤던 "에큐메니칼"종교개혁자였다. 후대에 칼빈도 "교회일치와 연합의 신학자"라는 별명을 얻었는데, 칼빈이 다름 아닌 바로 마르틴 부처로부터 이 정신을 배웠다는 주장은 역사적으로 충분한 설득력을 가진다. 마르틴 부처는 개혁교회직제의 뿌리인 4중직(목사, 교수, 장로, 집사)을 창시하였고, 치리(권징)를 교회의 제3표지로 인정했다.⁴

---

3 참고, 황대우 편저, 『삶, 나아닌 남을 위하여: 마르틴 부써의 기독교윤리』(서울: SFC, 2007).

4 참고, Martin Bucer, Von der waren Seelsorge, 최윤배 역, 『참된 목회학』(용인: 킹덤북스, 2014).

종교개혁 진영의 차원에서나 마르틴 부처 개인의 차원에서도 스트라스부르에 너무나도 비참하고도 불행한 역사적 사건이 발생했다. 로마천주교회 국가 진영과 종교개혁 진영 국가 사이에 「아우구스부르크 임시안」(Augsburger Interim, 1549)이 체결되었는데, 이 체결 내용에는 스트라스부르에서 더 이상 종교개혁 운동이 완전히 금지되었고, 로마천주교회의 미사가 회복되어, 스트라스부르는 완전히 로마천주교회 진영의 소유가 되었다. 마르틴 부처에게 양자택일을 해야 할 상황이 발생했다. 마르틴 부처는 스트라스부르에 남아서 다시 로마천주교회 진영으로 돌아가든지, 아니면, 로마천주교회에 의해서 추방당할 수밖에 없게 되었다. 마르틴 부처는 이런 상황에서도 강력하게 로마천주교회와 미사 시행을 비판하고, 종교개혁 관점에서 예배를 드림으로써, 그 당시 독일 땅이던 스트라스부르를 떠나 독일이 아닌 다른 나라의 지역으로 망명할 수밖에 없었다. 마르틴 부처가 처한 상황을 알게 된 여러 나라로부터 그에게 망명 요청이 왔는데, 마르틴 부처는 영국에로의 망명을 선택했다. 그는 1549년 4월 6일에 조국 독일, 고향과 사역지였던 스트라스부르를 떠나 영국을 향해 출발하여 4월 25일에 그곳에 도착하여 영국 왕 에드워드 6세의 환영을 받은 뒤, 캠브리지(Cambridge) 왕립대학의 국왕 직속 명예교수가 되어 영국의 종교개혁을 도왔다. 그는 특별히 영국교회를 위해 「공동기도문」(The Book of Common Prayer, 1552)에 영향을 미쳤고, 어린 왕 에드워드 6세에게 헌정한 『그리스도 왕국론』(De regno Christi, 1550)은[5] 너무나도 유명하다.

프랑스인 칼뱅(Jean Calvin, 1509-1564)이 고국에 돌아가지 못하고, 타국 스위스에서 묻혔듯이, 마르틴 부처 역시 타국 영국에서 1551년 2월 28일에 하나님의 품에 안기고, 영국에 묻혔다. 마르틴 부처 사후(死後)에 로마천주교회의 신봉자로서 악명 높았던 메리 여왕이 영국의 다른 종교

---

[5] 참고, 이은선 · 최윤배 공역, 『멜란히톤과 부처』(서울: 두란노아카데미, 2011), 219-496.

개혁자들의 무덤은 물론 마르틴 부처의 무덤도 파헤쳐 그들의 유골을 광장 마당에서 소각하여 그 재를 광장에 뿌려 다른 종교개혁자들과 함께 종교개혁자 마르틴 부처를 두 번 죽였다. 악독한 메리 여왕의 왕권을 계승한 엘리사베드 여왕은 메리 여왕과는 정반대로, 종교개혁 신앙을 옹호하고, 장려하여 영국의 종교개혁의 꽃을 피웠는데, 그녀는 마르틴 부처의 무덤을 원래 위치에 복귀시키고, 그의 명예를 회복시키는 비문도 세웠다. 엘리사베드 여왕이 캠브리지 성(聖) 마리아 대(大)교회(Church of St Mary the Great, Cambridge) 바닥에 있는 마르틴 부처의 기념비는 라틴어로 다음과 같은 내용으로 새겨져 있다. "오래전, 거룩한 신학의 왕립 교수인 마르틴 부처를 기념하며. 그의 몸은 1551년 이곳에 매장됨. 1557년에 파내어져 법정에서 불태워졌으나 1560년에 그를 기념하고 명예롭게 하는 두 번째 장례식을 치름."

II. 기도와 성령[6]

우리는 지면상의 이유로 본고에서 마르틴 부처의 기도를 성령의 관점에서만 고찰하도록 한다. 마르틴 부처의 기도에 대한 지속적인 관심은 『마태복음 주석』, 『시편 주석』, 그리고 『로마서 주석』 속에 있는 특별한 상황들 속에서 나타나고, 이 상황들은 기도에 대한 내용과 이유와 직접적으로 연결되어 있다. 『마태복음 주석』에서는 마태복음 6:1-13절과 8:1-13절, 『시편주석』에서는 시편 5편과 6편, 그리고 『로마서 주석』에서는 로마서 8:26-27절이 대표적인 경우들이다. 마르틴 부처는 주로 "하나님과의 대화"또는 "하나님에게로 마음의 고양(高揚)"또는 "입이 아니라 마음으로 하나님께 말씀 드리는 것"으로서의 기도에 대한 관심이 높다. 기도는 외적인 말을 요구하는 것이 아니라, 내적인 말들, 마음

---

[6] 참고, 최윤배, 『잊혀진 종교개혁자 마르틴 부처』(서울: 대한기독교서회, 2012), 313-317.

의 내적인 말을 요구한다. 마르틴 부처는 이방인들의 "공허한 탄원기도" 뿐만 아니라, 그의 자신의 시대 사람들의 공허한 탄원기도에 관심을 기울이기를 원한다. 왜냐하면, 마르틴 부처의 경우, 기도는 "입(입술)의 문제"가 아니라, "마음의 문제"이기 때문이다. "우리가 말했던 것처럼, 기도는 입의 문제가 아니라, 마음(mentis)의 문제이다. 그러므로 기도는 어떤 경우에도 말들에 의존하는 것이 아니다. 그리고 여기서 우리는 어떤 말들로 기도해야 할까에 대하여 가르침을 받는 것이 아니라, 심령(animi)의 소원과 함께 찾아야 할 그 무엇에 대해 가르침을 받는다." 마르틴 부처는 『시편 주석』에서도 동일한 관점을 보여 주기 위하여 아우구스티누스와 아퀴나스를 인용한다. 즉, 기도는 우리의 내적인 사상과 관련된 것이지, 외적인 말들과 관련된 것이 아니다.

참된 기도는 사람이 행하고 있는 그 무엇이 아니라, 그를 기도하도록 움직이시고, 충동하시는 성령의 사역이다. "사모하지 않으면서 기도하고, 은혜에 대한 감각 없이 감사드리고, 즐거움 없이 즐거워하고, 슬픔 없이 슬퍼하는 것은 도대체 무엇이란 말인가? 영적인 것들에 대한 모든 사모하는 것조차 우리 안에 넣어 주시기를 원하시는 분, 고대하는 형태를 결정하시는 분이 성령 이외에 누구시란 말인가? 그러므로 사람들에게 기도로 움직이게 하고, 기도자의 형태를 결정하게 하는 것이 오직 성령께만 있을 것이다. 왜냐하면 죽을 운명의 사람들을 만들려는 시도는 무엇이든지 위선자들을 하나님에 대하여 미워하게 만들며, 하나님을 기뻐하면서 기도하는 사람들을 만들지는 않는다." 치유를 위해 한센병자가 기도드렸던 것처럼, 그리스도인을 기도하도록 충동하시는 분이 성령이시기 때문에 그는 확신을 가지고 기도드릴 수가 있다. 이런 확신은 하나님의 뜻이 무엇인지를 알고 있으시며, 사람들로 하여금 하나님의 뜻에 따라 기도를 가능하게 하시는 성령으로부터 온다. 그러한 확신은 그리스도의 능력을 들었고, 그리스도께서 자신을 고쳐주시기를 원하신다는 사실을 믿었던 한센병자 속에서 발견된다.

성령께서만 그러한 확실성을 주실 수가 있다. 그러므로 그러한 기도들 속에서 경건한 사람들은 "그럼에도 불구하고, 아버지여, 내 뜻대로 마옵시고, 당신의 뜻대로 하옵소서!"라는 말씀을 첨가할 것이다. "그러나 만약, 그가 그것들을 얻었을 경우, 이것들이 하나님의 영광에 도움이 되지 않는다면, 아무도 개인적인 간청의 기도를 해서는 안 된다. (이 한센병자의 경우와 같은 종류이다.) 이것은 성령 이외에는 마음속에 가르침을 주시는 분은 없다. 우리의 외적인 일들을 위한 모든 기도들 속에서 경건한 사람은 다음의 말을 첨가한다. '그럼에도 불구하고, 아버지여 나의 뜻대로 하지 마시고, 당신의 뜻대로 이루소서! 만약 당신께서 그것을 당신의 영광을 위해서 하신다면, 나를 고치소서!'"

마르틴 부처는 그리스도인의 기도에 대한 그의 주석을 다음과 같이 네 가지 관점으로 요약한다. "첫째, 그들은 성령에 의해서 기도하지 않을 수 없다. 둘째, 그들이 기도하는 것이 하나님의 영광이 되는 것임을 그들은 확신할 것이다. 셋째, 동일한 성령에 의하여 설득되어, 그들은 그들이 기도드리는 것이 허락될 것임을 의심 없이 원한다. 넷째, 동일한 성령에 의하여 충동을 받고, 그들의 외로움과 하나님의 영광을 숙고한 후에 그들은 큰 겸손과 결단을 가지고 기도하길 원하며, 그들은 그들이 구한 그 무엇을 하나님께서 기꺼이 주실 것이라는 사실을 더욱더 확신한다. 만약 그들이 그것을 주시기 위하여 하나님을 가장 기쁘시게 할 것이라는 것을 믿지 않을 경우, 그들은 어떤 것도 구하지 않는다." 기도에서 성령의 역할은 『로마서 주석』에서 한 단계 더 나아간다. 여기서 인간은 약함과 부적절함의 상황을 직면한다. 유혹의 무게가 너무나도 무거워서 그들이 기도할 수 없는 경우도 있다. 그런 상황에서 그들의 실패와 편견에도 불구하고, 성령께서 그들 안에서 기도하신다. "성도들은 자기 자신 속에서 성령께서 이같이 소리지르는 것을 듣지 못한다. 그러므로 그들은 기도하지만, 그들이 기도하고 있다는 사실을 모른다. 또는 차라리 그리스도의 영 자신이 그들 안에서 기도드린다. 그들이 인치심 받은 성령은 그들을 인도하신다. 그들 자신들은 참으로 이것을 느끼지 못한다. 그들은 슬픔에 사로잡혀 있다. 그들은 불평과 불만에 사로잡혀 있다. 그러므로 성령은 말할 수 없는 탄식으로 성도들을 위하여 중재하신다." 더구나 하나님은 성령의 기도를 아시고, 허락하신다. 왜냐하면 그것은 그의 자신의 성령의 기도이기 때문이다. 성령께서 속수무책 속에 있는 그리스도인 안에서 다스리시고, 기도하시는 방법은 그리스도인의 속수무책이 너무나도 커서 우리 속에서 역사하시기 위하여 로마서 7장 속에 있는 죄의 방법과 비견될 수가 있다. 무엇이 그리스도인을 압박할지라도, 그의 삶은 성령 안에 있는 삶이며, 성령에 의해서 지탱되는 삶이다. 왜냐하면 하나님은 사랑하시는 아버지이시고, 그가 그리스도인들에게 주셨던 성령은 "그들을 결코 버리시지 않으실 것이다."

마르틴 부처의 『시편 주석』에서 참된 기도 속에 영감을 불어넣으시는 성령의 역할에 대한 강조가 나타난다. 그러나 동시에 기도에 대한 어떤 특별한 충고가 들어 있기도 하다. 마르틴 부처는 기도의 도움으로서 성경과 시편과 성도들의 기도문을 사용하기를 추천한다. 그러나 마르틴 부처는 바울이 그의 마음으로 찬양하고 멜로디를 만들 것에 대해 말씀한 것에 관련시키면서 어떤 것이 기계적으로 되는 것을 금하도록 하고 있다고 주장한다. 가장 열심 있는 기도자들은 보통 아침에 기도하기 때문에, 시편 143편 8절에 대한 주석에서 마르틴 부처는 기도하기에 최적의 시간이 아침임을 촉구한다. 또한 하나님께서 그의 백성에게 공개적으로 대답할 때이며 마음이 이미 그의 대답을 받을 준비가 되어있을 때이다. 『마태복음 주석』에서 마르틴 부처는 이미 기도에서 고독의 중요성에 대하여 언급했다. 기도의 시간과 장소 그리고 성경의 사용과 성경의 기도에 대한 이해에 기초한 마르틴 부처의 이런 충고는 열광주의자들의 기도 이해에 대한 비판을 의미한다.

　결론적으로, 마르틴 부처의 경우, 그리스도인의 기도는 항상 성령 안에 있는 기도이고, 성령을 향한 기도이다. 왜냐하면, 그리스도인의 삶은 오직 성령 안에서만 가능하기 때문이다. 그러나 성령 안에서의 기도는 외적인 기도와 상호 충돌하지 않고, 다만 마음의 기도가 아니라, 입(입술)만의 기도와 충돌한다.

최 윤 배

한국항공대학교 항공전자공학과 학사
연세대학교 대학원 전자공학과 공학석사
장로회신학대학교 신학대학원/대학원(교역학석사/신학석사)
De Theologische Universiteit van de Gereformeerde Kerken in Nederland
　　　독토란두스(drs.)
De Theologische Universiteit van de Christelijke Gereformeerde Kerken
　　　in Nederland 신학박사(dr.theol.)
(전) 장로회신학대학교 교수
(현) 장로회신학대학교 객원교수
(전) 한국개혁신학회 부회장
(현) 한국개혁신학회 자문위원

멜란히톤의 기도

류 성 민

1. 서론 – 멜란히톤은 누구인가?

멜란히톤(Philipp Melanchthon, 1497-1560)은 비텐베르크(Wittenberg)의 종교개혁 1세대의 대표적인 신학자이자, 인문주의자로서 독일의 선생(*Praeceptor Germaniae*)이라 불린다. 그는 1518년 비텐베르크 대학의 헬라어 교수로 초빙되어 평생 비텐베르크 대학의 교수로 활동하였다. 그의 활동 분야는 철학분과와 신학분과 모두를 포괄하였다. 그는 자신의 인문주의적 능력을 발휘하여 수많은 강의를 했고, 자신이 혐오했던 추상적 학문인, 형이상학을 제외한 거의 모든 과목의 교과서를 작성할 정도로 박학다식함을 드러냈다. 그의 교과서들은 개신교 영역의 대학뿐만 아니라, 가톨릭 영역의 대학에서도 저자의 이름을 지운 채 사용될 정도로 널리 인정받고 큰 영향을 끼쳤다. 더 나아가 그는 대학과 고등학교의 학제를 인문주의 교육 방식을 기초로 개편하는 일에 최선을 다했고, 그 결과 유럽의 대학들은 중세적 학제를 넘어 근대적 대학으로 발전하기에 이르렀다.

멜란히톤에게 더욱 중요한 정체성은 신학자이다. 그에게 인문주의는 신학을 위한 기초학문이었다. 인문학적 지식은 계시로 드러난 성경을 바로 해석하기 위한 것이며, 결코 신학과 분리되어 이해될 수 없었다. 신학은 모든 학문의 목적이었다. 인문주의자 멜란히톤은 신학자 멜란히톤과 대립되지 않고, 완전한 조화를 이룬다. 그러므로 신학적 원리가 그의 학문에서 근본적 위치에 있다는 것은 그의 학문 작업을 관찰함에 있어 잊지 말아야 할 전제이다.

멜란히톤은 비텐베르크에서 신학교수로서 개신교회를 위해 목회자를 양성하는 제일 중요한 인물 중 하나였다. 멜란히톤은 개혁파의 사직분 론에서 교사에 가장 적합한 인물이었다고 할 수 있다. 그는 루터와 함께 종교개혁을 세우고, 정리하며, 전파하는 가장 권위있는 인물이었다. 종교개혁을 따르는 모든 사람들은 그의 영향을 받지 않을 수 없었다. 그의 대표적인 신학저술은 개신교 최초의 교의서인 신학총론(Loci Communes rerum theologicarum seu hypotyposes theologicae, 1521)과 개신교의 공식적 신앙고백인 아우그스부르크 신앙고백(Confessio Augustana, 1530)을 언급할 수 있다.

공적으로 멜란히톤은 인문주의자와 종교개혁가로서 평가받는다. 그러나 개인적으로 그는 경건한 성도였다. 그가 신학과 교육을 위해 수고하였지만, 그의 글은 메마른 학자의 글이 아니었다. 오히려 경건한 신앙을 드러내며, 교회에 대한 사랑과 교회를 세우는 일을 위한 노력이 그의 글에 스며들어 있다. 이런 증거는 나이가 들어감에 따라, 그의 여러 종류의 글에서 점점 더 기도가 많이 등장하는 것에서 발견된다. 본고는 그의 기도의 일반론을 제시하고, 이를 시편 111편 주석에 나온 기도의 예를 통해 분석하려 한다.

2. 멜란히톤의 기도신학

가. 중세 전통과의 관계

멜란히톤은 중세에 태어나 종교개혁시대를 연 인물이다. 그의 기도의 이론과 실제는 중세적 전통과 관계되어 이해될 수밖에 없다. 우리는 먼저 기도의 형식에서 중세와의 연속성을 찾을 수 있다. 멜란히톤의 기도는 형식에서 자유로웠는데, 이는 수도원 전통과 맞닿아 있다. 그는 정해진

시간에 기도를 하지만, 그 내용은 자유로웠다. 기도의 동인은 정한 시간과 구체적인 간구의 내용이었다. 또한 수도승들은 시편을 읽고 노래하는 것이 일반적이었는데, 멜란히톤도 시편을 비롯한 성경을 읽는 것이 기도와 함께 있었다. 그래서 성경 읽기와 기도는 엄밀하게 구분되지 않았다. 이에 대한 좋은 예는 우리가 후에 살펴볼 시편 주석에서 찾아볼 수 있다.

멜란히톤의 기도가 중세와 분명히 단절되는 부분도 있다. 중세에 기도는 공로를 쌓는 덕으로 이해되었다. 멜란히톤도 기도가 사람들의 행위임을 인정했다. 그러나 기도는 하나님께서 중생하게 하신 사람들에게 나타나는 행위요, 사람이 하나님께 대답하는 선한 행위로 이해했다. 그러므로 기도하는 행위는 공로를 쌓아 연옥의 기한을 줄이는 것이 아니다. 다만 하나님께 부르짖음 그 자체가 그리스도인들의 최고의 덕이라고 여겼다. 그래서 성인에게 기도하는 것을 거부하고, 그리스도의 중보자직을 강조하였다. 이는 칭의 교리와 연결되기 때문이다. 이것이 참 기도와 거짓 기도의 구분점이 되었다.

나. 인문주의와의 관계

멜란히톤의 기도에는 인문주의적 성격이 발견된다. 그는 현실과 동떨어진 추상적 주제를 기도에 담지 않았다. 그의 기도는 실제적 삶의 현장과 관계되었다. 특히 교회의 현실과 연결되었다. 이는 멜란히톤의 사고와 삶과 일치하는 것이었다. 특히 개신교회의 고난 가운데 그는 신학적 고찰을 통해 확신을 가지고 있었고, 이는 기도를 통해 하나님께 드려지고, 위로를 구하게 하였다. 구원얻은 사람이 현실 가운데 낙심할 때, 하나님의 위로를 구하는 것이 그가 기도하는 주 내용이었다. 이런 경건한 기도는 멜란히톤 신학의 중요한 목적을 드러낸다. 바로 현실에 기반한 교회를 위한 신학이다.

멜란히톤의 기도는 교육적, 교훈적 성격을 가지고 있다. 그는 기독교의 기도뿐 아니라, 이방인들의 기도도 연구하였다. 어떤 기도가 바른 기도인지, 참된 경건은 무엇인지 탐구하고, 이를 구체적으로 적용하려는 인문학자의 태도는 곳곳에서 발견된다.

다. 신학적 특징

멜란히톤의 기도를 신학적으로 정리하면, 첫째, 기도는 사람의 행위이다. 하나님은 사람을 부르시고, 구원하신다. 그렇게 구원을 얻은 사람은 하나님께 자신이 할 수 있는 최고의 행위, 곧 기도를 한다. 둘째, 기도는 은혜를 얻는 수단이다. 기도는 구원이나 상급을 얻기 위한 공로가 될 수 없는데, 이는 기도가 이미 구원을 얻은 사람의 행위이기 때문이다. 그러나 하나님은 사람으로 하여금 기도하도록 명령하셨다. 그러므로 기도는 하나님께서 구원얻은 성도에게 주신 계명 중 하나로, 율법의 제 3 용법의 대표적인 예이다. 하나님은 성도의 삶 가운데 은혜를 주시는데, 그 통로로 기도를 정하셨고, 기도하라 하셨다. 기도를 통해 성도는 하나님의 은혜를 구하고 얻게 되며, 이를 통해 일상의 삶을 살고, 믿음이 견고해진다. 셋째, 기도에는 반드시 믿음이 필요하다. 믿음은 외적으로는 동의요, 내적으로는 신뢰이다. 하나님의 자비를 알지 못하고 믿지 않는다면, 그는 기도할 수 없다. 반드시 믿음을 가지고 하나님께 부르짖어야 하며, 이로써 그의 믿음 또한 불타오르게 된다. 이처럼 칭의와 기도의 교리가 만나게 된다. 넷째, 기도에는 반드시 응답이 있다. 하나님께서 기도하라 명하셨고, 성도가 그 하나님의 약속과 명령을 믿으며 기도하면, 하나님은 신실하게 응답하신다. 다만 이 응답은 영적인 것과 외적인 것, 두 종류로 나뉠 수 있다. 영적 유익을 위한 것은 조건없이 하나님께서 바로 응답하신다. 그러나 외적인 것에 대해서는 조건이 있다. 그래서 외적인 것에 대한 멜란히톤의 기도에는 자유와 완화가 공존한다. 외적인 것에 대해 기도하지만, 하나님께서 우리가 현실에서 알지 못하는 조건 가운데 응답하시기 때문에 그런 알지 못함과 고통스러움에서 자유롭기를 구해야 한다. 그러나 완전히 자유롭게 되지 못한다고 해도 너무 충격을 받지 않도록 완화됨을 구하는 것이다. 하나님은 자신만의 조건 하에서 자신만의 방식으로 응답하신다. 여기에 다시 하나님을 향한 신뢰가 필요하다. 멜란히톤의 기도는 매우 구체적인 외적 관심사와 관계되어 있고, 이는 하나님의 약속을 수용하는 동시에 하나님의 응답을 기다리며 기대하는 신앙의 기초자세를 요구한다.

라. 멜란히톤에게 기도란?

멜란히톤의 기도의 신학적 성격을 생각할 때, 하나님께서 어떤 분이신지를 아는 것은 기도에서 핵심적인 내용이다. 그래서 그의 기도에 나타나는 삼위일체적 특징은 매우 중요하다. 그러나 이는 현실과 상관없는 형이상학적 신론 고백이 아니다. 멜란히톤에게 신학은 경건을 목적으로 하기 때문에, 그의 기도는 신학적 고찰을 동반하는 신학의 거울과 같은 것이다. 기도와 교리는 떨어지지 않는 삶의 과제요, 존재의 의미를 보여준다. 하나님에 대한 사고는 하나님에 대한 지식과 호소로 이해된다. 그러므로 기도란 경건의 총체적 개념이다.

이제 멜란히톤의 시편 111편 주석에 등장하는 기도문의 분석을 통해 이러한 특징들을 실례를 들어 살펴보려고 한다. 그에게 시편을 읽는 것은 매우 실용적인 일이었다. 성경을 통한 교훈을 얻을 뿐 아니라, 함께 기도를 할 수 있기 때문이다. 시편은 좋은 기도의 연습이다. 더하여 멜란히톤에게 시편은 단순히 기도의 학교가 아니라, 경건을 깨우고, 구원의 개인적 적용을 위한 매우 좋은 길이었다.

3. 멜란히톤의 시편 기도

가. 삼위일체적 기도

멜란히톤의 시편 111편 주석 중 삼위일체적 기도의 좋은 예가 있다.

나는 주께 감사드립니다. 전능하시고 영원하시며, 살아계시고 참되신 하나님이시여, 우리 주 예수 그리스도의 영원하시고 유일하신 아버지여, 하늘과 땅의 조성자요, 사람들과 주의 천사와 사람의 교회의 조성자여, 주의 아들, 우리 주 예수 그리스도와 주의 성령과 하나이신 보존자여, 거룩하신 분이요, 지혜로우신 분이요, 선하신 분이요, 진실하신 분이요, 의로우신 분이며, 재판관이시며, 순전하신 분이며, 자비로운 분이며, 가장 자유로운 분이시여. (주께 감사하는 첫 번째 이유는) 주께서 자신을 우리에게 우리 주 예수 그리스도의 아버지와 주의 아들 예수 그리스도와 성령으로 나타내셨기 때문입니다. 그리고 (두 번째 이유는) 주께서 예수 그리스도, 주의 아들을 보내셨고, 그가 우리를 위한 희생 재물이 되기를 원하셨고, 주께 영원한 교회를 우리 가운데 복음의 소리로 모으시며, 우리에게 죄를 용서하시며, 우리에게 성령을 선물로 주시며, 우리를 들으시고 보호하시며, 분명히 우리에게 영생을 아들을 통하여, 아들로 인하여 주시며, 이 생에서 우리에게 거할 곳과 먹을 것을 주시며, 공공의 모임과 복음의 사역과 교리의 전파를 지키시기 (때문입니다.) 이 좋은 것들을 항상 우리에게 아들로 말미암아 주시기를, 전심으로 주께 나는 기도합니다.

나는 주께 감사드립니다. 전능하신 주 예수 그리스도, 하나님의 아들이여, 우리를 위해 십자가에 못 박히시고 부활하신 분이여, 영원하신 아버지 우편에 앉으신 이여, 임마누엘과 우리의 구원자여, 지혜로우신 분이요, 선하신 분이요, 진실하신 분이요, 의로운 분이며, 재판관이시며, 순전하신 분이시며, 자비로운 분이시며, 가장 자유로운 분이시여. (주께 감사하는 첫 번째 이유는) 주께서 자신에게 인성을 취하셨고, 자신을 우리에게 나타나셨고, 우리를 위해 고난 받으셨고, 우리의 죄로 인해 십자가에 못 박히셨고, 부활하셨고, 우리를 구속하셨으며, 영구적인 중보자와 사제이시며, 자신에게 교회를 우리 가운데 복음의 소리로 모으시며, 우리에게 죄를 용서하시고, 우리를 주의 성령으로 거룩하게 하시며, 우리에게 영원한 생명을 주시며, 우리를 들으시고, 마귀의 난폭함에서 보호하시며, 이 생에서 우리에게 거할 곳과 먹을 것을 주시며, 공공의 모임과 복음의 사역과 교리의 전파를 지키시기 (때문입니다.) 이 좋은 것들을 항상 우리에게 주시기를, 전심으로 주께 나는 기도합니다. 그리고 항상 주께서 우리를 위해 아버지 곁에서 중보자가 되시기를 (기도합니다.)

나는 주께 감사드립니다. 전능하신 주 성령이여, 우리 주 예수 그리스도의 영원하신 아버지와 예수 그리스도로부터 나오신 분이여, 사도들에게 부어지신 분이여, 지혜로우신 분이요, 선하신 분이요, 진실하신 분이요, 의로운 분이며, 재판관이시며, 순전하신 분이시며, 자비로운 분이시며, 가장 자유로운 분이시여. (주께 감사하는 첫 번째 이유는) 주께서 우리 가운데 참된 지식과 영원하신 아버지와 아들과 주(성령)에게 간구를 불러 일으키시기 (때문입니다.) (두 번째 이유는) 주께서 우리 마음을 거주지로 삼으시고, 우리를 지배하시며, 우리를 계획과 위로로 도우시며, 우리를 섭리 가운데 도우시며, 우리를 들으시고, 마귀의 난폭함에서 보호하시며, 의와 영생으로 살게 하시며, 우리에게 이 생에서 거할 곳과 먹을 것을 주시며, 공공의 모임과 복음의 사역과 교리의 전파를 지키시기 (때문입니다.) 이 좋은 것들을 항상 우리에게 우리 주 예수 그리스도로 말미암아 주시기를, 전심으로 주께 나는 기도합니다. (멜란히톤의 시편 111편 주석 중, CR 13, 1168-1169)

나. 삼위일체 하나님

멜란히톤의 기도는 삼위일체 하나님의 호칭을 통해 속성을 고백한다. 특히 성부, 성자, 성령께 기도하면서, 공통적으로 고백하는 속성들이 있다. 하나님은 지혜, 선, 진실, 의, 재판관, 순전, 자비, 최고의 자유를 속성으로 가진 분이시다. 이 속성들은 전적으로 하나님께 속한 속성인 전능과 달리 사람이 경험하고, 인지하며, 어느 정도 소유할 수 있는 것들이다. 물론 질적으로 하나님의 속성은 사람의 것과 다르지만, 하나님께서 사람의 경험과 지식과 탐구를 통해 하나님을 알고, 따르며, 교제할 수 있도록 자신을 드러내셨다는 것을 전제하고 있다. 또한 하나님은 교회가 자신의 속성을 알 뿐 아니라, 함께 공유하기를 원하신다는 점에서 교회의 구성원이 가져야 할 속성의 목표를 제시한다고 할 수 있다.

특이한 사항은 마지막 속성인 자유이다. 멜란히톤은 다른 속성과 달리 자유에 대하여 최상급을 사용하여 가장 자유로운 분(* 물론 강조의 최상급으로 '매우 자유로운 분'이라고 해석할 수도 있다)으로 표현하고 있다. 이는 제일 앞에서 고백하는 전능이 전적으로 하나님께 속한 속성임과 유사하게, 제일 뒤에 위치하여 앞선 모든 공유적 속성들을 다 포괄하면서, 그 모든 것을 자신의 원함에 따라 자유롭게 드러내실 수 있는 분임을, 즉 피조물과 완전히 구별되신 분임을 보여준다. 공유적 속성도 결국은 하나님의 자유에 따라 그의 정한 만큼 우리에게 인지되고, 경험된다는 것을 내포한다.

다. 기도의 내용: 감사

멜란히톤은 시편 111편의 기도를 감사로 분류한다. 그리고 이 기도의 예를 따라, 삼위일체적 기도를 하고 있다. 그의 기도는 감사의 선언과 호칭에 이어 감사의 이유에 대하여 언급한다.

삼위일체 하나님께 드리는 기도 중 감사의 이유로 공통적으로 언급되는 내용은 "이 생에서 우리에게 거할 곳과 먹을 것을 주시며, 공공의 모임과 복음의 사역과 교리의 전파를 지키신다"이다. 멜란히톤의 기도는 현실의 삶과 매우 긴밀하게 연관된다. 이 생의 삶은 어떠하든지, 영생의 복락만 있으면 된다고 여기지 않는다. 오히려 하나님께서 이 생에서 우리의 의식주를 책임지신다고 확신하고 있다. 더하여 그리스도께서 다시 오시는 그 날까지 사회 시스템, 곧 국가는 존재할 것이고, 교회는 사라지지 않을 것이며, 교회 안에 바른 교리도 살아있을 것을 확신하며 이를 위해 기도한다.

멜란히톤의 기도는 하나님의 약속에 대한 확신인 동시에, 현실에서 자신이 기도의 응답을 기대하는 실제적 문제였다. 이것은 멜란히톤 당시의 역사적 정황에서 개신교회가 당면한 문제였고, 하나님의 직접적인 도우심이 필요하다고 여겨졌기 때문이다. 이제 이 기도가 단지 성경의 기도에 대한 낭만적 고백을 넘어, 얼마나 실제적이었는지를 역사적 분석을 통해 살펴보려고 한다.

라. 역사적 분석

멜란히톤이 시편 111편을 강의하던 1550년 11월의 정치적 신학적 배경은 그 자체로 매우 역동적이고, 어떻게 진행될지 전혀 알 수 없었던 극적인 시기였다. 정치적으로 개신교는 슈말칼덴 전쟁의 패배로 인해 사멸될 수 있는 위기 가운데 있었다. 구체적으로 첫째, 개신교를 지지하는 정치 지도자들이 위기 가운데 있었다. 바른 교리를 주장하는 사회 시스템, 곧 개신교 국가들이 없어질 위기에 놓인 것이다. 둘째, 바른 신학을 추구하려는 가운데 내부에서 아주 크고 강력한 반대가 일어나 교회를 분열시키기 일보 직전이었다. 셋째, 학문과 경건의 가장 큰 지지가 되는 대학도 존폐의 위기 가운데 겨우 다시 틀을 잡고 있던 시기였다. 멜란히톤 개인적으로도 자신의 지위가 흔들리는 한치 앞도 볼 수 없던 급박한 시기였다. 국가와 교회와 교육의 위기의 시간에 멜란히톤은 시편을 읽었다.

멜란히톤은 이러한 자신의 역사적 현실 가운데 시편을 읽어 하나님의 뜻을 보았고, 시편의 예를 따라 기도했다. 하나님의 가장 자유로운 일하심 가운데 우리가 이해할 수 없는 개신교의 전쟁 패배는 발생하였다. 이는 분명 하나님의 섭리이다. 그리고 우리는 그 섭리 가운데 좌절하지 않고, 그 모든 것을 주관하시는 하나님께 기도하며, 응답하실 것을 믿는다. 마귀와 같이 난폭하게 교회를 반대하는 저 악한 무리들로부터 하나님께서 성도를 보존하실 것을 믿는다. 특히 공공의 모임, 곧 나라와 복음의 사역, 곧 교회와 교리의 전파, 곧 하나님의 바른 교훈은 하나님에 의해 보호될 것이다. 이것을 멜란히톤은 믿고 구하고 있다.

4. 결론

멜란히톤의 기도는 첫째, 신학적이다. 특히 삼위일체적이다. 이는 추상적 신론에 머물지 않는다. 삼위일체의 지식은 교회가 하나님을 믿고, 의지하며, 감사하며, 기도할 수 있는 근거가 된다. 삼위일체의 위격과 속성과 사역은 교회의 실제에서 잊어서는 안 되는 기초이다. 둘째, 그의 기도는 실제적이다. 멜란히톤의 실천적 신학지식은 현실의 삶과 실제적으로 연결된다. 특히 자신의 정황과 연결된다. 성경 해석에서 나오는 실천적 말씀은 무엇보다 우리를 기도하도록 이끈다. 하나님은 우리에게 이를 위해 기도하라고 명령하셨고, 우리가 기도할 때 하나님은 적절한 은혜를 부여하신다고 약속하셨다. 이런 기도의 구체적인 예는 성경 곳곳에서 발견된다. 특히 시편은 대표적인 예이다. 시편은 우리에게 하나님을 보이고, 기도하도록 이끈다. 멜란히톤은 스스로 시편 111편의 주석에서 그런 경험을 우리에게 보여주고 있다.

마지막으로 그의 기도는 성경의 교훈을 따르는 것이었다. 멜란히톤이 읽는 시편은 그저 옛날에 살던 사람들의 종교적 감성을 담은 아름다운 문학 작품이 아니었다. 시편은 위기와 고통 가운데 하나님의 보호를 구하는 교회에게 이렇게 기도하라고 가르치고 있었다. 멜란히톤은 이 시편의 가르침과 본을 따라 하나님께 기도를 드렸을 뿐이었다. 이런 멜란히톤의 기도에 대한 견해는 종교개혁 이후 500년이 넘어서는 지금 우리에게 동일하게 요구되는 것이다.

※ 참고문헌

Jung, Martin H. *Frömmingkeit und Theologie bei Philipp Melanchthon. Das Gebet im Leben und in der Lehre des Reformators*. Tübingen: Mohr Siebeck, 1998.

― 이미선 옮김. 『멜란히톤과 그의 시대』. 서울: 홍성사, 2013.

Ryu, Seongmin. *Dulcissimae Carmina Ecclesiae. Die Theologie und die Exegese des Psalmenkommentars Melanchthons*. Göttingen: V-R, 2019. (Refo500 Academic Studies, 54)

― "츠빙글리와 멜란흐톤, 마르부르크 회의의 양자회담을 중심으로". 「갱신과 부흥」 24 (2019): 55-84.

Scheible, Heinz. *Melanchthon. Vermittler der Reformation: Eine Biographie*. München: C.H.Beck, 2. Auf. 2016.

영적 거장들의 기도

류 성 민

서울대 산림자원학과 졸업

합동신학대학원대학교 (M.Div.)

독일 Kirchliche Hochschule Wuppertal/Bethel, 고전어, Magistergang 수학

네덜란드 Apeldoorn 신학대학교 (Th.M.)

네덜란드 Apeldoorn 신학대학교 (Th.D.)

(현) 프랑스위그노연구소(조병수 소장) 연구교수

(현) Melanchthon Werke (Bretten) 편집위원

(현) 합동신학대학원대학교 조직신학 강사

하인리히 불링거의 기도

박 상 봉

하인리히 불링거는 누구인가?

하인리히 불링거는 개혁파 교회의 아버지로 불리어지고, 교회정치적으로 당대 가장 큰 영향력을 발휘한 인물이다. 그의 많은 신학적 저술들이 17세기까지 유럽 전역에서 출판되었고, 그에 의해 작성된 《스위스 제2 신앙고백서》는 오늘날까지 하나의 중요한 개혁파 신앙고백서로 간주되고 있다. 그럼에도 불구하고 사람들의 기억 속에서 불링거는 최근까지 잊혀져 온 것이 사실이다. 하지만 쯔빙글리 사후 가장 힘든 시기에 취리히 교회의 의장으로 선출되어 전임자가 이루려고 했던 종교개혁을 완성하고, 개혁파 교회를 스위스 국경을 넘어 전(全) 유럽에 소개하고 각인시킨 불링거에 대한 지식 없이 1530년대 이후 개혁파 종교개혁을 이해하는 것은 단편적일 수밖에 없다. 이렇게 볼 때, 불링거의 기도에 대해 살피기 전에 그의 생애를 짧게 확인하는 것은 의미가 있다.

불링거는 1504년 7월 18일 취리히 서쪽으로부터 40여리 정도 떨어진 오늘날 칸톤 아르가우에 속한 작은 도시 브렘가르텐에서 태어났다. 그는 1519년 9월 12일 독일의 명문학교인 쾨른 대학교의 문예학부에 입학했다. 이곳에서 신학을 전공하지 않았지만 중세 스콜라 신학과 성경인문주의에 기반을 둔 사상을 배울 수 있었다. 특별히, 불링거는 이 학문 과정을 통해 종교개혁에 대한 새로운 지평을 갖게 되었다. 그의 관심사가 종교개혁과 마틴 루터에게로 자연스럽게 뻗어간 것이다. 결과적으로, 불링거는 신앙적 개종을 통해 로마 카톨릭 교회의 잘못된 가르침을 거부하고 종교개혁 사상을 수용했다. 그는 1522년 초에 쾨른 대학교에서 석사 학위를 받았으며, 종교개혁 사상으로 무장한 성경인문주의자로서 브렘가르텐으로 돌아왔다.

1523년 1월 초에 브렘가르텐의 교구인 아비스의 카펠에 위치한 시토회 수도원의 원장인 볼프강 요너(Wolfgang Joner)는 불링거에게 수도원 학교 교사직을 제안했다. 그는 자신의 종교적 신념에 따라 수도원의 미사와 성가 기도회에 참석하지 않는다는 조건으로 교사직을 수락했다. 불링거는 인문주의 교육방식에 근거하여 고전어를 강조하며 다양한 고전들을 규칙적으로 강독했다. 그는 이 시기에 개인적으로 종교개혁자들의 다양한 저술을 정독하며 자신의 신학적 입장을 체계화시켰다. 에라스무스, 루터, 쯔빙글리, 멜랑흐톤 등의 종교개혁 사상을 집중적으로 연구했다. 1523년 말에 불링거는 처음으로 취리히 종교개혁자 쯔빙글리를 만났다. 두 사람은 카펠 전쟁에서 쯔빙글리가 죽기 전까지 깊은 관계를 유지했다. 두 사람은 서로에 대해 깊은 신뢰를 갖게 되었고, 신학적으로도 폭넓은 공감대를 형성할 수 있었다.

1523년 1월 29일 『첫번째 개혁파 교회 설립을 위한 회합』으로 간주되는 첫 번째 취리히 논쟁이 개최되었다. 이 모임을 통해 취리히는 그곳 정부의 공적인 승인 아래서 스위스 연방의 첫 종교개혁 도시가 되었다. 이 여파는 취리히 교회와 사회에 직접적인 많은 변화를 가져왔다. 취리히 주변 지역과 스위스 전역에까지 큰 영향을 미쳤다. 불링거가 사역하고 있는 카펠 수도원도 개혁할 수 있는 직접적인 기회가 되었다. 처음 18세부터 시작된 6년 반 동안 수도원 교사 생활은 불링거가 종교개혁자로서 첫걸음을 내딛는 중요한 시간이었다. 즉, 쯔빙글리의 종교개혁 유산을 계승하여 발전시킬 수 있는 준비된 종교개혁자로서 면모를 갖출 수 있었다. 당연히, 불링거는 교회의 설교자로서 길을 피할 수 없었다. 1528년 4월에 취리히 목사회의 요청과 요너의 후원 속에서 개혁파 교회의 목사 직분을 받았다. 그는 알비스 하우젠에서 첫 목회 사역을 시작했다.

불링거는 1529년 8월 5일 수녀였던 안나 아들리슈빌러(Anna Adlischwyler)와 결혼했다. 두 사람 사이에 모두 열한 명의 자녀들이 태어났다. 불링거의 가족사는 행복하지만 않았다. 흑사병으로 많은 가족을 한꺼번에 잃은 불행한 운명을 피할 수 없었기 때문이다. 1564년과 1565년에 만연한 흑사병으로 불링거는 사랑하는 아내, 세 딸, 손녀 등이 자신의 눈앞에서 죽어가는 것을 지켜봐야 했다. 불링거가 목회자로서 유명해진 이유는 이러한 슬픈 가족사와도 관련이 있다. 그는 자신의 다양한 경험으로부터 고난에 처한 신자들을 위해 무엇을 행해야 하는지 분명히 알고 있었기 때문이다.

취리히 군대가 1531년 10월 12일 2차 카펠 전쟁에서 로마 카톨릭 교회를 지지했던 다섯 산림주(山林州) 연합군에게 패배했다. 쯔빙글리는 이단자로서 비극적인 죽음을 맞이했다. 이 전쟁의 결과로 브렘가르텐과 주변 지역은 다시 옛 종교로 전환되었다. 불링거는 이 지역 교회를 섬기던 다른 목사들과 함께 은밀하게 취리히로 도망칠 수밖에 없었다. 1531년 12월 9일 불링거의 인생에서 가장 운명적인 사건이 발생했다. 그가 취리히 상·하 의회의 결의를 통해 많은 현실적인 어려움을 가진 취리히 교회의 의장으로 선출된 것이다. 새롭게 선출된 취리히 교회의 젊은 의장은 쯔빙글리의 종교개혁을 계승하고 더욱 발전적으로 완성해야 하는 임무를 떠안았다. 전자는 로마 카톨릭 교회의 문제를 반박하는 신학적 논쟁과 종교개혁의 기초를 위해 집중했다면, 후자는 종교개혁의 지속성과 안정을 위해 취리히 사회와 시민들에게 많은 관심을 쏟았다. 불링거는 한편으로 쯔빙글리를 계승하면서도, 다른 한편으로 쯔빙글리를 넘어서 취리히 종교개혁을 이끌었다.

불링거는 1528년 4월에 처음 목사 선서를 한 이래로 47년 동안 교회를 섬겼다. 이 중에서 44년 동안은 취리히 교회의 대표 목사로서 활동했다. 그는 카펠 수도원의 교사 시절에 쓴 글들을 포함하여 124권을 저술했으며, 약 7,000번 정도 설교를 수행한 것으로 알려져 있다. 불링거는 유럽에 있는 신학자들, 목회자들, 군주들이나 귀족들, 평신도들 등과 12,000통의 서신을 주고받았다. 이 서신교류는 당시 불링거의 위치와 영향력이 어떠했는지 알려주는 중요한 역사적 단서이다. 불링거는 하나님으로부터 소명을 받은 목사로서 보편 교회(catholca ecclesia)의 유익을 위해 평생을 헌신했다. 그는 죽는 날까지 취리히 교회의 의장으로서 그곳 교회를 충성되게 섬겼을 뿐만 아니라, 또한 유럽 전역에 세워진 개혁된 교회(reformata ecclesia)의 일치와 협력을 위해 신학적, 교회적 그리고 교회정치적인 역할을 성실히 감당했다.

1575년 9월 17일 방광염과 신장염으로 완전히 여위고 힘을 잃은 상태에서 죽음을 맞이했을 때, 불링거는 취리히 정부와 국민에게 한 교회를 유지하고, 종교개혁의 유산을 지속해서 이행할 것을 호소하며 영원한 안식에 들어갔다. "… 잘 알려진 진리에 머물며 또 너희 스스로 오직 하나님의 말씀을 의지하며 … 모든 사람들이 선하게 공의와 정의를 행하며, 가난한 사람들, 나그네들(외국 망명자들), 과부들 그리고 고아들을 돌보며 … 병원과 양로원들 … 또한 교사들, 학교에 대한 직무를 충성스럽게 수행하며 … 너희는 외국의 영주들과 군주들과 함께 한 동맹군들을 경계하며, 그리고 완고한 사람들에게 너희의 피를 팔지 말며, 안팎으로 안정과 평화를 위해 노력하라." 불링거의 죽음 이후 그를 필적할 만한 후계자는 다시 나타나지 않았다.

불링거의 일상과 기도

불링거는 종교개혁의 시대를 어떤 일상을 살았을까? 그의 일과는 매우 단순하고 규칙적이었지만 쉴 틈 없이 일이 많았고 분주히 돌아갔다. 집, 교회, 취리히 학교, 취리히 의회 등을 중심으로 일정한 동선이 그려졌다. 기도하고, 성경을 묵상하고, 설교 준비를 하고, 편지를 쓰고, 글을 쓰고, 방문하는 사람을 만나고, 건강을 위해 산책을 하고, 목회자들과 토론을 하고, 도움이 필요한 사람들을 방문하는 것 등으로 모든 시간이 채워졌다. 교회의 업무를 위한 짧은 출장이나 몸의 불편 때문에 근교 온천에서 짧게 요양한 것을 제외하고 취리히 성곽을 벗어나지 않았다. 그럼에도 불구하고 불링거의 영향력은 시간의 흐름 속에서 취리히를 넘어 스위스와 유럽 전역으로 확대되었다.

이렇게 바쁜 일상을 살면서 불링거는 기도를 얼마나 중요하게 생각했을까? 다음 한 마디로 증명될 수 있다. "하나님은 신자들의 기도를 통해 일하신다." 이 고백은 예수 그리스도 안에 있는 신자들을 향한 하나님의 사랑이 전제된 것이다. 독생자를 죽이시면서까지 자신의 백성들을 사랑하시는 하나님의 마음이 담겨 있다. 자신의 아들을 희생제물로 주실 정도로 우리를 사랑하시는 하나님이 우리가 처한 모든 현실 속에서 우리의 기도를 들으시고 응답하신다는 선언이다. 기도 없이 우리의 삶이 지탱되지 않음을 밝힌 것이다. 불링거는 1527년에 "어떻게 공부해야 하는가?"에 대한 질문의 답변서인 《학문의 방식》에서 기도를 하나님 앞에서 진실하게 살기 위해 결코 중단되어서는 안 될 매일의 경건 생활로 규정했다. 하나님과 우리 사이에 이루어지는 친밀한 교제이며, 우리가 하나님을 전적으로 의탁하는 행위이기 때문이다. 불링거에게 기도는 16세기 유럽의 기독교 인문주의 가치에 근거하여 시간을 규칙적으로 쓰는 훈련 안에서 몸에 자연스럽게 베인 신앙의 습관이기도 했다. 즉, 기도는 우리가 매일

하지 않으면 안되는 일종의 호흡과 같았다. 특별히, 이 사실은 아버지 불링거가 1553년 9월 1일 스트라스부르그에서 유학 중인 자신의 큰 아들 불링거에게 보낸 서신에서 매우 감동적으로 확인된다. "언제나 하나님을 두려워하며 경외하라. 모든 것보다 앞서 굳건한 믿음을 위해 기도해라. 또한 부지런히 조국과 사랑하는 부모를 위해 기도해라. 먼저 일어난 직후인 아침 시간에, 네가 식사를 마쳤을 때인 오후 시간에, 네가 잠자리에 들 때인 저녁 시간에 너는 기도하는 시간을 가져야 한다. 기도를 은밀하게 하는 기회를 갖지 못하는 같은 방에 있는 동료들 앞에서 무릎을 꿇고 기도하는 것을 부끄러워 하지마라." 이 서신을 통해 기도가 취리히 교회의 목사인 불링거의 일상에서 얼마나 중요한 위치를 차지하였는지 확인할 수 있다. 아버지가 아들에게 하루에 세 번 기도하는 것을 권면했다면, 당연히 아버지도 하루에 세 번 기도했음을 의심치 않게 한다.

이렇게 볼 때, 불링거의 삶에서 기도가 얼마나 중요했는지 알 수 있다. 27세 때 쯔빙글리를 계승하여 죽는 날까지 불링거가 많은 일상의 업무 속에서도 어떻게 경건에 힘썼는지 알려준다. 불링거는 하루를 기도로 시작하여 기도로 마무리했다. 그의 임종을 앞두고 많은 사람이 마지막 인사를 하기 위해 모였을 때, 그는 지난날을 소회하며 이렇게 기도의 중요성을 강조했다. "하나님께 열심히 기도해라, 나는 참으로 믿음의 기도가 큰 위기들 속에서도 나에게 그토록 풍성한 은혜를 가져다주었다는 것을 경험했기 때문이다." 불링거는 삶의 여정 속에서 기도를 통해 일하시는 하나님을 친히 경험했다. 그는 죽음의 순간에도 하나님께 모든 것을 의탁했다. 불링거의 죽음은 요란스럽지 않았다. 매우 평온했다. 달려갈 길을 다 마치고 이 세상에 아무런 미련도 없이 본향(本鄕)을 향하는 순례자의 모습이었다.

물론, 불링거에게 기도는 자신의 개인적 영역에서만 수행되지 않았다. 취리히에서 예배 중에 공적으로 기도하는 것과 함께 종교개혁 당시 발생한 다양한 재난과 위기 때 모든 신자가 공동체적으로 합심하여 기도하는 것은 낯선 풍경이 아니었다. 한 실례로, 신성로마제국 황제를 중심으로 로마 카톨릭 교회를 따르는 영주들과 루터의 종교개혁을 지지하는 개신교 영주들 사이에 슈말칼덴(Schumalkalden) 전쟁이 발생했을 때, 불링거는 1546년 7월 19일 취리히 의회를 설득하여 매우 두 차례 그로스뮌스터교회에서 특별기도회로 모이는 것을 결정했다. 불링거가 설교하는 화요일 오전 예배와 루돌프 그발터(Rudolf Gwalter)가 설교하는 목요일 오전 예배 시간에 취리히 교회의 모든 신자는 하나님께 전쟁과 폭군으로부터 개혁된 교회를 지켜주시길 간절히 간구한 것이다. 불링거는 가난과 기근, 프랑스 위그노 전쟁, 흑사병 등이 위협할 때도 취리히 교회의 모든 신자와 함께 기도하는 것을 잊지 않았다.

불링거의 하나님을 움직이는 기도

전체 성경의 가르침에 근거하여 불링거는 기도를 어떻게 교훈했을까? 불링거에게 기도는 신앙의 중요한 가치로서 평생 동안 일상적 경건 생활로 실천된 것이다. 개인적 기도와 공동체적 기도를 실천하며 개인의 경건과 자신의 시대에 대한 관심을 드러냈다. 기도는 하나님께 자신의 삶을 의탁하는 것이며, 자신의 시대를 드리는 것이었다. 불링거는 다양한 저술에서 기도에 관한 주제를 매우 비중 있게 다루었다. 신자가 왜 기도해야 하는지, 신자가 어떻게 기도해야 하는지, 신자는 기도할 때 무엇을 주의해야 하는지 등 기도 전반의 논의와 함께 기도의 모범으로서 '주기도문 해설'에도 큰 관심을 보였다. 1542년《마태복음 주석》, 1551년《50편 설교집》, 1556년《기독교 신앙요해》, 1559년《성인들을 위한 신앙교육서》등에서 매우 풍성하게 확인된다. 1566년에 출판된《스위스 제2 신앙고백서》에는 주기도문 해설 없이 기도에 관한 조항만 정리되어 있다.

불링거가 가르치는 기도를 핵심적으로 살펴보자.

기도의 정의

불링거는 가장 먼저 "기도란 무엇인가?"라는 질문에 대해 이렇게 정의를 내린다. "기도는 우리가 하나님으로부터 어떤 선한 것들을 간구하거나 혹은 이미 얻은 것에 대해 감사하기 위한 신앙적인 마음의 겸손한 요청이며 그리고 열정적인 표명이다."이 정의에 근거하여 불링거는 기도가 '간구와 감사'의 두 부분으로 구성되어 있다는 것을 이해시킨다: 한편으로, 간구는 우리의 용무와 소원, 죄에 대한 회개, 우리 이웃이 처해 있는 다양한 고난, 시험, 어려움 등에 대한 도고, 악으로부터 보호, 악한 세상에 대한 탄식 등을 포함하고 있다. 다른 한편으로, 감사는 하나님께서 이루시고 행하시는 모든 일에 대해 영광을 돌리고, 하나님의 놀라운 권세에 대해 찬양하며 그리고 하나님께서 드러내신 선하심에 대해 높이는 것이다. 이러한 이해 속에서 불링거는 우리의 구원과 삶에 관한 모든 것이 기도의 내용임을 밝혔다. 우리가 가진 모든 것이 하나님으로부터 온 것임을 알고 감사와 존귀를 드리는 것이며, 우리가 하나님 앞에서 경건하게 살기 위해 필요한 모든 것을 간구하는 것이다. 우리가 이 땅에 존재하는 동안 우리의 모든 필요가 오직 하나님으로부터 온다는 것을 인정하는 것이며, 오직 하나님만이 우리에게 모든 선한 것을 베푸시는 주권자임을 인정하는 것이기도 하다. 그래서 불링거는 하나님을 향해 기도하지 않는 믿음은 참된 믿음일 수 없다고 강조했다.

기도의 종류

불링거는 기도를 크게 두 가지로 분류하여 가르친다. '개별 신자들의 개인기도'와 '전체 교회의 공동기도'이다. 먼저, 개인기도는 심령이 고요한 때에 방해받지 않는 장소에서 개별 신자들에 의해 자발적으로 수행되는 모든 사적인 기도를 말한다. 다음으로, 공동기도는 개교회의 공적인 예배 모임 때 수행되는 공적인 기도뿐만 아니라, 어떤 특별한 사안에 대해 전체 신자들이 합심하여 간구하는 기도를 의미한다. 물론, 공동기도는 단순히 예배 때 드려지는 대표 기도와 목회 기도만을 지칭하지 않는다. 개교회가 정한 관습적인 기도 모임이나, 이미 앞서 밝힌 것처럼 매우 위급하게 벌어지고 있는 국가적이고 시대적인 사건들에 대해 모든 신자가 임시로 모여 시행하는 특별 기도회도 포함되어 있다.

기도의 필요성

불링거는 우리에게 "왜 기도를 해야 하는가?"라는 질문에 대해서도 자세히 밝혔다. 이 질문은 불링거가 스스로 경험했던 기도의 효과에 대해 주목하도록 한다. 이렇게 고백하고 있다. "종종 나는 어려움 가운데 있는 사람들이 온 교회가 함께 모여 주님께 기도하는 그 시간에 즉각적으로 도움을 받는 것을 경험했다." 불링거는 다양한 경험을 통해 기도의 실재성을 인식하고 있었다. 기도가 의미 없는 종교적 행위가 아니라 분명한 효과를 가지고 있음을 경험적으로 증명한 것이다. 또한, 불링거는 혹독하고 길이 없어 보이는 상황을 기도를 통해 극복했던 많은 사람이 있었다는 사실도 알려주고 있다. 삶의 위기 속에서 성도들은 기도를 통해 하나님의 섭리를 직접적으로 경험하며 살아감을 강조한 것이다.

불링거는 하나님이 모든 것을 아시는 것과 우리가 기도하는 것을 별개의 문제로 이해했다. 하나님이 우리의 모든 것을 아실지라도 우리는 하나님에 대한 참된 경외의 표현으로서 우리의 마음과 소원을 아뢴다. 하나님의 깊으신 뜻 가운데서 우리의 기도에 대한 응답 여부와 상관없이 우리가 기도하는 것 자체가 하나님의 영광 앞에 무릎을 꿇은 겸비한 자세이다. 우리가 하나님께 마음의 진정성을 담지 않은 수많은 말을 반복하는 기도와 특정한 횟수를 염두하며 행하는 기도도 옳지 않다고 덧붙였다. 우리의 기도가 구체적이고 정확하게 묘사되어야 하거나 자주 반복하여 집요한 외침으로 강한 인상을 주어야만 하나님께서 응답하신다고 믿는 것도 최악의 미신이라고 지적했다. 결과적으로, 불링거에게 하나님이 우리의 모든 기도 내용을 다 아심에도 불구하고 우리가 기도해야 하는 이유는 무엇일까? 우리에게 반드시 있어야 할 것이 실존적으로 결핍되어 있음으로 모든 선한 것을 허락하시는 하나님께 겸손히 간구하는 것이 절대적으로 필요함을 밝혔다. 불링거는 삶의 실존 안에서 하나님의 약속에 근거하여 신앙을 유지하고, 하나님의 선하신 뜻을 이루며 그리고 생명을 보존하기 위해 모든 필요한 것에 대해 간구하는 것을 신자의 정당한 권리로 간주했다.

당연히, 불링거에게 기도는 선택할 수 있는 것이 아니었다. 인생의 부패함과 모든 선한 것이 결핍되어 있는 인간의 상태와 관련하여 기도는 하나님 앞에서 영광된 삶을 살도록 하는 매우 중요한 신앙의 수단이었다. 그래서 불링거는 성경에 기록된 모든 신앙 인물은 기도를 통해 신실하시고 자비로우신 하나님을 대면했다고 밝혔다. 전쟁, 기근, 질병, 커다란 삶의 위기 때 모든 신자는 하나님께 기도했으며, 그 기도와 함께 하나님의 놀라운 섭리를 경험했다는 것이다. 불링거는 "기도는 인생들에게 항상 필요한 것이며 또 절대적으로 효과가 있다"고 강조했다. 하나님은 그분 자신을 믿는 모든 신자의 기도를 통해 일하신다. 하나님은 믿음 안에서 그분 자신을 찾는 사람들을 외면하지 않으시며 모든 것을 베푸시는 선하시고 인자하신 분이기 때문이다.

기도하는 사람의 태도

불링거는 기도하는 사람의 태도도 중요하게 인식했다. 기도하는 사람은 하나님을 경외하는 마음과 믿음에 근거하여 기쁘고 강열한 의지 안에서 신중함, 깨어있음, 선함, 자비로움 같은 신앙적인 자세가 필요하다.

그래서 불링거는 이 땅에서 사는 우리를 세상적인 타락으로 떨어뜨리는 것들인 태만, 인색함, 무절제, 다른 유사한 악행들을 버려야 한다는 것을 강조했다. 이웃에 사랑이 없는 기도의 무가치함에 대해서도 인식시켰다. 막 11:25과 마 5:23-24에 근거하여 하나님께 기도하는 참된 신자는 이웃을 용서하고, 사랑하며 그리고 선을 베푸는 사람임을 확인시켜 주고 있다. "그렇게 하지 않으면 모든 선행은 하나님께 환영받지 못할 것이다. 기꺼이 용서하고, 우리의 이웃을 사랑해야 하며 그리고 그들에게 선을 베풀어야 한다. 이렇게 할 때 우리의 기도는 하늘에 상달될 것이다." 불링거는 사랑 없는 기도를 하나님께 자신의 모든 것을 드리지 않는 거짓 기도로 간주했다. 이웃에 대한 존중과 긍휼 없이 하나님께 기도하는 것 자체를 위선적인 행위로 정죄한 것이다.

불링거는 신자들에게 '큰 인내'가 필요함도 잊지 않게 한다. 기도의 인내란 단순히 참아내는 것을 의미하지 않는다. 오히려, 우리로 어떤 현실 속에서도 하나님을 바라보고 의지하도록 하는 믿음의 자세임을 일깨운다. "주님은 항상 기도할 것을 명령하셨는데, 즉 어느 시간에서든, 어느 장소에서든 그리고 어느 상황에서든 최대한 인내하며 자신의 마음을 하나님께 올려드려야 하고, 하나님께 항상 좋은 것을 기대하는 마음으로 이제까지 받은 모든 은혜에 감사하며 그리고 같은 마음으로 인내하며 은혜를 열망해야 한다." 불링거는 특별한 끈기와 성실성을 가진 농부와 학자를 비유로 들며 신자들이 인내하며 살아가는 것은 예수 그리스도가 다시 오실 때까지 믿음으로 살아가는 풍경임을 그려주었다.

기도의 내용

불링거는 우리에게 어떤 내용의 기도를 하나님께 드려야 한다고 말할까? 우리가 간구해야 할 기도의 내용은 매우 다양함을 환기시키며 핵심적으로 '인물과 상황'을 고려해야 한다고 밝혔다.

한편으로, 인물에 대한 기도는 공적인 직위를 가진 사람들과 사적으로 인연을 맺고 있는 사람들과 관련된 것이다. 공적으로 교회와 국가를 섬기는 목사, 교사, 위정자 등의 직위를 가진 모든 사람을 위해 기도해야 한다. 당연히, 사적으로 묶여있는 부모, 아내, 자녀, 친척, 혼인을 통한 친척관계, 이웃, 시민, 친구, 원수, 병자, 전쟁포로들, 상심한 자들 등도 기도해야 할 인물들이다. 우리와 관계를 맺고 있는 모든 이웃의 구원과 평안을 위해 기도하는 것을 잊어서는 안 됨을 강조했다. 불링거는 우리가 소속되어 있는 모든 공적이고 사적인 영역을 섬기는 사람을 위해 하나님께 기도하는 것이 신앙의 본문임을 말하고 있다.

다른 한편으로, 상황에 대한 기도는 우리의 일상에서 발생하는 다양한 일들과 관련하여 기도하는 것이다. 불링거는 크게 세 가지 영역으로 구분하여 설명했다. 먼저, 천상적인 것, 영적인 것 그리고 영원한 것이다. 이 영적 영역에는 인간의 구원과 관련된 믿음, 신앙생활의 덕목들, 죄인의 구원과 회개, 영원한 생명뿐만 아니라, 또한 영적인 재능과 관련된 자유 학문, 잘 운영되는 학교, 신실한 정부 기관, 정의로운 법 등이 포함되어 있다. 다음으로, 지상적인 것, 육체적인 것 그리고 시간적인 것이다. 이 육체적 영역은 안정된 국가, 전쟁을 치르기에 잘 훈련된 병사들, 좋은 건강, 육체의 강건함과 아름다움, 부요하고 충분한 재산, 아내, 자녀들, 친구들 그리고 동료들의 건강과 행복, 보호와 평화, 침해되지 않는 명예 그리고 이와 관련된 다른 모든 것에 관한 것이다. 끝으로, 공공적인 것과 개인적인 것이다. 공공적인 영역에는 보편 교회와 국가가 속해 있으며, 개인적인 영역에는 적으로부터 보호, 침해되지 않는 명예, 육체를 위해 필요한 것들이 속해 있다. 불링거는 우리의 삶과 얽혀있는 모든 것이 기도의 내용임을 말한 것이다.

특별히, 불링거가 우리의 육체적인 사안들을 위해 기도하는 것이 필요함을 의도적으로 언급한 것은 인간의 욕망을 채우기 위한 목적과 전혀 관련이 없다. 오히려, 신앙생활의 안정을 위해 강조한 것이다. 삶의 평안 없이 예배를 드리고, 이웃을 섬기며, 하나님을 깊이 배우는 것은 결코 쉽지 않다. 우리의 구원을 온전히 유지하고, 우리로 하여금 경건하고 단정함 속에서 평온한 생활을 영위할 수 있도록 하기 위한 목적 때문이다. 이뿐만 아니라, 우리의 연약함도 깊이 배려한 것이다. 우리는 삶의 안정 없이 낙심 중에서 아무 것도 하지 않으려는 악한 습성을 가지고 있기 때문이다. 그래서 육체적인 필요들을 간구하는 것이 신자의 의무이자 권리임을 강조한 것이다. 불링거는 이렇게 밝혔다. "성경에 대한 깊은 이해를 가지고 있지 않는 사람들이 하나님께 육체적인 필요들을 간구하는 것이 허락되어 있지 않다고 주장한다. 그러나 그들의 주장은 성경에 기록된 수많은 실례들을 통하여 반박되고 있다. 왜냐하면 족장들과 선지자들뿐만 아니라, 또한 그리스도의 제자들도 이 세상에서 필요한 유익들, 즉 적들부터 보호, 침해되지 않는 명예 그리고 다른 육체를 위해 필요한 것들을 위해 기도했다." 물론, 불링거는 영적인 사안들이 육체적인 사안들보다도 중요할 뿐만 아니라, 또한 공적인 사안들이 개인적인 사안들보다도 중요하다는 충고도 잊지 않았다. 우리가 천하를 가졌다고 해도 구원 받지 못하면 모든 것이 헛되기 때문이다. 국가가 불안하면 못하면 개인이 평안을 누릴 수 없기 때문이다.

정리하며

불링거의 기도는 전체적인 맥락에서 크게 두 가지 특징으로 정리될 수 있다. 먼저, 불링거에게 기도는 단순한 신앙의 행위가 아니다. 오히려, 기도는 우리와 교회를 향한 하나님의 섭리를 경험할 수 있는 실제적인 은혜의 수단이다. 특별히, 이와 관련하여 불링거는 《50편 설교집》의 주기도문 해설에서 기도의 힘을 이렇게 이해시켰다. "성경에 기록된 모든 성도는 기도의 놀라운 힘 때문에 기도에 대한 뜨거운 열정을 가지고 있었다."매우 실천적인 의미에서 성경에 기록된 아브라함, 모세, 여호수아, 엘리야, 요나, 느헤미야, 다니엘, 베드로, 바울 등의 기도 내용을 언급하며 모든 신앙 인물이 기도를 통해 하나님이 주신 사명들을 감당했으며, 각 시대의 모든 도전을 이겨낼 수 있었다고 강조했다. 하지만 이러한 설명과 함께 불링거가 기도에 대해 매우 조심스럽게 설명하는 것도 있다. 기도의 힘은 인간의 행위로서 기도 자체에 근거를 둘 수 없다는 사실이다. 우리가 기도할지라도, 그 기도를 하도록 하거나 응답하는 주체는 오직 하나님이심을 분명히 가르친다. 기도를 인간의 열심이나 노력으로 인식하지 않고, 믿음의 열매로 이해한 것이다. 이 때문에 이렇게 강조했다. "그리고 신자들은 이러한 기도의 힘들을 우리의 행위로써 기도에 소급시키지 않고, 오히려 믿음으로부터 발생된 기도에 근거를 두는데, 더욱이 이 때문에 이러한 것들을 약속하시고 또 자신의 신자들에게 허락하시는 하나님 자신에게만 모든 원인을 둔다."

불링거는 기도를 이성적인 지식과 관념의 문제로 인식하지 않았다. 오히려, 하나님이 허락하신 믿음의 열매요, 이 땅에서 살아가는 동안 신자들이 신실하게 감당해야 할 경건 생활의 의무로 간주했다. 하나님을 인격적으로 만나게 하고, 어떤 삶의 현실도 견디도록 하는 신앙의 강력한 무기로 이해한 것이다. 그래서 기도를 한다는 것은 하나님께 전(全) 삶을 의탁하는 것일 뿐만 아니라, 모든 일의 결과에 대해서도 하나님의 선하신 뜻으로 받겠다는 자세를 갖는 것이다. 다른 각도에서 볼 때 기도는 하나님의 자녀들에게 주어진 놀라운 특권이기도 하다. 하나님은 우리의 기도와 함께 자신의 뜻을 우리 안에, 우리를 위해 그리고 우리를 통해 이루신다. 하나님은 그분 자신의 뜻 안에서 우리의 필요를 채우시고, 우리의 연약함을 도우시며, 우리로 낙심하지 않도록 위로해 주신다. 기도는 사람이 일이 아니라 하나님의 일임을 알려준 것이다. 우리가 기도하는 것은 그저 허공 속에 외치는 행위가 아니다. 보이지 않는 하나님께서 분명하게 들으시기 때문이다. "또 다른 천사가 와서 제단 곁에 서서 금 향로를 가지고 많은 향을 받았으니 이는 모든 성도의 기도와 합하여 보좌 앞 금 제단에 드리고자 함이라. 향연이 성도의 기도와 함께 천사의 손으로부터 하나님 앞으로 올라가는지라."(계 8:3-4) 이렇게 볼 때, 우리의 기도는 하늘의 보좌를 움직이고 우주를 진동시키는 능력임을 알 수 있다. 불링거는 이 놀라운 은혜를 우리로 하여금 경험하도록 하기 위해 어느 누구보다도 열심히 기도를 강조한 것이다.

박 상 봉

안양대학교 신학과 (Th.B.)

안양대학교 신학대학원 (M.Div.)

안양대학교 신학대학원 (Th.M.)

취리히 대학교(Universität Zürich) (Dr.Theol.)

(현) 합동신학대학원대학교 역사신학 교수

(현) 합동신학대학원대학교 불링거 프로젝트 디렉터

(현) 강변교회 협동목사

영적 거장들의 기도

존 칼빈의 기도

박 해 경

종교개혁자 칼빈(J. Calvin)의 생애와 신학을 살펴보면 그가 "믿음"의 사람이요, "기도"의 사람이라는 것을 알 수 있다. 그의 주저인 『기독교 강요』는 전반적으로 개혁신학의 기초를 이루는 위대한 작품인데, 그 가운데서도 가장 훌륭하게 빛나는 부분은 "신앙론"이라고 본다. 그의 신학과 사역과 삶은 한 마디로 "신앙"과 "경건"위에 새워진 것이라 할 수 있기 때문이다. 특히 그의 "기도론"은 다른 말로 "신앙론"이라고 해야 할 것이다. 그는 하나님과 인간의 바른 관계는 신앙관계라고 보았다. 그리고 신앙은 두 기둥에 의해 세워지는데, 말씀과 권능이다. 여기서 권능이란 기도를 통해서 주시는 성령의 능력을 말한다. 그러므로 목사의 말씀 사역에 의해 부단히 복음의 말씀이 공급되고, 목사와 성도가 함께 열심을 다하여 기도할 때 신앙이 부흥되고 교회도 성장한다는 결론이 나온다.

1. 기도의 정의

칼빈은 기도론은 기독교강요 3권 20장에 나오는데, 제목 속에서 우리는 기도란 하나님과 신자 사이의 실제적인 신앙관계로서 "구하여 받는 것"이며, "매일의 실천"이라는 신앙적, 목회적 설명을 본다. "기도는 믿음의 주요 단련이며, 이것을 통해 우리는 날마다 하나님의 은혜(유익)를 받는 것이다." 그래서 빌헬름 니이젤(W. Niesel)은 칼빈이 기독교강요에서 기도"론"을 말하고자 한 것이 아니라 기도에 대하여 실천적인 지침을 주려고 한 것이라 한다. 칼빈은 기도가 신앙의 영속적인 연습(perpetual exercise of faith)이라고 하였다. 그에 의하면 기도는 살아있는 신앙의 표현이며, 하나님을 향한 사랑과 열망을 토해내는 것이다. 참되고 순수한 기도는 목소리만 높이는 것이 아니라 신앙의 내적 원리로부터 우리의 간구를 하나님께 제시하는 것이다.

물론 칼빈은 기도가 하나님과 우리 사이의 대화이며, 기도로써 우리의 소원과 기쁨과 탄식 등 우리의 모든 마음의 생각들을 하나님께 아뢰는 것이라고 말한다. 그래서 올바른 기도의 태도는 우선 하나님과의 대화를 가지려는 사람으로서 합당한 정신과 마음을 가져야 한다고 하였다. 기도가 하나님과의 대화인 것은 사실이며, 칼빈도 그 점을 강조하고 있다. 그러나 칼빈은 기도론의 초두부터 곤경에 처한 인간이 구원을 찾고자 한다면 "자기 밖으로 가야하고"(he must go outside himself, extra se exeat oportet), 자기 밖의 곳에서(즉 그리스도에게서) 그것을 "얻어야"하며(get), 우리의 필요와 부족한 것들을 그리스도 안에서 "찾아야"하고(seek), "구해야"한다(ask)고 하면서 하나님은 우리에게 "구하라"(간청하라, request)고 하시는 분이라는 점을 강조하고 있다. 칼빈은 기도를 통하여 보화를 "파낸다"(dig up, effodio)는 표현도 하고 있다.

칼빈이 강조하는 기도의 핵심은 우리가 삶의 자리에서 곤란하고 어려운 일을 만났을 때나 혹은 어떤 것이든지 필요할 때마다 살아 계신 하나님께로 달려가서 그에게 피하며, 그분에게 구하고, 또 얻는다는 것이다. 그래서 기도해야 할 첫째 이유를 제시할 때에도 우리가 하나님을 찾고(quaerendi), 사랑하고(amandi), 존경하겠다는(colendi) 열성적이며 불타는 소원으로 불붙게 하기 위함과 동시에 우리가 모든 곤란한 일(in every need, in omni necessitate)을 당할 때마다 거룩한 닻이신 하나님께로 피하여 달려가는(take refuge in, confugere) 습관이 되어야 하기 때문이라고 한 것이다. 넷째 번의 이유를 말할 때에는 더 분명하게 "우리가 구하던 것을 얻고"(having obtained what we were seeking)라고 하였고, 셋째 번에서도 하나님이 주시는 은혜를 "받을 수 있도록"(we be prepared to receive)이라고 했으니 칼빈의 기도론은 "구해서 받는다"고 하는 원리에 충실한 것을 볼 수 있다.

우리는 흔히 고난당할 무렵에만 기도하는 일은 불신앙적이고, 유치한 것으로 생각하기 쉽다. 감사와 찬양만이 수준이 높은 기도라고 여기고 어지간한 일에 있어서는 하나님을 부르지 않는 것이 교양적이라고 믿을 수도 있다. 그러나 칼빈은 곤란할 때 하나님께로 피하여 가지 않고, 하나님을 찾지도 않고, 도움을 청하지도 않는 행위를 불신앙으로 보며, 하나님께 합당한 존영을 빼앗는 것으로 보았다. 다시 말해서 환난과 곤궁의 때에 하나님을 찾고 기도하는 일이 곧 하나님께 영광이 되는 일이라는 것이다. 칼빈은 감사와 찬양이 간구와 분리되는 것이 아니고 한 이름 속에 포함하는 것이 좋겠다고 말한다. 기도는 원래 간구와 간청이지만 간구와 감사는 떨어지는 것이 아니다. 감사와 찬양이 개념적으로 우리의 삶의 처지와 독립해서 존재하는 것이 아니라 간구라고 하는 우리 경험계의 활동을 통해서 일어나는 것이다. 그럴 때에 하나님의 영광이 더 크게 선양되며(the extension of his glory, propagandam eius gloriam), 하나님의 이름이 잘 드러나게 된다(setting forth of his name, illustrandum eius nomen)는 것이다. 바로 이 점이 칼빈이 말하는 기도론의 핵심이며 성경적인 올바른 기도의 정의라고 할 수 있다.

2. 기도의 근거와 필요성

칼빈은 기도의 근거와 기초를 하나님의 선택과 약속에 둔다. 그의 선택론(예정론)에서 예정 교리의 실천(praxis)이 기도를 촉진시킨다고 하였고, 하나님은 죄인의 기도를 듣지 않으시고, 그가 택하신 자(신자)의 기도만 들으시므로 하나님의 자녀는 그들의 기도가 응답되리라는 확신을 가지고 기도해야 한다고 하였다. 다시 말해서 기도의 굳건한 근거는 하나님의 선택에 있는 것이며, 우리가 기도 할 수 있는 다른 근거는 하나님이 우리 기도를 들으신다는 약속이라고 한다. 우리는 기도가 성공된다고(응답된다고) 확신할 때 바른 기도를 할 수 있다는 것이다.

또한 하나님의 섭리와 속성의 교리도 기도를 촉진시키고, 기도에 용기를 주는 근거라고 할 수 있다. 우리가 하나님이 세상만사를 다스리시고, 하나님의 뜻이 아니고서는 어떤 일도 일어날 수 없다는 사실을 믿는다면 확신을 가지고 기도하게 될 것이다. 예를 들어 하나님의 불변성(immutability)을 생각하면 기도에 있어서 함부로 하나님의 뜻을 바꾸려고 하지 않을 것이고, 하나님은 경건한 자에게 은혜를 베푸시고, 악인에게 벌을 주시는 분이라고 생각하면 마치 하나님의 심판대를 눈앞에 보듯이 경외심을 가지고 자신을 삼가며 기도할 것이다.

하나님께서 우리에게 기도하라고 명령하신 것과 우리가 기도하면 들으신다고 약속하신 것이 기도의 근거이며, 이 두 가지는 실상 하나님이 우리를 선택하셔서 그의 자녀로 삼으셨기 때문에 가능하게 된 것이므로 결국 기도의 근거와 토대를 이루는 중요한 교리들은 예정론(구원론), 섭리론, 속성론이 된다. 물론 기독론, 특히 그리스도의 하늘의 제사장직도 기도론의 중요한 근거가 된다. 그리스도께서 승천하시고 하나님의 우편에 앉으신 것은 하늘에서 제사장직을 계속하시기 위함이셨고, 그리스도의 천상적인 중보적인 제사장직을 통해서 우리의 기도는 아버지 하나님께 열납되는 것이다. 웨스트민스터 신조와 요리문답에서 그리스도께서 낮아지시고 높아지신 양 지위에서 중보사역을 계속하신다는 점을 명시한 것은 대단히 훌륭한 서술이라고 할 수 있다. 예수님께서는 지금도 하늘

보좌에서 신자들의 기도가 아버지께 열납되도록 중보하신다는 것이다. 여기서 칼빈과 웨스트민스터 신조의 바른 신앙관이 잘 나타나고 있다.

칼빈은 우리가 기도해야할 이유, 즉 기도의 필요성에 대해 논하기를 시작하면서 먼저 하늘의 보화(caelestes thesauros)와 부요(opes)에 대해 언급한다. 말하자면 우리가 기도해야할 필요성은 하늘 아버지가 가지고 계시는 부요함과 하늘나라의 보화가 있기 때문이라는 것이다. 그리고 우리의 기도를 통해서 하나님께 구하지 못하도록 된 것은 없고, 우리의 "신앙의 눈"으로 본 보화들은 기도를 통해 얻어내는 것이기 때문에 기도는 필수적으로 요청되고 있는 것이다. 칼빈은 기도의 필요성에 대해서 설명하려 할 때 그것이 얼마나 필요한 것이며, 기도의 실천은 얼마나 많은 방면에 유익한 것인가를 말로 다 표현할 수 없을 정도라고 한다.

그러면서도 칼빈은 구체적으로 기도해야 할 필요성에 대해 6가지로 설명하고 있다. 첫째, 우리가 무슨 일이 있든지 하나님께 달려가는 습성을 길러야 하며, 둘째로, 우리의 바라는 것, 우리의 중심을 그의 앞에 토하여 냄으로써 그를 증인으로 삼는 일을 부끄러워 말아야 하며, 셋째로, 그의 은택을 감사함으로 받게 되며, 넷째로, 이와 같이 우리가 기도로써 구한 것을 그의 응답으로 받게 될 때 우리는 그의 친절하심을 더 뜨겁게 깨닫게 되고, 다섯째로, 기도함으로써 얻게 된 것들은 기도로써 받게 되었기 때문에 더 기쁨으로 받아들이게 되며, 여섯째로 하나님의 섭리의 실재를 더 확신하게 된다. 즉 하나님께서는 친히 손을 펴시어 그에게 속한 자들을 도우시되 다만 빈 말로만 하시는 것이 아니고 실제적인 도움을 주신다는 것을 경험하게 되고, 확신하기에 이르는 것이다. 여기서 칼빈은 성경의 기도에 대한 가르침 즉 "성도의 구함"과 "하나님의 주심"이라는 구체적이고 실제적인 기도론을 말한다.

따라서 칼빈은 기도의 근거로서 하나님의 선택과 섭리와 그리스도의 하늘의 제사장직을 말하면서도 그 필요성에 들어가면 실제 우리 삶의 자리에서 구해서 받는 은혜의 경험들과 관련시켜 우리가 반드시 실천해야 할 구체적인 원리들을 통해 기도를 촉진하려고 하는 것을 본다.

3. 기도의 대상과 신앙

기도의 대상이 하나님이라는 것은 누구나 다 아는 일이고, 그 하나님은 우리의 기도를 들으실 수 있는 인격적인 하나님이어야 함은 재론의 여지가 없을 것이다. 그런데 칼빈은 기도에 있어서 하나님의 이름을 사용하는 일에 대해 기도의 대상으로서의 아버지와 아들의 관계를 어느 정도 언급하였다. 우리가 하나님에 대해 그의 이름을 붙이지 않고 부를 때에는 오직 유일하신 하나님으로서 순수한 본질로 생각해야 한다고 한다. 하지만 하나님과 예수 그리스도를 함께 말할 때에는 아버지와 아들을 둘 다 언급하는 이유로서 아버지께서 아들을 주와 교회의 머리로 세우셨다는 것과, 예수 이름 안에서 하나님의 완전한 탁월성이 나타나셨다는 것, 또 그가 우리를 다스리시도록 아버지가 지정하셨다는 사실을 알아야 한다는 것이다. 우리가 하나님을 생각하고 그에 대해 말하고자 한다면 우리는 반드시 그의 무한하신 본성에만 머무는 것을 피해야 할 것이다. 이런 사고방식은 위험한데, 그 이유는 인간의 이해력이 그런 일로 혼동을 일으키기 때문이다. 오히려 우리는 끊임없이 예수 그리스도에게로 돌아가야 한다. 그리스도 안에서 아버지는 우리에게 그를(아버지) 계시하셨기 때문이다.

칼빈은 우리가 예수 그리스도를 언급함이 없이 직접 하나님을 부르든지, 아니면 아들을 통하여 아버지께 간구하든지간에 중보자 그리스도의 변호가 없다면 기도로써 아버지께 나아가는 일은 불가능하기 때문에 그리스도를 통해 아버지께 간다는 진리를 항상 염두에 두어야 한다고 하였다. 그러니까 우리가 그리스도께 구하든지 또는 그리스도께 구하여 우리 기도가 함께 아버지께로 가게 하든지 둘 다 합당하고 경건한 것이라고 한다. 따라서 강요 III권 20:1의 "그"가 아버지인지 그리스도인지를 따지는 것은 그리 큰 문제가 되지 않는다.

현대 신학자들 중에는 칼빈의 글을 읽을 때 지나치게 아버지 중심이 아닌가 하는 의혹을 갖는 사람들이 있다. 그래서 이런 경향에 대한 반동으로 신정통주의 신학자들이나(바르트, 부르너) 본훼퍼(D. Bonhoeffer) 등은 강력하게 그리스도 중심으로 신학을 개진하였다. 그러나 칼빈은 분명히 말한다. 우리가 하나님께 기도를 드릴 때 "아버지"라는 호칭을 사용하고자 한다면 우리가 그리스도의 고난과 죽음에 의지 할 때만 그렇게 할 수 있다는 것이다. 그리스도를 통하지 않고 다른 방법으로는 하나님이 아버지라고 불리 울 수가 없다고 한다. 우리는 그리스도를 믿는 신앙을 통하여 확신을 가지고 하나님께로 나아가는 것이다.(엡 3:12).

그리스도가 기도와 신앙의 대상이라고 할 때 우리는 그가 참 하나님이시며, 우리의 중보자시라는 두 가지 사실에 초점을 둔 것이다. 그리스도의 인도로 우리는 담대하게 하나님 앞으로 나아가는 것이며, 그의 이름으로 구하는 것은 거절되지 않으리라는 믿음으로 기도하는 것이다. 또한 하나님은 기도를 들으시는 주님이라는 이름을 가지고 계시다는 사실과 승천하신 그리스도의 중보 사역을 통해 확실히 응답하신다는 약속이 있으므로 우리가 기도할 때 기도의 대상으로 하나님 아버지 또는 예수 그리스도를 생각할 수 있다는 것이다.

4. 기도의 실천과 응답

칼빈의 기도론의 특징을 단적으로 요약한다면 "하나님께 간구해서 무엇을 얻는 일"이라고 할 수 있다. 칼빈이 강요 III권 20장에서 말하는 기도해야 할 필요성 6가지나 기도의 법칙 4가지가 모두 우리가 구하여 하나님이 주신다는 원칙에서 떠나지 않는 것을 보게 된다. 물론 칼빈도 기도에 있어서 감사와 찬양을 강조한다. 그런데 바르트나 부르너같은 학자들은 존재론적 필연성에 의한 감사, 찬양을 말하나 칼빈은 실제적인 간구에 있어서의 감사를 논한다. 즉, 구하여 받는다라는 원칙에서 벗어나지 않고 구체적으로 받은 것과 하나님의 섭리를 확인하는 가운데 감사가 수반되는 것을 말하고 있다.

   칼빈은 기도의 실천에 있어서 기도가 반드시 하나님께 올려져야 한다는 경외심, 심각한 핍절감과 회개, 통회와 겸손, 응답에 대한 확신의 신앙 등을 중요한 요소로 제시하였다. 특히 하나님을 바르고 순수하게 바라보지 못하게 하는 육적인 근심과 생각들에서 벗어나(carnibus curis cogitationibusque expedita, quibus a recto puroque Dei intuitu avocari) 온 마음을 다해서 기도해야 하고, 우리의 정신은 하나님의 순결한 가치에까지 올라가게(ad puritatem Deo dignam assurgat) 해야 한다고 하였다. 또 기도할 때에는 우리가 그것을 진정으로 원하는 것인가를 생각해야 하며, 구하는 바를 하나님께로부터 얻고자 하는 마음으로 해야 한다고도 말했다. 겸손하고 성실하게 죄를 고백하고 용서를 비는 것이 합당한 기도의 시작이며, 불행과 궁핍과 불결함이 있다 해도 무너지지 않는 믿음으로 그리스도를 통해 하나님께로 담대하게 나아가는 것이 계속 유지되어야할 기도의 실천 방법이라는 것이다.

   칼빈은 우리가 기도의 실천에 있어서 응답의 확신을 가지고 해야 하지만 잡다한 요구를 함부로 늘어놓거나 하나님이 허락하시는 것 이상의 것을 열망하지 말아야 한다는 것도 강조하였다. 그래서 우리의 마음을 높이 올려 하나님을 순수하고 고결하게 경배하여야 한다고 말하고 있다. 칼빈은 기도할 때 두 손을 높이 드는 것은 우리의 마음을 하나님께 올려드리는 것을 의미하고, 이것은 고대로부터 내려오는 관습이었다고 한다. 요한복음 주석에서 칼빈은 하늘에 올라가는 기도에 대해 예수님을 모범으로 하여 자세히 부연하였다. 어떤 의미에서는 칼빈의 신학과 신앙은 승천의 믿음에 기초한다고 볼 수도 있다. 칼빈의 섭리론이나 성례론에서는 우리의 마음을 하늘에 계신 주님께로 들어 올리는 승천의 신앙이 강조되고 있기 때문이다. 기도에 있어서는 이 승천의 신앙이 더욱 요구된다고 할 수 있을 것이다.

또한 사탄의 방해에 대해서도 말했는데, 기도하는 사람이 이러한 사탄의 방해와 여러 장애들을 극복하려는 노력이 필요하고, 빠른 시일 내에 도달할 수 없는 목표라도 응답이 오리라는 신앙을 가지고 기도할 것을 촉구하였다. 즉 칼빈은 기도가 영적인 전쟁임을 알았고, 기도를 방해하는 실제적인 마귀의 공격이 있으므로 기도의 실천에 있어서 이에 대비하라고 일러준다.

칼빈은 개인기도를 중요하게 생각하고 있으며, 환난 날에 기도해야 한다고 하였고, 모든 장소와 모든 때에 쉬지 말고 기도하여 "범사에 감사하라"는 말씀을 실천하라고 한다. 또 공중기도에 있어서 많은 말로 "사람"을 설득하듯이 하지 말고, 마음에서 우러나오는 기도를 할 것과 기도에 있어서의 보조수단(장소, 노래 등)을 무시하지 말고, 일상 언어로 기도하라고 하였다. 그리고 일정한 시간에 기도하는 것이 중요하다고 하였으며, 인내로서 기도를 계속할 필요성을 강조하고 있다. 어느 정도 기도하다가 낙심하거나 좌절하여 기도를 포기하는 사람들이 종종 있기 때문이다.

뿐만 아니라 칼빈은 중보적 기도의 중요성도 역설하였는데, 그리스도인의 중보적 기도는 유일한 중보자 그리스도의 중보기도에 의존하는 것이고, 온 교회의 중보적 기도는 머리이신 그리스도의 중보기도에 연결되어 먼저 승천하신 그리스도에게로 올라간다고도 하였다. 이로 보건대 교회에서 성도들이 합심하여 중보적 기도를 하는 일이 얼마나 귀하고 중요한 것인가를 알 수 있다. 따라서 한국교회가 수요기도회나 금요기도회를 통해서 합심하여 중보적인 기도를 하는 것은 세계교회사적으로 중대한 일이다. 신자 상호간의 기도는 이러한 승천의 믿음 외에도 서로 어려움과 짐을 나누는 동안 그들의 사랑을 촉진하는 데도 공헌한다고 칼빈은 생각했다.

　기도의 응답에 대해 칼빈은 시편 주석에서 하나님이 경우에 따라서만 응답하시는 것이 아니라 그것이 하나님의 영광의 항존적 요소라고 하였다. 하나님이 우리의 기도를 듣지 않으신다면 곧 자신을 부인하는 것이 된다는 것이다. 그러므로 이 사실을 우리가 확신한다면 기도의 응답을 믿는 우리의 신앙은 견고하게 될 것이라고 하였다. 신앙은 주께로부터 무엇이나 얻어내는 데 성공하게 하는 핵심 요소이다. 왜냐하면 주님은 신앙을 아주 높게 평가하시는 까닭에 우리의 소원들이 우리에게 유익하다면 언제나 그것을 이루어 주실 준비가 되어 있기 때문이다.

　칼빈은 끈질긴 과부의 비유에서 주님이 교훈하시는 바와 같이 하나님이 쉽게 허락하지 않을 것 같은 것도 마침내 얻어낼 때까지 하나님 아버지를 성가시게 괴롭혀야 한다고 하였다. 하나님은 기도에 의해 기진맥진하게 되어 있고, 기도를 통해 우리가 고집을 부릴 경우 응락하신다고 한다. 그러므로 생각이 흐트러지더라도 낙심하지 말고 산 신앙으로 지속할 것을 권하고 있다. 기도할 때에 산만해지지 않도록 하고, 기도가 힘들어 진다고 느낄수록 더 간절하게 애써야 한다고도 하였다. 특히 주기도에서 나라와 권세와 영광을 구한다고 할 때 주리고 목마르듯이 구했느냐고 묻는다. 우리는 기도할 때 습관적으로 "간절히 기도하옵나이다"라고 말하기 쉽다. 그러나 칼빈은 우리가 구하는 것이 과연 진정으로 필요해서 구하고, 또한 하나님의 영광을 위해 주리고 목마르듯이 구했느냐고 묻는 것이다.

　또한 칼빈은 기도 시에 가장 중요한 것은 하나님을 어떤 상황에 묶어 두려고 하지 말고, 하나님이 하시고자 하는 일과 방법과 때와 장소 등은 하나님의 의지에 맡겨야 한다고 하였다. 우리의 뜻을 하나님의 뜻에 복종시키며, 우리의 의지를 재갈로 제어하듯 하여 감히 하나님을 조종하려고 하지 말고, 하나님께서 우리의 모든 간구를 조정하시고, 지시하시도록 하는 일이다. 즉 기도할 때 우리가 하나님을 조종하거나 택배 기사에게 요구하듯이 하지 말고, 오히려 주님의 뜻과 섭리에 맡기는 자세를 가져야한다는 것이다.

5. 마치는 글

우리는 칼빈의 기도론에서 기도란 하나님과의 대화이며, 인격적 교제라는 사실을 확인하였고, 특히 기도의 본질은 간구에 있다는 것도 분명히 알 수 있다. 하나님은 그의 택한 백성들의 기도를 들으시며, 응답하시는 분이시다. 우리 하나님은 이교도의 종교에서처럼 비인격적인 신이 아니고, 신비주의자들이 생각하는 추상적, 초월적 이념이 아니다. 하나님은 예수 그리스도의 이름으로 간구할 때 들으시고, 자신의 뜻대로 응답하시는 전능자요, 섭리자며, 자신의 고유한 속성을 지니신 아버지 하나님이시다. 따라서 우리의 기도에 든든한 근거가 되는 교리는 하나님의 주권적 예정과 속성, 섭리의 교리 및 그리스도의 제사장직이다.

칼빈은 산 신앙을 불러 일으키려는 신학으로서의 기도론을 세웠고, 성령충만을 위해 기도하라고 하였으며, 참으로 필요한 것은 졸라대듯이 간구하라고 하였다. 칼빈은 선교와 목회와 신학의 목적에 대해 공히 "신앙"을 세우는 데 두고 있으므로 기도를 "신앙의 주요 단련"으로 정의함으로써 기도가 기독교 사역의 근간임을 강조하고 있는 것이다. 칼빈은 목회사역의 거의 다가 기도라고 말한 적이 있다. 웨슬리는 더 강조하여 기독교 사역의 전부가 기도라고 하였다. 이런 말들이 바로 산 신앙의 중요성을 증거하는 것이다. 칼빈이 말하는 기도는 이론이나 개념이 아니라 실제 경험계에서 살아있는 믿음으로 구하여 받는 기도이다. 그 확실한 증거로서 칼빈은 기도할 때 항상 첫 마디를 "전능하신 하나님이여..."로 시작하는 습관이 있었다.

그리고 칼빈에게서는 구원론적 근거에 의해 자녀로서 그리스도를 통해 아버지께 구하여 받는다는 점이 분명하고, 그가 일관성 있게 주장하는 바 "구하여 얻는다"라는 영적 공식에서 떠나지 않는다. 칼빈은 기도론의 기초로 전능하신 하나님의 선택에서 시작하여, 하나님의 속성 교리와 섭리론, 그리스도의 천상적 제사장직에 기초하여 설명하였고, 기도에 있어서 신자와 하나님과의 관계를 기계적인 것이 아니라 삶 속에서 영적인 전투라고 보았기 때문에 신자의 내적 갈등과 영적 고뇌 등을 상세하게 다루면서 실제적인 신앙의 차원에서 간구와 받아 누리는 기도를 말하고 있다.

박 해 경

안양대학교(대신)

성결대학교(Th.B.)

서울신학대학교 신학대학원(M.Div)

아신대학교 대학원(Ph.D.)

(전)한국칼빈학회 회장

(전)한국복음신앙학회 회장

(현)문형장로교회 담임목사

영적 거장들의 기도

토마스 카트라이트의 기도

이 신 열

I. 시작하면서 – 카트라이트의 생애[1]

토마스 카트라이트(1534/5-1603)는 누구인가? 그는 영국의 엘리자베스 1세(Elizabeth I, 1533-1603)의 재임기간 동안에 신학교수와 목회자로 활동했던 인물로서 영국교회의 개혁주의적이며 장로교적 이상을 실현하기 위해서 노력했던 인물로 알려져 있다. 1534년 또는 1535년에 헤르트포트셔어(Hertfortshire)에서 출생하여 케임브리지의 성 요한 대학(St. John's College)에서 교육받았는데 놀라운 학문적 진보를 성취했다. 토마스 레버(Thomas Lever, 1521-1577)와 제임스 필킹턴(James Pilkington, 1520-1576)의 사사 받는 가운데 이들의 스승이었던 스트라스부르(Strasbourg)의 종교개혁자 마틴 부써(Martin Bucer, 1491-1551)의 종교개혁 정신을 전수 받게 되었다. 그의 교육은 에드워드 6세(Edward VI, 1537-1553)의 요절 이후 왕위를 계승한 피의 메리 여왕(Bloody Mary = Mary I, 1516-1558)의 개신교 박해로 인해서 약 5년 정도 중단 되었으나 그녀의 사망과 엘리자베스 1세의 등극으로 인해 지속될 수 있었다.

카트라이트는 1569년에 케임브리지에서 레이디 마가렛 신학교수(Lady

---

[1] 이 단락은 아래 아티클의 내용을 간략하게 정리한 것이다. 이신열, "토마스 카트라이트의 생애와 사상: 청교도 장로교주의를 중심으로", 『칼빈시대 영국의 종교개혁가들』, 이신열 (편) (부산: 개혁주의학술원, 2015), 294-96.

Margaret Professor of Divinity)로 임명되었는데 그의 강연과 설교는 상당한 인기를 누렸다. 그가 성 메리(St. Mary)교회에서 설교했을 때 아주 많은 청중들이 모이게 되었고 교회 측은 건물의 창문을 열어두어야 할 정도였다는 일화가 전해진다.

카트라이트는 엘리자베스 1세 치하에서 진행된 영국 국교회의 개혁이 미진하여 기대에 미치지 못하는 것을 보고 이 개혁을 완성시키고자 하는 열의를 지닌 인물이었다. 그의 프로그램은 청교도 장로교주의를 표방하는 방식으로 전개되었다.

II. 카트라이트의 신학
- 그의 청교도 장로교주의에 나타난 교회론을 중심으로[2]

당시 영국 국교회는 교회를 세속화하여 국가의 일부로 간주하는 에라스투스주의를 채택했다. 이와 달리 카트라이트는 국가와 교회의 관계 설정에 있어서 국가에 대한 교회의 영적 우선성과 신정정치에 근거한 양자의 궁극적 통합을 주장했다. 그의 장로교주의는 국가와 교회의 완전한 분리를 내세우는 과격한 사고인 분리주의로까지 발전하지는 않았다. 로버트 브라운(Robert Browne, 1535?-1633)은 당대의 대표적 분리주의자였는데 카트라이트는 그에게 영향력을 행사했으며 친분을 유지하기도 했다. 그러나 그의 장로교주의는 신학적으로 성공회주의로 나타난 국교회주의와 분리주의 사이에서 중도적 입장을 표방했지만, 성공회가 잘못된 직제를 지니고 있지만 여전히 주님의 몸된 교회로서 참된 교회라고 보았다. 지상의 어떤 교회도 죄의 세력에서 완전히 해방된 완전한 교회로는 존재할 수 없다는 사실을 분명히 알고 있었던 카트라이트에게 참된 교회를 올바른 교리에 기초하여 성령의 능력을 덧입어 진보하는 도상의 교회이었다. 그가 옹호하는 장로교주의의 핵심은 목사, 특히 성령의 능력을 덧입

---
2 이신열, "토마스 카트라이트의 생애와 사상", 297-317.

어서 하나님의 말씀을 올바르게 회중에게 전달하고 가르치는 목사에 놓여 있었다. 이를 위해서 그는 대학에서 탁월한 교육을 받은 목사의 중요성을 특히 강조했는데, 이는 당시 분리주의자들이 단순한 하나님의 말씀과 성령의 능력에만 지나치게 의존하여 목사의 교육을 상대적으로 등한시했던 것과는 강한 대조를 이룬다. 그의 장로교주의는 성공회의 감독정치에 기초한 고교회주의와는 전혀 다른 정치형태를 선호했다. 성공회는 교회의 모든 권한을 주교에 해당하는 감독에게 최대한 집중시키는 정치형태를 지닌다는 점에서 로마가톨릭의 고교회주의를 연상시킨다. 이런 성공회의 감독주의는 위계질서에 근거한 계급주의적 감독주의의 형태를 지니게 되었고, 이 점에 있어서 성공회주의 또는 감독주의는 카트라이트가 추구했던 장로교주의와는 분명하고 강력하게 차별화된다고 볼 수 있다. 그는 감독주의의 계급주의적 성격을 거부하고 모든 사역자들의 동등성을 강조했는데 여기에 장로교주의의 핵심적인 성격이 드러난다고 볼 수 있다. 또한 카트라이트는 회중들의 투표에 의해서 개별 지역교회의 담임목사가 선출되어야 한다고 보았는데 이는 성경적 견해이기도 했다. 그는 자신의 이런 견해를 1570년에 사도행전 강해를 통해서 표현했다. 영국 국교회가 지닌 제도적 문제점을 이 강해에서 지적했으며 이에 대한 대안으로서 장로교 정치제도가 도입되어야 한다는 주장을 내세웠다.

그의 이런 주장에 대해서 당시 케임브리지의 부총장 존 휘트기프트(John Whitgift, 1530-1604)는 그의 박사학위 수여를 보류했고, 이 사건으로 인해 카트라이트는 1571년에 제네바로 망명을 떠나게 되었다. 제네바에서 체류하는 동안 그는 아카데미의 베자(Theodore Beza)를 만나게 되었고 그로부터 교회 정치에 대한 개혁신학적 모델을 배울 수 있었다. 그가 제네바의 컨시스토리(consistory)에 입회해서 주의깊게 살펴보고 배웠던 것은 장로의 중요성이었다. 이듬해인 1572년 4월에 그는 케임브리지로 귀환했지만 망명 기간 동안에 사제로서 서약을 지키지 못했다는 이유로 대학에서의 특별회원권을 박탈당하고 말았다. 휘트기프트와 몇 년 동안의 논쟁 끝에 카트라이트는 1574년부터 1577년까지 바젤로 두 번째 망명을 떠나게 되었다. 그의 세 번째 망명기간은 1577년부터 1585년까지였는데 이 기간에 그는 주로 네델란드에 머물렀다. 특히 미들부르흐(Middleburg)에서 체류하는 동안 브라운의 영향을 받은 분리주의자들과의 교회론을 둘러싼 논쟁과 대결이 지속되었다. 1585년에 영국으로 돌아와서 1603년 12월 27일에 사망하기까지 그는 장로교주의를 관철시키기 위해서 많은 신학적이며 정치적 노력을 경주했다.

그의 이런 투쟁과 지도 아래 1580년 이후 영국 장로교주의는 많은 발전과 성장을 이루었다. 이미 1572년 11월에 런던의 완즈워스(Wandsworth) 지역에 최초로 장로교회가 설립되었고, 15명의 목사와 11명의 장로로 구성된 장로교 최초의 노회가 형성되어 있었다. 이렇게 시작된 장로교 노회는 성장을 거듭했고 1590년에는 장로교 총회로 모이게 되었는데 이 총회에는 약 500명의 목사들이 회집했을 정도이었다. 이렇게 영국의 장로교는 괄목할 만한 발전을 이룩했지만 마틴 마프릴레이트(Martin Marpleate) 문서사건(1588-1590)에 의해서 급격하게 쇠퇴의 길을 걷게 되었다. 이 문서의 저자는 명확하게 밝혀지지 않았지만 내용은 주로 영국 국교회의 감독주의를 투박하고 신랄한 언어로 비판하는 것이었다. 이 문서는 대중적 인기를 많이 누렸지만, 그 부정적 영향은 청교도들과 장로교주의자들에 대한 엄청난 박해와 극심한 경제적 핍절로 나타나게 되었다. 그 결과 장로교 목사들 가운데 1/3 이상이 국교도가 되겠다는 문서에 서명하는 등의 전혀 예상하지 못한 결과를 초래했다. 이로 인해 16세기 말 영국의 장로교주의는 발전의 동력을 상실한 채 급격하게 퇴락의 길을 걷게 되고 말았다.

III. 카트라이트의 기도 이해 - 그의 〈기독교 총론〉을 중심으로

카트라이트의 〈기독교 총론 (A Treatise of Christian Religion)〉은 모두 58개 장으로 구성되어 있는데 기독교의 진리를 체계적으로 다루되 문답형식을 취한 일종의 조직신학서에 해당된다고 볼 수 있다.[3] 이 작품의 제 40장에는 기도의 정의와 대상, 이유와 태도, 그리고 구성과 종류 등에 대해서 다루고 있다. 이를 기초로 제 43장-제 50장에는 주기도문에 대한 상세한 해설이 제공되는데 이는 6가지 간구와 감사로 나누어서 고찰된다.

이 단락에서는 먼저 카트라이트의 기도에 관한 견해 (정의와 대상, 구성과 종류, 그리고 동인과 태도)를 살펴보고 기도의 규칙으로서의 주기도문에 대한 그의 이해를 살펴보되 6가지 간구와 감사로 나누어서 살펴보고자 한다.

1) 기도의 정의와 대상

먼저 기도는 "그리스도의 이름 안에서 하나님 한 분께만 구하는 것"으로 정의되며 기도를 통하여 "주님께 예배하고, 충성할 뿐 아니라 모든 필수적인 은혜를 얻는다."고 보았다.[4] 카트라이트는 인간 본성이 지닌 은사들의 능력과 힘에 의해서 하는 것이 아니라 "하나님의 영의 능력과 활동"에 의해서 기도할 수 있다는 사실을 강조한다.[5]

2) 기도의 구성과 종류

기도는 '간구'와 '감사'(빌 4:6) 두 부분으로 구성된다. 여기에서 간구는 하나님의 말씀에 의해서 구할 수 있는 것을 우리가 구하는 것을 가리킨다.[6]

---

3 토마스 카트라이트, 『기독교 총론』, 김지훈 역 (서울: 신반포중앙교회 출판부, 2017).
4 카트라이트, 『기독교 총론』, 273.
5 카트라이트, 『기독교 총론』, 275.
6 카트라이트, 『기독교 총론』, 276, 291.

우리의 주목을 끄는 것은 감사에 대한 그의 독특한 견해인데 이는 하나님의 선하심, 지혜, 권능, 긍휼과 간구에 의해서 주어진 특별한 은총, 그리고 하나님의 긍휼의 손길을 통해 주어진 것에 대한 찬양으로 정의된다.[7]

기도의 종류로는 공적 기도와 사적 기도 (에 4:15, 느 1:4,5,6, 창 25:21, 벧전 3:7) 그리고 일반적인 (ordinaire) 기도 (시 55:18, 단 6:11)와 비상적인 (extraordinaire) 기도 (시 119:62, 행 12:5)가 언급된다.[8]

3) 기도의 이유와 태도

카트라이트는 우리가 기도해야 하는 이유를 다음의 6가지로 나누어서 설명한다.[9] 첫째, 하나님께서 우리에게 예배를 명하셨고 이 예배는 우리가 기도하는 가운데 중단없이 계속적으로 수행되어야 하기 때문이다 (마 7:7, 살전 5:7). 둘째, 기도는 하나님께서 우리가 그가 주시는 은혜를 획득하는 수단으로 정해주셨기 때문이다. 기도는 모든 하나님의 보물 창고를 여는 열쇠, 그의 축복에 도달하는 갈고리와 같은 역할을 담당하기 때문에 기도해야 하는 것이다. 셋째, 우리가 가진 것을 기도없이 사용하고 누리는 것은 불법이기 때문이다. 넷째, 기도를 통해서 우리가 받고 누리는 것이 우연이나 운명에서 비롯된 것이 아니라 하나님으로부터 온 것임을 더욱 확실하게 깨닫게 되기 때문이다 (시 50:15). 다섯째, 우리가 죄를 범하여 하나님을 진노하시게 했을 때, 기도는 하나님의 진노를 가라앉히고 그 분의 호의로 나아가는 특별한 수단이 되기 때문이다 (시 6, 51편). 여섯째, 기도는 하나님 보시기에 대단히 기쁘고 받으실 만한 향과 달콤한 향기와 같기 때문이다 (시 141:2, 계 5:8).

기도에 임하는 태도에 대해서 카트라이트는 먼저 우리의 소원에 대한 참된 인식과 자각이 있어야 한다고 보았다 (삼상 1:10, 단 9:4,5,16). 그리

---

7 카트라이트, 『기독교 총론』, 276-77.
8 카트라이트, 『기독교 총론』, 277-78.
9 카트라이트, 『기독교 총론』, 275.

고 하나님께서 이런 소원에 대해서 응답해 주실 것이라는 진지한 갈망과 이에 대한 확신이 있어야 한다고 주장한다 (시 13:1, 143:6, 요일 5:14,15, 막 11:24).[10]

4) 주기도문의 6가지 간구

먼저 카트라이트는 주기도문에 나타난 간구를 두 가지 종류로 구분한다. 하나님의 영광에 속한 것과 우리 자신과 우리 이웃의 선과 관련된 것이 이 두 가지에 해당된다.[11] 다시 하나님의 영광과 관계된 간구는 3가지로 구분되는데 첫째가 아버지의 이름이 거룩히 여김을 받는 것이다. 이 첫째 간구에서 카트라이트가 특별히 강조하는 것은 홀로 영광과 높임을 받으셔야 하는 하나님을 훼방하는 인간 마음의 자만에 맞서서 기도해야 한다는 점이다.[12] 이 자만을 자복하고, 비통해 할 때 (사 2:11-17) 그분의 이름이 거룩히 여김을 받으시게 된다. 둘째 간구는 하나님의 나라가 임하도록 구하는 간구이다. 카트라이트는 우리가 하나님의 은혜의 나라가 임하도록 기도해야 하는 이유를 이 나라에 강하게 대항하는 사탄과 어두움의 세력 때문이라고 설명한다 (마 12:24, 25, 엡 6:12, 계, 2:10).[13] 셋째 간구는 하늘에서와 같이 이 땅에서 하나님의 뜻이 이루어지도록 구하는 간구이다. 이 간구의 내용은 먼저 하나님의 뜻을 깨닫고 이에 순종하기를 위한 것이다. 구체적으로 우리 자신의 뜻을 억제하고, 누그러뜨리고, 부인하기를 바랄 뿐 아니라, 비록 이것이 슬프고 괴롭다 하더라도 그의 뜻을 원하고 노력하며 이를 위해서 기도해야 하는 것이다.[14] 넷째 간구는 일용할 양식을 위한 간구인데 이는 육적 생활과 영적 생활을 위한

---

10 카트라이트, 『기독교 총론』, 276.
11 카트라이트, 『기독교 총론』, 291.
12 카트라이트, 『기독교 총론』, 295.
13 카트라이트, 『기독교 총론』, 297.
14 카트라이트, 『기독교 총론』, 302.

간구의 두 가지로 분류된다. 카트라이트는 "우리에게 일용할 양식을 주옵시고"라는 간구에서 '주시고'라는 단어에서 다음의 세 가지 사실을 배우게 된다고 보았다. 이생의 모든 것이 하나님으로부터 비롯된다는 섭리에 대한 인식, 우리가 지닌 가장 하찮은 것조차도 우리가 이를 받을 만한 가치를 지니지 못한 존재라는 사실에 대한 인식과 마지막으로 우리가 받는 것에 대한 만족해야 한다는 것이 이 세 가지에 해당된다.[15] 다섯째 간구는 우리가 지은 죄에 대한 용서를 위한 간구이다. 카트라이트는 여기에서 우리가 기도해야 할 내용으로 먼저 우리의 원죄와 자범죄에 대한 참된 인식과 감정을 갖는 것을 말할 뿐 아니라, 이 죄들에 대한 최소한의 속죄와 대속도 할 수 없는 우리의 무능력에 대해서 겸손하고 솔직한 태도로 고백하는 것이라고 주장한다. 죄 용서에 대해서 간구해야 하는 이유는 우리가 본성적으로 죄에 대해서 무감각하다는 사실에 놓여 있다 (시 36:2, 전 4:1,7, 삼상 15:20). 우리는 언제든지 죄를 소홀히 여기고 가볍게 여기는 경향을 지니고 있기 때문이다 (요 7:20).[16] 마지막으로 여섯째 간구는 우리를 시험에 들지 않게 하시고 악에서 구해달라는 간구이다. 다섯째 간구가 우리의 의롭다 함, 즉 칭의에 대한 간구라고 한다면, 여섯째 간구는 우리의 성화를 위한 것이다. 카트라이트는 성화라는 주제의 중요성과 민감성을 깊이 인식했기 때문에 이 간구에 무려 10쪽에 걸쳐 아주 상세한 설명을 제공한 것이 우리의 주목을 끈다.[17] 여기에서 '시험'(temptation)이란 카트라이트에게 마음속에 있는 것을 알게 하고 드러내어 보여주는 경우들을 지칭하는 용어로서 성공, 고통과 같은 것이 예들에 해당된다고 보았다. 또한 시험은 분노와 신념을 포함하는데 이것들

---

15 카트라이트, 『기독교 총론』, 306.

16 카트라이트, 『기독교 총론』, 310.

17 카트라이트, 『기독교 총론』, 316-26. 시험과 죄의 극복이라는 주제를 다룸에 있어서 카트라이트는 하나님의 사역이 악한 자들의 사역과 구별되는 방식, 하나님께서 죄의 저자가 될 수 없는 이유, 모든 악의 저자가 악마라는 사실 등에 대하여 상세한 설명을 제공한다.

이 사람이 죄를 짓도록 자극하고 선동하기 때문이다 (고전 11:19, 마 4:1, 갈 6:1, 살전 3:5, 약 1:13,14). 여기에서 그는 모든 종류의 시험에 대해서 무조건적으로 기도하는 것을 주장하지 않는다. 왜냐하면 우리의 타락한 본성에 의해서 이 시험들이 우리에게 죄를 촉발하는 경우에 대해서만 시험에 의해서 유혹받지 않게 해달라고 기도해야 하는 것이지, 시험으로부터 단순히 구해 달라는 기도를 하지 않아야 한다는 설명이 주어진다 (시 119:71, 약 1:2,12).[18]

5) 주기도문의 감사

"나라와 권세와 영광이 아버지께 영원히 있사옵나이다. 아멘"이라는 주기도문의 마지막 구절은 감사로 해석된다. 카트라이트가 이렇게 해석한 이유는 나라와 권세와 영광이 하나님의 소유이며 그에게 적합한 것이라는 신뢰에서 찾아볼 수 있다.[19] 이 해석은 앞서 언급된 바와 같이 그가 감사를 찬양으로 정의 (하나님의 선하심, 지혜, 권능, 긍휼에 대한 찬양, 간구에 대한 응답으로서 은총에 대한 찬양, 그리고 그의 긍휼의 손길에 의해서 주어진 것에 대한 찬양)하는 사실과 맥락을 같이 한다. 이 구절에서 카트라이트는 예수께서 하나님의 나라와 권세와 영광이 아버지께 있음을 인정하셨음을 보았고 그 결과 하나님께 경의와 찬양을 돌려 드린 것으로 이해했다고 볼 수 있다. 그는 교황주의자들이 기도에 나타난 감사의 결여를 지적하면서 이렇게 감사를 도둑질 하는 행위 (계 22:19)는 신성모독의 죄에 해당된다고 보았다. 달리 말하자면, 감사는 모든 기도와 간구의 근거이자 토대이며 우리의 간구가 성취된다는 더 큰 확증을 제공한다.[20]

---

18 카트라이트, 『기독교 총론』, 316-17.
19 카트라이트, 『기독교 총론』, 327-28.
20 카트라이트, 『기독교 총론』, 327.

IV. 마치면서

카트라이트는 영국의 엘리자베스 1세 치하에 주로 활동했던 청교도적 장로교주의자이자 개혁주의자이었다. 그는 당대의 종교개혁이 영국 국교회의 감독주의로 인해 완전하게 그리고 성공적으로 이루어지지 않음을 보았고 이를 개혁하기 위해서 장로교주의를 내세웠고 이에 대한 성취를 위해서 다양한 노력을 기울였던 16세기 후반 영국의 대표적 종교개혁자이었다.

이 글에서는 그의 〈기독교 총론〉에 나타난 그의 기도 이해를 살펴보았는데 카트라이트는 기도를 간구와 감사로 구분했으며 이를 통해서 특히 감사를 모든 기도의 근거 또는 토대로 이해했으며 여기에서 기도 성취에 대한 확신이 주어진다고 주장했다. 그리고 이 구분을 자신의 주기도문에 해설에도 적용했는데 주기도문의 마지막 문장을 감사로 해석하는 독특함을 보여 주었다.

그는 우리가 기도함에 있어서 오해하기 쉬운 부분들을 올바르게 지적하고 그 이유를 해설함으로서 기도에 합리적 동기를 부여했을 뿐 아니라 우리에게 더욱 진지하고 깊은 기도가 어떤 모습으로 나타나야 하는가를 조직신학적으로 탁월하게 제시했다고 볼 수 있다.

참고문헌

토마스 카트라이트, 『기독교총론』, 김지훈 역, 서울: 신반포중앙교회 출판부, 2017.

이신열, "토마스 카트라이트의 생애와 사상: 청교도 장로교주의를 중심으로", 『칼빈시대 영국의 종교개혁가들』, 이신열 (편), 부산: 개혁주의학술원, 2015, 293-317.

이 신 열

뉴욕주립대학교 화학/언어학 (B.A)
비블리칼신학대학원 목회학 (M.Div.)
화란 아플도른신학대학 교의학 (M.Th.)
화란 아플도른신학대학 교의학 (Th.D.)
(현) 조직신학연구 편집위원
(현) 개혁주의학술원 원장

월리엄 퍼킨스의 기도

김 지 훈

1. 월리엄 퍼킨스의 생애

청교도의 왕자라고 불리우는 윌리엄 퍼킨스는 영국의 대표적인 개혁파 신학자이며 목사이다. 그는 신학적으로는 제네바 신학자들의 영향을 받았으며, 동시에 스콜라적인 면모 보다는 목회적이고 경건주의적인 특징이 나타난다. 그는 교회와 목회에 관심이 많았으며 죄인을 복음으로 불러서 회심케 하는 사역에 힘썼다. 이것이 그의 일생에서 잘 나타난다. 퍼킨스는 1558년 잉글랜드 워위크셔(Warwickshire)에 있는 마스톤 자벳이라는 마을에서 태어났다. 그리고 1577년 캠브리지에 있는 그리스도 대학에 입학하였는데, 거기에서 유명한 청교도 설교가인 라우렌스 체덜톤(Laurence Chaderton)을 만났다. 그는 그 시기에 큰 회심을 경험했다고 한다. 회심의 근거나 과정은 알려져 있지 않다. 이로서 젊은 시절에 술을 가까이하고 점성술에 빠져 있던 퍼킨스는 회심하여 거룩한 삶과 학문에 전념하였다. 그의 학문 과정은 대단히 성공적이었다. 1581년에는 문학 학사(BA)를, 1584년에는 문학 석사(MA)를 취득하였다. 그리고 같은 해에 그리스도 대학의 연구원으로, 그리고 목사로서 임직 받았다. 그리하여 그는 대학에서 강의를 하면서(1584-1595년), 동시에 세인트 앤드류스 교회의 설교자로 사역하게 되었다.

그는 학문에서 큰 영향을 끼쳤을 뿐만 아니라, 설교 사역에서도 명성을 얻었다. 퍼킨스는 주일마다 케임브리지 감옥에 있는 죄수들을 향해서 설교를 하였는데, 많은 죄수들이 죄를 고백하며 회심하였다. 특히 그는 사형 집행을 받으러 가는 죄수들과 잠시 대화하면서 함께 기도하고 복음을 전하는 일에도 능하였다고 한다. 이러한 퍼킨스의 사역을 사무엘 클라크(Samuel Clark)가 기록해 놓고 있다. 퍼킨스는 교수대 앞에서 죽음을 앞두고 두려워하는 사형수를 잠시 불러 함께 무릎을 꿇고 기도하였다고 한다. 그는 기도에서 사형수의 죄를 하나 하나 고백하여서 죄수가 자신의 무거운 죄를 느끼고 슬퍼하며 두려워하게 하였다. 죄수가 자신의 죄로 인하여 한탄하고 있을 때, 퍼킨스는 그리스도의 십자가에서 나타난 속죄의 은혜를 전하였다. 그 자리에서 죄수는 눈물로 자신의 죄를 회개하였고, 그가 다시 일어날 때는 속죄를 확신하며 담대함으로 형틀에 올라가서 죽음을 맞이했다고 한다. 이것은 놀라운 일임이 분명하다. 이러한 기록은 퍼킨스가 성도들을 복음으로 초대하며 위로하는 일에 탁월했음을 보여준다.

또한 그는 영국 교회를 개혁하는데 힘을 다하였다. 퍼킨스는 엘리자벳 여왕의 치하에서 교회 정치로 인하여 논쟁하지는 않았다. 그러나 교회 안에 있는 미신적인 요소들, 영적인 결핍, 그리고 무지를 개혁하기 원했다. 이러한 퍼킨스의 주장은 심지어 그가 강의하고 있는 대학의 방향성과도 어느 부분에서 충돌하는 것이었다. 이로 인해서 1587년 1월에 퍼킨스는 대학 부총장에게 소환되었다. 그것은 퍼킨스가 성찬을 받는 성도들이 무릎을 꿇고 동쪽으로 얼굴을 향하는 행위를 미신적이고 적그리스도적이라고 비판한 것 때문이었다. 퍼킨스는 소환되었으나 이 일로 처벌을 받지는 않았다. 이 외에도 그는 신학적인 논쟁에도 뛰어들었는데 그것은 바로 '은혜의 절대성과 예정론'에 대한 것이었다. 케임브리지 대학의 신학 교수인 피터 바로(Peter Baro)는 하나님의 예정이 사람에 대한 예지에 근거하고 있다고 주장하였는데, 1579년에 요나서 강의를 통하여 칼빈의 예정론에 반대하였다. 이로서 대학에서 예정론 논쟁이 일어났고 퍼킨스 역시 이 논쟁에 참여하여 바로의 예정론을 반박하였다. 이 때 퍼킨스가 저술한 작품이 '황금 사슬'(Armilla Aurea)이다. 그는 이 작품을 통하여 제네바 신학자들의 예정론을 변호하며, 구원이 오직 하나님의 뜻에서부터 나왔음을 변론하고자 하였다. 그의 칼빈주의적 예정론은 네덜란드에서 항론파의 지도자가 된 아르미니우스에게서 비판을 받기도 하였다. 그러나 퍼킨스는 반대 속에서도 하나님의 뜻과 은혜의 절대성에 근거한 예정론을 주장하였다.

이 지점에서 흥미로운 것은 퍼킨스가 가진 경건주의적인 안목이다. 퍼킨스의 신학은 대륙의 개혁파 신학자들, 특별히 제네바 신학자들의 영향 아래 있음이 분명함에도 불구하고, 그의 실천적 경건이 함께 결합되어 있다. 이러한 특징이 교회의 위로와 성도의 실천적인 삶에 대한 가르침에서 나타난다. 물론 이러한 경건에 대한 가르침은 대륙의 신학자들에게서도 공통적으로 나타나는 것이지만, 퍼킨스에게는 성도의 내적인 체험과 구체적인 실천으로 제시된다. 이러한 '하나님의 주권'과 '성도의 위로와 실천'의 결합은 '황금 사슬'(Armilla Aurea)에서도 잘 나타난다. 그는 이 작품에서 구원의 서정의 각 구원의 은혜들을 '하나님께서 주시는 사랑의 선언의 단계들'이라고 표현한다. 그 단계들은 네 단계로 되어 있는데 '그리스도와의 연합을 이루는 소명', '칭의', '성화', 그리고 '영화'이다(37-39장, 49장). 그리고 그와 함께 성도들이 이 땅에서 구원을 이루어가는 과정에서 겪어야 하는 그리스도인의 싸움, 내적 투쟁에 대해서도 자세히 설명한다(41-45장). 그는 성도가 받는 사랑, 그리고 그가 치루어야 하는 영적 투쟁을 세세하게 설명함으로서 성도들이 이 땅에서 살아갈 때에 내적인 갈등과 의심을 어떻게 대처하고, 거룩한 삶을 구체적으로 살아갈지를 권면한다. 이러한 내용은 지금의 성도들에게도 크게 도움이 될 만한 것들이다. 그가 실천적인 경건 힘썼다는 것은 다른 작품에서도 나타난다. 예를 들어서 '양심의 사례들'(The Cases of Conscience), '두 편의 논문: 회개의 본성과 실천에 대하여, 육과 영의 싸움에 대하여'(Two Treatise: of the Nature and Practice of Repentance, of the Combat of the Flesh and Spirit), 또한 '설교의 기술'(The Art of Prophesying)과 '목사의 소명'(The Calling of the Ministry) 등등이 그렇다.

퍼킨스는 1595년 7월 젊은 과부인 티모시 크레이독(Timothy Cradock)과 결혼하였다. 그는 대학의 연구원직을 사임했고 결혼 후에 7년 동안 일곱 명의 아이를 얻었다. 그러나 퍼킨스의 결혼 생활은 오래 지속되지 못했는데, 1602년 44세에 신장결석 합병증으로 소천했기 때문이다. 퍼킨스는 긴 생애를 살지 않았음에도 불구하고 그의 신학적 영향력은 컸다. 그는 윌리엄 에임스(William Ames), 리차드 십스(Richard Sibbes), 그리고 존 코튼(John Cotton)과 같은 청교도 신학자들에게 영향을 끼쳤고, 코튼은 왜 옥스퍼드보다 케임브리지에서 탁월한 설교가가 많이 배출되었는지에 대한 이유로 퍼킨스의 사역을 들었다.

2. 퍼킨스의 기도론

기도는 무엇인가? 탄원과 감사

퍼킨스는 그의 작품인 '여섯 개의 원리로 구성된 기독교의 기초'(The Foundation of the Christian Reiligion gathered into Six Principles)에서 기도를 '은혜의 수단'에 두고 있다. '우리가 믿음을 얻기 위해서, 그리고 믿음으로서 오는 모든 하나님의 은혜를 받기 위한 외적인 수단이 무엇인가?'이렇게 질문한 퍼킨스는 세 가지로 대답한다. 말씀의 설교, 성례의 시행, 그리고 기도이다. 그리고 그는 계속해서 '기도가 무엇인가?'라는 질문에 대해서 다음과 같이 대답한다. '그리스도의 이름 안에서 이루어지는 하나님과의 친밀한 대화이다. 그 대화에서 우리는 필요한 것을 하나님께 간절히 구하거나, 주신 것으로 인하여 감사한다'여기서 퍼킨스가 기도의 내용을 두 가지로 보는 것을 알 수 있다. '필요한 것을 구하는 것과 주신 것으로 인하여 감사하는 것'이다. 그렇다면 성도가 하나님께 간구할 때 갖추어야 할 것은 무엇인가? 그것은 '진지한 욕구와 믿음'이다(Perkins, The Works., vol. 1, 8).

이러한 기도의 정의는 그의 대표작인 '황금 사슬'에서도 그대로 나타난다. 이 작품은 기도가 '그리스도께 올려드리는 고백'이라고 정의한다. 그리고 그리스도께 올려드리는 고백은 두 부분으로 되어 있는데 '탄원과 감사'이다. 즉 기도는 그리스도께 탄원하는 것이고, 또한 감사하는 것이다. 그리고 그 탄원은 다시 '간구와 동의'로 되어 있다. '간구'는 우리가 필요한 것을 하나님께 구하는 것이다. 퍼킨스는 이 간구에서 성도가 그의 궁핍함을 하나님께 간절히 드러내며, 그 분의 은혜를 사모한다고 가르친다. 그리고 이 간구를 하나님께서 받으신 줄을 믿고 그 분 앞에서 확신하는 것이 '동의'이다. 이러한 퍼킨스의 기도의 정의는 단순하다. 성도가 하나님께 필요를 간절하게 구하며, 그것을 들으셨음을 확신하는 것이다.

여기서 퍼킨스는 성도들을 위하여 실천적인 문제를 제기한다. 그렇다면 성도가 하나님 앞에서 기도할 때, 그의 기도를 받으신다는 것을 어떻게 확신할 수 있는가? 퍼킨스는 기도를 '믿음'으로 드려야 한다고 말한다. 믿음으로 기도를 드린다는 것은 '하나님께서 베푸실 은혜에 대한 분명한 느낌을 가진다'는 것이다(황금 사슬, 46장). 여기서 퍼킨스는 믿음을 단순히 지적인 영역에서만 다루지 않고, 내적인 체험의 영역에서 다룬다. 성도는 하나님께서 은혜를 주실 것을 확신하고 부르짖는다. 그들은 심지어 범죄하였거나 연약함 중에서도 하나님께서 은혜를 베푸실 것에 대한 분명한 확신을 가질 수 있다. 퍼킨스는 성경의 인물들, 요나, 롯, 시편 기자가 이러한 믿음 위에서 하나님께 계속해서 기도를 드릴 수 있었다고 한다. 그렇다면 이러한 확신은 어디에서 나오는 것일까? 그것은 '하나님과 화목'을 이루었다는 내적인 확증에서부터 나온다. 즉 성도가 그리스도 안에서 하나님과 화목을 누리고 있다는 확증에서부터 계속해서 기도할 수 있는 믿음이 나온다. 하나님과의 화목을 누리지 못한다면, 말씀 안에서 보여주신 약속들을 믿을 수 없고, 기도 응답을 해주실 것이라고 확신할 수도 없다. 그리고 이 화목에 대한 확신은 우리 자신으로부터 나오는 것이 아니라 성령 하나님께서 주시는 것이다. 이 확신은 사람에 따라서 작을 수도 있고, 혹은 충만할 수도 있다. 그러나 성도와 함께 하시는 성령께서 그 분의 백성들에게 이 확신을 주신다(황금 사슬, 37장). 이로서 성도는 성령께서 주시는 확신으로 지치지 않고 하나님께 기도한다.

그리고 성도는 기도를 통하여 하나님께 '탄원'을 할 뿐만 아니라 '감사'를 드린다. 감사는 우리 마음의 경배와 기쁨으로 하나님께 찬양을 올려드리는 것인데, 그 분이 '이미 주신 은혜'와 '앞으로 주실 은혜'로 인한 것이라고 한다. 이를 통하여 퍼킨스는 기도가 단순히 하나님 앞에 탄원하는 것 뿐만 아니라 그 분이 주신 은혜를 되돌아보며 감사하는 것임을 가르친다.

말씀과 성령의 확신과 내적인 간절함

영국의 청교도들에 대한 일반적인 오해들 중의 하나는 그들을 '냉냉한 스콜라주의자들', 혹은 '의식주의자'들로 이해하는 것이다. 그들의 신학과 목회가 교리중심적이고 논리성을 앞세우기에 그 신앙 역시 차가울 것이라고 생각하는 것이다. 그러나 퍼킨스의 경우에는 전혀 그렇지 않았다. 퍼킨스는 성도가 가져야 하는 내적 확신에 대해서도 많은 관심을 가졌으며, 그것은 그의 작품인 '주기도문 강해'(An Exposition of the Lords Prayer)에서도 나타난다.

그는 '주기도문 강해'에서 기도에는 다음의 여섯 가지 질문과 내용이 있어야 한다고 말한다. 첫 번째로 누구에게 기도하는가 하는 것이다. 성도는 하나님 한 분께만 기도해야 한다. 두 번째로 기도는 어떤 종류의 행위인가 할 때, 단순히 입으로 하는 것이 아니라, 특별히 사람의 마음에 관한 것이라고 한다. 마음의 부르짖음이 없는 기도는 의미가 없다. 세 번째로 기도를 할 때 따라야 하는 형식은 무엇인가? 그것은 하나님의 뜻과 말씀이다. 네 번째로 어떤 감정을 가지고 기도해야 하는가? 깨지고 뉘우치는 마음으로 해야 한다. 다섯 번째로 누구의 이름으로 기도해야 하는가? 중보자이신 예수 그리스도이시다. 여섯 번째로 기도를 위해서는 마음의 확신으로부터 오는 믿음이 있어야 한다(Perkins, *The Works.*, *vol. 1*, 326-328).

여기서 퍼킨스가 가르치는 것은 크게 두 가지로 축약될 수 있다. 하나는 기도를 끌어가는 형태와 지식은 하나님의 뜻과 말씀이어야 한다는 것이다. 이런 측면에서 퍼킨스는 성도들이 기도할 때 알아야 할 기본적인 형태가 주기도문이라고 한다. 주기도문에서는 성도가 평생 구해야 할 여섯 가지 기도의 주제를 보여준다. 그것은 '하나님의 영광', '그 분의 나라', '그 분을 향한 순종', '성도의 삶의 보존', '죄의 용서', 그리고 '영혼의 강화'이다. 이러한 내용들은 동시대에 활동한 개혁파 신학자들에게서 일반적으로 보이는 기도에 대한 설명이다. 개혁파 신학자들은 주기도문을 기도를 위한 가장 좋은 지침서로 이해하였고, 퍼킨스도 동일하다.

그러나 이와 함께 퍼킨스에게는 또 하나의 특징이 드러나는데, 그는 기도에 대한 설명 곳곳에서 마음의 통회와 간절함을 강조하고 있다. 기도는 입으로 하는 것이 아니라, 그의 마음의 탄식과 부르짖음으로 하는 것이다. 그는 모세가 이러한 기도를 하여 응답을 받았다고 한다. 퍼킨스는 기도를 할 때 두 가지 내용을 포함한 마음의 애통함을 가져야 한다고 한다. 첫 번째는 우리 자신의 죄와 비참함, 그리고 영적으로 파산한 상태임을 분명하게 느끼는 것이다. 우리가 안에 있는 비참한 상태에 대해서 슬퍼하지 않는다면 기도하는 것이 불가능하다. 두 번째는 하나님의 은혜에 대한 간절함이다. 비참에 대한 슬픔 뿐만 아니라, 은혜로 가득차기 원하는 간절함이 있어야 하며, 그 은혜를 얻을 때까지 하나님께 부르짖으라고 촉구한다. 그러므로 성도는 기도할 때 '갈망함'과 함께 그것을 주시리라는 '믿음'이 있어야 한다. 퍼킨스는 기도를 '열쇠'라고 말한다. 왜냐하면 우리는 기도를 가지고 하나님의 보물 창고를 열며, 그 분의 긍휼이 우리에게 쏟아지게 만들기 때문이다. 퍼킨스에 따르면 말씀이 우리에게 하나님의 은혜를 설명해 주는 것처럼, 기도는 우리에게 하나님의 은혜를 마음으로부터 느끼게 해주며, 하나님과 친밀함을 가지게 한다. 성도는 말씀과 함께 간절한 기도를 병행해야 하며, 이것이 성도로 하여금 하나님 앞에 지성과 감정의 온전한 인격으로 나아가게 한다.

하나님의 주권과 성도의 기도

퍼킨스는 엄격한 칼빈주의적 예정론을 주장했던 사람이다. 그렇다면 그는 하나님의 섭리 안에서 성도의 기도가 가지는 의미를 어떻게 설명했을까? 하나님께서 모든 것을 알고 계시는데, 왜 성도가 기도를 해야 하는가? 퍼킨스는 '주기도문 강해'에서 성도가 기도를 해야 하는 이유에 대해서 다음과 같이 대답한다. 그는 먼저 하나님께서 우리의 필요를 모르시기 때문에 기도하는 것은 아니라고 못 박는다. 그 분은 전지하시기 때문이다. 그렇다면 왜 기도하는가? 그는 이에 대해서 네 가지로 설명한다. 첫 번째로 성도가 기도함으로서 하나님을 향한 복종이 드러나기 때문이다. 하나님께서 기도하라고 명하셨기에 성도는 순종하여 기도해야 한다. 두 번째로 성도가 기도함으로서 믿음과 회개를 드러내기 때문이다. 세 번째로 기도는 하나님께서 모든 선한 것의 근원이심을 인정하는 것이기 때문이다. 네 번째로 성도가 하나님 앞에서 심정을 쏟아 놓음으로서 마음의 평안을 누리게 되기 때문이다. 이러한 목적으로 하나님께서는 기도하는 성도들에게 평안의 약속을 주셨다고 한다(Perkins, *The Works.*, vol. 1, 328).

이 내용은 하나님의 섭리와 성도의 기도의 관계에 대해서 두 가지 이해를 보여준다. 첫 번째로 기도는 성도가 하나님의 손 안에 있다는 고백이다. 성도는 하나님의 뜻을 내다 볼 수 없다. 그렇기에 어두울 때에도 그 분이 명령하신 것을 순종하며, 자신이 누리는 모든 것을 하나님께서 주셨음을 고백하는 것이다. 기도를 하지 않는 것은 하나님께서 선의 근원이시며, 자신이 그 분으로부터 은혜를 받고 있다는 것을 인정하지 않는 것이다. 성도는 하나님의 섭리를 핑계로 하여서 기도를 게을리 할 수 없다. 기도는 하나님의 명령이며, 성도가 그 명령에 복종함으로서 그 분의 보호와 인도, 즉 예정과 섭리 아래 있음이 드러나기 때문이다. 기도는 선택받은 백성의 고백이며 찬양이다. 기도는 주시지 않는 하나님의 은혜를 끌어내는 것이 아니라, 임하고 있는 은혜를 확신하게 하는 것이다. 두 번째로 이 가르침에서 기도는 성도의 성화와 관련되어 있다. 기도는 성도에게 믿음을 크게 하며 죄로부터 돌이키게 하는 역할을 한다. 그러므로 기도를 하는 것은 그가 점점 더 하나님의 백성으로서 거룩해져 감을 의미한다. 성도는 예정을 통하여 구원이 약속되어 있으나, 동시에 성화에 힘써야 한다. 하나님의 예정과 성도의 성화, 둘은 상충되는 것이 아니며 함께 믿어야 한다. 동시에 퍼킨스는 여기서도 목회적 차원의 권면을 잊지 않는다. 기도를 통하여 성도는 마음의 평안을 누린다. 그러므로 고난과 어려움 안에 있는 성도는 기도를 통하여 구원의 확신을 공고히 하며 마음의 평안을 누릴 수 있다.

공적인 기도에 대하여

퍼킨스는 '설교의 기술'(The Art of Prophesying)에서 목사가 수행하는 공적인 기도에 대해서 가르친다. 공적인 기도는 목사가 교회 공동체를 대표하여 하나님께 간구하는 목소리가 되는 것이다. 그리고 여기에서 네 가지 요소가 있어야 한다고 한다. 첫 번째로 공적 기도의 주제는 성도들의 죄와 부족함을 아뢰는 것이고, 그 후에 하나님의 은혜와 복을 구하는 것이다. 목회자는 공예배의 대표자로서 교회와 성도들의 죄를 자복하고 하나님의 긍휼을 구한다. 두 번째로 목사가 기도할 때 성도들은 그 기도를 듣고, 끝에 '아멘'하여 목사의 기도에 동의를 표한다. 그러므로 회중은 목사의 기도의 말소리를 이해할 수 있어야 한다. 세 번째로 기도가 산만하거나 중언부언해서는 안된다. 네 번째로 목회자의 공기도에는 다음 세 가지 요소가 있어야 한다. '생각하고''배열하고''말하는'것이다. 목사는 기도의 내용을 생각하고 그 주제를 적절한 순서로 배열하여 성도들 앞에서 말한다. 그리고 이렇게 기도함으로서 성도들을 교화(edifying)시킬 수 있다고 한다(Perkins, The Works., vol.2, 673). 이 공적인 기도에 대한 가르침에서 퍼킨스는 공동체의 질서있는 기도를 추구한다. 대표자는 자신의 문제가 아닌 교회의 문제와 감사를 하나님께 아뢰드리되, 그 내용이 장황하거나 산만해서는 안된다. 그리고 이럴 때 기도에 참여하는 성도들에게 감화를 줄 수 있을 것이다. 이것은 교회에서 대표 기도를 감당하는 직분자들이 기억해야 할 내용이다. 좋은 기도문은 성도들에게 큰 유익을 줄 것이다.

퍼킨스에게 기도는 하나님의 명령이며, 성도에게 은혜를 주시는 수단이다. 그의 예정론적 이해는 – 우리의 선입견과는 반대로 – 기도의 정당성을 더해준다. 기도는 성도가 하나님의 주권적 은혜 안에 있다는 고백이며, 그 분 안에 있음을 감사하는 것이다. 동시에 성도는 하나님 앞에서 애통하는 마음을 갖는다. 자신의 부패성을 알기 때문이다. 그러나 기도를 할 때 성도는 하나님께서 주신 기쁨과 위로를 누린다. 이 위로는 그리스도 안에서 성령으로 말미암아 누리는 것이다. 우리가 회복해야 할 것이 있다면 그것은 이 기도의 '애통'과 '기쁨'일 것이다.

참고 도서

W. Perkins, *The Works of William Perkins vol.1-2*, London, 1626-31.

R.A.Blacketer, 'William Perkins(1558-1602)', *in The Pietist Theologian*, C. Lindberg, Blakwell, 2005.

윌리엄 퍼킨스, 「황금사슬: 신학의 개요」, 김지훈 역, 킹덤북스, 2016.

윌리엄 퍼킨스, 「주기도 해설」, 김영호 역, 합신대학원출판부, 2018.

김 지 훈

안양대학교 신대원 (M.Div.)

안양대학교 신대원 (Th.M.)

Theologische Universiteit Apeldoorn (Th.D.)

(현) 신반포중앙교회 담임목사

(현) 안양대학교 겸임교수

(현) 한국개혁신학회역사신학회 회장

존 코튼의 기도

오 덕 교

오늘날 세계열강 중 정치와 경제, 그리고 문화와 예술 영역에서 가장 강력한 영향력을 미치고 있는 나라는 미국이다. 미국은 아프리카, 독일, 스칸디나비아, 프랑스, 스페인, 이탈리아, 그리스, 그리고 러시아와 중국을 비롯한 전 세계로부터 이민해 온 다양한 민족이 어우러 사는 인종의 도가니(melting pot)를 이루고 있지만, 실제로 미국 사회를 이끌어가고 있는 이들은 WASP라고 불리는 소수의 사람들이다. 곧 백인(White)으로, 앵글로 색슨(Anglo Saxon) 계통의 프로테스탄트(Protestant)라는 데 이의를 제기하는 이는 없다. 곧 미국은 청교도에 의해 기초가 놓였고, 그들의 후손들이 다스려 온 나라이다. 노트르담대학(University of Notre Dam)의 교수 조지 마스덴(George Marsden)이 한 연구보고서에서 지적한 것처럼, 미국의 정치와 경제, 그리고 문화를 이끌어온 이들 중 3명 가운데 2명이 청교도였거나 그들의 후손이었다.

1. 존 코튼의 생애와 신학

청교도는 성경의 영감과 절대적 권위를 믿고, 성경대로 교회와 사회를 개혁하고자 한 이들이었다. 청교도 가운데는 분리주의자(Separatist Pilgrim)와 비분리주의자들(Non-Separatist Puritans)이 있었는데, 뉴잉글랜드에 최초로 도착한 이들은 분리주의자들이었다. 그들은 교회 당국이 종교개혁자들을 박해하자 영국 국교회를 적그리스도로 간주하였고, 바른 신앙을 고백하는 참된 신자로만 구성된 교회를 지상에 세울 것을 주장하면서 영국 교회로부터 분리하였다. 이 일로 인해 박해를 받게 되자, 1607년 네덜란드로 잠시 피하였던 이들 가운데 102명이 1620년 9월에는 메이플라워(the Mayflower)를 타고 대서양을 건너 매사추세츠의 플리머스(Plymouth)로 이주하였다. 그들은 1621년 1월과 2월 사이 극심한 기근과 추위, 괴혈병으로 절반이 죽었고, 1630년대에 보스턴에 많은 청교도들이 이민하면서 소수가 되었으며 1650년에는 보스턴에 흡수되어 버렸다. 따라서 분리주의자들이 미국 역사에 남긴 영향은 미미하다고 할 수 있다.

실제로 미국의 기초를 놓은 이들은 1630년 존 윈스럽(John Winthrop, 1588~1649)과 함께 매사추세츠의 보스턴(Boston)에 이민한 비분리주의적 청교도이다. 그들은 성경에 기초하여 믿고, 예배하며, 생활할 것을 주장하였고, 교회가 부패해졌다 하더라도 교회 안에 말씀의 바른 선포, 성례의 신실한 시행, 권징의 정당한 실시 등 교회의 표지(marks of the Church)가 남아있다면, 교회로부터의 분리를 정당화할 수 없다고 역설하였다. 교회가 부패했다고 하여도 그 안에서 개혁할 것을 내세웠던 것이다. 아울러 그들은 개인의 자유보다는 공동체의 유익을 우선시 하는 경건한 사회, 곧 유럽의 모든 나라들이 우러러 볼 수 있는 '언덕 위의 도시'(city on a hill)를 신대륙에 건설하고자 하였다. 성경의 가르침을 따라 다스리는 성경정치(Bibliocracy), 거듭난 성도들이 참정권을 갖고 그들에 의해 다스려지는 거룩한 국가(Holy Commonwealth)를 세우고자 한 것이다.

존 코튼의 형성과 영국에서의 개혁운동

이 같은 '언덕 위의 도시'를 기획하고, 세우는 데 일조한 인물이 바로 '

뉴잉글랜드의 교부'(the Patriarch of New England)라고 불리어졌던 존 코튼(John Cotton, 1585~1652)이다. 그는 1585년 12월 영국의 더비(Derby)에서 변호사인 롤랜드 코튼(Roland Cotton)의 아들로 태어나, 12살이 되던 1597년 케임브리지의 트리니티 칼리지(Trinity College)에 입학하여 아리스토텔레스(Aristoteles)의 물리학, 피터 라무스(Peter Ramus, 1515~1572)의 논리학, 그리고 수사학과 신학을 공부한 후 1603년 문학사 학위, 1606년 문학 석사 학위를 받았다. 그는 1603년 케임브리지 임마누엘 대학(Emmanuel College)의 연구원으로, 1606년 강사로 임명받았고, 그곳에서 히브리어와 헬라어와 라틴어를 연구하여 뛰어난 고전어 학자가 되었다. 헬라어로 본문을 비평하며, 라틴어를 구사할 뿐만 아니라 키케로 식의 문체(Ciceronian Style)로 글을 쓰고, 히브리어로 설교할 수 있었던 것이다. 코튼은 이와 같은 뛰어난 학문과 인격, 그리고 경건 때문에 학생들의 존경을 받았고, 1608년부터 1612년 사이 임마누엘 대학의 수석 강사, 학생감(dean), 교리문답교사로 교수 사역을 감당할 수 있었다.

코튼이 교회 역사에 등장하게 된 것은 1609년 이후이다. 그는 뛰어난 설교자 리처드 십스(Richard Sibbes, 1577~1635)의 설교를 통해 회심하였다. 십스는 장황한 문장이나 미사여구로 설교를 꾸미지 않고, 쉽고 짧은 문장을 사용하여 청중의 심장(heart)에 오래 참으시는 하나님의 사랑에 대해 설교하는 설교자였다. 코튼은 회심 후 1610년 목사 안수를 받았고, 설교 운동을 전개하였다. 그의 설교 운동은 효과적이어서 많은 학생들을 하나님께로 인도하였다. 그 가운데는 케임브리지 대학의 교수인 존 프레스턴(John Preston, 1587~1628), 십계명 해설자로 유명했던 존 도드(John Dod, 1549~1645), 웨스트민스터 총회에서 주도적인 역할을 감당했던 토마스 굿윈(Thomas Goodwin, 1600~1680) 같은 저명한 청교도 신학자와 설교자들이 있다.

코튼은 1612년 링컨 주 보스턴(Boston)에 있는 세인트 보톨프교회(St.

Botolph's Church)로부터 청빙을 받았다. 보스턴으로 이주한 후 1,500여 명의 교인들을 섬기는 일에 전념하였고, 동시에 연구와 교수 사역도 병행하였다. 케임브리지 대학생들을 인턴으로 받아 목회 훈련을 시켰으며, 신학 연구에 정진하여 1613년에는 신학사 학위(Bachelor of Divinity)를 받았다. 신학사 학위는 문학 석사 학위를 얻은 후 7년을 연구해야 얻을 수 있었는데, 뉴잉글랜드에 도착한 청교도 가운데 2명이 이 학위를 가졌는데 코튼이 그 중 하나였다. 코튼은 1615년부터는 본격적으로 교회 개혁 운동을 전개하였다. 그는 설교를 통해 성경의 권위를 강조하면서 교회 안에 널리 퍼져있는 인위적인 요소를 제거할 것을 역설하였다. 그 결과 1621년부터 교회개혁 운동이 나타났고, 교인들이 교회 안에 남아있던 성상과 스테인드 글라스를 제거하기 시작하였다.

이러한 개혁 운동은 교회 당국의 경계심을 불러일으켰고, 성 보톨프 교회를 관할하던 링컨 주의 주교 몬테인(Montaigne)이 코튼을 교회 법정에 소환하였다. 그는 이 일 후 블랙리스트에 올리어졌지만, 움츠러들지 않고 청교도 운동을 적극 추진하였다. 1629년 존 윈스럽을 비롯한 청교도들이 신대륙 이민을 준비하며 '매사추세츠 식민회사'(Massachusetts Bay Company)를 만들 때 적극적으로 그들을 지원하였으며, 1630년 3월 그들이 신대륙으로 떠나기 위해 사우댐턴(Southampton)에 모였을 때 환송설교를 해 주었다. '신대륙에 가더라도 조국 교회를 잊지 말며, 뉴잉글랜드 황무지에 온 세상이 우러러 볼 수 있는 성경적이며 모델이 될 만한 교회와 정부를 세우라'는 내용으로 권면한 것이다.

존 코튼과 뉴잉글랜드 청교도 운동

코튼의 청교도 운동을 달갑게 보지 않던 캔터베리 대주교 로드(William Laud, 1573~1645)는 1632년 그를 고등 종교 재판소로 소환하였다. 종교 재판에 넘겨져 생명을 잃을 수도 있다고 판단한 코튼은 신대륙으로의 이민을 결심한 후 1633년 5월 세인트 보톨프의 교구 목사직을 사임하고, 런던으로 가서 몇 달 동안 숨어 지냈다. 두 달 후 7월, 가족과 함께 비밀리에 신대륙으로 향하는 배에 올라 그해 9월 매사추세츠의 보스턴에 도착하였다. 그가 도착하자, 여러 교회 사이에 그를 서로 청빙하려는 분쟁이 일어났다. 뉴잉글랜드 교회 지도자들은 이 문제 해결을 위한 모임을 열고, 만장일치로 그를 뉴잉글랜드의 중심 교회인 보스턴제일교회에서 일하도록 정하였다. 그는 10월 10일 존 윌슨(John Wilson, 1588~1667)이 담임목사로 섬기던 보스턴제일교회의 교사에 취임한 후 본격적으로 뉴잉글랜드의 기초를 놓는 일을 시작하였다.

뉴잉글랜드에서 청교도 정통 신학 운동을 전개하며 뉴잉글랜드 교회들을 세워갔다. 1633년 윌리엄스(Roger Williams, 1604~1683)가 뉴잉글랜드 교회를 "그리스도와 적그리스도 사이에 있는 괴물"이라고 혹평하면서 영국과 영국 교회로부터의 분리를 주장하자, 코튼은 즉각 윌리엄스의 분리주의를 '언덕 위의 도시'를 허무는 사탄의 역사라고 비난하면서 교회의 하나됨을 강조하였다. 이스라엘 백성들이 종교적으로 부패하고 타락했을 때 선지자들은 그들로부터 떠나라고 하지 않고 회개를 촉구했으며, 고린도 교회에 우상숭배와 도덕적 부패가 만연했지만 바울은 성도들에게 그러한 교회를 떠나라고 하지 않고 그 안에서 개혁하라고 가르쳤음을 상기시키면서 교회의 하나됨을 유지할 것을 촉구한 것이다.

그 후 1635년 앤 허친슨(Anne Hutchinson, 1591~1643)이 직접 계시를 내세우며, 믿음으로 의롭게 된 성도를 자유자이고, 자유인은 더 이상 율법을 지킬 필요가 없다고 주장하자, 코튼은 1637년 성화는 선택의 증거라고 주장하면서 뉴잉글랜드 정통 신학을 옹호하였다. 직접 계시를 옹호하는 것은 성경의 객관적 권위를 부정하는 것이라고 밝히면서 율법폐지론의 이단성을 지적한 것이다. 코튼의 이러한 노력에 의해 로저 윌리엄스와 앤 허친슨은 매사추세츠로부터 추방되었고, 뉴잉글랜드 교회들은 평안을 누릴 수 있었다.

 코튼의 영향력은 교회만이 아니라 세속 정부 영역에까지 미쳤다. 매사추세츠 주정부가 새로운 법률체계를 마련하기 위해 8명의 입법위원을 임명할 때, 코튼도 1636년 한 사람으로 임명되었다. 그는 입법 위원 중 최초로「모세와 그의 형법」(Moses His Judicial)이라는 법률 초안을 제출하였는데, 그 초안에는 행정 관료와 시민의 권한과 의무, 세금, 군사 제도, 상속 문제, 상업, 교역, 범죄, 비행(非行) 및 공의의 실현에 관한 규정이 명시되었다. 초안의 모든 내용은 성경으로부터 추출한 것이었다.

 1643년 영국 의회가 코튼을 3명의 목사들을 뉴잉글랜드 청교도 대표로 웨스트민스터 총회에 초청하였지만, 그는 뉴잉글랜드에서의 업무를 핑계로 참석하지 않았다. 그 후 웨스트민스터 총회에서 영국과 스코틀랜드, 아일랜드 교회가 사용할 표준 문서를 채택하자, 코튼은 이에 대응하기 위해 1646년 케임브리지 대회 소집에 앞장섰다. 이 대회는 1648년 뉴잉글랜드의 교회 행정 원리를 밝히기 위해 케임브리지 강령(Cambridge Platform)을 작성하였는데, 코튼은 강령의 초안위원으로 뽑혔다. 코튼은 교회 계약, 지역교회의 자율성, 교회 또는 교직자 사이의 평등, 지역 교회의 연합을 강조하는 뉴잉글랜드 방식(New England Way)의 교회와 정부 형태를 제안함으로 뉴잉글랜드 교회가 나아갈 길을 제시하였다. 이러한 코튼의 영향력을 파악했던 당시의 역사가 윌리엄 허바드(William Hubbard, 1621~1704)는, "코튼이 강단에서 사회 문제에 대해 설교하면 그것이 사회법으로 제정되었고, 교회와 관련된 것을 전하면 교회의 관례로 받아들여졌다."고 서술하였다.

 코튼은 이와 같이 성경이 다스리는 '언덕 위의 도시'를 건설하기 위해 최선을 다하던 중, 1652년 12월 하나님의 부름을 받았다. 코튼이 임종하자, 코튼의 교회에 출석하던 존 훌(John Hull, 1624~1683)은 일기에 "코튼이 눕던 날 하늘에 이상한 혜성이 나타났다가, 그가 운명하자 사라졌다"

고 썼다. 이러한 기록을 통해서 우리는 코튼이 뉴잉글랜드 청교도들로부터 하늘의 별처럼 존경과 사랑을 받은 목사였다는 것을 확인할 수 있다.

2. 존 코튼과 기도생활

이처럼 코튼이 뉴잉글랜드에 '언덕 위의 도시'를 건설하기 위해 전력을 기울이면서도 기도하는 일에도 전무하였다. 코튼의 외손자 코튼 매더(Cotton Mather, 1663~1728)에 의하면, 그는 더 많은 기도 시간을 얻기 위해 "잠을 줄이고, 말을 아꼈으며, 더욱 시간을 아끼곤 하였다." 곧 "일찍 일어나 말씀에 대해 묵상하면서 아침 시간을 보냈고, 오후의 일과가 끝나면 저녁 식사를 한 후 독서와 말씀 묵상, 그리고 기도로 하루를 마쳤다." 매일 일정한 분량의 성경을 읽은 후 그 말씀을 놓고 기도하는 일에 전념한 하나님의 사람이었던 것이다. 매일 6시간 이상을 기도와 성경 연구에 할애하고, 토요일은 주일을 준비하는 날로 보냈다. 토요일 오후가 되면 온 가족을 불러 모아 요리문답을 가르쳤고, 온 가족이 함께 기도한 후 시편 찬송을 부르고, 잠시 홀로 성경을 공부한 다음, 골방에 들어가서 은밀히 기도하였다.

코튼이 섬겼던 매사추세츠 보스턴제일교회 후임자 존 노턴(John Norton, 1606~1663) 목사는 코튼이 주일을 기도하는 데 온전히 바쳤다고 했다. 그는 코튼의 주일 일과를 다음과 같이 기록해 놓았다. "그는 아침에 가정예배를 드린 후, (연구와 기도의 방인) 서재로 돌아갔고, 교회 종소리가 그를 부를 때까지 그곳에 있었다. 대예배를 마치고 집에 돌아온 후 서재로 돌아갔고, 그곳에서 간단한 저녁식사를 하고, 종이 울릴 때까지 사적인 경건의 시간을 가졌다. 저녁 예배가 끝난 후, 위에서 언급한 작은 기도 골방으로 가서 다시 하나님께 기도하였다; 그 후 가족들에게 설교한 후 다시 기도하였다. 저녁 식사 뒤에 드린 예배에는 시편 찬송을 불렀다. 그는 자기 전,

다시 서재로 돌아가 묵상의 시간을 가진 후 기도함으로 하루의 일과를 마쳤다." 코튼은 이와 같이 매일 자신의 경건 함양과 성도들이 은혜 안에 거할 수 있도록 기도하였고, 뉴잉글랜드가 당면한 문제를 놓고 금식하며 기도하곤 하였다.

기도의 원리

코튼은 하나님께 드리는 모든 기도가 하나님이 받으실만한 것은 아니라고 보았다. 기도는 "하나님의 뜻에 따라, 성령의 도움에 의하여, 그리스도의 이름으로 하나님께 구하는 것"이기 때문이다. 다른 말로 하면, 예배가 성경에 기초해야 하는 것처럼, 기도도 성경적 원리에 따라야 한다는 것이다. 코튼은 예배가 성경에 기초해야 하는 이유를 나답과 아비후 사건에서 찾았다. 그들은 대제사장 아론의 아들로 제사장들이었지만 하나님께 제사 드리다가 죽임을 당하였다. 그 이유는 "하나님이 명하지 않은 다른 불을 가지고 드렸기" 때문이었다(레 10:1-2). 그러므로 코튼을 비롯한 청교도들은 예배가 인간의 고안이 아닌 하나님의 말씀에 기초해야 함을 강조하곤 하였다. 코튼은 예배의 또 다른 원리로 "신령과 진정"을 제시하였다. 이는 예배의 주체요 대상이 되시는 예수 그리스도께서 가르쳐 주신 것으로, 제자들에게 "아버지께 참되게 예배하는 자들은 영과 진리로 예배할 때가 온다."고 말씀하신 후, "하나님은 영이시니 예배하는 자가 영과 진리로 예배할지니라."(요 4:23-24)고 말씀하셨다. 신약 시대의 예배의 원리를 제시한 것이다. 이러한 맥락에서 코튼은 모든 예배가 신령과 진리, 곧 말씀과 성령 안에서 드려야 한다고 주장하였다.

코튼은 이 같은 원리에 기초하여 예배를 개혁하고자 하였다. 곧 영국 교회 안에서 널리 시행되던 성호 긋는 행위, 성화 숭배, 성찬 상 앞에 무릎 꿇는 행위 등이 성경에 근거하지 않는 인간의 고안물이라고 보고 폐지를 촉구하였고, 성자들 또는 성모 마리아에게 기도하는 것을 "명백한 우상숭배"라고 비난하였다. 성자들이나 성모 마리아에 대한 기도는 인위적인 것이요, 삼위일체 하나님만이 기도의 대상이 되기 때문이다. 코튼은 이와 같이 인간이 고안한 예배를 비판하면서 성경에 기초하여 예배드릴 것을 역설하였다.

한걸음 더 나아가, 코튼은 기도도 성경적 원리에 따라 개혁되어야 할 것을 주장하였다. 기도의 방식과 내용, 그리고 자세가 성경에 따라 드려져야 한다고 본 것이다. 사실상 코튼은 성 보톨프 교회에 부임한 이래 영국 성공회의 「공동기도서」(Book of Common Prayer)에 따라 예배를 드리면서 「공동기도서」의 기도문을 사용해 왔다. 그렇지만 1624년경부터 기도문을 가지고 기도하는 것이 과연 신령과 진정을 강조하는 신약 예배의 원리에 맞는지 고민하기 시작하였다. 오랜 숙고 끝에, 그는 기도문을 가지고 기도하는 것이 예수 그리스도께서 가르쳐주신 예배 원리에 미흡하다는 결론을 얻고, 기도문을 사용하는 것에 대한 부정적인 자세를 취하였다.

코튼의 예배에 대한 관심은 뉴잉글랜드에 도착한 후에도 이어졌다. 그는 1634년 12월 익명의 목사에게 편지하면서 자신이 신대륙에 이민하게 된 배경에 대해 "하나님이 영국에서 일할 수 없도록 문을 닫았고, 옥에 갇힐 생각도 했지만 동료들이 신대륙으로의 이민을 권했고, 성경적인 예배를 드리기 위해서"라고 썼다. 그는 신대륙에 이민한 후 본격적으로 예배 개혁을 주장하였고, 그 대상으로 기도문의 사용을 들었다. 인쇄된 기도문에 따라 기도하는 것은 "인간의 고안"을 따르는 것이요, 기도문에 의존하여 기도하거나, 기도문에 특별한 의미를 부여하는 것은 인간이 만든 우상을 섬기는 것과 같다고 주장했다. 인쇄된 기도문을 가지고 기도하는 것은 "제 2계명이 교훈한 예배 정신에도 배치된다."는 것이다. 이러한 이유로 코튼은 그가 섬기는 보스턴제일교회에서 기도문으로 기도하는 것을 금하였다.

올바른 기도의 조건: 신령과 진정

신령과 진정을 강조하는 코튼의 예배 사상과 기도문에 대한 비판은 뉴잉글랜드 청교도들에게 받아들여졌다. 뉴잉글랜드 청교도들은 예배의 원리로 신령과 진정을 강조하였고, 기도문의 사용에 비판적이었다. 뉴잉글랜드 청교도들이 기도문의 사용에 부정적이라는 소식이 영국에 전해지자, 이를 염려하던 존 볼(John Ball, 1585~1640)은 1637년 코튼에게 글을 보내어 뉴잉글랜드의 예배 방식을 비판하였다. 그는 코튼의 설교를 듣고 개종한 존 프레스톤(John Preston)의 친구로, 은혜 언약에 관한 글을 써서 영국 청교도 사이에서 학문성을 인정받은 목사로, 뉴잉글랜드 교회들이「공동기도서」를 부정하고, 기도문의 사용을 거부한다는 소식을 듣고, 이를 비판하는 글을 썼고, 1640년 이 글을「분리 경향의 배경에 대한 친절한 심리」(A Friendly Triall of the Grounds Tending to Separation)라는 제목으로 런던에서 출판하였다.

볼은 기도를 하나님이 제정해 주신 은혜의 방편으로 간주하고, "성령의 도움으로 마음의 소원을 하나님께 아뢰는 것"으로 정의하였다. 기도문에 기도의 형식, 기도자의 소원, "거룩함, 두려움, 열정, 그리고 신실한" 자세가 내포되어 있다면, 그러한 기도는 하나님이 받으실만한 것이라고 규정하였다. 기도자의 자세가 거룩하고, 내용이 성경에 합당하며, 기도 안에 기도자의 소원이 포함되었다면, 그러한 기도는 합당한 기도이므로 기도문을 사용하여 기도하는 것은 합법적이라는 것이다.

볼은 한 걸음 더 나아가, 기도문의 사용이 개혁교회의 전통이라고 주장하였다. 개혁 신학의 기초를 놓은 제네바의 종교개혁자 칼빈(John Calvin, 1509~1564)도 1538년 제네바에서 추방되어 스트라스부르에서 목회할 때와 다시 제네바로 돌아 온 후에도 기도문을 사용했음을 밝혔다. 이처럼 기도서에 따라 기도하는 것은 개혁교회의 전통을 따르는 것이요 어떤 계명에도 위배되지 않는다고 하였다. 그럼에도 불구하고, 코튼을 비롯한 뉴잉글랜드 청교도들이 기도문의 사용을 금하며, 정죄하는 것은 뉴잉글랜드의 청교도가 변질되고 있고, 스스로 편협함을 드러내는 소치라고 비판하였다.

코튼은 이러한 존 볼의 도전에 응답 할 필요성을 느끼고, 1642년 『기도의 양식 설정에 관한 볼의 담화에 대한 신중하고 분명한 답변』(A Modest and Clear Answer to Mr. Balls Discourse of Set Forms of Prayer)을 저술하였다. 그는 이 책에서, "기도가 성령의 도움으로 마음속의 소원을 하나님께 아뢰는 것"이라고 정의한 볼의 견해를 수용했다. 그렇지만 다른 사람이 쓴 기도문을 사용하는 것은 수용할 수 없는 일임을 분명히 밝혔다. 다른 이가 쓴 인쇄된 기도문을 가지고 기도하는 것은 "인간의 고안과 상상을 따라 비는 것"으로, 성경에 의해 입증할 수 없고, 기도자의 양심을 거스르게 할 뿐이라고 비난하였다. 따라서 기도문으로 기도하는 것은 인간의 고안을 따르는 영적 "매춘"이요, 제 2계명의 위반이며, "또 하나의 음행 죄를 범하는 것"이라고 주장하였다..

코튼이 기도문의 사용을 반대한 둘째 이유는 기도문으로 기도할 때 기도의 영적인 면이 제한될 수 있기 때문이었다. 신약의 모든 예배들은 신령과 진정으로 드려야 하는데, 기도문을 사용할 경우 기도자의 소원을 담기에 불완전하여 진정성이 결여될 수 있고, 기도문에 얽매이게 되어 기도의 영적인 면을 약화시킨다고 본 것이다. 기도는 미사여구가 아닌 기도자의 영혼에서 우러나오는 것이어야 하지만, 다른 이가 쓴 기도문으로 기도하는 것은 신령하지도 진정하지도 않은 주문(呪文)과 같다는 것이다. 하나님이 받으시는 기도는 "예수 그리스도의 이름으로, 은혜의 성령이 도움으로 하나님의 뜻에 따라 하나님으로부터 복 받기 위해 마음의 소원을 올려드리는 것(또는 쏟아 내는 것)"이기 때문이다.

마지막으로 코튼이 기도문 사용을 반대한 이유는 기도문의 사용이 만인제사장주의를 훼손할 수 있다고 보았기 때문이었다. 베드로는 신약 시대의 모든 성도들을 "왕 같은 제사장들"(벧전 2:9)이라고 했고, 종교개혁자들은 이 말씀에 기초하여 만인제사장주의를 외치면서 모든 지역 교회의 자율성, 교역자 사이의 평등성을 강조하였는데, 기도문의 사용은 이러한 성경적 가르침에 역행한다는 것이다. 기도문을 작성한 이들이 성직자들이므로, 그들이 작성한 기도문을 사용하는 것은 교회의 계급구조를 인정하는 것이 되고, 한 걸음 더 나아가 성경이 가르쳐 준 만인제사장 사상을 부인하게 만든다고 주장하였다. 따라서 코튼은 "교회의 고위 직분자들에 의하여 고안된 글을 가지고 예배하는 것이나, 다른 사람에게 그것을 가지고 예배하도록 명하는 것"은 불법이며, 교회의 평등사상을 부정하는 것이라고 지적하였다. 하나님은 고위 성직자들에 의해 작성된 주문을 원하는 것이 아니라, 개개인이 그들의 소원을 그들의 말로 고하는 것을 원하신다는 것이다. 그러므로 기도문을 가지고 예배하는 것은 "제2계명에서 금한 새긴 형상을 섬기는 것보다 나은 것이 없다"고 하였다. 코튼은 이와 같은 논리에 근거하여 다음과 같이 주장하였다.

"만일 사람이 어떤 기도를 읽는다고 할 때, 귀하는 그것을 합당한 기도라고 인정하시겠습니까? 나는 영적으로 가련한 상태에 있는 사람이 기도문을 가지고 읽는 기도를 금하지 않습니다. 왜냐하면 찬송을 부를 때 책에 의지하여 노래하는 것과 같이, 어떤 경우에는 기도서에 의지하여 기도할 수도 있기 때문입니다. 그러나 하나님이 그에게 은혜의 성령을 주시지 않는다면 기도서를 가지고는 찬송도 기도도 제대로 할 수 없을 것입니다. 그러므로 기도서에 너무 의지하지 마십시오. 믿음이 약한 자들에게 기도를 격려하기 위하여 기도서를 사용하도록 허락해 준다면 그것을 금하지는 않겠지만, 기도문에 사로잡혀서는 안 될 것입니다. 기도서 안에 몇 개의 좋은 내용의 기도가 있다고 하더라도, 기도의 영이 함께 하지 않는다면, 귀하는 귀하의 상태에 무엇이 맞는지 알지 못하고 기도하게 됩니다. 그리고 기도서가 귀하에게 기도의 틀을 제공한다고 하더라도, 기도서는 귀하에게 겸손한 심정과 열정을 주지 못합니다."

코튼은 이와 같이 기도문을 가지고 하는 기도에 대해 부정적인 입장을 취하였으나, 절대적으로 사용할 수 없다고 보지는 않았다. 그는 존 볼이 그를 편협한 분리주의자라고 정죄한 것과는 달리, 기도문의 사용에 대해 중용적인 자세를 취했다고 할 수 있다. 즉 믿음이 약한 자 또는 신앙의 초보자들과 같은 예외적인 상황에서의 기도문의 사용을 인정한 것이다. "수영을 못하는 사람이 튜브(tube)를 사용하여 수영하는 것과 같이,"기도할 줄 모르는 사람이 기도를 배우기 위하여 기도문을 사용할 수는 있다고 본 것이다(Ibid., 11). 그렇지만 성숙한 신자 또는 기도할 줄 아는 사람이 다른 사람이 작성한 기도문을 가지고 기도하는 것은 수영 선수가 튜브를 가지고 수영하는 것처럼 우스꽝스러운 일이라고 하였다. 결론적으로 다른 사람이 쓴 기도문을 가지고 하는 기도는 성숙한 성인의 기도가 아니고, 그 성격상 주문(呪文)에 가까운 것이라고 지적하였다.

나가면서

지금까지 우리는 영국 청교도 사회에서 뛰어난 학자요, 존경받던 목회자로 신대륙에서 뉴잉글랜드 방식의 청교도 운동을 전개하면서 뉴잉글랜드 사회의 기초를 놓은 경건한 하나님의 사람 존 코튼에 대해 간략하게 살펴보았다. 코튼이 성경을 무오한 절대적 권위를 가진 영감된 책이라고 믿고, 성경대로 살기 위해서 부단히 노력한 청교도였으며, 아침부터 저녁까지 성경을 묵상하고 기도한 경건한 그리스도인이었고, 성경대로 믿고, 예배하고, 교회를 바로 세우고자 한 종교 개혁자였다는 것을 알게 되었다. 아울러 코튼은 뉴잉글랜드를 유럽의 모든 나라가 우러러볼 수 있는 '언덕 위의 도시'로 만들고자 한 비전의 사람이었다는 것을 확인할 수 있었다.

코튼은 그리스도의 왕국이 교회 개혁을 통해 이루어질 수 있다는 믿음으로 교리와 예배, 교회 행정의 개혁을 주장하였고, 특히 예배 개혁을 위해 여러 권의 책을 썼다. 곧 『신자의 세례의 기초와 목적』(The Grounds and Ends of the Baptism of the Faithful, 1647), 『시편 찬송-복음적 의식』(Singing of Psalms A Gospel Ordinance, 1650), 그리고 『기도의 양식 설정에 관한 볼의 담화에 대한 신중하고 분명한 답변』(1642)을 저술하여 성경적 예배가 무엇인지를 밝혔다. 이러한 글들을 통하여 코튼은 신약 시대의 예배가 구약의 제사제도와 구별됨을 지적하였고, '신령과 진정'을 예배의 원리로 삼아야 할 것을 강조한 것이다.

코튼은 이러한 예배 원리에 따라 설교 중심의 예배, 영혼을 쏟아 하나님을 찬양하는 찬송 운동을 전개하여 뉴잉글랜드에서 예배의 형식화를 방지하였다. 한 걸음 더 나아가, 기도자가 마음과 뜻을 다하고 열정으로 하나님께 간구할 것을 주장함으로 기도를 주문이 아닌 생생한 간구로 만들었고, 예배의 활성화를 이루어냈다. 코튼의 이러한 예배 사상과 실천은 형식과 의식에 매여서 죽어가는 현대 교회의 예배를 효과적으로 갱신할 수 있는 방안이 될 수 있을 것이다. 코튼이 부단히 강조했던 것처럼, 성경의 영감과 무오, 권위를 인정하고, 성경이 명하는 대로 예배하고, 성경이 말씀하는 대로 외치며, 성경이 침묵하는 곳에 침묵하면서 성경의 가르침을 생활 속에 실천할 때, 현대 교회는 다시 교회의 부흥을 체험할 것이다. 성경 중심으로, 신령과 진정으로 온전한 예배를 회복함으로 교회의 갱신 운동이 일어나길 기대해 본다.(*)

영적 거장들의 기도

오 덕 교

총신대학교 총신대학교 신학과 (B.A.)

총신대학교 신학연구원 (M.Div.)

총신대학교 대학원 (Th.M.)

Westminster Theological Seminary (Ph.D.)

(전) 합동신학대학원대학교 총장

(전) 한국장로교신학회 회장

존 브라운의 기도

박 홍 규

존 브라운은 누구인가?

존 브라운(John Brown, 1610-1679)은 스코틀랜드 후기종교개혁에 중요한 역할을 했던 신학자이자 목회자이며 대표적인 언약도였다. 그는 1630년 에딘버러 대학교를 졸업했으며, 1655에서 1662년까지 아난데일(Annandale)의 왐프레이(Wamphray)에서 사역을 하였다. 그는 사무엘 러더포드의 제자였으며 러더포드는 다른 어떤 학생들보다 그에게서 그리스도를 볼 수 있다고 칭찬하였다.

왐프레이에서 브라운은 조용하면서도 효과적인 사역을 하였으며 성도들에게 사랑을 받았다. 하지만 그의 행복했던 목회는 찰스 2세가 왕정복고 한 후 국가교회에 동조하지 않는다는 이유로 끝이 났다. 그는 국가교회를 반대하고 신자들의 교회를 주장하는 언약도들과 견해를 함께하였으며, 결국 다른 언약도들과 청교도들과 마찬가지로 고난의 길을 걸어야 했다. 그는 한 겨울에 에딘버러 감옥에 수감되어 1년 동안 고초를 겪었으며, 겨울에 투옥되었던 관계로 몸을 크게 상하였다.

브라운은 이후 왕명으로 스코틀랜드에 다시 돌아올 수 없으며, 돌아오는 즉시 사형에 처해질 것이라는 선고를 받고 그가 그토록 사랑했던 조국에서 추방당했다. 그는 화란으로 망명했으며 로테르담에서 신앙의 자유를 찾아 망명했던 스코틀랜드 성도들이 모인 교회에서 사역하였다. 브라운은 화란에 머물러 있는 동안 많은 책을 썼으며, 그 중에서도 언약도들을 방어하고 국가교회를 반대하는 기념비적인 책을 썼다. 그의 책은 금서로 지정되어 십자가 밑에서 불태워졌으며, 1676년 찰스 2세는 그를 다시 영구추방하는 영을 내렸다.

브라운은 14권의 전집을 남겼으며, 그의 글은 그가 살았던 시대뿐 아니라 이후 스코틀랜드와 영국과 미국 교회의 성도들에게 지대한 영향을 끼쳤다. 그는 변증적이며 신학적인 주제와 관련된 글을 쓴 반면에 기도와 같은 실천적인 주제와 관련해서도 다양한 글을 썼다. 특히 그가 쓴 기도에 대한 책인 『기도와 기도응답에 대한 경건하고 정교한 글(A Pious and Elaborate Treatise Concerning Prayer and the Answer of Prayer』는 기도에 대한 개신교 역사상 가장 탁월한 책이며 기도에 대한 안내서요 교과서라고 말할 수 있다. 우리는 이 책에서 기도에 대한 그의 깊이 있는 신학적 통찰과 생동감있는 실천적 영성을 발견할 수 있다.

기도에 대한 존 브라운의 견해

존 브라운은 언약도이자 후기종교개혁 개신교 신학자로서 그 당시 다른 개신교 신학자들과 마찬가지로 개신교 신학을 기독교 정통주의 전통에서 체계적으로 수립해야 하는 과제를 가지고 있었다. 이런 그의 관심은 신앙의 자유나 다른 교리적인 주제에 대한 그의 글들을 통해서도 표현되었지만, 기도와 같은 실천적인 주제에 대한 그의 관심과 노력으로도 표현되었다. 브라운은 그리스도인의 실천적인 삶에서 가장 중요한 하나님이 주신 선물이자 의무인 기도에 대해 성서적이면서도 정통주의적인 입장에서 체계적으로 수립하고 안내하려는 목적으로 그의 책을 출판하였다. 우리는 이 책에서 신앙의 자유를 위해 고난의 길을 선택했을 뿐 아니라 사랑하는 성도들을 진리 가운데로 이끌고자 했던 브라운의 학문적이며 실천적인 노력을 어렵지 않게 읽을 수 있다.

브라운은 기도에 대한 그의 책에서 "너희가 내 이름으로 무엇을 구하든지 내가 행하리니 이는 아버지로 하여금 아들로 말미암아 영광을 받으시게 하려 함이라"(요 14:13)는 예수님의 말씀을 기초로 기도와 관련된 다양한 주제들을 다루고 있다. 이렇게 성경의 한 구절을 가지고 어떤 주제에 대해 현미경적으로 다루는 방법은 언약도들과 청교도들이 자주 사용했던 방법이기도 하였다. 브라운은 이 말씀을 중심으로, 의무로서의 기도 – "구하라", 기도의 대상 – "아버지", 기도의 매개체 – "내 이름으로", 기도의 내용 – "무엇을 구하든지", 기도의 응답 – "내가 행하리니", 기도의 목적 – "이는 아버지로 하여금 아들로 말미암아 영광을 받으시게", 기도 응답의 확신 – "내 이름으로 무엇을 구하든지 내가 행하리니"로 세분하여 기도와 관련된 다양한 주제들을 다루고 있다.

본문의 내용을 구체적으로 살펴보기 전에 브라운은 기도가 무엇인지를 밝히고 있다. 기도가 무엇인지도 모르는데 우리가 어떻게 기도할 수 있겠는가? 브라운은 기도를 하나님 편에서와 우리 편에서의 시각으로 나누어 설명한다. 하나님은 모든 것이 충분하시며 자신 안에서 우리의 부족한 모든 것과 필요한 것을 공급해 주실 수 있으시다. 더욱이 하나님이 이렇게 충분하실 뿐 아니라 자신의 고갈되지 않은 원천인 선을 기꺼이 주실 준비가 되어 계신다. 그리고 하나님은 우리를 위해 기도를 자신의 선하심과 풍성하심을 받는 방법으로 정하셨다. 이와 반면에 우리는 영혼과 육체에 많은 것을 필요로 하는 가난하고 궁핍한 영혼들이다. 우리는 자신을 돕거나 스스로 이런 악을 해결할 수 없다. 우리는 우리 자신의 처지와 우리의 부족과 필요를 알아야 하며, 우리의 이런 부족과 필요를 공급해 주실 수 있는 분은 오직 하나님뿐이시라는 것을 알아야 한다. 브라운에 따르면 기도의 본질은 바로 이런 하나님과 우리의 차이에서 나온다. 우리에게 모든 풍족하시며 날마다, 매순간 우리의 기도를 응답해 주시기를 원하시는 하나님이 계시다는 것은 얼마나 놀라운 축복인가!

　브라운은 예수님이 "구하라"고 말씀하신 데서 기도가 해도 되고 하지 않아도 되는 것이 아니라 성도들이 반드시 해야 하는 의무라고 주장한다. 그는 기도가 의무인 것을 다른 무엇보다도 정통주의 신학에 기초해서 하나님과 아들과 성령의 관점에서 제시하고 있다. 하나님은 위대한 법의 조성자이시며 창조주이시고 주권자이시다. 그에게 예배의 일부로서 기도를 드리는 것은 당연한 것이다. 우리는 인간의 유한함과 한계와 죄악된 상태와 하나님의 본질과 성품과 그분의 기도응답을 생각할 때 기도하지 않을 수 없다. 우리는 또한 그리스도를 통해 하나님께 나아가며 그리스도는 우리의 위대하신 중보자이시다. 그리스도는 우리를 위해 구속사역을 성취하셨으며 기도로 모범을 보이셨고 기도할 것을 가르치셨다. 성령은 기도의 영 혹은 간구의 영이시며 우리로 하여금 아바 아버지라고 부를 수 있도록 양자의 영으로 우리에게 주어지셨다. 우리는 성령으로 그리스도를 통해 아버지께 나아가며 우리가 기도할 수 있는 은혜는 모두 성령으로부터 나온다.

　또한 브라운은 삼위일체 하나님에 대해 생각할 뿐 아니라 성도로서 우리의 본성과 소명과 고백이나, 우리의 필요나, 우리가 세상에서 맺고 있는 관계를 생각할 때도 기도는 의무라고 주장한다. 우리는 하나님의 자녀로서 하나님 아버지께 기도한다. 하나님은 우리가 하나님의 자녀가 되었을 때 기도할 수 있는 새로운 본성을 우리에게 주셨다. 기도는 죄사함 받고 구원받은 성도들이 특권이다. 또한 우리가 제사장이 되었다는 사실도 기도를 우리의 의무가 되게 한다. 제사장의 가장 큰 임무 중의 하나는 기도하는 것이었다. 더욱이 우리는 이 세상과의 관계 속에서 수많은 것들이 필요하다. 우리는 내적으로 외적으로 많은 짐을 지고 있으며, 일용할 양식이 필요하고, 삶과 복지를 위해 많은 것이 필요하다. 우리는 실패하고 넘어지며 죄를 지은 것에 대해 용서를 구해야 한다. 우리는 싸워야 할 적이 많으며 우리는 우리의 소명을 감당하기 위해 하나님의 도우심이 필요하다. 때때로 우리는 죄로 말미암아 하나님의 징계나 고통이나 심판을 받을 수도 있다. 또한 우리는 가정과 교회와 사회와 국가와 관련해서 다양한 필요를 가지고 있다. 아, 우리에게 기도해야 할 것들이 얼마나 많은가!

브라운은 "아버지께" 기도를 드린다는 데서 우리가 기도해야 할 대상이 누구이신지에 대해서도 자세히 밝히고 있다. 그는 기도의 의무와 관련해서 삼위일체 하나님에 대해 언급했던 것처럼 우리가 기도해야 할 대상이 삼위일체 하나님이시라는 것을 분명히 제시하고 있다. 그는 먼저, 이 세상에 하나님은 오직 한 분이시며 우리가 그 한 분이신 하나님께 기도해야 한다고 주장하고 있다. 그는 어떤 피조물도 하나님의 모든 신적인 성품이 전달될 수 없으므로 기도의 대상의 될 수 없다는 것을 분명히 밝힌다. 또한 그는 성부와 성자와 성령은 본질상 한 분이시기 때문에 각각의 위격이 기도의 대상이 될 수 있다고 주장한다. 하지만 그는 성부와 성자와 성령은 각각 위격의 질서와 사역에 따라 우리가 기도해야 한다고 주장한다. 곧 우리는 성부하나님께 성자의 이름으로 성령의 도우심으로 기도한다. 하지만 이 때 성자와 성령은 아버지보다 못하신 분이 아니라 본질상 동일하신 분이시다.

더 나아가서, 브라운은 우리가 하나님께 기도한다는 사실에서 우리가 어떻게 기도해야 하는지도 밝히고 있다. 우리는 겸손히 기도해야 하며, 거룩한 손을 들고 기도해야 하고, 진지하고 간절히 기도해야 하고, 너무 담대하거나 무례하게 기도하지 말아야 하고, 성령 안에서 기도해야 하며, 그의 뜻에 순종해서 기도해야 하며, 진리와 진실함으로 기도해야 하고, 정직하고 바르게 기도해야 하며, 우리가 기도하는 것과 하나님의 영광이 일치하는지 생각하며 기도해야 하고, 하나님에 대한 올바른 이해와 그분의 본성과 속성에 대한 믿음을 가지고 기도해야 한다.

또한 브라운은 하나님이 우리의 아버지라는 사실은 우리가 어떻게 기도해야 할지 가르쳐준다고 지적한다. 우리는 자녀로서 달콤하고 따뜻하며 담대한 확신을 가지고 기도할 수 있으며, 우리에게 은혜를 베푸시는 하나님의 은혜로운 성품과 그의 약속들에 대한 믿음을 가지고 기도할 수 있으며, 우리가 구하는 것은 들어주실 것이라는 믿음을 가지고 기도할 수 있으며, 우리를 겸손하게 낮추고 기도해야 한다는 것을 배울 수 있으며, 거룩한 두려움과 존경으로 하나님께 나가야 하고, 애정을 가지고 하나님을 사랑하고 즐거워하며 그를 기쁘시게 하려는 열망을 가지고 기도해야 하며, 자녀로서 복종하고 그의 뜻에 순종하려는 자세로 기도할 수 있다는 것이다.

그는 더 나아가서 기도의 방법과 관련된 성경의 표현들도 주목한다. 우리는 계속해서 쉬지 말고 기도해야 하며, 간절하게 기도해야 하고, 어디서든 기도해야 하며, 거룩한 손을 들고 분노하지 말고 기도해야 하며, 믿음으로 기도해야 하고, 온갖 방법의 간구로 기도해야 하며, 성령으로 기도해야 하고, 깨어서 기도해야 하고, 간절하고 열정적으로 기도해야 하고, 존경함으로 기도해야 하고, 온 마음으로 기도해야 하고, 힘써 기도해야 한다.

우리는 이러한 기도의 방법에 대한 브라운의 관찰에서 그가 신학적으로 안정되어 있을 뿐 아니라 얼마나 진실하고, 간절하며, 열정적이며, 실천적인 신학자이자 사역자였는지 어렵지 않게 알 수 있다. 그는 양심의 자유를 위한 투쟁의 과정에서, 낯설고 물설은 타국에서의 망명생활에서 자신의 목양하는 사랑하는 성도들과 조국 스코틀랜드를 위해 끊임없이 진지하면서도 간절히 기도했을 것이다.

브라운은 이제 "너희가 내 이름으로 무엇을 구하든지"에서 "내 이름으로"라는 표현을 통해 우리가 누구의 이름으로 기도해야 하는지 밝히고 있다. 그는 우리는 기도할 때 우리의 중보자이시며 구세주이신 그리스도의 이름으로 기도해야 하며, 우리는 그리스도를 통하지 않고 죄사함을 받을 수 없으며, 그리스도를 통하지 않고 하나님께 기도할 수 없다고 주장한다. 그러면서 그는 우리가 그리스도의 이름으로 기도하는 것이 무엇을 의미하는지도 밝히고 있다. 이것은 우리가 기도할 때 그리스도를 통해 모든 격려를 받을 수 있으며, 그 안에 담대함과 확신을 얻을 수 있고, 그 안에서 하나님께서 우리의 기도를 받아주실 것이라는 소망을 가질 수 있으며, 우리의 힘이 아니라 그가 주시는 힘으로 기도하며, 오직 우리의 기도응답의 근거가 그와 그의 공로에 있으며, 우리의 모든 어려움과 간구와 소원을 그에게 맡길 수 있다는 것을 의미한다.

또한 브라운은 "너희가 무엇을 구하든지"에서 우리가 무엇을 구할 수 있는지도 제시하고 있다. 그는 "무엇을 구하든지"라는 표현에서 이것은 우리가 구할 것이 많다는 것을 암시한다고 지적한다. 그는 우리가 어떤 어려움에 처해 있든지, 어떤 불가능하게 보이는 것이든지 우리를 가로막고 있는 것에 대해 우리는 그리스도의 이름으로 하나님께 기도할 수 있고, 하나님은 이런 우리의 간구를 환영하신다고 말한다. 하지만 브라운은 우리가 무엇이든지 구할 수 있지만 구할 수 있는 것과 구할 수 없는 것이 있다고 지적한다. 우리는 불법적이거나 하나님이 금지하신 것을 구할 수 없고, 약속되지 않을 것을 구할 수 없고, 정욕을 불러일으키고 죄를 짓게 하는 것을 구할 수 없고, 때에 맞지 않거나 자신에게 적합하지 않을 것을 구할 수 없다. 하지만 우리가 구할 수 있는 것도 구할 수 있다. 우리는 너무 크게 느껴지는 것도 구할 수 있고, 빵 한 조각 물 한 잔처럼 너무 사소하고 보잘것없이 보이는 것도 구할 수 있고, 불가능하게 보이는 것도 구할 수 있고, 우리 자신뿐 아니라 다른 사람들을 위해서도 기도할 수 있다. 브라운은 당시 불가능하게 보였던 왕의 회심이나 신앙의 자유를 위해서도 기도하기를 게을리하지 않았을 것이다.

더 나아가서, 브라운은 "너희가 내 이름으로 무엇을 구하든지 내가 행하리니"라는 주님의 말씀에서 기도 응답에 대해 다룬다. 그는 기도 응답과 관련해서 우리가 기도하는 하나님이 누구이신가와 그가 기도 응답에 대해 주신 약속들에 근거하여 하나님이 우리의 기도를 응답하신다고 주장한다. 먼저, 그는 하나님은 기도를 들으시는 주이시며 우리의 기도를 들으심으로 자신이 살아계시고 참되신 하나님이시라는 것을 친히 증거하신다고 지적한다. 그 다음으로, 그는 기도 응답과 관련된 성경에 나오는 수많은 약속들을 제시한다. 아, 우리는 기도 응답에 대한 얼마나 많은 약속들을 가지고 있는가!

그러면서 브라운은 하나님이 우리의 기도를 응답하신다는 의미가 무엇인지에 대해서도 탐구한다. 그는 먼저, 기도 응답은 하나님의 작정과 영원하신 결정과 충돌하지 않으며 오히려 그것으로 통제되고 있다고 지적한다. 곧 그는 하나님의 영원하신 뜻과 기도하라는 하나님의 계시된 뜻과 우리의 의무 사이에 모순을 인정하지 않는다. 또한 그는 기도는 하나님의 뜻을 바꾸는 것이 아니라 하나님을 하나님으로 인정하고 모든 것을 하나님께 맡기고 하나님께 복종하는 것임을 지적한다. 또한 기도의 응답이 지체될 때조차 그것은 기도 응답이 거절되는 것을 의미하지 않을 수 있다고 그는 지적한다. 하나님은 우리의 기도를 응답하시되 우리가 원하는 시기나 방법으로 응답하지 않으실 수 있기 때문이다. 그는 때때로 우리의 기도가 응답되지 않았을 때도 하나님은 우리에게 구하는 것보다 더 좋은 것을 주실 수 있으며, 설령 이 땅에서 응답되지 않더라도 영원한 나라에서 응답될 수 있다는 것을 인정해야 한다고 주장한다.

브라운은 "내가 행하리라"는 주님의 표현에서 주님의 어떻게 우리의 기도를 응답하시는 지에 대해서도 탐구한다. 그가 지적하는 주님의 기도 응답의 대전제는 주님은 자신의 죽음과 공로와 피로써 우리가 구할 약속된 모든 선한 것을 값주고 사셨으며 우리는 그 안에서 모든 영적인 축복을 받는다는 것이다. 곧 우리는 이미 우리의 주님이 값주고 사신 것을 구하며, 기도는 바로 이것을 누리는 통로요 수단이다. 더욱이 브라운은 주님은 우리가 누릴 것을 값주고 사셨을 뿐 아니라 성령을 보내셔서 우리로 구하게 하시고, 우리가 구할 때 그것을 받으시고 자신의 향의 연기로 감싸서 아버지께 드리신다고 지적한다. 더욱이 그는 우리 주님은 하늘보좌에서 대제사장으로 우리를 위해 중보하시고, 우리의 기도를 아버지께 드리시고, 아버지께 우리의 간구에 대한 답을 얻으시고, 이 얻으신 것을 성령으로 성도들에게 전달하신다고 말한다. 우리는 이런 그의 주장에서 우리가 믿고 섬기는 그리스도께서 우리의 구속주가 되시며, 대언자가 되시고, 대제사장이 되셨다는 사실은 우리의 기도가 어떻게 응답되는지를 보여준다는 것을 알 수 있다.

마지막으로, 브라운은 "내 이름으로 무엇이든지 내게 구하면 내가 행하리라"고 주님이 반복해서 말씀하신 데서 기도의 응답의 확신의 문제에 대해 다룬다. 그는 우리가 기도할 때 우리의 기도가 응답되리라는 확신을 가지는 것은 쉬운 일이 아니라는 것을 인식한다. 하지만 그는 우리 주님은 자기를 따르는 자들이 자기 이름으로 무엇을 구하든지 응답받을 것이라는 확신을 가지기를 원하신다고 주장한다. 그러면서 그는 "내가 행하리라"는 말을 주님이 두 번 반복해서 말씀하셨다는 것을 주목한다. 아, 우리가 기도할 때 우리의 기도가 응답될 것이라는 확신을 가질 수 있다는 것은 우리에게 얼마나 큰 위로가 되는가! 브라운은 그러면서 우리가 이렇게 주님이 주신 기도 응답에 대한 확신을 의심하는 것 자체가 큰 죄가 된다는 것을 지적한다.

결 론

우리는 지금까지 존 브라운이 기도에 대한 자신의 책에서 기도와 관련된 다양한 주제를 다룬 것에 대해 간략하게 살펴보았다. 비록 지면상의 한계 때문에 자세히 다룰 수 없었지만, 기도에 대해 체계적이며 깊이 있는 이해를 가지기 원하는 독자들은 그의 책을 일독해보기를 권한다. 우리는 그의 책에서 기도가 무엇이며, 누구에게 기도해야 하고, 어떻게 기도해야 하며, 무엇을 기도해야 하고, 어떻게 기도응답을 받을 수 있으며, 어떻게 기도 응답에 대한 확신을 가질 수 있는지 배울 수 있다. 사실 기도에 대한 많은 책이 있고, 특별히 청교도 전통에서 쓰여진 기도에 대한 책들이 일부 소개되기도 했지만, 존 브라운의 기도에 대한 책처럼 체계적이며 깊이 있게 기도와 기도 응답에 대해 다루고 있는 책은 거의 보지 못했다. 우리는 브라운에게 학자로서의 학문적 깊이와 목회자로서의 성도들에 대한 사랑과 신앙의 자유를 위해 자신의 일생을 바친 언약도로서의 실천적 영성을 만날 수 있다. 또한 우리는 브라운에게서 바른 신학과 바른 실천이 어떻게 기도라는 주제에서 아름답게 조화를 이룰 수 있는지 발견할 수 있다.

박홍규

한국외국어대학교 영어과 (B.A.)
침례신학대학교 신학대학원 (M. Div.)
New Orleans Baptist Seminary (Ph.D.과정)
University of Aberdeen (Ph.D.)
(전) 침례신학대학교 조직신학 교수
(전) 웨스트민스터신학대학원대학교 조직신학 교수
(현) 임마누엘침례교회 담임목사

존 오웬의 기도

서 창 원

1. 존 오웬은 누구인가?

찰스 2세 왕 앞에서 '내가 땜쟁이의 능력을 소유할 수만 있다면 나의 모든 학문을 기꺼이 버리겠다고 고백'할 만큼 존 번연을 좋아한 17세기 청교도의 대표적인 학자요 설교가인 존 오웬은 1615년 옥스퍼드 근처 스타드햄프톤에서 청교도 목사 헨리 오웬의 4남1녀 중 둘째 아들로 태어났다. 10세 때 옥스퍼드의 올 세인츠 문법학교에 입학하였고 12세 때에 옥스퍼드 대학교 퀸스 대학에 입학할 정도로 명석한 그는 1632년에 BA, 1635년 MA를 취득했다. 매일 4시간 정도만 수면을 취하면서 학문적 자질을 유감없이 발휘하였지만 동시에 건강이 많이 훼손되어서 성인이 된 후에도 늘 천식과 담석으로 고생을 많이 했다. 청교도 사상과 결이 다른 대주교 윌리암 라우드와 성공회의 영향력이 점점 증폭되자 옥스퍼드를 떠나 한 귀족 가문의 사목 겸 가정교사로 섬겼다. 거기서 그는 교권을 피해 개인적으로 학문연구에 정진할 수 있게 되었다. 1642년에 런던으로 이사한 그는 특히 구원의 확신에 대해서 미진했던 여러 의문점들을 단번에 해소하는 경험을 하였다. 이 문제로 오년 동안 우울증에 시달렸었는데 에드문드 칼라미의 설교를 듣고 (마 8:26) 자신을 향한 하나님의 사랑을 깊이 깨닫게 되었다. 그리고 자신이 하나님의 자녀라는 큰 확신을 갖게 되었다.

저술가로서 그의 경력을 쌓기 시작한 처녀작은 "알미니안주의의 실체"로 1642년에 출판한 상당히 강력한 논쟁적인 작품이었다. 그는 엑세스에 있는 포담(Frodham)에서 살면서 1643년에 담임목사가 출교되어 없는 근처의 코게샬(Coggeshall) 교회를 맡아 후임이 올 때까지 목회를 하였다. 그는 1644년에 메리 루크와 결혼하여 11명의 자녀들을 낳았으나 그 중에 열 명은 유아 때 사망하였다. 딸 하나만 성년이 되어 결혼하여 살다가 그녀마저도 불행한 결혼생활을 하다가 얼마 안 되어 세상을 떠났다. 1646년까지 거기에 있는 동안 그의 유명한 〈목사들의 의무와 구별된 성도들의 의무〉에 대한 책을 썼다(1643) 그리고 존 번연의 설교 은사는 자신의 학문 전부를 합친 것보다 나은 것이라고 고백했을 때가 이 때였다. 그럼에도 불구하고 그의 설교 역시 수많은 사람들에게 영향을 끼쳤다.

그는 리차드 박스터와 오랫동안 논쟁을 낳게 한 그의 유명한 책 〈그리스도의 죽음 안에서 사망의 죽음〉이라는 책을 1647년에 출판하였다. 이때가지만 해도 그는 아주 온화한 장로회주의 사상을 가지고 있었다. 회중주의의 무정부론에 대해서 반대했었다. 그러나 그의 생각은 얼마 안 되어 회중주의자가 되었다. 1649년 1월 30일에 찰스 1세 왕이 처형되고 올리버 크롬웰에 의해서 공화정치가 시작되면서 1651년 옥스퍼드의 크라이스트 교회 대성당 학감으로 임명되었다. 그리고 1652년에는 에드워드 레이놀즈 목사 뒤를 이어서 옥스퍼드 대학교의 부총장이 되었다(당시 대학교 총장은 크롬웰 호민관이었기 때문에 부총장이 실질적인 총장이었다). 사실 의회의 대다수 의원들이 크롬웰에게 왕관을 씌우기를 원했지만 오웬의 주도적인 반대로 그는 호민관으로 만족해야 했다. 그것 때문에 오웬은 호민관 취임식에 초대받지도 못했다. 1658년 7월에 옥스퍼드 대학교 총장자리를 사임한 크롬웰은 아들에게 그 자리를 물려주게 되자 1660년까지 그리스도 교회에서 계속 사역하기는 했어도 오웬은 학교에 더 이상 머물 수 없게 되었다.

1658년 9월에 그는 사보이 궁전에서 열린 회중 교회 대회에 참여했다. 그는 15년 전에 웨스트민스터 총회 총대로 함께 참석했던 토마스 구드윈, 필립 나이, 윌리암 브리지, 윌리암 그린힐, 조셉 카일 목사와 함께 사보이 선언서를 작성했다. 1660년 왕정복구가 된 후 그는 옥스퍼드를 완전히 떠나서 스타드함프톤으로 옮겼다. 그곳에서 목회 중 1662년에 찰스 2세의 종교통일령으로 인해 대추방령이 발포되자 오웬도 2004명의 추방된 청교도 목사들에 포함되었다. 그에게 제공된 감독직은 거절했으며 뉴잉글랜드의 존 카톤의 교회에서 목회해달라는 청빙도 거절한 그는 성공회주의와 청교도주의 간의 계속된 논쟁에서 지대한 역할을 감당하였다. 1666년 런던의 대 화재이후 다른 청교도 목사들의 설득에 의하여 런던으로 되돌아온 오웬은 설교사역을 계속할 수 있게 되었다. 1672년 신교자유선언이 있기까지 활발한 저술활동에 이바지했다. 내주하는 죄, 시편 130편 강해, 히브리서 강해가 이 기간에 작성되었다. 1673년 오웬의 교회와 조셉 카일이 섬기던 교회와의 병합이 이루어졌다. 1674년에 성령론을 저술하였으나 사후에 출판되었다(1693). 가정생활에 대한 언급은 많지 않지만 1676년에 아내 메리 루크와 사별하면서 큰 고통을 겪었다. 그리고 1년 8개월 만에 미망인 미셀과 재혼하며 살다가 1683년 대추방령 반포의 기념일에 세상을 떠났다. 그는 '위대한 빛이었고 거룩과 학문과 목회역량에 있어서 탁월한 사람이었다. 그는 하늘을 소유하고 살았고 그리스도를 뜨겁게 사랑했으며 성도들과 모든 사람들을 사랑한 자였다. 은혜와 본성이 그 안에서 조화되어 하나가 된 사람이었다.' 그의 저술들은 17세기 정통개혁파 신학의 진수들을 대변하고 있다. 동시에 신자로서의 모범, 목사로서의 본, 학자로서의 그의 모범을 여실이 증언한다. 영국의 진리의 깃발사에서 그의 전집 23권의 방대한 책들을 출판하여 보급하고 있다.

2. 기도의 특징들

존 오웬의 기도에 대한 언급은 그가 쓴 성령론에서 찾아지는 것이 유일하다. 싱클레어 퍼거슨은 그 내용들이 '이전 세기의 개혁교회 전통에서 명료하게 밝히 기도의 생기와 힘으로 특징지어지는 것'들이요 특히 칼빈의 가르침에서 발견되는 것들에 기초하고 있는 것이라고 하면서(칼빈의 기독교강요 3권 20장) 두 가지 특징이 있다고 했다.

1. 언약적 특권으로서 기도

성도가 가지는 기도의 특권과 그 유용성은 약속의 하나님으로서 하나님의 본성과 성품에 의존되어 있는 것이다. 물론 이것은 성경적인 언약 교리의 핵심이다. 성경에서 하나님은 약속하시는 하나님, 약속을 지키시는 구속주로서 나타난다. 이에 기초하여 인간은 하나님께 확신을 가지고 도움과 은혜를 구할 수 있는 것이다. 따라서 하나님의 약속들은 기도를 측량하는 기준이며 그 약속들은 기도의 문제가 포함되어 있다. 하나님께서 주시는 약속은 기도의 객관적인 가능성을 창조한다. 성령의 도우심은 기도의 주관적인 실현의 조건이다. 기도는 선물이며 능력 혹은 영적 기능이다. 성령은 은혜와 간구의 영이시기에 성령의 도우심은 우리에게 기도 응답에 대해서 확신을 가지게 도와준다.

하나님의 성령은 기도에 있어서 하나님의 자녀들을 직접적으로 인도하고 도우신다(롬 8:26). 우리가 어떻게 기도해야 할지 알지 못할 때 그가 오셔서 우리를 지원해 주신다. 오웬은 신자들은 자신의 진짜 필요가 무엇인지도 자각을 못하고 있고 하나님에 의해서 이 필요가 어떻게 채워질지도 알지 못하고 있으며 더욱이 자신의 기도가 어떤 목적으로 간구해야 하는지도 잘 알지 못하기 때문에 이런 결함을 성령께서 채워주신다고 했다. 특히 이 성령은 신자 자신의 무지와 어리석음을 고백하게 할 뿐 아니라 은혜의 필요성도 절감하게 한다. 그런 방식으로 성령께서는 내적 및 영적 필요만이 아니라 외적 필요에 대한 깊은 자각을 낳는다. 그리고 쉬지 말고 기도해야 하는 것과 관련하여 불신앙의 죄가 얼마가 큰지도 깨닫게 한다.

또한 성령은 인간의 필요가 무엇인지만 아는 것이 아니라 하나님의 뜻도 아신다. 그래서 오웬은 성령의 도우심은 우리의 필요에 응답하시는 것을 포함한 하나님의 약속들과 관련이 있다고 했다. 이것이 기도에 믿음으로 간구해야 함을 포함하고 있다. 그 믿음은 항상 하나님의 약속들을 존중히 여긴다. 그 약속들이 기도를 판단하고 기도를 하게 한다. 그러므로 신자가 기도할 수 있기를 원한다면 하나님이 약속하신 것을 아는 것은 필수적이다. 사도 바울은 고전 2:9절에서 하나님께서 자기를 사랑하는 자들을 위해서 예비하신 것이 있다고 하였다. 그 준비하신 것을 언약의 약속 안에서 선언하신다. 왜냐하면 그것들이 은혜의 선언이며 하나님이 그들을 값 주고 사신 기뻐하시는 뜻을 선언하는 것들이기 때문이다.

성령은 간구하는 영이시다(슥 12:10). 성령은 신자들의 기도 가운데서 기도를 통해서 일하신다. 기도하고자 하는 은혜로운 성향을 창출하신다. 그리고 기도할 은혜로운 능력을 주신다. 롬 8:26절에서 성령께서는 우리의 연약함 가운데서 마땅히 아뢸 바를 아뢰게 도와주신다. '기도는 은혜의 실행만이 아니라 하나님의 양자로서 하나님 아버지와의 관계에 대한 반응이다.' 성령은 기도의 대상자인 하나님을 기뻐하게 한다. 은혜의 보좌에 좌정해 계신 하나님을 뵙게 하는 것이다. '성령은 기도에 있어서 확신이나 담대함을 불러일으킨다… 이것은 하나님께서 신자들의 기도의 의무를 기뻐하시고 그들의 인품들을 받아주시며 그의 보좌에 나아가는 것을 기뻐하신다는 거룩한 설득력으로 구성되어 있는 것이다.'(4권 295). 이런 방식으로 언약에 있어서 교회에 약속하신 하나님의 능력과 선하심을 경험하게 되는 것이다. 그런 의미에서 기도는 언약적 특권이다.

2. 성경적인 의무인 기도

신앙생활의 모든 것은 하나님의 은혜와 사랑의 역사이다. 그에 대한 우리의 감사의 반응은 우리의 영적인 의무들을 채우는 것이다. 우리는 하나님께서 약속하신 것을 위하여 기도하는 것이다. 그리고 그 약속하신 것이 우리에게 전달되게 하는 방식으로 하나님께서 역사하실 것이며 효력 있게 하실 것이다. 기도의 내용은 성경적인 것에 매여야 한다. 예를 들면 기도해도 받지 못하는 것은 잘못 구하기 때문이다(약 4:3). 어쩌면 잘못된 것을 구하기 때문일 수 있다. 합법적인 것과 불법적인 기도는 칼빈의 가르침에서 전개되고 있다(기독교강요 3권 20장 48항). 성경은 기도의 내용을 지시하며 기도하도록 감동을 준다. '우리는 하나님께서 허락하시는 것 그 이상의 것을 구하지 않는다. 비록 하나님께서 우리의 마음을 하나님 앞에 쏟아놓으라고 하셨을지라도 그는 여전히 우리의 어리석고 사악한 감정의 고삐를 무차별적으로 풀지 않으신다.'(기독교강요 3.20.5항). 하나님께서 허락하시는 것은 무엇인가? 합법적인 기도는? 칼빈은 시편 119:38절을 강해하면서 이렇게 말하고 있다: 기도의 유일한 목적과 합법적인 사용은 하나님의 약속하신 것들의 열매들을 수확하는 것이다. 하나님의 말씀을 가지고 부르짖는 것만이 합법적인 기도이다. 그의 말씀 안에서 하나님께서 하시겠다고 약속하신 것만이 참 기도의 주제이다.

오웬은 여기에다 이렇게 말했다. '하나님께서 약속하신 것이 무엇이든지 그가 약속하신 모든 것 말고는 우리가 기도할 수 없다. 왜냐하면 은밀한 것은 우리 주 하나님에게만 속한 것이기 때문이다. 그러나 그의 의지와 은혜에 대한 선언은 우리에게 속한 것이다. 이것이 우리의 기도에 관한 규범이다. 이처럼 기도는 철저하게 성경의 가르침에 의해서 지배되어야 한다. 잘 이해되고 잘 적용된 성경의 약속들이 기도에 있어서 모든 확신의 근거이다. 이것은 정확하게 예수께서 하신 말씀과 일치하는 것이다: "너희가 내 안에 거하고 **내 말이 너희 안에 거하면** 무엇이든지 원하는 대로 구하라 그리하면 이루리라"(요 15:7).

오웬은 성경적인 기도의 한 가지 중요한 특징이 하나님을 기다리는 것이라고 했다. 기도응답에 대한 확신의 근거는 하나님의 약속이지만 하나님의 목적과 이 세상에서 그가 실행하시는 섭리적 통치하심은 구하는 것과 그 간청에 대한 응답을 받는 것 사이에 일시적인 갭이 있음을 의미하기 때문에 기다리는 것이 중요하다는 것이다. 그것을 기다린다는 것은 그것을 위해 기도하는 것을 의미한다. '기다림은 게으른 소망이 아니다. 나태한 기대가 아니다. 이루어질 때가 되었다는 것을 알았을 때 그것을 위해 기도할 것이 무슨 필요가 있겠는가? 나는 대답한다. 더 기도해야 한다. 기도는 그 약속이 이뤄지도록 돕는다. 애기 날 때가 되었기 때문에 산파가 더 필요한 것과 같다. 약속들을 제정하신 하나님은 그것이 기도의 열매가 되도록 제정하신 것이다. 간구한 모든 것들을 기다리라 언제 이루어질지 알지 못한다고 해서 낙심하지 말라.' 성경에서 아직 성취되지 않은 하나님의 약속들의 완성을 위하여 기도하는 것은 성도의 의무이다. 성도는 무엇을 위해 기도할 것인가?

오웬은 성경에서 하라는 명령이 있는 것들은 다 기도해야 한다. 예언의 성취, 성령께서 우리에게 감동하시는 우리의 필요들, 우리의 죄악들과 불신앙, 주기도문, 하나님의 영광을 위한 것이야말로 가장 고상하고 가장 중요한 기도이다. 우리가 살고 있는 나날들에서 부딪히는 유혹들과 위험한 일들로부터 구해달라고 기도도 해야 한다. 그런 것들에 대해서 덜 말하고 기도를 더 하면 상황은 많이 나아질 것이다. 그리고 적어도 그 모든 것들을 극복할 수 있을 것이다. 그러나 기도를 간과하는 것은 안전보장이 되지 않는 멸망이 다가온다는 슬픈 징조이다. 이런 방식으로 신자는 기도하는 의무 가운데서 자기 자신의 마음을 살피고, 성경 말씀을 묵상하며 가슴에 새기어 성경의 말씀을 잘 알고 하나님의 영광을 묵상하며 그리스도의 도고를 생각하며 그리고 기도에 있어서 종종 열심히 우리의 연약함을 도우시는 성령의 사역을 통하여 기도하는 것이다.

주님께서 말씀하신 것처럼 기도하지 않으면 시험에 들기 때문에 쉬지 말고 기도해야 한다. 이것이 성도의 의무이다. 동시에 기도하는 사람은 기도하는 것처럼 살려고 힘써야 한다. 그것이 성도들의 일과 목회사역을 더욱 풍성하게 할 것이다. 신자들은 우리의 순종을 하나님께서 받아주신 자로서 그리스도에게 순종하는 사람이다. 그러나 하나님을 향한 자신의 모든 의무가 무엇인지를 알기에 자신의 연약함, 불완전함, 하나님의 임재하심에 거할 수 없는 죄인임을 절감하는 자들이다. 그래서 언제나 자신들의 거룩한 것들의 죄악을 담당하시고, 그들의 기도에 향을 더하시며 자신들의 모든 의무들로부터 모든 잡초들을 거두시고 하나님께 용납될 만한 자가 되게 하시는 그리스도를 더욱 앙망하는 기도를 하지 않을 수 없다. 왜냐하면 우리가 가진 것이 아무 것도 없다는 것을 인정하지 않는다면 그리스도로부터 어떤 능력도 받을 수 없기 때문이다.

3. 존 오웬의 목사의 기도 생활을 위한 동기

1682년 9월 8일 목사 안수식에서 그가 한 설교에서 목사가 기도에 힘써야 할 동기들을 다음과 같이 피력하였다. 기도는 우리가 우리의 목회적 임무들을 온전히 수행하고 있다는 증거이다. 오웬이 확고한 신념은 기도가 목회 사역에 충실한지를 판가름하는 잣대라는 것이다. 목사로 하여금 원하는 만큼 설교하게 하라 심방하고 싶은 만큼 심방하라 그러나 기도 없이는 그가 자신에게 주어진 사역을 온전히 수행하고 있다고 증명할 수 없다.

이것은 기도를 통해서 우리의 회중들에게 복이 내리게 하는 길이다. 자기 회중을 축복하는 목회자의 능력은 권위적인 것이 아니다(즉 목사가 뭔가를 나눠주는 것이 아니다) 그러나 열망이요 선언적인 것이다. 하나님의 백성들에게 진짜 축복이 임하는 것을 볼 수 있는 유일한 방도는 하나님께 복 내려주시기를 간청하는 것이다. 이것이 기도해야 할 하나의 큰 동기이다.

성도들을 위하여 기도하지 않으면서 목사가 교회를 향한 자신의 사랑을 유지할 수 있다고 말할 자는 아무도 없다. 목회는 설교자가 성도들의 최상의 행실과 자세 및 최악의 행실과 자세를 직면한다는 것을 의미한다. 목사는 자신이 돌보고 있는 영혼의 목자로서 실망과 좌절을 겪게 되는 많은 이유들을 접하게 된다. 그들을 향한 사랑의 불길이 타오르게 할 무엇이 전혀 없는 경우들을 만나게 되는 것이다. 그럼에도 불구하고 그들을 위하여 끊임없이 기도해야 한다. 기도함으로 사랑의 불길이 다시 솟게 할 수 있다.

하나님은 기도를 통해서 우리의 성도들에게 무엇을 설교할 것인지를 가르쳐 주신다. 성도들을 위하여 기도함으로 말미암아 설교자는 지속적으로 자신의 마음에 무엇이 회중에게 가장 절실한 것인지를 가져오게 된다. 이것은 결과적으로 그가 설교하게 될 것에 대한 생각에 영향을 끼친다. 성도들을 위하여 더 기도하면 기도할수록 성도들에게 설교한 것들이 더 잘 스며들게 할 것이다. 목회 사역에서 많은 목사들이 기도하는 시간과 기도에 적용하는 것이 가장 힘든 전쟁이다. 오웬의 말은 우리가 목양하는 자들에게 하나님의 얼굴을 구하는 것이 얼마나 시급한 것인지를 자각케 한다. 기도는 우리의 심령의 기쁨을 솟구치게 하는 본질적인 것이요, 우리의 영혼의 건강을 유지하는 핵심이며, 우리의 설교에 큰 효과를 나타내는 결정적인 요소이며 우리의 청중들을 유익하게 하는 본질적인 요소이다.

4. 결론

오웬은 기도를 성도들 속에 내주하시는 성삼위 하나님의 역사로 간주했다. 오웬의 말에서 그리스도 안에서 그리스도를 통해서 우리에게 하나님을 계시하시는 것은 오직 성령의 일이다. 우리로 하여금 타당한 방식으로 그를 알아보게 하신다…우리가 은혜의 방식 안에서 하나님과 함께 하는 모든 인지는 그의 성령에 의하여 우리 안에서 만들어진 계시로부터 온 것이다. 진리가운데로 인도하시는 성령은 우리로 하여금 하나님의 언약적 특권을 풍성히 누리게 하시고 또 하나님과 교제하는 즐거움에 들어가게 하시며 하나님의 뜻을 구현하도록 능히 도와주시는 것이다. 하나님의 모든 약속에 근거하여 하나님의 뜻을 구현하는 기도여야 한다. 또한 기도는 우리가 얼마나 무기력한 존재인지를 기억함으로써 마지막에 사용하는 무기이다. 때를 따라 돕는 은혜를 얻기 위하여 성령 안에서 중보자 그리스도 예수를 의지하여 하나님의 은혜의 보좌 앞에 담대하게 나아가는 성도의 특권이요 임무이다. 만일 우리 안에서 성령의 능력을 통해서 그리스도께서 역사하신다면 우리는 얼마나 소망이 넘쳐나겠는가? 오웬은 이렇게 기도한다.

'나는 가련하고 약한 피조물이나이다. 물처럼 불안정하니 나는 날 칭찬할 수 없나이다. 이러한 타락은 내가 너무나 힘든 것이어서 내 영혼은 파멸되는 바로 그 코앞에 서 있나이다. 내가 어찌할바를 알지 못하나이다. 내 영혼은 마른 땅과 용의 거주지가 되었나이다. 나는 약속을 했지만 쉽게 어겼습니다. 그렇게 많이 다짐은 맹세와 약조들을 아무것도 아니게 했습니다. 승리를 쟁취하고 건짐을 받게 되도록 내가 얼마나 많은 설득을 가졌었는지요? 그런데 나는 나 자신을 속였습니다. 내가 명확하게 본 것은 어떤 성공도 도움도 없이 나는 완전히 잃어버린 자가 되었고 하나님의 완전히 버린 자가 되었다는 생각이 가득하나이다… 은혜가 충만하신 주 그리스도시여 보옵소서, 하늘과 땅의 모든 권세를 가지신 주님이시여 주님의 이 모든 원수들을 다 멸하실 수 있으시나이다. 나의 구원과 도움을 위하여 그리스도 안에는 충분한 방편이 있나이다. 그리스도는 나

의 의기소침함이나 죽어가는 영혼을 받으소서 그리고 나를 넉넉히 이기는 자가 되게 하옵소서!(롬 8:37)'

특히 죄와 싸워야 할 성도들의 믿음을 북 돋아주는 "너희가 육신대로 살면 반드시 죽을 것이로되 영으로써 몸의 행실을 죽이면 살리니"(롬 8:13)는 말씀을 강론하면서 그는 이렇게 기도하고 있다.

'가장 은혜로우신 하늘의 아버지! 내 자신의 힘으로는 육체의 행실들을 죽일 힘이 없는 가련하고 불쌍한 죄인이 당신께 왔나이다. 매일 오셔서 나의 삶 속에 내재하고 있는 죄의 권능을 죽이는 일을 감당할 수 있도록 도와주옵소서. 내 자신의 힘으로 죽이고자 결코 시도하는 일이 없게 하옵시고 당신의 영의 도움이 없이는 내 수고가 다 헛되다는 것을 결코 잊지 않게 하옵소서. 오 주 여호와여, 주의 영을 통해서 원수의 교활함과 간교함을 죽이도록 도와주옵소서. 내가 매일 깨어날 때 죄를 죽이는 내 임무를 기억하도록 힘을 공급해 주옵시고 내가 죄를 죽이지 않으면 그 죄가 나를 죽일 것임을 기억하게 하옵소서. 죄가 우위를 차지할 것임을 계속해서 알고 죄와 싸움을 포기하는 일이 없게 하옵소서. 내가 죄를 죽이는 것이 내 삶의 특징이 되게 하시고 내게 생명을 위한 전쟁에서 생명과 활력과 위로를 가지게 하옵소서.

오 주 여호와여, 매일 전적인 순종을 따르도록 상기시켜 주옵시고 내 삶에서 죄의 권능이 날마다 약해지게 하옵소서. 죄가 승리하는 방식들과 경우들을 알게 하옵시고 거룩을 위하여 죄와 맞서서 지속적으로 투쟁하게 하옵소서! 나로 하여금 죄책과 죄의 위험과 사악함을 깊이 자각게 하옵시고 주님이 없이는 화인 맞은 양심이 될 뿐임을 알게 하셔서 마음의 강퍅함과 내 영혼의 속임에 떨어지는 일이 없게 하옵소서. 오 주님, 주의 거룩한 계명이 내 마음에 언제나 있게 하옵소서. 그리하여 그 말씀이 나를 인도하며 주님을 경외하는 자리로 이끌게 하옵소서! 주의 영의 은혜로 말미암아 교만을 꺾는 겸손을 심어주소서 부정한 것을 깨끗케 하는 정결함을 주옵시고 이 세상에 대한 사랑을 대항하는 천상의 마음을 주옵소서! 오 주의 성령께서 내 마음이 은혜에 매이게 하옵시고 육체에 반대되는 열매가 넘치도록 내 죄의 뿌리를 불태우시고 폭로되게 하옵소서! 믿음을 통하여 내 심령에 그리스도의 십자가를 가져오게 하옵소서. 그것은 그리스도의 십자가에 나타난 은혜를 응시함으로 가능합니다. 그리하여 나는 죄 죽이는 권능을 경험하게 될 것입니다.

나는 이것을 모든 이름 위에 가장 뛰어나신 예수 그리스도의 강력한 이름으로 간구하나이다. 아멘!

서 창 원

총신대학교 및 신학대학원 졸업

런던신학교 졸업

에든버러신학교 (Dip.Th.)

에든버러 대학교 뉴 칼리지 (Th.M.)

웨스트민스터 신학대학원대학교 (Ph.D.)

(현) 한국개혁주의설교연구원 대표

프랑수아 투레티니의 기도

권 경 철

I. 들어가는 말

 라틴어식으로는 프란키스쿠스 투레티누스, 영어식으로는 프랜시스 투레틴이라고 흔히 알려진 프랑수아 투레티니는, 종교개혁자 쟝 칼뱅(Jean Calvin, 1509-1564)보다 약 100년 이후의 제네바 신학을 선도한 인물로서, 소위 개혁파 정통주의 신학 혹은 개신교 스콜라주의라고 알려진 17세기 정통신학을 대표하는 신학자이다. 17세기 정통신학 분야의 권위자인 리처드 멀러가 투레티니라는 이름과 개신교 스콜라주의라는 말이 동의어와도 같다고 했던 것만 보아도, 투레티니가 칼빈 이후의 신학에 있어서 얼마나 비중있는 인물인지를 알 수 있다.[1]
 그런데 기도에 대한 투레티니의 입장은 그의 명성에 비해 주목을 받지 못해왔다. 그 이유는 한편으로는 투레티니라는 인물이 그의 선배 칼뱅만큼 잘 알려지지 않았기 때문일 것이고, 또 한편으로는 개신교 스콜라주의 신학은 신앙적으로 메마르고 무미건조하다는 선입견이 있어왔기 때문일 것이다. 실제로 개혁파 계열의 저명한 교의신학자 헤르만 바빙크(Herman Bavinck, 1854-1921)마저도 칼빈의 신학과 그 직속 후계자들의 신학을 구별하면서, 전자의 신학이 살아있고 역동적인 신학이었다면, 후

---

1 Richard Muller, 『칼빈 이후 개혁신학』 한병수 옮김 (서울: 부흥과개혁사, 2011), 336.

자의 신학은 복잡하기만 한 죽은 정통이라는 입장을 취하기도 하였다.[2] 심지어는 베어슬리라는 투레티니 연구가가 투레티니의 신학을 일컬어 "생기를 기다리는 먼지"와도 같이 푸석푸석하다고 평가한 적도 있었다.[3] 사정이 이렇다보니, 투레티니와 기도라는 말은 서로 어울리지 않는 상호 모순적 관계에 있는 것처럼 비춰졌고, 그 결과 투레티니의 기도론은 별다른 관심을 끌지 못했다.

그렇지만 우리는 17세기 정통 신학이 꼭 무미건조하기만 했던 것은 아니었음을 생각해보아야 한다. 내면의 경건과 기도생활로 명성이 높은 영국의 청교도들과 유럽의 초기 경건주의자들 역시도 크게 보면 17세기 정통신학자들이었다.[4] 일례로 히스베르투스 푸치우스(Gisbertus Voetius, 1589-1676)의 실천적 정통주의 신학을 보면, 정통주의와 개신교 스콜라주의, 그리고 경건주의가 서로 상극관계에 있다는 선입견이 효과적으로 허물어지는 것을 발견하게 될 것이다. 대표적으로 한글로 번역된 그의 저서 『내 영이 주를 찬양하며』를 살펴보면, 내면의 시험을 극복하고 기도하는 생활에 대하여 상당한 분량을 할애하여 언급하고 있음을 알 수 있다.[5] 그렇다면 푸치우스에게 큰 영향을 받았고 목회에도 종사하였던 투레티니가 기도에 대해서 전혀 관심이 없었다고 생각하기는 어려울 것이다. 물론 투레티니가 한국교회의 독자들이 일반적으로 기대하는 만큼 자주 기도에 대해서 공개적인 언급과 부연설명을 하지 않았던 것은 사실이다. 하지만 그래도 그가 기도에 대해 무지한 <u>죽은 정통의 대표주자였음이 틀림없다고 성급하게 결론을</u> 내리는 것도 문제가 있다.

2 Herman Bavinck, *Reformed Dogmatics*, vol. 1, Prolegomena, ed. John Bolt, trans. John Vriend (Grand Rapids, MI: Baker Academic, 2003), 180-181.

3 John Walter Bearsdlee, "Theological Development at Geneva under Francis and Jean-Alphonse Turretin,"(PhD Dissertation, Yale University, 1956), 315.

4 이 점에 대해서는 권경철, 『뿌리내리는 정통주의 신학: 동일한 신앙고백, 다양한 신학논쟁』 (군포: 다함, 2018)을 참고하시오.

5 히스베르투스 푸치우스, 요하너스 호우른베이크, 『내 영이 주를 찬양하며』 홍종락 옮김 (서울: 두란노, 2007).

이 글에서 필자는, 그동안 투레티니 연구에서 간과되었던 기도라는 주제를 통해 투레티니의 생애와 작품을 재조명해보려고 한다. 먼저는 투레티니의 생애 속에서 나타났던 그의 기도들에 대해서 살펴보고, 그 다음에는 투레티니의 저작 속에서 나타난 기도에 관련된 부분들을 분석해 볼 것이다. 물론 투레티니가 기도에 대해서 직접적이고 자세하게 언급하는 부분이 많지는 않기에, 우리의 분석에는 일정부분 한계가 있는 것이 사실이다. 하지만 그렇다고 해서 투레티니가 기도에 대해서 침묵으로만 일관하는 것도 아니기에, 그가 직접적 혹은 간접적으로 기도에 관하여 다루는 부분들을 자세히 살펴보는 것은 의미있는 작업이라고 할 수 있다.

II. 투레티니의 생애를 통하여 엿보는 그의 기도관

투레티니의 일생은, 그의 선친의 신앙과 기도의 터 위에 세워졌다고 할 수 있다. 투레티니의 할아버지 프랑수아 투레티니는 종교개혁 신앙으로 인해 이탈리아 루카에서 제네바로 피신한 인물이었고, 아버지 베네딕트 투레티니는 1611년부터 칼뱅이 세운 제네바 아카데미에서 가르쳤던 신학자였다. 베네딕트는 아직 아들이 어릴 때 세상을 떠났지만, 죽어가면서도 그의 아들을 위해 "이 아이는 하나님의 인침을 받았다"는 예언과 같은 축복기도를 해주면서 생을 마감하였다.[6]

이같이 좋은 토대 위에서 프랑수아 투레티니는 신학도의 길을 걸어갔다. 그는 제네바는 물론이거니와 네덜란드와 프랑스에서도 수학하며 학문을 연마하고 견문을 넓혔다. 그리고 공부를 마친 후에는 이탈리아 이민 교회를 맡아서 목회를 하기도 하고, 제네바시에 의해 얼마간 리옹 교회의 임시 목회자로 사역하도록 파견되기도 했다. 투레티니가 후에 "신자들이 얼마든지 서로를 위해 기도해줄 수 있고, 특히 목회자는 마땅히

---

6 E. de Bude, *Vie de Francois Turrettini: Theologien Genevois, 1623-1687* (Lausanne, 1871), 26.

하나님의 백성들을 위해 기도해주어야만 한다"고 쓴 것이 이 때의 목회 경험과도 무관하지 않을 것이다.[7] 투레티니는 신학자이기 이전에 성도들을 위해서 기도하는 목회자였던 것이다.

얼마 후 리옹을 떠나 고향으로 다시 돌아온 투레티니는, 제네바 아카데미의 신학 교수직을 제안받게 된다. 처음에 투레티니는 교수직을 즉각 수락하지 않았는데, 이는 그가 최종적으로 결정을 내리기 전에 먼저 기도해보기를 원했기 때문이었을 것이다.[8] 하지만 제네바 목사회는 계속해서 기도하면서 고민하던 그를 설득하여 교수직을 수락하도록 하였다. 투레티니가 평생동안 사역할 장이 열린 이 때가 바로 1652년이었다. 큰 결정을 앞두고 기도하기를 원했던 투레티니의 모습은, 메마른 정통주의에 대한 세간의 선입견과는 거리가 멀다.

교수로 재직하던 투레티니는, 곧 큰 숙제를 떠안게 된다. 그것은 바로 제네바 성벽 보수를 위한 기금을 마련함으로써 중세에 제네바를 식민통치하던 사보이 공국의 침략으로부터 제네바를 보호하는 것이었다. 투레티니의 부친도 성벽 보수를 위한 해외 자금 모금에 성공한 바가 있기는 했으나, 아들이 똑같은 일을 다시 한 번 한다는 것은 매우 어려운 일이었다. 당시 네덜란드 고위층 중에는 제네바를 또 한 번 돕는 일에 회의적인 견해를 가진 사람들이 있었기에, 네덜란드에 특사로 파견된 투레티니는 네덜란드가 제네바를 돕는 일을 국가적으로 합의하기까지는 매우 길고 어려운 과정이 있을 것임을 예견하였다. 그래도 그는 포기하지 않았다. 포기하기는커녕, 그는 하나님께서 지혜를 주시어 제네바를 무사하게 지켜낼 수 있도록 해달라고 기도하면서 주요 인사들을 만나서 제네바 지원의 당위성을 설득하면서 네덜란드를 위해서도 기도하겠다는 약속을 했고,[9] 그 결과 네덜란드로부터 거액의 지원금을 얻어낼 수 있었다. 특히

---

7 Francis Turretin, *Institutio theologiae elencticae* (Geneva, 1679-1685), XIV. iv. 2.

8 Bude, *Vie de Turrettini*, 62.

9 Bude, *Vie de Turrettini*, 83.

그가 네덜란드 고관들 앞에서 제네바를 대표하여 읽은 연설문을 보면, 기도라는 단어가 매우 많이 등장한다:

> "우리 제네바 교회는 하나님께 쉬지 않고 간절한 기도와 소원을 올리기를 계속하되, 하나님께서 특별히 네덜란드로 말미암아 행해지는 공적이거나 혹은 개별적인 선행을 통해 그 아들의 통치를 굳건히 하기를 기뻐하시기를 위하여 기도하며, 하나님께서 네덜란드를 보존하시며 그 나라에 평화를 주시도록 기도할 것이며, 그 아름다운 네덜란드 교회들이 항상 더 번성하도록 기도하고, 그리고 이 강대국의 번영과 영광이 항상 증가하여 하나님께서 신자들의 위로와 주님의 크신 이름의 영광을 흥왕하도록 하는 당신의 고관들과 그들의 좋은 계획에 모든 현세적 복과 신령한 복으로 복주시기를 특별히 기도할 것입니다."[10]

비록 전면에 부각된 것은 아니더라도, 이 모금운동 과정을 통해 우리는 투레티니의 기도생활의 한 단면을 엿볼 수 있다. 모금운동을 위해 뛰어다니기 바쁜 상황에서 국가의 위기 상황을 타개하기 위해 기도하고, 네덜란드국과 그곳의 위정자, 그리고 교회를 위해서 기도할 것임을 공언하는 것으로 미루어 볼 때, 적어도 투레티니에게 기도란 의미없는 과정이나 형식만은 아니었던 것으로 보인다. 투레티니는 "임금들과 높은 지위에 있는 모든 사람을 위하여" 기도해야 한다는 것을 느꼈던 것이다 (딤전 2:1-2).

여기서 우리는 투레티니와 칼뱅 사이에 존재하는 한 가지 공통점을 찾을 수 있다. 그것은 바로 위정자를 위해서 기도해야 한다는 점이다. 칼뱅은 그의 『기독교강요』 제4권 마지막 부분에서, 위정자에게 복종하며 그를 위하여 기도해야 한다는 점을 강조한다. 마찬가지로 투레티니 역시도 위의 연설문에서 보듯이, 위정자들에게 복종하며 그들을 위하여 기도해야 한다는 것을 전제하고 있다. 이렇게 볼 때, 투레티니는 성경과 칼뱅으로부터 물려받은 신학의 내용을 기도로 승화시켰다고 볼 수 있겠다.

기도와 모금운동을 통해 국가의 위기를 극복해내는 데에 지대한 공헌

---

10 Bude, *Vie de Turrettini*, 96.

을 한 투레티니는, 1668년 제네바 아카데미 학장직을 두 번째로 맞게 된다. 학장직을 수락하면서도, 투레티니는 기도로 학장직을 잘 수행하겠다고 선언하였다. 일단 그는 학교 대소사가 잘 처리되도록 부지런히 살피고, 기도하면서 목사회와 교수들이 만족할만큼 일을 잘 하도록 노력하겠다고 하였다.[11] 물론 투레티니가 너무 바빴기 때문에, 이 공약이 기대만큼 잘 시행되기는 어려웠다. 하지만 이 대목에서 우리는 기도를 통해서 학교 사역을 잘 감당하길 원한다는 그의 정신을 읽을 수 있다.

신학적인 논쟁을 할 때에도, 투레티니가 논쟁의 상대를 위해 기도하는 자세를 잃지 않으려고 나름의 노력을 기울였던 흔적들이 있다. 로마 가톨릭이나 소키누스주의와의 논쟁 등 외부의 적과의 논쟁에서는 차이점이 워낙 분명하다보니 기도하는 자세가 잘 보이지 않는 것이 사실이지만, 적어도 개혁주의 전통의 개신교 내부에서 일어난 곤란한 논쟁에 있어서만큼은 투레티니가 때때로 기도하는 자세를 취한다. 투레티니 시대의 대표적인 논쟁은 전통적인 개혁파 신학자들과 소위 소뮈르 학파라고 하는 수정주의 개혁파 신학자들과의 논쟁이었다. 프랑스 소뮈르(Saumur)에 위치한 저명한 개신교 신학원에서 가르치던 모세 아미로(Moise Amyraut, 1596-1664)가 대략 1634년부터 개혁주의 전통의 제한 속죄론과 아르미니우스주의의 보편 속죄론을 절충해놓은듯한 보편 은혜론을 주장하자, 많은 프랑스어권 목회자들과 신학자들이 그의 뒤를 따랐다. 투레티니가 학창시절을 보내던 1640년대 제네바에도 이미 아미로의 추종자들이 있었는데, 그 중에서 대표적인 이가 제네바 아카데미에서 헬라어를 가르치던 알렉산더 모뤼스(Alexander Morus, 1616-1670)라는 강사였다. 투레티니는 그의 스승이요 아미로의 신학에 반대했던 프레데릭 슈판하임(Frederic Spanheim, 1600-1649)의 뒤를 따라 소뮈르 학파에 대한 모뤼스의 호의적인 접근을 경계하였다. 하지만 그러면서도 투레티니는 개인적으로는 모뤼스를 원수처럼 대하지 않고, 그와 그의 가족에게 "하나님의

11 Bude, *Vie de Turrettini*, 123.

풍성한 은혜와 복이 계속해서 있기를 기도한다"는 인사말을 그의 편지에 쓰기도 하였다.[12] 결국 제네바시는 투레티니와 그의 스승들의 노선을 따라 1647년과 1649년, 그리고 1669년에 소뮈르 학파의 신학을 경계하는 입장을 연이어서 규범화하고 재확인했으며,[13] 1678년에는 취리히와 함께 새로이 만든 스위스 일치 신조(Formula Consensus Helvetica)라는 소뮈르 신학을 논박하는 신앙고백서를 제네바로 하여금 공식적으로 채택하도록 하였다. 비록 1678년 스위스 일치신조를 받아들이는 과정에서 투레티니가 얼마나 어떻게 기도를 했는지는 명확하지 않지만, 적어도 이전부터 그가 취했던 자세를 통해 미루어보면 그가 기도와는 상관없는 메마른 정통을 지향하지는 않았다는 결론을 내리는 것이 가능할 것이다.

말년에 투레티니는 건강이 악화되어 병상에서 성경말씀을 묵상하면서 기도하였다. 비록 건강악화로 인해 원하는 만큼 많이 기도하지는 못했지만, 그래도 그는 그리스도만을 바라보며 이 땅에서의 마지막 시간을 보냈다.[14] 특히 그는 "여호와여 내 기도를 들으시며 내 간구에 귀를 기울이시고 주의 진실과 의로 내게 응답하소서 주의 종에게 심판을 행하지 마소서 주의 눈 앞에는 의로운 인생이 하나도 없나이다"라고 했던 시편143편 1절과 2절을 암송하며 다음과 같은 기도를 드렸다. "구주 예수님, 나의 영혼을 당신의 피로 덮으소서. 아버지시여, 제가 간구하오니, 그 피의 외침을 들으소서."[15] 그는 또한 그가 위독해지기 얼마 전에 이탈리아 교회에서 설교하였던 시편38편 1절과 2절 역시도 즐겨 암송하면서 기도하곤 했다. "영존하시는 주님이시여, 주의 노하심으로 나를 책망하지 마

---

12 Bude, *Vie de Turrettini*, 211.

13 Gerrit Keizer, *Francois Turrettini: Sa vie et ses oeuvres et le consensus* (Kampen: J. A. Bos, 1900), 72.

14 Bude, *Vie de Turrettini*, 266.

15 Bude, Vie de Turrettini, 266-267; "Funeral Oration of Benedict Pictet concerning the Life and Death of Francis Turretin," in Turretin, *Institutes of Elenctic Theology* (Philipsburg, NJ: Presbyterian and Reformed, 1997), 3:673.

시고 주의 분노하심으로 나를 징계하지 마소서 주의 화살이 나를 찌르고 주의 손이 나를 심히 누르시나이다."[16] 그러면서 그는 오히려 주위 사람들에게 이 세상은 원래 소망이 없고 그 자신은 오직 그리스도와 연합할 복된 날만을 기대하고 있으니 슬퍼하지 말라는 위로의 말을 전하곤 했다.[17] 임종의 바로 그 순간에도 투레티니는 하나님 앞에 빨리 서기를 원한다는 듯이, "그러므로 우리는 긍휼하심을 받고 때를 따라 돕는 은혜를 얻기 위하여 은혜의 보좌 앞에 담대히 나아갈 것이니라"고 한 히브리서 4:16말씀을 중얼거리면서 세상을 떠났다.[18]

이로 미루어 볼 때, 비록 투레티니의 생애와 사상의 전면에 그의 기도 생활과 기도론이 부각되지는 않더라도, 그렇다고 해서 그를 기도를 잊은 메마른 신학자라고 매도하는 것이 옳지 않다는 것을 알 수 있다. 위에 살펴본 기록들을 종합해볼 때, 투레티니는 선친의 신앙과 기도의 터 위에서 떠나지 않고 평생동안 어려운 일을 당할 때마다 기도하기를 잊지 않았으며, 말년에는 더더욱 신실하게 기도하는 삶을 살았던 것으로 보인다. 그리고 당시 신학자들이 자신의 사생활에 대해서 많은 기록을 남기지 않는 경우가 심심치 않게 있었다는 것을 고려해보면, 그가 자신의 기도생활을 기록으로 남기지 않았다고 할지라도 실제로는 생각보다 더 열심히 기도했을 가능성이 높다. 그의 목회사역 역시도 그가 기도의 자리로 나아가도록 하는 계기가 되었을 것이다.

---

16 Bude, *Vie de Turrettini*, 267; "Funeral Oration of Benedict Pictet,"673.

17 Bude, *Vie de Turrettini*, 268; "Funeral Oration of Benedict Pictet,"674.

18 Bude, *Vie de Turrettini*, 271.

III. 투레티니의 저작을 통하여 엿보는 그의 기도관

투레티니는 그의 저작에서 기도에 자체에 대한 세부적인 설명과 분석을 제공하지는 않는다. 여기에는 두 가지 정도의 이유가 있다고 하겠다. 첫째 이유는, 투레티니보다 앞선 개혁파 개신교 신학자들이 이미 기도에 대해서 기본적인 신학작업을 끝냈기 때문일 것이다. 개혁파 개신교의 대표적인 문서라고 할 수 있는 하이델베르크 교리문답과 장로교단의 핵심 가치를 담은 웨스트민스터 신앙고백서만 보아도 이미 기도에 대해 설명하면서 주기도문을 해설하고 있다. 두 번째 이유는, 투레티니가 자신의 대표저서인 『논박신학강요』(Institutio theologiae elencticae)를 저술할 때 신학논쟁이 있는 부분만을 선택적으로 다루려고 했기 때문이다. 그러므로 논박신학강요에 다루지 않은 내용이 있다고 해서 투레티니가 그 내용에 무지하다고 가정하는 것은 이치에 맞지 않고, 그가 기존에 있는 종교개혁자들과 그 후예들이 이미 정립한 내용에 만족했다는 증거라고 생각하는 것이 옳다. 따라서 투레티니가 기도에 관해 많이 언급을 하지 않았다는 것만 보고 투레티니의 영적 빈곤함을 비판해서는 안된다. 그것은 그 당시 제네바에서 기도에 관하여 큰 혼란이 없었다는 증거일 뿐이다. 큰 혼란이 있었다고 한다면, 투레티니는 틀림없이 기도에 대한 자세한 분석을 그의 책에 제공했을 것이다.

물론 이 말은 투레티니가 그의 작품에서 기도에 관해서 단 한 마디도 하지 않는다는 뜻은 아니다. 투레티니의 『논박신학강요』에 보면, 기도에 관한 내용이 나오는 곳은 총 4곳에서 나오고 있다. 1권에서는 하나님의 작정과 예정에 대해 다루는 네 번째 주제의 제3문과 제5문 이렇게 두 곳이 있고, 그리고 2권에서는 십계명의 제1계명에 대해서 다루는 열 두 번째 주제의 제7문과 그리스도의 유일한 중보자 되심에 대해서 다루는 열 네 번째 주제의 제4문이 있다. 투레티니는 1권에서는 기도와 하나님의 작정간의 상충되지 않는 관계에 대해서 설명하였고, 2권에서는 그리스도의 중보기도와 성인중보설이 다르다는 것을 증명하면서 기도에 대해서 몇 가지 간단한 언급을 했다. 그리고 설교에서는 좀 더 실제적인 기도생활에 대한 권면도 이따금 나타나고 있다.

먼저 『논박신학강요』 1권에서 투레티니는, 하나님의 작정과 예정이 "경건한 사람들의 기도들에 의하여 바뀌는 것은 아니지만, 그 기도들을 통하여 하나님께서는 행하기로 작정하신 일을 이루신다"고 썼다.[19] 이 구절에서 투레티니가 말하고자 하는 것은, 소키누스주의자들과 아르미니우스 항론파들, 그리고 예수회 신학자들의 의견과는 달리, 하나님의 작정은 조건적이 아니므로, 사람의 뜻에 따라 그것이 바뀌지 않는다는 점이다. 하나님 계획의 불변성에 대한 투레티니의 이와 같은 입장은 개혁파 개신교가 전통적으로 믿어왔던 것을 재확인하는 것이다. 그러면서도 투레티니는 거기에 그치지 않고, 경건한 사람들의 기도가 하나님의 불변하는 작정과 상충되지 않는다는 것을 부연함으로써, 신학 전통을 유지하면서도 기도생활을 열심히 할 수 있는 근거를 마련한다. 제5문에서도 투레티니는 비슷한 언급을 하는데, 이번에는 인생의 날수가 하나님의 계획과 작정에 따라 정해진다는 것을 증명하는 문맥에서 그렇게 한다. 논박 상대는 이번에도 소키누스주의자들과 아르미니우스 항론파들이다. 비록 사람의 수명은 하나님의 계획에 의해 미리 다 결정되어 있지만, 그렇다고 해서 장수하기 위해서 기도하는 것이 잘못된 것은 아니라고 투레티니는 설명한다.[20] 그 이유는 각 사람이 몇 년을 살도록 하나님께서 계획하셨는지에 관해 아무도 모르기 때문이며, 또한 기도라는 자체가 일단은 하나님의 뜻을 가정하고 시작해서 진정한 하나님의 뜻을 찾고 거기에 자신을 맞춰가는 작업이기 때문이다.[21] 여기서도 투레티니는 하나님의 작

---

19 Turretin, *Institutio*, IV. iii. 16.

20 Turretin, *Institutio*, IV. v. 20.

21 "Licet fixus sit vitae Terminus, bene tamen preces prolongaeva vita possunt

정과 예정이 결정론일 뿐이며 기도를 못하게 한다는 주장을 효과적으로 일축하고 있다. 하나님의 작정과 예정을 믿으면서도 얼마든지 능력있는 기도를 할 수 있고, 또 그래야만 한다.

투레티니는 여기에 그치지 않고 『논박신학강요』 제2권으로 나아가서는 성인중보사상을 논박하면서 기도란 무엇인지를 다시 한 번 간접적으로 정의한다. 투레티니는 로마 가톨릭에서 성인들과 사도들, 특히 베드로와 야고보에게 바치는 기도문을 분석하면서, 로마 가톨릭이 성인들이 그들의 기도와 공적을 통해 지상의 성도들에게 복을 내려줄 수 있다는 주장을 고수하고 있다는 결론에 도달한다.[22] 이와 같은 행동이야말로, 십계명의 제1계명을 위반하는 우상숭배요,[23] 시편의 말씀을 마리아에게 이관시키는 불경한 일인 것이다.[24] 기도한다는 말 뒤에 별다른 수식어나 부연설명이 붙지 않더라도, 기도란 마땅히 하나님께만 하는 것으로 이해되어야 한다는 점은 너무 자명하여 로마 가톨릭 신학자들조차 부정할 수 없다.[25] 모세의 경우를 보아도, 금송아지를 숭배한 이스라엘 백성들을 용서해달라고 기도할 때 하나님께 기도했지 아브라함에게 기도하지 않았다.[26] 더군다나 초대교회 교부들의 주기도문과 십계명 해설을 보더라도, 죽은 자들에게 기도를 올리라는 식의 주장은 찾아볼 수 없다.[27] 따라서 성인중보사상은 후대에 들어온 것이 아닐 수 없다.[28] 전지하시고 전

---

concipi, tum quia terminus ille nemini cognitus est, tum quia preces debent semper esse ex hypothesi voluntatis Dei, cui se suaque omnia fideles semper submittere debent."Turretin, Institutio, IV. v. 20.

22 Turretin, *Institutio*, XI. vii. 4; XI. vii. 7.
23 Turretin, *Institutio*, XI. vii. 15.
24 Turretin, *Institutio*, XI. vii. 7.
25 Turretin, *Institutio*, XI. vii. 12.
26 Turretin, *Institutio*, XI. vii. 22.
27 Turretin, *Institutio*, XI. vii. 17.
28 Turretin, *Institutio*, XI. vii. 24.

능하신 하나님만이 기도를 들으시는 분이므로 그분께만 모든 기원과 기도가 올려져야 하는 것이 당연하다.[29] 욥기 5장 1절이 증거하는 "언약의 사자"요 "해석자"이신 그리스도만이 자비를 베푸시는 분이고, 그분만이 자신의 의로우심을 나타내시고 성도를 위한 대속물을 성부 하나님께 드리셔서 성도를 위하여 중보할 수 있는 분이신 것이다.[30] 사람이 사람에게 축복기도를 할 수 있는 것은, 야곱의 경우에서 보듯, 생전에만 가능한 것이지 사후에는 가능하지 않다.[31]

따라서 그리스도께서는 그 중보직분을 그 누구와도 나누어 갖지 않으신다. 중보자는 성도 개인과 전체를 위해서 기도할 뿐만 아니라, 자신의 공로를 힘입어 죄 용서와 및 사람에게 대한 하나님의 은총을 이끌어내야 하는데, 이 자격을 모두 충족시키시는 분은 오직 예수 그리스도 뿐이다.[32] 로마 가톨릭에서 성인들이 속상과 중보를 모두 할 수 있는 것처럼 생각하는 것, 즉 성인들이 우리의 구원을 위해서 기도할 뿐만 아니라 그들의 공로로 우리를 구원시킨다고 주장하는 것은 크나큰 오류이다.[33] 성도가 서로 교통하는 것을 믿지만, 그렇다고 해서 성인들이 우리의 생각을 알고 기도를 듣고 응답할 것이라고 볼 수는 없다. 예레미야 15장1절을 들어서 모세와 사무엘을 들어서 죽은 성자들이 기도해줄 수 있다고 주장하는 것 역시도 오류인데, 왜냐하면 에스겔 14장14절에서도 보듯이 그 구절은 그들이 살아서 기도하는 것을 가정하여 말하는 것이기 때문이다.[34] 또한 요한계시록 5장 8절과 9절에 나오는 이십 사 장로를 들어서 성인중보사상을 주장하는 것 역시도 오류이다. 왜냐하면 이십 사 장로들은 새노래로 하나님을 찬양

---

29 Turretin, *Institutio*, XI. vii. 13.

30 Turretin, *Institutio*, XI. vii. 21.

31 Turretin, *Institutio*, XI. vii. 19-20.

32 Turretin, *Institutio*, XIV. iv. 1; XIV. iv. 13.

33 Turretin, *Institutio*, XIV. iv. 5; XIV. iv. 7.

34 Turretin, *Institutio*, XIV. iv. 15.

하는 사역을 하고 있는 것이지, 성도를 위해서 기도하는 것이 아니기 때문이다.[35] 이와 유사하게, 요한계시록 6장 9절과 10절에서 "하나님의 말씀과 그들이 가진 증거로 말미암아 죽임을 당한 영혼들"이 제단 아래에서 부르짖는 탄원이란, 그들 자신을 위한 것이지 다른 사람들을 위해 중보하는 것과는 거리가 멀다.[36] 본질적으로 그리스도의 중보직은, 성도들이 서로를 위하여 일명 "중보"기도하는 것과는 차원이 다른 사역이다.[37] 어떤 로마 가톨릭 신학자들은 유다 마카비가 환상 속에서 이스라엘을 위해서 기도하는 예레미야를 봤다는 마카비후서 15장 14절을 성인중보의 근거구절로 사용하고자 하지만, 그 구절은 외경일 뿐이며, 그리스도 오시기 전에는 선조들이 하나님의 얼굴에서 멀리 떠나 림보에 있었다는 로마 가톨릭의 가정과도 모순된다.[38] 백번 양보하여 그 구절을 인정한다고 하더라도, 예레미야의 기도는 개개인을 위한 기도가 아니라 전반적인 유대 민족을 위하여 한 것이라고 봐야 한다.[39] 죽은 성인들이 천국에서 기도한다고 말을 하더라도, 그들이 성도 개개인을 위해 기도하며 중보의 사역을 한다고 생각해서는 안되고, 지상의 교회를 위해 전반적으로 기도한다고 생각해야 되는 것이다.[40] 어쨌든 살아있는 성도들간의 기도와 교제의 논리를 가지고 죽은 성도들의 기도와 교제에 적용하려고 하는 것은 좋지 못하다.[41] 투레티니의 이와 같은 강력한 논박에서 우리는 기도란 하나님께 하는 것이며, 하나님과 사람 사이의 유일한 중보자 예수 그리스도의 기도와 공로에 근거를 두고 있다는 점을 유추해볼 수 있다.

---

35 Turretin, *Institutio*, XIV. iv. 16.
36 Turretin, *Institutio*, XIV. iv. 21.
37 Turretin, *Institutio*, XIV. iv. 2.
38 Turretin, *Institutio*, XIV. iv. 20.
39 Turretin, *Institutio*, XIV. iv. 20.
40 Turretin, *Institutio*, XIV. iv. 19.
41 Turretin, *Institutio*, XIV. iv. 22.

흥미로운 것은, 이처럼 기도에 대해서 간접적인 정의를 준 후에 투레티니가 교회론과 종말론을 다루는 『논박신학강요』 3권에서 기도에 관해 추가적인 언급을 하지 않는다는 점이다. 이는 투레티니를 구프린스턴에 소개했던 장본인인 찰스 핫지가 그의 『조직신학』 (Systematic Theology)에서 교회론을 다루면서 은혜의 방편으로서의 기도를 언급하는 것과 대조적이다. 이러한 차이점이 의미하는 바는 크게 두 가지이다. 하나는 영미권 개혁주의 전통과 유럽대륙 개혁주의 전통의 학풍 차이이다. 웨스트민스터 신앙고백으로 대표되는 영미권 개혁주의 전통은 기도를 은혜의 방편 중 하나로 취급하는 반면, 하이델베르크 교리문답과 같은 유럽대륙 개혁주의 전통은 은혜의 방편을 좁게 정의하여 거기에 기도를 포함시키지 않는 경향이 있어왔다. 찰스 핫지는 영미권 개혁주의 전통에 서 있기에, 유럽 대륙 전통을 계승한 투레티니와 이 점에서 차이가 있는 것이 이상한 일이 아니다. 둘째로, 이것은 역시 후세대와 비교할 때 투레티니 시대의 정통신학자들 가운데에서 기도에 대한 이견이 비교적 크지 않았다는 것을 반증해주는 것이다. 기도에 대해 중요한 논쟁이 있었다면, 투레티니가 그것을 누락하지는 않았을 것이다.

마지막으로, 투레티니의 기도관을 살펴볼 수 있는 좋은 방법은 그의 설교를 읽어보는 것이다. 투레티니는 신학자이기 이전에 목회자요 설교자였으므로, 기도에 대해서 생각할 기회가 적지 않았을 것임이 틀림없다. 그는 설교집을 두 번 출간했는데, 하나는 1676년에 출간된 10편의 설교 모음집이고, 다른 하나는 루이14세의 개신교 박해 속에 고통받던 프랑스 개신교도들을 격려하려는 목적으로 1686년에 출간된 설교집이다. 첫 번째 설교집의 처음 설교에서부터 투레티니는, "성령의 은혜를 함께 구하기 위해 여러분 형제님들께서도 기도로 도와주는 것이 필요하다"는 언급을 함으로써,[42] 기도가 없이는 은혜로운 설교가 될 수 없고 하나님의 백성이 누리는 행복에 대해서 효과적으로 묘사할 수 없음을 강조하고 있

[42] Turretin, *Sermons sur divers passages de l'ecriture sainte* (Geneva, 1676), 6

다. 두 번째 설교에서도 투레티니는, 하나님의 백성다운 모습이 결여된 이스라엘에 대해 한탄하시는 예수님의 모습을 그리면서, 참 그리스도인으로서 하나님의 백성다운 모습이 나오려면 로마서 8장 9절이 말씀하는 대로 성령의 내주를 경험하고 쉬지 말고 열심히 기도하는 사람이어야만 한다고 강조하고 있다.[43] 그 외에도 투레티니는 "형제들아 더욱 힘써 너희 부르심과 택하심을 굳게 하라"고 했던 베드로후서 1장 10절의 권면을 실천해야 한다고 하면서, 그렇지 못할 경우 이 세상 근심에 눌리고 죄에 사로잡혀서 기도가 약해질 수 밖에 없다고 설교하기도 했다.[44]

투레티니의 설교 중에서 기도라는 단어가 가장 많이 나오는 설교는, 히브리서 13장 10절을 본문으로 한 "그리스도인의 참된 제단"이라는 제하의 설교이다. 이 설교의 핵심은, 율법을 완성하신 그리스도야말로 그리스도인의 참되고 영원한 제단이 되신다는 것이다. 그리스도인은 이 제단에서 기도의 향기를 올리며 하나님께 가까이 갈 수 있다.[45] 그러면서 투레티니는 성도들의 기도가 하나님께 올라간다는 점을 증명하기 위해 요한계시록 8장 3절을 인용한다: "또 다른 천사가 와서 제단 곁에 서서 금향로를 가지고 많은 향을 받았으니 이는 모든 성도의 기도와 합하여 보좌 앞 금 제단에 드리고자 함이라."[46] 요한계시록 6장 9절은 순교자들의 영혼들도 이 제단 아래에서 이 제단을 힘입어 하나님께 기도를 올리고 있다는 것을 증거한다.[47] 종합해보면, 비록 투레티니가 그의 설교 중에 기도에 대해 자세한 부연설명을 하지는 않지만, 그래도 그의 설교는 신학작품보다 한층 더 기도의 중요성에 대해서 강조하면서 기도생활을 권장하고 있다는 결론을 내릴 수 있다.

---

43 Turretin, *Sermons sur divers passages de l'ecriture sainte* 140.

44 Turretin, *Sermons sur divers passages de l'ecriture sainte* 490.

45 Turretin, *Sermons sur divers passages de l'ecriture sainte* 512, 519, 522.

46 Turretin, *Sermons sur divers passages de l'ecriture sainte* 523.

47 Turretin, *Sermons sur divers passages de l'ecriture sainte* 524.

IV. 나가는 말

투레티니는 기도에 관하여 많은 말을 하지는 않았다. 그래서인지 그의 기도에서 한국교회에서는 상식으로 통하는 기도원식의 뜨거운 통성기도나 오순절과 같은 성령충만을 사모하는 기도 등을 찾을 수는 없다. 또한 구체적인 기도의 내용도 별로 공개된 적이 없어서, 다수의 독자들이 그의 기도가 그의 정통신학만큼이나 강건해 보이지는 않는다고 느꼈을 수도 있다. 하지만 그렇다고 해서 투레티니가 기도에 대해 침묵만 지키고 기도를 도무지 하지 않았던 사람이라고 할 수는 없음을 우리는 이제까지 살펴보았다. 투레티니의 생애와 작품에는 기도에 대한 언급과 그 실제적인 실천이 결여되어 있지 않다. 투레티니는 어떤 일이 난관에 봉착했을 때에 기도의 능력을 믿고 기도했으며, 신학 논쟁에 있어서도 기도를 잃어버리지 않았던 성도요 목회자였다. 투레티니에 대한 기존의 연구들은 투레티니의 기도론과 기도생활에 대해서 거의 주목하지 않았다. 따라서 앞으로 우리가 투레티니에 대해서 연구를 할 때는 그의 이론 신학 뿐만 아니라, 그의 기도론과 기도생활에 대해서도 균형있게 다루어야 할 것이다. 오늘을 사는 우리가 투레티니의 신학 뿐만 아니라 그의 기도에서도 좋은 점은 취하고 약점은 보완한다면, 그것이야말로 투레티니의 정통 신학을 가장 훌륭하게 계승 및 발전시키는 길이 아니겠는가.

권 경 철

종신대학교 신학과 (B.A.)

총신대학교 신학대학원 (M.Div.)

Westminster Theological Seminary (Ph.D.)

(현) 열린교회 부목사

(전) 국제신학대학원대학교, 한국성서대 강사

(전) 총신대학교 신학대학원, 아신대학교 강사

존 번연의 기도

강효주

『천로역정』에서 존 번연은 사망의 음침한 골짜기에 들어가는 크리스천에 대해서 다음과 같이 기록했다.

> 그때 나는 이 골짜기의 중간쯤 되는 곳에 지옥의 입구가 있는 것을 보았는데 그것은 또한 길가에 접해 있었다. 그것을 본 크리스천은 "아! 나는 이제 어쩌면 좋을까?"하고 생각했다. 무시무시한 소음과 함께 번쩍번쩍 불꽃을 튀기면서 연기와 화염이 쏟아져 나오는데 이러한 위험은 아까 아볼루온의 경우와는 달리 크리스천의 칼을 두려워하지 않는 위험이었다. 그래서 그는 칼을 집어넣고 '모든 기도'(엡 6:18)라는 새로운 무기를 꺼내어 들고 나에게도 들릴 정도로 큰 소리로 외치는 것이었다. '여호와여 주께 구하오니 내 영혼을 건지소서'(시 116:4).[1]

사망의 음침한 골짜기를 걸어가던 크리스천에게 가장 큰 무기는 "기도"였다고 표현했던 존 번연 자신도 회심하기까지, 그리고 회심한 후에도 기도의 중요성을 잘 알고 있었다. 그의 저서들에서 번연은 단순히 기도에 대한 신학적인 입장이 아니라 자신의 경험적인 지식을 근거로 기도

---

1 John Bunyan, *The Works of John Bunyan* (Edinburgh: Banner of Truth Trust, 1991), 3:115; 존 번연, 『천로역정』, 유성덕 역(고양시: 크리스챤 다이제스트, 2003), 106-107.

가 무엇인지 설명한다. 특히 그는 『기도에 관한 강론』이라는 제목으로 책을 출판하여 기도에 대한 성경적인 입장을 구체적으로 저술했다.[2] 그 책에서 번연은 형식적이고 틀에 박힌 영국 성공회의 딱딱한 기도와 지성을 사용하지 않고 감정에 치우친 기도의 오류를 피하고 "성령 안에서 기도한다"는 것이 어떤 것인지를 말해준다. 1688년 8월에 침상에서 죽어가면서 했던 "기도의 영은 금은 보화보다 더 소중하다"는 번연의 말은 그가 얼마나 기도를 중요하게 생각했는지 알게 해준다.[3]

존 번연의 기도의 중요한 특징을 손꼽자면, "시험을 이기는 기도"라고 할 수 있다. 특히 그의 회심의 과정에서 구원의 확신을 얻기까지 수많은 의심과 마음의 고통을 기도로 극복하였던 것을 보면, 그가 기도를 통해 얼마나 큰 하나님의 은혜를 경험했는지 알 수 있다. 먼저 존 번연의 생애를 간략히 서술한 후에 번연이 경험했던 세 가지 시험의 유형을 생각하면서 그가 어떻게 기도로 시험을 이겼는지 살펴보겠다.

1. 존 번연의 생애

존 번연은 1628년에 잉글랜드의 베드포드(Bedford) 지방에 있는 엘스토우(Elstow)라는 마을에서 태어났다. 16살의 나이에 그의 어머니와 여동생을 사별하였다. 번연은 어머니를 여의고 나서 한달후에 재혼한 아버지를 떠나, 당시 찰스 1세를 대적하여 시민전쟁을 벌이고 있었던 의회 군에 입대하였다. 그의 자서전인 『죄인 중 괴수에게 넘치는 은혜』에서 번연은 자신이 어떻게 회심했는지를 다양한 경험들을 언급하며 설명한다. "어느 날, 우리 교구 목사님이 안식일 문제와, 노동, 운동 혹은 그 밖의 다른 것들로 안식일을 범하는 죄를 다루는 문제를 주제로 설교했다… 그

---

[2] "A Discourse Touching Prayer"라는 제목으로 존 번연 전집에 포함되어 있다. Bunyan, *The Works of John Bunyan*, 1:621.

[3] Ibid., 1:65.

때 나는 죄가 무엇인지 깨달았다. 나는 죄책감에 너무 괴로워서, 설교가 끝나자 마음의 심한 부담을 느끼며 집으로 돌아왔다. 이러한 죄책감은 그 순간 최상의 즐거움을 만끽하려는 나의 열망을 마비시켰으며 이전의 쾌락을 더한층 비참하게 만들었다."[4] 하지만 얼마 지나지 않아 다시 옛날의 습관으로 돌아가서 주일에 친구들과 자치기 놀이(cat)를 하고 있을 때, 하늘에서 "너의 죄를 버리고 천국에 가겠느냐, 아니면 너의 죄를 가지고 지옥에 가겠느냐"라는 음성을 듣고 마치 주 예수님이 자신을 내려다보며 말씀하셨다고 생각했다.[5] 하지만 그 사건으로 인해 회심하지는 않았다.

    욕을 잘 하는 사람이었던 번연은 한번은 상점 진열창에 서서 미친 사람을 저주하고 욕하며 희롱하고 있었다. 그 때, 사악하고 천박한 여자로 알려진 그 상점의 주인이 번연을 가리켜 말하기를, "자기가 이제껏 평생 들어본 것 중에서 가장 심한 욕을 하는 사악한 녀석"이고, 존 번연이 "마을의 젊은이들과 사귀기만 해도 그들을 모두 망칠 수 있다"고 했다.[6] 그 일로 인해서 놀랍게도 욕하는 것을 멈추었다. 그럼에도 불구하고 그는 오랫동안 주 예수 그리스도를 인격적으로 알지 못하고 방탕한 삶을 살았다.

    그러던 어느 날 번연은 길을 가다가 햇볕 아래에서 서너명의 경건한 여인들이 대화하는 것을 듣게 되었다. 번연은 그 날의 일을 다음과 같이 증언한다. "여인들은 어떻게 하나님이 그분의 사랑으로 그들의 영혼에 찾아오시고, 마귀의 시험에 대해서 자신들이 어떤 말씀과 약속으로 회복되었고, 위로를 받고, 힘을 얻었는지 이야기했다…여인들의 말은 내게 크게 영향을 주어, 나는 참으로 경건한 사람의 참다운 증거를 원하게 되었으며 또한 그 같은 경건한 사람들의 행복하고 복된 상태를 확신했기 때문에 그녀들의

---

4 Ibid., 1:8; 존 번연, 『죄인에게 넘치는 은혜』, 심정현 역 (서울: 미스바, 2003), 21-22.

5 Bunyan, *The Works of John Bunyan*, 1:8; 존 번연, 『죄인에게 넘치는 은혜』, 23.

6 Bunyan, *The Works of John Bunyan*, 1:9; 존 번연, 『죄인에게 넘치는 은혜』, 25.

말과 대화가 나를 떠나지 않았[다]."[7] 이 여인들이 번연에게 소개해 주었던 청교도 설교자 존 기포드(John Gifford)의 영향으로 그는 예수 그리스도의 소중함을 깨닫고 회개와 믿음에 이르게 되었다.[8] 또한 첫번째 아내가 결혼 지참금으로 가져왔던 아서 덴트의 『평범한 자가 천국에 이르는 길』과 루이스 베일리의 『경건의 실천』, 그리고 훗날 섭리 가운데 읽었던 마틴 루터의 『갈라디아서 주석』은 자신을 향한 그리스도의 사랑을 깨닫도록 도와주었다.[9]

다른 청교도들에 비해 배움의 기회가 적었지만, 존 번연은 50여권이 넘는 저서들을 남겼다. 1655년에 설교를 시작했던 번연은 퀘이커들과의 논쟁을 통해서 1656년에 『공개된 몇 가지 복음의 진리들』을 출판했고, 1657년에 『변호』를 출판했다.[10] 1659년에 번연은 『율법과 은혜의 교리』를 출판하여 성경적인 구원 교리를 따르는 신학자로 인정받았으나, 1660년에 영국 성공회 예배를 거절했다는 이유로 감옥에 갇혔다.[11] 1660년 찰스 2세가 등극하고 영국 성공회의 주교들이 국가 교회의 권력을 되찾게 되어서 성공회에 반대하는 사람들을 박해하기 시작했기 때문이다.[12] 설교를 중단하겠다고 약속하면 석방해 주겠다는 제안을 받기도 했지만, 번연은 거절하며, "만약 오늘 감옥 밖을 나간다면, 나는 하

---

7 Bunyan, *The Works of John Bunyan*, 1:10; 존 번연, 『죄인에게 넘치는 은혜』, 34.

8 Erroll Hulse, Who Are the Puritans?: And What Do They Teach? (Darlington: Evangelical Press, 2000), 104; 존 페스텔, 『존 번연과 떠나는 여행』, 이용중 역 (서울: 부흥과 개혁사, 2006), 40; 조엘 비키, 폴 스몰리, 『존 번연의 경외』, 신현국 역 (서울: 솔로몬, 2019), 34-35.

9 Bunyan, *The Works of John Bunyan*, 1:7, 22; 존 번연, 『죄인에게 넘치는 은혜』, 19, 92-93.

10 John Bunyan, *Some Gospel-Truths Opened According to the Scriptures* (London: Printed for J. Wright the younger, 1656); John Bunyan, *Vindication* (London: Printed by Matthias Cowley, book-seller in Newport, 1657).

11 John Bunyan, *The Doctrine of the Law and Grace Unfolded, or, a Discourse Touching the Law and Grace* (London: Printed for Nath. Ponder, 1685); 비키, 스몰리, 『존 번연의 경외』, 45.

12 비키, 스몰리, 『존 번연의 경외』, 49.

나님의 도우심으로 내일 다시 복음을 전할 것이다"라는 유명한 말을 남겼다.[13]

감옥이라는 "믿음의 학교"에서 번연은 여러 책들을 출간했다. 1661년에 『유익한 명상』을 집필하였고, 1663년에는 『옥중 명상』과 『그리스도인의 행실』을, 동료 죄수들에게 했던 설교를 바탕으로 1665년에 『거룩한 도성, 새 예루살렘』을 집필했다. 12년간의 긴 감옥 생활 중에 그의 생전에 6판이나 출판되었던 자서전, 『죄인 중 괴수에게 넘치는 은혜』를 집필했다.[14] 감옥에서 석방된 후에 비밀 집회에서 설교했다는 혐의로 1676년 12월에 또 다시 투옥된다. 20세기 초까지 1300판 이상 인쇄되었던 『천로역정』을 번연은 두 번째 수감생활 중에 집필하였다. 번연의 친구이자 평소에 번연의 설교를 높이 평가했던 존 오웬의 도움으로 2차 투옥은 1년도 지나지 않아서 마감되었다.[15] 출소 후에도 왕성한 설교 사역을 했던 번연은 1688년 8월 31일에 아버지와 화해하고자 하던 어떤 사람에게 도움을 주러 말을 타고 가던 도중에 폭풍을 만나서 인플루엔자와 폐렴으로 사망했다.

2. 시험을 이기는 기도

"자주 기도하라. 왜냐하면 기도는 우리 영혼의 방패이고, 하나님께 드리는 제물이며, 사탄을 위한 채찍이기 때문이다."[16] 이것은 『죽어가는

---

13 "For if I was out of prison to-day I would preach the gospel again tomorrow, by the help of God."John Bunyan, *The Works of John Bunyan* (Edinburgh: Banner of Truth Trust, 1991), 1:57; 비키, 스몰리, 『존 번연의 경외』, 51.

14 비키, 스몰리, 『존 번연의 경외』, 55-58.

15 존 번연의 설교를 높이 평가했던 존 오웬은 찰스 왕에게 "가능만하다면, 저는 기꺼이 저의 학식과 사람의 마음을 얻는 그 땜장이의 능력을 맞바꾸겠습니다"라고 말하기도 했다; Ibid., 62.

16 Bunyan, *The Works of John Bunyan*, 1:65.

번연의 마지막 말들(Mr John Bunyan's Dying Sayings)』에 수록된 말들 중 하나이다. 여러가지 시험 속에서 번연이 기도로 믿음의 선한 싸움을 싸웠음을 알 수 있다.

(1) 잘못된 교리에 대한 시험

앞서 언급했던 경건한 여인들의 대화를 통해 선한 영향을 받아서 성경 말씀을 묵상하고 신앙 서적들을 읽었던 번연은 그 당시만 해도, "사탄의 시험이 무엇이며, 이것들을 어떻게 견디고 물리쳐야 하는지" 이해하지 못한 상태였다.[17] 그 무렵, 번연은 도덕률폐기론 계보에 속하는 소요파 사람들(Ranters)이 쓴 몇 권의 책들을 읽고 그 내용이 옳은지 그른지 분별할 수 없어서 다음과 같은 내용으로 간절히 기도했다.[18]

> 오 주님, 저는 어리석어서 진리와 오류를 구별할 수 없습니다. 주님, 저를 무지 가운데 내버려두지 마시고, 이 교리를 승인하든지 혹은 비난하게 하소서. 만약 이것이 하나님께 속한 것이면 나로 이것을 멸시치 않게 하옵시고, 만약 이것이 마귀에게 속한 것이라면, 저로 하여금 이것을 신봉하지 않게 하옵소서. 주님, 이 문제에 대해서 저의 영혼을 오직 당신의 발 아래 내려놓습니다. 저로 현혹되지 않게 하옵소서. 겸손히 당신께 여쭈옵니다.[19]

---

17 Bunyan, *The Works of John Bunyan*, 1:10; 존 번연, 『죄인에게 넘치는 은혜』, 34.

18 Nick Needham, *2,000 Years of Christ's Power Vol. 4: The Age of Religious Conflict*, Revised edition. (Fearn: Christian Focus, 2016), 263; 소요파(Ranters)는 무정부주의 운동(anarchist movement)에 가담했던 사람들로, 범신론과 도덕률폐기론을 수용했다. 그들은 데모를 할 때 알몸으로 다니는 특이한 점이 있었다.

19 "O Lord, I am a fool, and not able to know the truth from error: Lord, leave me not to my own blindness, either to approve of, or condemn this doctrine; if it be of God, let me not despise it; if it be of the devil, let me not embrace it. Lord, I lay my soul, in this matter, only at thy foot; let me not deceived, I humbly beseech thee." See Bunyan, *The Works of John Bunyan*, 1:11; 존 번연, 『죄인에게 넘치는 은혜』, 36-37.

훗날, 번연은 기도의 능력을 통해 하나님께서 자신을 보전하셨음을 경험했다고 고백했다. "나 자신의 지혜를 믿지 않게 하시고, 나를 지켜주시고 인도해 달라고 기도할 마음을 주신 하나님을 찬양한다. 왜냐하면 소요파의 오류뿐만 아니라 여러가지 다른 오류로부터 나를 지켜주실 때, 기도의 효과를 보았기 때문이다."[20]

(2) 기도하지 않게 하는 시험

그의 책 『거룩한 전쟁』에서 존 번연은 맨소울 성을 탈환하기 위해 둘러싼 임마누엘의 군대가 "귀 문(ear-gate)"을 공략하는 상황을 설명하였다. 그 중요한 문에는 디아볼루스가 이미 "장님들(deafmen)"을 두어서 지키게 하였다. 그곳에는 디아볼루스의 탁월한 무기가 비치되어 있었는데 그것은 "기도하지 않는 무디어진 영혼(A Dumb and Prayerless Spirit)"이었다.[21] 즉, 어떤 위험 가운데서도 전능자의 자비를 구하지 않는 영혼이다.

이처럼 번연은 신자들로 하여금 기도하지 않게 하는 사탄의 전략에 대해서 언급하며, 하나님의 사람들이 하나님 앞에서 간구하는 것을 피곤해 하도록 유혹하고, 하나님이 기꺼이 자비를 베풀어 주시지 않을 것이라고 생각하게 한다고 조언하였다. 또한 "너는 기도할 수 있으나 승리하지는 못할 것이다"라는 사탄의 속삭임에 많은 사람들이 미혹되었다고 그는 증언하였다.[22] 원수는 우리의 마음을 차갑고 둔하게 만들고, 진지하게 기도하지 못하게 하며, 우리 자신을 위선적으로 만들어 기도를 헛된 메아

---

20 "And blessed be God, who put it into my heart to cry to him to be kept and directed, still distrusting mine own wisdom; for I have since seen even the effect of that prayer, in his preserving me not only from ranting errors, but from those also that have sprung up since." See Bunyan, *The Works of John Bunyan*, 1:11; 존 번연, 『죄인에게 넘치는 은혜』, 1:38.

21 Bunyan, *The Works of John Bunyan*, 1:621; 기도하지 않는 무디어진 영혼은 오직 임마누엘의 저항할 수 없는 능력으로만 정복할 수 있었다고 번연은 기록하였다.

22 "Ay, saith Satan, thou mayest pray indeed, but thou shalt not prevail." ibid., 634; 존 번연, 『기도』, 정혜숙 역 (서울: 브니엘, 2015), 60.

리에 불과하게 여기도록 한다.[23] 번연은 이에 대한 자신의 경험을 그의 책 『기도에 관한 강론』에서 다음과 같이 서술했다.

> 나는 기도할 때, 하나님께 나아가는 것을 몹시 싫어한다는 사실을 발견했다. 그리고 하나님과 함께 있을 때에도 하나님과 함께 머물러 있는 것을 몹시 싫어한다는 사실을 발견했다. 그 때, 나는 여러 번 기도하기를 강요받았다. 나는 먼저 하나님께 나의 마음을 붙잡아달라고 간구했다. 그리고 그리스도 안에 거했다. 내가 그리스도 안에 거할 때 예수님은 그곳에서 내 마음을 지켜주셨다. 사실 나도 무엇을 기도해야 하는지 잘 몰랐다. 그렇게 눈이 멀어 있었다. 또한 어떻게 기도해야 할지도 알지 못했다. 그렇게 무지했었다. 단지 나는 우리의 연약함을 도우시는 성령 덕분에 하나님의 은혜로 말미암아 축복을 받았다 (시 86:11).[24]

자기 힘으로 기도하려는 교만함을 버리고, 다른 사람들 앞에서 기도하는 척하는 위선을 멀리해야 한다. 하나님과 우리 영혼 사이에 비밀리에 이루어지는 기도의 장소에서 성령이 그 마음 속에 계실 때만 참된 기도가 이루어진다고 그는 말하였다.[25] 기도로 천사와 씨름했던 야곱의 예를 들면서, 번연은 기도로 시험을 이기기를 원하시는 하나님의 마음을 다음과 같이 표현하였다. "하나님은 그분의 자녀들이 계속해서 기도하기를 원하신다. 천국 문 앞에서 계속해서 문을 두드리기를 원하신다. 우리 영혼은 이와 같이 고백할 수 있다. 주님은 나에게 시험을 허용하셔서, 나의 상황 속에서 애통하고 신음하는 기도 소리를 듣고 싶어하신다."[26]

---

23 Bunyan, *The Works of John Bunyan*, 1:634; 존 번연, 『기도』, 60.
24 Bunyan, *The Works of John Bunyan*, 1:631; 존 번연, 『기도』, 47-48.
25 Bunyan, *The Works of John Bunyan*, 1:631; 존 번연, 『기도』, 48.
26 Bunyan, *The Works of John Bunyan*, 1:634

(3) 구원의 확신을 흔들어 놓는 시험

존 번연은 하나님의 약속이라는 견고한 반석 위에 올라서서 구원의 확신을 갖기까지 오랜 시간이 걸렸던 믿음의 사람들 중 한 사람이다. 그는 "나는 선택받았는가? 은혜의 날들이 지나가 버렸으면 어떻게 하나?"라는 이 두 가지 시험들로 인해 고통스러웠던 때가 많았다. 번연의 고백에 의하면, 구원에 대한 의심이 몰려왔을 때, "이쯤해서 그만두고 더 이상 애쓰지 않는 것이 좋을 거야. 실제로 네가 하나님께 택함 받지도 또 선택되지도 않았다면, 너는 구원받을 희망이 없잖니"라고 사탄이 속삭였다고 한다.[27] 때때로 번연은 과거의 불경건한 삶에 대한 생각들로 인해 괴로움을 겪으면서, 그의 자서전에 다음과 같이 그 고통을 토로했다.

> 그러나 나의 본래의 내적인 불결함은 나의 저주이고 고통이었다. 나는 항상 이것이 내 안에서 걷잡을 수 없이 튀어나오는 것을 보았으며, 놀랍게도 이것에 대하여 죄책감을 가졌다… 마음의 악함과 불결함에서 나와 견줄 수 있는 자는 마귀 외에는 아무도 없을 거라고 생각했다. 나 자신의 비열함을 보고, 깊은 절망에 빠졌다. 나의 극도의 사악함은 도저히 은혜에 이를 수 없다고 단정지었다. 나는 생각했다. '분명히 나는 하나님으로부터 버림받았다. 분명히 나는 마귀와 사악한 생각에 내어 준 바 되었다.' 오랫동안, 요컨대 수년간 이런 상태가 계속되었다.[28]

이러한 고백들을 살펴볼 때, 『천로역정』에서 크리스천과 소망이 의심의 성(Doubting Castle)에서 절망 거인(Giant Despair)에게 붙잡혀서 감옥에서 고통스러운 시간을 보냈던 것은 번연 자신의 경험을 바탕으로 기록되었음을 짐작할 수 있다. 절망 거인이 무섭게 때리기도 하고, 자살을 권하기도 해서 크리스천과 소망은 하루 종일 한숨과 쓰디쓴 탄식 속에서

---

27 Ibid., 1:13; 존 번연, 『죄인에게 넘치는 은혜』, 48.

28 Bunyan, *The Works of John Bunyan*, 1:16; 존 번연, 『죄인에게 넘치는 은혜』, 60.

시간을 보냈다. 결국 가슴에 있던 "약속이라 불리는 열쇠"를 찾아서 탈출하게 되는데, 열쇠를 찾기 직전에 번연이 기록한 중요한 문장을 눈여겨 볼 필요가 있다. "토요일 한밤중쯤 되었을 때, 두 사람은 기도를 하기 시작하였는데, 그 기도는 거의 날이 샐 때까지 계속되었다."[29] 절망 가운데 부르짖는 간절한 기도가 하나님의 약속을 깨닫는 도구로 사용되었다. "은혜의 날이 지나가 버렸으면 어떻게 하지?"라는 의심으로 인해 몹시 괴로워하며 자신의 비참한 상태를 한탄하던 번연은 자서전에서 다음과 같은 기록을 남겼다.

> 이러한 두려움으로 오랫동안 괴로움을 당하면서 한 발자국도 더 나가지 못하고 있을 때, 일찍이 격려를 받았던 바로 그 장소에서, 이런 말씀이 갑자기 생각났다. '오히려 자리가 있나이다… 사람을 강권하여 데려다가 내 집을 채우라'(눅 14:22-23). 이 말씀이, 그 중에 특히 '오히려 자리가 있나이다'이 말씀이 내게 달콤하게 다가왔다… 주 예수께서 이 말씀을 하실 때, 그분은 분명히 나를 염두에 두고 계셨다. 그분의 가슴에 나를 위해 남겨진 자리가 없지 않을까 염려하며 괴로움을 당할 때가 올 것이라는 것을 아시고, 그 분은 이 말씀을 하시고 기록해 놓음으로써 이러한 지독한 고통에서 도움을 받도록 하셨다.[30]

하나님의 약속의 말씀이 깨달아 지기까지 번연은 간절히 기도했을 것이다. 실제로 과거에 범했던 자신의 사악한 행동들에 대한 죄책감이 격렬하게 그를 괴롭힐 때, 번연은 "주여, 죄책감이 바른 방법, 즉, 그리스도의 피와 그분을 통한 당신의 긍휼하심이 나의 영혼에 적용되는 것 외

---

29 "Well, on Saturday, about midnight, they began to pray, and continued in prayer till almost break of day." Bunyan, *The Works of John Bunyan*, 3:142; 존 번연, 『천로역정』, 유성덕 역 (고양시: 크리스챤 다이제스트, 2003), 172.

30 Bunyan, The Works of John Bunyan, 1:14; 존 번연, 『죄인에게 넘치는 은혜』, 51-52.

에 나의 마음을 떠나지 않게 하소서"라고 기도하기도 했다.[31] 그리스도의 피로 인한 죄 용서함 없이 죄책감을 내쫓으려고 하다가 죄를 씻지 못하고 더 힘들어지고 무지해지고 더 약해지는 사람들을 보며, 번연은 "이것이 나를 두렵게 했으며 나는 그렇게 되지 않게 해 달라고 더욱 더 하나님께 부르짖었다"고 말했다.[32] 또한 죄책감이 엄습할 때마다 성경말씀대로, "그리스도의 피가 너무나 달콤하게, 반복해서, 죄책감을 제거했다"고 고백하며, 번연은 다음과 같이 권면했다. "오, 예수 그리스도를 당신에게 계시해 달라고 하나님께 부르짖으십시오. 아무도 그분처럼 가르쳐 주지 않습니다."[33]

3. 결론

기도에 관한 존 번연의 생각은 단순히 이론이 아니라 경험으로 아는 지식이었다. 번연처럼 우리도 기도를 통해서 마음이 무디어지고 세상으로 돌아가려는 마귀의 시험을 극복할 수 있다. 번연처럼 기도를 통해서 하나님의 약속을 발견하고 구원의 확신을 가질 수 있다. 번연처럼, 영적 전쟁을 치르는 현장에서 기도를 통해서 잘못된 신학적 오류들을 피할 수 있을 것이다. 번연이 말했듯이, "우리는 은혜의 보좌를 받았다. 다윗이 말했던 것처럼 우리는 언제든 위로 피해야 한다. 그것만이 구원을 얻기 위한 온전한 길이다. 그리고 궁핍한 때에 도움을 발견하는 유일한 길이다. (시 121:3)"[34]

---

34 "But now here we are presented with a throne of grace, unto which, as David says, we must 'continually resort;' and that is the way to obtain relief, and to find help in time of need."Bunyan, The Works of John Bunyan, 1:645; 존 번연, 『기도』, 95.

강효주

한국외국어대학교 컴퓨터공학사(B.S.)
안양대학교 신학대학원 목회학(M.Div.)
London Seminary 2년 과정 수료
Highland Theological College (M.Th.)
University of Aberdeen (Ph.D.)
(현) 화평교회 협동목사

슈페너의 기도

김은진

I. 들어가는 말

현재 한국교회는 안팎으로 어려움을 겪고 있다. 외적으로는 교회를 신뢰하지 않는 비 기독교인들의 비난과 내적으로는 교회 안에서 발생하는 은혜롭지 못한 일들로 인해 몸살을 앓고 있다. 여기저기서 교회가 변화되어야 한다는 소리가 많이 들린다. 한국에 개신교가 전파 된지 130여 년이 지났지만 지금처럼 한국교회가 현재와 같은 위기에 처한 적이 있었을까 싶을 정도로 한국교회는 내우외환의 어려움을 겪고 있다고 해도 틀린 말은 아닐 것 같다.

그렇다면 한국교회는 이 위기에 어떻게 대처해야 하는가? 중세 가톨릭 교회의 타락을 질타하면서 참된 신앙을 회복하기 위해 개혁의 기치를 들었던 개신교는 한 번 개혁한 것으로 다 된 것이 아니라 계속 개혁되어야 하는 교회가 되어야 한다는 과제를 안고 있다. 지금 한국교회가 또다시 그 개혁의 과제를 수행해야 할 때라는 것을 어느 누가 부인하겠는가? 그러면 그 개혁을 위한 첫 단계가 무엇일까? 이전에 한국교회는 기도를 열심히 하는 교회라는 칭찬을 들었다. 그런데 한국교회는 그 칭찬을 지금도 들을만한 상태에 있는가? 자신있게 그렇다고 대답하기 어려울 것이다. 물론 지금도 눈물 흘리며 기도하는 기독교인들이 있을 것이다. 하지만 한국교회의 전반적인 기도열기가 식었다고 하는 것에 아니라고 답할 사람은 없으리라 생각한다.

그렇다면 답은 나와 있다. 기도를 회복하는 것이다. 그것도 그냥 회복하는 것이 아니라 주님의 뜻대로 하는 기도로 회복해야 한다. 그래야 한국교회가 다시 하나님이 기뻐하시는 교회가 될 것이다.

하나님께서 그루터기와 거룩한 씨를 남겨놓으셨다고 이사야를 통해 말씀하셨듯이(사6:13), 엘리야 시대에 바알에게 무릎 꿇지 않은 칠천 명을 남겨 놓으셨다고 말씀하신 것과 같이(왕상19:18), 지금도 주님 앞에 간구하는 남은 자들을 통해 교회를 개혁하시는 작업을 하나님은 계속하고 계실 것이다. 그래서 이전에 기도 열심히 하는 한국교회라는 영광된 칭찬을 다시 들어야 하겠다. 이 글에서는 독일 경건주의자 슈페너(Philipp Jakob Spener, 1635-1705)가 주장한 참된 기도가 무엇인가를 살펴보면서 이 시대 한국교회에 조금이라도 도움이 되었으면 한다.

Ⅱ. 슈페너의 생애와 신학

슈페너는 1635년에 지금은 프랑스 땅이지만 당시에는 독일 땅이었던 라폴츠바일러(Rappoltsweiler)에서 태어났다. 그는 어려서부터 이전 세대의 독일 목사였던 요한 아른트(Johann Arnndt, 1555~1621)와 영국 청교도들의 경건서적들을 읽고 많은 영향을 받으며 성장했다. 이것이 슈페너에게 귀한 신앙의 자양분이 되었고 그는 신학을 공부하여 독일 개신교 루터교회 목사가 되었다. 훗날 그는 독일교회에 믿음의 생명력을 불어넣은 일명 '경건주의'의 창시자가 되는데 이 모든 것은 그가 어렸을 때부터 힘썼던 경건의 훈련이 그 토대가 되었다고 할 수 있다.

슈페너가 태어날 당시 독일은 개신교와 가톨릭의 종교전쟁인 30년 전쟁(1618-1648)을 치르며 말로 표현하기 힘든 고난을 겪고 있었다. 이로 인해 당시 독일사회 전반에 절망의 그림자가 드리워져 있었고 독일사회 뿐만 아니라 독일교회의 타락은 심각하였다. 당시 독일 기독교는 루터교 정통주의라는 이름아래 초대교회와 같은 성령의 역사하심보다는 교리로 신앙을 따지는 논쟁중심의 믿음이 주류를 이루고 있었다. 30년 전쟁이 끝났을 때 슈페너는 13살이었다. 어려서부터 경건한 믿음으로 성장하던 그가 전쟁으로 폐허가 된 조국과 교회를 바라보면서 성경적인 참된 믿음과 기도로 조국과 교회를 살리고자 하는 열망이 마음속에서 싹텄을 것이다.

그는 신학교를 졸업한 후 31살에 프랑크푸르트에 소재한 바퓌써(Barfüsser)교회에서 목회를 하면서 주일예배 외에 일주일에 두 번씩 자신의 사택에서 열심있는 소수의 성도들과 성경공부 모임을 갖는다. 이 경건의 모임은 믿음에 열심이 있는 알곡과 같은 소수의 성도들을 신앙으로 훈련시켜 작은 누룩이 전체에 퍼지듯이, 이들로 전체교회를 새롭게 하려는 목적을 갖고 시작되었다. 이 모임이 슈페너의 경건주의 운동의 특징이라고 할 수 있는 "경건의 모임"(Collegium pietatis)이 되었다.

슈페너는 40세가 되던 1675년에 요한 아른트의 설교집에 『경건한 열망』(Pia Desideria)이라고 하는 추천 서문을 쓴다. 이 서문에서 그는 독일교회의 폐해를 지적하며 교회개혁의 방향들을 제시한다. 그래서 이 두 가지, "경건의 모임"과 자신이 저술한 『경건한 열망』으로 인해 슈페너는 독일 경건주의의 창시자로 불려지게 되었다.

슈페너의 신앙과 신학은 한 마디로 기독교는 "말씀대로 실천하는 기독교"여야 한다는 것으로 요약할 수 있다. 그는 기독교의 본질은 실천에 있다고 주장하였다. 그가 꿈꾸는 기독교는 열정이 식은 죽은 기독교가 아니라 말씀이 활발하게 역사하는 실천적 기독교였다. 슈페너는 무엇보다 현장 목회자였다. 그가 목회 현장에서 가장 중요하게 여긴 것은 성경공부와 기도 모임 그리고 이를 통해 경건을 일상생활에서 실천하는 삶을 성도들이 살아가는 것이었다. 실천이 결여된 신앙은 슈페너에게 있어서 개혁되어야 할 교회의 폐해와 같았다. 그는 성도가 주일을 성수하는 것뿐만 아니라 가정에서도 예배드리고 찬송을 부르고 성경을 읽고 기도의 무릎을 꿇는 것을 아주 중요한 신앙의 실천으로 여겼다. 그리고 교회는 성도들이 이러한 경건을 열심히 실천하도록 훈련시켜야 한다고 슈페너는 역설한다. 그는 자신의 설교에서 성도가 열심히 기도하는 것보다 더 좋은 신앙의 실천을 없다고 강조한다. "항상 기도하고 언제나 기도하자, 이렇게 하면 주님께서 모든 곳에서 영광 받으신다, 우리 입으로 그리고 우리의 마음으로 기도하자"고 슈페너는 강하게 설파한다. 그러면 슈페너가 말한 참된 기도의 특징들은 어떤 것인가?

Ⅲ. 슈페너의 기도의 특징들

슈페너가 목회할 당시 대부분의 성도들은 성경을 교회에 가지고 오지 않았다. 그만큼 성경에 대한 관심이 없었다. 그리고 기도할 때도 마음에서 우러나오는 간절한 기도보다는 기도문을 작성하여 읽거나 아니면 머릿속에 암기하여 의미 없는 입술만의 기도를 하는 것이 고작이었다. 이러한 상태를 보면서 슈페너는 성도들에게 참된 기도가 무엇인지 가르칠 필요를 느꼈다.

슈페너의 기도에 대한 가르침은 『경건한 열망』(Pia Desideria, 1675), 『루터의 소요리문답서를 따른 신조해설서』(Die Einfältige Erklärung der christlichen Lehre nach der Ordnung des einen Catechismi Lutheri, 1677), 요한복음16:23-30을 본문으로 한 주일예배설교인 『하나님을 기쁘시게 하는 기도』(God-Pleasing Prayer, 1694)등을 통해 살펴볼 수 있다. 이러한 자료들을 통하여 참된 기도에 대한 슈페너의 주장을 살펴보도록 하자.

1. 기도의 정의와 목적

첫째, 슈페너는 기도는 사람이 믿음으로 하나님과 대화하는 것이라고 정의한다. 또한 기도는 하나님이 주신 은사이며 성도들은 이 기도의 은사를 잘 활용해야 한다고 주장한다. 기도할 때마다 성도들은 자신들의 죄를 자백하게 되고 믿음이 강해지며 신앙의 열매를 맺게 된다고 말한다.

둘째, 모든 성도가 기도의 의무가 있다 하지만 하나님을 기쁘시게 하는 기도는 아무나 할 수 없으며 진심으로 회개하고 참 믿음을 가진 자만이 할 수 있다. 회개하지 않고 하는 기도는 하나님을 기쁘시게 할 수 없다고 슈페너는 말한다. 죄책감 때문에 기도를 꺼리면 안되고 자신의 죄를 깨닫는 자일수록 더욱 더 주님 앞에 나아가 회개하는 기도를 주님께 드려야 한다. 자기 죄를 자복하는 기도는 주님이 기쁘게 받으시는 기도가 된다고 그는 주장한다.

셋째, 기도할 때 성도는 주님의 영광과 자신과 이웃의 구원을 위해 기도해야 한다. 구체적으로는 나와 이웃을 위해서, 더 나아가서는 나의 원수를 위해서도 기도해야 한다. 무엇보다 먼저 하나님 아버지를 모시고 있는 주 안에서의 형제자매들을 위해 기도해야 한다.

2. 기도의 방법

첫째, 기도할 때 하나님 앞에 내가 얼마나 무가치한 존재인가를 자각하고 마치 구걸하는 자처럼 간절한 자세로 기도해야 한다고 슈페너는 말한다. 이러한 기도를 하나님은 외면하지 않으시며 응답해 주신다고 그는 강조한다.

둘째, 묵상기도나, 소리 내어 하는 기도나 둘 다 필요하며. 이 두 가지의 기도를 하나님은 기뻐하신다고 그는 말한다. 이에 더해 금식기도와 성도들이 함께 간구하는 합심기도도 필요하다. 온 마음을 다해 기도해야 하며 동시에 우리의 혀와 입으로 소리 높여 하나님께 영광을 올려드리라고 슈페너는 주장한다. 우리의 몸은 성령의 전이기 때문에 입으로만 형식적으로 기도하고 마음으로 기도하지 않는 자는 주를 조롱하는 것과 같다고 그는 말한다.

셋째, 기도할 때 무릎을 꿇고 하든, 누워서 하든, 서서 하든 상관없다고 그는 피력한다. 중요한 것은 하나님 앞에서 겸손한 마음으로 기도하는 것이다. 예수 그리스도께서 "얼굴을 땅에 대시고 엎드려 기도하신 것과 같이(마26:39)", "솔로몬이 무릎 꿇고 손을 펴서 하늘을 향하여 기도한 것처럼(왕상8:54)", 우리가 간절한 마음으로 기도하면, 우리 역시 주님 앞에 무릎을 꿇고 마음에서 우러나오는 간절하고 겸허한 기도를 드리지 않을 수 없다고 슈페너는 역설한다.

3. 기도의 때와 장소

첫째, 예수님의 명령(눅18:1)과 바울사도의 권면(살전5:17)을 따라 항상 기도해야 한다. 매일매일 우리는 하나님의 도우심과 은총을 간구해야 하며 동시에 우리의 기도에 하나님께서 응답해 주실 것을 믿으며 기도하라고 슈페너는 권면한다.

둘째, 슈페너는 기도의 장소에 구애받지 말고 모든 장소를 기도의 장소로 활용하라고 권고한다. 교회 안에서 뿐만 아니라, 골방에서든, 일터에서든, 어느 장소에서든 상관없이 열심히 기도해야 한다고 그는 가르친다.

이상 살펴본 바와 같이 슈페너가 가르치는 참된 기도는 성도라면 누구나 열심히 기도해야 하는 바 마음 속 깊은 곳에서 우러나오는 참되고 경건한 기도를 주님께 드려야 한다는 것이다. 결국 성도의 삶 자체가 기도의 삶이어야 하는 것이다. 슈페너가 주장한 기도는 현재 한국교회에 절대적으로 필요한 것임을 알 수 있다. 그럴 때 하나님께서는 한국교회를 다시 흥왕하게 해 주시고 많은 불신자들이 회개하며 주님께 돌아오게 해 주실 것이다. 이를 위해 한국교회 성도들은 기도에 열심을 낼 필요가 있다. 슈페너가 열망하였듯이 교회를 위해, 이웃을 위해, 사회를 위해, 국가를 위해, 더 나아가서 원수도 품을 수 있는 간절한 마음으로 올바르게 기도할 때 한국교회는 부흥의 역사를 다시 쓰게 될 것이다.

IV. 슈페너의 기도의 교훈들

슈페너에 의하면 기도는 시간, 장소 불문하고 언제나 어디서든 성도라면 누구나 해야 하는 것이다. 그리고 끊임없이 기도해야 하며 뜨겁게 기도해야 한다. 또한 교회뿐만 아니라 가정에서, 일터에서도 기도해야 한다. 다만 기도할 때 죄인된 마음으로 하나님의 도우심을 구하는 겸허한 자세가 필요하고, 나의 기도를 주님께서 반드시 응답해 주실 것이라는 확신이 필요하다. 입술로만 하는 기도, 기도문을 읽는 정도의 무성의한 기도가 아닌 마음에서 우러나오는 간절한 기도를 주님께 드려야 한다. 무엇보다 내 욕심을 채우려는 세속적인 기도가 아닌 오로지 하나님의 영광을 위한 기도, 나보다도 내 이웃과 사회의 구원과 축복을 비는 사랑이 충만한 중보자의 기도를 드려야 한다. 주님의 나라가 우리 마음에 임하셔서 사탄의 모든 공격을 물리쳐 승리할 수 있도록 기도해야 한다. 이렇게 기도할 때 주님은 영광을 받으시고 우리는 점점 낮아지면서 십자가를 지고 주님을 따라가게 되는 것이다. 내 뜻이 아니라 하나님의 뜻이 이뤄지도록 우리는 날마다 자신을 부인하고 십자가를 짊어지고 기도해야 한다.

지금 우리 한국교회 성도들의 기도는 어떠한가? 마음 깊은 곳에서부터 나오는 뜨거운 기도로 주님을 기쁘시게 하고 있는가? 어느 곳이든 장소불문하고 불신자가 함께 있는 데서도 용기 있게 기도하는가? 이전에는 열심히 기도하는 성도였는데 지금은 기도의 열기가 식어 불에 타다 남은 나무 조각(암4:11)같이 되지는 않았는가? 열심히 기도하는 것 같은데 실상은 마음을 다하여 드리는 기도가 아닌 입술만으로 드리는 무성의하고 형식적인 기도로 만족하고 있지 않는가? 하나님의 뜻대로가 아닌 내 뜻대로만 하는 이기적인 기도(약4:3)를 하고 있지는 않는가? 세상일에 바쁘다는 핑계로 내 삶 속에서 기도가 빠진 형식적인 신앙생활을 하고 있지 않는가하고 우리 자신의 믿음과 기도생활을 반성할 필요가 있다. 한국교회가 다시 부흥하는데는 기도라 필수적인 신앙덕목이다. 슈페너의 열망처럼 여기저기서 뜨겁게 기도하는 성도들이 늘어날 때 한국교회는 소망이 있다고 할 수 있다.

V. 나가는 말

슈페너가 주장한 기도를 살펴보면서 얻은 결론은 교회를 살리는 중요한 덕목은 기도라는 것이다. 그는 기도는 예배와 같으며 하나님을 기쁘시게 하기 위해 드리는 봉사와 같아야 한다고 말한다. 열심히 주님을 위해 수고하여 많은 열매를 드리는 자를 주님은 착하고 충성된 종(마25:21)이라고 하시지 않았는가? 이처럼 참된 기도로 많은 열매를 맺으며 교회에 활력을 불어넣을 사명이 모든 성도에게 있음을 그는 주장한다.

그는 성도에게 있어서 기도보다 더 유익한 신앙의 실천은 없다고 하였다. 그는 목회현장에서 성도들에게 이렇게 설교했다. "항상 어느 장소에서든 기도합시다. 그렇게 하여 주님이 영광 받으시도록 합시다. 우리의 입술로도, 마음으로도 기도합시다. 우리 자신과 우리의 이웃을 위해서도 기도합시다. 그리고 우리의 기도를 하나님이 반드시 들어주실 것을 확신합시다."

슈페너가 『경건의 열망』을 저술하면서 맨 처음에 하나님께 드린 기도가 있다. "하나님의 역사하심을 통해 주의 이름이 거룩함을 받으시오며 주님의 나라가 확장되며 주님의 뜻이 이루어지고 많은 영혼이 구원받으며 신실하신 주님 때문에 영원한 주님의 영광과 평화가 성취될 것을 아는 지식으로 온전한 기쁨을 우리가 누리게 하소서."

삼백여년 전에 슈페너가 주장한 참된 기도의 요청은 마치 그가 지금 한국교회에 간절히 외치는 것 같다. 그 요청에 한국교회는 응답해야 할 것이다. 뜨거운 성도의 기도가 살아 있으면 한국교회는 뜨거운 부흥의 불길이 다시 타오를 것이다.

김은진

충남대학교 독어독문과 (B.A.)
장로회신학대학교 신대원 (M.Div.)
장로회신학대학교 대학원 역사신학 석사 (Th.M.)
평택대학교 대학원 역사신학 박사 (Ph.D.)
(현) 이원장로교회 담임목사

존 웨슬리의 기도

김 영 선

　존 웨슬리는 1703년 영국 국교회의 사제 사무엘 웨슬리의 15번째 아들로 출생하였다. 차터 하우스에서 중고등학교 과정을 마치고 옥스퍼드 대학에서 공부한 뒤, 아버지의 목회 업무와 욥기 연구를 돕고 있다가, 1726년부터 옥스퍼드의 링컨 칼리지의 교수(Fellow)로 활동하면서 동생 찰스 웨슬리가 옥스퍼드 대학의 크라이스트 처치 칼리지에 입학하여 활동하면서 결성한 '신성클럽'(Holy Club)을 지도하였다. 신성클럽 회원들은 성경연구, 훈련과 명상, 기도와 예배 등을 규칙적으로 시행하였기 때문에 이들을 "법식주의자"또는 "규칙쟁이"(Methodist)라고 불렀는데, 이 이름이 오늘날 감리교회의 공식 명칭이 되었다.

　1735년에 동생과 함께 미국 조지아주의 선교사로 갔다. 선교사역의 여정을 통해 모라비아교도들의 신앙에 크게 감동을 받으면서 전도에 힘쓰게 되었다. 선교사의 사역을 마치고, 귀국한 뒤, 독일 경건파 모라비아 교도들이 모이는 작은 집회에 참석하여 마음이 뜨거워지는 체험(회심)을 하게 되었다. 이후 모라비안의 본거지인 독일의 '헤른후트 형제단'을 방문하고 돌아와 본격적인 전도활동을 전개하였다. 존 웨슬리는 살아있는 믿음과 성결한 삶을 강조하며, '그리스도인의 완전'을 설교하면서 대규모의 신앙운동을 전개하여 영국의 개혁을 이끌어 내었다. 이러한 그의 신앙운동은 그가 죽은 뒤 메소디스트(감리교)로 정착되어 웨슬리는 감리교회의 설립자가 되었다. 웨슬리는 어머니의 철저한 신앙교육과 기도 덕분에 감리교의 창시자가 되었다. 영국의 개혁을 견인한 웨슬리의 복음운동 배후에는 그의 '기도'가 자리하고 있었다. 웨슬리는 기도의 사람이었다. 웨슬리의 기도는 그의 경건과 신학 그리고 복음운동의 원천이었다. 이런 웨슬리의 기도의 중요한 측면들과 특성들을 살펴보는 것은 우리의 기도 생활에 큰 도움이 될 수 있을 것이다.

1. 기도에 대한 웨슬리의 정의

웨슬리에게 기도란 철저하게 하나님을 신뢰하고 하나님께 '마음을 여는 것'이다. 우리가 하나님의 마음을 움직이는 것이 아니라, 우리가 우리의 마음을 움직여 하나님이 우리에게 주실 것을 받을 수 있는 마음을 갖는 것이 기도다. 다시 말하면 기도란 하나님을 움직이는 것이라기보다는 오히려 자신을 움직이게 하여 하나님이 우리를 위해 준비해 놓으신 모든 것을 받기에 합당한 성품과 자격을 갖추는 것이다. 이런 면에서 기도는 '어떤 행위'라기보다 하나님을 향한 '마음의 자세와 상태'라고 볼 수 있다. 웨슬리는 감리교인의 품격을 언제나 끊임없이 기도하는 것으로 말하였다. 이는 언제나 행위로서 기도할 것을 말하는 것이라기보다는 마음을 항상 하나님께 드리는 것을 말한다. 항상 마음으로 하나님을 기억하고, 하나님을 갈망하는 사랑으로 하나님과 동행하는 것이 바로 끊임없이 기도하는 것이 된다. 이러한 웨슬리의 기도에 대한 시각은 "쉬지말고 기도하라"는 성경 말씀을 우리가 이해하는데 도움을 준다. 하나님의 사랑 이외에 어떤 것도 욕심내지 않고, 그분을 기쁘시게 하는 것 이외에 어떤 것도 바라지 않게 된다면, 우리가 하나님을 생각하든 혹은 그분께 이야기하든, 우리가 그분을 위해 행동하든 혹은 고통을 당하든, 그 모든 것이 기도가 된다는 것이다.

웨슬리의 기도에는 간구, 고백, 중보 그리고 감사와 찬양이 포함된다. 우리의 부족함과 연약함과 죄악을 위하여 하나님의 도움을 청하는 간구, 용서와 치유와 그리고 사랑과 성화를 위한 고백, 이웃과 세상의 필요를 위한 중보, 하나님의 사랑과 축복에 대한 감사 또는 그 은혜에 대한 찬양이 기도 속에 포함되어야 한다는 것이다. 웨슬리는 기도를 통해 간구, 중보, 그리고 감사와 찬양의 삶을 살았다. 간구, 고백, 중보 그리고 감사와 찬양은 우리의 삶이 되어야 한다. 웨슬리에게 그러한 삶은 곧 기도가 되는 것이다.

2. 은혜의 수단으로서의 기도

웨슬리는 성만찬, 철야기도회, 새벽기도회, 영성일기, 말씀묵상기도 등과 같은 '은혜의 수단'을 통해 성령충만을 사모하였다. 웨슬리가 강조하는 중요한 것들 가운데 하나는 은혜의 수단이다. 하나님은 무상으로 은혜를 베푸시는 분이며 우리가 그 은혜를 받기 위하여서는 수단들(means)이 반드시 필요하다는 것이다. 그리고 기도가 하나님의 은혜를 받는 수단으로써 매우 중요하다는 것이다. 하나님의 은혜를 받기 원하는 자는 은혜의 수단인 '기도'를 열심히 해야 한다. 웨슬리는 "하나님의 은혜를 갈구하는 모든 사람들은, 먼저 기도하면서 주님의 뜻을 기다릴 줄 알아야 한다"고 했다. 하나님을 사랑하는 사람에게 기도보다 더 생산적이고 중요한 일은 없다. 하나님과 함께할 수 있는 시간이기 때문이다. 하나님을 사랑한 존 웨슬리는 이러한 기도의 비밀을 잘 알고 일생 동안 깊이 기도한 목회자이다. 웨슬리는 기도가 하늘이 주시는 에너지를 받는 통로임을 잘 알고 있었다. 웨슬리는 은혜의 주된 통로는 크게 세 종류를 말하고 있다. 그것은 기도(은밀히 드리는 기도, 회중 기도 등의 모든 형태)와 성경 읽기(성경을 읽고 듣고, 묵상하는 것)와 성만찬(예수님을 기념하고 떡을 떼고 포도주를 마시는 것)이다. 웨슬리는 이 세 가지를 하나님이 사람들의 영혼에 그분의 은혜를 주시기 위해 정하신 은혜의 통로로 간주한다. 그리하여 하나님의 은혜를 갈망하는 사람들은 은혜의 수단들을 제쳐두지 말고 적극적으로 사용할 것을 권면하였다.

  웨슬리는 기도야말로 모든 은혜의 수단이며 그 외의 수단들은 기도와 함께 또는 기도를 돕는 수단들로 보았다. 기도가 은혜의 수단이라는 말은 기도는 하나님의 은혜를 전달하는 통로라는 것을 의미하는 것이다. 기도는 신자들로 하여금 자기 부정과 성결 그리고 자아성찰을 추구하게 하는 신자들의 중요한 영성훈련의 수단이다. 웨슬리에게 기도는 하나님과 교통하는 수단일 뿐만 아니라 신자들의 영적 성장과 하나님의 은사를 얻는데 필수적인 수단이다.

3. 경건을 이루는 최고의 수단으로서 기도

  웨슬리는 "경건의 일을 이루는 최고의 수단은 은밀히 하는 것이든 많은 회중과 함께하는 것이든, '기도'임에 틀림없다"고 하였다. 그리고 "기도하지 않으면 그 영혼 안에 있는 하나님의 생명이 쇠락하게 되고 점차 생명을 잃게 된다"고 하였다. 웨슬리는 기도를 영적 생명의 호흡으로 보았다. 따라서 이 호흡이 끊어지면 영적인 삶을 살 수가 없다. 영적인 진보와 성장을 위해서는 모든 신자는 일생 동안 계속 기도해야 한다. 하나님은 기도에 대해 응답하는 방식이 아니고는 아무 일도 하지 않기 때문에 우리는 기도에 전념해야 한다. 웨슬리는 심지어는 스스로 경건을 위해 기도하지 않고 하나님께로 돌이킨 사람들을 보더라도(그런 경우가 드물기는 하지만), 그 배경에는 반드시 다른 사람의 중보기도가 있다고 믿었다. 왜냐하면 위로부터 오는 능력을 받지 않고 스스로 가족 구원을 이루며, 자녀에게 주의 도를 가르치는 일을 할 수 있는 사람은 아무도 없다고 보앉기 때문이다. 웨슬리에 의하면 경건을 이루기 위한 가장 중요한 일은 기도의 줄을 놓지 않는 것이다.

4. 다양한 형태의 기도

웨슬리는 어떤 한 형태의 기도에 사로잡히지 않고 개인기도, 치유기도, 새벽기도, 중보기도, 소원기도, 기도문 읽기, 통성 기도, 공공기도회 등과 같은 다양한 형태의 기도를 시도하였으며 다양한 기도 스타일을 용납하라고 권고하였다. "어떤 한 가지 유형의 기도 스타일을 고집하며, 다른 형식의 기도를 무시하는 태도를 가지 않도록 주의하라. 기도가 응답되기를 바란다면, 다양한 형태의 기도를 통해 주님을 만나야 한다. 어떤 사람들은 오로지 마음 속으로만 기도하면서 그것이 다른 것들보다 더 우월한 경배의 방법이라고 생각한다. 그러나 단순하게 마음의 열망을 기도하는 것보다 더 열렬하고 지속적인 기도를 하기 위해서는 훨씬 더 큰 주님의 은혜가 필요하다."

웨슬리는 기도방을 따로 두어 개인기도를 하였고, 공공기도회에 참석하였으며, 소원을 두고 하나님께서 원하시는 것을 부어주시기를 기도했으며, 병의 치유와 귀신들린 자를 추방하기 위한 기도를 하였으며, 기도문을 넓고 쾌적한 법원 건물에서 사람들에게 읽어 주는 등 각 가지 형태의 기도를 행하였다. 웨슬리는 기도의 형식에 매이지 않았다. 다음과 같은 글에서 그의 이러한 면모를 볼 수 있다. "폭스(Fox)의 소사이어티(society)에 참여하면서, 나의 마음은 나 자신을 기도의 형식에 제한할 수 없다는 마음으로 가득 찼다. 이 기도의 형식은 우리에게 너무나 익숙한 것이었다. 나는 기도의 형식에 나 자신을 제한하지 않을 뿐 아니라 무관심하게 기도하지 않기로 결정했다. 형식을 갖추던지 갖추지 않던지 나는 어떤 특별한 경우에 적합한 기도를 하기로 했다." 웨슬리는 영국 국교회의 '매일의 기도'(the Cranmerian collects and lections)를 사용하여 매일 9시와 12시 그리고 오후 3시에 기도하였다. 그는 예전 기도(liturgical prayer)만이 아니라 즉흥 기도(extemporary prayer)도 하였다. 예전 기도는 열광주의적 위험을 피하고 하나님에 대한 신자의 지식을 바르게 조형하며, 교회의 일치와 질서를 증진시키고 즉흥기도를 위한 언어와 방향을 제시해 주는 장점이 있다. 즉흥 기도는 자유롭게 자발적으로 성령의 영감을 받아 기도할 수 있는 장점이 있다. 웨슬리는 이 양자의 장점을 살려 예전 기도와 즉흥 기도를 병행하였다.

5. 기도의 바른 의도와 태도

우리는 기도할 때에 우리가 하는 말에 아주 조심해야 한다. 마음 깊은 곳에서 우러나오는 말을 해야 한다. 빈말을 되풀이하는 것(중언부언)은 아주 위험한 것이면서 흔히 있을 수 있는 일이다. 가장 훌륭한 기도라 할지라도 마음에서 나오는 언어가 아니면 중언부언하는 기도에 불과하다. 웨슬리는 마태복음 6장 5-15절을 주해하면서 기도의 바른 의도, 태도, 형태, 필요조건에 대해 말하였다. 특히 8절 "너희에게 있어야 할 것을 하나님 너희 아버지께서 아시느니라"는 말씀을 주해하면서 웨슬리는 기도에 대한 가르침을 주고 있다. "우리는 우리에게 결핍된 것을 하나님에게 알리기 위해 기도하는 것이 아니다. 하나님은 전지하시기 때문에 알릴 필요가 없으며, 또한 언제나 도와주시고 계신다. 부족한 것은 우리 인간 편에서 하나님의 은혜와 축복을 받을 마음의 준비가 제대로 되어 있지 않다는 것이다. 따라서 기도에 있어서 중요한 일은 우리 마음속에 준비하는 일이며, 하나님께 의지하는 일이며, 우리가 구하는 것을 간절히 간구하는 일이며, 우리의 부족함을 깊이 느끼고 축복을 받을 때까지 끝까지 매달리는 일이다."

웨슬리는 기도에 대해 다음과 같은 주의를 제시한다. 첫째, "매일 성경을 읽고 묵상하며 기도하는 시간을 갖고 있는지 관심을 기울여야 한다. 하루라도 가족들을 위해 진심으로 기도하지 않고 지나가는 일이 없도록 해야 한다." 둘째, "기도할 때 자신이 하는 말의 의미를 생각하며 세심하게 주의를 기울이고, 마음 깊은 곳에서 진심으로 우러나오는 말을 하려고 노력해야 한다." "아무리 최고의 기도문이라고 할지라도 그것이 마음의 언어가 아니라면 빈말을 되풀이 하는 것에 불과하다." 셋째, 기도를 하는 중요한 목적을 알아야 한다. "우리는 하나님께 우리가 원하는 것이 무엇인지 알려드리기 위해 기도하는 것이 아니다. 전지하신 하나님은, 이전에 몰랐던 어떤 것에 대한 정보를 얻기 위한 노력이 필요하지 않다. 그분은 언제나 가까이 우리의 필요를 해결해 주시기 원하신다. 정말 중요한 것은, 우리 편에서 하나님의 은혜와 축복을 받기에 알맞은 성품을 갖추는 것이다. 기도를 하는 중요한 목적 가운데 하나는 우리 안에 하나님을 닮은 성품을 기르고, 성령을 의지하는 훈련을 하는 것이다. 또한 우리가 바라는 마음을 증대시키며, 우리의 필요에 민감하여서 마침내 축복을 얻을 때까지 씨름을 멈추지 않는 것이다." 내면이 변화되지 않으면, 기도한 말이나 성경을 읽는 소리 등을 포함한 모든 외적인 일들은 미약하고 영향력이 없다는 것이 웨슬리의 신학이다.

6. 새벽기도의 중요성

웨슬리는 새벽기도의 중요성을 다음과 같이 피력하였다. "올바른 방법으로 시작하라. 일찍 일어나기 위해서는 일찍 자야 한다. 일찍 자고 일찍 일어나 하나님을 대면하며 하루를 시작하게 되면 당신이 가진 대부분의 어려움이 해결될 것이다. 새벽기도는 영원토록 유익한 결과를 낳는다." 새벽기도의 중요성을 파악한 웨슬리는 일평생 매일 아침 4-5시에 기도하였다. 웨슬리가 얼마나 새벽기도를 중시했는가를 다음과 같은 그의 언급에서 볼 수 있다. 새벽기도회가 취소된 것을 안 웨슬리는 "새벽 설교를 포기하라. 그러면 메소디즘은 단순한 한 종파로 전락할 것이고, 몇몇 견해들과 양식들을 통해서만 구별될 수 있을 것"이라고 말했다. 그는 새벽 예배에 참석하지 않는 설교자들을 보고 그 실태를 조사한 결과 그들이 너무 늦게 자기 때문임을 발견하고는 다음과 같은 지침을 발표하였다. 첫째, 내 지붕 아래 사는 모든 사람은 9시에 잠을 자야 한다. 둘째, 모든 사람이 새벽 예배에 참여해야 한다. 이러한 지침을 받은 설교자들은 이후 모두 새벽기도회에 참석하였다. 새벽기도회가 약화되거나 아예 실종된 모습을 보이는 최근 한국교회의 경향은 웨슬리의 목회 스타일에 반(反)하는 것이다.

7. 기도의 결과

웨슬리는 기도의 결과를 생각하며 기도를 게을리하지 말 것을 권고하였다. 왜냐하면 기도의 결과는 시험을 이기고 문제를 해결하며 은혜의 자리로 나아가게 해 주기 때문이다. "기도가 아무 소용이 없다는 느낌이 들 때도, 주님의 집으로 올라가서 그분을 두려워하는 모든 사람들과 함께 기도해야 한다." "아마도 기도하지 않는 죄보다 더 자주 범하는 죄는 없을 것이다." "무엇보다도 폭풍이 닥쳐올 때, 사탄과 논쟁을 벌이는 것이 아니라 기도해야 함을 배우게 하십시오." "어려운 일이 있을 때마다 우리는 조용히 물러나서 기도해야 한다. 조용히 기도하다가 우리는 하나님의 빛에 거하고 은혜의 자리에 나아가게 되며, 어떻게 하면 일을 이룰 수 있을지 염려하지 않고 해답을 찾을 수 있게 된다." "한 영혼이 승리를 거두는 것은 그 하나하나가 모두 기도의 결과이다…. 엄청난 시험을 당하고 있다 할지라도 그리스도를 한 번 바라보거나, 가까스로 그분의 이름을 한 번 부르는 것만으로도 악을 이기기에 충분하며, 마음에 확신을 들고 평안이 넘치게 된다."

8. 가장 완전한 보편적인 기도의 형태로서의 주기도문

웨슬리는 주기도문(마태 6:9-13)을 가장 완전한 보편적인 기도의 형태로 인식하였고, 우리의 현실적인 필요한 모든 소원을 포함하고 있다고 파악하였다. 주기도문은 우리들의 기도의 완전한 지침이며, 우리들의 신앙 훈련의 전부가 들어 있다고 보았다. 웨슬리는 주기도문을 들어 짧고, 면밀하고, 완전하게 기도할 것을 권고한다. 그리고 기도가 상달되리라는 확신을 가지고 기도해야 되지만, 그 전에 먼저 하나님에 대해서 알아야 한다고 가르친다. 또한 신앙과 겸손, 그리고 하나님과 인간에 대한 사랑을 가지고 기도를 통해 하나님께 다가서야 한다고 지적한다.

나가면서

웨슬리는 기도에 대한 가르침을 받아 기도로 살았던 기도의 사람이었다. 그는 "하나님이여, 부디 내가 무가치한 삶을 살지 않게 하옵소서"라고 기도하였다. 그의 기도는 응답되어 영국을 구원하는 위대한 하나님의 사람이 되었다. 우리는 다음과 같은 웨슬리의 기도를 통해 그가 얼마나 하나님과 가까이 가려고 했는지 그리고 얼마나 성화를 지향하고 있는지를 보게 된다.

"주님, 나는 더 이상 나의 것이 아니고 당신의 것입니다. 당신이 원하시는 것을 겪게 하시고, 당신이 원하시는 사람들과 어깨를 나란히 하게 하소서. 당신의 쓰임을 받게 하시든지, 당신을 위하여 옆으로 제쳐두시든지, 당신을 위해 높이시든지 당신이 낮추시든지 뜻대로 하옵소서. 모든 것을 갖게 하시든지, 아무 것도 갖지 못하게 하시든지, 저는 기꺼이 마음으로 모든 것을 주님의 기쁨과 주님의 처분에 맡깁니다. 그리고 이제, 영광스럽고 복되신 하나님, 성부와 성자와 성령이시여, 당신은 저의 전부가 되시고, 저는 당신의 것임을 고백합니다. 아멘."

"주님, 제게 주신 모든 축복에 이것을 더해 주옵소서. 저를 거듭나게 하옵소서. 제게 거듭남의 은혜를 거두지 마옵소서. 나를 '위로부터 난 자'가 되게 하옵소서. 명성이든 재산이든 친구든 건강이든, 그 무엇이든 제게 좋게 여겨지는 것을 거두어 가시고, 오직 제게 거듭남의 은혜를 주옵소서. 성령으로 난 자가 되게 하시고, 하나님의 자녀로 받아들여지게 하옵소서. 하나님의 말씀을 통해 썩지 않을 씨로 태어나게 하옵소서. 그리하여 내가 '우리 주 곧 구주 예수 그리스도의 은혜와 그를 아는 지식에서 자라가게 하옵소서.'"

자신이 속한 공동체와 시대를 변화시키는 그리스도인이 되길 원한다면 존 웨슬리처럼 기도할 수 있어야 한다. 교회와 지역사회와 국가를 변화시키는 기도의 거인이 나오길 기원한다. 이 시대는 예수님의 본을 따라 기도했던 웨슬리처럼 기도하는 사람들을 찾고 있다.

김영선

목원대학교 신학사
감리교신학대학교 신학석사
영국 University of London (M.Th.)
영국 University of London (Ph.D.)
(전) 한국개혁신학회 회장
(전) 한국 조직신학회 회장
(현) 웨슬리신학연구소 소장
(현) 협성대학교 명예교수

조지 휫필드의 기도

김 현 배

청소년 시기의 방탕한 삶은 기도의 사람으로의 통로였다

조지 휫필드(George Whitefield, 1714-1770)는 기도의 사람이다. 기반이 영적인 가문과 지역이었다. 조상들 중 상당수가 성공회 성직자들이다. 태어난 곳도 유서 깊은 글로스터(Gloucester)로 잉글랜드의 종교개혁자들인 윌리엄 틴데일, 존 후퍼 등을 배출했던 동네이다. 아버지는 달랐다. 아버지는 성직자가 아니라 벨 여관(Bell Inn)의 주인이었기에 여관에서 태어났다. 그의 버팀목이었던 아버지는 안타깝게도 2살 때에 잃었다. 아버지의 부재의 영향인지 확실치는 않으나 그는 방탕한 젊은이들이 빠지는 술과 도박이 일상이었다. 곧 기도의 사람이 되기 전 그는 방탕한 사람이었다. 방탕했기에 주일을 어기고 극장에 놀러 다니며, 어리석은 농담들, 거짓말, 욕설 등이 삶의 일부분을 차지했다.

누가복음 15장의 탕자 비유인 둘째 아들처럼 청소년기를 보냈다. "재물을 다 모아 가지고 먼 나라에 가 거기서 허랑방탕하여 그 재산을 낭비하더니(눅 15:13)."

둘째 아들이 방탕한 삶으로 인해 후회한 삶을 산 것처럼 조지 휫필드도 영적인 사람으로 살려고 하니 괴로움이 심했다. 과거 방탕한 삶은 기도의 사람으로 바뀌는 데 일조를 했다.

다윗이 밧세바를 범하고 지은 참회의 시가 시편 51편 이듯이, 조지 휫 필드도 다윗의 삶에 동변상련을 느껴서인지, 다윗이 자주 부르짖었던 "내 가 여호와의 이름으로 그들을 끊으리로다"(시 118:11)는 말씀으로 무릎을 꿇고 눈물을 흘리며 기도했다. 그의 방탕한 삶은 방탕으로 멈추지 않았 다. 마치 아우구스티누스처럼 하나님의 손길을 덧입는 통로가 되었다.

방탕한 삶이 기도의 사람으로 바뀌는 변곡점은 1732년 옥스퍼드 펨브 로크 대학에 입학한 18세에 존 웨슬리와 찰스 웨슬리 형제와의 만남이었 다. 이후부터 신앙적 모임인 경건 운동(Holy Club)에 참여하였다. 공동체 일원과 함께 하루에 세 번씩 기도하고 찬송하고 금식을 통해 기도의 사람 으로 되어갔다. 기도를 하면서 재소자를 방문하는 등 선행을 실천했다. 교회 성찬에도 참여 하는 등 규칙적인 신앙생활과 영적 훈련을 쌓아갔다.

그의 내적, 외적 신앙적 활동은 방탕한 삶에 대한 회한에서 출발했다. 회한의 눈물은 눈물 흘림으로 그치면 안 된다. 영적인 삶으로 이어져야 한다. 휫필드는 방탕의 삶이 영적인 삶으로 이어짐으로 위대한 기도의 사람이 될 수 있었다.

책과 기도는 회심 체험의 일등공신이었다

누구나 기도의 사람이 되는 것은 아니다. 특별한 전환점이 있을 때 가 능하다. 휫필드가 그러했다. 그가 기도의 사람이 되는 데에는 뚜렷한 계 기가 있었다. 마치 바울이 다메섹에서 예수님을 만나듯, 책을 만나 기도 의 사람이 되었다. 그가 만난 책은 17세기 스코틀랜드 신학자인 헨리 스 쿠걸(Henry Scougal, 1650-1678)이 쓴 『인간의 영혼 속에 있는 하나님의 생명(The Life of God in the Soul of Man)』이었다. 이 책은 그를 불꽃처럼 타 오르는 기도의 사람이 되는 데 촉매제 역할을 했다.

그는 수없이 금식하며 기도했지만 거듭남보다는 선행으로서 천국에 이를 수 있다는 생각이 지배적이었다. 그의 기도 생활은 자신을 돌아보게 했다. 자신이 그리스도인이 아닐 수도 있다는 사실과 자기가 하나님의 생명을 갖고 있지 않음을 깨달았다. 그는 참된 신앙이 무엇인지 알지 못해 깊은 절망에 빠짐으로 거듭날 필요가 있음을 느꼈다. 그리고 영원히 잃어버린바 된 자신이 될지도 모른다는 두려움 속에서 '하나님의 생명'을 찾기 시작했다. 그 때 만난 책이 휫필드는 헨리 스쿠걸의 책이었다. 어느 날 그 책을 손에 쥔 채 땅바닥에 엎드려 하나님께 기도했다.

"하나님, 제가 그리스도인이 아니라면, 진정한 그리스도인이 아니라면, 제가 마지막에 멸망당하지 않도록 예수 그리스도를 위해 제게 기독교가 무엇인지 보여주소서!"

그 책의 내용을 붙들고 한 기도로 결국 회심을 체험하기에 이르렀다. 하나님께서 그의 기도에 응답하여 1735년 옥스퍼드에서 회심하였다. 그는 기도를 통해 하나님께서 나의 죄를 용서하셨다는 사실을 확신했다. 하나님 앞에서 의로워지기 위해서는 믿음만이 필요하고 영혼 속에 하나님의 생명을 갖는 것임을 깨달았다. 그 결과 어둠으로부터 빠져 나올 수가 있었다. 하나님께서 그 무거운 짐을 제거해 주셨음을 깨닫자, 휫필드는 용서와 기쁨으로 충만했다. 예수 그리스도를 향한 굶주림과 목마름을 느꼈다. 이에 그치지 않았다. 죄악 된 타협으로 인해 양심의 찔림을 받았던 토마스 크랜머(Thomas Cranmer, 1489-1556) 대주교가 순교 직전 믿음 철회서에 서명한 자신의 오른손을 먼저 불태웠듯이, 휫필드는 회개하면서 자신의 혀를 먼저 드리겠다고 했다. 또 자신을 부인하고 매일 십자가를 지고 예수 그리스도를 따르기로 결심했다.

휫필드의 회심 체험은 결심의 문제이거나 갑작스럽지 않았다. 엄청나게 고통스러운 죄의 자각 과정을 통과함은 물론, 끊임없이 기도했던 결과였다. 책과 기도를 통해 사도 바울처럼 예수님을 분명하게 만났던 휫필드는 완전히 달라졌다. 그의 변화된 모습에 가족들도 놀랐다. 심지어 편견을 품기도 했다. 학교에서는 모욕까지 당했다. 어떤 사람은 흙을 던지기까지 했다. 이 일이 비록 작은 일이었지만, 휫필드에게는 유익한 시련이었다. 휫필드의 회심 체험은 그가 일생동안 기도로 불꽃같은 삶을 살게 된 원동력이 되었다. 방탕한 사람이 기도의 사람으로, 율법적인 사람이 기도의 사람으로 바뀌었다.

눈물의 기도는 소명에 응답케 했다

회심 후 조지 휫필드는 하나님의 은혜와 지식에서 장성해가기를 갈망했다. 그 갈망은 16세기 종교개혁자들과 17세기 청교도들의 저술을 탐독케 했다. 특히, 청교도 조셉 얼라인(Joseph Allein)의 『회심치 못한 자들에게 주는 경고』, 리처드 박스터(Rechard Baxter)의 『회심치 않은 자를 소리쳐 부름』, 윌리엄 로(William Law)의 『진지한 소명』, 메튜 헨리(Matthew Henry)의 『메튜 헨리 주석』과 같은 책들을 많이 읽었다. 이 책들을 통해 영혼의 풍성한 양식을 얻었다. 여기에 그치지 않고, 진실한 마음으로 예수님을 사랑했고 어느 교파 사람이든 모두 사랑하는 마음을 가졌다. 일련의 행위로 인해 휫필드는 언젠가는 목사가 되리라는 꿈을 꾸었다. 그러자 옥스퍼드 친구들은 주님께서 휫필드와 같은 일꾼을 추수 밭에 보내시도록 기도하고 있었다. 휫필드가 21세쯤 되었을 때, 사람들은 언제 하나님의 부르심에 응할 거냐고 묻기 시작했다. 하지만 그는 목회의 길과 설교를 한다는 것에 대한 거룩한 부담감을 느꼈다. 그는 눈물로 종종 이렇게 부르짖었다.

"주님, 저는 입술이 부정한 아이입니다. 저를 아직 주님의 포도원으로 보내지 말아 주십시오!"

횟필드는 목회 소명에 대해 하나님의 뜻을 확신하지 못했다. 하나님께서 자신을 사역에 들어가지 않게 해 달라고 땀을 비 오듯 쏟으며 수천 번 기도했다. 또한 만약에 자신이 정말 목회의 길을 가야 한다면 그것이 하나님의 뜻임을 확실히 보여 달라고 기도했다. 마치 기드온이 하나님의 뜻인지를 분명히 알 때 까지 함부로 행동하지 않았던 것처럼 횟필드도 신중했다. 스펄전은 젊은 사람들이 목회를 안 하고도 견뎌 낼 수 있으면 그렇게 하라고 말했다. 오늘날에도 많은 사역자들이 자신의 소명을 확인하기 위해서 기도하는 일은 매우 중요하다.

횟필드는 소명 때문에 뼈를 깎고 살을 베는 아픔을 감수하면서 눈물로 기도했다. 하나님은 그의 기도에 응답하셨다. 교회에서 기도하고 나오는 길에 글로스터의 벤슨(Benson) 주교를 만나 대화를 나누었다. 당시 벤슨 주교는 23세 이전에는 어느 누구도 안수하지 않는다는 것을 규칙으로 삼고 있었다. 횟필드 나이는 21세였다. 하지만 벤슨 주교는 횟필드가 원한다면 언제든지 안수해 주겠다고 제안을 했다. 결국 횟필드는 모든 것을 포기하고 자신을 완전히 하나님께 바칠 것을 결심했다. 이처럼 그는 최종적으로 설교자의 길을 결단하기까지 수천 번씩 땀을 흘리며 간절히 기도했다. 1736년 6월 20일, 젊은 횟필드는 잉글랜드국교회 목사로 안수를 받았다. 그는 장차 영국 사회의 얼굴을 바꾸어 놓을 하나님의 손에 붙들린바 된 예정된 자였다.

능력 있는 설교는 열정적인 기도생활로부터 나왔다

"나는 아마 여러분 중의 그 누구보다 더 열심이었을 것이다. 일주일에 두 번 금식하는 것이 보통이었고, 하루에 아홉 시간씩 기도하곤 했으며…"

횟필드가 왜 기도의 사람인가를 한 마디로 정의해준다. 그리고 능력 있는 설교의 근원이 기도였음을 알게 해준다. 그는 설교를 위해 하루에도 수많은 시간을 기도했다. 특히, 옥외 설교를 앞두고는 무릎을 꿇고 기도하는 것이 일상이었다. 그가 무릎 꿇고 기도한 것은 설교가 하나님의 말씀의 권위로 무장될 때 죽어가는 영혼들을 건져 낼 수 있다는 확신 때문이다. 이런 확신은 하나님의 도우심을 구하면서 설교를 하게 했다. 열정적인 기도 덕분에 설교를 통하여 많은 회심자들이 나왔다. 몇 가지 경우를 통해 그의 기도의 삶이 어떠했는가를 알 수 있다.

1737년 12월 30일, 런던을 떠나 미국 사역을 위해 휘타커호에 승선했다. 그는 갑판에서 사람들에게 설교하고 교리를 가르쳤고 하나님의 놀라우심을 찬양하고 기도하기 시작했다.

> "하나님, 제게 깊은 겸손과, 절제된 열심과, 타오르는 사랑과, 오직 한 길만 바라보는 눈을 주옵소서. 그러면 그 어떤 사람이나 심지어 마귀들도 나를 방해하지 못할 것입니다. 날마다 제가 죽게 하소서. 죄인인 저에게 자비와 긍휼을 베풀어 주옵소서. 나의 뜻이 아닌 당신의 뜻을 이루소서. 저에게 감사하는 마음을 주옵소서. 주를 섬기면서 더욱 영적으로 뜨겁게 하옵소서."

미국사역을 마치고 다시 런던으로 돌아왔지만 여전히 성령의 능력에 사로잡힌 설교자로 사역을 했다. 횟필드의 탁월한 설교는 기도가 능력의 원천이었다. 그의 하루에 아홉 시간의 기도! 그리고 일주일에 두 번의 금식의 탁월한 기도 생활이 아니었더라면 횟필드가 34년 동안 줄기차게 불같은 메시지를 선포한다는 것은 불가능했을 것이다. 주당 60시간씩 수천, 수만 명에게 설교를 하는 보통 사람으로는 상상할 수 없는 사역을 감당하는 것은 분주한 일정 가운데서도 그치지 않는 기도의 힘 덕분이다. 범상치 않는 그의 기도 생활을 엿볼 수 있는 것은 설교를 마치고 숙소에 돌아와서도 휴식을 취하기보다 다음 설교를 위해 기도함은 물론, 다른 사람을 위한 중보기도로 모든 시간을 보낸 것에서 발견할 수 있다.

기도의 사람 휫필드에게 기도 없이 설교하는 일은 상상할 수조차 없었다. 평생 동안 열정적인 기도 생활이 성령에 사로잡혀 능력 있는 설교를 할 수 있는 원동력이었다. 수많은 사람들의 가슴을 찌르는 권세 있는 설교, 밀물처럼 몰려드는 군중들의 영혼을 사로잡는 메시지의 위력은 그의 기도의 열매이다.

기도는 휫필드의 신학이 개혁주의를 더 견고하게 했다

조지 휫필드의 기도의 삶은 설교에 한정되지 않았다. 신학으로 까지 이어 졌다. 휫필드는 그리스도의 복음이 가져다주는 영광스러운 자유에 대한 관점을 분명하게 깨닫게 된 후부터 율법주의나 금욕주의로 다시는 돌아가지 않았다. 그는 값없이 주신 하나님의 은혜와 예수 그리스도를 믿음으로 의롭다 함을 얻는 이신칭의에 대한 교리가 그의 심령 속에 깊이 뿌리를 내리게 했다. 또 하나님 중심의 언약신학에 기초한 제한적인 속죄 교리를 믿었고 칼빈의 가르침을 따랐으며 칼빈주의적인 신조를 고백했다. 조지 휫필드는 하나님의 절대 주권적 예정과 선택교리 그리고 불가항력적인 하나님의 은혜와 그리스도의 십자가를 굳게 붙들었다. 또한 대속의 교리와 하나님의 전능하신 목적, 즉 인간의 구원을 위한 뜻은 최종적으로 십자가로 나타났다고 하면서 십자가를 강조했다. 그는 '피 흘리시는 하나님을 잊지 말라'고 권면했다. 그는 교회 개혁에 대해서는 관심이 적었지만, 개혁파 구원론을 고수했다. 이처럼 그의 신학 사상과 교리는 개혁주의였다.

신학은 신앙의 기반위에 세워진다. 신학 없는 신앙은 열정주의에 빠지고, 신앙 없는 신학은 교조주의에 빠질 위험이 상존한다. 헤르만 바빙크

(H. Bavinck)의 말처럼 교회와 신앙, 신학과 신앙은 따로따로 떼어서 생각할 수 없다. 마찬가지로 휫필드에게 있어서 기도와 신학은 따로 떼어 생각할 수 없다. 개혁주의 신학은 그의 기도에 힘입은 바가 크다.

영혼 구원을 향한 불타는 열정

기도는 복음 전도와 떼려야 뗄 수 없다. 기도 없는 복음 전도는 상상할 수 없다. 이 말이 잘 어울리는 사람이 조지 휫필드다. 기도의 사람 조지 휫필드는 복음 전도에 불타는 삶을 살았다. 불타는 복음 전도는 자신의 영적인 온도를 항상 점검함은 물론, 외적인 열심이나 권태감에 빠지지 않게 했다. '복음!'은 일생 동안 그가 놓지 않고 붙들었다. 사도 바울처럼 복음 외에는 아무것에도 관심을 갖지 않았다. 오로지 복음에 대한 열정과 사명으로 충만했기에 그의 심장은 예수 그리스도의 사랑으로 뜨겁게 불타서 소멸되기를 원했다. 복음의 불덩어리였기에 불쌍한 영혼을 예수 그리스도에게 이끄는 사역에 중점을 두었다. 건강이 허락하고 생명이 지속되는 한 복음의 기쁜 소식을 가능한 많은 사람들에게 전하기를 원했다.

그 열정은 잉글랜드나 스코틀랜드, 웨일즈, 미국 지역에서 그의 발길이 닿지 않는 곳이 없었다. 특히 스코틀랜드는 14회나 방문했고, 미국은 7번 방문했고 대서양만 13번이나 건넜다. 그가 잉글랜드와 웨일즈와 스코틀랜드와 미국에 끼친 영향력은 헤아릴 수 없을 정도이다. 이 중심에 기도가 있었다. 기도는 불타는 예수 그리스도에 대한 사랑, 죽어가는 영혼에 대한 애타는 마음이 더 활활 타오르게 했다. 예수님에 대해서 이야기하는 일에 지친 적이 없었는데 그것은 기도의 힘 때문이었다. 사도시대 이후, 위대한 복음 전도자 조지 휫필드는 기도의 힘으로 광범한 넓은 지역과 큰 거주 지역에서 하나님의 은혜의 복음을 증거 했다. 기도는 수많은 나라와 사람들에게 복음을 전파하여 많은 영혼들에게 값진 큰 효력을 가져오는 원동력이었다.

"녹슬어 없어지느니 닳아서 없어지리라." 이는 기도의 사람 휫필드의 위대한 고백이다.

휫필드의 기도는 영국을 부흥의 불길로 타오르게 했다

기도의 사람은 부흥의 씨앗이 된다. 조지 휫필드의 기도는 언제나 부흥을 일으키는 디딤돌이었다. 그 결과 영국 부흥에 큰 기여를 했다. 당시 조지 휫필드는 순회 설교자로서 영국 전역을 돌아다니면서 불꽃처럼 설교했다. 그는 부패한 사회와 영적으로 메말라 가는 교회에 하늘의 진리를 불꽃처럼 토해 내면서 어두움에 잠들어 있는 자들을 깨웠다. 복음의 능력으로 선포했던 그의 살아있는 메시지가 청중들의 마음속에서 빛을 발하고 있었다. 목마른 영혼들에게 끊임없는 영적 해갈과 새 힘을 주었다. 불타는 설교는 영국 교회에 부흥의 불을 지폈다. 하나님은 휫필드가 가는 곳마다 부흥의 불을 주셨다. 그 결과 휫필드는 불을 가져오는 사람으로 불렸다. 당시 어둡고 침체되었던 18세기 영국에 그로 인해 부흥의 불길이 타올랐다.

부흥으로 인해 많은 사람들이 회개하였다. 죄를 버리고 새 생활을 갖게 되고 모든 품행에서 변화되었다. 사회 도처에 술주정과 도박, 범죄가 크게 줄어들었다. 노예 매매제도가 폐지되었다. 감옥이 개선되고, 미성년 노동이 중단되었다. 학교와 고아원, 여러 교육 기관들, 기독교 신문, 대영 성서공회 등이 창설되었다. 즉 영국의 정치, 경제, 사회, 문화, 교육, 가정 등 모든 영역에 놀라운 변화를 가져왔다. 더 나아가 런던 선교회, 스코틀랜드 선교회, 웨일즈 선교회 등 각 나라와 도시별로 선교회가 조직되어 해외에 선교사를 파송하면서 선교의 열기가 불타올랐다. 조지 휫필드는 18세기 영국 부흥의 주역이 되었다. 이 모든 것의 밑바탕에 그의 기도가 있었다. 초대교회가 기도로 부흥을 일으켰듯이, 영국도 그의 기도로 부흥의 불길이 타올랐다.

열정적으로 기도하는 사람

조지 휫필드를 한 마디로 정의하는 말이다. 안타까운 것은 그는 1770년 9월 29일, 일곱 번째 미국 방문 중 북 아메리카의 뉴베리포트에서 56세의 이른 나이에 주님의 품에 안기었다는 것이다. 불꽃같은 그의 삶이 멈추었다. 조지 휫필드는 그리스도를 위해서 자신의 인생을 바친 영적 거인이었다. 위대한 설교자요 위대한 기도의 사람이었다. 조지 휫필드의 업적을 평가할 때 가장 우선적으로 꼽을 수 있는 것은 그의 탁월한 기도 생활이었다. 기도의 특징은 눈물기도이며, 열정적인 기도였다. 특히 말씀으로 하는 기도는 트레이드마크라 할 수 있다. 말씀 한 구절 읽고 기도하고, 또 말씀 한 구절 읽고 기도한다. 말씀을 읽고 기도하다가 성령의 능력을 받았다. 그는 기도가 얼마나 중요한가를 수많은 사역과 삶 가운데서 몸소 보여주었다.

지금 코로나 사태로 인해 우리 인생이 벼랑 끝에 서 있게 되는 혹독한 시련을 겪고 있다. 또 교회도 침체되고 기도의 무릎이 많이 약해지고 있다. 위드 코로나 시대에 한국 교회가 가장 먼저 회복할 것은 기도이다. 기도가 다시 살아나야 한다. 이를 위해 본받을 사람이 조지 휫필드다. 우리는 휫필드처럼 열정적으로 기도를 해야 한다. 또 위로부터 오는 능력을 얻을 때까지 오직 기도에 전념해야 한다. 기도 없이 능력 없다고 하지 않던가? 기도 없이 부흥 없다. 코로나 19로 침체에 빠진 한국 교회, 위드 코로나 시대에 한국 교회의 부흥을 위하여 열정적으로 기도해야 한다. 기도하면 조국 한국에 다시 부흥의 깃발이 꽂힐 것이다.

김현배

단국대학교(B.E.)
총신대학 신학대학원(M.Div.)
영국 London Theological Seminary (M.Div.)
영국 The Evangelical Theological College of Wales (M.Phi,l 수학)
(현) 베를린비전교회 담임목사
(현) GMS 독일 선교사
(현) 쥬빌리 유럽대표
(현) 베를린 역사와 통일연구소 소장

윌리엄 캐리의 기도

김은홍

1. 선교 비전과 사역의 원동력인 캐리의 기도

1761년 햇볕이 따사로운 8월의 어느 날 영국의 1761년 영국 노스햄프턴(northampton)의 작은 마을 파울러스퓨리(paulerspury)에서 윌리암 캐리(William Carey, 1761-1834)는 태어났다. 캐리는 어려서 꽃과 나무와 새 그리고 곤충을 벗하며 자라난 전형적인 촌사람이었다. 그의 주특기는 나무타기였다. 그러나 그는 공부에 대한 욕구도 강했다. 당시 문맹률이 매우 높던 시절, 그는 끈질긴 도전으로 글을 깨우쳤다. 더 나아가 외국어인 라틴어와 헬라어에도 손을 대었다. 고교를 졸업한 후 캐리는 아버지의 압력으로 구두수선공이 되었다. 당시는 두 발이 유일한 교통수단이었기 때문에, 구두수선은 유망직종 중 하나였다. 그는 구두 수선 가게 자기 자리 앞에다 세계 지도와 세 가지 표어를 적은 종이를 붙여놓고는 자신의 인생을 하루하루 새롭게 시작했다. 큰 비전을 가져라 (Great Vision), 큰 기도를 하라 (Great Pray), 큰 기대를 걸라(Great Expect)! 남의 구두 수선 가게에서 수선이나 하는 사람이 꿈을 품어봤자 수선 가게 하나 정도 차리는 것이 아닐까 생각할 수도 있겠지만 윌리엄 캐리의 꿈은 전혀 달랐다. 이러한 그의 꿈을 실현하기 위해 그는 그 당시 문맹률이 매우 높던 시절, 끈질긴 도전으로 글을 깨우쳤다. 더 나아가 외국어인 라틴어와 헬라어도 깨우쳤다. 고등학교를 졸업한 후 아버지의 뜻으로 유망직종 중 하나였던 구두수선공이 되었던 것이다. 그는 세계 지도를 품에 넣고 그 당시 아무도 외국에 선교사로 나가는 것을 생각하지 않고 있을 때 선교사로 나가겠다고 자원했다. 그러나 주위에 있는 사람들은 모두 비웃었다.

많은 사람들이 지금은 하나님의 때가 아니라고 했지만, 그는 지금이 바로 하나님이 나와 당신을 통해 위대한 세계선교의 역사를 이루실 때인 것을 강하게 말했다. 그리고 그것을 기대하고 그것을 시도하라 했다. 그의 말에 감동을 받은 목사들은 침례교 선교회를 만들었고, 영국을 세계각지로 선교사를 파송하는 제사장 나라가 되게 하였다.

1793년 캐리가 32세 되던 해, 그는 인도영혼들을 향한 상한 목자의 심정을 안고 인도 선교사로 가고자 결단 했을 때, 그의 길을 가로막는 많은 장애물들이 나타났으나 우여곡절 끝에, 사랑하는 가족과 토마스라는 선교 동역자와 함께 인도 땅에 도착하였다. 당시 인도의 힌두교 여자들은 사티(Sati)라는 제도에 따라 남편이 죽으면 화장하는 불속에 함께 들어가야 했고, 갠지스 강가에선 '갠지스강의 여신이여 영광을 받으소서!'라고 외치며 어린아이들을 악어가 득실한 강에 던지는, 그런 미신이 가득한 나라였다. 또한, 동인도 회사의 지배 아래 선교는 절대 금지되고 있었다.

캐리는 추방을 면하기 위해 내륙으로 이동하여 벵갈(Bengal)에 정착하게 되었는데, 그곳은 말라리아가 창궐한 곳이었다. 1800년에 동인도 회사의 추방령으로 캐리는 선교기지를 덴마크 영내인 세람포(Serampore)로 옮기게 되었다. 거기서 첫 번째 개종자가 탄생했다. 그가 카스트제도와 우상숭배를 거부하자 2천명의 군중에 의해 그는 재판장으로 끌려가기도 했다. 그러나 회개와 변화의 역사는 줄기차게 일어나, 그 후 18년간 600명이 세례를 받고 수천 명이 예배에 참석하는 승리의 역사가 있었다.

세람포에서 역사가 흥왕하게 일어날 수 있었던 것은 바로 합심동역에 있었다. 그들은 수많은 인도방언과 중국어 · 버마어 · 말레이어 등 44개의 언어로 성경을 번역하여 출판했다. 1800년 공장을 정리하고 덴마크의 영지인 세람포로 옮긴 캐리는 선교사들의 공동생활이 선교 초기단계에 비용, 효율성, 교제 면에서 효과적이라고 확신하고 여섯 가족을 한 공동체로 묶어 공동사역을 시작하였다. 그들은 공동체 생활에 있어 오해를 막기 위해 토요일 저녁마다 모여 허심탄회하게 교제와 기도회를 가졌다. 이후에 7명의 선교사 중 3명만 남게 되어 캐리의 공동사역이 현명했다는 것이 증명됐다. 그들은 조직화된 교회생활의 필요를 느끼고 캐리는 대표 목사로 임명받고 교회를 세웠다. 또한 성경번역에 많은 힘을 쏟았고 부유한 사람을 위한 기숙학교를 열어 수입을 늘리고, 어려운 아이들을 위한 무료 기숙학교도 열었다. 1800년 첫 개종자 크리슈나 팔에게 벵갈어로 세례를 주고 첫 벵갈어 예배를 드렸다. 세람포 선교기지는 복음증거를 위해 선교여행을 다녔으며 1803년에는 캐리의 두 아들 펠릭스와 윌리암이 함께 최초의 주일학교를 열었다.

  1801년 캐리는 캘커타에서 영국 공무원들을 교육시키는 포트윌리암 대학에 벵갈어 교수로 부임했다. 그 결과 선교사들이 사적으로 번 돈도 선교회에 헌금해야 된다는 원칙으로 선교회의 재정이 늘어나고, 동인도 회사의 보호도 받게 되고, 인도의 저명한 석학들과 긴밀한 관계로 벵갈어 성경 번역본을 훌륭히 다듬을 수 있었다. 캐리는 산스크리트어로 된 인도 종교경전들을 조사하여 어린아이를 희생 제물로 바치는 것과 과부들을 부당하게 죽이는 사티제도를 폐지시켰다.

  1802년에서 1809년 사이에 벵갈어로 된 구약성경이 장별로 인쇄되어 나왔다. 1813년에는 안팎의 노력으로 인도에서 공식적으로 선교의 자유가 허락되었다. 캐리는 각각 독특한 특성을 가지고 있는 언어들의 문법을 체계화시켜 정리하여 편찬하였다. 브라만 계층을 위해 인도의 고전어이자 종교언어, 문학 언어이며 거의 모든 인도 방언의 뿌리인 산스크리트어로 성경을 성공적으로 번역하였다. 성경과 인도의 많은 경전들을 번역, 출판하기 위해 활자주물공장을 세웠고, 1832년까지 신구약 성경, 신약성경, 권별 성경이 44개 언어와 방언으로 출판되어 나왔다.

　전도사업도 세람포의 중요한 사역이었다. 세람포에 선교회가 세워진 지 1년도 채 안되어 첫 번째 개종자가 생겨 모두를 기뻐했다. 계속 개종자가 생겨났지만 전체적으로 보아 느린 속도로 진행되었다. 인도에 침례교 선교를 시작한 지 25년이 지난 1818년 무렵에는 약 600명의 침례 받은 사람들과 수천 명의 교인이 예배에 참석하였다. 그의 큰 업적중의 하나는 교회 지도자들과 복음 전파자들을 양성하기 위해 1819년 세람포 대학(Serampore College)을 세운 것이었다. 이 학교는 37명의 인도인 학생으로 개교하였는데 그중 절반이 기독교인이었다. 그가 교육 부분에서 이룬 또 하나의 업적은 세속 교육에 있었다.

　1813년 52세의 캐리는 대학교수이자 능력 있는 사업가요 번역가, 인쇄업자이자 발행인이 으로 일했다. 해가 갈수록 선교사업이 확장되어 선교회 지부가 12개나 세워졌다. 교회의 성도들을 교육시키고 효과적 복음 전파를 위한 인도교회를 자립시키기 위해 아시아 최초 학위수여대학인 세람포 기독교 대학을 세웠다. 선교의 개척자인 캐리는 인도와 인도인들에 대한 사랑으로 무척 바빴지만 가족들을 소홀히 하지 않은 안팎으로 헌신적인 사람이었다. 그는 일과가 끝난 후 편지를 통하여 바쁜 생활 중에 사랑과 관심을 확인시켜주었다. 말년에도 그는 인도인들의 복지에 관심을 두어 인도농업협회를 발족시키게 하였다.

　인도 선교사 윌리엄 캐리에 대한 평가는 이밖에도 셀 수 없을 정도로 다양하다. 1815년에는 420명이라는 사상 최대의 성인 개종자가 세례를 받아 총 1천명이 넘는 세례 교인 공동체를 이뤘다. 1819년에는 인도인 학생들을 위해 세람포르 대학이라는 기독교 학교를 설립해 기독교인 지도자를 양성하는 데 주력했던 교육자였다. 윌리엄 캐리는 식물학자였다. 인도에서만 발견되는 유칼립스(Eucalyptus)나무의 변종인 '카레야 헤르바

세아'(Careya hernacea)는 캐리의 이름에서 유래될 정도로 그는 자연이 하나님의 피조세계임을 입증한 인도 최초의 학자이다. 그는 인도에 증기기관을 소개한 최초의 영국인이며, 최초로 국산 종이를 생산한 기술자이다. 캐리는 인도에 만연하던 고리대금업에 대항해서 저축은행 아이디어를 인도에 소개한 경제학자이다. 그는 인도 최초로 나병 환자들에게 인간적 처우를 하도록 캠페인을 벌인 인권운동가이다. 그 외 미디어 개척자, 농업전문가, 번역자와 교육자, 천문학자, 도서관 창시자, 산림보호 운동가, 여성권리옹호자, 공무원, 문화변혁자 등이 그에게 따라다니는 별칭이다. 처음 침례교 선교협회가 세워진 이후 여러 선교협회들이 세워졌다. 1834년 그는 세상을 떠났으나 캐리가 시작한 사역은 오늘날에도 계속되고 있다. 캐리는 이처럼 그 일생을 통해 끊임없이 하나님으로부터 위대한 일을 기대하고, 위대한 일을 시도함으로 인도선교의 기초를 쌓았다. 그의 인생은 누구도 감히 품기 어려운 선교의 비전을 이루었고 어떠한 사역의 난관이 있다 해도 헤쳐 나갈 수 있었던 원동력은 기도에 있었다. 근대 선교의 아버지로 사람들이 존경하는 여러 이유들 가운데 분명한 사실 한 가지는 인생의 역정가운데서 변함없이 규칙적으로 기도로 시작하고 기도로 마무리한 사람이었다.

2. 기도의 특징

캐리는 1779년 19살 때, 어느 한 기도모임에서 "그러므로 예수도 자기 피로써 백성을 거룩케 하려고 성문 밖에서 고난을 받으셨느니라. 그런즉 우리도 그의 치욕을 짊어지고 영문 밖으로 그에게 나아가자"(히 13:13) 라는 이 하나님 말씀을 통해, 일생을 그리스도께 헌신하겠다고 기도했다. 그 이후 그는 다른 어떤 학문보다 성경공부에 전념하였다. 그러던 가운데 세계선교에 눈을 뜨게 된 캐리는 "하나님으로부터 위대한 일을 기대하라, 하나님을 위해 위대한 일을 시도하라!"는 말로, 선교에 대한 열정을 나타냈다.

이처럼 윌리암 캐리가 인도에 끼친 영향은 언어적, 교육적인 일들 뿐 아니라, 과부의 화형이나 유아살해 같은 인도의 나쁜 관습을 폐지하고 좋은 전통을 계승시켜 나가도록 했다. 그는 40년 동안 인도에서 침례교인 의료인으로서, 목사인 복음 전도자로서 인도 선교를 시작하여, 언어학자·성경 번역가·선교사·교육가로 포기하지 않고, 끈기 있게 활동한 선교사였다. 이렇게 그는 사업자이자 학자이자 선교사였다. 그는 항상 남을 먼저 생각는 그리스도의 사랑을 받은 대로 주는 사람이었다. 이방인들이 알아보기 쉽게 벵갈어로 된 '창세기, 마태복음, 마가복음, 야고보서'를 번역했다. 그뿐만이 아니라 그는 산스크리트어 외에도 힌두어로 설교하고 힌두어로 대화를 하기위에 그들과 하기위한 적극적인 모습을 보여주었다. 독창적인 모습은 그의 동역자를 통해 아름다운 합창단을 구성하여 선교함에 많은 도움이 되게 했다. 이렇게 그의 선교에 대한 열정은 식지 않았다.

이처럼 윌리엄 캐리가 얼마나 학문에 열정이 있는 가에 대해 짐작할 수 있다. 그는 성경을 번역하는데 많은 노력을 했다. 휴식 없는 캐리의 사역 중 가장 큰 불행은 1812년 화재로 귀중한 원고가 소실된 것이다. 다국어 사전, 문법책과 완역한 성경 등이 타버렸다는 소식에 큰 충격을 받았다. 그러나 그의 서점은 불이 났다. 하지만 그는 낙심하지 않고 더욱 더 좋은 성경을 번역했다. 케리는 1832년까지 신구약 성경, 신약 성경, 권별 성경, 성경이 44개 언어와 방언으로 출판되어 나왔다. 이것은 주님이 주신 선물이었다.

이렇게 열심히 사는 그에게는 교수라는 직업이 주어지고 그 직업의 월급 또한 선교자금으로 썼다. 그렇다. 윌리엄 캐리는 삶의 모든 것이 선교다. 그렇게 그는 교수생활을 하면서 동시에 선교생활을 했고 죽는 날까지 복음을 전했다. 나이는 들어가고 육신은 쇠약해갔지만 그는 선교에 대한 열정은 젊은이 불타는 마음이었다.

그는 구두 수선 가게 자기 자리 앞에다 세계 지도와 세 가지 표어를 적은 종이를 붙여놓고는 자신의 인생을 하루하루 새롭게 시작했다. 큰 비전을 가져라, 큰 기도를 하라(, 큰 기대를 걸라! 남의 구두 수선 가게에서 수선이나 하는 사람이 꿈을 품어봤자 수선 가게 하나 정도 차리는 것이 아닐까 생각할 수도 있겠지만 윌리엄 캐리의 꿈은 전혀 달랐던 것이다.

캐리의 기도의 특징을 살펴보면 자신의 비전을 하나님께 강력히 요청하는 기도가 아닌 자신이 세상에서 하나님의 일군으로 가장 훌륭한 일을 할 수 있게 설계한 도면을 주인 되시는 하나님께 허락받는 기도였다. 하나님 앞에서 자신과 다른 이에게 서약하듯 선교에 대한 열정을 기도와 선포로 나타난 것이다.

1812년 어느 날 미얀마(버마)의 헌신적으로 사역한 미국 선교사 아도니람 저드슨(Adoniram Judson)이 그 당시에 현대선교의 아버지라고 하는 인도의 위대한 선교사 윌리엄 캐리를 방문하였다. 저드슨은 캐리 선교사와 함께 정원을 거닐면서 성공적인 선교사역의 비결을 물었다. 그도 그럴 것이 캐리 선교사는 세 번이나 살해당할 뻔했고, 인도 정부의 갖은 선교사역에 대한 방해를 받았으며, 수고와 땀으로 이룩해 놓은 성경번역의 원고와 다국어 사전, 문법책과 완역한 성경, 인쇄 도구들과 서류들이 거의 다 불타버리는 화재를 경험하면서도 많은 역경을 견디고 다시 일어섰기 때문이었다. 그 때 캐리 선교사는 정원의 한 편 구석으로 데리고 가서 자신의 기도처소를 소개하였다. 그리고 말했다.

> 여기가 바로 나의 예배 장소이자 기도와 묵상의 자리입니다. 이 자리가 없었다면, 나는 계속해서 닥쳐온 고난을 이겨내지 못했을 것입니다. 나는 매일 새벽 5시마다 이 자리에 와서 하나님께 기도합니다. 그

리고 하나님이 지으신 저 꽃들을 바라보며 묵상을 하고 이야기를 합니다. 나는 6시 경에 들어가서 아침을 먹고 하루 일과를 시작합니다. 저녁이 되면 밥을 먹고 나서 손에 성경을 들고 다시 이 자리로 옵니다.

그는 이 기도처소에 매일 새벽 5시에 와서 기도하였다. 그리고는 하루 일과를 시작하였다. 그리고 저녁이 되어 식사가 마치면 어김없이 손에 성경을 들고 다시 또 그 자리를 찾았다. 이 위대한 선교사의 사역비결은 지속적인 기도에 있었던 것이다.

그리고 그는 인도에서 실제로 그러한 삶을 살다가 주님의 부름을 받았다. 윌리암 캐리는 생의 마지막을 세람포 식물원에서 보냈다. 자신을 찾아 방문하는 이들에게 "내 잔이 넘치고 있다네"라고 감사하였다. 수많은 어려움과 역경을 지내오고 현재도 그 역경을 통과하면서도 그는 40년의 선교의 삶을 '내 잔이 넘치고 있음'을 감사하였다고 한다. 다윗은 비록 원수가 쫓아와 내 목전에서 나의 목을 조르려하는 상황에서도 나에게 상을 차려 주시고, 기름을 부어 주시는 분이 하나님이심을 체험하면서 '내 잔이 넘치나이다'라고 고백하였던 것이 연상된다.

그는 임종의 자리에서 한 친구에게 이렇게 말했다고 전해진다. "내가 죽었을 때, 캐리 박사에 대해서는 아무 말도 하지를 말게, 캐리 박사의 구주에 대해서 이야기하게"이처럼 그는 평생 겸손했다. 그리고 철저히 하나님 중심으로 준비하며 사역했다. 그의 피나는 헌신을 통해 인도에 복음화가 시작되었던 것이다.

그가 인도로 떠나기 전 자신의 고향에서 설교하면서 성도들에게 전한 도전은 지금도 우리의 마음에 울림을 주는 말, "하나님으로부터 위대한 일을 기대하십시오. 하나님을 위하여 위대한 일을 시도하십시오!"라는 유명한 명언을 남겼다. 캐리는 1834년 73세로 그토록 사랑했던 인도 세람포에 묻혔다. 캐리는 자신의 뜻에 따라 다음과 같은 말을 자신의 묘비에 새겨줄 것을 부탁했다. 그의 묘비명에는 이렇게 적혀 있다. "윌리엄 캐리, 1761년 8월 17일생, 1834년 6월 9일 죽음. 여기 잠들다. 가엾고, 불쌍하고, 무력한 벌레 같은 인간, 당신의 친절한 팔에 안기다." 그의 기도는 하나님께 간청하는 기도의 의미보다 하나님 앞에서 하나님의 뜻을 먼저 찾으며 하나님을 알지 못한 사람들에게 복음을 전하고자하는 비전과 삶의 실천을 서약하는 기도의 특징을 가졌다고 할 수 있다.

3. 적용: 기도의 교훈

윌리엄 캐리는 주가 부르시면 어디든지 달려가는 그런 사람이었다. 그런 가운데서도 역시 그는 학문을 게을리 하지 않는 사람이었다. 무엇보다도 나의 마음을 뜨겁게 하는 것은 그는 주를 향하여 전심을 다한 행동으로 주께 봉사한다는 것이다. 그러나 주의 일은 쉬운 것이 아니다. 또 주의 일에는 시련이 기다리고 있다. 선교지에선 일찍 그의 아내가 죽었고 아들이 젊은 나이에 죽는 불행한 일이 일어났다. 그는 이런 불행한 일에 많이 괴로워했으나 하나님께 위로받고 다시 일어섰다. 이 모든 사건을 보건데 그의 인도 선교 비전은 그대로 기도한 그대로 실행으로 옮겨졌다는 점이다. 인도라는 나라는 지금도 선교하기 힘든 나라다. 그런데 그 땐 오죽했겠는가? 하지만 그는 기도로 받은 비전을 중단 없이 실행에 옮기는 모범을 보였으며 주께 순종했다. 그는 주의 복음을 믿지 않는 영혼들에게 전하려는 불타는 마음은 전혀 식지 않았던 비결은 하나님의 뜻에 순종이 있었기 때문이다.

인도는 대부분이 힌두교이기에 예수님을 믿고 개종한다는 것은 핍박과 폭행 등 여러 가지 불이익은 물론이고, 심지어 죽음까지도 각오해야 한다. 인도는 힌두교의 영향으로 '카스트'라는 계급제도를 여전히 유지하는 사회이다. 인도에서 그리스도인으로 회심할 때 포기해야 하는 것 중 하나가 신분 상승이다. 인도 그리스도인들은 쓰레기장에서 사는 한이 있어도 복음을 붙들고 살겠다고 결단하며 지금도 복음을 붙잡고 있는 교회와 그리스도인들을 인도에서 볼 수 있다. 이러한 변화는 캐리의 선교에서 출발됐으며, 그의 선교사역의 원천적인 동력은 기도에 있었다. 그에게는 규칙적인 기도 생활이 있었기에 어떠한 난관이라도 극복하고 숨을 거두는 마지막 순간까지 선교의 현장을 지키고 순종하여 완수할 수 있었다. 그의 일생동안 사역의 시작과 마무리하는 마지막 순간까지도 변함없이 규칙적인 기도의 자리를 지켰다는 이 사실은 오늘날 우리에게 교훈되는 내용이 아닐 수 없다.

4. 결론

당시의 많은 교회들이 있었으나 선교에 대한 의지나 사명을 인식하지 못했고, 선교사업을 감당할 힘도 없었고, 의도도 없었다. 윌리엄 캐리 이후 개신교의 현대선교는 다양한 형태로 수행되었다. 주님의 지상 위임령인 선교를 주님 재림 때까지 완성하려고 하나님의 비전에 사로잡힌 사람을 성경은 '축복의 통로'라고 한다. 캐리는 아브라함으로부터 시작된 '축복의 통로'인 그리스도의 복음을 열방에게 연결시켜 그들의 영육을 부요하게 한 사역을 보여준 위대한 인물이다. 그는 견디기 힘든 역경을 이겨냈으며 자신의 모든 것을 바친 사도바울과 같은 인물이었다. 자신의 지식과 자신의 재물, 자신의 육체, 자신의 가족까지도 주께 바친 선교사다. 이렇게 헌신한 그는 지금도 우리에게 끼치는 영향력은 대단하다. 여러 시대를 거쳐 다양한 현장인 세상 어디에서나 적용될 수 있는 폭 넓고 포용력이 강한 모범적인 캐리의 선교사역의 성공을 이룬 비결은 다름 아닌 그의 중단 없는 규칙적인 기도생활에 있었던 점을 기억해야 한다.

김은홍

고려신학대학원(M. Div.)
North-West University (Th.M.)
North-West University (Dr. theol.)
(현) 백석대학교 선교신학교수
(현) 한인세계선교사지원재단연구위원
(전) 개혁주의생명신학선교학회 회장

콜부루게의 기도

권 호 덕

들어가면서

기도(祈禱)는 모든 기독인들이 호흡처럼 해야 되는 필수적으로 있어야 하는 삶의 요소이다. 기도 없이 기독인들이 천국에 들어갈 수 있을까? 필자는 이에 대해 불가능하다고 대답한다. 이 말을 잘못 이해하면 행위 구원으로도 들릴 수 있으나 아직 죄성을 지닌 기독인들에게 기도가 없으면, 성령과 더불어 사는 삶은 사라질 것이고 성령의 역사가 개인에게 없으면 회개할 수 없어서 멸망으로 떨어질 것이기 때문이다. 기도를 성화(聖化)와 연결하여 설명하면 이렇게 말할 수 있는 것이다. 이런 점에서 「웨스트민스터신앙고백서」가 '기도'를 '말씀과 성례'에 이어 '은혜의 수단'에 포함시킨 것은[1] 매우 통찰력 있는 처사(處事)로 본다. 이 고백서를 만든 우리의 선배들은 기도가 기독인의 삶이 미치는 영향력이 얼마나 지대함을 알았기 때문인 것으로 판단된다. 칼빈이 구원론을 다 열거한 다음 기도에 대한 설명을 특별히 많이 말한 것은 우연이 아닌 것 같다. 칼빈도 기도의 중요성을 알았던 것이다.

---

1 Westerminster Confession of Faith **Chapter XIV. Of Saving Faith**. I. The grace of faith, whereby the elect are enabled to believe to the saving of their souls, (a) is the work of the Spirit of Christ in their hearts; (b) and is ordinarily wrought by the ministry of the Word: (c) by which also, and by the administration of the sacraments, and prayer, it is increased and strengthened. (d)

선교 136주년 기념을 눈앞에 두고 신앙의 위인들의 기도의 삶에 대한 책을 만들게 된 것을 매우 고무적으로 보인다. 또 기도에 대해 궁금해 하는 한국교인들에게 좋은 모범적인 예들을 보여주어 신앙생활이 발전하는데 도움을 준다는 점에서 그는 한국교회에 크게 기여하는 셈이 된다.

본 에세이에서는 19세기 독일어 권(圈)과 화란어 권(圈)에 매우 영력 있는 설교자로 사역한 헤르만 프리드리히 콜부루게의 기도의 삶에 대해 살펴보려고 한다. 그의 설교가 얼마나 강력하게 감동을 주었는지 그의 별명이 "그 설교가"(Der Prediger)라고 부를 정도였다. 한번은 세미나 시간에 빌헬름 노이저(W. Neuser) 교수에게 콜부루게를 말했더니 그는 즉시 '능력 있는 그 설교자'(Der gewaltige Prediger)라고 말했다. 그는 19세기에 유럽에서는 위대한 설교자로 알려져 있었다.

콜부루게와 그의 제자들은 19세기에 지배적이던 슐라이에르막허와 헤겔의 사상 체계의 영향을 받음이 없이 종교개혁신학을 발전시킨 사람들이다. 이런 이유 때문에 이들은 그 당시 유럽을 지배하던 이성중심적 신학으로부터 소외(疏外)를 당했다.

콜부루게와 그의 친구 요한네스 빅켈하우스(Johannes Wichelhaus) 교수 그리고 에드와드 뵐(Eduard Böhl) 교수와 그의 동료 내지 제자들은 한 시대에 매우 강력한 영향력을 행사했음에도 불구하고 역사의 뒤안길로 사라질 뻔 했다. 콜부루게는 독일과 네델란드는 물론 오스트리아, 항가리 그리고 체코슬로바키아 등 동유럽 유럽에서는 매우 많이 알려져 있었다. 미국 교회의 영향을 많이 받은 한국교회는 그를 잘 모른다. 그는 두 가지 언어(독일어 네델란드어)에 유창했기 때문에 그의 설교는 즉시 두 가지 언어로 된 소책자로 빠르게 출간되어 유럽에 뿌려졌다. 지금도 그의 중고(中古) 설교집이 나오면 매우 빠르게 팔려나간다. 필자의 지도교수이던 고(故) 디트리히 리츨 교수도 생존 당시 콜부루게의 설교집을 읽으면서 영감을 얻는다고 자주 말했다. 사실 그의 성경해석 저서들 속에는 좀처럼 보기 힘든 탁월한 진리가 발견된다. 그런데 이런 위대한 설교가가 사장(死藏)될 뻔 한 것이다.

다행스럽게도 칼 바르트가 그의 저서『19세기 개신교 신학』²에서 18-19세기의 유명한 25명의 사상가 내지 신학자들의 신학을 소개할 때 콜부루게를 언급함으로써 그와 그의 동료들의 신학이 다시 회자(膾炙)에 오르게 되었다. 바르트도 콜부루게의 탁월함에 대해 인식하고 있었던 것이다.

필자는 콜부루게의 저서에서 혹시나 그가 남긴 개인 기도문이 있나싶어서, 많이 찾아 보았으나 간헐적으로 짧은 기도 토막들만 가끔씩 발견했을 뿐이다. 매우 흥미로운 사실은 그의 설교와 성경 해석에 그의 기도가 묻어나온다는 것이다. 콜부루게의 설교는 성경 강해요 그의 주석은 설교라는 인상을 준다. 누구든지 그의 설교나 성경 해석서를 읽으면 그의 기도의 숨소리가 들리는 듯하다.

여기서는 그의 신앙생활 특히 기도 습성을 누구의 영향을 받았는지 그리고 다른 사람들이 묘사하는 그의 경건한 모습은 어떤 것인지를 살펴보려고 한다.

1. 그의 출생과 성장 배경

우리는 그의 출생과 어릴 때 받은 신앙교육 배경을 통해 그의 기도의 삶이 어떻게 발전했는지 알 수 있다. 콜부루게는 1803년 8월 15일 암스테르담에서 태어났다. 그 당시에는 화란이 모든 면에 가장 비참한 시기였다. 그는 태어날 때 건강이 매우 연약했다. 아버지(Hermann Gerhard Kohlbrügge)는 독일 오스나부뤽(Osnabrück) 출신의 무역업에 종사하는 상업인이었고 어머니(Petronella Terhuis aus Monikendam)는 네델란드 북부 지방 출신으로 가정주부였다. 말하자면 콜부루게는 아버지가 독일인이

---

2 Karl Barth, *Die protestantische Theologie im 19. Jahrhundert* (Zürich: Evangelische Verlag Zollikon, 1981. 3. Aufl.), 579ff.

기 때문에 그도 독일인이지만 교육 배경은 주로 화란지역이었다.[3]

콜부르게는 그 누구보다도 할머니의 영향을 많이 받았다. 할머니는 하나님을 경외하는 여자로서 손자를 생후 3개월부터 정성껏 양육했다. 그 당시 집 방안에는 벽난로가 있었는데 거기에는 성경 내용들이 모자이크 형식으로 그려져 있었다. 할머니는 함께 의자에 앉아 손자에게 그 그림들을 설명해 주었다. 이 문제는 좀 후에 더 말하려고 한다. 여기서 콜부루게는 성경적 환상이 번득이었다고 한다. 나중에 콜부르게는 성경을 읽으라고, 특별히 모세 오경을 읽으라고 말했는데, 그의 주석의 뿌리가 거기에 있었기 때문이다.[4]

콜부루게는 아버지와 가까운 사이였다. 콜부루게는 나중에 그랬던 것처럼 이미 어린 시절에 어려움과 고통을 많이 당했다. 특별히 그는 시력이 나빠져 거의 시력을 잃어버릴 위기에 놓였다고 한다. 그런데 하나님의 기적적인 은혜로 시력을 다시 찾았다고 한다. 이 위기 상황에서 그의 영안(靈眼)이 밝아졌다고 한다. 그는 그 당시 환상도 자주 보았다고 한다. 그 당시 그는 하나님의 모든 종류의 자비하심과 도움을 받는 경험을 했다고 한다.

2. 콜부루게의 외조모와 부모들의 기도 생활

콜부루게에게 결정적인 영향을 끼친 것은 그의 외조모였다. 그녀는 성격이 조용한 사람으로 하나님을 경외하는 사람이었다고 한다.[5] 그녀는 외손자를 에담(Edam) 지역으로 데려가 양육했는데, 거기서 콜부루게는

---

3 Hermann Klugkist Hesse, *Hermann Friedrich Kohlbrügge* (Wupperta-Barmen: Emil Mülles Verlag, 1935), 22.

4 Joh. Wichelhaus/ Ed. Böhl, *Lebensskizze von Dr. Hermann Friedrich Kohlbrügge* (Elberfeld: Gedruckt bei H. W. Kaufmann, 1884), 4.

5 Joh. Wichelhaus/ Ed. Böhl, *Lebensskizze von Dr. Hermann Friedrich Kohlbrügge* ……, 4.

신앙적으로 영적인 영향을 섭취했다고 한다.

콜부루게는 아주 어릴 때부터 조모와 부모의 기도하는 소리를 들으면서 살았다고 한다. 그는 자기의 설교(시 45편)에서 다음과 같이 말했다. "나는 내 긴 생애동안 주님의 많은 거룩한 자들을 알았다. 나는 그들에게 물었다. 당신들의 아버지는 어떤 사람이었나? 당신의 어머니는? 그들은 주님을 경외했는가? 그 대답은 더러는 '그렇습니다'이다. 혹은 그 대답은 '아닙니다'이다. 그리고 나는 계속 질문했다. 당신은 주님을 경외하는 할아버지 혹은 할머니를 가졌는가? 나에게는 그런 조부모가 있었다. 성령께서는 내 아버지와 어머니의 기도, 경건한 내 조부모들의 기도를 들으셨다. 이들에게 주의 훈계와 가르침으로 교육할 수 있는 자녀들이 주어졌다. 이들은 자녀들에게 신앙교육서를 가르치는 일에 부지런했다. 이리하여 자녀들은 부모들과 주 예수 그리스도의 이름 앞에 존경심을 가졌다".[6]

그리고 콜부루게는 소년 시절에 부모들이 사업에 어려움을 당하여 큰 근심에 빠지자 이들이 방에 들어가 시편을 암송하며 기도하는 소리를 들었다.[7] 부모는 사업에 어려움을 당하자 부부가 함께 밤에 일어나 시편을 암송하며 기도했다고 한다. "깨어라, 그 음성이 우리를 부르신다. 당신은 당신의 길을 명하소서"

그는 암스테르담에서 1819년에서 1821년까지 라틴어와 고전 그리스어 학교를 다녔고 하이델베르크신앙교육서, 철학, 신학 그리고 근동 언어를 배우는 일에 집중했다. 그 당시 그는 아버지 사업체에서 일했다. 동시에 그는 히브리어, 아람어, 헬라어는 물론 여러 가지 근동 언어를 공부했다. 이런 언어 실력은 그가 성경 원문을 읽고 해석하는데 큰 도움이 되었다. 사실 그의 고전어 실력은 '탁월하다'그 이상이다. 예수의 모국어인 아람어에 대한 그의 지식은 복음서의 깊은 내용까지 잘 설명해 줌

---

6 Hermann Klugkist Hesse, *Hermann Friedrich Kohlbrügge* (Wupperta-Barmen: Emil Mülles Verlag, 1935), 22.

7 Hermann Klugkist Hesse, *Hermann Friedrich Kohlbrügge* ......, 23.

을 볼 수 있다.

3. 그가 회심 할 때 상황

놀랍게도 콜부루게가 자기의 회심 사건을 말한 내용이 전해진다. "(1825)년 그 때는 나는 아직 회개에 대해 생각하지 못했다. 그리고 나는 하나님의 백성 또는 그와 같은 것에 대해 들어보지 못했다. 그 당시 나는 어둡고 깊은 골짜기 길 위에 즉 지옥의 불안 속에서 성경을 읽고 있었다. 그런데 갑자기 순식간에 내가 묘사할 수 없는 그 무엇이 내 마음 속으로 밀고 들어왔다. 그것은 번개보다 더 빨랐다. 나는 그때 가졌던 열정을 다 묘사할 수 없다. 그러나 나는 이사야 54:7-10의 말씀을 읽었고 또 들었다. '사 54:7 내가 잠시 너를 버렸으나 큰 긍휼로 너를 모을 것이요 54:8 내가 넘치는 진노로 내 얼굴을 네게서 잠시 가리웠으나 영원한 자비로 너를 긍휼히 여기리라 네 구속자 여호와의 말이니라 54:9 이는 노아의 홍수에 비하리로다 내가 다시는 노아의 홍수로 땅 위에 범람치 않게 하리라 맹세한것 같이 내가 다시는 너를 노하지 아니하며 다시는 너를 책망하지 아니하기로 맹세하였노니 54:10 산들은 떠나며 작은 산들은 옮길찌라도 나의 인자는 네게서 떠나지 아니하며 화평케 하는 나의 언약은 옮기지 아니하리라 너를 긍휼히 여기는 여호와의 말이니라'"[8]

그는 회심사건 이후 놀라운 삶을 체험하고 성결의 삶을 살았음을 다음과 같이 구체적으로 말한다. "깊은 평화의 구름이 내 안에 그리고 내 주위에 있었고 내 모든 죄가 사라지고 그 순간부터 나는 다른 언어를 말했고 나의 옛 경건의 버릇은 은혜 안에서 매우 낡은 것으로 여겨졌다. 이런 일이 계속되었고 나는 성장하고 율법 안에 있는 다른 어떤 사람들보다 자라났다. 그리고 나를 알던 모든 사람들은 증언하기를 나는 그들과 같거나 그들을 능가했다고 한다. 많은 사람들이 성결을 위해 많이 노력하

---

8 Hermann Klugkist Hesse, *Hermann Friedrich Kohlbrügge* ……, 55f.

는 것에 분노한다. 아니 그보다 더 하다. 나는 일관성 있게 성결을 위해 노력했다. 이런 일은 1833년까지 계속되었다."[9] 여기 분노는 성령의 도움 없이 성결을 추구하는 것에 대한 것이다.

아버지가 일찍 세상 떠나가고 경제적으로 그는 매우 힘들었다고 한다. 다음은 콜부루게가 경제적으로 어려움을 당했을 때 한 기도이다. "오 하나님이여, 당신은 내가 당신의 진리를 위해 고난당하는 것을 아시나이다. 만일 당신이 나를 굶어죽게 하시려거든 당신의 뜻이 이루어지기를 원하나이다. 만일 나를 당신의 영광을 위해 살리시기를 원하시면, 이 세상의 은과 금 이 둘은 당신에 속하나이다." 이 기도는 응답받았다. 까마귀가 왔다. 한번은 누기복음 12장의 형태로 그 앞에 나타났다. 이로써 콜부루게는 위로를 받았다. 다른 한번은 알지 못하는 사람으로부터 25굴덴 수표를 보내왔다. 그리고 하루는 콜부루게가 애연가인 줄 알고 있던 한 남자의 후원으로 믿을 수 없을 정도의 큰 담배 자루가 오기도 했다.[10]

4. 그가 당한 고난과 기도

빅켈하우스와 뵐의 공저(共著)인 "헤르만 프리드리히 콜부루게의 생애 간추림"은 그가 고난을 엄청나게 당했음을 말한다. 나폴레옹의 대륙 봉쇄령(封鎖令)으로 무역업을 하던 아버지의 사업이 치명적인 손해를 입게 되었다.[11]

콜부루게는 당시에 16세였는데 김나지움(Gymnasium 고등학교)을 2년 만에 졸업했다고 한다. 이 과정은 대학으로 진학하는 과정의 학교인데 우리나라로 말하면 고등학교 과정이다. 그러나 제도의 내용은 약간 다르다. 이 과정을 2년 만에 졸업했다는 것은 콜부루게가 공부하는데 탁월한 두뇌가

---

9 Hermann Klugkist Hesse, *Hermann Friedrich Kohlbrügge* ……, 56.
10 Hermann Klugkist Hesse, *Hermann Friedrich Kohlbrügge* ……, 79.
11 Joh. Wichelhaus/ Ed. Böhl, *Lebensskizze von Dr. H.F. Kohlbrügge* ……, 6.

있었음을 의미한다. 그 다음 그는 "암스테르담의 아테네 신전"(Athennäum von Amsterdam)라는 명칭을 가진 학교로 진학했다.[12] 이 과정은 소위 고전어를 배우는 학교였다. 여기서 그는 고전 헬라어, 히브리어, 아람어를 배웠다. 그가 성경 고전어에 매우 능통한 이유는 바로 이 과정에서 매우 열심히 배웠기 때문이다. 그는 그리스 의 호머(Homer)의 원전(原典)을 읽었고, 아람어로 된 시와 역사를 읽었으며 히브리어는 고향에 살고 있는 유대인으로부터 배웠다. 그 당시 콜부루게는 아버지 회사의 비누 공장에서 일하며 공부했는데, 이때 고생을 많이 했다고 한다. "가끔 밤에 뜨거운 비누 솥을 달구기도 하고 거기에 얼굴이 닿기도 했다고 한다. 그는 한 손으로는 솥의 비누를 젓고 다른 손에는 책을 쥐고 있었다."[13] 빅켈하우스와 뵐은 콜부루게가 다 방면에 많이 읽고 섭렵(涉獵)했다고 한다.

그런 가운데 그의 유일한 친구이던 아버지가 병들었고 그의 최선의 간호에도 불구하고 세상을 떠나게 되었다. 빅켈하우스와 뵐은 이때가 바로 하나님이 콜부루게에게 개입하신 사건으로 본다. 평소에 아버지가 기도하며 암송한 성경 구절 곧 "깨어나라 그 음성이 우리를 부르신다"가 콜부루게에게 이루어진 것으로 기록하고 있다.[14] 이때 콜부루게에게는 하나님에 대해 원망하고 거부하며 의심하고 불신하는 마음이 생겨 영적인 싸움이 있었다고 한다. 그 당시 긍휼이 풍성하신 하나님이 다음과 같은 말씀으로 다가가셨다고 한다. "사 54:10 54:10 산들은 떠나며 작은 산들은 옮길찌라도 나의 인자는 네게서 떠나지 아니하며 화평케 하는 나의 언약은 옮기지 아니하리라 너를 긍휼히 여기는 여호와의 말이니라"[15]

아버지가 세상을 떠나자 그는 부잣집에 들어가 소위 아르바이트 하면서 생계를 유지했다고 한다. 그 당시 그는 루터파 교회의 소위 강도사 시

---

12 Joh. Wichelhaus/ Ed. Böhl, *Lebensskizze von Dr. H.F. Kohlbrügge* ……, 6.
13 Joh. Wichelhaus/ Ed. Böhl, *Lebensskizze von Dr. H.F. Kohlbrügge* ……, 7.
14 Joh. Wichelhaus/ Ed. Böhl, *Lebensskizze von Dr. H.F. Kohlbrügge* ……, 7.
15 Joh. Wichelhaus/ Ed. Böhl, *Lebensskizze von Dr. H.F. Kohlbrügge* ……, 8.

힘에 응시했다. 그는 루터의 은총의 복음에 완전히 사로잡힌 것 같았다. 그가 은총의 설교를 하자 많은 사람들, 특히 교수들과 학생들이 그의 설교를 배척했다. 이유는 간단하다. 그 당시 사회는 이미 계몽주의 운동의 영향으로 합리주의에 깊이 빠져 있었기 때문이다. 따라서 많은 사람들은 인간의 죄로 전적으로 부패해졌다는 것과 오직 은혜로 구원을 받는 사실을 부인했다. 콜부루게는 교회 당회에 불려갔고 일자리를 잃어버렸다.[16] 그 후 3년간 그는 매우 큰 고생을 했다. 그는 당시에 병들고 정신적으로 힘이 소진되어 건강이 극에 달했다고 한다. 놀라운 것은 이 고난 속에서 선지자들의 글이 피부에 와 닿게 이해되었다고 한다.[17] 빅켈하우스와 뵐은 그 당시에 콜부루게는 성령의 조명으로 성경을 꿰뚫어 이해하게 되었다고 한다.

그는 이때 자기 집을 정리하고 우트레히트(Utrecht)에서 신학을 공부하기 시작했고 거기서 시편 45편으로 신학박사 학위를 받았다. 그는 이 논문에서 구약을 이해하기 위해서는 신약의 관점으로 봐야 명확하게 이해할 수 있다고 주장했다. 그 결과 1829년 7월 4일에 신학박사가 되었다. 그의 논문 제목은 다음과 같다. "Specimen philologico-theologicum inaugurale, exhibens commentarium in Psalmen XLV, Amsterdam 1829"(시편 45편 주석에서 보여지는 어원적 신학적 방법).[18]

그는 박사학위는 받았지만 여전히 일자리를 구하지 못했다. 그 당시 그는 카타리나(Katharina Luisa Engelbert)와 결혼했다.[19] 그 당시 이성중심적인 신학 풍토에서 그는 이런 시대정신과 힘겹게 싸웠다. 직장이 얻을 수 없었던 그가 당하는 고생은 말로 다 표현할 수 없었다.[20] 그는 사실

---

16 Joh. Wichelhaus/ Ed. Böhl, *Lebensskizze von Dr. H.F. Kohlbrügge* ......, 9.

17 Joh. Wichelhaus/ Ed. Böhl, *Lebensskizze von Dr. H.F. Kohlbrügge* ......, 10.

18 Joh. Wichelhaus/ Ed. Böhl, *Lebensskizze von Dr. H.F. Kohlbrügge* ......, 10.

19 Joh. Wichelhaus/ Ed. Böhl, *Lebensskizze von Dr. H.F. Kohlbrügge* ......, 11.

20 Joh. Wichelhaus/ Ed. Böhl, *Lebensskizze von Dr. H.F. Kohlbrügge* ......, 12.

그 당시 개신교 교회 모두에게서 출교를 당한 것이나 다를 바가 없었다.

그의 건강이 매우 안 좋아 그는 독일 북부 라인강 유역에 있는 엘베펠트(Elberfeld)로 요양을 갔다. 지역은 우리에게 잘 알려진 부퍼탈에 인접해 있다. 이 지역에는 독일 개혁파 교회들이 많이 있었다. 거기서 그는 로마서 7:14에 대한 새로운 깨달음을 받았는데 빅켈하우스와 뵐은 이것을 그의 내적인 회심이라고 지적했다.[21] "롬 7:14 우리가 율법은 신령한 줄 알거니와 나는 육신에 속하여 죄 아래에 팔렸도다"(Romans 7:14 Οἴδαμεν γὰρ ὅτι ὁ νόμος πνευματικός ἐστιν, ἐγὼ δὲ σάρκινός εἰμι πεπραμένος ὑπὸ τὴν ἁμαρτίαν.). 사실 이 구절은 그의 성경해석과 신학을 이해하는데 기둥과 같은 것이다. 그는 이 구절의 eivmi 다음에 콤마가 있는 한 헬라어 성경을 보고 눈이 번쩍 떴다고 한다. 그래서 그는 이 구절을 다음과 같이 번역했다고 한다. "우리는 율법은 영적인 것임을 안다. 그러나 나는 육신적이고, 죄 아래 팔렸다."(Denn wir wissen, daß ich aber bin fleischlich, unter die Sünde verkauft)[22]

흥미로운 사실은 콜부루게가 이곳으로 와서 칼빈의 저서를 접하게 되었고 마침내 개혁교회 목사로 전향한 것이다. 사실 콜부루게와 그의 동료들과 후예들은 루터의 장점과 칼빈의 장점을 모두 지니고 있다. 이것이 이들의 강점으로 보인다.

매우 슬프게도 그 당시 하나님께서는 콜부루게를 강한 손으로 치셨다고 한다. 매우 불행하게도 그의 사랑하는 아내가 일찍 사망했던 것이다. 당시 그의 유일한 위로가 된 사람인 아내가 죽었을 때 마음의 곤고함은 말로 다할 수 없었다고 한다.[23] 신앙 면에서 용감한 반려자이며 모든 고통과 고난 속에서 함께한 아내는 1833년 2월 12일에 둘째 아이를 낳고

---

21 Joh. Wichelhaus/ Ed. Böhl, *Lebensskizze von Dr. H.F. Kohlbrügge* ……, 14.

22 Joh. Wichelhaus/ Ed. Böhl, *Lebensskizze von Dr. H.F. Kohlbrügge* ……, 15; .F. Kohlbrügge, *Das Siebente Kapitel des Briefes Pauli an die Römer* (Elberfeld, 1839), 36.

23 Joh. Wichelhaus/ Ed. Böhl, *Lebensskizze von Dr. H.F. Kohlbrügge* ……, 14.

급성 병으로 죽은 것이다.[24] 그는 1834년에 재혼(再婚)했다. 둘째 부인은 1836년에 딸 아이(안나) 하나를 낳았는데 그녀가 바로 콜부루게의 제자이며 사위인 에드와드 뵐의 부인이다.[25] 콜부루게는 1858년에는 그의 유능한 아들 Jacobus를 잃었는데 그는 거의 절망적이었다고 한다.[26] 그리고 1866년에는 그의 둘째 부인이 죽었다. 그리고 연이어 그녀의 딸도[27] 죽었다고 한다.[28] 사랑하는 사람들을 연이어 다 떠나보낸 것이다. 그때 그는 시편 92편 14절 이하의 말씀으로 위로를 받았다고 한다. 그가 시편 강해서를 장구하게 저술한 것은 그의 기도생활과도 연관되어 있는 것이다.[29] 사실 콜부루게의 기도는 시편의 내용과 얽혀져 있다고 볼 수 있다. 그 외에 그의 사랑하는 친구들도 많이 죽고 교인들도 죽었다. 심지어 그의 눈병이 심해져 수술까지 받았다고 한다.

그가 노년에 즐겨 암송한 시편은 의인도 많은 고난을 당해야 하고 주께서 그들은 이 고난으로부터 구원하신다는 것이다. "시 34:19 의인은

---

24 Joh. Wichelhaus/ Ed. Böhl, *Lebensskizze von Dr. H.F. Kohlbrügge* ……, 15.

25 Joh. Wichelhaus/ Ed. Böhl, *Lebensskizze von Dr. H.F. Kohlbrügge* ……, 36.

26 Joh. Wichelhaus/ Ed. Böhl, *Lebensskizze von Dr. H.F. Kohlbrügge* ……, 37f.

27 J.J. Langen, "Einleitung"in J.J. Langen(ed.), *Briefe von Dr. Theol. H.F. Kohlbrügge, weiland Pastor der niederländisch reformierten Gemeinde zu Elberfeld an Johannes Wichelhaus, weiland auβ erordentlicher Professor der Theologie zu Halle an der Saale uas den Jahren 1843-1857*. Ein Beitrag zum Verständnis der Persöhnlichkeit Pastor Dr. H.F. Kohlbrügge und zur Geschichte der Gründung seiner Gemeinde (Elberfeld: Geschw. Schröer, 1911). XII. Langen은 안나가 죽은 날이 1836년 6월 17일이라고 한다.

28 Joh. Wichelhaus/ Ed. Böhl, *Lebensskizze von Dr. H.F. Kohlbrügge* ……, 42.

29 H.F. Kohlbrügge, *Auslegung zu Psalm 1-19* 시편 1-19편 강해 (Elberfeld: Verlag der reformierten Gemeine, 1921); Ders., *Auslegung zu Psalm 20-33* 시편 20-33편 강해 (Elberfeld: Verlag der reformierten Gemeine, 1922); Ders., *Auslegung zu Psalm 34-50* 시편 34-50편 강해 (Elberfeld: Verlag der reformierten Gemeine, 1925); Ders., *Auslegung zu Psalm 51-95* 시편 51-96편 강해 (Elberfeld: Verlag der reformierten Gemeine, 1927); Ders., *Auslegung zu Psalm 96-150* 시편 96-150편 강해(Elberfeld: Verlag der reformierten Gemeine, 1928).

고난이 많으나 여호와께서 그 모든 고난에서 건지시는도다" 콜부루게는 그 일생동안 영육 간에 아울러 너무나 많은 고난을 당했다. 그는 한 해에 아내와 딸까지 잃어버리는 일도 겪었다. 그가 얼마나 한숨을 쉬며 하나님께 부르짖었을지는 충분히 짐작이 간다. 놀라운 것은 시편이 그의 기도 생활의 모델이 되는 동시에 안내서로 보인다는 것이다. 말하자면, 의인들이 고난 속에서 울부짖으며 기도하고 마침내 응답을 받는 시편은 그의 기도를 점거하고 있는 것 같다. 빅켈하우스와 뵐은 콜부루게가 어릴 때부터 당한 고난 때문에 하나님을 바라라는 말을 자주하며 그의 눈길은 하나님께 쏠려 있었다고 증거한다. 이런 점에서 고난은 그에게 매우 좋은 명약이었던 것으로 보인다.

매우 주목할 만한 것은 동독 지역에 있는 할레 대학교에서 빌켈하우스 교수 밑에서 공부하던 에드와드 뵐이 스승인 빅켈하우스 교수 따라 독일 서부 지역에 있는 엘베펠드로 가서 콜부루게를 만난 사건이다. 그 거리는 현재 기찻길로 337km나 된다. 그 당시 19세기에는 교통수단이 더 좋지 않았을 텐데, 이들은 먼 거리를 이동한 것이다. 아마 많이 힘들었을 것이다. 뵐의 고백에 의하면 그가 처음 콜부루게의 얼굴모습을 보자마자 완전히 압도되었다고 한다. 그 거룩한 모습과 인자함이 그를 완전히 사로잡았던 것이다. 뵐은 나중에 자기 스승이며 장인(丈人)인 콜부루게의 사상을 정리하여 조직화 시키며 정리했는데, 한 번도 그를 부정적으로 비판한 적 없다. 그 만큼 영적 감화력이 컸고 신학적인 코드가 일치했던 것이다. 이것은 콜부루게의 이런 감화력은 기도의 힘에서 기인(起因)하는 것으로 보인다.

그리고 콜부루게와 비켈하우스 사이에 오고간 편지를[30] 보면 이 둘 사

---

30 J.J. Langen(ed.), *Briefe von Dr. Theol. H.F. Kohlbrügge, weiland Pastor der niederländisch reformierten Gemeinde zu Elberfeld an Johannes Wichelhaus, weiland auβerordentlicher Professor der Theologie zu Halle an der Saale uas den Jahren 1843-1857. Ein Beitrag zum Verständnis*

이의 영적인 교감은 말로 다 표현할 수 없는 정도로 하나 된 모습을 보여준다. 편지 내용은 어떻게 저렇게 신앙 사상적으로 하나가 될 수 있을까 싶을 정도로 잘 표현하고 있는데 이 두 사람은 영적인 연합을 이루고 있다. 이것은 둘 다 예수 그리스도와 신비한 연합을 이룬 자로서 몸 된 교회의 지체로서 연합을 이룬 것으로 볼 수 있다.

5. 성령으로 기도

콜부루게는 다른 모든 개혁교회 사역자들과 마찬가지로 성령으로 기도하는 것을 매우 강조한다. 그러면 그는 성령을 어떻게 이해했을까? 그의 시편 강해서는 그가 삼위일체론적으로 성령을 해석했음을 볼 수 있다.[31]

콜부루게는 먼저 성령이 누구인가를 묻는다. 그는 성령이 신적인 본질의 셋째 인격임을 말한 다음 이 성령이 물리 세계와 관계함을 지적한다. "그는 영이라고 불리어진다. 이는 그가 공간을 만들기 때문이고 바람처럼 움직이고, 항거할 수 없으며 강력하고 빠르며 자유롭고 순수하고 구원을 일으키는 분이기 때문이다. 특 성령은 사람의 마음속으로 그 입김이 불어넣어 지기 때문이다"[32] 그리고 그는 성령이 그리스도의 영(靈)임을 지적한다(요 20:21-22). 그는 하나님 곧 성부와 성자가 보내신 분이며 영원하고 전능하신 하나님이며 본질에 있어서 성부와 동일하다고 가르친다.[33] 이것은 그가 서방교회 삼위일체론의 입장에 서 있음을 말한다.

콜부루게는 성령의 사역을 설명하면서 기도하는 사람들 마음속에서 어떤 기능을 하는지를 보여준다. 그는 모든 좋은 것이 하나님의 영 즉 하

---

der Persöhnlichkeit Pastor Dr. H.F. Kohlbrügge und zur Geschichte der Gründung seiner Gemeinde (Elberfeld: Geschw. Schröer, 1911).

31 H.F. Kohlbrügge, *Auslegung zu Psalm 51-95* 시편 51-96편 강해 (Elberfeld: Verlag der reformierten Gemeine, 1927), 63ff.

32 H.F. Kohlbrügge, *Auslegung zu Psalm 51-95* ……, 63.

33 H.F. Kohlbrügge, *Auslegung zu Psalm 51-95* ……, 65.

나님의 성령을 통해 옮을 말하는 동시에 이 성령이 그리스도인의 마음속에 성자 예수 그리스도를 영화롭게 하며, 이 왕(王)에 대한 사랑을 불붙이며, 영광중에 오실 이 왕의 아름다우심을 볼 때까지 우리 영혼으로 하여금 탄식케 하며 부르짖게 만든다고 말한다.[34]

특별히 주목할 만한 것은 성령의 사역을 말하면서 삼위일체 하나님과 우리 사이의 관계를 보여준다는 점이다. "그가 내려 온 것은, 성자로부터 보내심을 받기를 원하신 것은 불쌍하고 가련한 사람들의 마음속으로 들어와서 거기서 거주지를 만들기 위함이다"[35]

콜부루게는 이런 성령께 우리가 해야 될 일이 있음을 지적한다. 즉 우리는 성령이 왕을 우리에게 계시하신 것을 감사하며 우리의 눈을 열어 사랑 안에서 그리스도를 보게 하심을 감사하라고 한다.[36] 특히 우리 마음속에 불타고 있는 것은 하나님의 성령에 의한 것임을 말하여 기도를 돕는 성령이 어떤 분인지를 보여준다. 동시에 콜부루게는 성령을 근심시키지 말하고 부탁한다(엡 4:30). 이는 우리가 성령과 함께 성령을 통해 구원의 그날까지 보증을 받았기 때문이다.[37] 이것은 콜부루게가 성령이 인격이심을 강조하는 것을 의미한다.

그리고 콜부루게는 이 성령이 우리 마음속에 오시면 거룩하게 만들기 시작하고 우리를 깨끗하게 만들기 시작하며 죽은 우상들을 마음에서 제거해 버림을 주목한다. 다른 말로 성령이 오시면 믿음을 일으키고, 거룩하게 하며 깨끗하게 한다고 한다.[38] 이와 동시에 콜부루게는 고린도전서 6:9절을 열거하며 성령이 없어서 천국에 들어가지 못하는 자들을 말한다. "고전 6:9 불의한 자가 하나님의 나라를 유업으로 받지 못할 줄을 알지 못

---

[34] H.F. Kohlbrügge, *Auslegung zu Psalm 51-95* ······, 62.
[35] H.F. Kohlbrügge, *Auslegung zu Psalm 51-95* ······, 65.
[36] H.F. Kohlbrügge, *Auslegung zu Psalm 51-95* ······, 62.
[37] H.F. Kohlbrügge, *Auslegung zu Psalm 51-95* ······, 63.
[38] H.F. Kohlbrügge, *Auslegung zu Psalm 51-95* ······, 64.

하느냐 미혹을 받지 말라 음행하는 자나 우상 숭배하는 자나 간음하는 자나 탐색하는 자나 남색하는 자나 도적이나 탐욕을 부리는 자나 술 취하는 자나 모욕하는 자나 속여 빼앗는 자들은 하나님의 나라를 유업으로 받지 못하리라" 콜부루게도 우리가 기도로 깨끗해짐을 보여주는 것이다.

6. 나가며

 1) 콜부루게에게는 신앙의 조상들이 많이 있어서 어릴 때부터 가정에서 신앙교육을 잘 받았다. 그는 할머니와 부모가 기도하는 것을 보며 자라났다.

 2) 그 당시 살던 사회는 나폴레옹이 지배하는 시대로 모든 면에서 불안정한 시대였다. 이런 정치적 힘든 정황은 콜루루게로 하여금 큰 곤란(困難) 중에서 기도하는 법을 배우게 만들었다.

 3) 콜부루게가 신학을 공부하기 이전에 김나지움에서 그리고 고전어(古典語) 학교에서 여러 가지 성경 언어들을 많이 배운 것은 그가 성경을 연구하는 사람으로서 탁월하게 만들었다. 사실 이를 통한 그의 성경지식은 성경에서 금맥(金脈)을 발견하도록 만들었다. 그의 고전어 실력은 우리의 예상을 초월한다.

 4) 그가 회심(悔心)한 것은 성경 말씀을 통해서였다고 한다. 삼위일체 하나님과 그 사이의 관계속에서 회심이 일어난 것이다. 이런 점에서 그는 종교개혁적인 전통에 서 있다. 루터교회에서 개혁교회로 전향한 그에게 있어서 특별한 점은 루터의 신학과 칼빈의 신학 두 가지 장점을 지니고 있다는 것이다.

 5) 그는 말로 다할 수 없는 고난을 당했다. 아마 보통 사람들이 당하는 고난보다 훨씬 더 많은 고난을 당했다. 이 고난 때문에 그는 시편의 말씀에 매달렸고 많이 기도한 것 같다.

6) 그가 바른 기도관을 가질 수 있게 된 것은 성령에 대한 바른 이해 때문으로 보인다. 그는 성령을 삼위일체론적인 시각으로 해석하면서 이 성령이 우리 마음에 어떻게 역사함을 말하여 우리와 삼위일체 하나님 사이의 관계를 보여준다.

이로 보건대 기독인들이 바른 기도를 하려면 어릴 때부터 신앙교육을 받는 것이 좋음을 알 수 있다. 부모의 자녀 교육의 목표는 그 자녀들이 스스로 하나님께 나아가서 기도할 수 있을 정도로 교육하면 될 것 같다. 이를 위해 부모들은 평소에 기도하는 삶을 보여주어야 할 것이다. 동시에 심각한 문제나 고난을 당할 때, 불신자들은 자살해 버리지만, 신자들은 이를 통해 더욱 열심히 기도함으로 문제를 해결하는 비결을 콜부루게를 통해 배울 수 있다. 시편이 우리의 기도의 모범임을 우리는 콜부루게를 통해 배울 수 있다. 자녀들이 시편을 많이 암송하면 기도를 보다 더 절실하게 할 수 있을 것이다.

나아가 하나님을 바로 알아야 기도를 정확하게 할 수 있음을 콜부루게를 통해 배울 수 있다. 상당히 많은 교인들이 자기들이 섬긴다는 소위 하나님이 어떤 분인지 모르고 형식적이거나 이방적인 방식으로 기도함을 볼 수 있다. 이것은 다른 말로 우상숭배와 같은 것이다. 콜부루게는 하나님을 성경을 통해 잘 알았다. 특히 성령이 우리의 기도에 특별한 역할을 하기 때문에 성령을 바로 알아야 함을 알았다. 콜부루게는 성령이 우리 개인의 영혼에 역사하는 양태를 알고 있었고 성령의 도우심을 받아 바른 기도를 한 것이다. 그리고 콜부루게는 이 성령께 우리가 마땅히 해야 할 일이 무엇임을 알았다.

콜부루게 성령론에 대한 내용을 도식을 표현하면 다음과 같다.

권 호 덕

총신대학교 신학과 (B.A.)
총신대학교 신대원 (M. Div. equiv.)
독일 뮌스터 대학교 독일어 과정
독일 뮌스터 대학교 고전어 과정 (헬라어, 라틴어, 히브리어)
독일 뮌스터대학교 신학마기스터 학위 (Mag. theol.)
독일 하이델베르트 대학교 신학부 대학원 신학박사 학위 (Dr. theol.)
(전) 백석대학교 교수
(전) 한국복음주의조직신학회 회장
(전) 한국개혁신학회 회장

조지 뮬러의 기도

김 현 진

1. 생 애

조지 뮬러(George Muller, 1805-1898)는 1805년 9월 27일 프러시아(현 독일)의 크로펜슈테트(Kroppenstedt)에서 세무 공무원의 아들로 태어났다. 어린 시절 뮬러는 집안 금고에 있는 아버지의 공금을 훔치기까지 한 불량소년이었다. 아버지는 뮬러가 10살 때에 할버슈타트의 대성당 고전학교에 입학시켰다. 그것은 성직 교육을 받아 목사가 되어 경제적으로 안정적인 생활을 하기를 원했기 때문이었다.[1]

이때부터 소년 뮬러는 공부를 제외한 소설 읽기, 카드놀이, 술 마시기 등 온갖 나쁜 일에 탐닉했다. 그는 14살 때 어머니가 돌아가시던 날에도 새벽 2시까지 카드놀이를 하며 술을 마셨다. 16세 때에는 돈 없이 호텔 3곳을 전전하다가 붙잡혀 24일간 수감되기도 했고 세례 받기 사흘 전에는 추잡한 음란죄를 저질렀으며 그러한 방탕한 삶은 경건주의 본산인 할레 대학에 입학할 때까지 계속되었다.[2] 1820년 그가 20살 되었을 때, 할레 대학생으로서 루터교 교단에서 설교할 수 있는 자격을 받았지만 다시 방탕한 생활을 시작했다.[3]

---

1 아더 피어선/유재덕 역, 『믿음의 도전: 조지 뮬러 전기』(서울: 브니엘, 2012), 20.
2 같은 책, 21.
3 바질 밀러/양혜순 역, 『죠지 뮬러의 생애』(서울: 새순출판사, 1989), 10.

그러나 그는 1825년 11월 할레대학을 다니던 중 그의 친구 베타(Beta)의 권유로 요한 바그너(Johann V. Wagner)라는 기독교 상인의 집에서 열리는 토요 기도모임에 참석하였다. 그날 모임을 통해 뮬러는 이상하게도 자신의 영혼에 샘솟는 새로운 기쁨을 느끼게 되었다. 그날 밤 그는 평생 처음으로 마음의 평안과 안식 가운데 잠자리에 들 수 있었다. 계속 그 모임에 참석하기를 열망했고 토요일이 되기 전에 바그너의 집을 찾아가서 성경공부를 했다.[4] 뮬러는 그 모임을 통하여 하나님의 사랑을 체험하였고 지난 타락한 삶을 회개하여 마침내 변화된 삶을 살기 시작하였다.

그는 대학생활 하는 동안 경건주의자 프랑케(August. H. Francke, 1663-1727)가 세운 고아원 건물 중 신학부 학생들을 위해 제공된 숙소에서 두 달 동안 생활한 적이 있었는데, 그때 프랑케가 하나님만을 의지하여 오직 믿음과 기도로 세운 고아원 사역에 큰 감명을 받았다. 이 경험은 훗날 그의 고아원 사역의 단초가 되었다.[5]

1826년 1월에 뮬러는 폴란드에서 유대인을 위한 선교사로 일하던 헤르만 볼(Hermann Ball)이라는 청년을 만나서 영적 감화를 받고 유대인을 위한 선교사가 되기로 결심하였다. 1829년에 뮬러는 런던선교회의 파송을 받아 영국의 테인머스(Teignmouth)에서 유대인들을 위한 선교사역을 시작했지만, 1년 만에 런던선교회로부터 그의 선교 사역은 철회가 되었다.[6]

뮬러는 그때부터 주님이 이끄는 곳이라면 어디서나 보수를 받지 않고 일하기로 작정하였다. 그는 이렇게 말하였다: "내가 참으로 주님을 섬겨 그의 나라와 그의 의를 구하고자 한다면, 내 생활의 현실적인 필요도 채워질 것이다."[7] 당시 갓 결혼하여 2년 반 동안 무직 상태였지만, 그는 주

---

4 피어선, 『믿음의 도전: 조지 뮬러 전기』, 36, 38.
5 밀러, 『죠지 뮬러의 생애』, 19.
6 같은 책, 17, 26.
7 같은 책, 25.

님만을 의지함으로써 생활의 필요에 대한 주님의 신실한 공급하심을 체험하였다. 뮬러는 브리스톨(Bristol)의 헨리 크레이크(Henry Craik)로 부터 베데스다 교회에서 공동 목회를 하자는 제안을 받고서 1832년 브리스톨로 이주하였다. 그는 이 교회에서 사례를 받지 않고 믿음으로 목회하였지만, 주님의 풍성한 공급을 체험하였다.[8]

브리스톨에서 목회 사역하는 동안 뮬러는 프랑케의 전기를 읽으면서 다시 큰 감명을 받았다. 그는 특히 하나님이 프랑케의 일생 중 30년 동안 2,000명에 가까운 고아들에게 필요한 것들을 충족시켜 주셨고, 또한 백 년 동안 프랑케의 다양한 선교 사역이 '믿음'을 통해서 지속되었다는 사실을 깨닫게 되었다.[9] 뮬러는 주위에 있는 고아들과 거리의 부랑아들의 실태에 충격을 받고는 30-40명 정도를 집으로 불러 아침을 먹이고 성경 교육을 시켰다.[10]

뮬러는 여러 달 동안 기도하여 하나님의 뜻을 확인한 후, 그가 31세 되던 해인 1836년 4월 11일에 마침내 윌슨가의 주택을 빌려 70명의 고아들로 고아원 사역을 시작하였다. 고아원 설립의 목적은 그 사역을 통하여 하나님이 역사하신다는 사실을 증거 함으로써 하나님께 영광을 돌리고, 고아들에게 성경 교육을 제공하고, 그들의 현실적인 복지를 제공하기 위함이었다.[11] 고아원 운영 원칙은 역시 "모든 필요를 고아들의 아버지이신 하나님께만 구한다"는 것이었다.

뮬러는 이러한 기도로 고아원을 개원하여 처음으로 1실링을 후원받기 시작한 이래로 총 1,424,646 파운드(약 720만 달러)의 후원금을 공급받았다. 이를 통하여 63년간 5개의 고아원을 건축하여 10,024명의 고아들을 보살폈으며 이중 2,813명이 그리스도인이 되었다. 애슐리 다운(Ashley

---

8 같은 책, 37-38.
9 같은 책, 38.
10 같은 책.
11 피어선, 『믿음의 도전: 조지 뮬러 전기』, 442.

Down) 고아원은 당시 세계 최대의 고아원이었다.[12]

뮬러는 1834년 5월에 '국내외를 위한 성경지식협회'(The Scriptural Knowledge Institution for Home and Abroad)을 설립하였다. 그 목적은 주간 학교와 주일학교를 돕고, 신구약 성경을 배포하고, 선교사업을 돕기 위한 것이었다. 이 사역은 역시 사람들에게 운영비를 요청하지 않고 하나님께 구하여 협회 창립 후 21년 동안 학교 사역에 7,204 파운드, 성경 배포에 3,389 파운드, 선교 사업에 16,115 파운드를 받아서 매우 성공적으로 운영할 수 있었다.[13]

1870년에 뮬러는 고아원 운영을 그의 사위 제임스 라이트(James Wright, 1826-1905)에게 맡기고, 세계선교 사역을 시작하였다. 기도의 사람으로 유명해진 그는 여러 나라의 수많은 교회와 선교단체들의 초청을 받았다. 그가 70세가 되던 1875년부터 1892년까지 총 17회의 선교 여행을 42개국에 걸쳐 수행하였다. 이 사역을 통해 수천 번의 설교를 했으며 300만 여명의 사람들에게 복음을 증거 하였다. 평생 5만번의 기도 응답을 받은 뮬러는 90세가 되어서도 청년과 같이 원기 왕성하게 사역하다가 1898년 93세의 나이로 세상을 떠났다.

2. 기도의 내용과 특징

1) 성경을 모든 기도의 원리로 삼았다.

뮬러는 플리머스 형제단(Plymouth Brethren)의 창립 멤버로서 성경에는 오류가 없다고 믿었으며 성경을 진리의 최종 규준으로 삼았다. 뮬러는 평생 성경을 2백번 정도 읽었고 그 중에 백번은 무릎 꿇고 읽었다.[14] 그는 성경이 제시하는 원리대로 기도하였다. 그는 성경을 읽다가 "그의 거

---

12 밀러, 『죠지 뮬러의 생애』, 110, 115.
13 같은 책, 40-41, 109.
14 같은 책, 23.

룩한 처소에 계신 하나님은 고아의 아버지시며", "네 입을 넓게 열라. 내가 채우리라"(시편 68:5; 81:10)는 구절을 고아원에 적용되는 강력한 말씀으로 받았다.

그는 성경을 읽다가 성령이 감동 주시는 구절에 'T'자를 적어놓고 응답받으면 'P'자를 적어놓았다. '테스트 했더니'(Tested) '이루어졌더라'(Proved)는 뜻이다. 기도응답의 비결은 전적으로 성경에 있었다. 하나님이 말씀을 통해서 주신 약속을 기초로 응답을 확신하고 나아갔기 때문이다. 성경은 그의 인생 지침서였고, 하늘에 있는 은행의 보증수표였다.[15]

2) 하나님의 뜻을 알기 위해 기도하였다.

뮬러는 고아원 사역을 시작하기 전에 여러 달 동안 하나님의 뜻을 알고자 기도했고 그 뜻을 확인한 후에 비로소 고아원 사역을 시작하였다. 그의 아내인 그로브스(Mary Groves, 1797-1870)와 결혼을 위해서도 오랫동안 기도했다. 그는 하나님의 뜻을 분별하는 기준 6가지를 제시하였다. ① 처음에 주어진 일에 대해서 내 자신의 뜻이 개입되지 않은 마음 상태를 유지하도록 노력하라. ② 감정과 느낌을 신뢰하지 말라. ③ 하나님의 말씀과 성령의 인도를 통하여 확인하라. ④ 전개되는 상황을 분별하라. ⑤ 하나님의 뜻이 나타나도록 기도하라. ⑥ 기도와 말씀 공부, 묵상과 그리고 능력과 지식을 총동원하여 신중한 판단을 내려라. 두세 번의 간구를 하고난 뒤에도 마음이 평안하다면 하나님의 뜻인 줄로 받으라.[16]

3) 하나님의 영광이 나타나도록 기도하였다.

뮬러는 자신의 기도의 목적이 하나님의 영광을 구하는 것이라고 다음과 같이 말한다.

"모든 죄의 뿌리는 자기본위이다. 따라서 우리가 영적인 것들을 바랄

---

15 같은 책, 46.
16 같은 책, 53.

때에 자기중심적으로 기도하는 일은 하나님의 응답을 가장 크게 훼방하는 일이 된다. 그러나 능력 있는 기도를 하려면 반드시 하나님의 영광을 구하여야 한다. 그것은 우리가 사는 목적이 바로 살아계신 하나님의 영광을 드높이기 위함이기 때문이다."[17]

1835년에 고아원사역을 시작했을 때, 나의 목표는 하나님의 영광을 드높이는 것이었다. 나는 단지 기도와 믿음이라는 도구를 통해 무엇을 성취할 수 있는지 실제적으로 입증하여 교회에 유익을 끼치며, 이 일을 통해 하나님이 4천 년 전과 마찬가지로, 여전히 살아 계신 하나님이란 것을 나타냄으로써 하나님께 무관심한 세상에 하나님이 일하신다는 실체를 보여주고 싶었다.

하나님께서는 이런 나의 목표를 높이셨다. 예상했던 대로 고아원 사역을 통해 수많은 죄인들이 회개했고, 전 세계 곳곳에 있는 수많은 하나님의 자녀들이 유익을 얻었다. 고아원 사역 사역의 규모가 커질수록 하나님이 부어주시는 복 또한 내가 바라던 방식 그대로 더욱 풍성해졌다. 왜냐하면 수많은 사람들이 그 일에 주목했기 때문이다. 그 결과 나는 주님의 이름을 더욱 영화롭게 하기 위해 이러한 방식으로 계속 수고하겠다는 열망을 품게 되었다."[18]

그는 이러한 기도의 목적을 통해서 "하나님이 아직도 우리의 기도를 들으신다"는 사실을 입증하고자 하였다.

4) 믿음과 인내로 기도하였다.

뮬러는 지금 드리는 기도 제목이 하나님의 뜻임을 확인했다면, 하나님께서 우리 기도를 들으신다는 것을 믿을 수 있게 되고, 그렇다면 아무리 상황이 악화되고 기도의 응답이 오기까지 제아무리 오랜 시간이 걸릴지라도 우리의 믿음은 결코 흔들리지 않는다고 하였다. 즉 기도할 때마

---

17 죠지 뮬러/배응준 역, 『기도가 전부 응답된 사람』 (서울: 규장, 2006), 198.
18 뮬러, 『기도가 전부 응답된 사람』, 200.

다 항상 즉시 응답받는 것은 아니지만, 하나님을 신뢰하여 믿음으로 기도하면 하나님께서는 계속 기도하도록 충분한 힘을 북돋아 주신다는 것이다.[19]

그는 새로운 고아원 사역을 위한 5만 파운드의 물질을 달라고 기도했는데, 하나님께서 1861년 모든 금액을 공급해주셨다. 그러나 한 푼의 기금도 받지 못했을 때에도 그는 믿음을 잃지 않았다. 왜냐하면 이미 기도를 통해 응답하신다는 하나님의 마음을 확인했기 때문이었다.[20] 그는 다음과 같이 강조한다. "모든 하나님의 자녀들이 드리는 기도 제목이 하나님의 뜻에 합한 것임을 확신한다면, 하나님께서 응답을 허락하실 때까지 믿고, 기대하고, 인내하면서 기도하기를 쉬지 말아야 한다."[21]

5) 응답이 올 때까지 끈질기게 기도하였다.

뮬러는 고아원 사역 초기인 1842년에 어떤 자매가 약속했던 기부금을 보내주시도록 하나님께 날마다 기도했다. 그 응답이 1843년 3월 8일에 왔다. 뮬러는 "그동안 나는 날마다 하나님 앞에서 이 자매를 축복해 주시라고 간구했는데, 134일째 되는 날 500파운드를 받았다."고 하였다.[22] 또한 그는 새로운 고아원 사역의 확장을 위해 6년 8개월 동안 하루도 빼놓지 않고, 때로는 몇 차례씩 필요한 물질을 달라고 기도했는데, 그 응답으로 1861년 필요한 5만 파운드의 모든 금액을 공급받았다.[23]

어떤 경우에는 뮬러가 기도하는 순간 혹은 그날 필요한 것들의 목록을 들여다보고 있는 그 순간에 돈이 왔던 적도 여러 번 있었다. 그러나 필요한 것들을 미리 가져보지는 못했고 절박하게 필요할 때에만 물자가 들어

---

19 같은 책, 201.
20 같은 책.
21 같은 책.
22 밀러, 『죠지 뮬러의 생애』, 63.
23 뮬러, 『기도가 전부 응답된 사람』, 202.

영적 거장들의 기도

왔다고 고백하였다.[24]

뮬러는 "하나님은 그의 자녀들의 기도를 기뻐하시기 때문에 우리로 하여금 오랫동안 기도하게 하시고, 그의 응답을 훨씬 달게 하기 위하여 우리의 믿음을 시험 하신다… 나는 고아원 확장 문제를 하나님 앞에 내놓고 기도 중에 심사숙고하지 않고 지나간 날이 없었다. 대게는 하루에 수차례 기도했다… 우리가 기도에 완전한 응답을 받기까지가 얼마나 길었던 가를 생각해보라. 나는 지금까지 완전한 응답에 대해서 털끝만큼의 주저함도 없이, 조금도 흔들리지 않고 그렇게 기도해 왔다"고 말하였다.[25] 이렇게 그는 평생 기도학교에서 강도 높은 훈련을 수행하였다.

6) 기도 노트를 사용하였다.

뮬러는 공책을 두 페이지로 나누어 한쪽에는 날짜와 기도 내용, 반대쪽에는 응답받은 날짜를 표시하는 기도 노트를 사용하였다. 이런 식으로 그는 일정한 기도와 거기에 대한 응답받은 자세한 사항을 기록해 둘 수 있었다. 그는 이렇게 기록해두면 기도를 드릴 때 하나님의 응답 시기를 대강 추측할 수 있다고 하였다.[26] 그의 기도 응답들이 오늘날까지 전해져 내려온 것은 그가 남겨놓은 꼼꼼한 기도 노트 덕분이다.

그는 5만 번 기도 응답을 받은 것으로 알려져 있다. 회심 후 70년 정도 살면서 평생 5만 번이나 기도응답을 받았다면 1년에 700개, 매일 약 2개 정도의 기도응답을 받은 셈이다. 그뿐 아니라 그의 기도노트도 3000페이지에 달했다. 그는 또한 '한 시간 기도하고 네 시간 일하기'를 체질화하였다. 기도 없이 5시간 일한 것 보다 기도하고 4시간 일한 것이 더 많은 결실을 맺는다고 하였다.[27]

---

24 밀러, 『죠지 뮬러의 생애』, 57, 76.

25 같은 책.

26 같은 책, 50.

27 같은 책, 51.

7) 기도를 생활화하였다.

조지 뮬러는 평생 5만 번 기도응답을 받은 것으로 사람들이 알고 있지만, 실은 그가 그보다 훨씬 더 많은 기도 응답을 받았다. 그는 이렇게 고백하였다. "나는 날마다 기도합니다. 그러나 저는 기도의 영 안에서 삽니다. 걸어 다니면서 기도하고, 누워있을 때, 그리고 일어날 때도 기도합니다. 그러면 기도의 응답들은 항상 옵니다. 수천 번, 아니 수십만 번 저의 기도들이 응답되었습니다. 일단 제가 어떤 일이 옳고, 또 하나님의 영광을 위한 것이라고 확신이 들면, 저는 응답이 오기까지 계속해서 그 일을 위해서 기도합니다. 조지 뮬러는 결코 포기하지 않습니다."[28] 그는 기도를 호흡처럼 간주하며 살았다.

4. 결론과 적용

조지 뮬러의 기도는 모두 성경의 원칙대로 기도한 것이다. 말씀에 따라 기도할 때 우리 모두 역시 하나님의 놀라운 응답을 받을 수 있다는 것을 제시하고 있다.

우리는 흔히 응답 받는 기도에 초점을 맞추려고 하지만, 뮬러는 응답이 아니라 하나님의 영광에 초점을 두고 있었다. 나의 기도는 응답을 위한 기도인가, 아니면 하나님의 영광을 위한 기도인가? 뮬러의 기도 응답의 비결은 먼저 하나님의 나라와 의를 구하는 기도에 있다. 그는 개인의 이익을 위해서 기도하지 않고 하나님의 뜻과 영광을 위해 기도했다. 즉 고아원 사역을 통해서 살아계신 하나님의 역사를 증거 하기 위하여 기도했고, 또한 부모 없는 불쌍한 고아들을 구원하기 위하여 기도했다.

뮬러는 하나님의 뜻과 하나님의 영광을 위해서 그리고 기도가 응답될 때까지 믿음으로 인내하며 간절히 기도함으로써 평생 5만 번 기도의 응답을 받았다. 그 결과 전 세계에서 수많은 사람들이 뮬러의 기도를 통하

---
28 조지 뮬러, 『하나님이 응답하시는 기도』 (서울: 킹덤북스, 2019), 326.

여 하나님이 하신 일들을 보기 위하여 뮬러의 고아원을 찾아 왔다. 그는 세계로 나가 선교사로 사역하는 것보다 고아원을 통해서 더 많은 선교 사역을 할 수 있었다. 그가 새운 애슐리 다운 고아원은 일종의 공동체 생활로서 구심적 선교의 역할을 감당했다. 그는 93세의 일기로 세상을 떠나기까지 만 여명의 고아들과 전 세계 300만 명의 사람들에게 하나님의 사랑을 전해 주었고, 중국 선교사 허드슨 테일러(J. Hudson Taylor, 1832-1905)와 함께 수많은 해외 선교사들을 후원하여 선교사역에 힘썼다.

우리도 뮬러 처럼 성경적 방식으로 기도하여 신실하게 응답하시는 하나님의 살아계심을 증거하고, 죽어가는 영혼들에게 복음을 살려내어 하나님 나라를 권능 있게 확장하는 주역들이 될 수 있다.

여기서 한 가지 주의할 것은 사역의 재정을 확보하는 방식이다. 여기에는 세 가지 방식이 있다. 첫째, 제사장 방식이다. 구약 제사장에게는 하나님께서 이스라엘 백성들에게 생활비를 공급하도록 지정하셨다. 현재는 교회가 목회자의 생활비를 책임지거나 선교사의 사역을 후원을 하는 방식이다. 여기에는 선교비를 모금하는 것도 포함된다. 둘째, 바울의 방식(tent-making ministry)이다. 바울은 후원에만 의존하지 않기 위해 직접 일을 해서 사역비를 마련했다. 셋째, 믿음의 선교(faith mission)방식이다. 조지 뮬러나 허드슨 테일러와 같이 오직 하나님께만 믿음으로 기도하여 사역비를 공급받는 방식이다.

우리는 뮬러가 일체 사람들의 후원을 요청하지 않고 오직 기도로 하나님께만 구했다고 해서 믿음의 선교가 최선의 방식이고 제사장 방식이나 바울의 방식은 그렇지 못하다고 여겨서는 안 된다. 세 가지 방식 모두 동등한 가치가 있다. 사역의 재정을 확보하는 방식은 하나님이 어떠한 방식으로 사역하기 원하시는지 인도 받은 대로 실행하면 되는 것이다.

"너희는 먼저 그의 나라와 그 의를 구하라. 그리하면 이 모든 것을 너희에게 더하시리라."(마 6:33) "아무것도 염려하지 말고 오직 모든 일에 기도와 간구로 너희 구할 것을 감사함으로 하나님께 아뢰라. 나의 하나님이 그리스도 예수 안에서 영광 가운데 그 풍성한 대로 너희 모든 쓸 것을 채우시리라."(빌립보서 4:6,13)

김 현 진

계명대학교 영문학과 (B.A)

총신대학교 신학대학원 (M.Div.,)

총신대학교 신학대학원 (Th.M.)

미국 Bethany College of Missions 선교 훈련

화란 Utrecht University 박사 과정

남아공 North-West University (Ph.D.)

(전) 평택대학교 신학부 교수

(현) 한국선교신학회 회장

(현) 태안 사귐의 공동체 원장

영적 거장들의 기도

데이빗 리빙스톤의 기도

안승준

　이제는 어디를 가나 검은 대륙 아프리카도 곳곳에서 일취월장 성장하는 모습을 목격할 수 있다. 수도와 지방 주요 도시에 셀 타워가 들어서고 있다. 농촌과 산간 지역에도 핸드폰은 물론 스마트폰이 확산되어 IT 시대로 진입하고 있는 듯하다. 청년들은 스마트폰으로 SNS를 즐기며 페이스북, WhatsApp으로 친구들과 소통한다. 그럼에도 아프리카 대륙은 아직도 열악한 환경과 인프라, 경제, 치안 문제, 부패 문제, 가난과 질병과 낙후된 학교 교육과 미혼모 출산의 문제 등으로 신음하고 있는 대륙이기도 하다. 도시의 포장된 도로를 벗어나면 외곽의 도로는 비포장 도로가 허다하다. 세찬 빗줄기가 지나고 나면 패였던 도면 곳곳이 물구덩이로 변한다. IT와 AI의 21세기도 이러한데 19세기의 아프리카는 어떠했을까? 영국이 식민지 지배를 하던 20세기 초 케냐의 뭄바사(Mumbasa)에서 우간다의 캄팔라까지 철도를 설치하는 공사 중에 사자들의 공격으로 사상자들이 발생하는 일들이 있었다. 몇 년 전 필자가 사는 지역에서 멀지 않은 지역에서도 청년 2명이 농사일을 하다가 국립공원을 탈출한 사자의 공격을 받고 중상을 입은 적도 있었다.
　19세기 아프리카는 식민지 쟁탈이 성행하던 시기였을 뿐 아니라 또한 탐험과 선교의 열풍이 불던 시기였다. 그 선두에는 바로 스콧틀랜드 출신의 선교사 데이빗 리빙스턴(David Livingstone)이 있다. 리빙스턴은 불굴의 의지를 가진 탐험가였을 뿐 아니라 아프리카 선교의 아버지다. 리빙스턴의 아프리카에서의 30 여년의 여정은 아프리카 선교의 폭발적인 도화선이 되었고 이후로 수많은 선교사들이 아프리카 복음화를 위해 생명을 바쳤다. '선교사들의 무덤', '백인들의 무덤'으로 불리던 아프리카에 리빙스톤은 어떻게 오게 되었을까? 무엇이 그를 암흑의 대륙, 미지의 땅으로 이끌었을까?

1. 데이빗 리빙스톤(David Livingstone)의 생애

데이빗 리빙스턴은 1813년 3월 19일 스콧틀랜드의 글래스고우(Glasgow)에서 멀지 않은 블랜타이어(Blantyre)에서 출생하였다. 그의 가문은 가난하였지만 매우 경건하고 주위 사람들에게 존경 받는 가문이었다(John S. Roberts 1881, 7). 리빙스톤이 13살 되어 가족들이 생일 파티를 할 때였다. 데이빗 리빙스톤의 할아버지는 이렇게 자랑스럽게 말했었다: "얘들아 우리 조상 중의 한 분이 임종 자리에서 가족들에게 '내가 우리 가문의 족보들을 부지런히 살펴보았는데 정직하지 못했던 사람은 단 한 사람도 없었다. 만일 너희 중 누가 부정직한 행동을 한다면 그것이 너희 피에 흐른다고 말할 수 없다'라는 말씀을 남기셨다"(Sam Wellman 1995: 11). 이렇게 리빙스턴은 신앙의 뿌리가 깊었던 정직을 신조로 삼았던 가문에서 출생하였다.

데이빗 리빙스톤의 아버지인 닐 리빙스톤(Neil Livingstone) 역시도 어린 자녀들에게 언제나 구약과 신약 성경을 읽어주고 무릎 꿇고 기도해 주었던 경건한 믿음의 아버지였다. 리빙스톤은 매일 밤 이러한 모습을 보며 자랐다(1995:16). 아버지의 깊은 신앙심의 영향 속에 자랐던 리빙스톤은 9살에 성경에서 가장 긴 장인 시편 119편(총 176절)을 암송하여 상으로 성경책을 받기도 했었다(1995: 18). 리빙스톤은 어린 나이인 10살부터 아침 6시부터 저녁 8시까지 하루 14시간 씩 방직공장에서 일했었다. 16살에는 진학을 위해 저녁 8시에서 10시까지 학교 선생님에게 라틴어를 교습받았다. 따분한 공장 일 때문에 중간 중간에 읽기 위해 16살의 리빙스톤은 성경과 라틴어 책을 방직공장에 가져갔다가 공장 감독에게 질책을 받기도 하였으나 공장 감독은 오히려 리빙스톤의 성경 암송과 학습열에 감명을 받은 일도 있었다(1995, 17). 리빙스톤은 밤늦게까지 잠을 자지 않고 성경을 읽어서 할머니가 성경을 뺏고 촛불을 끄고 자게 만들곤 했었다(1995, 19). 어려서부터 성경을 사랑하였던 리빙스톤의 믿음의 씨앗이 아프리카 선교의 아버지로 발아하게 된 것이다. 리빙스턴은 성경과 더불어 하나님께서 지으신 세상에 대한 과학적인 탐구열에 불타던 소년이기도 했다.

리빙스톤은 아버지로부터 과학책을 읽지 말고 노예제의 선봉장이었던 윌버포스의 '실제적 기독교(Practical Christianity)'를 읽으라는 말씀을 어겨 다리에 회초리를 맞기도 하였다. 그럼에도 성경 뿐 아니라 여행과 과학에 관한 리빙스턴의 열망은 억누를 수 없었다 (1995, 21).

이즈음 리빙스톤의 아버지 닐(Neil)은 블랜타이어(Blantyre)에 있는 교회의 관료적인 모습에 실망하여 가족들을 3마일 떨어진 해밀턴에 있는 독립교회로 다니도록 했다. 이 독립교회는 예정론을 믿지 않았고 구원은 오로지 하나님의 은혜로 받는다는 것을 믿었다. 리빙스톤은 이즈음에 구원은 자신의 것이라는 최대의 진리를 발견하였다. 그리스도를 영접하였다 (1995, 26). 그리스도는 더 이상 단지 리빙스톤의 머리에만 있는 분이 아니었다. 갑자기 그는 그리스도에 대한 깊은 사랑을 느꼈다. 그리고 그리스도의 고난에 대한 깊은 의무감을 느끼게 되었다.

딕 박사와 만난 지 얼마 되지 않아 리빙스톤은 Hamilton 독립교회의 정식 교인이 되었다. 5달 동안 그 교회 장로를 통해 일대일 성경반 교육을 받았다. 교인이 된 직후 그 교회에서 담임목사가 의료 선교사들이 중국으로 많이 가야한다는 구츨라프(Charles Gutzlaff) 박사의 호소문을 읽는 것을 들었다. 1834년 당시 스코틀랜드인들에게 구츨라프의 중국 의료 선교는 가히 혁명적인 일이었다. 이후 데이빗 리빙스톤의 마음은 중국에 의료 선교사로 간다는 생각에 완전히 사로잡혀 있었다(1995, 26). 중국으로 가려던 리빙스턴은 중국에서 벌어진 아편전쟁으로 인해 중국으로 가는 계획을 접을 수밖에 없었다. 1836년 글래스고우의 앤더슨 의과대학에서 공부를 시작한 리빙스톤은 1838년 런던선교회에 가입했다. 1840년 11월 리빙스턴은 선교사로서의 안수를 받고 12월 8일 아프리카를 향해 떠났다. 런던선교회에서는 인도와 몇 군데 추천했었다. 리빙스턴은 남아프리카에서 사역하다 런던으로 잠시 돌아온 모팟(Moffat)의 영향을 받고 남아프리카로 가게 되었다. 리빙스턴은 보다 원시적인 땅으로 가기를 원했다(1995, 39). 모팟이 사역하던 아프리카의 내지인 현재의 보츠와나에 속한 베추아나(Bechuana)에 도착하였다. 리빙스턴은 여기에서 백인들이 거주하지 않는 북쪽 내지로 가기로 결심했다. 그것은 복음을 들어본 적이 없는 현지인들에게 복음을 증거하고자 하는 열망 때문이었다. 그러나 그 지역은 사자들이 득실거리는 지역이었다. 그 곳에서 리빙스턴은 사자의 공격을 받았다. 사자는 리빙스턴의 어깨를 물었고 몸을 찢고 팔을 부러뜨렸다. 이후로 리빙스턴은 큰 통증을 느끼며 후유증으로 오랫동안 고생했다.

  1844년 리빙스턴은 모팟 선교사의 장녀 메리와 결혼하여 6명의 자녀들을 가졌는데 1명은 2달을 못 넘기고 죽었다. 행복한 가정생활을 했으나 리빙스턴의 아프리카 내지 선교와 탐험을 위해 메리는 자녀들을 데리고 영국으로 귀국해야만 했다. 리빙스턴은 1845년 칼라하리 사막 횡단을 시작하였다. 며칠 동안 물도 없는 곳을 온갖 어려움을 겪으며 사막을 횡단하여 응가미 호수(Lake 'Ngami)를 발견하였다. 이것은 내지에서 해안까지의 길이 열리면 복음이 전파되고 문명과 상업의 길이 흑암의 대륙에 열릴 것이라는 믿음 때문이었다. 이러한 그의 믿음은 리빙스턴으로 하여금 아프리카 대륙을 횡단하며 탐험하며 복음을 증거하게 하였다.

1866년 다시 아프리카로 떠나 잔 므웨르 호와 뱅웰루 호 등을 발견한 후, 탕가니카 호반 우지지에 도착하였다. 1871년 여기서 열병에 걸려 사경에 빠졌으나 11월 스탠리의 수색 탐험대를 만나 극적으로 구조되었다. 그 후 스탠리 일행과 함께 탕가니카 호 북부 지역을 여행하였다. 이듬해 스탠리와 작별하고 탐험을 계속하였다. 그는 1873년 5월 1일 극도의 쇠약과 병으로 잠비아의 뱅웰루 호반에서 사망하였으며, 그의 충실한 수종자들이었던 Susi and Chuma는 리빙스턴의 심장과 내장을 므불라 나무 아래 묻고 그의 시신은 소금으로 보관하여 2주 동안 해에 말렸다. 그들은 시신을 옥양목(calico), 그리고 나무껍질과 항해 천으로 싸고 타르를 칠해서 여덟 달에 걸쳐 1000마일이 넘는 잔지발까지 보내서 영국으로 보냈다.

폴 히벗트(Paul Hiebert)이나 챨스 크래프트(Charles Kraft) 같은 선교학자들의 지적대로 선교지에서 현지어는 현지인들에게 다가갈 수 있는 중요한 수단이다. 리빙스턴도 모팟처럼 반투어를 배우지 않으면 결코 아프리카사람들의 마음에 다다갈 수 없다는 것을 알았다. 그래서 그는 현지어를 배우는 일도 힘썼다. 리빙스턴은 탁월한 선교적 통찰을 가진 선교사였다. 리빙스턴은 그리스도의 사랑이 가득했던 선교사였다. 그는 아랍 노예상인들의 잔혹한 노예 무역에 전율하며 노예상들의 노예 무역을 없애기 위해 탄원하며 힘을 다하였다. 리빙스턴의 초문화적, 초인종적인 그리스도적인 숭고한 사랑을 그리워하던 아프리카 사람들은 그의 죽음을 애도하였다.

2. 리빙스턴의 기도의 특징들

리빙스톤은 어떤 신학의 영향을 받았을까? 그의 사역과 기도들을 통해 우리는 그에 관한 몇 가지 신학적 특징들을 발견할 수 있다.

2.1. 은총의 신학

케임브릿지 대학교 강당에서 행한 1차 아프리카 방문 귀환보고 강연회에서 "하나님께서 나에게 아프리카 전도의 사명주신 것을 감사합니다. 내가 아프리카에 여러 해를 있었다고 희생봉사의 사람이란 칭호를 주시나 나는 다만 하나님께로 받은 결코 다 갚을 수 없는 은총의 만분의 하나를 겨우 갚은 것에 불과합니다. 나는 마땅히 해야 할 일의 특권을 받은 것 뿐입니다."(김관호 1950, 31). 리빙스턴은 하나님의 은총을 깊이 체험한 선교사였다. 은혜로 말미암는 구원에 대한 그의 신학이 아프리카 선교의 가장 큰 동력이었다. 그렇기 때문에 그에게 온갖 위험이 따랐던 아프리카 내지 개척과 선교도 자신이 받은 은총에 비할 수 없었던 것이었다. 구원 받는 것이 '은혜로인가 아니면 선행도 수반되어야 하는가'는 교회사 2000년에 가장 큰 논쟁들 중 하나였다. 구원을 받기 위해서 복음을 믿는 것 뿐 아니라 모세의 율법도 준수해야 한다는 유대주의자들의 주장은 은총과 선행과 관한 어거스틴과 펠라기우스의 논쟁에서 재연되었다. 중세교회의 반(半) 펠라기우스적인 구원론은 종교개혁을 초래했다. 루터와 쯔윙글리, 칼빈, 부처, 멜랑크톤의 종교개혁은 근본적으로 호도된 중세 교회의 구원론에 대한 개혁이었다. 반 펠라기우스적인 은총과 선행의 혼재된 구원론에서 '구원은 오직 은혜로(sola gratia)'는 종교개혁의 심장이었다. 리빙스턴은 은총의 신학의 신봉자였다.

2.2. 성경 중심적 신앙과 신학

리빙스턴은 9살에 시편 119편을 모두 외웠었다. 어린 나이에 방직공장에서 14시간 씩 일하고도 저녁 늦게까지 성경을 읽곤 했었다. 이렇게 어린 시절부터 리빙스턴이 사랑하고 읽었던 성경은 리빙스턴의 신앙과 신학과 삶과 선교의 초석이었다. 바쿠랏시(Bakuratsi) 마을 추장이 주가(Zouga)의 강 건너는 것을 2번이나 거부했을 때도 리빙스턴은 포기하지 않았다. 절망의 순간에도 리빙스턴은 성경 말씀을 의지함으로 불가능을 가능으로 바꾸었다. 리빙스턴은 포기 상태에 있던 자신의 아내 메리와 동료 오스웰과 자녀들에게 누가복음 18장을 상기시켰다. 불의한 재판관에게 밤마다 강청했던 과부의 예를 들며 3번째 강을 건너게 해달라고 추장에게 요청하여 마침내 허락을 받고 주가의 강을 건넜던 일이 있었다 (1995:98). 리빙스턴은 성경의 약속들과 말씀들을 의지해서 흑암의 대륙에서 30년을 살면서 복음을 전파하였다.

2.3. 하나님 주권 신학

리빙스턴은 "안전하고 행복한 유일한 거처는 하나님의 뜻 안에 있다."라고 고백한 적이 있었다. 리빙스턴은 하나님의 주권적인 뜻에 대한 순종만이 우리의 유일한 행복과 안전의 근거임을 깨달았던 전도자요 탐험가였다. 이러한 하나님의 주권에 대한 그의 신앙은 어디로 가든 하나님의 보내심에 순종하겠다는 그의 기도에 잘 나타난다: "하나님, 저를 어디든지 보내주소서, 단지 저와 함께 가주시기만 하소서. 저에게 어떤 짐이든 지우소서. 단지 저를 붙들어만 주소서. 내 마음을 당신의 마음에 묶는 줄 이외에 그 어떤 줄도 끊으소서."

2.4. 선교 중심의 신앙과 신학

리빙스턴의 성경 이해는 매우 선교신학적이다. 리빙스턴은 이렇게 말한다: "하나님께서는 독생자를 가지셨는데 그를 선교사로 만드셨다." 리빙스턴은 선교의 영광에 대해 이렇게 말했다: "내게는 하나님께서 나를 그러한 (선교의) 직분에 임명하셨다는 것을 한시도 기뻐하지 않은 적이 없었다. 사람들은 내가 아프리카에서 그렇게 많은 세월을 보내며 했던 희생에 대해 언급한다. 자신의 가장 복된 상을 건강한 행위, 선을 행하는 의식, 마음의 평안, 영광스러운 미래에 대한 밝은 소망 속에 가져다 준 것이 희생인가? 희생이라는 말을 제하라. 오히려 그것은 특권이다. 고뇌, 질병, 고통 혹은 위험은 지금과 그 때 일상의 편리함들과 이 생에 대한 사랑과 함께 우리를 멈추게 하고 영을 요동시키고 마음을 가라앉게 할지 모른다. 그러나 이것이 단지 일시적임을 기억하라. 이 모든 것들은 우리 안에 또한 우리를 위해서 나타날 영광과 비교할 때 아무 것도 아니다. 나는 결코 희생하지 않았다."

리빙스턴은 이렇게 말했다: "땅의 왕의 위임이 영예라면 하늘의 왕의 위임이 어떻게 희생으로 간주될 수 있겠는가?"

리빙스턴은 또한 "나는 그리스도의 나라와 관계된 것을 제외하고 내가 가진 혹은 소유할지 모르는 그 어떤 것에도 가치를 두지 않을 것이다."라고 말했다.

"병든 교회에 대한 최상의 치료는 그 교회를 선교 식사 테이블에 놓는 것이다."

2.5. 천국에 대한 소망

1850년 부모님께 보냈던 편지를 통해 리빙스턴은 이렇게 고백하였다: "즐거운 가정을 떠나 산과 물을 건너 나는 왔지요. 천만리 타향에 무척 쓸쓸해요. 그러나 하늘나라에서 이룰 단란한 가정을 바라며 기쁨 중에 지내갑니다. 만나고 싶은 사람 손목을 잡아 흔들어 보고 싶은 사람, 의사였던 누가, 예레미야, 나이 늙은 욥, 에녹 다 거기 계시거니 만날 생각에 항상 기쁩니다…"(金觀浩 1950, 32). 리빙스턴이 아프리카 개척과 선교를 위해 자신의 생명을 던질 수 있었던 것은 그가 가졌던 천국에 대한 강렬한 소망 때문이었다. 사도 바울이 그토록 많은 환난과 시련 속에서도 굴하지 않고 복음을 증거할 수 있었던 것도 바로 천국에 대한 소망과 천국의 영광 때문이었다(롬 8:18; 고후 5:8; 딤후 4:7-8).

리빙스턴의 아버지는 새벽 5시면 가족들 모두 같이 기도하는 시간을 가졌다. 리빙스턴은 이러한 기도의 가정에서 자랐다. 그는 언제나 하나님께 무릎 꿇는 기도의 사람이었다. 죽기 전에도 하나님께 무릎을 꿇고 기도하다 하나님의 품으로 부름을 받았다.

3. 오늘의 적용

리빙스턴의 아프리카의 여정은 AI시대, COVID19시대를 사는 우리들에게 어떤 의미가 있을까?

3.1. 모험하라

리빙스턴은 차도 없는 시절 걸어서 25,000 마일 넘게 걸어서 아프리카를 횡단했었다. 그는 "만일 당신이 좋은 길이 있다는 것을 알 때만 오려고 하는 사람들이 있다면 나는 그들을 원하지 않는다. 나는 길이 전혀 없다하더라도 오려고 하는 사람들을 원한다."라고 말했다. 현대인들은 어디에 좋은 길이 있는가를 찾는다. 좋은 기회와 환경과 직장과 인맥을 찾는다. 그러나 리빙스턴은 열악한 오지와 환경에 스스로를 던진 사람이었다. 그것을 이겨낸 사람이었다. 그는 "나는 그 길이 앞으로 향한다면 어디든 갈 것이다"라고 말했다. 리빙스턴의 모험적인 신앙, 도전 정신, 탐험 정신, 개척 정신은 IT시대, AI시대 속에서도 배워야할 블루 오션을 개척할 수 있는 정신이다.

3.2. 소망하라

인간은 희망의 존재다. 아무리 많은 것을 소유해도 희망이 없는 사람은 죽은 사람이다. 미래에 대한 소망은 현재의 삶의 버팀목이다. 왜 선진국의 부유층에 마약 중독자들이 많은가? 미래에 대한 소망이 없기 때문이다. 더 가질 것이 없는 사람들에게 다가오는 것은 무의미와 허무다. 그러나 영원한 천국과 다가오는 영광에 대한 소망을 가진 사람의 삶은 세상을 뒤흔들만한 역동성과 에너지를 분출한다. 리빙스턴의 바로 그러한 사람이었다. 우리는 리빙스턴에게서 히 11장의 믿음의 선진들과 같은 천국의 소망의 힘을 배운다. 그것이 리빙스턴을 30년 동안이나 아프리카의 오지를 탐험하며 전도하게 했었던 힘이었다.

3.3. 기록하라

아프리카에 복음의 문을 열기 위해 리빙스턴은 가는 곳마다 그의 노트에 그가 관찰하였던 모든 것들을 기록하였다. 마을의 집들의 수, 추장들의 이름, 부족들, 위도와 고도, 강과 호수의 이름, 주변의 야생 동물들, 분지들, 우물들, 강들, 야생생물들을 정확하게 기록하였다(1995:98). 리빙스턴은 1873년 5월 죽기 전까지도 이러한 기록들과 더불어 자신의 일기를 남겼다. 그의 기록들은 탐험가 스탠리에게 전달되었다. 리빙스턴이 남겼던 일기 때문에 150년이 지난 지금 우리는 리빙스턴의 탐험과 선교에 대해 상세하게 알 수 있게 되었다. 기록은 역사다. 기록은 쉽지 않다. 그러나 기록하라. 그것이 당신의 역사를 쓰는 것이다.

3.4. 겸손하라

리빙스턴은 9살에 시편 119편 전편을 외울 정도로 뛰어난 기억력을 소유했었다. 방직 공장을 다니면서도 의료 선교사에 대한 비젼을 가지고 라틴어를 공부하고 의과대학에 진학하여 의사가 되었다. 그렇지만 그는 매우 겸손한 사람이었다. "나는 특별한 지성을 받지는 못했다는 것을 발견했다. 그러나 요즘 나는 특별한 그리스도인이 되리라는 결심을 한다." 라고 그는 고백했었다.

무엇보다 리빙스턴이 무엇이 가장 영원한 가치인가를 일찍 깨달은 그리스도인이었다. 그는 사람들의 갈채보다 하나님의 인정과 그리스도의 사랑을 가장 갈망했었다. 그것이 리빙스턴을 겸손한 신앙인이 되게 했다. 그리고 평범한 그리스도인이 아니라 특별한 그리스도인이 되리라 결심하게 만들었다. 리빙스턴은 그의 30여 년의 아프리카 오지에 대한 탐험과 선교를 통해 그것을 보여주었다. "땅의 어떤 것도 나로 하여금 절망 속에 나의 일을 포기하게 만들 수 없을 것이다."인간의 교만은 그 어떤 성공도 파괴하는 독성을 지니고 있지만 겸손은 어떤 절망과 실패도 궁극적 성공으로 이끄는 위대한 힘을 창출한다.

3.5. 의존보다 자립하라

리빙스턴은 선교사들의 자립을 강조했다. 선교 후원도 긴요한다. 그러나 리빙스턴은 선교사들이 필수적인 경우를 제외하고는 외국의 후원에만 의존하면 안 된다는 것을 강조했다. 그래서 마니유에마(Manyuema)에서 궤양에 걸린 발로 인해 이동하지 못했을 때 리빙스턴은 그 나라에서 통용되는 나무 절구에 사탕수수를 넣고 가루로 만들고 그 즙을 아주 힘들게 짜내고 그것을 두껍게 될 때까지 끓임으로 설탕을 만들기도 했었다. 그는 현대의 선교사들에게도 귀감이 되는 선교사였다. 후원에만 의지하지 않고 자립 선교를 위해 힘썼던 리빙스턴은 장막 만드는 일을 해가면서 선교에 힘썼던 사도 바울의 선교 정신을 따랐던 진정한 선교사였다. 리빙스턴의 불퇴전의 자립정신은 해외로부터의 후원만 기대하는 나약한 선교사들과 선교지의 현지인들, 코로나 시대를 사는 그리스도인들과 현대인들 모두에게도 척박한 환경과 시대를 이길 수 있는 시대의 정신을 제시한다.

3.6. 지혜롭게 전하라

리빙스턴은 무슬림들과의 관계 속에서 그들을 자극하지 않고 자신이 그리스도인임을 증거하는 지혜를 보여주었다. 리빙스턴을 향해 "모하멧을 믿느냐?"는 질문에 조용한 어조로 "나는 미리암(마리아)의 아들 예수님의 자녀입니다."라고 대답하였다. 그리고 모하멧은 그들의 조상들이 나무들과 돌들을 예배했던 것을 보고 우상숭배를 금하고 유일하신 한 하나님에 대한 예배를 가르침으로 조상들에게 좋은 일을 했었다라고 덧붙여줌으로 그들의 종교를 공격하지 않았다. 리빙스턴의 이러한 자세는 타종교인들을 대하는 그리스도인들에게도 좋은 교훈이 된다. 공격과 비난보다는 접촉점을 찾으라. 그리고 유일한 구원이신 그리스도를 지혜롭게 전하라.

3.7. 하나님의 의를 구하라

리빙스턴은 아랍 노예상인들의 무자비한 아프리카 현지인들 학살에 분노하였다. Manyuema에 있을 때 리빙스턴은 아랍 노예 상인들이 시장에서 사소한 가격 흥정으로 화가 나자 총기를 난사하여 수백명의 무고한 현지인들을 살해하자 이에 분노하였다. 그들의 리더인 두굼베(Dugumbe)를 향해 리빙스턴은 "하나님을 거스리는 이러한 무도한 짓들을 얼마나 오래 할 것으로 생각하느냐?"며 꾸짖었다(1995, 194-195). 그리고 리빙스턴은 잔혹한 노예무역의 폐지를 위해 힘썼다: "정직한 무역이 원주민들에게 시작될 수 있으면 노예제도는 종식되고 기독교가 시작될 수 있을 것이다"(1995, 192).

그리스도인들은 불의한 사회의 구조적 악과 싸우는 일에도 힘써야 한다. 불의에 눈감지 말아야 한다. 정치와 경제, 사회 전반에 하나님의 통치, 하나님의 나라와 의를 구하는 일에 힘써야 한다.

4. 결론

1852년 4월 23일 아내와 자녀들을 영국으로 보낸 후 내지 탐험을 준비하던 비빙스턴은 보어인들의 반대에 직면하였다. 그들은 리빙스턴의 집을 파손시키고 집의 물건들을 가지고 가버렸다. 그렇지만 그러한 일도 아프리카 내지까지 복음과 문명의 통로를 개척하고자 했던 리빙스턴의 탐험의 의지를 꺾을 수 없었다. 그는 이렇게 기도했었다:

"나에 관한 한 나는 아프리카를 열기 위한 결심이 되어 있다. 그렇지 않으면 죽으리라."

그는 유대 민족을 구원하기 위해 죽음까지 각오하였던 에스더의 각오로 아프리카 오지 탐험을 계속해 나갔던 것이었다. 1872년 3월 19일 그가 59세가 되었을 때 이렇게 기록하였다:

"내 생일! 나의 예수님, 나의 왕, 나의 생명, 나의 모든 것 되십니다. 저는 다시 제 전부를 주님께 드립니다."

1857년 12월 4일 리빙스턴은 케임브릿지 대학에서 학생들에게 이렇게 도전하였다:

"나는 여러분들이 아프리카를 주목해달라고 간청합니다. 나는 지금은 열려 있는 그 나라에서 몇 년 후면 고립될 것이라는 것을 압니다. 그 나라가 다시 닫히지 않게 하세요! 나는 상업과 기독교를 위한 길을 열기 위해 아프리카로 돌아갑니다. 내가 시작한 그 일을 여러분들이 수행하세요. 나는 그 일을 여러분에게 맡깁니다"(Stephen Neil 1990: 267).

리빙스턴은 결국 아프리카에서 그의 마지막 숨을 거둔다. 아프리카에 문명의 길을 열고 그리스도의 복음의 빛을 비추기 위해 그의 생을 드렸던 것이다. 리빙스톤은 그의 장인 모팟과 함께 아프리카 선교의 길을 열었다(Ibid.). 수많은 성공회, 감리교, 장로교, 루터교, 플리머스 형제교단과 기타 교단들의 선교가 시작되었고 그것과 함께 학교와 시범 농장들과 신학교들과 근대 선교의 부대 사역들이 들어오게 되었다(Ibid.).

리빙스턴의 장인인 로버트 모팟은 리빙스턴에 대해 이렇게 말했다: "그는 아프리카인들의 마음에 하나님의 아들의 복음을 전하기 위한 장엄한 목적을 위해서 모든 것 – 집, 그리스도인의 교제, 촉망되는 장래, 그리고 세상의 영예들을 희생했다."(1995, 206)

리빙스턴의 이러한 희생은 아프리카 선교의 효시가 되었다. 이후의 수많은 선교사들이 '백인들의 무덤'으로 불리는 아프리카에 묻혔고 그들의 순교의 피 위에 아프리카 교회가 세워졌다. 2020년 현재 아프리카 인구 13억 5천여만 명 중 그리스도인들은 6억 6천이 넘으며 아프리카 인구의 49%가 그리스도인들이다(무슬림 42%).

잠비아의 일랄라(Ilala)에서 죽기 전 그의 생애 마지막 순간에 리빙스턴은 이렇게 기도했다:

"하나님의 뜻이 이루어지이다." "저에게는 사는 것도 그리스도이시니 죽는 것도 유익입니다."(1995, 204).

죽기 전 침대 옆에 무릎을 꿇고 기도하는 자세로 하나님의 부르심을 받았다 (Roberts 1881, 384).

참고문헌

Livingstone, David. *The Last Journals of David Livingstone, in Central Africa, from 1865 to His Death: 1869-1873.*

Neil, Stephen. 1990. *A History of Christian Missions.* London: Penguin Group.

Wellman, Sam. 1995. *David Livingston - Explorer & Missionary.* Uhrichsville, Ohio: Barbour Publishing.

金觀浩. "아프리카의 慈父 리빙스톤",「새가정」(1950): 31-33. 평택대학교 210.121.***.133 2020/07/23 20:32 (KST).

Roberts, John S. The Life and Explorations of David Livingstone D. Lothrop and Company, Boston 1881:384

안승준

총신대학교 신학과 (B.A.)
Westminster Theological Seminary (M.Div.)
Fuller Theological Seminary (M.A. in I.C.S.)
Grace Theological Seminary (Doctor of Missiology)
(현) 우간다 선교사/우간다개혁신학대학 교장
(전) 애플톤장로교회 담임목사

쇠얀 키에르케고어의 기도

이승구

19세기 덴마크의 문필가였던 쇠얀 오브이 키에르케고어(Søren Aabye Kierkegard, 1813-1855)를 그냥 실존철학의 비조(鼻祖)로만 생각하는 사람들이 많이 있다. 그런 분들은 대개 키에르케고어와 기도는 별 상관이 없으리라고 생각하는 경향이 강하다. 그러나 키에르케고어는 "기독교로 돌아오기 시작한 때로부터 세상을 떠날 때까지 '기도의 사람'이었다"라고 단언해서 말하는 (1956년에 『키에르케고어의 기도』라는 책을 쓴) 페리 르페부르의 말을 유념해야 한다.[1] 이는 과장이 아니니, 키에르케고어는 계속해서 하나님과 대화하여 갔기 때문이다. 코펜하겐 대학교에서 신학을 공부하고 목회자가 되기를 소망하기도 했던 키에르케고어에게 기도는, 르페부르가 잘 표현한 바와 같이, "그의 어른으로서의 삶 전체를 통해 그의 실존의 전달 수단"이었다.[2] 그는 아침마다 하나님께서 자신에게 "맡기신 일을 수행할 힘을 주시기를 위해" 기도했다. 이 짧은 글에서 이런 키에르케고어의 기도의 가장 중요한 측면들을 생각해 보기로 한다.

---

[1] Perry D. LeFevre, *The Prayer of Kierkegaard* (Chicago: The University of Chicago Press, 1956), 196. 사실 전반부는 키에르케고어의 기도 100편 이상을 제시하고, 후반부는 키에르케고어 사상과 기도를 논의하는 해설 부분의 4장 전체의 제목을 기도의 사람(Man of Prayer)이라고 제시하고 있다.

[2] LeFevre, *The Prayer of Kierkegaard*, 198: "prayer was his existence medium through all his adult life." 이창승 목사님의 번역도 흥미롭다: "기도는 그의 삶 전체를 통해 그의 실존의 환경이었다"(『키에르케고어의 기도』 [서울: UCN, 2004], 267).

1. 참 신앙에서 나오는 기도

키에르케고어는 참된 기독교 신앙에서라야 참된 기도가 있을 수 있음을 아주 명백히 한다. 기독교적으로 볼 때 참된 기도의 뿌리는 자기 자신의 무가치함을 참으로 인정하는 것이다.[3] 특히 높고 거룩하신 하나님 앞에서 죄인인 인간은 그야말로 아무 것도 아니다. 이렇게 하나님 앞에서 홀로 섰을 때 인간이 낮아지면 낮아질수록 하나님은 높아지시니, 사람은 그 스스로는 기도할 수도 없다.

그러나 기도는 그리스도께서 가져다주신 구속에 근거하여 가능하다. 키에르케고어의 생각에서 이것은 복음에 의해서 주어진 것으로 전제되어 있다.[4] 그리스도의 구속에 근거해서 사람은 기도할 수 있게 되었다. 또한 그는 기도하도록 명령을 받고 있다. 구속에 근거하기에 예수님의 이름으로 기도해야 한다.[5] 이제 그리스도 안에 있는 사람들에게는 그리스도 때문에 하나님이 이 세상의 그 누구보다 가깝다. 요구된 것은 어린 아이 같은 신뢰로 모든 것을 주께 맡기는 것이다. 따라서 신앙에 의해서만 기도가 가능하다. 우리의 모든 연약성과 문제와 모든 바람에 대해서 하나님 앞에 투명하게 서는 것이 요구된다.[6] 하나님께 대한 절대적인 항복(self-surrender)과 헌신이 있어야 한다. 자기 의지가 다 사라지고 하나

---

3 Kierkegaard, *Papirer*, IX A 316; X2 A 76, cited in *The Prayer of Kierkegaard*, 206.

4 절망한 인간에게 유일한 치유책을 제시하는 죽음에 이르는 병이 이점을 함의하고 있다는 것을 잘 살펴보아야 한다. 또한 Kierkegaard, *Christian Discourses*, trans. Walter Lowrie (Oxford: Oxford University Press, 1940), 271을 보라. 이에 근거해서 르페부르는 "(하나님의 공의에 대한) 만족이 이루어졌기에 기도가 유지될 수 있다"(his prayer can be sustained only because satisfaction has been made)고 말한다(LeFevre, *The Prayer of Kierkegaard*, 211).

5 Cf. S. Kierkegaard, *The Journals of Soren Kierkegaard*, ed. and trans. Alexander Dru (London: Oxford University Press, 1938), No. 974.

6 Kierkegaard, *Papirer*, X2 A 644; III, A 126; IX, A 24, cited in *The Prayer of Kierkegaard*, 208.

님이 원하시는 것만이 모든 것이 되어야 한다.[7] 그런 참된 신앙에서 기도가 나온다. 그런 태도를 잘 드러내는 기도 한편을 소개하면 다음과 같다.

> 하늘에 계신 아버지!
> 우리의 마음을 당신님께로 이끌어 주옵소서.
> 우리의 보화가 있어야 할 곳인 당신님에게 우리의 마음이 있게 해 주옵소서.
> 우리의 생각이, 우리의 시민권이 있는 당신님의 나라를 열망하게 해 주옵소서.
> 그리하여 주께서 우리를 부르실 때 우리의 떠남이 이 세상과의 고통스러운 이별이 아니라
> 주님과의 행복한 다시 만남이 되게 하여 주옵소서.
>
> 우리는 아직도 그 시와 때를 모릅니다.
> 아마 아직 멀리 있을 지도 모릅니다.
> 하지만 우리의 힘이 약해질 때,
> 나른함이 안개처럼 우리를 덮어서
> 우리의 시야가 칠흑 같이 어두월질 때,
> 우리의 욕망과 조바심과 분노가 치밀어 오를 때,
> 다가오는 것을 기다리다 우리의 마음이 불안 중에 떨 때,
>
> 오 주 우리 하나님!
> 우리가 이 세상에 있을 때에도
> 주님께 속한 것임을 가르치시고,
> 우리의 마음에 이 확신을 강화시켜 주옵소서.

---

7 Kierkegaard, *Christian Discourses*, 67. Cf. 이승구, 『하나님께 아룁니다』 (서울: 말씀과 언약, 2020), 251-302.

아멘.[8]

2. 삼위일체 하나님께 하는 기도

사람들이 가장 주목하지 않는 것 중의 하나는 키에르케고어가 성경이 말하는 그 하나님을 삼위일체 하나님으로 인식하고 그 삼위일체 하나님과 지속적으로 대화하여 갔다는 점이다. 그러나 어떤 의미에서 이것은 가장 중요한 측면이다. 이것은 그가 성경의 하나님과 교제해 나간 것이며, 밝히 드러난 계시를 잘 받아들여서 삼위일체 하나님으로 인식하며 삼위일체 하나님과 대화하였음을 드러내는 것이기 때문이다.

모든 참된 그리스도인과 마찬가지로 키에르케고어는 때로는 성부 하나님을 불러 기도하기도 하고, 때로는 주 예수 그리스도를 불러 기도하기도 하고, 때로는 성령님께 기도하기도 한다.[9] 그리고 때로는 한 기도에서 성부, 성자, 그리고 성령님을 그 하시는 바와 연관해서 다 언급하기도 한다. 이에 대한 좋은 예 가운데 하나는 그의 「사랑의 역사」(Works of Love) 도입부에 있는 "기도"다.[10]

기본적으로, 이 기도를 들으시는 기도의 대상은(아니 좀 더 정확히 말하자면, 기도와 관련된 또 다른 주체는) 기독교의 하나님이시다. 하나님이 삼위일

---

[8] Kierkegaard, *Papirer*, III C 1: "We Belong to Thee", cited in *The Prayer of Kierkegaard*, 30.

[9] 그런 점에서 키에르케고어의 기도를 일일이 찾아 제시하면서 성부께 하는 기도(LeFevre, *The Prayer of Kierkegaard*, 5-79), 성자께 하는 기도(83-101), 성령님께 하는 기도(105-109)로 나누어 제시한 르페부르 교수의 시도는 의미 있다. 물론 후에 논하겠지만 첫째 부분에 모아진 것이 꼭 성부에 대한 것인지에 대해서는 좀 더 생각해야 한다.

[10] Søren Kierkegaard, *Works of Love*, edited and translated by Howard V. Hong and Edna H. Hong (Princeton: Princeton University Press, 1994), 3f. 이 기도에 대한 다른 좋은 분석으로 M. Jamie Ferreira, *Love's Grateful Striving: A Commentary on Kierkegaard's* Works of Love (Oxford: Oxford University Press, 2001), 17-21; Seung-Goo Lee, *Kierkegaard on Becoming and Being a Christian* (Zoetermeer: Meinema, 2006), 74-76을 보라.

체 하나님으로 이해되고 그렇게 표현되고 있다.[11] 키에르케고어는 "우리가 당신님을 잊어버리고서는 어떻게 사랑에 대해 바르게 말할 수 있겠사옵나이까?"라는 말을 세 번이나 반복하면서, 삼위 각각에 대해서 "하늘과 땅의 모든 사랑의 원천이신 사랑의 하나님이신 당신님"[성부 하나님], "우리 모두를 구하기 위해 당신님을 친히 주신 우리의 구주이시고, 구속자이신 당신님"[성자 하나님], 그리고 "사랑의 영이신 당신님"(성령 하나님]이라는 말을 덧붙이고 있다. 이와 같이 키에르케고어는 이 기도를 삼위일체 하나님께 드리고 있다.

성부 하나님은 "그로부터 모든 사랑이 나오는" 사랑의 원천으로 묘사되고, 성자 하나님은 "우리를 구원하기 위해 자신을" 주심으로써 이 사랑을 결정적으로 표현하신 분으로 묘사되며, 성령 하나님은 성자께서 제공하신 사랑의 희생을 상기시키시고 알게 하시는 분으로 묘사된다.[12] 그리고 이 삼위일체 하나님은 이와 같이 요한일서가 강조하고 있는 바와 같이 사랑이시다.[13]

성자에게 기도하지 않는 아리우스주의나 소시니안이나 유니테리안과 다르고, 성령님을 그저 하나님의 영향력 정도로 생각하는 분들과 다르게, 키에르케고어는 성부, 성자, 성령 삼위일체 하나님께 간구한다.

이를 분명히 하면서 모든 그리스인의 기도에 대해서와 마찬가지로 키에르케고어가 "하늘에 계신 하나님"이라고 기도의 대상을 명시하면 말

---

11 이 점에 대한 같은 견해로 M. Holmes Hartshorne, *Kierkegaard Godly Deceiver: The Nature and Meaning of His Pseudonymous Writings* (New York: Columbia University Press, 1990), 47을 보라: "명확히 삼위일체적 형태로 특징 지워지는 이 기도는 키에르케고어가 깊이 있게 지니고 있는 기독교적 확신을 드러내고 있다."

12 『자아 성찰』(*For Self-Examination*)에서도 키에르케고어는 "성령님도 사랑을 가져다주신다"고 표현하고 있다(*For Sef-Examination*, trans. Walter Lowrie [Princeton: Princeton University Press, 1944], 83).

13 또한 다음도 보라. Kierkegaard, *Upbuilding Discourses in Various Spirits* (1847), edited and translated by Howard V. Hong and Edna H. Hong (Princeton: Princeton University Press, 1993), 265-88=*Gospel of Suffering*, trans. A. S. Aldworth and W. S. Ferrie (London: James Clarks, 1955), 67-92. 여기서 키에르케고어는 자주 "하나님이 사랑이시라는 것은 영원히 분명하다"라고 말한다.

할 때에 때로는 그것이 성부를 지칭하는 것일 수도 있지만, 결국 삼위일체 하나님은 생각하면서 그렇게 말했다는 것도 생각해야만 한다. 명확히 키에르케고어의 의식을 잘 드러내는 것은 어렵지만 이는 모든 진정한 그리스도인들의 바른 의식일 것이다.[14]

3. 모든 정황 가운데서의 솔직한 기도

1838년 부활절의 새롭게 되는 체험 후 1년 후에 그는 하나님께 대해 잘못 생각하고 잘못된 형식으로 기도하는 자신을 돌아보면서 이렇게 말하기도 한다: "왜 너는 하늘을 향해 거만하게 목소리를 높이는가? 왜 너는 하늘을 향해 고함치는가? 왜 너는 너의 불행이 너무 크고, 너의 불평이 너무 정당하고, 너의 탄식이 너무 깊고도 애절하기에 하나님께서 그것들로 인해 시험을 받으실 수밖에 없을 것이라고 생각하는가?"[15] 이렇게 자신이 잘못 생각하며 잘못 기도하는 것을 적나라하게 하나님께 드러내어 회개하면서 모든 정황에서 솔직하게 기도한다.

레기나와 혼인하기 원할 때도 그는 자신이 "기도에 매달렸다"고 한다.[16] 파혼 후에도 그는 또 이렇게 기도한다: "나의 주 하나님! 제게 한 번 더 소망할 수 있는 용기를 주소서. 자비하신 하나님! 제가 한 번 더 소망하게 하옵소서."[17] 파혼에도 불구하고 레기나에게 자신의 변치 않는 사랑을 전하고 싶은 유혹을 받을 때마다 그는 그 유혹을 그녀를 위한 기도로 전환했다고 한다.[18]

1846년에 『후기』를 출판사에 보내고서 자신이 간접 전달의 사명을 다

---

14 이점을 논의하고 있는 이승구, 『하나님께 아룁니다』, 114-17을 보라.

15 Kierkegaard, *Journals*, No. 238.

16 Kierkegaard, *Journals*, No. 369.

17 Kierkegaard, *Journals*, No. 350.

18 Kierkegaard, *Journals*, No. 388. Cf. LeFevre, *The Prayer of Kierkegaard*, 199.

이루었다고 생각하면서 이제는 직접적 증언을 위해 시골의 목회자로 나가 직접적 증인 역할을 해야 하지 않을까 생각하면서 고민할 때에도 몇 개월 동안 앞으로의 삶의 결정을 위해 기도했다. 그러나 갑자기 「코르사르」 사건이 발생했을 때 이 고난 가운데서 "어떠한 희생을 치루더라도 헬라적인 의미에서 삶의 이상에 지적으로 충실해야 하고, 종교적으로 그 이상은 가능한 고상해야(ennobling) 하는데" 자신은 두 번째 것을 위해 하나님께 기도했다고 한다.[19] 이 기도에 대해서 그는 "모든 행위 중에서 최선의 도움은 기도이다. 그것이야 말로 참으로 놀라운 것이다. 그러면 절대로 잘못되지 않는다"고[20] 기도에 대해서 가장 중요한 말을 하고 있다. 「코르사르」지(誌)와의 논쟁과 그로 인한 어려움의 한 가운데서 그는 이렇게 기도했다: "하나님 모든 선한 정황과 도움을 주소서. 그리고 무엇보다도 내면에서 오는 영적인 시련들에 대항해 굳게 설 수 있는 영적인 확실성을 주옵소서, 세상에 대항하여 날마다 싸울 수 있기 때문입니다."[21]

왜 그렇게 했는가? 왜 모든 정황에서 하나님께 기도했는가? 그는 달리 할 수 없었기 때문이다. 진정 하나님 앞에 있는 사람은 한 순간도 하나님과 교통하지 않을 수 없음을 잘 안다. 그는 모든 진정한 그리스도인들과 함께 하나님과 영적인 교제를 나누는 기도를 영혼의 호흡과 같다고 여겼으니, "기도하지 않는 사람은 영적으로 죽는다"는 것을 명확히 의식하며,[22] 따라서 한 순간도 이를 실천하지 않을 수 없었다. 이처럼 키에르케고어의 하나님은 인격적이시어 우리와 대화하시며 우리가 당신님이라고 부를 수 있는 분이시다.[23]

---

19 Kierkegaard, *Journals*, No. 588.

20 Kierkegaard, *Journals*, No. 588.

21 Kierkegaard, *Journals*, No. 627.

22 Kierkegaard, *Papirer*, IX, A 462. cited in *The Prayer of Kierkegaard*, 237, n. 3.

23 Cf. *The Last Years*, trans. Ronald Gregor Smith (New York: Harper and Row, 1965), p. 277(Pap. XI 2 A 175); *Soren Kierkegaard's Journals and Papers*, 7 vols. edited and translated by H. V. Hong and Edna H. Hong (London and

4. 기도하는 일의 어려움과 가장 큰 행복인 기도

기도하면 할수록 바르게 기도한다는 것이 어려움을 모든 진정한 신앙인들과 함께 키에르케고어도 잘 알고 있었다. 기도를 하면 할수록 하나님 앞에서 참으로 투명해 져야 하기 때문이다. 기도하는 것이 얼마나 어려운지 하나님께서 기도하라는 명령을 주셨음을 기억하지 않으면 사람들은 점차 실제로 기도하지 않음을 잘 지적한다. 그러나 이 어려움에도 불구하고 참된 신앙인은 기도하게 되고 급기야 기도가 지상에서의 최고의 복이라는 것을 확신하게 된다.[24] 키에르케고어 자신도 "저는 주님과 함께 있겠습니다. 그리고 저는 참으로 그 행복을 압니다."고 말한다.[25]

5. 신앙의 성숙을 낳는 기도

키에르케고어는 자신의 기도의 삶을 돌아보면서 궁극적으로 신앙의 성숙이 있었음을 의식하면서 간혹 그것을 표현하기도 한다. 그의 생애의 상당히 이른 시기에도 그는 "오 나의 하나님, 저에게서 주님의 손을 거두지 마십시오. 저를 살려 주시고, 보다 나아지게 해 주십시오"라고 기도했었다.[26] 더구나 참 신앙을 주시고 그런 신앙의 성숙을 이루신 분이 하나님 자신이심을 잘 의식하면서 이렇게 말한다: "성장을 멈추는 죄를 짓지 않도록 저를 붙잡아 주신 분은 바로 주님이셨습니다."[27]

키에르케고어의 『건덕적 강화들』 중의 한 부분에서 "의인은 기도로 하

Bloomington: Indiana University Press, 1967-1978), (이하에서 JP로 약함) II, 1437 (Pap. XI 1 A 35); JP, II, 1452 (Pap. XI 2 A 175).

24 Kierkegaard, *Papirer*, VIII1, A 532, cited in *The Prayer of Kierkegaard*, 237, n. 1: "greatest earthly happiness."

25 Kierkegaard, *Journals*, No. 1252.

26 Kierkegaard, *Journals*, No. 119.

27 Kierkegaard, *Journals*, No. 1252.

나님과 함께 노력하며, 하나님의 승리 안에서 승리한다"는 논의는[28] 그의 이런 신앙의 성장을 잘 드러내어 보여 주는 것이다. 그가 철저한 루터파 교인임을 생각하며 루터적인 사유로 생각한다는 것을 잘 살피면 여기서 말하는 의인이 펠라기우스주의적으로나 반(半)-펠라기우스주의적으로 고려된 의인이 아님을 알 수 있다.[29]

오직 믿음으로 말미암아 의롭다고 칭해진 그 의인, 이신칭의로 칭의된 사람이 되는 것이 진정한 출발점이다. 그 이전의 모든 노력과 기도 비슷해 보이는 것은 사실 진정한 것이 아니었음을 생각하는 것이 필요하다. 그 모든 것을 회개해야 한다. 그렇게 회개는 기독교의 현관이다. 여기서도 우리는 바울이나 어거스틴이나 루터나 키에르케고어나 모든 진정한 그리스도인과 함께 오직 하나님의 은혜로 우리가 된다.

이렇게 진정한 회개와 믿음을 가진 사람은 항상 하나님과 함께 노력하는 사람인데, 그것을 때로는 하나님과 분투하는 것이라고도 할 수 있고, 그 모든 것을 기도로 한다. 그러므로 진정한 그리스도인은 기도로 하나님과 함께 노력하는 사람이다.

그런데 그의 승리는 자신의 승리가 아니라, 오직 하나님의 승리일 뿐이고, 참으로 기도하는 사람은 오직 하나님의 승리 안에서 승리하는 것이다. 여기 성경을 잘 아는 진정한 그리스도인의 바른 입장이 잘 표현되고 있다. 스스로 승리했다고 하는 사람들은 모두 다 승리한 사람들이 아니라는 성경이 말하는 역설을 제대로 이해한 사람들만이 진정한 승리는 오직 하나님께서 이기시는 것이고, 이렇게 하나님의 승리 안에 있는 자만이 참으로 기독교적으로 승리한 자라고 할 수 있다. 날마다 자신은 쇠하고, 하나님만 흥하기를 바란다.[30] 이것이 가장 신앙적으로 성숙한 태도의 한

---

[28] Kierkegaard, *Edifying Discourses* IV, 113ff.: "The Righteous Man Strives in Prayer with God and Conquers in That God Conquers."

[29] 이에 대한 강한 논의로 Lee, *Kierkegaard on Becoming and Being a Christian*, 139-46을 보라.

[30] 세례요한의 이 표현으로 성숙한 기도를 묘사하는 Kierkegaard, Journals, No.

모습이라고 할 수 있다. 진정 기도하는 사람은 결국 이런 진정한 성숙에까지 이르게 된다. 그런 의미에서 참으로 기도하는 사람의 마지막은 "조용히 모든 것을 하나님께 맡기는 것"(a silent surrendering of everything to God)이 된다.[31] 그렇게 하는 사람은 참으로 하나님의 뜻에 따르려고 한다.[32] 키에르케고어는 많은 곳에서 이것을 강조하지만 특히 예수님의 이름으로 기도한다는 것은 "예수님의 의지에 일치하는 방식으로 기도하는 것이다"는 것을 논하는 부분에서도[33] 이것을 강조한다. 그러므로 기도의 사람은 욥과 같이 모든 것을 하나님의 선물로 본다. 자신은 어떻게 그렇게 되는지를 다 알지 못하지라도, 하나님을 사랑하는 자들에게는 모든 것이 협력하여 선을 이룬다고 믿는다.

나가면서

이상에서 우리는 키에르케고어의 기도의 다양한 측면을 살펴보았다. 이런 모든 점에서 키에르케고어의 기도는 기독교적 기도라고 할 수 있다. 그는 그저 철학적 성찰을 기도라는 형식을 빌러 말한 것이 아니다. 때로 기도의 내용이 깊은 성찰을 담고 있어서 중용한 것이기도 자체인지, 이런 형식으로 하지만 그 말하는 내용인지를 묻게끔 할 만 하지만,[34] 여러 면에서 그 내용은 자신의 모든 생각과 성찰을 하나님과의 관계 가운데서

1282를 보라.

31 Kierkegaard, *Journals*, No. 1287.

32 기독교적 기도의 이런 성격을 논의하는 이승구, 『하나님께 아룁니다』, 246-302를 보라.

33 Kierkegaard, *Journals*, No. 974: "[To pray in the name of Jesus is] to pray in such a way that it is *in conformity with the will of Jesus.*"(강조점은 덧붙인 것임).

34 이런 점에서 안셀름(Anselm)이 그의 논의의 앞과 뒤에 붙이고 있는 기도와 비견할 만한 것이다. 알셀름에게서나 키에르케고어에게 있어서 그 기도 자체가 지지하고 진심이었다는 것을 잊으면 거의 다를 상실하는 것이라고 여겨진다.

하는 것임을 드러내는 것이며 그는 참으로 삼위일체 하나님께 그의 내면서 전체를 다 드러내어 보아면서 교제하여 나갔다. 그리하여 그는 결국 이렇게 말한다. "나는 '아멘'이라는 말 외에는 한 마디도 더 할 수 없다. 내게 이루어진 말로 할 수 없는 섭리에 대한 감사가 나를 압도하기 때문이다…. 나는 하나님의 말로 할 수 없는 은혜와 도우심을 통해서 내 자신이 되었다." 이는 "나의 나된 것은 오직 하나님의 은혜라"는 바울의 말을 역사 속에서 무수히 반복했던 진정한 신앙인들의 고백을 키에르케고어 식으로 한 말이다. 이처럼 기도의 마지막 말은 역시 '아멘'이다. 이는 결국 삼위일체 하나님께서 모든 것을 다 하셨으며, 우리는 그것을 수동적으로 받아들이는 것임을 표현하는 것이며, 그렇게 '아멘'하는 사람은 이 땅에서 하나님의 뜻에 반응하여 적극적으로 하나님의 뜻을 수행하는 데로 나아감을 드러내어 주는 것이다.[35]

이승구

(현) 합동신학대학원대학교 조직신학 교수

---

[35] 기독교적 기도의 이런 수동적이면서 동시에 능동적 성격에 대한 논의로 이승구, 『하나님께 아룁니다』, 특히 '아멘'을 논하는 471-96을 보라.

허드슨 테일러의 기도

유정선

Ⅰ. 인물의 생애

'믿음 선교의 아버지'로 불리는 중국 내륙 선교(China Inland Mission; CIM)의 창설자인 허드슨 테일러(James Hudson Taylor, 1832-1905)는 영국 출신으로 중국 '내륙 선교시대'의 장을 열어 개신교 선교사들에게 지대한 영향을 끼친 인물이다. '현대선교의 아버지'라고 불리우는 윌리암 케리(William Carey, 1761-1834)에 의한 '해안 선교 시대'를 이은

1832년 5월 영국 반즐리의 감리교 집안에서 약사인 아버지 제임스 테일러와 어머니 아멜리아 테일러 사이에서 태중에 있을 때부터 선교사로 사용해 달라는 부모의 서원 기도 가운데 2남 2녀 중 장남으로 출생하였다. 그리고 정말 우연처럼 감리교의 창시자인 존 웨슬리(John Wesley, 1703년 6월 28일 ~ 1791년 3월 2일)가 82세에 허드슨이 살고 있었던 반즐리 지역에 잠시 왔을 때 아버지 제임스 테일러를 만나고 이 집에 기거하게 된다.

아버지 제임스 테일러는 시간만 나면 자녀들을 모아 놓고 중국이 얼마나 큰 땅을 가지고 있는지, 인구는 얼마인지, 무엇을 발명한 나라인지, 더 나아가 광동성에서 선교활동을 하였던 로버트 모리슨(Robert Morrison, FRS, 1782~1834)에 이르기까지 자녀들에게 중국 선교에 관심을 갖도록

교육하였다. 11살 되던 해 학교 공부에 흥미를 잃고 방황하자 아버지 테일러는 그를 집에서 교육하기 시작하였고 15살이 되던 해 테일러는 회심을 경험하게 되었다. 어머니와 떨어져 있는 집에서 "그리스도께서 이루신(성취하신) 사역"이라는 부분을 읽으면서 예수님께서는 우리의 모든 죄의 대가를 치르셨고 내가 할 수 있는 일이라곤 그를 영접하고 믿는 것 외에는 아무것도 할 수 없다는 사실을 깨닫고 기뻐하던 시간은 그의 양친 부모가 테일러를 위하여 각각 기도하고 있었던 바로 그 시간이었다.

그 뒤 본인 스스로도 매일 같이 기도로 하나님과 대화를 나누고 성경을 읽으며 주께 헌신하기로 다짐하였으며 중국인들의 영혼을 살리기 위해 복음 전도자로 작정하고 이 일을 구체적으로 실천하기 위해 중국어를 배우며 의학을 공부하면서 기도로 준비하였다. 또한 열악한 선교지에서의 삶에 적응하기 위하여 청년 시절부터 근검절약의 생활을 몸소 익히기 시작했다. 1849년 그는 "사랑하는 하나님, 제게 저의 사랑과 감사의 표시로써 뭔가 하나님을 위하여 할 수 있는 일을 주옵소서"라고 기도하면서 중국으로 부름 받았다는 확신을 잃지 않았다. 1850년부터는 「글리너」라는 해외 선교 잡지를 창간호부터 구독하였고, 중국협회(Chinese Association)라 하는 초교파적인 모임이 런던에서 결성 되었다는 말을 듣고 그곳에 편지를 보내 회보와 가입 신청서를 요청하는 등 중국 선교를 위해 적극적으로 준비하였다.

1850년에는 영국의 헐 지역에서 의사 생활을 하는 숙부 로버트 하디의 조수로 견습을 받고 있을 때 고아원을 운영하고 있던 조지 뮬러를 만나게 된다. 그리고 그가 고아원을 운영하는데 모든 일을 모금이나 후원 요청으로 하지 않고 오직 하나님을 향한 기도와 믿음에만 의존했다는 사실에 감동을 받은 그는 조지 뮬러의 모습을 닮아가게 된다. 그는 선교지에 나가기 전까지 런던에서 복음을 전하고 전도책자를 나누어주고 설교도 하면서 중국 선교를 준비하고 있었다. 의사로 공부하던 중 시체로부터 감염이 돼 건강을 잃기도 하였으나 1853년 9월19일 월요일 덤프리지 호를 타고 드디어 자신이 그렇게 기다리고 준비하던 중국으로 향하였다. 1854년 중국에 도착한 테일러는 수로를 따라 상해에 도착하게 되었는데 이 때 중국내에는 정부군과 반정부군이 전쟁을 치루고 있었고 미국과 영국은 반정부군을 돕고 있었다. 이런 상황 하에 중국 선교가 쉽지 않았지만 기회가 주어지는 대로 전도지를 돌리면서 틈틈이 다음을 위해 공부하였다. 그렇게 1년이 지난 1855년 7월 중국에서 최초의 회심자 꾸에이화를 얻게 되고 1860년 그에게 세례를 주었다. 중국 도착 6년 만이였다. 그리고 허드슨은 이 때부터 중국식 옷과 양쪽 머리를 밀고 뒤로 땋아 내린 변발을 하고 다니며 중국 사람처럼 살아갔다. 1861년 건강이 좋지 않아 아내와 두 살 난 딸을 데리고 영국으로 건너온 그는 영국에 머무르는 동안 닝보어로 신약 성경을 편찬하고 의학공부와 집필 작업을 하였다. 이 때 발간 된 책이「중국의 영적 필요와 요구(China's Spiritual need and Claims)」이다. 1865년 그는 팀을 구성하여 선교하는 팀 사역 방식을 취하면서 중국내지선교회(CIM)를 설립하여 선교사의 철저한 '믿음선교(faith mission)'의 본을 보이고자 하였다. 그는 중국 내륙지역의 미전도 종족들에게 주의 복음을 전하는 선교와 더불어 교육을 강조하며 실행에 옮겼다.

1866년 중국 상하이로 돌아온 허드슨은 이듬해 여름 딸을 뇌막염으로 잃게 되었으나 그의 선교에 대한 열정은 계속되었다. 1868년 상하이에서 양저우로 이동하여 선교를 시작하였으나 폭동으로 인해 선교에 어려움을 겪게 되고 엎친 데 덮친 격으로 1870년 부인 마리아마저 병으로 사망하게 된다. 이 때 허드슨은 영국으로 잠깐 들어갔다가 1871년 선교 동역자 제니 폴딩과 결혼하고 그녀와 함께 1872년 항저우로 돌아와 사역을 재개하였다. 1880년 이후 부터는 내륙선교를 하는 동안 필요한 선교사의 수를 알리며 기도와 선교단체와 각 나라의 교회를 다니며 호소하였다. 그 때 마다 그가 호소한 선교사의 수는 차고 넘치도록 채워졌다.

1900년 5월 '의화단 사건'으로 중국에서 활동하던 135명의 선교사와 가족들이 살해되었는데 이들 중 중국 내륙 선교회 소속의 선교사은 58명 이었으며 그들의 자녀 21명이 함께 피살되는 아픔을 겪었다. 그럼에도 불구하고 허드슨 테일러는 끝까지 선교를 포기하지 않고 선교에 헌신하는 그의 사명을 감당하였다. 몸이 허약할 대로 허약해진 테일러는 1902년 중국내륙선교회의 대표직을 사임하고 영국으로 돌아 왔다. 그 때 중국교회는 100,000개였으며, CIM 선교사 수는 800명이었다고 한다. 영국으로 돌아와서도 그의 중국을 향한 선교의 열정은 더 더욱 끓어올라 중국내지선교회의 활동을 계속적으로 후원하는 일과 중국 선교에 헌신할 수 있는 선교사를 키워내는 일에 혼신의 힘을 다하였다. 1905년 73세의 나이에 아들과 며느리와 함께 중국을 방문한 그는 중국 선교 본부들을 살펴본 후 그의 사역에 있어서 가장 배타적 태도를 보였던 후난 성 창사를 다시 방문하여 오직 주의 복음만을 전하고 증거 하면서 전도자로서의 생을 마감하였다.

　런던에 있는 중국 내륙 선교본부 건물 입구에는 허드슨 테일러가 그토록 좋아했던 성구가 기록되어있다. "하나님을 신뢰하라" 그리고 양쪽에는 "지금까지 주님께서 우리를 도우셨다.", "주님께서 예비하시리라"

　허드슨 테일러는 이런 생각으로 기도했으며 죽기까지 중국 복음화를 위해 헌신하였다.

Ⅱ. 기도의 특징들

　그가 선교활동을 했던 중국은 내전으로 혼란스러웠고 이 일로 복음이 전해진 지역에 많은 사상자들이 나왔으며 심지어 가족과 동료 선교사들의 죽음이 있었다. 그 때 테일러는 이런 기도를 했다.

주님이시여 우리가 주님께
우리를 맡기오니
이보다 큰 행복이 어디
있사온지요.
우리가 위에 계신 하나님께
모든 것을 맡기오니
평안히 거할 수
있사옵니다.
주님은 완전한 지혜와
완전한 사랑으로
모든 일이 협력하여
선이 되게 하시나이다!

    1857년 11월 18일자 그의 일기의 일부를 살펴보면 "많은 사람들이 나를 매우 가난하다고 생각한다. 어떤 면에서 사실상 나는 가난하다. 그러나 나는 "가난 자 같으나 많은 사람을 부요하게 하고 아무 것도 없는 자 같으나 모든 것을 가진 자"(고후6:10)이기에 하나님께 감사한다. 나의 하나님께서는 나의 모든 필요를 채워 주셨다. 하나님께 영광 있으라. 나는 달리 길이 있더라도 현재의 나와 달라지길 원하지 않는다. 나는 주님께 전적으로 의존하길 원하며 다른 이를 돕는 수단이 되길 원한다.……"하였다. 이 내용은 오직 하나님만을 의존했던 허드슨 테일러의 삶을 그대로 그려내고 있다.

1. 기도의 원리
1) 무력한 존재가 되지 않기 위해 기도하였다.
    허드슨 테일러는 회심의 기쁨을 잃어버리지 않기 위해 자신이 무력해

지려 할 때마다 자기 방에 들어가 하나님과 교제의 시간을 가지며 주님께 감사와 사랑을 고백했다. 선교지에서도 자신이 나태해 지고 무력해 질 때마다 모든 것을 멈추고 기도하였다.

2) 하나님의 인도하심을 믿고 기도하였다.
어떠한 상황에도 인간을 의지하지 않으려고 노력하였다. 자신의 믿음에만 문제없으면 필요에 따라 하나님의 도우심이 있을 걸 확신하였다. 선교사로 떠나기 전 선교사로 준비하기 위해 런던에 체류해야 할 상황에 아버지와 선교회는 테일러의 체류비를 대주겠다고 하였지만 그는 양쪽 모두의 제안을 거절하고 하나님의 손만 의지하였다. 또한 중국 선교 사역 가운데도 위협을 느낄 때가 한 두 번이 아니었지만 그 때마다 하나님께 맡기고 걱정하지 않았다. 어떻게 보면 허드슨 테일러는 난리 가운데도 오지를 도보로 순회하며 복음을 전하는 그 자체가 늘 위험이었다. 그러나 그는 결코 뒤로 물러나지 않았고 하나님의 도우심을 믿고 복음을 전하였다.

3) 하나님과 동역한다는 생각으로 기도하였다.
하나님의 사역은 인간을 통해 하시기 때문에 그 일을 수행하는 인간은 매 순간 기도를 통해 상황을 물어야 하는 것이고 그렇게 기도하는 것이 그 분과 관계를 맺고 있다는 증거라고 생각하였다. 또한 허드슨 테일러는 자신이 주님을 섬기고 있는 이런 상황을 이야기를 할 수 있어야 한다고 생각했기에 그는 매우 자연스럽게 옆에 있는 동역자에게 하듯 주님과 대화를 나누었다.

4) 가난한 자에게 주는 것은 여호와께 빌려주는 것이라고 생각하고 기도하였다.
그는 런던에서 아일랜드 노동자들에게 전도할 때 부인이 죽게 될 위기에 처한 한 가족을 만나게 된다. 그 때 그는 큰 동전 하나 밖에 없어 그 집에 내놓기를 꺼려했으나 그의 마음속에 "이 위선자! 이 사람들에게는 사랑 많으신 하나님에 대해 얘기하면서 너 자신은 반 크라운 없이 그분을 의뢰할 수가 없다구?" 라는 환청에 당시 큰 동전이었던 반 크라운을 그 가족에게 건네주고 만다. 이로 인해 먹을 것도 살 수 없는 빈 털털이가 된 그는 오는 길에 "사랑하는 하나님, 하나님께서는 가난한 자에게 주는 자는 여호와께 꾸이는 것이라고 말씀하셨습니다. 이번 꾸임이 오래 가지 않게 해주시옵소서. 그렇지 않으면 내일 점심부터는 굶어야 합니다." 라고 기도하였다. 이렇듯 허드슨 테일러는 가난한 자에게 나누어 주는 것이 여호와께 빌려 주는 것이라고 생각했기 때문에 선교지에서 필요한 것이 있으면 언제든지 여호와께 그 빌려 드린 것을 갚아 달라고 요청하곤 하였다.

5) 원망이 없이 기도하였다.

환난이나 어려움을 당한다 할지라도 그 또한 하나님을 더 알아가는 과정이라 생각하였으며, 이 일을 통해 분명 하나님께서 나타내시고자 하는 것이 있을 것이라 생각하였다. 그래서 그는 자녀와 첫 번째 아내의 죽음도 하나님의 선하신 일이 될 것을 확신하면서 하나님을 원망하기 보다는 감사로 영광을 돌렸다.

2. 기도의 방법

1) 매 순간 기도하였다.

그에게는 매 순간 순간이 기도의 삶이었고, 기도하게 하시는 성령의 강력한 신호가 있으면 즉시 방으로 들어가 기도하였다. 이렇게 기도할 여건이 안 되면 기다리지 않고 서있는 채로 혹은 누워서도 기도 드렸다. 그의 기도는 장소와 상황을 가리지 않고 삶 가운데서 언제나 하나님과 대화하며 기도를 즐겼다고 할 수 있다.

2) 하나님만 믿고 기도하였다.
허드슨 테일러는 어떤 사람도 어떠한 단체에도 의지하지 않았다. 그렇다고 그들의 도움을 회피하지도 않았다. 단지 인위적인 방법을 통해 도움을 요청하지 않았으며 그 모든 공급을 하나님께서 하신다고 믿었다.

3) 자기를 위한 욕심을 내려놓고 기도하였다.
하루를 살 수 있을 정도로만 소박한 식사와 머리 누일 곳이면 그걸로 만족했다. 모든 것들이 중국 사람들을 위해 쓰이길 원하여 절약하였으며 조금도 자기를 위한 사치를 허용하지 않으면서 어떻게든 원주민들에게 나누어 주고 싶은 마음으로 준비했다.

3. 기도의 목적
1) 오직 주님을 섬기기 위하여 기도하였다.
테일러에게 자신을 위한 기도는 없었다. 자기에게 넘치는 은총을 주신 주님을 위해 무슨 일을 할 수 있을지를 묻는 기도뿐이었다. 그리고 그 일은 화려하거나 웅장한 일이 아니었으며, 그 분이 나에게 주시는 일이라면 어떤 일이라도 하겠다는 다짐이었다. 1853년 중국으로 떠나는 배에서 그는 이렇게 기도한다. "이 모든 고난들도 저를 움직일 수는 없습니다. 제가 달려갈 길과 주 예수께 받은 사명 곧 하나님의 은혜의 복음을 증거하는 일을 기쁨으로 마치려 함에는 저의 생명을 조금도 귀한 것으로 여기지 않겠습니다." 주님만 섬기면 살겠다는 그의 기도였다.

2) 어려운 상황 속에서 인내심을 키우기 위해 기도하였다.
선교지에서 경제적 어려움, 건강상의 어려움, 목숨이 오가는 위험한 일은 계속 있어 왔으며 지금 당장 도움을 주셨으면 할 때가 많았고 인간적으로 서두르고 싶을 때도 있었다. 그러나 허드슨 테일러는 하나님의 때를 기다리며 인내를 키워갔다.

4. 기도의 특징들

1) 하나님의 임재를 느끼는 기도였다.

주님을 위해 아무런 조건 없이 자신과 자신의 인생과 친구들, 그리고 자신의 모든 것을 주님께 드리겠다고 서원하자, 자신의 모든 것을 열납하셨다는 깊은 확신과 함께 주님의 임재가 장엄하고도 엄숙하게 영혼 깊숙이 느껴지기 시작했다고 하였듯이 그는 기도 할 때 마다 하나님의 임재하심으로 믿고 그 말씀을 거역하지 않았다.

2) 응답을 기다리는 기도였다.

허드슨 테일러는 감정에 의해 어떤 일을 하지 않았다. 주님을 위해 무엇이 필요할까에 집중하였기 때문에 그 일을 준비하는 것이 하나님께서 보시기에 옳지 않다 생각 하시면 그 일을 막으실 거라 생각했고, 언제든지 하고 있는 일을 멈출 수 있었다. 그가 선교사로 출발하기 전 의학 공부를 시작할 때도 이 일을 하나님께서 원하시지 않으시면 막으실 것이고 그럼 자신은 그만 둘 생각이었다. 반대로 자신이 원하지 않는 일이 발생할 때도 하나님께서 이끄심이 확실할 때는 그 뜻을 따랐다. 어떤 상황이든지 인간을 의지하며 기다리기 보다는 하나님께서 공급하심을 기다렸다. 물론 사람을 통해 일하시지만 중국으로 떠나기 전 될 수 있으면 선교회나 사람들을 하나씩 차단하기 시작한 그는 이렇게 하지 않으면 하나님을 신뢰하지 못하는 죄를 짓는다고 생각하였고 평화와 축복과 승리를 놓친다고 생각하였다.

그렇다고 그는 기도만 하고 아무런 일을 하지 않은 것이 아니라 동역자들과 사역을 서로 이야기하고, 발로 뛰며 하나님의 응답을 의심하지 않고 기다렸다.

3) 자기 소유를 내려놓는 기도였다.

기도를 통해 자신의 재산을 쌓아두려고 하는 생각을 버리게 되었고, 자기의 것을 필요한 이들과 나누어야 한다고 생각하였다. 사역에 있어서도 물질의 후원보다는 영혼 구원을 위한 사역자를 위해 더 많이 기도하였으며 집회를 하면서도 헌금을 거부하는 경우가 많았다. 순간의 감동으로 헌금을 하기 보다는 진정으로 중국 사역지를 위해 자기 자신들이 무엇을 해야 하는지를 하나님께 묻길 원하였다.

4) 신앙을 성장시키는 체험적 기도였다.

허드슨 테일러의 기도는 기도의 대부분이 체험적이라 해도 과언이 아니다. 바람으로 배가 밀려 갈 때도 하나님의 도우심을 체험했으며, 전도하는 사람과 반대 세력을 만나 죽음에 놓여 있을 때도 하나님의 도우심을 체험했다. 친구들과 같은 바이러스에 전염돼 죽어 갈 때도 나를 살리셔서 중국으로 보내실 것이라는 확신을 통해 일으키심을 경험하였다. 크고 작은 일 하나까지도 그의 기도는 체험 자체였다.

5) 중보 기도였다.

항상 영국에 있는 친구들과, 함께 일하는 동역자들을 위해 기도했으며, 많은 사람들에게 중보의 기도를 요청하였으며, 개인 기도 시간 뿐 아니라 어디에서 어떤 집회를 하든, 중보 기도는 계속되었다. 또한 중국 선교지 내에서도 동역자들과 각자의 기도제목을 나누며 끊임없이 기도하였다. 이 중보 기도는 허드슨 테일러의 선교의 출발이었다 해도 과언이 아니다.

5. 기도의 효과

1) 기도를 통해 삶을 즉시 바꿨다.

허드슨 테일러는 선교지 사람들을 위해 검소한 삶을 살게 해 달라고 기도한 후 즉시 삶을 검소하게 바꿨다. 버터나 밀크도 사치스럽다고 생각되어져서 그 즉시 먹지 않기로 결정할 정도였다. 중국 사람들을 돕기 위해 절제된 생활을 할 수 있게 해 달라고 기도했으며, 심지어 중국 내륙을 돌아다니면서 그 곳 사람들에게 사치스러운 음식이 될 수 있다고 생각되는 것들을 먹지 않았다. 본인이 그런 삶을 살아야 남에게 더 많은 것을 줄 수 있다고 생각하였기 때문이다.

2) 그리스도의 영광을 드러내었다.

그가 중국으로 가는 길에 배가 해안가로 붙어 어려움을 당하게 되었다. 선장과 선원들이 할 수 있는 일이 전혀 없는 상태에서 그는 배 안에 그리스도를 믿는 3명의 사람들과 함께 선실로 가서 기도하기 시작했다. 그리고 하나님께서 미풍을 주셔서 위험에서 나올 수 있게 하셨다. 허드슨 테일러는 믿지 않는 많은 선원들에게 이 일이 그리스도의 영광을 나타내 보이신 것이라 하였다.

3) 용서를 배웠다.

함께 일하던 하인이 자기 돈을 훔쳐가 힘든 시간을 보내야 하는 사건이 있었다. 그는 그토록 하인이 예수님을 믿도록 기도하였지만 이 사건으로 인해 허무함을 느꼈다고 한다. 그러나 허드슨 테일러는 악을 악으로 갚지 않고 진정으로 회개하고 돌아올 것을 호소하였다.

Ⅲ. 기도의 교훈들

1. 기도는 지루한 것이 아니라 즐거운 것이다.
허드슨 테일러에게 있어 기도는 일상이었기 때문에 지루하다고 할 수 없었으며 "시간이 없어 따로 못합니다."는 말이 맞지 않았다. 기도는 그가 할 수 있는 최고의 방법이었기에 기도하는 시간이 즐거울 수밖에 없었으며, 기도는 그에게 한없는 위로가 되었다.

2. 기도의 응답은 작은 일에 신실할 때 가능하다.
많은 교인들이 본인들이 원하는 기도를 하고 본인들이 원하는 답을 하나님으로부터 듣길 원한다. 그러나 허드슨 테일러의 삶을 보면 하나님 앞에서 신실한 종의 사명을 다할 때 필요를 채워주셨다. 그는 이렇게 고백한다. "하나님께서는 그가 원하는 기도의 응답을 하셨다기보다는 자신이 하나님 앞에서 하나님께서 원하는 삶과 하나님께 합당한 기도를 드릴 때 응답하셨다. 그렇지 않을 때는 잘못 구한 것을 수정하시게 하며 자신이 의탁한 원래의 답이 아닌 하나님의 답을 주시기도 한다".

3. 삶 전체를 하나님께 맡기는 기도였다.
그는 오로지 중국 선교를 위하여 기도하였으며 그 선교 현장에서 본인이 어떻게 쓰여 질지에 대하여 기도하였다. 그래서 그의 기도는 자기를 위한 욕심이 없었다. 그는 어떤 능력을 가지고 있지 않아도 포기하지 않았으며 중국 선교의 길을 걷게 하신 이가 하나님이시기에 지금 그에게 가게 하시는 그 모든 길과 그 모든 필요를 알아서 공급하실 것이라는 확신 가운데 기도하였다.

4. 내가 원하는 기도로 답하지 않으셔도 원망이 없었다.

허드슨은 아내가 중한 병에 걸려 곧 죽게 되었을 때 하나님께 살려달라고 기도하며 방법을 찾기 위해 동역자 파커 박사를 찾았다. 가는 도중 "환난 날에 나를 부르라 내가 너를 건지리니 내가 나를 영화롭게 하리로다"(시50:15)라는 말씀을 기억하게 되었다. 그는 즉시 그 말씀에 평화로움을 얻었고 그가 집에 도착했을 때 아내는 이미 숨을 거둔 상태였다. 이러한 상황에서 허드슨 테일러는 한 치의 원망도 없이 천국에 소망을 두면서 평화롭게 잠자는 아내의 모습을 보며 도리어 아내가 새 생명 얻었음을 느끼게 되었다고 고백하였다. 아내의 죽음이 원망이 될 수도 있었지만 허드슨 테일러는 도리어 그 마음에 평안을 얻었다.

Ⅳ. 결론

그는 전 생애를 중국에 구원의 복음을 전하는 일에 헌신하였던 진정한 주의 일꾼이었으며 예수 그리스도의 증인이었음은 그 누구도 부인할 수 없는 사실이다. '대덕생(戴德生)'이라는 중국 이름을 가진 허드슨 테일러는 1854년 3월1일부터 중국에 거주하면서 1905년 51년의 선교사 사역을 다하고 생을 마감하기까지 중국 전체에 800명의 선교사와 205개의 지부를 형성하였고 중국 전역에 125,000명의 중국인들로 하여금 주의 자녀가 되게 하였다. 중국에서 선교 활동을 하는 27년 동안 그는 사랑하는 네 명의 자녀와 아내를 잃는 아픔을 견뎌내어야 했으나 이러한 시련도 중국 선교에 대한 그의 열정을 멈추게 할 수는 없었다. 그는 중국 현지에 선교사들을 파견하기 위하여 끊임없이 기도하며 후진 양성을 위하여 전심전력하여 중국 선교사들에게 크나 큰 영향을 끼쳤다.

우리는 지금 어떤 기도를 하고 있는가? 혹시 내가 원하는 답을 기다리는 기도를 하고 있지는 않는지, 또한 기도를 통한 응답에 앞서 나는 하나님보시기에 신실한 삶을 살고 있는지 먼저 살펴야 한다. 허드슨 테일러는 주님만이 내 삶의 전부라는 생각을 하게 되면 주님의 어떤 부르심에도 응답할 수 있다고 하였다. 오직 그의 사역에는 하나님을 신뢰하는 기도를 통해서만 모든 것을 움직일 수 있다고 생각했다. 그는 기도 응답의 실패는 자신의 마음의 완악함과 영원한 것에 대한 우리의 의식 부족이라고 말한다. 나 자신을 위한 기도는 감추고 무엇이 하나님 앞에서 합당할까를 찾아야 한다. 하나님의 선하신 일을 기도를 통해 진행했지만 불가항력적 일을 만나면 그 일은 주님께서 해결하실 것이라 확신하여야 할 것이다.

유정선

성신여자대학교 (B.A. 독어독문학과)
한국성서대학교 대학원 (M.A.)
한국성서대학교 신학대학원 (M.Div.)
한국성서대학교 대학원 (Ph.D.)
(현) 한국성서대학교 신학부 교수
(현) 한국복음주의 조직신학회 부회장

한나 휘톨 스미스의 기도

안 수 정

1. 한나 휘톨 스미스의 생애와 신학

한나 휘톨 스미스의 생애

한나 휘톨 스미스는 '19세기의 잔느 귀용'이라고 불리울 만큼 특별한 영성의 복음 전도자이다. 1832년 미국 펜실베니아 주에서 출생하여 엄격한 퀘이커교도의 가정에서 성장하였다. 그리고 1858년 '플리머스 형제단'(Plymouth Brethren)과 1860년대 후반 미국 뉴저지에서 일어난 제2차 대각성운동의 영향을 받아 회심하게 되었다. 이후 1869년 경건캠프 모임을 통해 성령세례를 받고 나서 미국과 영국에서 남편과 함께 성결한 그리스도인의 삶에 대한 세미나를 하며 활발한 사역을 펼친다. 1872년 영국으로 이주한 이들은 2년간 자신들의 체험을 바탕으로 성경 강해 모임을 초교파적으로 열어 큰 성과를 거두게 된다. 그리고 이들의 성결운동은 1874년 '케직 사경회'를 설립하는 데 중요한 역할을 하게 된다. 한나의 집회는 매번 수천 명이 모였고 하나님의 풍성한 위로와 은혜를 구체적이고 실제적으로 가르쳐 청중들에게 깊은 감화 감동을 주었다.

한나 휘톨 스미스의 신학

한나의 신학은 오늘날 까지도 매우 실제적이면서도 논리적인 방법론을 제시한다. 한나는 어느 날 "그리스도인들의 행복"에 대하여 진지하게 고민하게 된다. 그 이유는 어떤 이가 말하길, 기독교인들은 스스로 불행하게 만드는 종교를 가지고 살아가고 있고, 또한 그 고통을 해결하려고 노력하지도 않는 것 같다고 말한다. 한나는 바로 무릎을 꿇고 "그리스도인의 행복한 삶을 위한 비결"을 알려 주시라고 간곡히 기도하기 시작하였다.

우리는 다가올 미래에 대하여는 스스로의 힘으로 어쩔 수 없다고 생각하고 근심하는 것을 잠정적으로 포기하지만, 당면하고 있는 현재의 과제는 마치 자신의 손에 달려 있는 것처럼 현실의 모든 짐들을 자신의 어깨에 지고 날라야 한다고 생각한다. 그러나 한나는 간절한 기도를 통하여 우리가 하나님의 조명을 받는 순간 내적인 평화와 외적인 승리가 동시에 수반된다고 확신하였다. 성경에 "하나님의 아들이 나타나신 것은 마귀의 일을 멸하려 하심이라"고 분명히 말씀하신다. 그러므로 한나는 예수께서 지금 현재의 삶에서도 우리를 승리자로 만들기 위해 이 땅에 오셨다는 사실을 믿어야 한다고 강조한다. 만약 의심스럽다면 성경을 펼쳐 예수께서 이 땅에 오신 목적의 말씀들을 전부 모아 보라고 조언한다. 성경 어느 곳에서도 예수님의 구원이 제한적이거나 부분적이라는 것을 전혀 찾을 수 없음에 감탄할 것이다.

또한 "죄에 대하여 죽은 우리가 어찌 그 가운데 더 살리요" 이러한 예수 그리스도의 죽음의 목적에 관한 말씀들을 살펴보면 장차 천국에서 얻을 미래의 구원보다는 현재 죄로부터 구원받아 회복된 삶에 대해 훨씬 더 많이 언급되어 있다. 한나는 하나님께서 현재의 구원을 더 중요하게 여기시는 것을 명백히 보여 주지만 사람들은 이 사실을 지나쳐 버린다고 지적한다. 하나님은 구원받은 우리가 저 천국에서의 구원은 이뤘지만 이 땅에서 죄의 권세로부터의 구원은 받지 못하는 그런 불완전한 계획을 마련하지 않았다.

그녀가 기도를 통하여 발견한 행복의 비결은 간단하다. "아무 것도 염려하지 말고 오직 모든 일에 기도와 간구로 너희 구할 것을 감사함으로 하나님께 아뢰라"이 명령의 순종에 대한 하나님의 약속은 "그리하면 모든 지각에 뛰어난 하나님의 평강이 그리스도 예수 안에서 너희 마음과 생각을 지키시리라"이다. 즉, 전적으로 믿고 모든 것을 의탁한 후 하나님께서 모든 짐을 맡아주시리라는 확신으로 살아가는 것이다.

더 나아가 성경은 어떤 순간에도 항상 기뻐하고, 쉬지 말고 기도하며, 범사에 감사하라고 가르친다. 그것은 예수 그리스도 안에서 우리를 향하신 하나님의 뜻인데, 한나는 이를 지킬 수 있는 방법은 아버지 되시는 하나님이 존재하신다는 사실 하나만으로도 충분히 해결될 수 있다고 장담한다. 우리가 알아야 할 하나님은 "너의 앞에 은혜가 흘러넘치게 하고 모든 것에 모든 좋은 것을 항상 풍족하게 넘쳐흐르게 하리라"고 말씀하신다. 이를 통해 선하신 하나님의 경이로운 은혜가 우리 삶에 마르지 않기 때문에 우리는 언제나 승리하는 믿음을 주장해야 한다고 강조한다.

2. 한나 휘톨 스미스의 기도

기도의 특징 및 원리

한나 휘톨 스미스의 기도의 특징을 살펴보면 첫째, "순종"을 강조한다. '당신의 뜻대로 이루어지이다'라고 말하면서 모든 선택의 자유를 스스로 하나님께 맡기며 절대적으로 순종해야 한다. 그 이유는 그리스도인들이 하나님의 은혜의 선물을 온전히 받기 위해서이다. 토기장이의 손에 맡겨져서 아름다운 그릇이 되듯 주님께 소유권을 드리는 순종의 기도를 매일 해야 한다.

둘째, 완전한 순종이 이루어진 다음에 필요한 것은 바로 "믿음"이다. 우리는 믿음으로만 그를 받았으므로 오직 믿음으로 그 안에서 행해야 한다. 하나님은 그리스도 안에서 하늘에 속한 신령한 복을 주시지만, 믿음의 발을 옮기지 않으면 실제적으로 우리의 것이 될 수 없다. 그런데 이때 잊지 말아야 할 말씀이 있다. "너희는 마음에 근심하지 말라. 하나님을 믿으니, 또 나를 믿으라"(요 14:1). 이는 하나님의 명령 중 우리가 실제로 잘 지키지 않는 명령 중 하나이다. 한나는 우리가 기도하면서 여전히 근심한다는 것은 하나님을 믿을만한 분으로 아직 인정하지 못한다는 반증이라고 말한다. 따라서 한나는 "지존자의 은밀한 곳에 거주하며 전능자의 그늘 아래에 산다"는 말과 "믿는다"는 말은 동의어라고 본다. 그런데 많은 사람들은 여러 문제들을 하나님의 요새가 아닌 자신의 요새 안에 집어넣고는 왜 아직도 해결이 안 되는지 궁금해 하지만 이는 어리석은 생각이라는 것이다. 그렇다면 우리는 선택해야 한다. 하나님을 믿든지 아니면 자신을 믿든지 결정해야 한다. 두 믿음을 섞을 수는 없기 때문이다.

셋째, 믿음에 있어서 또 하나 매우 중요한 것이 있다. 그것은 나를 둘러싼 모든 환경에 대한 확장된 믿음의 중요성이다. 우리가 새 집으로 이사할 때 자신만 옮기지는 않는다. 자신에게 속한 모든 물건과 사랑하는 가족도 함께 데리고 들어가는 것이 당연한 이치다. 따라서 자신만 새 집인 하나님의 요새에 믿음으로 들어가고 가족은 여전히 요새 밖에 두고 걱정한다면 매우 비정상적인 행동이지만 대다수의 신앙인이 하는 행동이라는 것이다.

한나는 어떤 신앙 좋은 어머니가 자신의 아들이 회심하지 않은 것에 대해 늘 근심하는 것을 보았다. 그런데 어느 날 그 어머니는 깨달음을 얻은 후 이렇게 말했다. "사랑하는 아들아 내가 너에 대해 많이 걱정했지만 이제 나는 믿음으로 너를 하나님의 요새 안에 두었다. 하나님이 이 부족한 어미보다 너를 더 잘 보호하실 거란 확신이 있고 너를 구원하실 것이라고 믿는다. 나의 걱정은 끝났다."그리고 1년 후 그 아들은 너무나도 신앙이 좋은 기독교인이 되었다. 우리가 지금 하는 기도가 가족에 대한 걱정 때문에 하는 기도가 아닌지 점검해 보아야 한다. 나의 자녀, 남편, 가족을 하나님의 요새 안에 함께 데리고 들어오자. 그리고 걱정을 멈추자.

한나가 발견한 기도의 원리는 철저히 "믿음"에 근거한다. 보고, 듣고, 그리고 느끼고 믿는 것은 믿음이 아니다. 한나는 불변하고 변하기 쉬운 이 세상 사람들이 써 놓은 기록은 신뢰하면서 우리의 생명과 구원을 위해 대신 죽으신 하나님의 기록은 믿을 수 없다는 것이 가능한 일인지 반문한다. 그렇다면 차라리 그럴 때마다 이렇게 외치라고 권한다. "나는 하나님을 믿지 않습니다. 하나님을 믿을 수가 없습니다!"라고. 그런데 차마 이런 말을 절대 못할 거라는 것이다.

문제는 우리가 믿을 수 없다는 것은 하나님을 거짓말쟁이로 만드는 것이다. 하나님이 우주 만물을 창조하시고 주관하신다는 사실은 쉽게 믿는데 그 하나님이 나 개인에게도 개입하셔서 내 삶을 주관하신다는 사실은 믿기 어렵다면 그것이 우주 만물보다 더 복잡하고 어려운 일이겠느냐고 반문한다. 그럼에도 불구하고 한나는 믿음에는 "의지"가 강력히 필요하다고 말한다. 따라서 "주여, 제가 당신을 믿겠나이다. 믿습니다."라고 의지적으로 매일 선언하라고 권한다.

한나가 제시하는 기도의 힘은 무엇보다도 "위로의 하나님"에 기인한다. "어머니가 자식을 위로함 같이 내가 너희를 위로할 것인즉"(사 66:13) 이 말씀만큼 하나님의 위로를 충분히 설명하는 구절이 없다. 이러한 위로의 하나님 안에서 우리는 담대히 간구할 수 있는 것이다.

기도의 방법

한나는 첫째, 하나님이 누구신지 알고 기도하라고 말한다. 예수님은 우리에게 "하늘에 계신 아버지여!"라고 기도하라고 가르치셨다. 한나는 예수님이 예수님만의 아버지가 아니라 우리의 아버지라고 말씀하신 것은 매우 감동적이라고 말한다. 따라서 '아버지'라는 이름은 예수님이 밝힌 하나님의 이름 중 가장 빛나는 이름이라는 것이다. 사실 한나는 하늘에 계신 아버지의 책임을 처음 발견한 순간이 자신에게 가장 중요한 순간이라고 회상한다. 자신이 가지고 있던 두려움과 불안들이 아버지의 애정 어린 보살핌 속으로 사라져버렸기 때문이다.

둘째, 온전히 자신의 삶을 드리는 순종의 마음으로 기도해야 한다. "주여 저는 당신의 소유입니다. 제 자신을 온전히 당신께 드립니다. 주께서 저를 받으시는 것을 믿고 기꺼이 의탁하나이다. 당신께서 기뻐하시는 바대로 제 안에 행하소서. 저는 오로지 편안한 마음으로 당신의 손 안에 누워 당신을 믿고 의지하겠나이다." 이러한 고백을 매일같이 반복하라고 충고한다.

셋째, 하나님이 아버지라는 것을 깨달았다면 어린 아이와 같은 믿음의 기도를 해야 한다고 말한다. 어린 아이는 부모를 완전히 믿고 의탁하므로 세상 걱정을 하지 않는다. 따라서 어린 아이들은 특유의 풍부한 믿음으로 인해 늘 풍성한 보답을 받게 되어 있다. 또한 어린 아이는 미래에 대하여 근심하지도 않기 때문에 현재의 순간을 부모가 챙겨 주는 대로 의심 없이 기쁘게 살아가는 특징이 있다. 한나는 자신의 생명까지 주신 아버지를 두고 자녀들이 어리석게도 세상 살아가는 근심을 한다면 아버지가 얼마나 마음이 아프시겠느냐고 반문한다.

넷째, 미래의 믿음이 아닌 현재의 믿음을 가지고 기도해야 한다. "무릇 너희 발바닥으로 밟는 곳을 내가 다 너희에게 주었노니" 여기서 중요한 것은 믿음의 발을 지금 현재 떼어야 시작되는 것이다. 즉, 한나가 강조하는 믿음은 반드시 '현재의 믿음'을 말한다. 미래에 적용될 믿음은 아무런 가치가 없다. 따라서 마귀는 미래의 신앙을 좋아한다. 미래의 믿음은 현재에 효력을 발생시킬 수 없는 무기력함을 가지고 있다는 것을 너무나도 잘 알기 때문이다.

3. 오늘날의 성도들에게 울리는 교훈

선한 목자되신 하나님께 기도하라

예수님은 세상과 교회에 자신을 "나는 선한 목자"라고 선포하신다. 따라서 세상은 우리를 통해 예수님을 보고 판단할 것이다. 만약 기독교인들이 비참한 모습으로 불신자를 설득한다면 그들이 교회로 오지 않는 것은 당연해진다. 그러므로 한나는 평안과 위로를 약속하신 하나님께 영광을 돌리려면 우리 삶 속에서 하나님의 위로로 가득한 삶을 보여주라고 말한다. 그러기 위해 우리는 주님을 나의 최상의 좋은 목자라는 사실을 똑바로 바라보아야 한다. 그리고 모든 의지를 집중해서 반복하여 이렇게 고백하라고 권한다. "주님은 나의 선한 목자입니다" 이 목자는 최고의 신뢰감과 책임감을 갖춘 목자이다. 선한 목자는 양들을 위해 목숨까지도 버린다(요 10:11). 그런데 사람들은 의문을 가질 수도 있다. "그렇다면 왜 내가 원하는 것을 다 주시지 않나요?" 한나는 그 이유에 관해 선한 목자는 양들이 원하는 것을 다 주시는 것이 아니라 필요한 것을 주신다고 강조한다. 만약 우리가 원하는 것만을 다 받는다면 정작 우리에게 꼭 필요한 것들은 결핍되어 결국 삶이 망가질 수도 있다는 것이다.

낙심하지 말고 기도하라

성경은 우리의 삶에 있어서 믿음을 영적인 삶의 법칙이라고 처음부터 끝까지 선포한다. 한나는 "용기"가 선에 대한 믿음을 말한다면 "낙심"은 악에 대한 믿음이라고 지적한다. 예로부터 퀘이커들에게 "모든 절망의 근원은 악이다"라는 말이 있다. 왜냐하면 낙심은 하나님 안에서는 절대로 그 근원을 찾을 수 없기 때문이다. 한나는 우리가 스스로 자신의 무능력 앞에서 낙심하지 않는 것을 무례하고 염치없는 것으로 생각하는 유혹에 빠지는 것을 경계한다. 우리가 때로 진정한 겸손이라고 생각하는 것이 하나님 안에서는 불신앙이 될 수 있다. 이스라엘 백성들이 약속의 땅에 이르렀을 때 눈에 보여지는 대로 자신들을 메뚜기로 말한다면 결국에는 낙심하고 불평하게 되어 있다. 그리고 이는 하나님에 대한 불신과 연결된다.

믿음으로 감사하며 기도하라

한나는 우리가 세상을 상대로 늘 승리하려면 "믿음"이 답이라고 강조하는데 성경에서도 이를 증거한다. "세상을 이기는 승리는 이것이니 우리의 믿음이니라"(요일 5:4). 또한 하나님은 언제나 우리에게 이미 주셨다고 말씀하시고 이미 이기었다고 말씀하신다. 앞으로 믿음을 가지면 주실 것이고 이길 예정이라는 것이 아니다. 그러므로 우리는 어떠한 상황에서도 항상 감사할 수 있어야 한다. 예컨대 요셉이 노예로 팔려가는 고난의 순간에도 애굽에서 장차 누릴 최후의 영광을 이미 받았다는 것을 알고 있었다면 낙심하지 않고 감사가 나올 수밖에 없었을 것이다. 따라서 한나는 어떤 순간에도 우리가 처음부터 믿음으로 먼저 감사부터 드리고 삶을 맞이한다면 그 과정 속에서의 고난에 대해 낙심하지 않을 것이라고 확신한다.

4. 나가는 말

한나는 그리스도인들이 위로로 가득한 신앙생활을 하는 데 있어서 시편 23편 외에 다른 어떤 성경 구절도 필요하지 않다고 느낀다고 말할 만큼 "선한 목자"로서의 하나님을 온전히 신뢰하였다. 진정으로 이 말씀을 믿는 자들에게는 걱정을 위한 공간이 전혀 남아 있을 수 없기 때문이다. 한나는 사람들이 자신의 간구를 드리기는 하지만 그것으로 전부이지 더 이상 하나님으로부터의 보살핌을 기대하지 않는 것은 그 분에 대한 신뢰가 없기 때문이라고 말한다. 이것은 형식적인 신앙생활의 연속으로 연결된다. 이들은 장차 미래에 영혼을 구원하실 하나님은 믿지만 지금 현재 자신의 짐을 짊어지시고자 한다는 사실은 상상조차 하지 못 하는 것 같다. 한나는 그 이유를 그들이 하나님을 자신의 아버지로 발견하지 못했기 때문이라고 지적한다.

또한 성경은 말씀하시길 낙심케 하는 마귀의 간계를 능히 대적하기 위해서는 하나님의 전신갑주를 입으라고 명한다. 진리의 허리띠, 의의 호심경, 평안의 신, 구원의 투구, 성령의 검, 곧 하나님의 말씀, 그리고 이 모든 것 위에 가장 중요한 "믿음"의 방패를 가지고 적의 불화살을 소멸하라고 명한다. 우리는 의심할 수 있는 자유를 의식적으로 단호히 포기하고 하나님을 온전히 믿는데 온 힘을 바쳐야 한다. 한나는 의심과 낙심이야말로 악이 침입하는 입구라고 말한다. 반면에 굳건한 믿음은 악이 도저히 무너뜨릴 수 없는 튼튼한 성벽이라고 강조한다. 한나는 우리의 믿음이 얼마나 절대적으로 중요한가 하면 가끔은 거짓을 믿는 것처럼 보일지라도 믿어야 한다고 역설한다.

안 수 정

경희대학교
한세대학교 (M.Div.)
한세대학교 (Th.M.)
한세대학교 (Ph.D.)
(전) 대치드림교회 담임
(현) 한세대학교 외래교수

찰스 스펄전의 기도

박 재 은

1. 스펄전의 생애와 신학

'황태자'(Prince)라는 표현은 아무에게나 어울릴 수 있는 표현이 아니다. 하지만 영국 침례교 목사였던 찰스 스펄전(Charles H. Spurgeon, 1834-1892)에게는 황태자라는 표현이 참으로 어울리는 표현이다. 그 이유는 스펄전은 그의 별칭답게 '설교자들의 황태자'(the Prince of Preachers)로서의 삶을 그의 전인(全人)으로 살아내었기 때문이다.[1]

스펄전은 경건한 독립 교단 목사의 가정에서 태어나 어릴 적부터 성경과 더불어 청교도 책들을 다양하게 섭렵하며 그 키와 지혜가 자라갔다. 스펄전은 15세 되던 해에 이사야서 45장 22절 말씀, 즉 "땅의 모든 끝이여 내게로 돌이켜 구원을 받으라 나는 하나님이라 다른 이가 없느니라"라는 말씀을 강해한 설교를 듣고 회심했다. 회심 후 침례교 목사가 되어 1852년 케임브리지셔의 워터 비치에 있는 작은 침례교회를 섬겼고, 20세 되던 1854년에 런던 남부에 위치한 뉴 파크 스트리트 교회(New Park Street Church)의 담임목사로 부임해 설교자로서의 명성을 본격적으로 쌓기 시작했다. 점점 늘어나는 성도를 감당할 수 없어 1861년 메트로폴리

---

[1] 찰스 스펄전의 생애와 사상에 대한 개괄적인 이해를 위해서라면 아놀드 델리모어, 『찰스 스펄전』, 전의우 역 (서울: 복있는사람, 2017); 톰 네틀즈, 『스펄전 평전』, 김재오·임원주 공역 (서울: 부흥과개혁사, 2016)을 참고하라.

탄 태버너클(Metropolitan Tabernacle)을 건축한 후 은퇴할 때까지 그곳에서 매주 만 명 이상의 청중들에게 하나님의 말씀을 신실하게 선포했다.

스펄전은 탁월한 설교자임과 동시에 신실한 기도자였다. 스펄전은 기도의 능력에 대해 강력한 확신을 가지고 있었으며 설교 전 드리는 새벽기도와 성도들을 위해 드리는 강단기도의 능력을 약 40년에 걸친 목회를 통해 몸소 체험했다. 스펄전은 자신의 이름을 본 따 스펄전 단과 대학(Spurgeon College)이라는 목회자 학교를 세웠는데, 학교 커리큘럼 전반에 걸쳐 기도 훈련이야말로 모든 목회자 후보생들이 평생에 걸쳐 절대 멈추지 말아야 할 필수불가결한 훈련으로 강조했다.[2]

스펄전 신학의 근본은 철저하게 칼빈 신학과 청교도 신학의 뿌리를 갖고 있었다. 스펄전은 하나님의 절대주권 사상을 시종일관 강조하는 동시에 무조건적 은혜를 입은 인간이 하나님 앞에서 마땅히 해야만 하는 경건의 책임과 역할에 대해 불을 토하며 설득력 있게 제시했다. 스펄전이 살아생전 선포했던 약 3,600편의 중복되지 않은 설교는 속기로 기록되었다가 이후 전 세계 여러 나라의 언어들로 번역 출간되기에 이른다. 스펄전은 약 50권의 저서를 남겼으며 여러 찬송가를 작사하기도 했을 뿐만 아니라, 성경 보급 사역과 사회사업에도 큰 족적을 남겼다. 이 모든 사역의 근저에는 하나님 앞에서 신실하게 무릎 꿇었던 스펄전의 기도 생활이 오롯이 자리 잡고 있었으며, 그 기도의 유익을 현재 많은 성도와 목회자들이 기쁨으로 누리고 있다.

2. 스펄전의 기도의 특징

스펄전의 기도에는 그의 신학이 한가득 서려 있다. 크게 세 가지 정도로 스펄전의 기도가 가지고 있는 특징들을 갈무리해보고 그 특징들이 함

---

2 찰스 스펄전,『목회 황제 스펄전의 목사론』, 이용중 역 (서울: 부흥과개혁사, 2005), 178-234.

의하는 신학적 의미들을 살펴보도록 하겠다.[3]

첫째, 칼빈 신학과 청교도 전통 위에 철저히 서 있는 스펄전의 기도의 특징은 궁극적으로 '하나님의 절대 주권 사상'에 대한 옹호를 담고 있다. 스펄전은 다음과 같이 외친다. "진정한 기도는 하나님의 영원한 목적(eternal purpose)의 울림(echo)이다."[4] 즉 스펄전은 인간 중심적인 기도를 장려하지 않았다. 인간 중심적인 기도란 인간의 노력 혹은 인간의 떼씀(begging)으로 하나님의 바짓가랑이를 붙잡고 스스로의 판단 아래서 기도가 응답 될 때까지 하나님을 자의적으로 놓아주지 않는 것이다. 스펄전은 하나님의 영원한 계획과 목적에 대한 겸비한 묵상 없이 인간 스스로의 근시안적인 소원과 바램으로 점철된 인간 중심형 기도를 철저히 배격했다. 그러므로 스펄전은 인간 스스로가 아닌 "말할 수 없는 탄식으로 우리를 위하여 친히 간구하시는"(롬 8:26) 성령의 기도 사역에 철저히 의존해야 한다는 것을 강조하며 다음과 같은 말을 남겼다. "하나님의 영은 우리로 하여금 하나님께서 작정하신 것을 정확히 소망하도록 우리를 이끄신다."[5] 결국 스펄전에게 있어서 기도는 우리가 하고 싶은 말을 장황히 늘어놓는 행위가 아니다. 그런 기도는 이방인들처럼 중언부언(重言復言, empty phrases, 마 6:7)하는 기도이다. 오히려 스펄전에게 있어 기도는 하나님의 영원한 작정과 목적, 그리고 그 언약과 소망에 근거해 성령 안에서 하나님이 원하시는 것을 간절히 기대하며 드리는 것이다. 스펄전은 최고의 기도를 다음과 같이 묘사한다. "가장 훌륭한 기도를 드리는 사람

---

[3] 스펄전의 기도에 대한 더 깊은 이해를 위해서라면 찰스 해돈 스펄전, 『찰스 해돈 스펄전의 기도 메시지』, 황의무 역 (서울: CLC, 2018); 찰스 H. 스펄전, 『스펄전의 기도 레슨』, 유재덕 역 (서울: 샘솟는기쁨, 2013); 도날드 디머레이, 『찰스 스펄전의 경건과 기도』, 김보원 역 (서울: 생명의말씀사, 2004); C. H. 스펄전, 『기도의 황금열쇠: 기도하는 사람은 하늘의 모든 것을 가질 수 있다』(서울: 규장, 2008) 등을 참고하라.

[4] Charles H. Spurgeon, *The Metropolitan Tabernacle Pulpit: Sermons Preached and Revised*, 63 vols. (London: Passmore & Alabaster, 1856-1904), 48:487 (앞으로는 *MTP*로 줄여 표기하겠다).

[5] Spurgeon, *MTP*, 48:487.

은 하나님의 약속을 철저히 신뢰하는 기도를 드리는데 익숙한 자다. 결국 하나님의 약속에 근거하지 않은 기도는 참된 기초가 없는 기도이다."[6] 기초가 없는 건물은 반드시 흔들리게 마련이고 결국 무너지게 되어있다. 스펄전은 하나님의 약속에 근거하지 않는 기도는 참된 기초가 없으므로 반드시 흔들릴 수밖에 없다고 생각했다. 하나님의 약속은 성경에 기록된 하나님의 뜻이며 그 뜻에 철저히 뿌리 내린 기도만이 인간의 주권보다는 하나님의 주권이 먼저 강조되는 기도이다.

둘째, 스펄전의 기도의 또 다른 특징은 '양이 아닌 질로 승부하는 기도'이다. 많은 사람이 기도에 대해 오해하는 것 중 하나가 오래 기도해야만 하나님께서 들으신다는 오해이다. 물론 오래 기도하는 습관 그 자체는 전혀 나쁜 습관이 아니다. 그 이유는 기도 응답을 믿음의 눈으로 바라보며 오래 인내하며 기도할 때에야 더 큰 응답의 기쁨과 즐거움을 친히 맛볼 수 있기 때문이다. 이런 측면에서 스펄전은 인내하며 오래 기도하는 것의 유익을 다음과 같이 묘사한다. "기도 응답이 더디면 더딜수록 장차 받을 응답은 더욱더 달콤할 것이다. 이는 마치 나무에 오래 매달려 있는 잔뜩 익은 열매와도 같다."[7] 하지만 인내하며 오래 기도하는 것과 아무런 의미 없이 무조건 기도 시간 늘리기에만 급급한 기도는 기도의 질에 있어 하늘과 땅의 차이를 가질 수밖에 없다. 그러므로 스펄전은 다음과 같이 교훈한다. "짧은 기도도 충분하다 … 바람직한 기도는 길이가 아니라 견고함(strength)으로 결정된다."[8] 스펄전은 힘, 기운, 내구력, 견고성, 용기, 강도, 체력 등으로 포괄적으로 번역될 수 있는 단어인 strength를 사용했다. 스펄전에게 있어 좋은 기도는 아무런 의미 없이 시간만 질질 끄는 내구력과 견고성이 전혀 없는 기도가 아니라, 비록 짧더라도 정확

---

6 Spurgeon, *MTP*, 34:21.

7 Spurgeon, *MTP*, 20:306.

8 Charles H. Spurgeon, *Morning and Evening: A New Edition of the Classic Devotional Based on the Holy Bible, English Standard Version*, rev. Alistair Begg (Wheaton: Crossway Books, 2003), Jan 14, PM.

한 알맹이가 있고 힘과 기운으로 똘똘 뭉쳐진 기도가 좋은 기도라고 가르쳤다. 스펄전은 이와 같은 맥락으로 다음과 같이 교훈한다. "어떤 형제들은 장황하게(by the yard) 기도한다. 하지만 진정한 기도는 길이가 아니라 무게로 측정되는 것이다. 하나님 앞에서의 작은 신음하나 조차도 엄청나게 긴 괜찮은 웅변보다도 훨씬 더 충실한 기도(more fullness of prayer)가 될 수 있다."[9] 짧지만 강력한 기도는 마치 예수 그리스도 옆에서 함께 십자가에 달린 강도의 기도와 같다. "예수여 당신의 나라에 임하실 때에 나를 기억하소서"(눅 23:42). 강도의 간구와 간청은 길지 않았다. 매우 짧았다. 하지만 그 간청은 견고했고, 알맹이와 내구성이 충만했다. 강도는 옆에 달린 예수를 통해 하나님 나라가 임할 것을 믿었고 예수 그리스도를 신뢰하고 의지하는 기도를 드렸다. 그 기도는 응답 되었다. "내가 진실로 네게 이르노니 오늘 네가 나와 함께 낙원에 있으리라"(눅 23:43). 스펄전의 기도는 무의미하고 장황한 양에 집중하는 기도가 아니라, 하나님의 약속의 알맹이인 예수 그리스도를 견고하게 붙잡고 정확히 그리스도를 신뢰하는 질 높은 기도였다. 이는 질보다는 양으로 승부하려고 하는 많은 그리스도인에게 경종을 울리는 교훈이다.

셋째, 스펄전의 기도의 마지막 특징은 '코람데오(coram Deo), 즉 하나님 앞에서의 개인적이고도 항구적인 기도'이다. 스펄전이야말로 탁월한 목회자로서 그 누구보다도 공적인 기도(public prayer), 즉 강단기도, 공예배 기도, 공적인 대표 기도 등을 많이 했던 목사였다. 그럼에도 불구하고 스펄전은 끊임없이 개인 기도(private prayer)의 영적인 유용성에 대해 많이 강조했다. 스펄전은 "이 땅에서 알아주는 기도가 적을수록, 하늘에서 알아주는 기도가 많아진다"라고 가르쳤다.[10] 이는 사람들 앞에서의 공개적인 기도보다는 골방에 들어가 문을 닫고 "은밀한 중에 계신"하나님께 "은밀하게"기도하는 것이 더 하나님께서 원하시는 기도라는 사실에 대한 교

---

9 Spurgeon, *MTP*, 34:16.

10 Spurgeon, *MTP*, 30:136.

훈이다(마 6:6). 이런 스펄전의 교훈을 갈라디아서 1장 10절 말씀, 즉 "이제 내가 사람들에게 좋게 하랴 하나님께 좋게 하랴 사람들에게 기쁨을 구하랴 내가 지금까지 사람들의 기쁨을 구하였다면 그리스도의 종이 아니니라"라는 말씀에 적용하면 우리의 기도는 사람들의 기쁨을 구하는 기도가 아니라 하나님께 기쁨을 구하는 기도가 되어야 한다는 영적인 교훈이 도출된다. 스펄전은 모든 그리스도인이 반드시 개인적인 기도자가 되어야 한다고 다음과 같이 항변한다. "만약 당신이 [개인적으로] 기도하지 않는다면 당신은 그리스도인이 아니다. 기도하지 않는 영혼은 그리스도가 없는 영혼(Christless soul)이다."[11] 스펄전은 개인적인 기도를 강조했을 뿐만 아니라 동시에 항구적인 기도의 필요성에 대해서도 강조했다. 스펄전은 "쉬지 말고 기도하라"(살전 5:17)라는 말씀에 집중하며 "계속 기도하라. 계속 기도하면 절대로 당신의 열정이 사그러들지 않을 것이다"[12]라고 외쳤다. 비록 예수 그리스도를 구세주로 영접한 신자라 할지라도 늘 삶 속에는 힘듦과 어두움이 존재한다. 그 이유는 죄의 뿌리 깊은 그림자 때문이다. 하지만 스펄전은 영적으로 어두운 상황 속에서도 밝은 빛을 본다. 스펄전은 그 빛을 보는 수단을 기도로 이해한다. "어두운 날들이 있다. 하지만 만약 당신이 기도하는 법을 안다면 [빛이 내리쪼이는] 영적인 여름철을 불러올 수 있게 된다."[13] 그러므로 스펄전의 기도의 특징은 하나님 앞에서의 개인적이고도 항구적인 기도를 적극적으로 장려함을 통해 기도의 일상화, 일상의 기도화를 만들었다는 데 방점이 찍힌다.

   스펄전의 기도의 특징을 요약하면, 먼저 스펄전의 기도는 하나님의 절대 주권 사상을 옹호하며 하나님의 언약과 약속 위에 기초를 놓는 기도였으며, 기도의 길이에만 관심을 쏟는 물량 공세 기도보다는 짧아도 견고한 알맹이가 있는 기도를 더 선호했을 뿐 아니라, 하나님 앞에서의 개

---

11 Spurgeon, *MTP*, 48:483.

12 Spurgeon, *MTP*, 7:92.

13 Spurgeon, *MTP*, 48:491.

인적 기도와 일상의 기도에 그리스도인의 삶의 방점을 두는 기도로서 실생활과 추상적으로 분리되지 않는 기도의 특징을 가졌다.

3. 스펄전의 기도의 교훈

앞에서 스펄전의 기도의 특징을 살펴본 이유는 스펄전의 기도의 특징이 함의하고 있는 바를 통해 우리의 잘못된 기도의 자세와 태도를 교정하기 위함이다. 기도에 대해 스펄전이 가지고 있는 생각들에 근거해 총 세 가지의 교훈들을 살펴볼 수 있다.

첫째, 스펄전의 기도를 통해 '반율법주의(antinomianism)형 기도 관점과 신율법주의(neonomianism)형 기도 관점의 각종 오류들'로부터 벗어날 수 있다. 반율법주의란 하나님께서 모든 것을 다 알아서 하시므로 인간은 아무것도 할 것이 없다는 식의 잘못된 논리를 뜻한다. 신율법주의는 반율법주의와는 반대로 인간의 역할과 책임이 하나님의 주권보다 앞지르는 잘못된 논리를 뜻한다. 즉 반율법주의형 기도 관점은 어차피 하나님께서 절대 주권을 가지고 모든 것을 자신의 작정과 섭리대로 이끌고 가실 것이기 때문에 '우리는 기도할 필요가 없다'라는 논리이며, 신율법주의형 기도 관점은 우리가 '열심히 기도해야만 하나님께서 역사하신다'라는 생각을 가지고 우리의 노력과 행위를 통해 하늘 보좌를 마구잡이로 흔들려고 하는 논리이다. 하지만 반율법주의형 기도 관점과 신율법주의형 기도 관점은 둘 다 신학적으로 옳지 못하다. 반율법주의형 기도 관점의 문제는 여전히 하나님께서는 우리 인간의 기도를 요구하고 계시고, 우리의 기도를 통해 자신의 역사를 이루어가고 계신다는 관점을 날카롭게 거세한다는 점이다. 성경은 분명히 "구하라 그리하면 너희에게 주실 것이요 찾으라 그리하면 찾아낼 것이요 문을 두드리라 그리하면 너희에게 열릴 것이니 구하는 이마다 받을 것이요 찾는 이는 찾아낼 것이요 두드리는 이에게는 열릴 것이니라"(마 7:7-8)라고 선언하고 있다. 앞에서 살펴 본 것처럼, 스펄전 역시 쉬지 말고 항구적으로 개인적인 기도를 올리라고 강력히 권면하고 있다. 그러므로 스펄전의 교훈을 통해 값싼 은혜의 표상인 반율법주의형 기도 관점에 철퇴를 가해야 한다. 우리에게 있어 기도는 여전히 필요하고 여전히 소중하기 때문이다.

반율법주의형 기도 관점 못지않게 신율법주의형 기도 관점도 문제이다. 신율법주의형 기도 관점의 가장 큰 문제는 기도의 영역 가운데 인간이 주체(subject)가 되고 하나님이 객체(object)가 되는 상황이 벌어지는 것이다. 인간의 기도가 조건(condition)이 되어 마치 '내가 기도했기 때문에' 하나님께서 일하시고, '내가 기도했기 때문에'내가 구원 받고, '내가 기도했기 때문에'모든 일이 다 잘 풀렸다고 자위하는 것이다. 하지만 하나님께서 일하신 이유는, 우리가 구원 받은 이유는, 모든 일이 다 잘 풀린 이유는 하나님께서 그것을 기쁨으로 작정하셨고 그 작정이 하나님의 주권 아래서 지극히 자유롭게 실행되고 섭리 되었기 때문이다. 즉 하나님의 작정과 섭리가 제1차 원인(the first cause)이며 인간의 기도 및 행위는 언제나 제2차 원인(the second cause)이다. 하지만 자칫 잘못하면 인간의 기도 및 행위가 제1차 원인이 되어 마치 하나님을 우리의 기도가 없으면 아무 일도 하지 못 하시는 분, 즉 인간의 주권 아래서 수동적이고도 피동적으로 눈치 보며 일하시는 소극적인 하나님으로 만들어 버릴 위험이 도사리고 있다. 이것이 바로 신율법주의형 기도 관점이다. 스펄전은 바로 이런 기도의 태도와 자세를 지극히 경계하고 있다. 그러므로 앞에서 살펴본 것처럼, 스펄전은 하나님의 약속과 언약과 작정에 기초한 기도 생활의 필요성을 그 무엇보다도 더 강력히 항변했던 것이다.

둘째, 스펄전의 기도를 통해 '영적인 활동의 내적 측면과 외적 측면'에 대해 재고해볼 수 있다. 죄인인 인간은 언제나 내적인 측면보다는 외적인 측면에 더 큰 관심을 기울이는 성향을 갖고 있다. 질보다는 양에 더 집중하며, 보이지 않는 것보다는 보이는 것에 더 집중할 뿐 아니라, 하늘의 것보다는 땅의 것에 더 많은 관심을 기울이기 마련이다. 기도도 마찬가지이다. 기도 역시 질보다는 양에 더 집중하며, 하나님 앞에서의 기도의 모습보다는 사람들 앞에서 겉으로 보이는 기도의 모습에 더 집중하는 경향이 크다. 앞에서 살펴본 것처럼 스펄전은 이런 외적 지향 자세에 큰 경계를 표하고 있다. 한국 교회야말로 그 어떤 나라의 교회들보다도 기도를 훨씬 더 많이 하는 교회임에는 분명하다. 다른 나라 교회들 속에서는 쉽사리 찾아볼 수 없는 새벽 기도, 금요 기도, 철야 기도, 산 기도, 금식 기도, 단식 기도, 일천번제 기도, 작정 기도 등등의 수많은 기도는 한국 교회만의 전유물이 된 지 오래이다. 이는 참으로 귀한 일이 아닐 수 없다. 기도를 쉬지 않고 하는 교회야말로 영적 호흡기를 굳건히 단 살아 움직이는 교회이기 때문이다. 하지만 스펄전의 기도 신학을 통해 살펴본 것처럼 기도의 양 고하(高下)가 곧 기도의 질의 고하를 규정하는 것은 아니다. 스펄전의 기도를 통해 다시 한번 기도의 질을 생각해 볼 때이다. 외양에 치우치지 않고 내적 내구력과 견고함을 더 굳건히 닦는 한국 교회의 건실한 기도 자세와 태도가 편만해지길 소망한다.

셋째, 스펄전의 기도를 통해 '일상의 기도 영성'에 대해 재고해 볼 수 있다.[14] 스펄전이 강조하듯이 기도는 특별한 행위가 아니다. 오히려 기도는 일상의 행위이다. 바울 사도는 다음과 같이 기록한다. "아무것도 염려하지 말고 다만 모든 일에 기도와 간구로, 너희 구할 것을 감사함으로 하나님께 아뢰라"(빌 4:6). 바울은 특별한 일에 기도와 간구로 하나님께 아뢰라고 말하지 않는다. 오히려 "모든 일에" 기도와 간구로 하나님께 아뢰라고 권면한다. 이 모든 일이 곧 매일매일 반복되는 일상(日常, daily life)이다. 스펄전이 강조하듯이 그리스도인이라면 개인적인 기도가 항구

---

14 스펄전은 365일 매일 묵상집으로도 유명하다. 예를 들면 Spurgeon, *Morning and Evening*을 참고하라. 한글 번역은 찰스 스펄전, 『스펄전과 함께하는 365 아침 묵상』, 안보현 역 (서울: 생명의말씀사, 2008)이다.

적으로 지속되어야 한다. 즉 매일매일 반복되는 일상의 호흡 속에서 기도의 호흡이 끊이지 않아야 한다. 영성은 특별한 행위를 했을 때 획득되는 것이 아니다. 영성은 매일매일의 일상 속에서 힘들게 찾지 않아도 발견되는 우리의 일상적 호흡 바로 그 자체이다. 그러므로 우리의 기도는 일상이 되어야 하며, 일상이 곧 우리의 기도가 되어야 한다. 이런 기도의 일상화와 일상의 기도화는 이미 스펄전의 삶 전반에 걸쳐 전인으로 드러났고, 우리 역시 스펄전을 교훈 삼아 일상의 영성을 가꾸는데 힘을 쏟아야 할 것이다.

스펄전의 기도의 교훈을 요약하자면, 스펄전의 기도 신학을 통해 반율법주의형 기도 관점(기도하지 않아도 어차피 하나님께 다 해주실거야)과 신율법주의형 기도 관점(내가 기도했기 때문에 하나님께 일하신거야) 둘 다 타파할 수 있으며, 기도의 내적인 측면보다 외적인 측면을 더 강조하는 태도와 자세에 경종을 울리게 되었을 뿐 아니라, 일상의 기도화와 기도의 일상화를 통해 일상의 기도 영성을 고취시키는 데 있어 신학적 · 실천적 물꼬를 틀 수 있었다.

4. 스펄전의 기도 소개

기도 제목: 영광스러운 자유(Glorious Liberty)[15]

우리의 아버지여, 우리의 가슴 깊은 곳으로부터 "아바, 아버지"라고 부릅니다. 예수 그리스도 안에서 믿음을 통해 우리를 아버지의 자녀로 만들어 주신 은혜가 너무 즐겁고 기쁩니다. 우리 영혼의 깊은 곳에서부터 "하늘에 계신 우리 아버지여 이름이 거룩히 여김을 받으시오며 나라가 임하시오며 뜻이 하늘에서 이루어진 것같이 땅에서 이루어지이다"라고 외칩니다.

---

15 Charles H. Spurgeon, *Spurgeon on Prayer & Spiritual Warfare* (New Kensington: Whitaker House, 1998), Prayer 9: Glorious Liberty.

주 하나님이시여, 우리의 영혼이 해방되어 자유를 누리게 되었고 그 자유로 말미암아 하나님의 양자가 된 사실이 너무나도 기쁩니다. 우리는 율법을 제대로 지킬 수 없으므로 언제나 무거운 노예의 사슬 안에 갇혀 있었습니다. 우리 안에 반역의 영이 있었습니다. 하나님의 명령이 있었을 때 그 명령은 우리의 왜곡된 본성을 거리끼게 만들었고 죄가 다시 살아나 우리는 죄 가운데 죽은 몸이 되었습니다.

비록 하나님의 말씀을 통해 우리 안에 진보가 있긴 했지만, 죄의 권세가 막강하여 우리를 악의 구렁텅이로 몰고 갔습니다. 우리는 아버지의 집에서 도망쳐 나가길 원했습니다. 우리는 광야에 있는 자였고, 아버지의 집에서 살길 원하지 않았습니다.

오 하나님, 우리를 버리지 않아 주셔서 감사합니다. 여자 노예가 낳은 아이들은 버려질 수 있었고 실제로 버려짐을 당하기도 했지만, 하나님의 주권적인 은혜가 우리를 변화시켰습니다. 하나님의 이름이여, 존귀를 받으시옵소서. 이것이야말로 인간의 본성 너머에서 역사하시는 하나님의 능력이며 사랑입니다. 그 이유는 지금 우리는 약속의 자녀가 되었고, 인간의 의지나 혈육을 따라 나지 않고 말씀의 능력을 통해 성령 하나님으로 말미암아 다시 태어났기 때문입니다. 그리스도의 부활의 소망과 더불어 죽음으로부터 다시 태어났고 하늘에 계신 위대한 아버지의 자녀가 되었을 뿐 아니라, 하나님은 우리와 더불어 함께 하시는 분이 되었습니다. 이삭같이 우리도 약속의 자녀가 되었으며, 약속의 상속자가 되었습니다. 우리는 이제 아버지의 집에 거하며 우리의 영혼은 맛있는 것들로 인해 만족하게 되었고, 우리의 입술에는 기쁨이 충만하게 되었습니다. 즐거운 입술로 하나님을 찬양합니다.

오 하나님이시여, 우리의 자리는 천사의 자리로 대체되지 않을 것이며 이 땅의 왕의 자리로 대체되지도 않을 것입니다. 우리는 하나님의 아들과 딸들입니다. 이런 생각은 우리의 영혼을 현재의 하나님 나라로 이끌며, 이런 충만함은 나중에 우리의 천국이 될 것이고, 영원토록 하나님 아버지의 집에 거하게 될 것입니다. 아버지 집에서 쫓겨나지 않을 것입니다. 그 이유는 우리는 영원토록 아버지의 자녀들이며 아버지의 유산 상속자들이기 때문입니다.

먼저 기도할 부분은 아직도 노예 상태에 빠져 있는 사람들입니다. 우리는 주 하나님께 감사합니다. 그들은 여전히 노예의 영에 사로잡혀 두려움에 빠져 살아가고 있는 자들입니다. 그들에게 죄와 악의 느낌이 무엇인지 느끼게 만들어 주시고, 율법의 완전함과 하나님의 공의의 두려움을 깨닫게 만들어 주실 뿐 아니라, 믿음으로 말미암아 은혜를 통한 구원에 아직 이르지 못하게 하신 하나님께 감사를 돌립니다. 하지만 하나님이시여, 너무나 오래 그들을 그런 교육의 장소에 두지 말아주십시오. 많은 몽학 선생이 그들을 그리스도께로 이끌고 있습니다.

하나님이시여, 자기 의에 빠진 선택 받은 자들을 고쳐 주옵소서. 자기 자신의 능력을 신뢰하고 소망을 품는 자들을 구원해주옵소서. 하지만 그들을 낮은 자리에 있게 하옵소서. 자기 스스로의 기도나 회개를 통해 구원에 이르고자 하는 소망을 품은 자들을 구원하소서. 그리스도를 믿음으로 말미암아 구원의 은혜를 맛볼 수 있도록 그들을 도와주시옵소서. 매일매일, 매달, 매년 순종을 추구했던 그들을 해방시켜 주옵소서. 그들을 하나님의 자녀로서의 영광스러운 자유를 맛보아 율법이 자신들의 기쁨이 될 수 있도록 이끌어 주옵소서. 주 하나님 홀로 그들의 힘이 될 수 있고 그들의 모든 것이 될 수 있습니다. 하나님의 아들만이 그들의 기쁨과 그들의 왕관이 될 수 있습니다. 우리는 이 모든 것을 전심을 다해 기도합니다.

주 하나님이시여, 하나님과 더불어 씨름하는 모든 하나님의 자녀들을 구원하옵소서. 그들이 항상 하나님과 함께 할 수 있도록 도와주시옵소서. "이는 여호와이시니 선하신 대로 하실 것이니라"(삼상 3:18). 여호와의 이름이 영원토록 복이 되길 소망합니다.

하나님이시여, 우리 나라에 복을 내려주옵소서. 모든 나라들이 주 하나님의 이름을 알고 경배합니다. 하지만 이방인 나라들은 여전히 하나님의 이름을 알지 못합니다. 복된 전초기지이며 자비의 첫 전조이신 하나님이시여, 어디서나 주 하나님의 나라가 임할 것이며 당신의 이름이 영화롭게 될 것입니다. 성부, 성자, 성령 하나님께 영광을 돌립니다. 태초부터, 지금까지, 앞으로도 영원히 하나님께 영광을 돌립니다. 아멘.

박재은

총신대학교 신학과 (B.A.)
총신대학교 신학대학원 (M.Div.)
Calvin Theological Seminary (Th.M.)
Calvin Theological Seminary (Ph.D.)
(현) 총신대학교 신학대학원, 조직신학 교수
(현) 한국복음주의조직신학회 재무이사

A. T. 피어선의 기도

안 명 준

I 서론

오늘날 현대 크리스챤들은 영적 생활이 어느때 보다도 중요한 시대를 맞이하고 있다. 현대문화와 세속주의의 강한 침투로 교회는 성령의 능력을 잃어버리고 죄의 바다속에서 함몰되어가고 있다. 한국 기독교의 어려움의 원인들 가운데 하나는 바로 믿음의 영적운동으로서 기도의 약화에서 찾아 볼수 있다. 김형석 교수는 매우 중요한 명언을 하였는데 바로 "기독교는 기도를 드리는 종교"라고 하면서 기도의 중요성을 말하였다.

이런 환란의 시기에 A. T. 피어선 박사가 주장하는 기도를 살펴보는 것은 의미와 가치있는 것이다. 19세기의 위대한 목회자이며 신학자이며 그리고 선교학자였던 A.T. 피어선(Arthur Tappan Pierson, 1837-1911)은 19세기가 접어든 시점에서 지난 반세기의 중요한 영적운동을 검토하였는데 그 목적은 역사적 고찰보다는 하나님과 사람을 섬기기 위한 적극적이며 발전적인 모습을 격려하기 위한 것이었다. 그는 다른 어떤 활동보다도 거룩한 영적운동의 핵심 속에는 바로 기도가 중심축을 이룬다고 보았다.

피어선은 우리가 회개로부터 시작되며, 성령의 인도아래 참된 지혜인 하나님의 말씀인 성경 말씀을 따라 살아가며, 자신을 희생하고 이웃과 사회를 사랑하고 섬기는 것으로 나아가야 한다고 한다. 그것은 기도를 통해서 성령의 충만함을 입고 하나님이 주신 은사를 통해 하나님께서 맡기신 사역을 효과적으로 감당할 수 있다고 한다.

피어선의 조상은 영국 요크셔 지방에서 이주해 온 청교도였으며, 그의 아버지는 13번가 장로교회(Thirteenth Street Presbyterian Church)의 장로이자 회계사였다. 그가 어릴적 태어나고 청소년기를 살던 뉴욕도시는 문화적으로, 도덕적으로 어두움이 충만했다고 아들 델리반 피어선이 묘사하고 있다. 피어선은 이런 대도시의 환경에서는 부모들은 자녀들에게 일찍부터 도덕적 습관, 신앙적 습관을 가르칠 의무가 있다고 강조하였다. 이런 도시는 좋은 교육의 혜택을 주는 장소였지만 동시에 성도들의 삶을 파괴하는 장소였다. 하나님을 대적하는 세력이 강하게 역사하는 곳이었다.

피어선의 영적성숙이 시작된 시기는 13세 때 였다. 뉴욕의 한 감리교회에서 열린 부흥회를 통해 회심한 피어선은 찰스 피니(Charles G. Finney)가 해밀턴 대학(Hamilton College)에서 인도한 부흥회를 통해서도 큰 영적 은혜를 받았다. 이와 같은 부흥회에서의 영적 경험들이 그로 하여금 거룩한 영적운동에 대한 열정을 갖도록 만들었다. 그는 마을 교회의 성경교사로 봉사를 했다.

1857년 유니언 신학교에 입학한 후에 그는 부흥집회에 참석을 많이 하면서 영적으로 성장하였고 복음전도와 같은 영적 운동에 대한 비전을 갖게 되었다. 1860년 9월 뉴욕의 빙햄턴 소재 제일회중교회에서 목회를 시작하면서 해외선교와 같은 영적운동에 관심을 가졌다. 1878년 피어선은 브리스톨의 조지 뮬러(George Muller)에게 영향으로 향후 20년 동안 피어선의 삶은 큰 영적인 변화를 받게된다. 그의 이런 영적운동의 활력이 조지 뮬러와 그의 사위 제임스 라이트(Jame Wright)에 대한 전기를 쓰게 되었다.

II. 기도와 특징

1. 기도란

피어선은 기도란 하나님과의 친밀한 교재인데 축복의 원천이신 하나님의 임재를 체험하여 하나님의 뜻을 성취하기 위한 탄원의 목소리로 하는 영적인 운동으로 보았다.

피어선은 기도를 다양한 문장으로 설명한다. 기도는 먼저 주님의 명령이며, 하늘문을 여는 열쇠이며, 영적축복이 내려오는 방법이며, 그리고 하나님의 뜻을 아는 최고의 신성한 철학이라고 한다. 기도는 하나님을 배우는 유일한 학교이며, 영원을 멀리 조망하는 전망대이며, 하나님의 자녀의 호흡이라고 한다. 기도는 하나님과의 골방의 교제라고 한다. 기도는 비밀의 방에 사는 것이며, 기도는 하늘의 문을 여는 것이라고 한다.

피어선은 기도는 하나님을 생생하게 깨닫는 것으로, 특별히 주기도문에서 강조하는 것은 다른 모든 것을 차단하고 오직 하나님의 생생한 임재를 얻는 것이라고 한다.

2. 기도할 이유

왜 우리는 기도해야 하는가? 첫 번째로 피어선은 기도는 하나님의 원하시는 요구라는 것이다. 하나님이 우리에게 기도로 구하라고 하신다고 한다. 기도는 바로 하나님의 명령이라고 한다. 피어선은 무엇보다도 하나님께서 그의 백성들에게 기도할 것을 요구하신다는 것이다. 하나님께서는 "각처에서 분노와 다툼이 없이 거룩한 손을 들어 기도하기를"원하시며, 무엇보다도 모든 사람이 간구과 기도와 중보와 감사의 기도를 하길 원하신다.(디모데전서 2장 8절) 하나님은 우리가 기도하기를 기다리시며, 그에게 기도하는 백성에게 축복을 마음대로 부어 주시는 축복의 원천이시라고 한다. 그것들은 불신자들에게는 막혀있는 우물물 같지만, 하늘 문도 열 수 있는 열쇠가 있는데 바로 그것은 그 영원한 원천과 우리를 잇는 유일한 비밀의 통로인데 바로 기도라고 한다. 기도는 하나님의 왕국의 비밀을 여는 유일한 열쇠라고 한다. 또한 우리의 영적성장에 가장 중요한 요소라고 한다.

두 번째는 피어선는 기도는 하나님이 기뻐하시는 것이기에 우리는 기도해야 한다고 한다. 하나님의 뜻을 알고 실천하는 사람을 기뻐하신다. 그래서 하나님의 뜻을 알기 위해서 먼저 하나님께 기도로 아뢰어야 한다고 한다.

3. 기도의 특징들

피어선은 기도란 하나님의 사역이라는 것이다. 피어선은 기도는 능력이 나타나는데 바로 이것이 지금도 주님이 지속적으로 역사하고 계신다는 증거(the perpetual sign of God's working)라는 것이다. 하나님께서는 스스로 기도 가운데 계셔서 그의 임재함을 사람들이 느끼도록 일하신다고 한다. 피어선에 있어서 기도의 특징들은 몇 가지로 설명한다.

첫 번째로 피어선은 죄에 대한 철저한 회개를 강조한다. 회개란 죄를 극복하고 하나님과 지속적인 교제 속으로 들어가는 것이라고 한다. 기도의 내용은 바로 용서를 구하는 회개의 기도라고 한다. 우리는 이렇게 간절한 기도와 철저한 자기 부정과 회개를 통해서 성령님을 체험한다고 한다.

두 번째로 피어선은 기도는 초자연적이며 우리는 골방에서 초자연적 가르침을 배우며 신령한 결과로서 초자연적 기적과 사역의 결과는 기도의 근본적 속성이라고 한다. 기도는 특성상 초자연적으로 해석될 수 있다고 한다. 초자연적이라는 의미는 전능하신 하나님의 능력이 함께 움직이기 때문이다. 이런 예는 다니엘과 세 친구가 사자 굴에서 살아나온 것에 볼수 있다고 한다.

이처럼 피어선이 기도에서 초자연적인 특성을 매우 강조하는 것은 당시 이성주의적 세계관과 무신론적 사고에 빠진 자들에 대한 변증에서 기원하고 있다. 피어선은 볼테르와 잉거솔과 같은 무신론자들에 대하여 강한 비판을 하였으며 베이컨의 방식에 따라서 성경의 기록들을 진리로서 진술하고 변호하였다. A.T. 피어선은 베이컨의 귀납법적 방법을 통하여 성경을 분석하고 종합하여 자신의 신학적 방법으로서 신학적 철학을 만들었다. 피어선은 성경을 바르게 연구하는 것을 자기의 신학연구에 평생의 과제로 삼았다. 신학을 올바르게 탐구한다는 것은 궁극적으로 성경이 말하는 것을 말하게 하는 것이었다. 그의 신학 탐구는 성경을 왜곡하지 않고 정직하고 순수한 마음으로 오류가 없는 성경을 철저하게 분석하고 참된 성경의 진리를 증거하는 목적에 도전을 주었다. 성경의 하나님을 왜곡 없이 사실 그대로 보여주고 성경은 오류가 없는 하나님의 참된 진리로 증거하는 그의 신학적 철학과 성경신학적 방법이다. 그리고 이런 피어선의 변증의 최종 목표는 그리스도였다. 이렇게 기도의 초자연적인 특성은 바로 성령이 성도의 삶에 초자연적으로 간섭하는 것에서 나타난다고 한다.

　세 번째로 피어선을 믿음의 기도를 강조한다. 믿음의 기도는 참된 것으로 우리의 마음에서 발견된다고 한다. 기도의 근원적 장소는 우리의 마음속에 있다고 한다. 그래서 우리는 믿음의 기도를 해야 한다고 한다. 그러면 피어선이 말하는 믿음의 기도란 무엇인가? 그것은 이타적이며 믿음으로 드려지는 기도이다. 특별히 선교 사역을 위해서 목소리를 높여 믿음의 기도를 하라고 한다. 믿음의 기도는 말씀대로 행하실 것을 믿는 것이요 신실하며 좋은 것을 주실 것을 믿고 의심치 않고 소망하는 기도이다. 선교 사역의 많은 문제점들은 그 원인들이 믿음의 기도가 부족해서 일어난 것이라고 한다.

　네 번째로 피어선은 중보기도를 강조한다. 피어선은 개인적인 간청의 기도도 중요하지만 특별히 다른 사람을 위해 함께 기도하는 중보기도의 중요성과 필요성을 강조한다. 중보기도는 주목해야 할 방법이지만 실제 삶 속에서는 자주 하지 못하는 기도라고 한다. 믿음의 기도를 하는 백성들에게 하나님은 측량할 수 없는 약속으로 역사하시는데 실제로 헌신하여 중보기도 하는 사람은 많지 않다고 한다. 피어선은 중보기도가 의미하는 것은 성서에 매우 독특한 용법과 의미를 가지고 있다고 한다. 그것은 간구(간청)과는 다르다고 한다. 간구은 간구자가 자신에게 공급해주는 분을 향해서 일방적으로 공급해줄 것만을 요청하는 것이라고 한다. 그러나 중보기도란 우리의 적극성을 배제하고 오직 하나님의 임재와 역사를 요청하는 것이다. 중보는 다른 사람들을 위한 요청 뿐만 아니라, 직접적인 하나님의 임재와 역사를 주로 요청하는 것이라고 한다.

그러나 중보기도에서 조심해야 할 것이 있는데 바로 우리의 적극성(activity)이다. 이것은 도움이 되지 못한다고 한다. 우리는 기도할 때, "우리에게 일용할 양식을 주옵시고"라고 기도하면서 우리들이 기도했던 일용할 양식을 얻기 위해서 일하러 나간다. 이것이 바로 하나님의 법칙이다. 우리들이 "다만 악에서 구하옵소서"라고 기도할 때, 우리는 술 취하지 않고 함부로 행동하지 않게 하며, 우리의 적을 물리쳐 주실 것을 기대한다. 그렇게 기대하는 것이 굳이 틀린 것은 아니다. 하지만, 적극성이 하나님의 능력 행하심에 많은 면에서 방해가 된다. 그래서 결국은 우리의 적극성이 그분의 역사하심을 알아채는 것도 방해한다. 그리고 하나님의 기도 응답에 가장 깊은 확신은 모든 경우 자연스럽게 흘러가는 모든 일에서 우리의 적극성을 배제하는 것이라고 한다. 피어선은 우리의 적극성(activity, 인간적 노력)은 기도에 도움이 되지 않고 오히려 방해하는 것이라고 한다. 그래서 우리는 오직 하나님만 의지하고 하나님의 손길만 의지하는 것이 참된 기도라고 한다.

피어선은 우리가 어렵고 무기력하고 위기의 때 중보기도의 필요성을 강조한다. 하나님의 말씀은 우리가 무기력 할 때에 하나님께 중보 하는 것이 가장 필요할 때라고 가르쳐 준다고 한다. 우리의 선조들 중 엘리야가 바로 비를 내려달라고 기도한 위대한 중보자의 본보기인데 그가 할 수 있었던 것은 "하늘의 비밀에 관한 하나님의 자비를 바라는 것"외에는 아무것도 할 수 없었다고 한다. 모든 역사를 통해서 볼 때, 극명한 위기는 사람의 도움이 무용지물일 때 닥친다. 표면적인 기독교 신자, 세상적 제자, 불신자들은 사람이 할 수 있는 것은 아무것도 없다는 말에 대해서 기도가 어리석은 것이며, 소극적인 것이고 시간 낭비라고 생각한다. 그러나 하나님을 잘 아는 사람에게는 하나님께서 기회를 주시는 것이 인간이 가질 수 있는 최대의 축복이며, 인간의 무력함이 우리에게 기도 할 수 있는 기회를 준다고 한다. 변함없이 기도에 초자연적으로 강렬한 믿음을 가졌던 사람들은 자신의 노력이 헛되고 희망이 없음을 알고 스스로 그런 것들을 강제로 멈췄을 때 하나님이 역사하심을 가장 잘 증명하였던 사람들이다.

　다섯 번째로 피어선은 우리가 끈질기게 기도하면 응답받는다고 한다. 먼저 하나님의 말씀을 듣기 위해 기다려야 한다고 한다. 그분에게 말하는 것보다 그분이 그대들에게 말씀하시는 것을 듣는 것이 더욱더 중요하다고 한다. 주님 앞에 기다리라는 문자적 의미는 그분 앞에서 침묵하라는 의미라고 한다. 하나의 비전을 위해 기다림은 하나님의 임재를 실천하도록 준비시켜 준다고 한다.

　피어선은 위기의 시대에 우리의 기도에 항상 응답하시는 분은 바로 만군의 주 여호와이시라고 한다. 그러나 협력 기도가 얼마나 중요한지는 하늘의 문이 열리고 비밀의 책이 열리기 전까지는 우리가 다 알 수 없을 것이라고 한다. 그러므로 오직 주님만 바라보고 기도하면 놀라운 모든 결과들을 주신다고 한다.

　항상 끈질긴 믿음의 기도를 강조하며 피어선은 특별히 선교 사역에서는 선교를 위한 인간적인 노력과 후원보다는 하나님께 진정으로 호소를 끈질기게 하라고 한다. 모든 선교 사업의 성패는 전적으로 기도에 달려 있다고 해도 과언이 아니라고 한다. 기도하는 시간은 단 1초도 낭비가 아니며, 기도로 인한 가장 차원 높은 은혜와 응답의 새로운 삶을 경험하는 것이라고 한다. 야곱처럼 믿는 자들이 하나님께 기도하고 그것에 응답하실 것을 굳게 믿는다면, 야곱의 하나님이 그의 하나님이 되어 그를 하나님의 자녀로 삼아주시고 영화롭게 하실 것이라고 한다.

피어선은 기도는 하나님의 방법과 하나님의 시간을 기다리는 것이라고 한다. 조오지 뮬러(George Muller)는 우리가 하는 어떤 일이 하나님께서 하시는 것인지 아닌지를 알기 위하여 기다려야 할 것을 강하게 가르쳤다고 한다. 그런 다음에 그것이 우리의 것인지 아닌지 하나님의 길을 위해서 또 그분께서 역사하시는 때를 위해서 역시 또 기다릴 것을 말했다고 한다.

여섯 번째로 피어선은 기도와 하나님의 섭리와 관계를 주장한다. 피어선은 기도에서 하나님의 섭리를 역사 속에서 보았다. 피어선은 기독교 사역은 모두 하나님의 사역이라고 하면서 진정한 하나님의 자녀는 하나님과 함께 사역하는 것을 갈망해야 한다고 한다. 하나님은 영원부터 계획하시기 때문에 하나님의 일군들은 자신이 무엇에 적합한지를 알아야 한다고 한다. 이렇게 하나님이 미리 예비하신 일군들이 루터, 녹스, 칼빈, 웨슬리, 에드워즈와 같은 사람들이라고 한다. 그런데 우리는 언제 어디서 어떤 사역에 배치될지 모르기 때문에 항상 기도로 준비되어야 한다고 한다.

피어선은 선교에서 기도를 통하여 하나님의 섭리는 역사하신다고 한다. 그래서 우리는 항상 하나님의 섭리 가운데 오직 우리의 소망과 믿음만이 어려운 문제를 풀 수 있는 유일한 길임을 명심해야 한다고 한다. 우리는 역사를 통해서 하나님께서 인간을 다루시며 자신의 계획대로 모든 역사가 진행되어가는 것을 알게된다고 한다. 하나님은 세상의 악을 통제하고 만물을 보존하시는 섭리의 하나님이라고 한다.

III. 기도의 목적

왜 기도해야 하는가에 대하여 피어선은 두가지로 설명한다. 하나는 하나님과의 교제이며, 그 다음은 새 능력을 체험하는 것이라고 한다.

첫 번째로 피어선은 기도는 하나님과 긴밀한 교제를 갖기 위한 것이라고 한다.

기도의 목적은 하나님과 긴밀한 교제(close touch with God)를 유지하기 위한 것으로 말한다. 이렇게 하나님과 교제로서 기도는 성스러운 철학(a divine philosophy)이라고 한다. 가장 중요하게 요구되는 것은 바로 하나님과의 긴밀한 교재를 지속하는 것이며, 가장 위험한 것은 영적으로 무감각해지는 것이라고 한다. 보이지 않는 세계을 거부하며 영적으로 무감각해진 사람들에게는 바로 기도를 통하여 하나님과 훌륭한 관계를 개선할 수 있다고 한다.

피어선은 기도는 하나님을 배우는 유일한 학교이며, 영원을 멀리 조망하는 전망대이며, 기도를 등한히 하는 것은 모든 것이 멈추는 것인데 하나님의 자녀의 호흡이 멈추는 영적 죽음을 의미한다고 한다. 그러므로 피어선은 기도의 근원적 목적은 하나님이 존재하시는 비밀 방에서 그분과 긴밀한 관계를 유지하는 것이며, 이것은 특권이며 행복한 것이라고 한다.

두 번째는 피어선은 기도에서 새 능력을 체험할 것을 말한다.

피어선는 기도를 단순히 하나님의 능력이라고만 보지않고 능력을 체험해야 한다고 주장한다. 예를들면 조나단 에드워드와 같은 사람은 하나님과 교재를 통하여 회개하며 능력을 체험하였다고 한다. 능력을 체험한 후 그의 설교에 많은 사람들이 회개하게 되었다고 한다. 기도의 능력은 신자의 영혼 속에서 세대마다 가장 두르러지게 나타는 하나님의 끊임없는 사역의 표적이라고 한다. 능력은 과거나 현재나 미래에도 지속적으로 하나님이 일하시는 표지라는 것이다. 그것은 초자연적으로 하나님의 능력을 보여주는 하나님의 일이라는 것이다. 그래서 하나님의 손길과 그의 능력을 보여주시길 기도하라고 한다. 그러므로 피어선은 새로운 능력체험을 위해서 우리는 기도해야 한다고 한다. 기도는 우리로 하여금 하나님과의 관계를 통해서 그의 능력도 함께 나누게 하신다. 또한 그분의 기름부으심의 새로운 능력을 체험하기 위해서, 성령님의 능력을 받기 위해서 기도해야 한다고 한다.

피어선은 불가능에서 가능으로 만들어 주는 기도의 능력을 강조한다. 기도를 통하여 하나님으로부터 나오는 덕목을 가져온다. 그것은 그분의 비밀스러운 삶, 에너지, 효율성을 우리에게 충전시켜 주시는 하늘 전지 막대의 손이다. 사람과 불가능했던 일이 하나님과는 가능한 일이 된다고 한다. 그리고 하나님이 함께하시는 사람과도 불가능이 가능케 된다고 한다.

피어선은 기도가 바로 하나님으로부터 그분의 능력을 나누어 받는 유일한 비밀이라고 한다. 우리의 나약함은 하나님과의 그 비밀스러운 관계를 무시하는데서 기인한다고 한다. 그리고 특별한 참된 능력이 무엇인지 알지 못할 때, 우리의 연약함은 더욱더 비참해진다고 한다. 그러나 우리는 조용히 기도하는 사람들에게서 가장 놀라운 성취결과를 보게 되는데, 그들의 하나님은 서두르지 않으신다라는 것이다. 그들 또한 걱정하거나 근심, 당황, 흥분하지 않으며, 하나님을 위해 대단한 일을 하는 것처럼 소란 피우지도 않으며 지치지 않고 쓰러지지 않고 넘어지지 않는다고 한다.

또한 피어선은 성령의 충만 함을 받기 위해 기도해야 하며, 동시에 올바른 삶을 살아야 성령님의 힘을 가질 수 있다는 것이다. 성령 하나님의 능력이 삶 속에 더 깊고 충만하게 역사하는 것은 겸손히 무릎을 꿇는 일이라고 한다. 그래서 자기의 무기력함을 깨닫고 하나님의 약속을 믿으며, 성령님의 힘을 구하라고 한다.

IV. 기도의 효과

피어선은 기도를 통하여 하나님께서 놀라운 일을 주신다고 한다. 우리의 삶을 변화시켜주시며 교회와 선교의 부흥을 주신다고 한다. 우리가 구하면 응답하시며, 또한 살아계셔서 항상 우리의 기도를 들으시는 하나님께서 우리들에게 영적 양식과 부흥을 부어주신다고 한다.

1. 삶의 변화

피어선은 우리가 은밀한 방에서 하는 기도는 우리의 성질과 기질의 내면적 삶을 변화시킨다고 한다. 우리의 질투, 시기, 악, 분노, 조급함, 무자비, 그리고 사랑 없는 것들을 몰아낸다고 한다. 하나님의 사람들을 이타적인 믿음의 기도로 새로운 삶을 살아가도록 계시한다고 한다. 이렇게 기도는 우리의 믿음과 헌신에 대한 태도를 바꾸며 삶에 변화가 일어나게 한다고 한다.

2. 하나님의 임재 체험과 하나님의 뜻을 이해

기도는 하나님의 임재속에 생생하게 하나님을 알게 한다고 한다. 하나님의 임재 의식 속에서 우리는 하나님은 언제나 살아계신 하나님이시며 역사 안에서 악을 통제하시고 만물의 주인으로서 창조의 목적을 실현해 가시는 하나님을 깨닫게 된다고 한다.

피어선은 이런 임재를 통하여 우리는 하나님의 뜻을 알게 되며, 하나님은 기도 속에서 자신을 드러내시며, 하나님의 길과 하나님의 지식을 주신다고 한다. 피어선은 세상에서 가장 높은 학식은 하나님을 아는 지식(knowledge of God, 신인식)이라고 한다. 이것이 바로 하나님이 실제로 자신을 드러내시는 방법이라고 한다. 그래서 하나님의 거룩한 말씀을 벽장 속에서 우리가 읽을 때 그 말씀이 이해가 되게 하신다고 한다. "모세가 회막에 들어가서 여호와께 말씀하려 할 때에 증거 궤 위 속죄소 위의 두 그룹 사이에서 자기에게 말씀하시는 목소리를 들었으니 여호와께서 그에게 말씀하심 이었더라."(민수기 7: 89) 우리에게 새 힘을 주시고 하나님의 계획을 알게 하시고 악을 정복하는 사람으로 만들어주신다고 한다. 하나님과의 이런 긴밀한 관계가 있는 곳이면 어디나 그의 거룩함과 함께 걷게 하시며, 그의 친절함으로 일하는 새 힘을 얻게 하신다고 한다.

피어선은 하나님과 깊은 관계가 있는 사람들에게 하나님은 자신과 함께하시며 그의 계획과 목적을 알게 하신다고 한다. 하나님과 비밀한 장소에서 함께 거하는 사람은 악을 정복하고 하나님을 위해서 싸우는 사람들이며 다가올 것을 예견하는 하나님의 예언자들이라고 한다. 이렇게 기도는 하나님을 생생하게 깨닫는 것이라고 한다. 우리가 구하면 응답하시며, 또한 살아계신 우리의 기도를 들으시는 하나님께서 우리들에게 영적 양식과 부흥을 부어주신다.

V. 결론

영적 혼동속에서 방황하고 흔들리는 현대 기독교인들에게 희망을 주는 것은 바로 기도이다. 믿음의 영적운동을 하는 성도들에게 필수적인 것은 기도이다.

우리의 성화를 위하여 피어선은 왜 기도해야하는지 어떻게 기도해야 하는지 기도의 체험은 어떤 것인지. 기도의 효과를 살펴보았다. 그가 주장했던 기도는 오늘날 무너져버린 현대 세속화된 기독교인들에게 힘과 큰 도전을 준다.

  피어선은 기도와 이웃을 섬기는 삶이 함께하는 진정한 기독교인들의 모습을 보여주었다. 역사적 영적운동의 부흥속에는 반드시 기도정신의 회복이 있었다고 강조한 피어선은 기도에 대한 도전과 감동을 주고받음으로써 오늘날 기독교인들로 하여금 하나님과 사람을 섬김에 있어서 중보기도와 같은 모임을 통하여 더 적극적이며 발전적으로 더 많은 노력을 경주하도록 교훈을 준다. 동시에 피어선은 기독교의 외적 활동에는 지나치게 힘을 쏟으면서 개인의 거룩함에 이르게 하는 영적운동인 기도에 관심을 두지 않는 것도 경고를 하였다. 기도는 우리의 삶을 변화시키는 것이요, 교회와 선교를 부흥하게 하는 것이요, 하나님의 기뻐하심에 동참하는 것이요, 그리고 하나님의 뜻을 이루는데 동참하는 영적운동의 핵심인 것을 보여주었다.

  피어선은 모든 우리의 섬김의 근거는 거룩한 기도와 거룩한 삶에 있다고 한다. 그래서 우리의 사역의 신성한 성격은 위대한 설계자이시고 건축가이신 우리 주님과 진정한 친밀한 교제를 해야 한다고 말한다.

안 명 준

중앙대학교

합동신학대학원대학교

Reformed Theological Seminary Th.M.

Westminster Theological Seminary Th.M.

Universiteit van Pretoria Ph.D.

(전) International Reformed Theological Institute 한국준비위원

(현) 요한칼빈탄생500주년기념사업회 실행위원장

(전) 한국복음주의조직신학회 회장

(전) 한국장로교신학회 회장

(전) 한국개혁신학회 부회장

(현) 한국개혁신학회 자문위원

(현) 평택대학교 명예교수

벤자민 워필드의 기도

김상엽

I. 들어가는 글

벤자민 워필드(Benjamin B. Warfield, 1851-1921)는 신학을 전공하지 않는 성도들에게 생소한 신학자일 수도 있다. 그러나 워필드의 신학과 신앙이 갖는 중요성을 생각해볼 때, 그리고 그의 신학과 신앙이 우리나라 장로교에 미친 영향을 생각해볼 때, 워필드의 기도에 대해 살펴보는 것은 21세기를 살아가는 그리스도인들에게도 유익한 점이 분명히 있다.

먼저, 워필드는 19세기 말부터 20세기 초까지 미국에서 개혁신앙을 지켜 낸 "3대 칼빈주의자"중 한 사람으로 평가 받는다. 19세기 말부터 20세기 초는 유럽과 미국의 교회가 매우 거센 도전을 받던 시기였다. 자유주의 신학과 진화론, 자연주의 등이 성경의 가르침을 부정하려고 했고, 심지어 성경 자체의 권위도 깎아내리려 했기 때문이다. 이러한 시대적 상황 속에서 워필드는 역사적으로 계승된 개혁신앙을 훌륭하게 변증했다. 그러므로 자유주의 신학과 진화론 등의 도전 속에서 워필드가 기도에 대해 뭐라고 말했는지 살펴보는 것은 오늘날 우리에게도 큰 유익을 줄 것이다.

다음으로, 워필드는 한국의 장로교와도 밀접한 관련을 가지고 있다. 우리나라에서 개혁파 장로교회 신학의 토대를 쌓은 분은 박형룡 목사

(1897-1978)이다. 그런데 박형룡 목사는 워필드가 있던 프린스턴 신학교로 유학을 갔고, 워필드의 제자이자 후임자였던 그레스햄 메이첸(John Gresham Machen, 1886-1937) 밑에서 공부를 했다. 메이첸은 워필드로 대변되는 프린스턴의 개혁신앙이 무너지는 것을 가슴아파했다. 그리고 개혁신앙의 전통을 이어가기 위해서 웨스트민스터 신학교를 새로 만들었다. 그러므로 워필드의 개혁주의 전통이 메이첸과 박형룡을 통해서 한국 장로교에 전해졌다고 볼 수 있다.

우리가 살고 있는 21세기에도 그리스도의 교회는 여러 도전들에 직면하고 있다. 어쩌면 워필드가 일찍이 경험했던 자유주의와 자연주의, 진화론의 공격이 여전히 한국교회를 향하고 있는지도 모르겠다. 그러므로 우리와 동일한 장로교 전통을 간직했던 워필드의 신학을 참고하여, 기도의 성경적이고 신앙적인 의미를 살펴보는 것은 오늘날 우리 성도들에게 주어진 과제일 것이다.

II. 워필드의 생애와 신학

1. 생애

벤자민 워필드(Benjamin B. Warfield, 1851-1921)는 신앙적 토대가 가득한 가정에서 태어났다. 그는 영국에서 종교적 박해를 피해 신대륙으로 이주해 온 영국 청교도의 후손이었다. 그는 어린 시절부터 『웨스트민스터 신앙고백서』와 『웨스트민스터 대·소요리 문답서』를 공부하고 암기하며 성장했다. 그리고 부모님으로부터 암기한 것을 삶으로 실천하는 것이 하나님을 사랑하는 것이라고 배웠다.

워필드는 학문적으로도 좋은 토양에서 성장했다. 그의 부친은 농부였지만, 농업기술과 관련된 책을 두 권이나 저술할 정도로 학식이 있는 농부였다. 그런 아버지 밑에서 자라면서 좋은 교육 기회를 제공받기도 했다. 어린 시절 워필드가 사립학교를 다니며 만났던 교사들은 후에 대학의 교수와 총장을 할 정도로 학식 있는 교사들이었다. 그러한 영향 때문이었는지 워필드는 19세에 프린스턴대학교에서 수학과 과학을 전공했고, 수석으로 졸업했다.

워필드의 삶에 있어서 지대한 영향을 끼친 인물은 그의 아내 애니(Annie Pierce Kinkead, 1852-1915)였다. 워필드는 애니와 1876년에 결혼했다. 워필드가 프린스턴에서 수학과 과학을 전공하고, 다시 신학을 전공한 직후였다. 워필드와 애니는 결혼 직후 독일로 여행을 떠났는데, 그곳에서 낙뢰 사고를 당했다. 애니는 그 후 여생을 장애를 가지고 살게 되었고, 워필드는 학교 수업을 제외하고는 언제나 아내 옆을 지켰다고 한다. 워필드에 관해 연구한 프레드 재스펠(Fred G. Zaspel)은 이렇게 설명한다. "워필드는 평생 동안 두 가지에만 관심을 가졌다. 신학과 부인 애니였다."

이처럼 워필드의 삶은 크게 두 가지 요소로 설명할 수 있다. 하나는 그가 굉장히 신앙적인 풍토의 집안에서 좋은 교육을 받으며 자랐다는 것이다. 다른 하나는 그가 아내의 일을 통해서 평생 하나님의 주권을 인정하고 고백하는 삶을 살았다는 것이다. 이 두 가지 요소는 이후 형성되는 그의 신학에 있어서 매우 중요한 요소가 되었다.

2. 신학

워필드는 무엇보다도 "영감의 신학자"로 불린다. 교회의 역사를 보면, 각 시대마다 중요한 신학적 도전이 있었고, 이러한 도전들로부터 교회를 잘 지켜낸 신학자들이 있었다. 아우구스티누스는 "죄와 은혜의 신학자"였다. 안셀무스는 "속죄의 신학자"였다. 루터는 "칭의의 신학자"였고, 칼빈은 "성령의 신학자"였다. 이런 의미에서 워필드는 "영감의 신학자"로 불린다. 물론 죄와 은혜, 속죄, 칭의, 성령, 영감 등의 개념이 기독교 교회 내에 없었던 적은 없었다. 이 모든 주제들은 이미 성경 전체에 담겨 있다. 그러나 시대에 따라 도전의 양상이 달랐고, 그때마다 하나님께서는 특별히 준비된 신학자들을 부르셔서 해당 주제를 잘 지켜내게 하셨다. 워필드는 무엇보다도 성경의 영감과 권위를 잘 지켜낸 신학자였다. 워필드와 같은 신학자가 없었다면, 우리는 지금처럼 성경이 하나님의 말씀이고, 우리의 모든 삶과 신앙에 있어서 최종적인 권위를 갖는다는 고백을 할 수 없었을지도 모른다.

그런데 워필드의 삶과 신학을 살펴보면, 그의 신학적 강조점이 다소 이동하고 있음을 알 수 있다. 성경의 영감과 권위를 지켜내기 위한 글을 많이 썼던 워필드는 삶의 말미로 갈수록 기독론에 관한 주제, 즉 예수 그리스도에 관한 주제를 더 많이 다루기 시작했다. 그 이유는 시대적 도전이 성경론에서 기독론으로 옮겨갔기 때문이다. 자유주의 신학자들은 성경을 하나님의 말씀이 담긴 책으로 인정하지 않았고, 수많은 오류가 가득한 책이라고 이해했다. 성경을 잘못 이해한 사람이 성경에 담긴 그리스도를 제대로 이해하지 못하는 것은 당연한 결과였을 것이다. 결국 자유주의 신학자들은 그리스도 하나님의 아들이심을 부정했고, 오직 도덕적인 교사 정도로 우리에게 의미가 있다고 주장하기까지 했다. 워필드는 이 점을 바로잡고자 했다. 워필드는 그리스도께서 삼위일체 하나님의 두 번째 위격으로서 "스스로 존재하시는 분"이자 "스스로 하나님 되시는 분", "자존하시는 하나님"이심을 드러내고자 했다. 워필드는 그리스도의 참된 신성을 강조하는 것, 그리스도를 "자존하시는 하나님"으로 이해하는 것이 우리가 칼빈으로부터 물려받은 중요한 신학적 유산임을 강조했다.

워필드가 이렇게 그리스도에 관한 논쟁에 열심을 냈던 이유는 무엇이었을까? 그것은 단순한 학문적 관심 때문이 아니었다. 워필드에게 있어서 그리스도는 그리스도인이 경건한 삶을 살기 위한 핵심 요소였다. 워필드는 그리스도 안에서 우리에게 주어진 하나님의 은혜를 잘 깨달아야 경건한 삶으로 나아갈 수 있다고 보았고, 따라서 그리스도에 관한 우리의 지식이 성경으로부터 떠나 있다면, 그릇된 경건으로 나아간다고 생각했다. 그러므로 워필드가 그리스도에 관한 성경적 진리를 올바로 세우려고 했던 궁극적 목표는 그리스도인의 경건한 삶을 위한 뿌리를 튼튼히 세우고자 함이었다. 워필드는 그리스도를 닮고 경건한 삶으로 나아가기 위한 몇 가지 실천적 방편을 제시하기도 했다. 올바른 배움과 공동체 예배, 기도, 묵상, 경건서적이다. 이 중에서 워필드의 기도를 좀 더 자세히 살펴보고자 한다.

III. 워필드의 기도

1. 기도의 객관적 원리

워필드는 조직신학자이자 변증가로서 기독교의 핵심 진리들을 보호하기 위해 수많은 논쟁에 참여했다. 그러나 우리가 기억해야 할 것은 그러한 논쟁들이 단순한 학문적 관심이나 신학적 관심에서 기인하지 않는다는 사실이다. 워필드가 신학적 논쟁을 통해서 기독교의 성경 진리들을 철저하게 변호하고 보호하고자 했던 이유는 그리스도인들의 삶과 실천을 성경적이고도 견고한 토대를 마련하기 위함이었다. 워필드가 기도에 관하여 무엇을 말하는지 살펴보는 가운데, 우리는 이러한 사실을 잘 이해하게 될 것이다.

첫째, 워필드는 성부 하나님을 올바로 이해하고 기도하는 것을 강조했다. 워필드에 따르면 기도는 하나님과의 "의식적인 교감"이다. 다시 말해서 하나님을 인식하고 이해한 사람이 하나님과 교제하는 것이다. 따라서 하나님에 대한 올바른 이해가 기도에 선행되어야 한다. 그렇다면 우리는 하나님에 관하여 어떠한 점을 이해해야 하는가? 우리는 워필드가 그 당시 상황을 설명하는 글에서 이에 대한 답을 찾을 수 있다.

기도가 무슨 소용이 있는가? 우리가 말하지 않는다면, 하나님은 자신의 우주를 어떻게 다스릴지 모른단 말인가? 그렇다면 우리는 매우 낮은 하나님 관념을 가지고 있는 것이다. 우리가 어떤 어리석은 요구를 할 때, 하나님이 자신의 지혜를 우리의 요구에 종속시킬 것이라고 생각하는가? 모든 일이 어떻게 진행되어야 하는지 하나님께 맡겨둘 수 없는가? 만일 그가 선하고 지혜로운 하나님이라면, 우리가 그것을 하나님께 맡겨야 하는 것 아닌가? 왜 그분의 현존으로 병적으로 달려가서, 우주가 우리 생각에 따라 움직여야 한다고 요구하는가? 하나님에게 충고를 줄 만큼 우리에게 능력이 있는가? 우리에게 최선인 것이 무엇인지 우리는 알고 하나님은 모른다고 생각하는가? 그분이 하나님이라면 우리의 기도를 들으실 수 있다. 그러나 그분이 하나님이라면 우리의 요청에 반응해서는 안 된다. 하나님이 "어떤 법칙을 만들 만큼 강력한 존재"인데, 동시에 우리의 요청에 따라 "그 법칙을 깨트릴 정도로 연약한 존재"로 그분을 생각할 수 있는가? (Warfield, Faith and Life, 428-429)

이처럼 그 당시 불신자들은 기도가 하나님의 전능하심과 상충된다고 보았다. 모든 것을 다 아시고 모든 것을 다 하실 수 있는 하나님에게 우리가 무엇인가를 간구하고 요청하는 일이 불필요하다고 보았던 것이다. 기도를 올바르게 하기 위해서 하나님을 올바르게 이해해야 하는 이유가 여기에 있다.

워필드에 따르면 올바르게 기도하기 위해서 하나님에 관한 네 가지 성경적 사실이 우리에게 필요하다. (1) 무엇보다도 하나님이 존재하신다는 사실을 명확히 해야 한다. (2) 그 하나님이 인격적인 분이라는 사실을 기억해야 한다. 워필드는 이 두 가지 사실을 히브리서 11장 6절을 통해 분명히 한다. "하나님이 계시다는 것과 하나님은 자기를 찾는 사람들에게

상을 주시는 분"임을 기억할 것을 요청한다. 하나님은 인격적인 분이시기 때문에 우리가 친히 기도로 아뢸 것을 기다리신다는 사실을 기억해야 한다. (3) 우리가 하나님께 나아갈 수 있음을 이해해야 한다. 하나님은 우주 저편에 계셔서 우리가 근접할 수 없는 분이 아니다. 우리 옆에서 우리의 기도를 들으시는 분이다. (4) 하나님이 이 세상에 실제적으로 개입하신다는 사실을 기억해야 한다. 성경은 그 구체적인 방법이나 과정을 설명하지는 않는다. 하지만 우리가 성경 전체를 통해서 알 수 있는 사실은 하나님께서 실제로 이 세상에 개입하시고 이 세상을 다스리신다는 사실이다.

둘째, 성자 예수님을 통해서 드리는 기도만이 참된 기도가 된다. 우리는 오직 예수 그리스도를 통해서만 성부 하나님께 나아갈 수 있다. 그리스도를 통하지 않고서는 하나님께 결코 나아갈 수 없다. 모든 종교에서, 심지어 이단들도 기도의 행위를 한다. 그러나 그들의 기도가 무의미한 이유는 예수 그리스도를 통하지 않기 때문이다. 예수 그리스도라는 조건을 통해서만 우리는 아버지 하나님께 올바로 기도할 수 있는 것이다. 더 나아가서 우리가 예수 그리스도를 통해 아버지께 기도드리기 위해서는 우리 자신에게 믿음이 있어야 한다. 그리스도께서 우리와 함께 계심을 우리는 믿음으로 알 수 있다. 요약하자면, 예수 그리스도를 향한 우리의 믿음이 있어야 우리가 예수 그리스도를 통해서 하나님께 나아가고 하나님께 기도드릴 수 있는 것이다.

워필드가 예수 그리스도에 관한 신학적 논쟁에 열심을 냈던 이유가 여기에 있다. 그것은 궁극적으로 우리의 신앙적 삶과 실천을 위한 것이었다. 우리가 하나님께 나아가고 기도할 수 있는 유일한 조건이 예수 그리스도라면, 성경이 말하는 예수 그리스도가 우리에게 온전히 전해져야만 한다. 신성이 부족한 예수 그리스도, 도덕 교사에 불과한 예수 그리스도, 시간과 공간의 제약을 받는 예수 그리스도, 신적인 능력 일부를 버린 예수 그리스도라면, 시간과 공간을 초월하여 모든 성도들의 기도를 하나님께 가지고 나아갈 수 있는 통로가 되기에 부족하기 때문이다. 워필드에게 있어서 신학과 실천은 하나였던 셈이다.

셋째, 워필드에 따르면 성령 하나님은 우리의 기도를 도우신다. 이 점에서 우리는 워필드가 야고보서 5장 15-16절을 주석하는 부분을 참고할 필요가 있다.

> 믿음의 기도는 병든 자를 구원하리니 … 그러므로 … 병이 낫기를 위하여 서로 기도하라 의인의 간구는 역사하는 힘이 크니라.

워필드는 의인의 간구하는 기도에 큰 능력이 있는 이유가 그것이 "믿음의 기도"이기 때문이라고 설명한다. 이 믿음의 기도는 하나님께서 성령을 통해 우리에게 주시는 것이다. 성령께서 우리 안에 믿음을 주시고, 이 믿음을 따라 기도하게 하시기 때문에, 우리가 드리는 믿음의 기도에 그에 상응하는 축복이 담겨 있다는 것이다.

워필드는 이러한 사실이 로마서 8장 26-27절에서도 잘 나타난다고 진술한다.

> 이와 같이 성령도 우리의 연약함을 도우시나니 우리는 마땅히 기도할 바를 알지 못하나 오직 성령이 말할 수 없는 탄식으로 우리를 위하여 친히 간구하시느니라 마음을 살피시는 이가 성령의 생각을 아시나니 이는 성령이 하나님의 뜻대로 성도를 위하여 간구하심이니라

이처럼 하나님께서 응답하시는 기도는 믿음의 기도이다. 그리고 믿음의 기도는 성령께서 우리 안에서 역사하셔서 만들어내시는 기도이다. 우리가 이렇게 성령께서 허락하시는 믿음을 가지고 기도할 때, 우리의 기

도가 하나님의 뜻을 따라 드리는 기도가 된다는 워필드의 지적을 기억하면 유익할 것이다.

2. 기도의 주관적 원리

워필드는 삼위일체 하나님에 기초한 기도를 강조했다. 신자 모두는 삼위일체 하나님이라는 객관적 원리를 토대로 기도해야만 한다. 그래야 올바른 기도로 나아갈 수 있다. 이제 신자 개인이 어떤 마음과 태도로 기도를 하는 것이 유익한지 살펴보고자 한다. 즉 기도의 주관적 원리를 살펴볼 것이다. 여기에는 하나님과의 교제로서의 기도, 은혜가 주어지는 통로로서의 기도, 바로 옆에 계신 하나님께 드리는 기도가 포함된다.

첫째, 워필드는 기도로부터 주어지는 유익들 중에서 가장 가치 있는 것으로 "삼위일체 하나님과의 교제"를 제시했다. 기도는 하나님과의 교제인데, 이 교제로부터 주어지는 순전한 기쁨이 다른 어떤 기도의 유익보다도 가장 가치 있다는 것이다.

> 기도를 통해서 얻게 되는 유익들을 열거하고자 할 때, 내가 생각하기에 그 유익들을 세 가지 차원으로 말하는 것이 좋을 것이다. 첫 번째, 간구하는 기도에 대해 응답으로 주어지는, 눈에 보이는 축복이 있다. 두 번째, 기도라는 행위 그 자체에 속한 축복이 있다. 이것은 영혼의 가장 고귀한 행위인 하나님과의 교제를 말한다. 세 번째, 기도하는 가운데 피조물로서의 마땅한 태도를 취하게 되는, 내면적 축복이 있다. 특히 이것은 죄악이 가득한 피조물이 하나님을 향하여 갖는 태도이다. … 기도의 가장 고귀한 가치가 발견되는 것은 바로 두 번째 축복이다. (Warfield, Faith and Life, 438)

우리가 믿음으로 기도할 때 우리에게 주어지는 여러 축복들이 있다.

우리의 간구와 간청이 응답되는 것은 우리가 바라고 고대하는 가장 가시적인 축복일 것이다. 우리가 교회에서 신앙생활을 할 때, 눈에 보이는 객관적 형태로 기도가 응답되는 것은 분명 우리에게 유익한 것이고 축복인 것임에는 의심의 여지가 없다. 그러나 워필드가 보기에 기도를 통해 우리가 얻게 되는 가장 유익한 축복은 우리의 영혼이 하나님과 교제를 하게 된다는 것이다.

둘째, 워필드에 따르면 기도는 하나님의 은혜가 우리에게 주어지는 통로이다. 그렇다면 기도는 왜 은혜의 수단일까? 그 이유는 우리가 기도할 때 부드러운 마음과 겸손한 자세를 갖게 되기 때문이다. 우리 자신을 내려놓고 우리의 연약함과 필요, 도움을 고백하는 행위이기 때문이다. 이처럼 기도를 통해 우리 영혼이 은혜를 받아들일 수 있는 상태가 된다는 의미에서 기도는 은혜의 수단이다.

> 기도의 자세를 가진 영혼은 꽃과 같다. 생명의 단비를 받아들이기 위해서 하늘을 향해 활짝 핀 꽃과 같다. 기도란 우리의 필요와 무력함을 고백하면서 하나님 앞으로 나아가는 경배가 아니고 무엇이란 말인가? 기도란 우리가 하나님을 의지한다는 사실을 인정하고, 우리 피조물들이 하나님을 의지할 때 하나님 안에서 필요한 모든 것을 쓰고 남을 만큼 얻게 된다는 것을 선포하는 것이 아니고 무엇이란 말인가? 기도란 하나님이 모든 인간에게 자유롭게 주시고 꾸짖지 않으시는 분이라고 선포하는 것이 아니고 무엇이란 말인가? 기도란 은혜를 받아들이기 위해서 마음을 조정하는 것이 아니고 무엇이란 말인가? (Warfield, Faith and Life, 149)

기도는 그리스도인이 하나님 앞에서 가져야 할 참된 자세와 태도를 표현하는 행위이다. 하나님의 주권을 인식하고 하나님께 은혜를 구하는 사람의 참된 신앙 행위이다. 하나님의 주권과 통치를 인정하면서, 하나님께 은혜와 도움을 구하는 직접적인 호소이다. 기도를 통해서 "우리 영혼이 하나님과 대면할 때, 하나님과 교제할 때, 하나님과 연합해 있을 때" 우리는 이미 하나님의 은혜를 받고 누리게 된다.

셋째, 워필드는 주께서 우리 옆에 계심을 인식하고 기도해야 함을 강조한다. 워필드는 빌립보서 4장 4-7절에 대한 주석에서 "주께서 가까우시니라"라는 문구를 가지고 우리가 어떤 자세로 기도해야 하는지 설명한다. 워필드는 이 문구를 공간적 의미로 해석해야 한다고 제안했다. 시편 기자의 고백과 같이 하나님께서 자신의 백성을 보호하고 도와주기 위해서 가까이 계심을 의미한다고 보았다(시 34:18, 119:150-51, 145:18 참조). 워필드가 보기에 바울은 빌립보서 4장에서 이러한 시편 구절들을 인용하고 있거나, 최소한 그 구절들을 염두에 두고 빌립보서 4장을 기록하고 있다. 그러므로 워필드는 빌립보서 4장 5b-7절을 이렇게 사역한다. "주께서 가까이 계십니다. 그러므로 그분은 우리의 기도를 듣고 우리를 도우실 수 있습니다. 그러므로 어떤 일이든지 염려하지 말고, 모든 일에 있어서 우리가 필요한 것들을 기도와 간구로 하나님께 아뢰시기 바랍니다."

IV. 나가는 글

워필드가 가장 경계했던 자유주의를 한 마디로 정의하면, 성경의 권위보다 인간의 자율성을 높이는 것이다. 이에 대해 워필드는 성경과 그리스도의 권위를 강조했고, 이를 바탕으로 경건한 삶을 살아야 함을 강조했다. 기도는 경건한 삶의 핵심 수단이었다. 그러므로 기도를 드리는 성도들에게 가장 필요한 자세는 인간의 자율성을 높이는 것이 아니라 '나 자신을 낮추는 마음'이다.

> 기도는 자기부정의 행위이다. 기도는 우리보다 높고 위대한 존재의 발 앞에 우리 자신을 던지는 행위이다. 우리가 의지하고 우리가 신뢰하는 그분은 우리의 삶이 고될 때 우리에게 가장 유익한 것들을 주신다. 기도는 영혼이 자기주장을 덜 하도록 만들고, 세상에서 단순하고 겸손하게 걷게끔 만들어준다. (Warfield, Faith and Life, 147-48)

지금까지 워필드의 삶과 신학, 기도에 관하여 살펴보았다. 이제 워필드의 기도와 관련하여 오늘날 우리의 기도생활에도 유용한 몇 가지 원리들을 제시하며 이 글을 마무리하고자 한다.

첫째, 우리는 우리가 기도드리는 대상을 올바로 알아야만 한다. 기도라는 종교 행위는 모든 종교에 공통적이다. 심지어 종교가 없더라도 기도라는 행위 자체는 얼마든지 할 수 있다. 그리스도인의 기도가 독특하고 구별된다면, 그 이유는 기도를 드리는 대상에 있을 것이다. 그러므로 우리는 공예배에서 선포되는 말씀과 교회에서 제공하는 성경공부, 경건서적 등을 통해서 우리가 기도드리는 대상을 바로 알아야 할 것이다.

둘째, 우리의 기도 내용이 하나님 뜻에 부합하도록 해야 한다. 워필드의 지적대로 성령께서 우리 안에 바른 믿음과 바른 기도를 만들어주시기에 우리의 기도가 하나님 뜻에 부합하게 되는 것이다. 우리는 기도의 전 과정에서 우리의 기도 내용이 하나님의 뜻에 부합하는지 묻고 고민해야 한다. 그러므로 교회 안에서 행하는 특별기도나 작정기도는 우리의 기도를 하나님께 관철시키려는 목적을 지향해서는 안 된다. 특별기도와 작정기도와 같은 교회 문화가 우리에게 유익해지려면, 우리가 그 과정을 통해서 우리의 기도 내용을 하나님 뜻에 맞추도록 노력해야 한다.

셋째, 기도를 통해서 응답으로 주어지는 결과보다 하나님과의 교제 자체를 더 갈망해야 한다. 워필드의 설명대로 기도는 우리에게 여러 가지 유익을 주는 것이 분명하다. 눈에 보이는 응답들도 있고 내면적이고 주관적인 확신도 있다. 워필드는 기도의 가장 큰 유익이 "하나님과의 교제"라고 말했다. 그런 면에서 오늘날 우리가 드리는 기도가 세속적인 관심과 물질적인 번영을 좀 더 추구하는 것은 아닌지 반성할 필요가 있다. 우리의 영혼이 하나님과 교제하는 그 자체에 큰 가치를 부여하고, 우리 영혼이 하나님과 대면하고 하나님과 대화하고 하나님과 연합하는 것을 지향해야 할 것이다.

김 상 엽

침례신학대학교 (B.A.)
백석대학교 신학대학원 (M.Div.)
백석대학교 기독교전문대학원 (Th.M.)
백석대학교 기독교전문대학원 (Ph.D.)
(현) 백석문화대학교 · 백석예술대학교 시간강사
(현) 한국개혁신학회 편집간사

헤르만 바빙크의 기도

박 태 현

바빙크와 한국교회

지금으로부터 100년 전에 서거한 헤르만 바빙크(1854-1921)는 네덜란드 개혁주의 신학자로서 자신의 대표작 『개혁교의학』(De Gereformeerde Dogmatiek)을 통해 한국교회에 지대한 영향을 끼쳤다. 한국교회 칼빈주의 1세대 신학자인 박윤선 박사는 일찍이 바빙크의 『개혁교의학』에 남다른 애정을 지니고 있었다. 한국전쟁 당시 박윤선 박사는 부산 용두산 공원 천막에서 피난민 생활을 해야만 했다. 그때 난민촌 천막에서 불이 나 불길은 다른 천막들로 들풀처럼 번져가고 있었다. 이런 다급한 상황에서 박윤선 박사는 평소 당신이 가장 소중히 여기던 책을 품에 안고 천막에서 뛰쳐나왔는데, 그 책이 바로 바빙크의 네 권짜리 『개혁교의학』이었다.[1]

기도란 성도가 자기 영혼의 소원을 하나님께 아뢰는 것이다. 다른 말로 하면, 기도란 성도의 영성 자체를 보여주는 것이다. 성도의 영성은 기도를 통해 그 영혼의 상태와 방향성을 드러낸다. 즉, 자기의 도움이 오지 천지를 지으신 창조주 하나님께만 있음을 고백하는 것이며(시 128:8), 모든 환란 가운데서 건지시는 구속주 하나님께 간구하는 것이다. 따라

---

[1] 전설처럼 오랫동안 전해 내려오던 이 이야기의 실상을 알고자 하여 박윤선(1905-1988) 박사님을 가까이서 보필했던 필자의 스승 허순길(1933-2017) 박사님께 여쭈었더니 허 박사님께서 필자에게 그 이야기의 내막을 직접 들려주셨다.

서 기도란 한 마디로 성도의 영성이 소원과 간구의 형태로 표현된 것이다. 그러므로 한 사람의 기도를 살펴보고자 한다면, 그의 영성과 인격을 살펴보아야 한다.

신앙과 학문

67세의 바빙크는 임종의 순간에 다음과 같이 고백했다. "이제 내 학식은 더 이상 소용이 없다. 이제 나의 교의학도 더 이상 나에게 유익하지 않다. 오직 믿음만이 나를 구원한다."[2] 세상과 작별하는 가장 절박한 임종의 순간에 내뱉는 언사는 한 사람의 일생을 총체적으로 바라본 마지막 결론과 같다. 여기서 우리가 주목하는 것은, 학문의 세계에서 38년을 학자로 살아온 바빙크가 학문보다 더 크고 고귀한 기독교 신앙을 고백한 것이다. 물론 그가 일평생 수고한 학문적 작업은 이런 신앙을 보다 선명하게 밝히려는 노력이었다. 사실 바빙크는 이런 순수한 기독교 신앙을 학문적으로 밝히 드러내려는 의지를 갖고 깜픈(Kampen) 신학교를 중퇴하고 "보다 학문적인 신학교육, 즉 현대신학을 직접 접하여"공부하고자 당시 현대신학의 아성이라는 레이든(Leiden) 대학에 입학하였다. 다시 말하면, 세상과는 어느 정도 거리를 둔 경건주의적 색채를 띤 분리측 교단의 신앙 배경에서 자란 바빙크는 현대 문화 속에서의 기독교와 그리스도인의 삶의 가능성을 찾고 싶었다. 하지만 이 일은 깜픈 신학교와 교단 교회에 적지 않은 충격을 주었다. 신앙의 순수성을 지키기 위해 국가교회로부터 분리한 교단의 목사 아들이 교단 신학교를 중퇴하고, 자유주의 비평학으로 유명한 현대신학의 본거지, 레이던 대학교에 입학한다는 것은 쉽게 이해될 수 없는 일이었기 때문이다. 기독개혁교회의 입장에서 현

---

2 F. W. Grosheide, J. H. Landwehr, C. Lindeboom, & J. C. Rullmann, red., *Christelijke Encyclopaedie voor het nederlandsche volk* (Kampen: J. H. Kok, 1925), I: 243-45.

대신학이란 성도들의 영혼을 구원하고 살리는 학문이 아니라 오히려 그 영혼을 마귀의 자식들로 만드는 것이라 여겼기 때문이다. 당시 현대신학은 18세기 계몽주의 사상의 영향을 받아 하나님의 주권을 인정하기보다는 인간의 이성을 앞세워 고등비평이란 미명하에 성경을 단지 인간의 저작물로 여겨 인간 이성의 잣대로 판단하고 평가했기 때문이다. 하나님의 말씀인 성경의 영감이나 권위를 부정하기에 결국 교회와 성도들의 신앙을 파괴할 뿐만 아니라 사단의 노예로 삼는다고 여겼던 것이다. 바빙크가 레이든 대학에 입학하기로 했다는 소문이 돌자, 1854년 깜픈 신학교 개교와 더불어 교수가 되었던 브럼멀캄프(A. Brummelkamp, 1811-1888)는 아버지 얀 바빙크(Jan Bavinck, 1826-1909) 목사에게 "당신은 당신 아들을 사자굴에 처 넣었소이다"라고 불쾌한 심경을 드러냈다. 하지만 바빙크 목사는 탁월한 신학자들이 이교도의 학교에서 학문적 소양을 얻었다는 것을 이미 알고 있었던 터라, "저는 제 아들을 지키시는 전능하신 하나님의 은혜를 믿습니다"라고 답변하였다.

아덴의 철학, 예루살렘의 시녀

바빙크는 레이든 대학이 자신에게 여러모로 유익을 주되, 무엇보다도 현대신학과 윤리신학이 가르친 내용이 아니라, 그 학문적 방법이었다고 고백한다. "쿠에넨과 스홀턴은 (성경관을 제외하고) 나에게 큰 영향을 미치지 못했다네. 그 영향이란 신앙의 진리를 잃고 다른 사람, 그들의 것을 수용하는 것으로 자네가 이해하듯이 말이네. 하지만 그들은 물론 (어쩔 수 없이) 내가 그 진리들을 껴안는 능력과 방법에 있어서 영향을 미쳤다네."[3] 과연 바빙크는 현대신학과 윤리신학이 가르치는 내용에 관하여 레이든 대학의 스승들과는 정반대의 견해를 유지하였다. 하지만 다른 한

---

3 J. de Bruijn en G. Harinck, red., *Een Leidse vriendschap* (Baarn: Ten Have, 1999), 81.

편, 바빙크는 이런 학문적 자세를 얻는 대신 반드시 유지되어야 할 '순수한' 어린아이와 같은 신뢰를 잃는 비싼 대가를 치러야만 했다. "하지만 어린아이 같은 신앙의 천진난만함, 내 안에 새겨진 진리에 대한 무한한 신뢰의 천진난만함을 잃어버렸다네. 그것은 많고, 너무도 많은 상실이라네. 이렇게도 그들의 영향은 크고 강하였다네." 그러나 바빙크는 신앙과 배치된 내용을 듣고 의심과 회의가 일어났을지라도, 결국 자신이 양육 받은 신앙을 지켰다.

더 나아가, 바빙크는 단순히 자신의 신앙을 지키는 것으로 만족하지 않고, 현대 역사 비평학이 지닌 객관적 방법론을 통한 기독교 신앙의 변증을 모색하였다. 요컨대, 교부 터툴리안(Tertullian)이 "예루살렘이 아덴과 무슨 상관이 있느냐?"라는 신앙과 이성의 상관성을 단절하고 부정함으로써 신앙을 이성의 우위에 두고자 하였다면, 바빙크는 아덴의 철학이 거룩하게 쓰임 받는 예루살렘의 시녀임을 주장함으로써 보다 적극적으로 학문과 이성을 통한 기독교 신앙을 변증하고 옹호하였다. 다시 말하면, 바빙크에게 있어서 자연과 은혜, 학문과 종교, 이성과 신앙은 명백히 구분되는 것이로되, 결코 이분법적으로 분리될 수 없는 것이었다. 사실상 바빙크는 무엇보다도 신앙과 학문의 관계에 대해 초기부터 지속적인 관심을 지녔었다. 1880년 '자유교회'(De Vrije Kerk)에 게재한 '신앙의 지식'에서 바빙크는 믿음과 지식의 분리는 "비기독교적이며 비성경적"이며, "믿음 없이 지식이 없는 것처럼, 마찬가지로 지식 없이는 믿음도 없다"고 단언한다. 바빙크는 성경의 계시가 가르치는 일반은혜와 특별은혜의 상대적, 유기적 관계를 바르게 이해함으로써 모든 인간의 삶의 영역, 즉 교회, 국가, 가정, 직업, 학문과 예술 등의 분야는 창조에 따른 일반은혜에 의해 존립하는데, 단지 성령에 의해 거룩하게 될 필요가 있다고 지적한다. 심지어 신학 역시 일반은혜의 학문 안에 존립하되, 오직 특별계시인 성경을 유일한 원리로 삼아 신지식(神知識)의 체계를 세우며 오직 하나님께 영광을 돌리는 것을 그 목적으로 하는 특별은혜에 의존한다. 즉, 바빙크는 개혁주의가 고백하는 하나님의 창조와 재창조의 은혜가 현대 세계와 그 문화, 학문, 기술, 예술을 거룩하게 하며 구속하는 하나님 계시 중심적 사고를 펼쳐 나갔다. 신앙과 학문, 기독교와 세상의 양극화도 아니요, 그 둘 사이의 구분을 지우는 종합이나 혼합도 아닌, 창조와 재창조의 한 분 하나님을 영화롭게 하는 보편적 기독교 신앙의 관점에서 작업하였다. 따라서 벌카우어(G. C. Berkouwer, 1903-1996)는 바빙크의 '보편성'을 기독교 신앙에서 비롯된 보편성으로 바르게 특징짓는다: "바빙크는 격리와 거리감을 두자는 모든 요청을 거부하였을지라도, 단지 여기서 한 발짝 뒤로 물러선 때가 있다면 그것은 종합과 혼합주의에 대한 두려움에서 비롯되었다. 왜냐하면 그는 오로지 세상을 이기는 믿음의 길만을 추구하였기 때문이다(요일 5:4하)."[4] 바빙크의 전체적 신학 작업을 특징짓는 개혁주의 영성은 신앙과 문화의 이중성, 즉 그가 자라난 분리측 교회의 신앙과 현대신학의 접촉이 낳은 문화 사이의 이중성에 대한 논박으로 이해될 수 있다. 바빙크는 그리스도의 복음이 지닌 거룩한 능력을 믿었으며, 이 믿음으로 현대 문화와의 접촉을 싫어하는 분리주의적 태도를 거부하는 동시에 현대 문화와의 종합을 추구하는 혼합주의적 자세도 거부한 것이다. 요컨대 바빙크는 성경이 가르치는 바 은혜언약, 즉 일반은혜와 특별은혜의 토대 위에서 그의 신학적 작업을 추구하였다.

바빙크의 설교: 세상을 정복하는 믿음의 능력

설교학자 필립스 브룩스(Phillips Brooks, 1835-1893)는 설교란 "인격을 통한 진리의 전달"이라고 바르게 지적했다. 따라서 바빙크의 설교는 오늘날 우리에게 그의 인격과 영성의 면모를 비추어줄 수 있다. 하지만 바

---

4 G. C. Berkouwer, *Zoeken en vinden: herinneringen en ervaringen* (Kampen: Kok, 1989), 48.

빙크는 안타깝게도 오직 단 한 편의 설교문만 인쇄본으로 남겼다. 약 1년 반 정도의 프라네커(Franeker) 교회에서의 목회생활만 아니라 교수로 임용된 이후 평생에 걸쳐 수많은 설교를 했음에도 불구하고, 아브라함 카이퍼(Abraham Kuyper, 1837-1920)를 비롯한 당대의 많은 신학자들이 설교집을 출판했음에도 불구하고, 바빙크가 단 한 편의 설교문만을 출판했다는 것은 이해하기 힘든 일이다. 특히 깜픈의 교수들 가운데서도 뛰어난 설교자였음을 고려할 때 참으로 놀라운 일이다.

바빙크의 설교를 직접 들었던 바빙크의 수제자 란트베어(J. H. Landwehr, 1864-1930)는 바빙크가 교수들 가운데서도 탁월한 설교자였다고 소개한다. 그는 당시 깜픈의 교수들이었던 판 펠젼(Van Velzen), 브럼멀캄프, 드 콕(de Cock)의 훌륭한 설교를 소개한 뒤, 바빙크가 설교자로 등장했을 때, 이들 모두는 바빙크의 먼 그림자 발치에 서게 되었다고 지적한다. 란트베어는 자신이 직접 들은 바빙크의 감동적 설교를 다음과 같이 묘사한다.

> 그는 교리적으로, 주해적으로, 역사적으로, 그리고 심리학적으로 설교하지 않았다. 이 모든 것은 서재에서 다루었던 예비적 작업이었다. 그것들은 감추어진 기둥들이었으되, 건물은 우리 영혼의 눈앞에 높이 치솟았다. 처음엔 인상적인 서론, 그 다음엔 진리의 조용한 전개가 뒤따르고, 그 다음엔 물밀듯이 점점 더 불어나는 생각의 물결, 거룩한 열정, 강력하게 사로잡는 것이 있었다. 그 다음엔 모든 것이 조용했다. 그리고 설교자가 "아멘"이라고 말하자, 많은 사람들의 가슴 속에서 "할렐루야"가 울려 퍼졌다.[5]

깜픈의 신학생들에게 흥미로운 웅변술 강연을 전했을 뿐만 아니라 관

---

5 J. H. Landwehr, *In memoriam Prof. Dr. H. Bavinck* (Kampen: J. H. Kok, 1921), 33. 란트베어는 신학생 시절 자신이 직접 들은 바빙크의 설교들을 다음과 같이 열거한다. 마 5:8, 요 8:23, 고후 3:3, 겔 16:14, 마 20:28, 그리고 하이델베르크 교리문답 주일 4 그리고 41.

찰의 은사를 지녔던 히스펀(Gispen)은 바빙크의 웅변술에 대해 다음과 같이 요약했다.

> 바빙크 교수에게 있어서 형언할 수 없을 정도로 사로잡는 매력은 단순성, 선명함, 정확한 개념적 정의, 논리적 논증이다. 그의 스타일은 바닷가에서 솟구쳐 오른 파도 같은 거품이 아니라 잔잔하고 선명하며, 투명하고, 오히려 생각이 부드럽게 흐르는 물결 위에서 뱃놀이하는 것과 같다. 왜냐하면 그는 자신이 다루는 주제의 근원과 범위를 꿰뚫어보아 다른 사람이 그 주제를 이해할 수 있도록 아주 쉽게 말할 수 있기 때문이다.[6]

바빙크의 『세상을 정복하는 믿음의 능력』(요일 5:4하)은 그의 첫 번째 설교문이자 유일한 인쇄본이다.[7] 레이든 대학에 재학 중이던 바빙크는 1878년 7월 26일 마지막 주일에 삼촌과 이모가 살고 있던 엔스헤이더(Enschede)에서 학생 설교자로서 자신의 첫 번째 설교, 『세상을 정복하는 믿음의 능력(요일 5:4b)』을 전하였다. 불과 24세의 나이에 전했던 바빙크의 이 첫 번째 설교는 바빙크의 신학과 신앙, 그리고 그의 삶에서 가장 중요한 믿음의 능력을 선포한 것이었다. 그로부터 약 23년 후 신학 교수로서 절정에 이르렀던 바빙크는 중대한 계기를 맞아 다시금 동일한 성경 본문으로 설교하였다. 즉, 1901년 6월 30일 남아프리카 공화국의 폴 크루거(Paul Kruger, 1825-1904) 대통령과 그의 일행이 깜픈의 부르흐 교회(Burgwalkerk)를 방문하여 예배에 참석했을 때 바빙크가 설교한 것이다.

---

6 1921년 7월 30일자 *Standaard n°. Landwehr, In memoriam Prof. Dr. H. Bavinck*, 31에서 재인용.

7 Herman Bavinck, *De Wereldverwinnende Kracht des Geloofs* (Kampen: Ph. Zalsman, 1901).

바빙크는 설교에 앞서 요한일서 5장 4절 하반절을 가지고 '세상을 정복하는 믿음의 능력'이라는 제목으로 설교하는 이유를 밝힌다. 바빙크는 시대적 변화와 요청을 인식하고 '불신앙과 혁명'의 19세기를 지난 20세기 초에 기독교 신앙으로의 회귀와 종교개혁의 원리들이 삶의 모든 영역에서 적용될 수 있을까? 하는 무의식적인 기대감이 세 가지 역사적 사건들 가운데 일어나고 있다고 지적한다. (1) 지난 세기의 혁명은 기대에 미치지 못했을 뿐만 아니라 도리어 비참한 삶의 현실에 대한 불평과 불만이 팽배하여 다시금 종교에 대한 관심이 일어났다. (2) 남아프리카 공화국에서 발생한 강력한 영국과 힘없는 토착민과의 전쟁은 농민들의 정의에 대한 열정과 신앙의 힘을 보여주어 세상을 놀라게 하였다. (3) 1901년 네덜란드 선거 결과는 이제 더 이상 국가를 비롯한 삶의 모든 영역에서 불신앙과 혁명의 길을 걸어가지 않겠다는 것을 확실히 보여주었다.

설교는 전체적으로 서론, 본론, 결론으로 구성되어 있다. 서론에서 바빙크는 설교 본문의 문맥(요일 5:1-5)을 살피면서 사랑의 사도 요한이 사랑이 아닌 믿음을 강조한다는 것을 지적한다. 바빙크는 이 믿음이 갖는 세 가지 영광을 본문에 기초하여 해설한다. 첫째, 믿음은 사람 속에 새로운 삶의 원리를 심는다. 믿는 자는 더 이상 세상에 속한 자가 아니라 위로부터 나서 하나님의 자녀의 권세를 갖는다. 둘째, 믿음은 하나님의 계명을 지킬 수 있는 강력한 힘이다. 하나님께서 먼저 죄인을 사랑하신 것을 경험한 사람은 그에 대한 보답으로 감사함으로 하나님을 사랑하여 그분의 계명을 순종하는 즐거움을 누린다. 셋째, 예수가 하나님의 아들임을 믿는 믿음은 세상까지 정복하는 하나님의 능력이다. 하나님에게서 난 자마다 믿음으로 세상을 이기기 때문이다.

본론에서 바빙크는 서론의 마지막 세 번째 요점, 즉 세상을 이기는 믿음의 능력을 세 가지 관점에서 해설하고 논증하는 전형적인 삼대지 설교로 이루어져 있다. (1) 이 믿음이 마주하는 저항: 믿음을 대적하는 모든 저항은 '세상'이라는 이름으로 요약된다. 죄의 권세는 온 세상을 하나님의 대적으로 만드는데, 인간의 외부 세계만 아니라 내부 마음속까지 지배하여 우리를 죄의 종으로 삼는 강력한 권세이다. (2) 이 믿음이 지닌 특성: 바빙크는 이 믿음이 지닌 특징은 세상을 이기는 것인데, 세상을 정복하는 믿음은 인간의 욕구나 생각이 아니라 죄의 권세 아래 묶인 비참한 현실에 빠진 인간을 세상 모든 권세로부터 승리하는 힘이라고 해설한다. (3) 이 믿음에 약속된 승리: 이 믿음에는 세상에 대한 승리가 약속되어 있다. "믿음 자체는 그 원칙과 본질에 있어서 이미 세상에 대한 승리입니다. 믿음은 단지 결과와 열매로서 승리를 얻는 것이 아니라, 그 처음 시작부터 이미 세상에 대한 승리입니다." 특히 신자들은 새로운 생명을 부여받아 새로운 피조물이 되었으므로[고후 5:17] 세상의 폭력과 지배로부터 벗어났을 뿐만 아니라 선지자적, 제사장적, 그리고 왕적 권세로 이 세상을 다스리게 된다. "왜냐하면 예수가 그리스도라는 믿음은 녹슬고 빛바랜 안식이 아니기 때문입니다. 믿음은 홀로 고요한 곳으로 물러나는 것이 아니라 활기차고 힘차게 그리고 용감무쌍하게 세상 가운데 침투해 들어가기 때문입니다."

바빙크는 결론에서 설교를 듣는 청중들에게 도전하고 질문함으로써 성경의 교훈을 적용한다. "형제, 자매 여러분, 여러분은 이 믿음을 갖고 계십니까? 여러분은 세상을 이기는 놀라운 능력을 지닌 이 믿음을 알고 있습니까? 여러분은 신자의 이름을 지니고 있는데, 여러분은 그렇게 일컬어지는 존재입니까?" 바빙크는 고린도후서 13장 5절을 인용하며 "너희는 믿음 안에 있는가 너희 자신을 시험하고 너희 자신을 확증하라"고 권면한다.

바빙크의 기도 생활

앞서 살폈듯이 평생 목회자와 교수로서 많은 설교를 했음에도 불구하고 바빙크의 인쇄된 설교문은 오직 하나인 것처럼, 바빙크의 기도문 역시, 개인적 기도문이든 공적 기도문이든 찾아보기 힘들다. 그렇다고 바빙크의 기도생활을 전혀 알 수 없는 것은 아니다. 프라네커 목회 생활에서 그의 기도 생활을 엿볼 수 있기 때문이다. 란트베어는 바빙크의 기도에 관한 하나의 에피소드를 들려준다.

바빙크는 학부모들의 모임에서 강연을 부탁받았다. 당시 한 장로가 그 학교의 운영을 맡고 있었다. 그는 그 모임에서 강연자를 소개하고 모임의 목적을 소개할 임무를 맡았다. 그래서 그는 목사관에서 목사를 모셔 와 자기에게 맡겨진 일을 하면 된다고 생각했다. 즉 모임의 서두 인사말만 하면 된다고 생각했다. 목사관에 도착했을 때, 그는 바빙크가 머물던 목사관의 안주인의 안내를 받아 응접실에서 잠시 기다렸다. 그런데 그가 앉아 기다리는데 옆방에서 대화하는 소리가 들렸다. 그는 생각하기를, "목사님에게 손님이 찾아오셨나? 그렇다면 빨리 대화를 마쳐야 할 텐데. 이제 곧 출발해야 할 시간인데." 그래서 그는 의도치 않게 자세히 귀를 기울여 듣게 되었는데, 바빙크가 기도하고 있다는 것을 알았다. 바빙크는 자신이 전할 메시지를 위해 그리고 자신의 사역을 잘 감당하도록 지혜와 축복을 구하는 기도와 간구로 씨름하고 있었다. 순간 그 장로는 자신에 대해 그리고 기도하는 바빙크에 대해 놀라움에 사로잡혀 얼어붙은 것처럼 되었다. 먼저, 그는 아무런 준비 없이 처신한 자신의 모습에 놀랐다. 그냥 기도 없이 습관대로 하면 되는 줄 알았다. 동시에 그는 기도하는 바빙크가 스스로를 이 사역을 감당하기에 아주 작고 힘없는 존재라는 사실을 고백하면서 은혜의 보좌 앞에 힘써 나아가는 기도의 모습에 놀랐던 것이다. 하지만 거기서 끝난 것이 아니었다. 그날 저녁 그는 다시 한 번 놀랐다. 바빙크가 능력있고 권위 있는 말씀으로 청중들의 양심을 뒤흔들었기 때문이다. 이것은 모든 사람들이 증거하는 바였다. "우리는 바빙크처럼 그렇게 전한 것을 들어 본 적이 없습니다."[8]

---

8 Landwehr, *In memoriam Prof. Dr. H. Bavinck*, 22.

결론적으로 우리는 다시금 바빙크의 인격과 영성을 보여주는 그의 임종의 순간에 고백한 것을 기억해야 한다. "이제 내 학식은 더 이상 소용이 없다. 이제 나의 교의학도 더 이상 나에게 유익하지 않다. 오직 믿음만이 나를 구원한다."

헤르만 바빙크를 더 자세하기 알기 위한 전기 작품들:

유해무. 「헤르만 바빙크: 보편성을 추구한 신학자」. 서울: 살림, 2004.

Bremmer, R. H. *Herman Bavinck en zijn tijdgenoten*. Kampen: J. H. Kok, 1966.

Eglinton, James P. *Bavinck: A Critical Biography*. Grand Rapids: Baker Academic, 2020.

Gleason, Ron. *Herman Bavinck: Pastor, Churchman, Statesman, and Theologian*. 윤석인 옮김. 『헤르만 바빙크 평전』. 서울: 부흥과개혁사, 2014.

Hepp, V. *Dr. Herman Bavinck*. Amsterdam: W. Ten Have, 1921.

Landwehr, J. H. *In Memoriam, Prof. Dr. H. Bavinck*. Kampen: J. H. Kok, 1921.

박태현

건국대학교 전자계산학과 (B.Sc.)
고려신학대학원 (M.Div. Equiv.)
St. John's College (M.A.)
Apeldoorn Theological University (Drs. Theol.)
Apeldoorn Theological University (Dr. Theol.)
(현) 총신대학교 목회신학전문대학원 설교학 교수
(현) 한국복음주의실천신학회 회장

칼 바르트의 기도

황 돈 형

1. 칼 바르트의 신학사상

칼 바르트의 사상은 그의 삶과 더불어 이해하는 것이 필요하다. 왜냐하면, 그의 사상은 결코 이론적으로만 정립된 것이 아니고, 현실적인 삶의 역경 속에서 하나님을 증언하고자 하는 변함없는 투쟁적 과정으로 이루어졌기 때문이다. 물론, 이 말은 그의 사상의 형식이 변화가 없었다는 것이 아니다. 오히려 그의 사상의 형태는 상황에 따라 급격하게 변화하였다. 어떻게 보면, 그는 자신의 사상의 형식을 지킬 의향이 전혀 없던 것처럼 보인다. 그에게 있어 자신의 사상 자체가 문제가 되지 않는다. 그렇지만, 이 가운데 우리가 주목할 수 있는 것은 그가 한 번도 하나님에 대한 문제를 포기하거나 하나님을 대체하는 다른 대상을 찾지 않았다는 것이다. 그는 초지일관하게 하나님만을 말하고자 하였다. 그 가운데 그는 자신의 사상을 전통적 신앙의 형태로부터 자유주의의 형태로, 그리고 다시 그 가운데도 사회주의적 관점을 받아들이기도 하며, 그러나 다시 급격하게 방향을 전환해서 소위, 변증법적 방식으로 하나님의 세상에 대한 초월성을 강조하기도 한다. 그런가 하면, 또한 모든 종류의 철학적인 인간성의 기반을 벗어나서, 예수 그리스도 한 분을 통해서 하나님을 말하고자 하면서, 하나님의 인간성에 대하여 강조하고, 이를 신학의 가장 중요한 전제로서 파악하는 가운데 세상에 가장 분명하게 현존하시는 임마누엘의 하나님을 그의 생애 마지막까지 반복적으로 언급하였다.

　이러한 그의 신학 사상의 변화는, 마치 계절에 따라서 옷을 갈아입는 자연처럼, 계속하여 변화되었지만, 그는 그 가운데 언제나 하나의 중심을 잊지 않고 있었다. 세상을 창조하시고, 구원하시고 새롭게 변화시키는 삼위일체이신 하나님이 바로 그의 전부였다. 바르트의 대작인『교회교의학』은 바로 이렇게 삼위일체되신 하나님의 행위 가운데 계신 하나님의 존재를 설명하고자 한 것이다. 그리하여 바르트는 신학을 시작할 때 이성적 한계를 출발점으로 하지 않는다. 그에게 중요한 것은 인간이 하나님에 대하여 무엇이라고 말하거나 묻기 전에 하나님이 우리에게 말씀하고 계시다는 것이다. 그리고 하나님의 말씀으로서 자신의 뜻을 알리시는 행위 가운데 하나님은 자신의 존재를 분명하게 드러내시는 것이다. 그리하여 하나님이 말씀하신다는 이 행위에는 이미 하나님의 진실한 존재가 함께 나타나는 것이다. 즉, 하나님의 자기 진술로서 예수 그리스도의 계시를 통해서 "하나님은 자신을 주로써 말씀하신다."가 삼위일체의 진정한 근거와 뿌리가 되는 가운데, 삼위일체이신 아버지, 아들, 성령의 영원한 자기 반복 가운데 계신 하나님의 존재를 나타내게 되는 것이다. 이것은 단지 언어에 대한 인간의 논리적 분석으로서 주어, 술어, 목적어에 의해서 드러난 절대적 주체의 양태론적 형태를 의미하는 것이 아니다. 하나님은 말씀하시는 자신의 행위 가운데 자신의 존재를 진실하게 드러내시면서, 내재적 삼위일체의 아버지, 아들, 성령의 존재가, 그 말씀하신 바를 이루시는 전능하신 주 하나님으로서 경륜적으로 영원하신 예정과 선택 가운데 창조주와 화해자, 그리고 구원자가 되시는 것이다. 그리하여 바르트는, 비록『교회교의학』을 쓰기 시작할 때의 계획대로 구원을 다루는 종말론적 차원에서의 성령론을 집필하지는 못했지만, 아버지 하나님에 대한 창조주 하나님의 역사와, 아들 하나님의 역사로 화해론을 서술하였던 것을 알 수 있다.

바르트의 신학은 이 가운데 마치 토마스 아퀴나스의 『신학대전』에 비할 정도로 많은 연구를 내포하고 있지만, 그러나 『복음주의 신학 입문』에서 언급하였던 것처럼, 신학의 참된 성격은 언제나 인간적인 삶의 현장에서 드러나는 모습 "신학적 실존"에서 나타나고 있다고 보았다. 그리고 이러한 신학적 실존을 통해서 알려지는 참된 신학은 성령의 신학으로서, 성령이 계시지 않는 신학은 가장 나쁜 신학이라고 강조하면서, 참다운 신학자의 삶의 모습은 성령의 역사 가운데 지속적인 놀람과 당황, 붙잡힌 바 된 믿음의 현실에서 알려진다고 강조하였다. 이러한 관점에서 바르트는 기도의 삶을 신학적 작업의 처음 출발점으로 설명하고 있다. 즉, 하나님을 연구하는 신학은 기도하고, 행하는 것이다(*Ora* et *Labora*). 그리고 그 결과는 하나님의 아가페적 사랑의 실제를 추구하는 것이다. 즉, 예수 그리스도의 삶을 따라서 자신 안에서 하나님을 사랑하고 인간을 사랑하는 확신의 삶을 이루는 일이다.

이렇게 해서 바르트는 자신의 삶 전부를 통해서, 하나님이 먼저 우리가 예상하지 못한 방식으로, 우리에게 이루어주신 것을 밝히고자 하였으며, 이를 하나님에 대한 변함없는 신뢰 가운데 기도를 통해서 이루어질 수 있는 사랑의 모습으로서의 참된 신학적 인식을 강조하였다.

2. 바르트가 말하는 기도하는 삶

바르트는 기도에 대하여 질문하는 것들, 어떻게, 어디서, 왜 기도해야 하는가? 하는 질문들이 단지 긍정적인 것만은 아닐 수 있다고 주의를 하면서 기도에 대하여 말하기 시작한다. 기도의 형식에 대하여 심각하게 묻는 것은 이미 신앙에 질병이 있다는 징표가 아니겠는가? 하는 질문을 제기하였다. 왜냐하면, 기도는 형식에 의해서 구애받아야 할 것이 아니기 때문이다. 기도한다는 것은 숨을 쉬지 않는 생명이 불가능한 것과 같이 매일의 우리의 신앙적 삶을 가능하게 만드는 근거 중의 근거로서 너무나 자연스럽게 이루어져야 할 것이기 때문이다. 그렇기에 바르트는 기도에 대하여 자꾸 질문하는 것보다, 기도하는 것이 중요하다고 강조하는 것이다.

그러나 바르트에 따르면, 이러한 기도의 생활은 우리의 감정이나 우리의 이성적 요구에 따라서 정당한 방식으로 전개될 수 없음을 강조하고 있다. 바로 이 점에서 그는 기도는 철저하게 훈련되어야 할 것으로 인식한다. 그렇다고, 바르트는 기도를 통한 어떤 특별하고 신기한 일들이 일어나는 것을 기대할 수 없었다. 오히려, 그에게는 가장 심각한 역사의 모순을 – 소위, 기독교가 사회의 문화적 주류를 이루고 있는 유럽의 사회에서 발생한 역사의 가장 어두운 질곡으로서 1,2차 세계대전과 이단적인 독일민족기독교의 시련 – 극복하는 것이 가장 시급한 것이었다. 그 가운데 그가 진실된 기독교와 기독교인이라는 것을 무엇으로 나타내야 했는가? 생각하면, 매일의 일상적 삶에서 기독교인으로 산다는 것의 의미를 확인하는 것이 중요한 것임을 알게 된다. 즉, 기도가 얼마나 일상적인 삶의 능력으로서 요구되고 있었는가를 짐작할 수 있다. 이러한 맥락에서 이제 바르트가 제시하는 기도의 참다운 모습의 형태를 세 항목으로 알아보기로 하겠다.

a. 기도의 가능성

기도한다는 것은 무엇을 의미하는가? 기도는 아무도, 그 무엇도 도울 수 없는 낭패와 곤란한 상황에서 문제를 해결 받는 수단인가? 기도의 동기가 무엇이 되었든지 사실, 우리가 기도한다는 것은 우리를 도울 수 있는 분이 계시다는 것을 믿는 것과 그분이 기도를 들으신다는 확신이 필요하다. 다시 말해서, 기도하는 것은 하나님을 만나기를 구하는 것이고,

또 하나님의 뜻과 일치되기를 추구하는 것이다. 이러한 연관성에서 바르트는 대담하게 강조하기를, 기도는 하나님의 일을 이룰 수 있는 것이라고 강조한다. 다시 말해서 우리의 구원과 하나님의 뜻이 이루어지는 것을 연관시키는 예를 들어서 기도의 의미를 설명한다. 그리하여 종교개혁은 바로 기도를 통해서 하나님의 응답이 이루어진 것이라고 설명한다. 그는 종교개혁자들의 글을 인용하면서, 종교개혁에 있어서 기도의 중요성을 강조한다. 루터의「대교리문답」의 "마귀와 그 종속자들을 대항하기에 우리는 너무 연약하다. … 우리를 보호하는 성벽과도 같이 일어선 경건한 사람들의 기도가 아니면 마귀가 우리를 굴복시키려고 일삼았던, 우리의 원수의 행동에 대항했던 이 큰 승리가 무엇으로 이루어졌겠는가? 우리의 원수는 우리를 조롱할 것이다. 그러나 우리가 기도에 힘쓰며, 기도를 계속한다면 원수들과 마귀를 대항할 수 있을 것이다"을 인용하면서 기도는 우리가 당하는 큰 시험과 위험 속에서도 기도를 들으시고, 모든 악과 거짓된 것들로부터 우리를 구원하시는 하나님의 뜻을 이루는 가장 명확한 도구가 된다고 강조한다.

그렇다면, 하나님의 뜻을 이루는 삶은 무엇인가? 어떤 특별한 능력자, 어떤 영웅이 된 것인가? 바르트는 이것을 철저하게 그리스도의 뒤를 따르는 삶이라고 규정짓는다. 다시 말해서, 기도를 통해서 하나님의 뜻을 이루며, 하나님의 영광을 드러내는 삶은 전적으로 예수 그리스도의 삶이라는 것이다. 그렇기에 진정으로 기도하고자 한다면, 우리는 예수 그리스도와 함께 기도하는 삶을 생각해야 한다고 강조한다. 바르트는 예수 그리스도와 상관없이 떠올리는 모든 생각에 대하여 경계를 늦추지 않는다. 만약, 우리가 기도의 영웅, 기도의 맹장, 기도의 능력자라는 표현을 사용한다면, 그것은 전적으로 모든 것이 예수 그리스도의 십자가를 지심으로써 부활의 역사를 이루신 그의 삶에서만 이해되어야 한다는 것이다.

이러한 의미에서 마치 하나님 없이도, 또 기도의 은사도 없이도, 우리가 스스로 단독적으로 기도를 할 수 있는 존재처럼 생각하는 것은 위험한 일이다. 우리는 기도를 할 수 없는 사람들이다. 우리의 기도가 의미가 있는 것은 하나님께서 우리의 기도를 이미 들으셨기 때문인데, 그것은 바로 예수 그리스도의 기도 때문이라는 것이다. 바르트에 따르면 우리가 기도할 수 있고, 우리가 기도하여 응답을 확신하게 되는 모든 것은 우리가 기도를 할 수 있는 능력자라든지, 우리가 스스로 응답을 요구할 수 있는 권리자이기 때문이 아니다. 아니 사실은 우리는 무엇이라 기도할 줄 모르고, 또한 기도한다고 할지라도 그 기도의 응답을 요구할 가치가 없는 죄인인 존재인 것이다. 그러나 하나님께서 예수 그리스도 안에서 그의 기도에 응답하셨기 때문에 우리의 기도가 응답 되는 것이라고 한다. 예수 그리스도께서 우리를 위해서 기도하셨고, 지금도 보좌 우편에서 우리를 위해 기도하시기 때문에, 하나님께서 그의 기도에 응답하셨고, 지금도 그의 기도를 귀 기울이시기 때문에(요 17장), 우리의 기도를 중요하게 들으시고 우리에게 응답하시는 것이다.

이런 의미에서 우리의 기도가 참된 기도가 되기 위해서는 예수 그리스도의 기도 없이 혼자 기도하려고 해서는 안 되며, 전적으로 예수 그리스도의 기도에 합심하여 그의 기도에 동참하는 기도가 되어야 한다는 것이다. 이러한 과정에서 우리의 기도는 확신에 찬 기도가 되며, 하나님의 뜻을 이루는 것이 된다고 한다.

b. 참된 기도로서의 주기도문

예수 그리스도와 함께 기도할 수 있게 된 것은, 예수께서 우리에게 기도를 알려주셨으며, 그 가운데 하나님을 "**우리** 아버지"라고 부를 수 있도록 초대하기 때문이라고 한다. 우리는 예수 그리스도의 기도를 통해서 하나님을 아버지로 부르면서 아버지의 한 자녀로서 함께 기도하도록 허락되고 자유롭게 요구받고 있다. 우리는 기도를 해도 되고, 안 해도 상관없는 상태가 아니라, 기도를 통해서 하나님을 아버지로서 만나도록 새로운 자유의 부름 가운데 있는 것이다.

이것은 무엇보다도 먼저, 아버지 하나님을 믿고, 그분을 의지하고, 그분의 모든 것을 기대할 수 있게 되었음을 알려준다. 우리는 하늘 아버지의 이름을 부르며, 아버지의 나라와 아버지의 뜻을 찾고 기대할 수 있게 된 것이다. 그리하여 참된 기도는 먼저 세상의 필요와 요구가 아닌, 하나님의 영광을 구하는 것으로 이루어진다. 하나님 아버지는 우리가 무엇을 구하기 전에, 먼저 우리에게 향하신 축복과 구원의 놀라운 은혜를 계획하고 계신 것이다. 그리하여 기도의 우선적 관점은 하나님이 얼마나 크신 사랑의 행위로 우리를 위해서 일하셨는가를 알고, 하나님의 참된 "아버지"의 이름이 분명히 알려지도록 감사의 마음으로 구하는 것이어야 한다. 우리가 지금 곤경에 빠져 있는 이 세상의 모든 죄와 죽음, 그리고 악한 것들을 예수의 죽음과 부활을 통해서 새롭게 하나님의 피조물로 만드시기 원하신 **"아버지의 이름을 거룩하게"**하심을 구하는 것이 무엇보다 중요한 것이다. 그리고 새롭게 부르심을 받은 세계는 하나님의 나라로서 이미 예수 안에서 이루어졌으며, 따라서 비록, 이 세상 가운데 가리어져 있지만, 우리의 삶의 현재 가운데 실재하고 현존하며, 앞으로 밝히 드러날 수 있게끔 **"아버지의 나라가 오도록"** 기도하는 것이 중요하다. 그리하여 **"아버지의 뜻이 하늘에서 이룬 것 같이 땅에서도 이루어지게 하소서"** 기도할 때, 우리는 하나님의 미래 가운데 우리의 미래를 맡기며 의탁하는 것이다. 우리의 과거와 현재 가운데 이루어지고 경험되어진 하나님의 나라가 이제 앞으로 드러날 미래 가운데 확고하게 이 땅에서 성취될 것을 위해서 기도하는 것이다.

하나님의 참된 아버지의 이름을 드러내도록 기도하였다면, 이제 우리는 예수 그리스도 안에서 아버지의 자녀가 된 우리, 그리고 앞으로 부름을 받을 이들을 위해서, 그리고 또 예수 그리스도께서 십자가에서 구원하시고자 대속의 희생을 이루셨던 모든 이들을 위해서, 간절히 구하며 기도할 것을 요청받고 있다.

그리고 이러한 기도 역시 아버지의 것을 구하는 것처럼 우리의 모든 것들을 이미 주신 것을 감사하는 마음으로 구하는 것이다. 먼저, (매일 이루어지는) **"오늘 우리에게 일용할 양식을 주시기"** 구하는 것이다. 여기서 일용할 양식은 하나님의 약속으로 주어진 표징과 실재로서, 하나님께서 우리를 위해 이루신 종말론적 충만함 가운데, 온전한 확신과 기쁨으로 미래에 대한 두려움과 불안을 물리치고 구하는 것이다. 이렇게 함으로써 우리의 기도는 우리의 필요를 채우면서도 우리의 욕심이나 불안에 기인한 청원이 아니게 되는 것이다. 또, 우리의 기도는 하나님의 용서와 연관되어서 우리의 삶의 근본적인 용서의 태도와 함께 미래를 기대하게 되는 것이다. **"우리가 우리에게 잘못한 사람을 용서하여 준 것 같이, 우리의 죄를 용서하여 주시고"** 기도하는 것은 이제 우리가 하나님에게 용서받은 사람으로서 우리에게 죄 지은 자들을 얼마든지 용서할 수 있는 사람들이 되었으며, 이러한 행위들 가운데서 하나님이 이미 우리를 용서하셨던 것처럼, 앞으로 우리가 지을 모든 죄의 실수들을 용서하여 주심을 확신하며, 그렇게 우리의 잘못을 담대하게 하나님 앞에 고백하여 용서를 구하게 되는 것이다. 그리하여 우리는 이러한 기도를 통해서 우리의 연약함을 누구보다도 깊이 깨달으면서도, 동시에 우리에게 주어진 용서의 삶의 가능성과 함께 용서받을 자유를 두려움 없이 확실하게 바라보게 되는 것이다. 그리고 이러한 종말론적 미래에 대한 확신은 다시금 우리에게 닥친 곤경의 깊은 심연 앞에서, 비록 우리의 연약함과 부족함을 깨닫게 되는 순간일지라도 다시금 확신에 찬 미래를 기대하며 기도할 수 있는 것이다. 그리하여 우리는 **"우리를 시험에 빠지지 않게 하시고 악에서 구하소서"** 기도하게 되는 것이다. 바르트는 여기서 시험의 근본적인 성격에 대하여 강조한다. 바르트는 일상적인 시험과 유혹들은 발생하며, 우리의 필요를 따라서 주어질 수 있다고 서술한다. 그러나 이러한 시험들의 가장 궁극적인 형태는 하나님 자신을 부정하는 공허로 알려진다. 이것은 이 세상의 창조에 속하지 않은 부정적인 죄의 근거 자체로서, 사탄과 모든 악으로 설명하고 있다. 인간은 이것을 이길 수 없음을 잘 알지만, 하나님의 권세가 악의 모든 것을 깨트리시고, 우리에게 승리를 가져 주시는 것이다. 우리의 미래와 모든 것을 의심하게 만들고 절망하게 만드는 궁극적인 위협을 하나님께서 물리치시고 참된 자유와 영광의 구원을 이루시게 됨을 고백하면서 기도하는 것은 마지막의 송영으로 연결되며, 우리의 기도의 참된 모습을 보여준다. 우리는 여하한 모든 상황에서도 주님의 구원과 승리에 감사하면서 기도할 수 있다.

"나라와 권능과 영광이 영원히 아버지의 것이옵니다. 아멘"

황 돈 형

서울신학대학교 (B.A.)

연세대 연합신학대학원(Th.M.)

독일 Ruhr—University Bochum (Dr. Theol.)

(현) 서울중앙신학교 교수

(전) 한국조직신학회 총무

(현) 조직신학연구 편집위원

C. S. 루이스의 기도

우병훈

1. 루이스의 생애와 기도

1.1. 루이스의 생애와 작품

C. S. 루이스(1898-1963)는 20세기 최고의 기독교 저술가 중 한 명으로, 40권 가량 되는 그의 책들은 수많은 사람들에게 영감과 지혜를 주고 있다. 학자이자 대학교수, 기독교 저술가 및 변증가, 소설가 및 아동문학 작가로서 활동한 그의 작품들은 30개 이상의 언어로 번역되어 수백만 부가 팔렸으며, 지금까지도 널리 사랑을 받고 있다.

루이스는 1898년 11월 29일, 북아일랜드의 수도 벨파스트에서 아버지 알버트 루이스(1863-1929)와 어머니 플로렌스 해밀턴 루이스(1862-1908) 사이에서 태어났다. 가족과 친구들 사이에서 잭(Jack)으로 불렸던 그는 읽기와 쓰기를 강조하는 집안의 분위기에서 자랐다.[1] 그는 위니어드 학교, 캠벨 칼리지, 체르부르그 하우스(차트레스), 맬번 칼리지를 다녔다. 그 과정에서 10대 초반에 기독교를 버리고 무신론자가 되었으며, 20대가 지나도록 그 상태를 유지했다.

1916년에 옥스퍼드 대학의 유니버시티 칼리지에서 장학금을 받고 입

---

[1] 루이스가 어린 시절 썼던 작품들을 모은 책이 아래와 같이 출간되었다. *Boxen: The Imaginary World of the Young C.S. Lewis* (1985). 이하에서 책제목에 저자를 따로 밝히지 않은 작품들은 모두 루이스의 것이다.

학했는데, 이듬해에는 제 1차 세계대전에 영국군으로 자원하여 입대했다. 1918년 4월, 전장에서 부상을 당하고 옥스퍼드로 다시 돌아온 루이스는 고전학(그리스어 및 라틴어 문헌 연구), 고대사, 철학, 영문학, 문학이론 등을 공부하였다. 1925년 그는 옥스퍼드 모들린(Magdalen) 칼리지에서 가르치기 시작하여 1954년까지 교수한다. 1954년부터 1963년까지는 캠브리지 대학에서 중세 및 르네상스 분야의 교수로 가르쳤다.

10대 초반에 신앙을 버렸던 루이스는 1930년에 다시 하나님을 믿기 시작하여 유신론자가 되었으며, 1931년에는 기독교인이 된다. 그의 30대 초반의 영적, 지적 여정을 다룬 책은 자서전 격인 『예기치 못한 기쁨』(1955)으로 출간되었다.[2] 루이스의 회심에는 우리에게 『반지의 제왕』으로 잘 알려진, 독실한 가톨릭 신자 J.R.R. 톨킨의 영향이 분명히 작용했다. 루이스는 "잉클링스"(Inklings)라는 이름으로 알려진 문학 토론 모임을 1930년대 초부터 1949년 말까지 가졌다. 여기에는 톨킨과 그의 아들 크리스토퍼 톨킨, 오웬 바필드, 네빌 코그힐, 로드 데이빗 세실, 잭 벤네트, 후고 다이슨, 아담 폭스, J. H. 그랜트 3세, 로저 그린, 로저 하버드, 찰스 윌리엄스, 루이스의 형인 워런 루이스, 그의 사촌인 카밀 스미스 등이 참여했다.

루이스의 많은 작품들 중에 『순례자의 귀향』(1933), 『사랑의 알레고리』(1936), 『고통의 문제』(1940), 『스크루테이프의 편지』(1942), 『인간폐지』(1943), 『천국과 지옥의 이혼』(1945), 『기적』(1947), 『영광의 무게』(1949), 『순전한 기독교』(1952), 『예기치 못한 기쁨』(1955), 『우리가 얼굴을 찾을 때까지』(1956), 『시편 사색』(1958), 『네 가지 사랑』(1960), 『헤아려 본 슬픔』(1961), 『개인기도(말콤에게 보내는 편지)』(1963) 등이 유명하다.[3] 소설인 "나니아 연대기" 시리즈도 유명한데, 『사자와 마녀와 옷장』(1950), 『캐스피언 왕자』(1951), 『새벽 출정호의 항해』(1952), 『은의자』(1953), 『말과 소년』(1954),

---

2 *Surprised by Joy* (1955).

3 이 책들 중에 많은 작품들이 '홍성사'에서 출간했다.

『마법사의 조카』(1955), 『마지막 전투』(1956)의 순서로 출간되었다. [4]

1956년 루이스는 미국 여성 조이 데이빗먼(Joy Davidman)과 결혼신고를 한다. 그러나 안타깝게도 그해 10월 조이가 말기암 판정을 받는다. 두 사람은 1957년 3월 조이의 병실에서 성공회 사제의 집례로 혼인예식을 치른다. 사제는 조이가 치료되기를 기도했는데, 정말 몇 년간 암이 호전되었다. 하지만 결국 1959년 조이에게 골수암이 재발했고, 이듬해 7월에 세상을 떠난다. 루이스는 이때의 슬픔과 영적 방황을 『헤아려 본 슬픔』이란 작품에서 담아내었다. 루이스가 죽기 전 마지막으로 쓴 작품은 『개인기도』(1963년 초)였는데, 이것이 그의 첫 작품인 『순례자의 귀향』을 쓰고 나서 옥스퍼드 동기인 데이빗 로이드-존스가 언제 다음 책을 쓸 것인지 물어보았을 때에, "기도의 의미가 무엇인지 이해할 때"라고 답했던 루이스의 대답을 사뭇 의미심장하게 해 준다. 루이스는 1963년 11월 22일 세상을 떠났다. [5]

1.2. 루이스와 기도

『루이스, 크리스천의 삶을 말하다』라는 작품에서 조 리그니(Joe Rigney)가 요약했듯이, 루이스에게는 기도야말로 기독교적 삶의 중심이다. [6] 지금 여기에 계시는 살아계신 하나님의 임재를 누리는 가장 확실한 길은 바로 기도이다. 그것이 고백이든, 간청이든, 감사든, 경배든 간에 기도는 언제나 살아계신 하나님의 임재 앞에 엎드리는 것이며 그 임재를 두 팔로 껴안는 것이다. 기도가 그런 역할을 하는 이유는 하나님께서 그렇게 정하셨기 때문이다. 하나님은 기도 가운데 우리를 만나주시기로 약속하셨다.

루이스는 그의 작품 여러 곳에서 기도를 다루었다. 그 중에서도 『피고석의 하나님』 제 1부의 11장과 『스크루테이프의 편지』 가운데 네 번째

---

[4] 이 책들은 한국에서는 '시공주니어'에서 출간했다.

[5] 이상 루이스의 생애와 작품 소개는 브리태니커 사전, 위키피디아 등을 참조하였다.

[6] Joe Rigney, *Lewis on the Christian Life: Becoming Truly Human in the Presence of God* (Wheaton, IL: Crossway, 2018), 107.

편지는 기도라는 주제를 집중적으로 다룬다. 그리고 『개인기도』도 역시 기도를 다각도로 다룬다.[7] 이 글에서는 『개인기도』를 중심으로 루이스의 기도론을 살피면서, 다른 작품들도 종종 인용하겠다. (이하에서 괄호 안에 들어가는 숫자는 한글판 『개인기도』의 페이지 수이다.)

2. 루이스의 기도

2.1. 지금 있는 자리에서 시작하는 기도

『개인기도』에서 루이스의 편지를 받는 사람으로 등장하는 말콤은 가상의 인물이다. 편지에서 루이스와 말콤은 스승과 제자의 관계가 아니라, 친구 관계로 등장한다. 둘은 생각이 일치하지 않는 경우가 많지만, 오랜 우정 덕분에 서로를 존중하면서도 자기 생각을 분명히 전달할 수 있는 관계다. 루이스는 말콤에게서 기도의 중요한 원리를 배우기도 한다. 그 중에 한 가지가 이것이다.

> '지금 있는 자리에서 시작하라'는 중대한 원리를 처음 가르쳐 준 사람은 자네였네. 그전까지 나는 기도하기 전에 먼저 창조와 구속(救贖)과 "이생의 모든 축복"을 생각하며 하나님의 선하심과 위대하심에 대해 우리가 믿는 바를 다 떠올려야 한다고 생각했거든. 그날 자네는 시냇가로 가더니 바위에서 떨어지는 물을 받아 달아오른 얼굴과 양손을 번갈아 적시며 이렇게 말했지. "이것부터 시작하는 건 어때?" 그리고 그건 효과가 있었네(132-33).

---

[7] C. S. 루이스, 『피고석의 하나님』, 홍종락 역(서울: 홍성사, 2011). 이 작품은 루이스의 단편들을 모아놓은 수상록(隨想錄)이다. C. S. 루이스, 『스크루테이프의 편지』, 김선형 역(서울: 홍성사, 2000). 이 작품은 삼촌 마귀 스크루테이프가 조카 마귀 웜우드에게 주는 충고들을 31통의 편지로 묶어 놓은 것이다. C. S. 루이스, 『개인기도』, 홍종락 역(서울: 홍성사, 2007). 이 작품은 가상의 인물 말콤에게 보내는 기도에 대한 22통의 편지를 묶어 놓은 책이다.

루이스는 기도가 크리스천의 삶에서 가장 중요한 부분이면서도 잘 실천하기 힘든 일이라는 것을 솔직하게 인정한다(166). 기도는 분명 귀찮은 일이다. 우리는 기회만 생기면 기도를 빼먹는다. 기도를 마치면 할 일을 끝냈다는 안도감이 밀려올 정도다. 유튜브를 보거나 SNS를 할 때와는 달리 기도는 힘든 일이고 몰입하는 것도 쉽지 않다.

기도를 꺼리는 이유는 다양하다(167-68). 훈련이 안 되어서 그런 경우가 많다. 교인들 다수에게 기도란 어린 시절 배운 기도의 반복에 불과하다(95). 세상일에 몰두하다가 뒷전으로 밀어놓기도 한다. 하나님에 대한 불건전한 두려움 때문일 수도 있다. 너무 열심히 기도하다보면 나를 향한 하나님의 요구 사항을 거절할 수 없을까봐 두려워하는 것이다. 기도를 안 하는 이유는 많은 경우 우리의 죄 때문이다. 죄란 하나님이 우리에게 불어넣으신 에너지를 뒤틀어 버린 것이다. 그렇기에 모든 죄는 신성모독이다(104).

기도하기 힘든 우리가 기도하는 좋은 방법은 힘을 빼고 기도를 하는 것이다. '지금 있는 자리에서 시작'하는 것이다. 내 주변의 사소한 것을 즐거워하면서 감사기도를 하다보면 그 즐거움이 영광의 광선이라는 사실을 깨닫게 된다(133). 기도는 하나님의 작은 현현을 기뻐하고 감사하는 훈련에서부터 시작된다(135).

2.2. 하나님이 누구신지 알고 드리는 기도

올바른 기도는 하나님이 어떤 분이신지 제대로 깨닫는 사람이 드릴 수 있다. 하나님에 대해 생각할 때 우리는 '이신론(理神論)'과 '범신론(汎神論)'을 모두 배격해야 한다(111). 이신론에서 신은 세상을 만들어 놓고 더 이상 세상사에 관여하지 않는다. 범신론에서는 모든 것이 신이 되고 모든 일 안에 신이 숨어 있기에 세상사는 바다의 물결처럼 좋은 일도 나쁜 일도 없게 된다. 이 두 가지 관점 모두 기도를 필요 없게 만든다.

성경이 가르치는 하나님은 세상을 창조하시고 인간에게 세상사를 맡기는 분이다. 단지 인간에게만 일을 주시지 않고 다른 피조물들에게도 역할을 주셨다. 그렇기에 '창조는 위임'이다(105). 하나님은 이 위임을 통해서 그분 자신을 주신다. 친히 창조하신 것들을 통해 그분의 일을 하시는 것이 그분 자신을 주시는 것이다(106). 그는 이렇게 적고 있다.

> 하나님이 기도를 제정하신 목적 중 하나는 그분이 세상만사를 국가처럼 다스리시는 것이 아니라 예술작품처럼 창조하심을 증언하기 위함인지도 모르네. 그렇다면 세상의 모든 존재가 세상의 창조에 나름대로 참여하거나 (기도를 통해) 의식적으로 참여하고 그 안에서 목적이자 수단이 되겠지. … 하나님이 세상이라는 위대한 예술작품을 만드신 목적은 그 안에서 이루어지는 모든 활동과 존재, 그 자체일세. 거기엔 모든 파도의 굴곡과 모든 벌레의 비행까지 다 포함되네(85).

천재 시인이나 작곡가의 작품에는 단순한 부산물이란 없다(83). 모든 단어나 음표 하나가 수단이자 목적이 되기 때문이다. 우리는 일반법칙들만 가지고 일하시는 관리자 같은 하나님의 모습을 받아들일 수 없다(84). 모든 섭리는 특별한 섭리이며, 그 안에서 모든 만물은 의미를 가진다(84). 우리가 드리는 기도도 마찬가지이다. 하나님은 모든 곳에 계시지만 항상 같은 방식으로 계시지는 않는다(111). 우리가 기도할 때 하나님은 우리의 기도를 사용하신다.[8]

2.3. 기도의 훈련

기도에는 훈련이 필요하다. 우리는 기도할 때에 다양한 것을 곧잘 상상하기 때문이다(125). 때로는 우리의 나약한 육신 때문에 기도가 잘 되지 않기도 한다. 졸음이 쏟아져서 기도하지 못하는 경우가 얼마나 많은가! 그래서 루이스는 기도를 취침시간까지 미루지 말 것을 당부한다(26). 하

---

[8] 루이스, 『피고석의 하나님』, 133.

지만 이 모든 것이 우리의 몸 때문이라고 생각해서는 안 된다. 우리는 몸 때문에 곤경에 처하지만, 우리 때문에 몸은 더 많은 곤경에 처하기도 한다. 또 몸은 많은 곤경에서 우리를 구해준다(28). 늦은 밤 온갖 분한 생각과 복수심으로부터 우리를 구해주는 것은 졸리는 몸이다.[9]

몸은 때론 천사들도 이해하지 못하는 하나님의 사랑과 기쁨을 누리도록 해 준다. "하나님의 어떤 측면은 새파란 하늘, 달콤한 꿀맛, 차갑거나 뜨거운 물의 기분 좋은 감촉, 심지어 잠을 통해 우리에게 흘러들어온다네."[10] 단어를 읽고 그것이 지시하는 대상을 연상하듯이, 이러한 물리적인 즐거움과 감각 속에서 우리는 그것을 주신 하나님을 연상한다(134).

몸 때문에 기도하기 힘들다고 핑계대기보다는 몸에 맞는 기도를 찾을 필요가 있다. 무릎을 꿇고 반쯤 잠든 채로 기도하는 것보다는 정신을 집중하고 편하게 앉아 기도하는 편이 훨씬 낫다(28). 그렇다고 해서 마치 우리의 기도가 자세나 태도에 영향을 받지 않는 것처럼 생각해서도 안 된다. 스크루테이프는 웜우드에게 인간들로 하여금 "육체의 자세와 기도가 전혀 상관이 없다고 사기 치는" 것을 권하면서 이렇게 말한다. "잊지 말거라. 인간들은 자신이 동물이며, 따라서 육체가 하는 짓들이 반드시 영혼에 영향을 주게 되어 있다는 점을 노상 잊고 산다."[11]

기도할 때 훈련이 필요한 또 다른 이유는 기도하는 느낌을 가지는 것이 아니라 실제로 기도하기 위해서이다. 우리는 막연하게 경건한 기분에 잠겨 있는 것을 기도라고 착각하기 쉽다.[12] 기도의 성패가 자신이 원하는 감정에 도달했는지 아닌지의 여부에 달려 있을 때도 종종 있다. 중요한 것은 내가 생각하는 주님이 아니라, 참되신 주님께 의식적으로 방향

---

9 루이스, 『피고석의 하나님』, 289.
10 루이스, 『피고석의 하나님』, 289.
11 루이스, 『스크루테이프의 편지』, 35-36.
12 루이스, 『스크루테이프의 편지』, 35.

을 돌리는 것이다.[13] 루이스는 말콤에게 이렇게 권면한다.

> 모든 기도에 앞서 우리가 드려야 할 기도는 이것일세. "실제의 제가 기도하게 하소서. 제가 실제 당신께 기도하게 하소서." 우리는 무수히 다양한 수준에서 기도하네. 감정의 강렬함은 영적 깊이를 말해 주는 증거가 아닐세. 겁에 질려 기도하면 물론 진심으로 기도하겠지. 하지만 그건 두려움이 진짜라는 걸 말해 줄 뿐이네. 하나님만이 우리의 심연 속까지 두레박을 내려 주실 수 있네. 그리고 우리도 한편으로는 우상 파괴자로 끊임없이 일해야 하네. 우리가 하나님에 관해 만들어 내는 모든 개념을 하나님이 은혜로써 깨뜨려 주셔야 하지. 기도의 가장 복된 결과는 기도를 마치며 이렇게 생각하는 걸 거야. "하지만 전에는 전혀 몰랐다. 꿈도 꾸지 못했다……."(123-24)

기도의 훈련을 위해서 좋은 습관 중 하나로 루이스는 기존의 기도를 장식하는 식으로 기도하는 연습을 권한다(38). 가령 주기도문의 각 소절을 중심으로 기도하면서도 자신의 언어로 더 꾸며서 기도하는 것이다. 이미 나와 있는 기성품 기도문을 활용하는 것도 도움이 된다(20). 기성품 기도는 건전한 교리를 담고 있고, 마땅히 기도할 바를 알려주며, 하나님과 우리 사이의 적절한 거리감을 상기시켜주는 의식(儀式)의 요소를 담고 있기 때문이다. 구체적인 장소와 시간을 정하는 것도 기도에 도움이 된다(112 참조).

---

13 루이스, 『스크루테이프의 편지』, 37, 39.

2.4. 기도에서 만나는 하나님의 전능성과 인간의 자유의지

루이스의 글은 언제나 "변증적 요소"가 들어간다.[14] 그는 기독교에 의심이나 회의를 품는 사람들을 늘 염두에 두고 글을 쓰는 것 같다. 아마도 그 스스로가 오랜 방황과 고민과 질문 끝에 하나님께로 나아오게 되어서 그럴 것이다. 기도에 대해서도 루이스는 흔한 반대 하나를 두고 변증을 시도한다. 그 반대는 이렇게 요약된다. "우리가 구하는 것은 우리와 세계 전체에 유익하거나 유익하지 않거나 둘 중 하나입니다. 만약 그것이 유익한 것이라면, 선하고 지혜로우신 하나님은 어쨌거나 그 일을 하실 것입니다. 유익하지 않은 일이라면, 하나님은 하지 않으시겠지요. 어떤 경우든 우리가 기도해 봐야 아무것도 달라지지 않습니다." 하지만 이에 대해서 루이스는 만일 "이 논증이 바람직한 것이라면, 이것은 기도뿐 아니라 무슨 일이든 다 반대하는 논증이" 될 것이라고 주장한다.[15] 그는 계속해서 이렇게 적고 있다.

> 모든 기도와 마찬가지로 우리는 모든 행동에서 어떤 결과를 이끌어내려 합니다. 그리고 그 결과는 좋거나 나쁠 것이 분명합니다. 그렇다면 기도의 반대자들이 주장하듯 선한 결과를 가져오는 일이라면 우리가 간섭하지 않아도 하나님이 일어나게 하실 것이고, 나쁜 일이라면 우리가 어떻게 하건 하나님이 그 일을 막으실 거라고 말하는 게 낫지 않습니까? 손은 왜 씻습니까? 하나님이 우리 손이 깨끗하기 원하신다면, 우리가 굳이 씻지 않아도 늘 깨끗할 것입니다. 하나님이 그것을 원하지 않으신다면 아무리 많은 비누를 써도 (맥베스 부인이 발견한 것처럼) 손은 여전히 더러울 것입니다. 소금은 왜 청합니까? 부츠는 왜 신

---

14 기독교 변증에 대한 루이스의 생각은 루이스, 『피고석의 하나님』, 107-28("기독교 변증론")에 잘 나온다. 이 글은 1945년 부활절 기간에 행한, 기독교 청년 지도자와 성직자들을 위한 강연이었다.

15 루이스, 『피고석의 하나님』, 130.

습니까? 모든 일을 왜 합니까?[16]

기도는 실제로 하나님의 활동과 인간의 활동이 만나는 지점이다(120). 기도 속에서 인간은 더 이상 수동적 존재가 아니라 능동적 존재, 하나님과 인격적으로 교제하는 존재가 된다(32). 루이스는 파스칼이 "하나님은 그분의 피조물들에게 원인자가 되는 위엄을 허락하시고자 기도를 제정하셨다."라고 말한 것을 상기시킨다(80).[17] 하나님은 기도와 그것이 이뤄내는 일 모두를 고안해 내셨다. 그리고 우리의 기도가 실제적인 결과를 낳도록 하시면서, 역사를 이끄시기로 결정하셨다.

하나님이 왜 이런 식으로 우리의 기도가 실제 사건에 영향을 미치도록 허락하셨는지는 신비에 속한다. 하지만 기도를 통해 그 일이 이뤄지도록 허락하신 것은 다른 수단을 허락하심보다 더 이상한 일은 아니다.[18] 따라서 "노동은 기도다"(laborare est orare)라는 말은 우리의 노동을 통해서 우리가 세상에 영향을 미칠 수 있듯이, 우리의 기도를 통해서도 세상에 영향을 미칠 수 있음을 가르친다.[19]

물론 하나님은 우리가 기도하는 내용을 항상 '그대로 모두' 이뤄주시지는 않는다. 하지만 그것은 기도가 약한 원인이라서가 아니라 오히려 '강한 원인'이기 때문이다. 만일 우리의 기도가 '그대로 모두' 이뤄진다면 기도는 너무나 위험한 활동이 될 것이다. 로마의 풍자시인 유베날리스의 말처럼, "하늘이 들어주면 큰일 날 터무니없는 기도들"을 인간들은 많이

---

16 루이스, 『피고석의 하나님』, 131.

17 루이스는 파스칼이 하나님을 수동자로 삼는, 행위자-수동자 관계를 너무 노골적으로 암시하고 있어서 그 말이 주의를 요한다고 덧붙이고 있기는 하다(80). 하지만 그는 파스칼의 이 말을 좋아해서, 루이스, 『피고석의 하나님』, 131에도 인용하고 있다.

18 루이스, 『피고석의 하나님』, 131.

19 루이스, 『피고석의 하나님』, 132.

드리기 때문이다.[20]

2.5. 예수 그리스도와 겟세마네의 기도

루이스는 기도와 고통이라는 주제를 예수 그리스도와 깊이 연결시킨다. 두 의지 즉, 하나님의 의지와 인간의 의지가 연합하는 곳은 바로 기도이다(105). 두 의지의 연합을 기도 가운데 실제로 보여주신 분이 예수 그리스도이시다. 성자는 인간이 되셔서 인간의 고통을 체험적으로 아시는 분이시다. 성자는 성육신을 통해 인간 예수의 몸과 영혼을 취하시고 자연환경 전체와 모든 피조물의 곤경을 자신의 존재 속에 담아내셨다(106). 하나님께서 우리의 경험을 '직접 체험'하신 분으로서 우리와 함께 하신다는 사실은 큰 위로가 된다.

겟세마네 기도에서 그리스도가 겪으신 모든 일은 인류가 당하는 공통적인 고통의 요소를 그대로 보여주는 것이다(66). 루이스는 이렇게 겟세마네를 묘사한다.

> [주님은] 먼저 고뇌의 기도를 드렸네. 그 기도는 받아들여지지 않았지. 그 다음 주님은 친구들을 바라보셨지. 그들은 잠들어 있었네. … 그 다음 주님은 교회를 바라보셨네. 그런데 주님이 만드신 바로 그 교회가 주님에게 유죄판결을 내렸지. … 주님은 또 다른 가능성을 보셨네. 국가였지. 이 경우에는 로마제국이야. … 로마제국은 대체로 세속적인 차원의 정의를 부르짖었네. … 그런데 주님은 복잡한 정치 상황 속에서 국가의 적이 되셨네. … 하지만 희망이 완전히 사라져 버린 건 아니었네. 민중에게 호소할 수 있었으니까. … 그러나 그들은 하룻밤 새 살기등등하게 그분의 피를 요구하며 소리치는 폭도로 변했네. … 이제 주님이 기댈 데라곤 하나님밖에 없네. 그런데 하나님이신 분이 하나님께 했던 최후의 말은 이것이었네. "어찌하여 나를 버리셨나이까?"(67)

---

20 루이스, 『피고석의 하나님』, 133.

주님께서 겪으신 이런 상황이 인간의 실존이다(67). "붙잡는 순간 모든 밧줄이 끊어지고, 다가가는 순간 모든 문이 쾅 닫히고, 사냥꾼에게 쫓기다가 더 이상 달아날 곳이 없어 궁지에 몰린 여우 신세(67)." 루이스는 "가장 필요한 순간에 하나님이 사라져 버리는 듯한 상황을 겪지 않고선 하나님도 인간이 되실 수 없는 걸까?"라고 진지하게 묻는다(67).

고통을 겪는 사람 앞에서 루이스는 '기도하면 하나님께서 고통을 없애 주신다.'는 식의 약속을 제시하지 않는다. 절망에 빠졌을 때보다, 엉터리 위로와 공허한 약속이 기억날 때 오히려 더 마음이 아프다는 것을 경험적으로 알기 때문이다. 우리는 오히려 고통 가운데 있는 사람들에게 '미안하지만 나는 그 고통을 이해하지 못한다.'라고 솔직하게 말해야 한다. 함께 하시는 그리스도의 모습을 같이 바라봐야 한다. 고통은 잘 감당하면 그리스도의 수난에 동참하는 일이 된다(63-64).

그리스도의 기도는 역설적이게도 하나님으로부터의 분리를 가장 극명하게 보여주는 사건처럼 보인다. 하지만 그러한 칠흑 같은 어둠 속에서 그리스도는 인간과 연대성을 형성하셨다. 고통 받는 사람들은 "공통의 어둠 속에서만 진실로" 서로를 대면할 수 있다(69). 우리에게는 "생각 없이 말하지 마라."는 충고와 함께 "생각 없이 생각하지 마라."는 충고도 필요하다(69). 고통은 우리의 통념과 치우친 생각을 깨는 망치이다. 고통을 겪고 나면 생각을 의식하며 생각하는 법을 배운다. 그렇기에 고통의 기도는 우리를 참으로 인간답게 만든다. 그리고 동시에 우리를 위해 인간이 되신 그리스도를 더욱 사랑하고 의지하게 만든다.

3. 종말을 향해, 지금 여기에서 올려드리는 기도

기도의 응답은 시간에 매여 있지 않는 하나님이 이미 세상이 처음 만들어졌을 때부터 응답하신 것이다(72-73). 그러나 우리는 하나님께서 기도를 '들으셨다'고 말하지 않고 '들으신다'고 말한다. 하나님은 시간 속에 가두어지지 않기 때문이며, 지금 여기에서 일하시기 때문이다. 기도가 자유로운 행위와 사건의 경로 사이에 일어나는 상호작용이라면, 그 안에서 가장 신비스럽고 놀라운 일은 하나님이 우리의 기도를 들으시고 응답하신다는 사실이다.[21]

 기독교가 만들어 내는 것이 아니라 배워야 하는 것이듯이(155), 기도 역시 제대로 배워서 해야 한다. 하지만 기도에 대해 잘 모를지라도 우리는 기도할 수 있고, 기도해야 한다. 하나님은 언제나 어디서나 우리를 기다리시며 임하시기 때문이다(113). 어제의 기도 속에 위로와 기쁨이 넘쳤어도, 오늘의 기도는 여전히 어느 정도 부담으로 다가올 수 있다(167). 하지만 부족한 기도라도 하나님 앞에 솔직하게 내놓자(35-36). 우리가 드린 최악의 기도가 실제로 하나님이 보실 때는 최선의 것일지도 모른다(172).

 성도는 종말을 바라보며 지금 이 자리에서 기도를 드린다. 루이스의 책에는 종말론적 비전이 곳곳에 담겨있다. 그의 글에는 이 땅의 아름다움을 한가득 누리는 것 못지않게 그 아름다움 저편에서 더 찬란하게 빛날 천국에 대한 기대가 가득하다. 내세를 믿는다면 어떻게 그것을 크게 부각하지 않을 수 있겠는가(175)! 루이스는 우리와 함께 기도하고 있을 천사들과 천국의 모든 사람들을 상상한다(25). '즐거움'이라는 '천국의 열매'에서는 그것이 자라난 '과수원의 향기'가 난다. 그 달콤한 공기는 고향에 대해 속삭이며, 영원한 즐거움이 있는 그 오른손(시 16:11)의 손가락이 우리를 만지고 있다는 메시지를 보낸다(134).

 천국 성도의 삶은 그 자체가 하나의 목적, 참된 목적이다. 그건 전적으로 자발적이고 무한한 자유와 유연하고 미묘하며 가장 꼼꼼하게 조정된 아름다운 질서가 온전한 조화를 이루는 삶이다. 천국은 당위가 아니라 기쁨이 이끄는 삶이다. 기쁨이야말로 천국의 진지한 임무이다(138-39,

---

21 Karl Barth, *La prière après les catèchismes de la Rèformation*, ed. Alcide Roulin (Neuchâtel: Delachaux & Niestlé, 1949), 7-8.

170). 이를 위해서는 지옥에 대한 건전한 두려움도 필요하다. 지옥을 믿지 않으면서 천국에 대해 활력 있는 믿음을 가질 수 없다(114). 루이스가 토마스 아 켐피스를 인용하여 말하듯이, 여기에서도 최하위층(건전한 두려움)이 없이 최상위층(온전한 기쁨)이 설 수 없다(130-31).

천국 본향을 진심으로 그리워하며 살았던 루이스의 기도에 대한 책이 그곳에 대한 묘사로 끝나는 것은 어쩌면 너무나 자연스러워 보인다. 종말에 대한 기대가 우리의 기도를 풍성하며 간절하게 한다.

> 우리가 그리스도 안에서 다시 살아난 것처럼, 이 하늘, 이 땅과 같으면서도 전혀 다른 새 하늘과 새 땅이 우리 안에서 다시 살아날 걸세. 그리고 얼마나 될지 아무도 모르는 오랜 침묵과 어둠이 지난 후, 다시 한 번 새들이 노래하고 물이 흐르고 빛과 그림자가 언덕을 가로질러 지나가는 풍경과 우리를 알아보고 웃는 친구들의 얼굴을 보며 놀라게 될 걸세(182).[22]

---

[22] 루이스의 『개인기도』에서 필자가 동의하기 힘든 부분도 있다. 대표적으로, 그가 죽은 자들과 함께 기도할 수도 있는 것처럼 말하는 부분이라든지(25-26), 겟세마네에서 예수님이 십자가의 길을 가야 한다는 것을 잊으셨다고 해석하는 부분(64, 92), 그리고 연옥을 믿는다고 말한 부분(160) 등이 그러하다. 하지만 이런 면들 때문에 루이스의 작품 전체 읽기를 포기한다는 것은 큰 손실이라 생각한다. 그의 글은 기독교 변증을 위한 통찰들이 가득하기 때문이다.

우병훈

서울대학교 자원공학과 (B.Eng.)
서울대학교 서양고전학 대학원 (M.A.)
서울대학교 서양고전학 대학원 (Ph.D.[수학])
고신대 신학대학원 목회학 석사 (M.Div.)
Calvin Theological Seminary (Th.M.)
Calvin Theological Seminary (Ph.D.)
(현) 고신대학교 신학과 교의학 교수
(현) 한국개혁신학 · 편집위원
(현) 개혁신학 · 편집위원
(현) 생명과말씀 · 편집위원
(현) 중세철학 · 편집위원
(현) 갱신과부흥 편집위원

마틴 로이드 존스의 기도

서문강

시작하는 말

교회사 속에서, 아니 현재에도 하나님께서 택하시어 당신의 거룩한 복음 사역을 위하여 쓰시는 사람들 중에서 하나님과의 영적 교통이 없는 사람은 없을 것이다. 그 영적 교통이란 은 비밀한 가운데서 하나님과의 은밀한 교통을 의미하는 것이다. 우리 주님께서 말씀하신 대로 '골방에 들어가 문을 닫고 은밀한 중에 계신 하나님 아버지께'(마 6:5) 기도하며 예배하며 말씀을 들으며 찬미하며 구원의 감격 속에서 순종의 능력을 받아 그것을 삶의 실제에서 실천하였다는 말이 아니겠는가. 그런 것이 없이도 사람들 앞에서 얼마 기간 동안 하나님의 사람인양 자신의 가면을 쓰고 처신 할 수 있을지 모른다. 그러나 오래 기간 동안, 교회사의 빛 속에서 하나님의 신실한 사람이었음이 드러나 다른 이들의 본이 될 만한 성품을 갖춘 이들의 경우에 대하여는 그런 염려는 하지 않아도 될 것이다.

물론 어느 사람도 모든 면에서 남의 본이 될 만한 강점만 가지고 있는 일은 없다. 모든 면에서 다 완전하여 모든 면에서 우리의 본이 될 만한 분은 오직 우리 주 예수 그리스도뿐이다. 교회사 속에서 우리의 본이 될 만한 주님의 신실한 사람들도 다 '우리와 성정이 같은'(약 5;14) 본질상 진노의 자녀들이었다(엡 2:1-3). 그러므로 우리가 교회사에 별 같이 빛나 후세의 주님의 사람들의 본이 될 만한 이들 자체에서 우리가 본받을 바를 발견하려 하는 것은 무의미하고 무리가 따른다. 또 그들의 개성(個性) 자체 속에서 무슨 영감의 소재를 발견하려 해도 안된다. 각 사람의 개성은 하나님께서 그 사람에게만 주신 독특성이다. 우리 각자도 마찬가지다. 그러니 우리의 개성을 멸시하고 다른 이들의 개성을 부러워하는 것은 내 얼굴을 다른 이의 얼굴이 그려진 가면(假面)을 쓰고 행세하는 것만큼이나 미련한 일이다. 다만 우리는 하나님의 사람들 모두가 '공유해야할 어떤 국면'의 본보기를 찾으려 하는 것이다. 이런 점에서 로이드 존스 목사의 기도생활에 대한 것도 접근해야 할 것이다.

본 론

1. 자신의 개인 경건의 편력에 대하여 함구한 로이드 존스

로이드 존스 목사는 하나님의 말씀인 성경에 집중하면서 그 성경대로 역사하는 성삼위 하나님의 은혜의 영광을 추구하는 일에 자신의 전 생애를 건 사람이었다. 필자는 로이드 존스 목사의 책들을 한국교회에 소개하는 영예를 주님께 받아 섬긴 자로서 감히 이 일에 증인이다.

로이드 존스 목사를 우리 한국교회에 가장 처음 알리는 데 쓰임 받은 하나님의 사람은 문 창수 목사다. 필자가 1974년 신대원 1학년에 입학하고서 그가 번역한 〈로이드 존스 목사의 산상설교〉의 제 1권(당시 그 책이 네 권으로 나누어 역간되었다.)의 '팔복의 강해'를 듣고 정말 '제 존재 전체가 그 말씀 앞에서 함몰된 느낌이었다.' 그래서 그에 자극을 받아 신대원 3학년 8월 말에 로이드 존스 목사의 〈로마서 강해 제 1권〉(로마서 3:20-4:25 의 강해)[1]을 번역하여 그해 11월 말에 그 책을 역간하였다. 지금 와서

---

[1] 로이드 존스 〈로마서 강해 시리즈〉는 영국의 Banner of Truth Trust 사에서 발행하였는데, 로마서 1장의 강해를 가장 먼저 출판하지 않았다. 그것은 저자인 로

생각하니 정말 주님께서 '필자를 항거할 수 없게 밀어 붙여 행하신 일'이라는 생각을 하게 된다. 그 책이 우리 한국교회에 역간되게 하신 주님의 의도는 그 후 그 책들이 연달아 역간되는 기간 동안에 한국교회 안에서 일하신 주님의 역사로 입증이 된다. 그 책은 한국교회를 영적으로 획기적으로 강타하였다. 그래서 그 책을 일고 회심한 자들이 부지기수이며, 그 책을 읽고 강해설교의 목회를 자기 목회의 중심으로 삼은 사역자들이 또한 많다. 여러 분이 로이드 존스와 그 영성과 그의 강해설교를 배우기 위하여 영국에 유학하기도 하였다. 그들 자신들이 그 책의 역자인 필자에게 그 사실을 알려 주어 안다. 일반 성도들도 그 책을 읽고 복음을 알았다는 말을 수도 없이 들었다.

하여간 그의 〈로마서 강해 전 14권〉, 〈에베소서 강해 8권중 4권〉, 〈목사와 설교〉, 〈청교도 신앙: 그 기원과 계승〉, 〈부흥〉, 〈시대의 표적〉 등 주요 책들을 번역한 역자인 필자는 나름으로 그분에 대하여 말하라면 몇 시간 쉬지 않고 말할 것을 가지고 있다고 자부한다. 그런데 안 명준 교수로부터 〈거장들의 기도〉 중〈 로이드 존스와 기도 생활〉에 대한 글을 필자에게 요청하였을 때 내심 큰 짐을 진 것 같은 느낌을 가졌었다. 그 이유는 이러하다. 그분 로이드 존스는 분명 영적인 사람으로 기도의 사람임에 분명하다. 초두에 말한 것 같이 그런 사람이 아니고는 생전만 아니라 사후에도 이렇게 영적인 감화를 끼치는 도구로 하나님께 사용될 수 없기 때문이다. 그러나 그의 기도에 대하여 말하라는 요청을 받을 때면 필자는 매우 당황하게 된다. 그런 요청을 하는 이들은 그의 기도생활의 실

이드 존스의 요청 때문이다. 그는 로마서 3:20-4:25의 대목의 강해를 가장 먼저 출판하게 요청한 이유를 그 책 서문에서 밝힌다. "복음의 심장이라 할 수 있는 부분으로 빨리 달려가 그 복음을 독자들로 하여금 가장 먼저 맞보게 하려고 그리 요청하였습니다." 물론 출판사는 그 후 로마서 1장과 2장 부분은 로마서 8장 부분의 강해서 다음에 출간하였다. 그래서 역자인 필자 자신도 그랬고, 한국의 CLC 도 영국의 Banner of Truth Trust 사가 가 출판하는 순서대로 권수를 매겨 지금까지 〈로이드 존스 목사의 로마서 강해 제 1권〉은 로마서 3:20-4:25의 강해 부분이다. 로마서 1장 강해서는 제 7권이다.

제를 알고 싶어 한다는 것을 필자가 모를 리 없다.

그런데 필자는 그분의 그 많은 책들 속에서 '자신의 개인의 경건의 편력'에 대하여 언급한 경우를 한 번도 발견한 적이 없다. 그분이 개인적으로 어떠한 분인가에 대하여 알게 된 것은 Iain H. Murray 의 〈로이드 존스의 초기 40년 : 1899-1939〉이 나오고 난 다음의 일이다.[2] 아마 필자만 아니라 그 이전에 그분의 책으로 은혜를 받은 모든 분들도 그러했을 것이다. 그분의 책 중에서 책을 낼 목적으로 원고를 쓰고 나서 만들어진 것이 하나도 없다. 그분의 책들은 예외 없이 다 '그분의 입으로 증거된 설교나 연설이나 강연이나 강좌의 녹취록의 산물'이다.

Iain H. Murray 가 그의 생애에 대한 전기를 쓰기 위하여 그를 면담하고 자료를 요청하였을 때 애를 먹었다고 한다. 왜냐하면 로이드 존스 목사는 자신의 개인의 편력에 대하여 말하는 것을 매우 꺼려하였기 때문이다. Murray 가 말하는 것을 들어 보자. "로이드 존스는 공적인 자리에서 자신에 대한 이야기를 거의 하지 않았다. 자신의 회심에 대하여 말하는 것을 칼빈만큼이나 싫어한 사람이다. 그의 전기를 쓰려 한 자들이 많았고 실제 그 작업을 시작한 이도 있었는데 그것이 빛을 보지 못하였다. 그렇게 된 배경에 바로 로이드 존스 자신이 있었다. 그는 자신의 생애와 생애에 대하여 말해 달라는 것을 초지일관 거절하였다." Murray 는 자신의 책을 내면서 '저자 서문'에서 '이 책을 내는데 로이드 존스 목사는 별로 도움을 주지 못하였고 사모이신 베단이 섬세하게 스크랩하고 모아 놓은 자료들을 내게 주어 가장 큰 도움을 주었다'고 술회할 정도였다.

---

2 필자는 1991년에 청교도 신앙사를 통하여, Iain H. Murray의 〈David Martyn Lloyd-Jones, the First Forty Years 1899-1939〉를 〈마틴 로이드 존스의 초기 40년〉이란 제하로 역간하였다.

2. "제 남편은 기도의 사람이었음을 잊지 마세요."

우리 주님께서 말씀하신 대로, "숨은 것이 장차 드러나지 아니할 것이 없고 감추인 것이 장차 알려지고 나타나지 않을 것이 없느니라."(눅 8:17) 물론 이 말씀은 참된 경건과 거짓된 경건의 은밀한 뿌리가 열매로 드러나게 되어 있음을 가르치신 내용이다. 정말 이 말씀은 인생의 모든 부면에 적용해 볼 거울을 제공한다. 작가나 미술가나 예술가가 자기 은밀한 공방이나 작업실이나 서재에서 혼자 씨름하여 낸 작품이 사람들 앞에서 빛을 발하게 된다. 그런 경우라도 별 보잘 것이 없는 작품들이 얼마나 많은가. 영적인 일에도 마찬가지다. 혼자 많은 시간을 들여 경건의 연습을 하였다고 스스로 말하고 또 실상 그러한 이들 중에 그릇된 교훈을 사람들 앞에 제시하여 많은 이들을 멸망길로 나아가게 하는 이단들이 적지 않다. 그러니 혼자서 하나님과 은밀한 교제를 아무리 많이 하였다 하여도 하나님께서 주신 참된 길 그리스도 안에서 성경대로 성령님의 역사를 절대 의존하지 않는 교제는 그 사람 자신에게도 별 유익이 없다. 아니 가 자신과 남을 망하게 유혹하는 그릇된 자기 교훈체계를 만들어 내는 경우가 적지 않다.

그러므로 각 자 개인의 경건도 바른 길, 하나님께서 성경에 계시하셨고 하나님의 사람들의 영혼 속에서 입증하신 '옛적 선한 길'(렘 6:16)을 따른 것이어야 한다. 로이드 존스의 개인의 경건이 바로 그런 바른 경건의 길속에서 진행된 것이 확실하다.

그의 설교에 나타난 반복적인 강조점은 '정확하고 무오한 하나님의 말씀으로서의 성경, 복음의 핵이신 예수 그리스도, 성경과 그리스도를 통하여 자기 백성들을 영적으로 선도하시고 능력 주시는 성령의 권위'에 입각한 참된 경건이다.[3] 그 경건의 실제 '그의 기도'가 들어 있다. 그의

---

[3] 로이드 존스의 〈The Authority〉에서 그 이치가 조밀하게 개진되어 있다. 생명의 말씀사에서 오래전에 합신의 김성수 교수가 역간하여 〈권위〉라는 제명으로

목회사역의 실제와 그의 책들에서 드러난 바로는 분명 '그는 기도의 사람이었음'에 분명하다. 하나님께 은밀하게 기도하는 것이 그의 삶의 중심에 없이 그런 영감과 영적 지각을 갖추는 것이 나올 수 없다. 아니 하나님께서 기도함을 통하여 주시는 은혜를 받지 않는 자를 쓰시어 당신의 영광을 드러내실 리가 없다. 기도가 하나님의 사람들의 '자기 과시'로 나타나면 바리새인들의 외식의 복사판이 되는 것이다. 그런 의미에서 영적 거장들의 기도를 알아보고자 이런 기획이 선 것은 아닐 것이다. 기도는 '하나님의 사람들의 신분이나 그 소명이나 자녀다운 사람됨과 그에 필요한 은혜를 주시기 위하여 예비된 은혜의 방편이다.'

그런데 우리는 그의 입을 통하여 "내가 이렇게 기도생활을 하고 있어요"라는 말을 들어 본 적이 없다. 다만 그의 아내 베단(Bethan)의 입을 통하여 그의 기도의 실상이 드러났다. "내 남편은 무엇 보다 기도의 사람이었어요. 그 사실을 잊지 마세요." 필자가 읽은 어느 책 속에서 베단의 말을 읽은 것이 분명한데, 어디서 그녀의 말을 읽었는지 기억이 나지 않아 여기서 출처를 밝히지 못하였다. 그러나 그녀의 그런 강조는 여러 책들에서 간간히 나왔다.

3. 그의 설교 사역에 임한 성령님의 기름부으심

그가 설교하는 예배에 참석하였던 자들이 한 결 같이 전하는 것 하나가 있는데, 그것은 '그의 설교를 들을 때에 성령님의 기름 부으심의 체험'을 하였다는 것이다. 고인이 된 총신대의 홍 치모 교수께서도 영국에서 유학할 때 런던의 웨스트민스터 예배에 참여하였다가 그의 설교를 듣고 성령님의 기름 부으심을 체험하였다는 말을 들은 적이 있다. 그리고 십 수 년 전에 〈목회와 신학〉의 어느 칼럼에 난 미국의 현직 목사의 글을 읽은 기억이 난다. 그가 20대 중반에 런던의 웨스트민스터 채플 예배

발매중이다.

에 참석하였다가 로이드 존스 목사님의 강해 설교를 듣고 받은 은혜를 기술한 내용이었다. 그가 예배를 마치고 호텔로 돌아오는데, 너무 놀라운 것은 그날 설교한 로이드 존스 목사님의 얼굴은 생각이 전혀 나지 않는데 그날 증거된 성경의 본문이 자기 마음을 강력하게 사로잡고 놓지를 않는 복된 체험을 하였다는 것이다. 그는 그것이 바로 로이드 존스 목사님의 설교를 통하여 나타난 성령님의 기름부으심이라고 확실하게 증거하였다. 런던의 웨스트민스터 채플의 예배에 참석하여 그분의 설교를 들었던 자들 중에서 그 체험을 말하지 않는 이들이 없을 정도이니 참 놀라운 일이다. 필자가 1998년도에 영국에 갔다가 로이드 존스 목사님이 세운 〈Evangelical Library〉(종교개혁 이후 개혁주의와 청교도의 노선에 기독교 고전들을 발굴하여 전시하고 원하는 이는 누구든지 열람하게 한 도서관)에 진리교회의 강문진 목사님의 안내를 받아 갔던 적이 있었다. 거기 60이 가까이 되어 보이는 여 사서(司書) 한분이 우리에게 말해 주었다. Banner of Truth Trust 사가 발행한 〈로이드 존스의 로마서 강해〉 표지 사진에 나오는 자매가 자기라면서 그 설교를 통하여 받은 은혜를 감동적으로 회상하며 말해 주던 일이 기억난다.

앞에서 언급하였듯이, 필자는 1974년 신대원 1학년 시절 로이드 존스 목사님의 〈산상설교〉(문창수 목사 번역)를 읽고 그야 말로 '내가 주님 앞에서 함몰되어 녹아 버리는 것 같은 체험'을 하였다. 성령님의 기름부으심이 아니면 그런 일은 일어나지 않는다. 필자가 그로부터 2년 후인 1976년에 〈로이드 존스 로마서 강해 제 1권〉을 '뜨겁고 용감하게 번역하는 일'에 착수하여 그 해 11월에 CLC 에서 출간한 일도 그 연장선상에 있다. 필자의 부족한 번역 실력에도 불구하고 그 책을 읽는 이들의 '거룩한 성화(成火)'가 필자로 하여금 '줄기차게 그 책의 번역에 온 힘을 쏟는 행복'을 누리게 한 것도 그 성령님의 기름부으심의 발로가 아니면 무엇이겠는가? 필자는 그분의 책들이 사람을 영적으로 근본적으로 바꾸는 능력을 가지고 있음, 다른 말로 하여 그 책들을 통하여 역사하시는 성령님의 역사에 대한 실증들을 누구 보다 힘 있게 말할 수 있다. 사실 필자는 영국이나 미국에서 유학한 적이 없다. 필자는 주님의 인도하심과 은혜 속에서 섬김의 숱한 많은 날들을 그분의 책과 그분이 먹었던 책들의 번역에 쏟음으로 '유학 이상의 공부를 하였다'고 자부한다. 그 결과 총신과 미국의 Reformed Theological Seminary 공동 목회학 학위 과정의 열매로 〈강해설교의 회중 반응과 그에 대한 목회적 대응〉이라는 제하의 논문을 제출하여 RTS에서 한국어로 된 최우수논문으로 선정되기도 하였다. 그분의 성령님의 기름부으심이 있는 강해설교에서 배운 바를 따라서 주신 주님의 선물이다. 사실 1998년에 영국에 간 것도 그분의 책을 읽고 변화를 받아 그의 강해설교와 그 영성을 배우기 위하여 영국 유학길에 오른 후배들의 강권함으로 말미암은 것이었다.

　이런 일은 벙어리 되고 귀먹게 하는 귀신 들린 아들로 고통당하던 아버지의 요청을 받은 제자들의 실패와 관련하여 말씀하신 우리 주님의 말씀을 생각나게 한다. "집에 들어가시매 제자들이 종용히 묻자오되 우리는 어찌하여 능히 그 귀신을 쫓아내지 못하였나이까 이르시되 기도 외에 다른 것으로는 이런 유가 나갈 수 없느니라 하시니라."(막 9:27,28)

　그러하다. 그분이 참된 기도의 사람이 아니라면, 그런 유의 설교가 나올 수 없다. 그렇지 않더라도 한두 번 간헐적으로 그런 설교가 나올 수도 있다. 그러나 그렇게 줄기차게 그런 유가 나오는 것은 말씀과 기도로 주님과 부단한 교통이 없이는 주어질 수 없다. 그분은 교회사 속에서 성령께 쓰임을 받은 이들의 경건과 기도와 학문을 존중하고 그들에게서 배운 것을 실천한 '실천적 개혁주의 설교자'였다. 그의 〈로마서 강해〉와 〈에베소서 강해〉, 〈산상설교〉는 주님 오실 때까지 이후 교회사 중에서 성도들에게 계속 읽혀질 고전이 될 것임에 틀림없다.

　그러니 로이드 존스 목사님 '자신의 단속으로 인하여 아무도 자기 개인 경건의 실제를 모르게 하였어도' 그가 '항상 기도로 깨어 있었다'는 확실한 사실은 웅변적으로 입증된 것이다. 주님 말씀하신 대로다. "감추인 것이 드러나지 않을 것이 없고 숨은 것이 알려지지 않을 것이 없느니라."(마 10:26)

그리고 그가 항상 '성령 충만'에 대하여 끊임없이 강조한 것도 그런 맥락에서였을 것이다. 물론 그의 '성령세례론'이 전통적인 개혁주의 성령론에서 약간 빗나가 있음을 필자도 인지하는 바이다. 그러나 성려님에 관한 그의 책을 자세하게 읽어 보면 '은사주의자들이나 오순절 주의자들'의 '성령세례'와는 전적으로 다른 것이다. 다만 그의 '최초의 성령충만'의 강력한 체험을 '교의화(敎義化)한 실수'라고 필자는 생각한다. 그의 성령론의 핵심은 언제나 개혁주의 정통에서 빗나가지 않았다.

4. 영적 부흥을 위하여 줄기차게 기도할 것을 강조한 그의 자세

필자는 생명의 말씀사를 통하여 그의 〈부흥, Revival〉을 역간한 사람이다. 그는 '영적 각성과 회심의 소낙비 같은 은혜를 부어주시는 성령님의 역사'에 대한 연속 강해 설교를 그 책으로 낸 것이다. 그 책은 총 24장으로 되었는데, 마지막 두 장은 '부흥을 위한 기도'와 '부흥에서의 성령님의 임재'에 대한 그분의 강론 내용이다.

제 23장 마지막 문단을 여기에 옮겨 본다.

"우리는 겸손함과 확신과 담대함을 가지고 그것을 기도로 환원시켜야 합니다. 우리는 하나님께 나아가서 이렇게 기도해야 합니다. '오, 주여, 주께서 계속 이러한 일을 하실 수 있습니까? 그들은 주님의 백성들이 아닙니다. 그처럼 번성하도록 허락하신 이들은 주님의 백성들이 아니고 주님을 모독하는 원수들입니다. 오, 하나님, 백성들이 아닌 그들을 이렇게 계속 번성하게 허락하시는 일을 계속하실 수 있습니까? 우리가 약하고 힘이 없으며, 현재 넘어져 있고, 반역했고 악하였고 자랑할 것이 아무 것도 없습니다. 그래도 우리는 주님의 백성들입니다. 하나님이시여, 우리를 긍휼히 여기소서. 주님은 우리의 하나님이십니다. 우리를 보시고 미소를 지으시고 우리를 알아 보시고 우리에게 다시 돌아오소서. 오, 이제 우리가 더 이상 우리로부터 멀리 떠나 계시지 마소서. 돌아오소서. . . 우리는 여전히 주님의 것입니다. 그들은 주님의 것이 아닙니다. 우리에게 돌아 오소서 우리의 구원을 위하여 일어나소서. 우리에게 긍휼을 베푸소서. 하나님이시여 선지자처럼 기도하도록 우리에게 은혜를 베푸소서."

그같이 그는 개인의 경건과 하나님의 나라와 그 백성들의 영적인 부흥을 하나로 본 것이 분명하다. 이것이 그의 개인의 경건생활과 그의 목양적인 설교사역과 보편교회를 위한 섬김의 모든 일에서 극명하게 드러났다. 그래서 그의 강해설교들은 한 시대, 어느 교회에 국한되어 있다가 효력을 상실한 것이 아니다. 시대가 바뀌어도 여전히 불변하시는 하나님의 영광의 복음과 나라와 그 성삼위의 이름을 드러내는 거룩한 방편으로 상존할 것이다.

결 론

많은 분들이 그분의 책을 읽고 큰 은혜를 받았다 하니 어떤 사역자들은 그 비결을 배우기 위하여 그분의 책을 접근한다. 그러나 그분의 책은 묘한 특성을 가지고 있다. 그런 비결을 배우고자 하는 이들에게 그 책은 자기 얼굴을 가리고 그저 주님의 은혜를 사모하는 연장선상에서 그분의 책을 읽는 자들에게는 본 얼굴을 드러낸다. 강해설교를 배우려고 그분의 책을 읽을 수 있다. 그러나 강해설교의 방법론을 얻으려 그분의 책을 읽는 사역자에게 그분의 책은 '지루한 장황'으로밖에 다가오지 않는다. 그래서 필자는 강해설교를 하려는 자들에게 설교방법론으로 아니고 성경의 능력과 그 영광과 은혜에 눈을 뜨게 해 주십사고 성령께 간구하라고 당부하곤 한다. 그분의 강해설교는 바른 개혁주의 신학의 노선을 철저하게 견지하면서 자기가 먼저 맛본 성경의 능력과 은혜와 영광을 '고백한다'는 차원의 확신에 찬 설교들이기 때문이다.

정말 그분의 책을 읽지 말고 먹으라. 그리고 소화할 수 있는 은혜를 성령께 구하자.

오, 주여, 당신의 이름과 나라와 목적과 교회, 곧 당신의 백성들을 위하여 로이드 존스와 같은 영성과 경건의 참 설교자를 더 허락하소서.

서 문 강

고려대학교 (신문방송학과)

총신대학교 신학연구원

Reformed Theological Seminary (D.Min.)

(현) Global Reformed Seminary 객원교수

(현) 중심교회 원로목사

(현) 계약신학대학원 대학교 강사 및 초빙교수

(현) 한국 개혁주의 설교연구원 연구실행전문위원

(현) 칼빈대학교 전임대우

본회퍼의 기도

이상규

시작하면서

내가 본회퍼(Dietrich Bonhoeffer, 1906-1945)를 처음 알게 된 것은 1967년이었으니 45년 전이었다. 학교 도서관에서 '기독교 사상'이라는 잡지를 보게 되었는데, 그 잡지에서 본회퍼의 책 광고가 실려 있었다. '나를 따르라', '성도의 공동생활'등이 처음으로 역간되었고 그런 책이 소개되고 있었다. 고등학생에 지나지 않았던 내가 무엇을 알겠는가? 그러나 그 이름만이라도 듣게 되었고, 그에 대한 간단한 소개가 감동을 주었다. 안락한 미국 생활을 정리하고 전운이 감도는 조국 독일로 돌아갔다는 사실도 놀라웠고, 독일에서 나치정권과 대항하여 싸우다가 종전을 불과 몇 달 앞두고 39세의 나이로 처형되었다는 사실, 그리고 책임사회론을 가르친 젊은 신학자였다는 점 등이 감동을 주었다. 그래서 성경시간에 교목이었던 김이봉 목사님께 본회파가 어떤 인물인가를 질문한 일이 있다. 그때 설명을 듣고 본회퍼라는 인물에 대해 어렴풋이 알게 되었다. 김이봉 목사님은 교목 생활을 접고 서울 상도교회 담임목사로 일생을 사셨고 지금은 원로목사로 노후를 보내게 계신다. 그 후 나는 신학도가 되었고 본회퍼를 다시 공부하게 되었다. 비록 신학은 달리하지만 한 사람의 그리스도인의 삶의 방식에 대해 깊이 생각하는 계기가 되었다. 여기서는 본회퍼의 삶의 여정을 간단히 정리한 후 그의 기도가 어떠했던가에 대해 소개하고자 한다.

1. 본회퍼의 생애 여정

본회퍼는 1096년 2월 4일 폴란드의 남서쪽 지역의 브레슬라우(Breslau)에서 8남매 중 6번째로 쌍둥이 여동생 자비네(Sabine)와 같이 태어났다. 그의 아버지 칼 본회퍼(Karl Bonhoeffer, 1868-1948)는 정신과 의사였고 어머니 파울라(Paula, 1876-1951)는 교사이자 개신교 신학자 칼 폰 하제(Karl von Hase)의 손녀였다. 아버지가 베를린의 프레드리히 빌렐름대학교 교수로 초빙되어 1920년에는 베를린으로 이사하였고, 이곳에서 청소년기를 보내게 된다. 본회퍼가 짐나지움에서 히브리어를 선택한 것을 보면 일찍부터 신학 공부에 관심을 두었던 것으로 보인다. 1923년 17세 때 고등학교 졸업시험이자 대학입학 자격시험이라고 할 수 있는 아비투어에 합격했고, 이후 튀빙겐대학교와 베를린대학교에서 신학공부를 시작했다. 이때 아돌프 폰 하르나크(Adolf Von Harnack), 한스 리츠만(Hans Lietzman), 칼 홀(Karl Holl), 제베르크(Reinhold Seebreg), 아돌프 다이스만(Adolf Deissmann), 언스트 젤린 (Ernst Sellin) 등 학자들을 만나게 되고 칼 바르트의 변증법적 신학의 영향을 받는다. 이 시기 슐라이마허의 '종교론'(Reden ueber die Religion), 프리드리히 나우만(Friedrich Naumann, 1860-1919)의 '종교에 관한 편지들'(Briefe ueber Religion)을 읽으며 교회에 대해 연구하기도 했다. 1927년 21세 때 본회퍼는 베를린대학교의 조직신학교수였던 라인홀드 제베르크(Reinhold Seeberg, 1859-1935) 휘하에서 '성도의 교제'(Sanctorum Communio, Gemeinschaft der Heiligen)이라는 논문으로 박사학위를 받았다. 이 때 그는 최우수 논문상(summa cum laude)을 받았다고 한다. 이런 수학의 여정에서 본회퍼는 칼 바르트 외에도 헤겔, 막스 웨버, 에른스트 트뢸취 등의 신학과 사회학적 성찰 등 사상적 영향을 많이 받았다고 한다. 학위 공부를 마친 그는 스페인의 바로셀로나의 독일개신교회 부목사로 일 년 간 일 했고, 1929년에는 '행위와 존재'(Akt und Sein)라는 논문으로 교수자격을 얻었다. 그 후 미국 뉴욕의 유니언 신학교로 가서 공부하게 되는데, 미국에 도착한 날이 1930년 9월 5일 이었다. 미국에서 대공항의 시작을 알리는 증권 시장의 붕괴가 일어난 그 다음 해였다. 대공항의 여파는 독일에도 영향을 미쳤고 정치적인 변화와 함께 독일에서 반유대주의 정서가 고조되고 있다는 소식을 접하게 된다. 독일에서 나치스는 최근 선거에서 640만표, 100석 이상을 얻어 독일제국의회에서 두 번째로 큰 정당이 되었고 점차 파시즘체제로 경도되고 있었다. 본회퍼는 미국에서 빈민가를 방문하였고 흑인들에 대한 차별, 인종 차별을 경험하면서 미국 사회의 문제점을 인식하게 된다. 유니언에 체류하는 동안 후일 윤리학자로 명성을 얻게 되는 폴 레만을 만나게 되고, 또 스위스계 프랑스 개신교 유학생 장 라셰르(Jean Lasserre, 1908-1983)와 교제하게 된다. 그를 통해 산상수훈의 가르침에 기초한 평화주의 사상을 접하고 평화주의를 깊이 이해하게 되었다. 1931년 6월 본회퍼는 베를린으로 돌아왔고, 베를린대학교 신학부 강사(1931-32)로 임명되었다. 1931년 11월 15일에는 베를린의 성마태우스교회 목사에서 독일복음주의 교회의 목사로 안수를 받았다. 당시 교회법은 25세부터 목사 안수가 가능했다. 본회퍼는 히틀러의 절대권력과 악정을 경험하였고 특히 유대인들에 대한 부당한 대우를 경험하였다. 그는 국가폭력의 희생자들을 도울 뿐만 아니라 부당한 권력을 행사하는 권력에 대하여 저항해야 한다는 입장을 "유대인 문제에 직면한 교회"(Die Kirche vor der Judenfrage)라는 논문에서 피력했다. 이런 점에서 그의 불의한 권력에 대한 저항정신을 읽을 수 있다.

1933년 1월 30일 히틀러는 총통으로 임명되었고, 3일후인 2월 2일 야

외집회나 시위행진을 금지하는 첫 비상령을 발동했다. 나치정부에 반대하는 인쇄물, 신문, 포스터 등을 배포하거나 그런 활동을 알고도 신고하지 않는 이들은 체포되었다. 3월 23일에는 무제한의 권한을 히틀러 정부에 부여하는 '권한 부여법'을 제정했다. 절대 권력을 이용하여 백성을 탄압하고 구속하고 체포하고 처형했다. 곧 아리안 조항을 공포하여 반유대인 정책을 집행했다.

이럼에도 불구하고 나치스를, 그리고 히틀러를 지지하는 목회자들이 적지 않았다. 1930년대 중반 독일 개신교 목사는 1만8천명 정도였는데, 이중 3분지 1이 나치스와 히틀러를 지지하는 소위 '독일기독교운동'에 가담했고, 다른 3분지 1은 관망하면서 정치적인 문제에 연루되지 않으려고 했다. 어떤 목사들은 실제로 성직자의 예복에 나치의 십자기장을 달고 다녔다고 한다.[1] 어떤 지도자는 히틀러를 지지하기 위해 기독교 신앙을 왜곡하기 까지 했다.[2] 가슴 아픈 교회 지도자들의 변질이었다. 절대권력, 부패한 권력, 거짓, 위선, 탈선을 보면서도, 거짓 프레임에 갇혀 권력자들을 지지하는 일은 어디서나 있었고 우리나라에도 그러했고 그러하다.

그러나 본회퍼는 히틀러의 실체를 간파하고 있었고, 1935년에는 히틀러를 반대하는 고백교회(BK: Bekennende Kirche)에 가입했다. 1935년 5월 말에는 하나님의 말씀인 예수 그리스도만이 복종의 대상이요, 하나님의 계시라는 내용의 유명한 '바르멘 선언'이 발표되었다. 이로서 히틀러와 민족사회주의적인 이념과 악행에 대한 반대와 불복종을 선언하고 히틀러의 시녀로 전락한 '독일그리스도인 연맹'(DC: Deutsche Christen)에 저항했다. 이 선언서에 가장 큰 영향을 끼친 인물이 칼 바르트였다.

본회퍼는 독일의 기독교 상황을 해외에 알리고, 민족사회주의자들의 교회 정책을 경고하기 위해 국제적인 지지와 협력을 호소하였다. 이런 일련의 활동으로 본회퍼는 1936년 교수자격을 박탈당했고, 강연이나 저술

---

[1] 엘리자베스 라움, 『디트리히 본 회퍼: 나를 따르라』 (서울: 좋은 씨앗, 2004), 114.
[2] 엘리자베스 라움, 112.

활동도 금지되었고, 1938년 1월에는 베를린에서의 체류도 금지되었다. 본회퍼는 은밀하게 반 히틀러 모임인 '뮌헨 모임'에 가담했다 이 무렵 『신도의 공동생활』(Gemeinsames Leben)을 집필했다. 이보다 앞서 1935년에서 6년 어간에는 『제자도의 대가』(The Cost of Discipleship)를 완성했다. 산상수훈에 대한 연구라고 할 수 있다. 핑켄발데(Finkenwalde, 지금은 폴란드에 속함)에 있는 고백교회 교장직으로 있을 때였다. 또 1937년 11월에는 『나를 따르라』(Nachfolge)를 출판한 바 있다. 1938년에는 『신도의 공동생활』(Gemeinsames Leben)이 출판되었다. 이 책은 핑겐발데에 있는 지하신학교 학생들과 나눈 공동생활의 결실이었다.

1939년에는 영국으로 건너가 벨 주교, 라인홀드 니버, 빌럼 피써르트 호프트 등을 만났다. 6월에는 미국으로 갔는데, 신변의 위험을 고려하여 폴 레이만 교수는 미국에 체제할 것을 권고하였으나 본회퍼는 7월 7일 뉴욕을 떠나 전운이 감도는 독일로 향했다. 그리고 독일군 정보기관인 압베어(Abwehr)의 민간요원이 되어 1943년까지 활동했다. 압베어는 독일군 최고사령부 안에 있던 대적 정보활동기관이었는데, 나치정권에 반대한 독일 레지스탕스 운동의 중심지였다.

그러다가 본회퍼는 반나치스 활동, 특히 히틀러 암살 음모에 가담한 일로 1943년 4월 5일에는 체포되어 베를린 테겔에 있는 군 미결감 구치소에 수감되었다. 미친자에게 운전대를 맡길 수 없다는 확신 때문에 히틀러암살 모의에 가담한 것이다. 1944년 10월 8일에는 비밀경찰이 게슈타포 감옥으로 이감되었다. 1945년 1월 17일에는 부모에게 마지막 편지를 썼고, 2월 7일에는 부헨발트강제수용소로, 4월초에는 플로센뷔르크 수용소로 이감되었다. 4월 8일에는 히틀러를 반대하는 저항혐의로 교수형을 선고받았고, 다음 날 새벽 플로센뷔르크 강제수용소에서 교수형에 처해졌다. 마지막 남긴 말은 "이로써 끝입니다. 그러나 나에게는 삶의 시작입니다"였다고 한다. 이날 그의 누이 크리스티네의 남편으로 법률가인

한스 폰 도나뉘(Hans von Dohnanyi, 1902-1945)도 본회퍼와 같은 혐의로 작센하우젠 강제수용소에서 처형되었다. 또 본회퍼의 형이자 법률가였던 클라우스, 누이 우어줄라의 남편인 법률가 뤼디그 슈라이허(Ruediger Schleicher, 1895-1945)는 4월 23일 나치스 친위대에 의해 베를린 레어터 역 인근에서 처형되었다.

2. 본회퍼의 기도

본회퍼가 처형된 후 나치스 친위대의 수용소 의사였던 헤르만 피셔(Hermamm Fischer)는 본회퍼의 마지막 기도에 대해 이렇게 증언하고 있다.

> "막사 안의 한 방에서 반쯤 열린 문으로 죄수복을 입은 본회퍼 목사가 자신의 주 하나님과의 깊은 내적인 기도가운데 무릎을 꿇고 있는 것을 보았다. 이러한 비범할 정도의 호감을 주는 남자의 청원을 허락할 만큼의 매우 헌신적인 기도가 나의 깊은 내면을 뒤흔들었다. 형장에서 그는 짧은 기도를 하고 담대하게 교수대 계단을 올라갔다. 그는 단지 몇 초 후에 죽음을 맞이하였다. 나는 50여년의 의사생활에서 이렇게 경건하게 죽는 사람을 결코 보지 못했다."[3]

그는 자기가 믿는 신념으로 일생을 살았고 그 신념의 희생자가 된 것이다. 그는 생의 마지막 순간 경건하게 기도하면서 죽음을 맞았음을 보여주고 있다. 본회퍼의 쌍둥이 동생 자비네(Sabine)의 증언에 의하면 본회퍼의 가정은 늘 저녁 기도회를 가졌다고 한다. 즉 "어머니가 집에 계실 때는 언제나 함께했던 저녁기도와 찬송 시간 후에 오랫동안 침대에 누워죽은 것과 영원한 생명에 들어가는 것이 어떤지를 상상하려고 애썼

---

3 김기홍, 『히틀러와 장애인』(서울: 집문당, 2018), 234.

다"고 한다. 4

본회퍼는 신학적으로 복음주의자가 아니었기 때문에 기도의 능력을 무시하거나 기도하지 않았다고 가정하지만 사실에 있어서 본회퍼는 기도를 중시했고, 가족의 증언처럼 기도의 능력을 신뢰하였고, 또 가정적으로 매일 정기적인 기도하는 시간을 가졌다고 한다. 이렇게 볼 때 본회퍼에게 있어서 기도는 자신의 삶이 일부이자 자신을 신념을 지켜가는 하나님의 능력의 원천이었다. 말하자면 기도는 그의 일상이었다는 점이다. 그가 1938년에 쓴 『신도의 공동생활』은 이 점을 선명하게 보여준다. 아침과 저녁으로 하나님의 도우심을 간구했고, 하나님 앞에서의 단독자로서의 자신을 인식하고 있었다.

"아버지요 우리를 먹여 주소서
우리는 당신의 자녀이옵니다.
우리를 축복하여 주소서
우리는 억눌린 죄인이옵니다."5

그러면서 하루의 일과를 돌아보며 용서를 빌고 화해하고 잠자리에 들어야 한다고 했다. 그는 이렇게 말한다. "해가 지기까지 노여움을 간직하지 말라고 했다(엡4:26). 낮에 생긴 모든 불화가 저녁에는 아물어야 한다는 것이 모든 그리스도인들이 사귐을 맺고 끊는 규칙이다. 그리스도인들에게 있어서 맺힌 마음을 풀지 않고 잠자리에 드는 것은 위험한 일이다. 그러므로 저녁 기도를 드릴 때 언제나 서로 화해하고 파괴된 사귐을 다시 세우기 위해 형제끼리 용서를 비는 기도를 빠뜨릴 수 없다."6 그리고

---

4 *I Knew Dietrich Bonhoeffer: Reminiscences by His Friends*, edited by Wolf-Dieter Zimmermann and Ronald Gregor Smith (NY: Harper & Row, 1966), 232. 엘리자베스 라움, 『디트리히 본 회퍼: 나를 따르라』, 33.

5 본회퍼, 『신도의 공동생활』(서울: 대한기독교서회, 1971), 94.

6 『신도의 공동새활』, 97.

는 루터의 기도를 인용하면서 이렇게 기도하라고 한다.

> 우리의, 눈은 잠들었으나
> 우리의 마음은 당신을 향해 깨어 있사오니
> 하나님의 오른 손이 우리를 두르시고
> 죄의 사슬에서 우리를 풀어 주소서.
> – 루터 –

그가 핑겐발데에 있는 지하신학교의 학생들과의 공동생활의 일상을 기술한 이 책에서, "하나님의 말씀과 교회의 소리와 우리의 기도는 서로 떨어질 수 없다."라고 말하고 있다.[7] 기도는 성경과 교회의 선포와 깊이 관련되어 있는 신자의 일상이라고 천명한 것이다. 그래서 그의 기도 속에는 일상에서 누리는 기쁨과 감사 하나님과의 동행, 그리고 부조리한 현실에 대한 깊은 고뇌가 나타나 있다.

> "오 하나님,
> 이른 아침 주님께 부르짖사오니 나로 기도하게 하시며 오직 주님만 생각하게 하소서.
> 저의 힘만으로 그렇게 할 수 없습니다. 내 안에 어둠 있으나 주님 함께 계시면 빛이 있으며 저는 홀로 있으나 주님께서는 저를 홀로 버려두지 않으시며 제 마음 연약하나 주님 함께 계시면 도움이 있고 제게는 쉼이 없으나 주님 함께 계시면 평안 있사오며 제 안에 고통 있으나 주님 함께 계시면 평안 있사오며 제 안에 아픔 있으나 주님 함께 계시면 인내할 수 있고 저는 주님의 길 알 수 없으나 주님께서는 저의 길 아시오니 저를 살리시어 자유하게 하소서. 저로 지금 살아 있게 하셔서 주님과 제 앞에서 대답하게 하소서. 주여, 오늘 어떤 일 몰아쳐 와

---

[7] 『신도의 공동생활』, 80.

도 주님 이름 찬양 받기를 원하나이다."

앞에서 본회퍼에게 있어서 기도는 무엇보다도 그의 일상이었다는 점을 지적했는데, 두 번째, 그는 공동기도(共同祈禱)와 대도(代禱)를 중시하고 강조했다는 점이다.[8] 그가 핑겐발데의 신학생들을 위한 일과표를 작성했는데, 성경읽기 찬양 기도를 포함하여 30분 간의 공동 예배로 하루를 시작하게 했고, 잠자리에 들기 전에 다시 30분 간의 개인적인 기도회를 가지게 했다.[9] 본회퍼는 신학생들에게 기도에 대해 가르치고 기도하게 해야 한다고 보았는데 특별히 그는 공동 기도와 남을 위한 기도, 곧 대도를 강조했다. 그는 기도에 대해 신학생들에게 이렇게 가르치고 있다.

"누가 무어라고 하든 간에 그리스도인들이 하나님의 말씀 아래서 함께 살려고 하면 그들은 함께 자기들의 말로 하나님께 기도해야 하고 또 기도할 수 있다는 것은 엄연한 사실이다. 우리에게는 하나님 앞에 털어놓은 공동의 간구, 공동의 감사와 공동의 대도(代禱)가 있다. 기도하되 즐겁고 확신에 찬 기도를 해야 한다. … 사실 그리스도의 생활에 있어서 함께 기도한다는 것처럼 당연한 것은 없다. 물론 우리의 기도가 순수하고 성경에서 벗어나지 않도록 하는 것은 좋은 일이고 유익한 일이기도 하다. 그렇다고 해서 막을 길 없는 자유로운 기도를 억압할 수도 없다. 오히려 그런 기도야말로 예수 그리스도에게서 다른 약속을 받는 기도인 것이다."[10]

이처럼 본회퍼는 공동체의 기도와 공동의 기도, 그리고 공동체의 다른 일원을 위한 대도에 대해 가르치고 이를 중시하고 있음을 알 수 있

8 『신도의 공동생활』, 81, 112-114.
9 엘리자베스 라움, 163-4.
10 『신도의 공동생활』, 81, 82.

다. 이런 남을 위한 대도가 '성도의 사귐'이라고 말하고 있다. 그는 남을 위한 기도가 왜 중요한 가를 말하면서, 대도는 원수의 얼굴이 형제의 얼굴로 변하게 되고, 원수를 위해서 기도할 때 그를 위해서도 그리스도가 죽으셨다는 점 때문에 그도 은총을 받을 죄인의 얼굴로 변하게 되는데, 이것은 대도하는 자가 받는 축복이라고 말한다. 그는 대도에 대해 이렇게 말한다.

"대도를 드린다는 것은 다름 아니라 형제를 하나님 앞으로 이끌어다가 예수의 십자가 앞에 세워놓고 그를 가련한 사람, 죄인, 은총이 필요한 사람으로 보는 것을 말한다. 그렇게 하면 그를 멀리했던 모든 것은 사라지고 나는 그를 아무것도 없는 곤궁한 사람으로 보게 된다. 그의 곤궁함과 그의 죄는 나의 어깨를 무겁게 누리다 못해 그것이 내 것이 되고 만다. 그래서 우리는 다음과 같이 기도하게 된다. '주여, 당신이 몸소 아니 당신만이 그 준엄하심과 자비로우심을 따라 그를 보살펴 주소서.'… 대도는 우리가 매일 하나님과 형제에게 갚아야 할 봉사라는 사실이다. 이웃을 위해 대신 기도하기를 거부하는 사람은 그리스도인으로 해야 할 봉사를 거부하는 것이다."[11]

세 번째. 본훼퍼의 기도는 갇힌 자와 고난 받는 자들을 위한 기도였다는 점이다. 핑겐발데에서 일할 당시 본회퍼의 기도에 대한 에버하르트 베트게의 증언은 소중한 가치가 있다. 에버하르트 베트게는 핑겐발더의 지하 신학교 첫 입학생이었고 본회퍼 보다 3살 연하였다. 그의 증언에 의하면, 본회퍼는 하나님께서 주신 영적이며 실제적인 많은 은혜를 상세히 언급하고 감사하는 것으로 기도를 시작했다고 한다. 그 다음에는 형제들이 서로 관용하고 이해할 수 있게 해 달라고 간구했다. 이어서 고백

---
11 『신도의 공동생활』, 113-114

교회 목사들과 감옥에 갇힌 자들을 위해 그리고 원수들을 위해 기도했다고 한다. 그는 늘 그날의 기도의 주제를 부각시키면서도 구약 시편을 본보기로 사용하여 기도했다고 한다.[12] 1936년 이후 본회퍼의 기도에서 주요한 내용은 갇힌 자를 위한 기도였다고 한다. 아침과 저녁 기도회 때 그는 항상 체포되거나 구속 중인 사람들을 위해 기도했는데, 이런 경향은 그 이후 더욱 심화되었다. 기도는 주어진 현실에 대한 응답이라는 점에서 매우 자연스러 일이었다. 1937년 9월에는 핑겐발데 신학교가 게슈타포에 의해 폐쇄되고, 1938년 1월에는 베를린에서의 사역이 금지되고, 1940년 9월에는 공적인 발언이 금지된다. 1943년 4월 5일 본회퍼는 체포되어 베를린에 있는 테겔형무소에 수감된다. 이런 급변하는 상황에서 본회퍼는 현실적 요구에 응답할 수밖에 없었고 그의 기도 또한 갇힌 자와 고난당하는 자를 외면할 수 없게 된다. 그는 이렇게 말한다. "하루의 노고가 끝난 후에 우리는 전 그리스도교와 우리의 교우들과 목회하고 있는 목사님들과 가난하고 외롭고 병들고 죽어가는 사람들과 우리의 이웃과 고향에 있는 가족들과 우리의 사귐을 위하여 축복과 평화와 보호를 비는 것이다. 우리가 우리 손을 멈추고 우리 자신을 하나님의 신실하신 손에 맡길 때만큼 하나님의 힘과 역사를 깊이 알 수 있는 때가 또 있을까? 우리가 노곤할 때도 하나님은 일하신다."[13] 이와 함께 고난 받는 이들을 향한 기도는 옥중서신 속이 잘 드러나 있다. 이 기간 자기 자신에 대한 기도는 하나님의 임재와 도움, 하나님께 대한 깊은 신뢰를 보여준다. 널리 알려진 아래와 같은 옥중 기도문이 있다.

"하나님, 아침 일찍 주님을 향해 부르옵니다. 저를 도와 기도하게 하시고, 생각을 주께 집중할 수 있도록 도와주소서. 저 혼자서는 불가능합니다. 제가 있는 곳은 어둠이오나 주님 곁에는 빛이 있습니다. 저는

---

12 엘리자베스 라움, 168.

13 『신도의 공동생활』, 96.

고독하오나 주께서는 버리지 않으십니다. 저는 겁에 질려 있으나 주께는 도움이 있습니다. 저는 불안하오나 그 품에는 평화가 있습니다. 제 말은 신랄하지만 주님께는 인내가 있습니다. 저는 주님의 길을 이해하지 못하오나 주님은 저의 갈 길을 아시옵니다.
주 예수 그리스도여, 주께서는 저처럼 가난하셨고 비참했으며 체포되었고 버림당하셨습니다. 주께서는 모든 인간의 곤궁을 알고 계시옵니다. 비록 단 한명의 사람이 내 곁에 없다 하더라도 주께서는 머무르십니다. 저를 잊으시는 일 없고 찾고 찾아 주시옵니다. 제가 주님을 찾아 돌아오기를 주께서는 바라고 계시옵니다. 주여, 그 부르시는 소리를 듣고 발자취를 듣고 발자취를 따릅니다. 주님, 저를 도와주시옵소서."

네 번째. 본회퍼에게 있어서 기도는 그의 삶의 일상이었고, 공동기도와 대도를 중시하되, 갇힌자와 고난당하는 자를 위해 기도했지만, 특히 성경에 기초한 기도를 강조했다는 점이다. '성경에 기초한 기도'란 '성경을 토대로 한 기도'로서 기도가 하나님 인식에 기초하되 하나님의 뜻을 구하며, 맹목적인 자기 관철에의 의지가 아니라는 점을 의미한다. 그래서 그는 기도는 하나님의 말씀과 동떨어질 수 없다는 점을 말하면서, "우리는 성경의 말씀에 이끌려 성경말씀을 토대로 기도하는 것이 가장 확실한 약속을 받는 기도이다."라고 하면서 "성경말씀을 토대로 하고 우리의 일상생활을 밝혀주시고 죄에서 지켜주실 것과 날마다 거룩한 자리에 나아가고 우리가 하는 일이 참되고 힘차게 감당할 수 있도록 기도해야 한다고"라고 말하고 있다.[14]

이상의 본회퍼의 기도는 『신도의 공동생활』을 중심으로 정리한 것이기 때문에 제한적일 수 있으나 그가 이해한 기도가 어떤 것인가를 이해하는데 다소나마 도움이 되었으면 좋겠다. 널리 회자되는 본회퍼의 옥중

---
14 『신도의 공동생활』, 111.

기도문이 있는데, 이 점은 한 시대를 살았던 젊은 신학자의 신앙과 고뇌, 하나님을 행한 신뢰와 역사 현실에 대한 아픔이 서려 있다.

1.
모든 존재의 근원이신 당신 앞에 죄인 된 몸으로 우리가 섰습니다. 우리는 당신을 등졌습니다. 큰 거짓이 머리 드는 것을 보면서 진실을 영예롭게 하지 않았습니다. 형제들의 절박한 처지를 보면서 자신의 안전만을 두려워했습니다. 모든 자비의 근원이신 당신 앞에 죄를 고백하며 우리가 섰습니다. 이 무서운 시절의 소란이 끝나면, 우리에게 확신의 시절을 주옵소서.
이 어둔 어둠속의 방황이 끝나면, 우리로 하여금 밝은 햇빛 아래로 걷게 하옵소서. 거짓의 굽은 길이 끝나면, 우리에게 당신의 말씀의 길을 열어주옵소서. 그리고 당신께서 우리의 범죄를
씻어주실 때까지, 우리로 하여금, 주여, 견디게 하옵소서.

2.
오 하나님, 이른 새벽 제가 당신을 바라고 웁니다. 저를 도와주시어 기도하게 하시고 오직 당신만을 생각하게 하옵소서. 혼자서는 기도할 수가 없습니다. 제 안에는 어둠이 있지만 당신과 함께, 거기엔 빛이 있습니다. 저는 혼자지만 당신은 저를 떠나지 않으셨습니다. 제 가슴은 연약하지만 당신은 언제나 강하십니다. 저는 쉬지를 못하지만 당신 안에는 평안이 있습니다.
제 안에는 고통이 있지만 당신 안에는 인내가 있습니다. 당신의 길을 저는 알 수 없지만 제가 가야할 길을 당신은 아십니다.
주 예수 그리스도님, 당신은 저처럼 가난하셨고 비천하셨고, 저처럼 체포당하시어 친구들로부터 격리되셨습니다. 당신은 인간의 모든 비

통함을 아십니다. 제 안에, 저의 고독안에, 당신이 계십니다. 당신은 저를 잊지 아니하시고 오히려 저를 찾아내십니다. 제가 당신을 알고 사랑하기를 당신은 간절히 바라십니다. 주님, 당신의 부르는 소리를 듣고, 제가 당신을 따라갑니다.

거룩하신 성령님, 절망에서 지켜줄 믿음을 저에게 주옵소서. 당신과 다른 모든 이들을 향한 사랑을 제 속에 담아주시어 그 어떤 증오에도 고통에도 오염되지 않게 하옵소서. 두려움에서 건져줄 믿음을 저에게 주옵소서.

3. 오 주 하나님, 크나큰 곤경이 저를 덮쳤습니다. 걱정 근심이 저를 삼켰고 저는 어찌할 바를 모르겠습니다. 오 하나님, 저를 위로하고 도와주십시오. 당신이 주시는 것들을 견뎌내도록
저에게 힘을 주십시오. 두려움이 저를 다스리지 못하게 하옵소서. 사랑 많으신 아버지로서, 저의 사랑하는 아내와 아이들을 돌봐주십시오. 오 자비로우신 하나님, 당신께 그리고 이웃들에게 저지른 저의 모든 죄를 용서해주십시오. 당신의 은총을 믿어 의지하고 제 생명을 온전히 당신 손에 맡깁니다. 당신께서 가장 좋으신 대로 저에게 하옵소서 그것이 저에게도 가장 좋겠기 때문입니다. 살든지 죽든지, 저는 당신과 함께 있고 당신은 저와 함께 계십니다. 주님, 저는 당신의 구원과 당신의 왕국을 기다립니다.[15]

정리하면서

옥중의 본회퍼는 1944년 12월 19일 약혼녀였던 마리아 폰 베데마이어에게 편지를 보냈다. 이 편지에는 약혼녀와 부모님들, 그리고 형들과 누이들에게 보내는 크리스마스 인사로서 '선한 힘에 이끌려'(Von guten

15 https://sutpermarket.blogspot.com/2017/01/blog-post_12.html

Mächten, By the power for Good) 라는 한 편의 시가 포함되어 있었다. 내용을 보면 '신도의 공동생활'의 제 2장 "남과 함께 사는 하루 속'에 이미 그 정신이 드러나 있다. 이것은 시라기보다는 사실상 그의 간절한 기도였다. 이것이 본회퍼와의 마지막 통신이었다. 여러 가지 번역본이 회자되고 있지만 여기서는 엘라자베스 라움 (김성남 역)의 『디트리히 본회퍼: 나를 따르라』 (좋은씨앗, 2004)의 역을 따랐다.

나와 함께 하며 인도해 준 모든 선한 힘은
온갖 두려움을 넘어 위안과 힘을 주었습니다
내 곁의 당신을 생각하며 이날들을 보냅니다
그리고 새해를 당신과 함께 맞으렵니다.

과거는 아직도 우리의 영혼을 슬프게 합니다
우리 슬픔의 나날은 계속될 것입니다
아버지, 시련을 허락하신 영혼들에게
당신이 약속하신 위로와 치유를 허락하소서.

슬픔의 잔에서 고통마저 비우는 것은 우리의 몫입니다
당신의 뜻이기에 머뭇거리지 않고 감사히 받겠습니다
그 모든 것은 당신이 사랑으로 주신 것입니다.

그러나 당신이 원하신다면 우리에게 한 번 더
삶의 기쁨과 따뜻한 햇살을 주소서
슬픔에서 배웠으니 그기쁨은 더할 것입니다
그 모든 것은 당신에게 바쳐 집니다.

오늘은 촛불로 기쁨을 비추게 하소서
보소서
우리의 어둠을 비추는 당신의 빛이 아닙니까?
당신은 가장 어두운 밤도 밝히실 수 있습니다.

이제 침묵은 더 깊어가고
당신 자녀들의 노래 소리에 귀 기울이게 하소서
보이지 않는 세계는 어둠에 싸여
당신을 찬양하며 감사의 노래를 부릅니다.

선한 힘이 우리를 경이롭게 둘러싸고 있습니다
그 힘 때문에 앞으로 일어날 일에 직면할
굳센 용기를 갖습니다
하나님은 동틀 무렵부터 저녁에 잠들 때까지
우리와 함께 계십니다
매일 새벽마다 사랑의 약속을 주십니다.

본회퍼의 이런 기도는 신학적 사색의 산물이라기보다는 자신이 처한 현실에서의 신앙체험이라고 할 수 있을 것이다. 자신이 이해한 제자도를 따라 자기 신념을 지키기 위해 자기 희생적 삶을 살았던 한 신학자의 삶의 체험, 역사 현실에 대한 고뇌, 그리고 하나님에 대한 기대와 소망이 그의 기도 속에 드러나 있다고 할 수 있다.

이상규

고신대학교 신학과 (B.Th.)

고신대학교 신학대학원 (M.Div.)

고신대학교 대학원 신학과 (Th.M.)

호주빅토리아주 장로교 신학대학 (P.T.C.)

호주신학대학(A.C.T.) 신학박사 (Th.D.)

(전) 고신대학교 신학과 교수

(전) 개혁신학회 회장

(전) 한국장로교신학회 회장

(전) 부산경남 교회사연구회 회장

(현) Unio cum Christo 편집위원

(현) Reformed Theological Review 편집위원

(현) 백석대학교 석좌교수

헬무트 틸리케의 기도

김영한

머리말

헬무트 틸리케(Helmut Thielicke, 1906-1986)는 현대 독일 신학자들 가운데 거의 유일하게 철저히 복음적이며 종교개혁사상의 전통에 섰던 신학자였다. 독일의 현대 신학자들 가운데 본회퍼(D. Bonhoeffer), 바르트(K. Barth), 몰트만(J. Moltmannn), 판넨베르크(W. Pannenberg) 등은 한국에 잘 알려져 있다. 그러나 헬무트 틸리케는 한국에서는 아직도 낯선 신학자이다. 그는 바르트나 불트만 등 현대 신학의 거장인 바르트보다는 20년, 불트만보다는 22년 연령의 격차가 있는 세대이다. 그는 당시 루터교 보수 신학자 알타우스(P. Althaus)나 고가르텐(F. Gogarten)의 친나치적인 경향과는 달리 히틀러의 나치체제를 비판하여 교수직에서 해임되어 강연은 물론 설교조차도 금지당한 반나치 신학자였다. 따라서 그는 본회퍼처럼 하나님 말씀 위에 서서 인간성을 말살하는 나치 체제에 저항한 용기 있는 보수적 신학자였다.

주기도문으로 드리는 공동체의 기도

틸리케의 주기도문 강해[1]는 하나의 설교의 형식으로 되어 있다. 이

---
1 Helmut Thielicke, *Das Gebet, das die Welt umspannt. Reden über das Vaterunser*

강해 설교는 1944년 연합군의 폭격이 날로 거세지는 독일 스튜트가르트 병원교회(Hospitalkirche)에 시작하여 마태공동체(Mathäusgemeinde) 사무소 청사에서 끝맺는다. 이 주기도문 강해는 폭격을 피하여 방공호 속에서 숨어 있는 신자들과 같이 드리는 구체적인 삶의 현장을 지니고 있다. 이 주기도문 강해설교에서 저자는 신자들과 함께 다음같은 기도를 드리고 있다.

1. 현대인의 실존적 한계상황의 처지에서 드리는 기도이다.

첫째, 한계상황 속에서 하나님을 향하여 울부짖는다. 틸리케가 강해한 주기도문은 이론적 강해라기 보다는 삶의 기반의 동요하는 삶의 한계상황 속에서 삶과 죽음, 역사의 운명을 손에 쥐고 계시는 주권적인 하나님에게 드리는 기도이다. 설교자는 성도들의 얼굴에 쓰인 운명을 보고 설교한다. 이러한 설교는 인본주의적 수사를 동반하는 설교가 아니라 순간 순간 삶의 미감을 향하여 결단해야할 메시지를 동반하고 있다.

둘째, 기도문은 하나님을 향하여 진지하게 도움을 요청하는 기도이다. 이 기도문은 이차 세계대전 중 처참하게 폭격을 당하는 도시 스튜트가르트의 방공호에서 공포 가운데서 드리기에 적합한 기도이다. 인생의 마지막 시간 동안의 시련 속에서 드리는 기도이기도하다. 틸리케는 말한다: "주기도문이라는 공간은 온 세계를 껴안고 있습니다."(93쪽) 연합군의 폭격 속에서 틸리케는 "우리는 만물의 마지막 때로 던져진 존재"(93쪽)라고 말한다. 죽음의 세계에서 우리는 "당신의 나라가 임하소서"라고 기도드린다.

---

aus den Jahren 1944/45(Güterloh: Güterloher Verlaghaus, 1961); (박규태 역, 『세계를 부둥켜 안은 기도』: H. 틸리케의 주기도문, 홍성사, 2008)

2. 세상의 주권자에 드리는 기도이다.

현실이 아무리 암담하다고 할찌라도 하나님을 거치지 않는 현실은 없다. 틸리케는 말한다: "온 세상이 주님의 손 안에 들어 있습니다. 그리고 우리가 기도하면서 그 세상을 하나님께 들어 올릴 때, 세상은 우리 손 안에도 들어 있습니다"(6쪽). 주기도문은 세계를 권능의 손으로 안고 계시는 하나님께 드리는 신자가 드리는 세계를 부둥켜 안은 기도이다.

그럼에도 불구하고 하나님의 주권은 멈추지 않는다: "이런 것들은 하나님의 손을 통과해야만 합니다"(32쪽). 틸리케는 어떤 불행이나 운명도 하나님의 허락 아래서야 비로소 이루어지는 것이라고 본다. 이러한 불행들은 하나님 안에서 행복으로 바뀌게 된다: "그 근본부터 사악하고 재앙으로 가득한 비운이… 그 분의 자녀된 자를 위하여, …그 모든 것이 바뀌게 됩니다."(32쪽) 인간의 삶은 예수 안에서 아버지라고 부를 수 있는 "하나님의 손을 통과함으로써 전혀 다른 것으로 바뀌어 버렸습니다"(33쪽). 예수 그리스도는 잔인하고 가혹하게 보이는 이 세상에서 "십자가의 비밀 속에서 자비스러운 하나님 아버지가 계신다"(34쪽)는 사실을 보증해주신다. 이 사악하게 보이는 이 세상에서 우리를 부르시는 그 분의 선한 음성을 듣는다면 모든 것은 진정으로 선한 것이 될 수밖에 없다(35쪽). 여기서 틸리케는 하나님의 선하심과 그의 주권을 역설하고 있다. 이 사악한 세상 속에서 선의 승리를 낙관하고 있다.

3. 신정론 질문에 대해 대답한다: 고난의 근거는 우리의 죄악이다.

이 세상은 하나님 없이 볼 때 게르만 신화에 나오는 큰 뱀에 휘감겨 있는 모습으로 표상된다. 이 세상은 큰 뱀에 휘감겨 있다. 하나님은 계시지 않다. 하나님이 계신다면 우리에게 암덩어리, 경화증 같은 질병, 싸움과 상처, 죽음과 무덤의 행렬이 있는가 우리는 고소하게 된다: "왜 아버지는 신으로서 그 모든 것(질병, 죽음 등)에 맞서 그것들을 부인하고 붙잡아 두시지 않나요?"(25쪽) 고통이나 고난은 숙명적으로 큰뱀이나 악마의 장안에서 오는 것은 아니다. 그것은 인간의 죄와 교만에서 유래하는 것이다.

틸리케는 고난과 고통의 원인이 하나님께 있는 것이 아니라 인간의 죄에 있다고 대답한다: "하나님으로부터 떨어져 나간 피조물은 죽는다는 인간 역사의 근본법(Urgesetz)이 존재합니다"(27쪽). 인간이 하나님으로부터 분리해 나갔기 때문에 하나님의 형상을 상실하고 혼돈과 자기 분열에 빠졌다: "인간의 몸은 이제 더 이상 …하나님의 형상이 아닙니다. 오히려 커다란 혼란 속에 빠져 있는 존재일 뿐입니다. 병과 괴로움 자체도 피조물을 통해 생겨난 균열의 징표일 뿐입니다"(28쪽). 틸리케는 하나님이 죽음이나 질병이나 고통을 가져오신 것이 아니라 우리의 죄와 불순종이 "심판을 자초"(28쪽)한 깃으로 본다. "이것들은 진정 악한 것이며 하나님의 창조계획 속에 존재하지 않았던 것입니다"(32쪽).

4. 하나님은 고난과 고통을 면제시켜주지 않고 통과하도록 하시는 분이시다.

하나님은 우리의 질병, 고난, 고통의 짐을 면제시켜주시지 않으신다. 오히려 주님은 그것을 우리들에게 허락하신다. 그러나 하나님은 그냥 무기력하게 보시는 방관자가 아니라 우리의 고난과 고통의 현장에 보이지 않게 임재해 계신다. 하나님은 우리가 필요로 하는 것을 아시며, 우리에게 필요한 것이 우리가 간구하는 것과 정반대인 것을 아신다(46쪽). 중풍병자가 말하기도 전에 예수님은 "네 죄 사함을 받았느니라"고 중풍병자에게 있는 궁극의 곤고함을 해결해주셨다. 그처럼 하나님은 침묵하시는 것 처럼 보일 때가 자주 있다.

틸리케는 운명의 사랑과 하나님이 뜻에 내맡기는 것을 구분한다. 운명이란 인격적으로 느끼지 못하는 것이며, 무시무시한 고통을 유발한다(128쪽). 이에 대하여 예수님은 우리의 운명을 하나님께 맡길 수 있도록 목자가 되신다. 예수님은 운명을 사랑하라는 어리석은 요구를 하지 않으시고 하나님이 우리의 고통 가운데 계심을 말씀하신다. 모든 고통은 먼저 "아버지의 마음을 먼저 거쳐 가게 되어 있다"고 말씀하신다(127쪽). 하나님의 두 손은 그 손에서 흘러 나오는 운명조차도 바꾸시고 거룩한 것으로 만드신다(130쪽).

5. 십자가의 길이 하나님의 길이다.

하나님은 이 세상에서 인간들이 일반적으로 영광스럽다고 생각하는 영광의 신학의 길이 아니라 십자가 신학을 길을 여셨다. 주님은 이 세상의 고통과 자신을 동일시 하신다: "진실로 내가 너희의 대제사장으로서 고난을 함께 할 수 있는 것은 너희의 고난이 곧 내 고난이기 때문이다."(174쪽). 틸리케는 말한다: "이처럼 불행이 가득한 모든 길은 예수께 모여들고, 모든 죽음의 화살은 그분의 가슴에 꽂힙니다"(174쪽). "그러므로 신자는 불행이 맹위를 떨치는 바로 그때에 주님이 당하신 고난을 깊이 생각해야 합니다"(174쪽). "예수께서는 모든 이들의 고난을 대신 당하신 것입니다"(175쪽). 그러므로 우리가 지극히 작은 형제에게 행한 것이 주님께 향한 것이 된다

틸리케는 알브레히트 뒤러(Albrecht Dürer)의 동판화 "기사, 죽음 그리

고 마귀"를 예로 들면서 기사에게 가장 사랑스러운 것, 재산, 명예, 자녀와 아내가 커다란 위험이 된다. 이들은 기사를 말에서 끌어 내리려고 한다(224쪽). 기사는 말에서 내리지 말고 성채를 지나가야 한다. 우리의 삶 전체가 시험이요 위험이다(225쪽). 그러므로 주님은 "우리를 시험에 들게 하지 마옵소서"라고 기도하라고 가르치신다. 그는 독일에 다가온 참상이 세상의 권력과 부와 명예에 물들어 버린 교회의 타락 때문이라고 지적한다. 독일교회는 자기 안일을 위하여 신앙의 경주에서 중단하거나 물러서지 않고 시험과 위험의 한가운데를 통과해야 한다. 틸리케는 본회퍼, 마르틴 니뮐러(Martin Niemöller), 루트비히 슈타일(Ludwig Steil), 헬무트 골비처(Helmut Gollwitzer), 발트 퀘네트(Walter Künneth) 등 독일 고백교회 지도자들과 함께 예수 그리스도의 십자가(Kreuz Jesu Christi)의 복음은 나치깃발의 꺾어진 십자가(Hakenkreuz von Nazi)의 거짓복음과 공존할 수 없음을 선포하였다.

틸리케는 여기서 주님은 우리가 져야할 짐을 면제해 주시지 아니하신다(236쪽)고 가르친다. 주님은 죽음을 면제하지 아니하시고 최후의 적으로 남겨 놓으시고, 단지 우리와 함께 하신다(236쪽). "그분은 우리가 복된 섬으로, 시험거리가 없는 지역으로 옮겨가는 것을 허락하시지 않습니다. 도리어 우리를 도와 죽음뿐이요, 마귀가 도사리고 있는 이 세상 한가운데로 지나가게 하십니다"(236쪽). 여기서 틸리케는 현실도피주의가 아닌 현실대결을 통한 변혁주의를 제시한다.[2]

맺음말

진정한 기도는 개인의 기도가 아니라 전 세상을 아우르는 기도이다. 틸리케는 두가지 의미를 드러낸다: 첫째, 온 세상의 죄에 나의 죄도 들

---

2 김영한, 『헬무트 틸리케, 종교개혁적인 성령론적 신학』, 살림, 2005, 12-23, 38-61.

어 있다(187쪽). 둘째, 온 세상 죄를 말할 때 나 자신의 죄를 먼저 말해야 한다: "내가 바로 그 사람이다. 용서해야할 자가 바로 나다"(188쪽). 예수 그리스도와 사귐을 가질 때 우리는 비로소 이웃 형제들, 가치없는 형제마저 사랑할 수 있다(189쪽). 틸리케는 우리들에게 진정한 기도란 나와 가족만 잘되게 해달라는 기복적인 기도가 아니라 이 "세상을 부둥켜 안는 기도"라고 가르치고 있다. 오늘날 한국교회의 기도는 기복적인 차원에 머물고 있지 않는가? 북한에서 굶주리고 죽어가는 동포들, 신앙의 자유를 잃고 영적 황무지에서는 하나님조차 계시지 않는다는 북한의 동포들을 부둥켜 안는 기도가 어느 때보다 절실히 필요하다. 오늘날 한국교회가 양적 성장구조에서 질적 성장구조로 패러다임을 바꿔야할 즈음 틸리케의 주기도문 설교는 분명히 목회자의 설교를 신학이 있으며, 고난의 현장을 지향하며, 책임윤리를 동반하는 설교로 바꾸도록 깨우치는 예언자적 말씀이다.

김영한

서울대 철학과 (B.A.)

Universität Heidelberg 철학부 (Dr.phil.)

Universität Heidelberg 신학부 (Dr.theol.)

(전) 한국개혁신학회 회장

(전) 한국복음주의신학회 회장

(전) 한국기독교철학회장

(전) 한국해석학회장

(현) 숭실대기독교학과 명예교수

(현) 아시아 복음주의 연맹 신학위원장

(현) 기독교학술원장

(현) 샬롬나비 상임대표

웨인 그루뎀의 기도

박 찬 호

1. 웨인 그루뎀과 그의 신학적인 입장

웨인 그루뎀(Wayne Grudem, 1948-)은 침례교 출신으로 하버드대학에서 경제학을 공부하였고 웨스트민스터 신학교에서 목회학 석사 학위를 받은 후 캠브리지에서 신약성경연구로 박사 학위를 받았다. 이런 그의 이력은 조직신학을 성경적으로 구축해보려는 노력으로 이어졌으며 1994년 출간된 그루뎀의 조직신학은 "성경적 교리 입문"이라는 부제를 달고 있다. 그루뎀의 신학적 입장은 다소 절충적인 것으로 알려져 있다. 그는 칼빈주의 구원론을 받아들이며 성경무오의 입장을 강하게 고수하고 있으며 세례에 대해서는 유아세례에 대해 부정적인 입장인 침례교의 '신자들의 세례'를 지지하고 있다. 그리고 교회 정치제도에 있어서는 변형된 회중정치제도를 주장하고 있다. 하지만 이런 그루뎀의 여러 절충적인 신학적 입장 중에 가장 유명하고 또 논란이 된 것은 은사중지를 주장하는 전통적인 개혁신학의 입장과는 다른 입장을 보인 것이다. 그루뎀은 한때 빈야드 운동을 지지하였던 것으로 알려져 있다. 최근에는 적극적으로 창조와 진화에 대한 토론에도 뛰어들어 복음주의신학에서 유신진화론을 수용할 수 없는 이유에 대해 지적설계를 주장하는 사람들과 함께 목소리를 높이고 있다.

2. 기도는 은혜의 방편인가?

스코틀랜드의 신학자 매킨토쉬(Hugh Mackintosh, 1870-1930)는 슐라이어마허의 신학에 대해 다음과 같이 말하고 있다. "어떤 사람의 진정한 신학적 입장을 이해하려면 그 사람의 기도에 대한 견해를 고찰하는 것보다 확실한 것은 없을 것이다." 기도가 무엇인가? 우리는 왜 기도해야 하는가? 우리는 무엇을 기도해야 하는가? 기도와 관련된 여러 질문에 어떻게 대답하는가는 하나님에 대해, 그리고 인생에 대해 우리가 가지고 있는 여러 생각과 가치관에 의해 결정이 될 것이다. 그런 면에서 어떤 사람의 신학적 입장이 과연 어떠한지 알아보려면 그 사람의 기도관을 살펴보는 것이 가장 확실한 길이라는 매킨토쉬의 주장은 정곡을 찌르는 적확한 말이라 할 수 있다.

복음적인 교회에서 가장 강조하는 것은 말씀과 기도이다. 하나님의 말씀인 성경에 계시되어 있는 하나님의 뜻에 대해서 배우고 공부하고 익히는 것은 아무리 강조해도 지나치지 않을 것이다. 기도라고 하는 것은 이렇게 배우고 익힌 하나님의 말씀에 대한 반응으로 이루어지는 인간 행동의 한 부분이라고 할 수 있을 것이다. 그런 면에서 보면 말씀과 기도의 건전한 균형은 성도들 개개인의 삶과 신앙, 교회 공동체의 건강성에 있어서 매우 중요한 관건이라 말할 수 있을 것이다.

신학은 문자적으로 풀이하면 '하나님에 대한 학문'이다. 그런데 이 신학 또는 신학 교육에서 기도의 자리는 거의 없는 것은 아닌가 생각된다. 그런 면에서 개혁주의생명신학은 신학이 학문이 아님을 강조함과 동시에 모름지기 신학은 기도의 신학, 무릎의 신학이 되어야 한다고 강조한다. "개혁주의생명신학은 자신의 지성과 의지의 교만을 철저하게 부정하고 오직 하나님의 말씀에 귀를 귀울이면서 기도운동과 성령운동에 힘쓰고자 한다. 개혁주의생명신학은 하나님 앞에 무릎을 꿇는 무릎신학이요 가슴 깊은 곳에서부터 그리스도의 생명력이 흘러나오는 가슴신학이다."

은혜의 방편과 관련하여 벌코프는 말씀과 성례(세례와 성찬)만을 강조하고 기도는 그 자체로서는 은혜의 방편이 아님을 주장하고 있다. 하지만 웨스트민스터 표준문서와 찰스 하지 그리고 웨인 그루뎀은 기도를 기꺼이 은혜의 방편에 포함시키고 있다. 웨인 그루뎀은 한 걸음 더 나아가 교회 안에서 이루어질 수 있는 모든 행동을 은혜의 방편으로 포괄하려고 시도하고 있다. 오늘의 신학은 말씀을 공부하는 것에만 지나치게 치우쳐 있는 것은 아닌가 돌아보게 된다. 그런 면에서 신학에서의 기도의 자리에 대한 진지한 물음이 필요하다. 물론 은혜의 방편에서 기도를 다루지 않는다는 것 자체가 문제는 아니다. 다른 문맥에서라도 기도에 대해 기꺼이 다룬다면 문제될 것은 없다. 교회론의 은혜의 방편에서가 아니라면 신론의 섭리론을 다루는 문맥에서라도 기도에 대해 가르치자는 것이 필자의 제안이다. 아니면 구원론에서 기도를 다루고 있는 칼빈을 따라 구원론이나 성령론에서 다루어도 좋을 것이다. 말씀에 대한 반응으로 이루어지는 기도를 포함한 여러 활동들에 대한 강조를 통해 머리로만의 학문에 머물러 있는 신학으로부터 우리의 삶에 보다 적실성을 가진 신학에로의 무게 중심의 이동이 필요한 시대이다.

3. 벌코프 vs 그루뎀

한국교회 특별히 보수적인 장로교회의 신학 형성에 가장 큰 영향을 미친 두 가지 자료는 웨스트민스터 소요리문답과 루이스 벌코프(Louis Berkhof, 1873-1957)의 『조직신학』일 것이다. 벌코프는 은혜의 방편을 "성령께서 죄인에게 은혜를 베푸시어 죄와 허물로 죽은 자를 살리사 구출하시고 성화시키시고 하나님이 보시기에 기쁘시게 하여 모든 영적 행복과 덕성들을 베풀어 주시는 것"이라고 정의하고 넓은 의미에서 은혜의 방편은 "개개인의 신앙을 길러주는 데 도움을 주는 모든 경험"을 다 포함하지만 교회에 주신 엄격한 의미에서의 은혜의 방편은 말씀과 성례라고 주장하고 있다.¹ 믿음이나 회심과 함께 "기도는 영적인 생활을 강화시키는 도구로 사용될 수 있기는 하지만 일차적으로는 하나님의 은혜의 열매"이다. 그러므로 벌코프는 기도를 은혜의 방편에 포함시킨 찰스 하지(Charles Hodge, 1797-1878)의 입장에 대해 재고의 여지가 있는 것으로 비판하고 있다.²

벌코프가 많은 부분 참조한 것으로 알려져 있는 헤르만 바빙크(Herman Bavinck, 1854-1921)도 은혜의 방편이 믿음, 회심, 죄와의 싸움, 기도와 같이 우리가 언약의 유익을 지속적으로 누리는 데 필요한 모든 것까지 확장될 수 있음을 인정하면서도 엄밀히 말하자면 말씀과 성례만이 은혜의 방편이라고 말하고 있다. 은혜의 방편들은 "그리스도가 자신의 교회에게 주시고, 자신의 은혜를 전달하도록 지정하신, 인식 가능한 외적 행위와 표지"이며 "이 방편들은 잠시라도 그리스도의 인격과 사역에서 분리될 수 없고 유기체와 기관인 교회와도 분리될 수 없다."³

하지와 같이 기도를 말씀과 성례와 함께 은혜의 방편으로 제시하고 있는 대표적인 경우가 웨스트민스터 소요리문답이다. 문 88은 "그리스도께서 우리에게 구원의 유익을 전하는 표현적이며 일반적인 방법은 무엇인가?"라고 물은 후 "그리스도께서 우리에게 구원의 유익을 전하는 표현적이며 일반적인 방법은 그의 규례인데 특별히 하나님의 말씀과 성례와 기도이다. 이것이 모두 그 택하신 자에게 효력이 되어 구원을 얻게 한다"라고 답하고 있다.⁴

---

1 Louis Berkhof, 『조직신학 하』 (고양: 크리스찬다이제스트, 2000), 865f.

2 Berkhof, 『조직신학 하』, 866.

3 Herman Bavinck, 『개혁파 교의학』, 김찬영·장호준 역 (서울: 새물결플러스, 2015), 1085. 바빙크는 칼빈이 기도를 은혜의 방편에 포함시켰음을 『기독교 강요』 4권을 근거로 주장하고 있다 (Bavinck, 『개혁파 교의학』, 1084).

4 『웨스트민스터 신앙고백』, 김혜성·남정숙 공역 (서울: 생명의말씀사, 2003), 484.

1563년에 작성된 하이델베르크 요리문답 65문은 "오직 믿음으로만 우리가 그리스도와 그의 모든 은덕에 참여할 수 있는데, 이 믿음은 어디에서 옵니까?"라고 물은 후 "성[령]에게서 옵니다. 그분은 거룩한 복음의 강설로 우리의 마음에 믿음을 일으키며, 성례의 시행으로 믿음을 굳세게 하십니다"라고 답하고 있다.[5] 이 부분과 관련하여 벌코프는 하이델베르크 요리문답 65문을 인용하면서 말씀과 성례가 그 자체 은혜의 방편이며, 그 유효성은 단지 성령의 역사에만 의존되어 있다고 설명한다. 그런 의미에서 보면 하이델베르크 요리문답은 벌코프와 같이 기도를 은혜의 방편으로 생각하고 있지 않은 것으로 해석할 수 있다. 하지만 하이델베르크 요리문답은 116문부터 129문까지 무려 14문에 걸쳐 "기도에 관하여"다루고 있음에 유의할 필요가 있다.

현대에 있어 기도를 은혜의 방편에 포함시키고 있는 대표적인 사람은 웨인 그루뎀(Wayne Grudem, 1948-)이다. 은혜의 방편에 대해 그루뎀은 "하나님께서 성도들에게 은혜를 주시기 위해 사용하시는 교회에서의 활동들"이라고 정의하고 있다.[6] 그루뎀은 은혜의 방편을 말씀과 성례에 제한시키는 대표적인 사람으로 벌코프를 들고 있다. 벌코프는 이 두 가지를 "그리스도께서 교회 안에 제정하신 객관적인 통로"라고 불렀는데 벌코프가 이렇게 주장하게 된 배경은 이 방편들이 모두 안수 받은 목사에 의해 집행되어야 하는 특별한 기능이라는 사실에 있다라고 그루뎀은 보고 있다: "벌코프는 이것들을 '예수 그리스도의 교회의 공식적인 수단'이라고 부르고, '교회에 제정된 공식적인 은혜의 수단으로서 말씀과 성례는 오직 합법적으로 자격을 갖춘 교회의 직분자들에 의해서만 실행되어야 한다'고 했다."[7] 그래서 벌코프가 안수 받은 목사들이 행할 수 있

---

[5] 『하이델베르크 요리문답』, 독립개신교회 교육위원회 역 (서울: 성약출판사, 2004), 100. 성령 하나님에 대하여 '성신'이라고 되어있지만 보다 일반적인 성령으로 바꾸었다.

[6] Wayne Grudem, 『조직신학 하』, 노진준 역 (서울: 도서출판 은성, 2009), 170.

[7] Grudem, 『조직신학 하』, 190, 각주 1).

는 수단으로 은혜의 방편을 제한시켰다고 그루뎀은 비판하고 있다. "벌코프를 추종하는 사람들은 이와 같은 절차가 지혜로운 것이고 교회의 질서를 유지하는 데 유익한 것이라고 주장"하고 있는데 그루뎀이 보기에 그러한 주장의 배후에는 로마 가톨릭이나 영국 성공회의 "성직자주의(sacerdotalism, 교회 안에 있는 사람들에게 하나님의 은혜를 끼칠 수 있는 특별한 능력과 권한을 가진 교회 안에 있는 안수 받은 특별한 계층의 제사장직이 있다고 주장하는)의 뉘앙스"가 있다.[8]

그루뎀은 은혜의 방편을 제한하는 것이 바람직하지 않다고 보고 기도를 은혜의 방편에 포함시켰던 찰스 하지의 의견에 동조하고 있다. 그루뎀은 여기에서 한발 나아가 "하나님께서 매일, 혹은 매주 그의 은혜를 받을 수 있는 특별한 방법으로 우리에게 주신 교회 안에 있는 다양한 활동들"을 모두 은혜의 방편에 포함시키고 있다. 그루뎀이 열거하고 있는 은혜의 방편은 다음과 같다: "1. 말씀의 선포 2. 세례 3. 성찬 4. 서로를 위한 기도 5. 예배 6. 교회 권징 7. 구제 8. 영적 은사들 9. 친교 10. 전도 11. 개인을 향한 사역."[9]

아마도 기도를 은혜의 방편에 포함시키는지 여부를 가지고 옳고 그름을 가를 수는 없을 것이다. 왜냐하면 벌코프도 넓은 의미에서는 기도를 은혜의 방편으로 보고 있기 때문이다. 요는 은혜의 방편에서 기도를 다루지 않았다면 다른 문맥에서라도 기도의 자리가 있어야 하는데 안타까운 것은 벌코프의 『조직신학』에는 기도의 자리가 없다. 반면에 웨인 그루뎀은 신론에서 하나님과 세계의 관계를 다루는 문맥인 18장 한 장을 기도에 할애하고 있으며 은혜의 방편으로서의 기도에 대해서 다루는 문맥에서는 "교회에서의 연합기도, 혹은 교인들 간의 기도가 성령께서 복을 주시기 위해 사용하시는 능력있는 은혜의 수단이라는 사실"에 대해서 살펴보고 있다. "우리는 초대교회의 본을 받아 개인적으로 뿐만 아니

---

8 Grudem, 『조직신학 하』, 190, 각주 1)에서

9 Grudem, 『조직신학 하』, 171f.

라 함께 기도해야 한다."¹⁰

4. 그루뎀이 말하는 기도

웨인 그루뎀의 『조직신학』은 그루뎀의 조교에 의해 원래의 방대한 내용을 절반 정도로 줄여 출판되었으며 다시금 아들인 엘리엇 그루뎀에 의해 간략한 포켓북의 형태로 까지 축약하여 출판되었는데 우리나라에서는 이 세 가지 판본이 모두 번역되어 있다. 그 책들은 각각 웨인 그루뎀의 『조직신학』 (상), (중), (하) (도서출판 은성), 『성경 핵심 교리』(기독교문서선교회), 『꼭 알아야 할 기독교 핵심 진리 20』(부흥과개혁사)이다. 몇 년 전 필자는 학부생들에게 『꼭 알아야 할 기독교 핵심 진리 20』을 읽고 간단한 독후감을 제출하는 것을 과제물로 내준 적이 있다. 그랬더니 학생 중 하나가 그 내용 중에 기도부분에서 은혜를 받았다는 감사를 표현하였던 것을 기억한다. 딱딱하기만 한 조직신학 책에서 기도에 대한 설명을 발견하고 그 내용을 통해 적잖은 은혜를 받았다는 감사였다.

그루뎀은 신론 가운데 한 장을 할애하여 기도에 대해 다루고 있다. 16장에서 섭리를 다룬 후 비상섭리인 기적에 대해 17장에서 다루고 이어서 18장에서 기도를 다루고 있는 것이다. 그루뎀은 기도를 "하나님과의 개인적인 교통"이라고 정의한다. 그런 다음 "하나님께서는 왜 우리의 기도를 원하시는가?"라고 물은 후 그루뎀은 세 가지 이유를 제시하고 있다: 1. 기도는 하나님께서 우리에게 무엇이 필요한가를 알아보시는 수단이 아니다. 기도는 하나님을 향한 우리의 신뢰를 나타내고 우리의 신뢰를 증진시킬 수 있는 수단이기 때문에 하나님은 우리가 기도하기를 원하신다. 2. 기도는 하나님과의 관계를 더욱 깊게 해주며, 하나님은 우리를 사랑하시고 우리와의 교제를 인하여 기뻐하신다. 3. 하나님께서는 피조물인 우리가 기도를 통해서 영원히 중요한 일들에 관여하기를 원하신다.

10 Grudem, 『조직신학 하』, 177.

우리가 기도할 때 하나님의 나라가 확장된다.[11]

　기도의 유효성에 대해 그루뎀은 기도가 하나님께서 행동하시는 방법을 변경시킨다라고 주장하고 있다. "기도가 하나님의 행동을 바꾸기도 하며 하나님께서는 우리의 기도의 응답으로 이 세상에 엄청난 변화를 가져다 주신다는 확신만 있다면, 우리는 지금보다 더 많이 기도할 것이다. 우리가 기도를 많이 하지 않는다면, 이는 기도가 많은 것을 이룰 수 있음을 정말로 믿지 않기 때문이다."[12] 매우 도전이 되는 주장이 아닐 수 없다.

　그루뎀은 예수 그리스도를 통해 효과적인 기도가 가능하며 "예수님의 이름"으로 기도하는 것은 그 기도가 예수님께서 인정하고 권세를 주신 기도라는 의미하고 설명하고 있다. 성령으로 기도한다는 것은 우리를 둘러싸고 있는 하나님의 임재와 우리와 우리의 기도를 거룩하게 하시는 하나님의 임재를 의식적으로 느끼며 기도하는 것이라고 설명하고 있다.

　신약성경의 기도들은 대체적으로 성자 하나님이나 성령 하나님께 드려지지 않았지만 그럼에도 신약에 예수님께 직접 드리는 기도의 실례들이 존재한다. "'우리의 주여 오시옵소서'(고전 16:22)라는 기도도 '오소서 주 예수여'라는 계시록 22:20의 기도와 마찬가지로 예수님께 드린 기도였다." 신약성경에는 성령께 기도했다는 기록이 한 군데도 없지만 그와 같은 기도를 금할 이유는 없다고 그루뎀은 주장하고 있다. "성령께 기도할 수 없다는 말은 그에게 말할 수도 없고 그와 교제할 수도 없다는 말이 되는데, 이는 옳은 말이라고 보기 어렵다."[13]

　우리는 개인적으로 기도해야 한다. 우리에게는 각자의 골방이 필요하다. 또한 동시에 우리는 다른 사람들과 함께 기도하여야 한다. 이 부분과 관련하여 그루뎀은 주기도문이 복수형으로 되어 있음을 지적하고 있다. 주기도문은 "나에게 일용할 양식을 주옵시며"라고 하지 않고 "우리에게

---

11 Wayne Grudem, 『조직신학 상』, 노진준 역 (서울: 도서출판 은성, 2006), 566ff.
12 Grudem, 『조직신학 상』, 569.
13 Grudem, 『조직신학 상』, 575.

일용할 양식을 주옵시며"라고 했고 "우리의 죄를 사하여 주옵시고," "우리를 시험에 들게 마옵시고 다만 악에서 구하옵소서"라고 되어 있다는 것이다. "따라서 다른 사람과 함께 기도하는 것은 합당하며, 효과적인 기도와 우리의 믿음을 자라게 하는데 크게 유익하다."[14]

그루뎀은 은혜의 방편에 기도를 포함시킬 것을 주장하는 사람이다. 그래서 신론에서 기도에 대한 별도의 장을 할애하였음에도 교회론에서 은혜의 방편과 관련하여 기도를 다루고 있는데 교회에서 성도들이 합심하여 기도하는 것과 성도들이 서로를 위해 기도하는 것이 성령께서 복을 주시기 위해 사용하시는 능력 있는 은혜의 수단이라고 그루뎀은 주장하고 있다. "교회 안에서 참된 교제가 이루어질수록 서로를 위해 드리는 기도가 지속되어야 하며, 교회를 통하여 성령께서 주시는 참된 영적인 축복이 더욱 넘쳐 흐를 것을 기대해야 한다."[15]

성경에서는 종종 기도와 금식이 함께 언급되어 있음을 그루뎀은 말하고 있다. 특별히 간절히 기도해야 할 경우에 기도와 더불어 금식을 시행하였던 것이다. 금식이 주는 6가지 유익에 대해 그루뎀은 다음과 같이 말하고 있다: 1. 금식은 주님께 대한 의뢰와 겸손을 증진시킨다. 2. 금식은 기도에 더욱 집중하게 한다. 3. 음식을 먹지 않으므로 개인적인 편안함을 희생한 것 같이 우리 자신을 온전히 하나님께 헌신해야 함을 상기시킨다. 4. 금식은 자기 훈련에 유익하다. 5. 금식은 정신적으로나 영적으로 깨어 있게 하고, 이 세상의 물질적인 것에 덜 신경을 쓰고 우리의 몸의 에너지를 음식을 먹고 소화시키는데 덜 사용함으로써 하나님의 실존

---

14 Grudem, 『조직신학 상』, 588.

15 Grudem, 『조직신학 하』, 178. 흥미로운 것은 그루뎀은 이러한 문맥에서 교회 권징을 은혜의 방편으로 보고 있다는 것이다. "교회가 권징을 주님께서 주신 성가신 짐으로 생각하지 않고 큰 축복이 교회에 임하게 할 수 있는 은혜의 수단, 즉 신자들끼리, 그리고 하나님과 화해하도록 하고, 잘못된 형제들로 하여금 순종의 삶을 살게 하고, 모두 두려움 가운데 거하게 하고(딤전 5:20), 교회에서의 도덕적 순결을 증진시키고, 그리스도의 영광을 보호하며 나타내는 수단으로 생각하기 시작하는 것이 건전할 것이다"(179).

에 더욱 관심을 갖게 해준다. 6. 금식은 기도에 있어서의 우리의 간절함과 긴박함을 보여준다.[16]

마지막으로 그루뎀은 응답되지 않은 기도를 어떻게 이해해야 하는지를 다루고 있다. "기도가 응답되지 않을 때 우리는 모든 것을 합력하여 선을 이루시는 하나님을 의지해야 하며(롬 8:28), 하나님께서 우리를 지키신다는 사실을 깨닫고 그에게 모든 염려를 맡겨야 한다(벧전 5:7)."[17] 우리는 쉬지 말고 기도해야 하며 때로는 우리가 이 세상에 사는 동안에 응답되지 않은 기도가 죽음 후에 응답이 되기도 한다는 사실을 기억해야 한다. 때로는 아주 응답되지 않는 경우도 있을 수 있다. 하지만 그런 경우라도 기도 안에 표현된 믿음과 하나님과 사람을 향한 사랑의 표현은 결코 헛되지 않을 것이다. "하나님의 보좌에 향으로 드려져서(계 5:8; 8:3-4) '그리스도 나타나실 때에 칭찬과 영광과 존귀를 얻도록'(벧전 1:7) 하실 것이다."[18] 그러므로 우리는 모든 상황에서 하나님을 향한 감사의 마음을 가져야 한다. "기도를 항상 힘쓰고 기도에 감사함으로 깨어 있으라"(골 4:2)는 말씀을 그루뎀은 인용하며 "하나님을 향한 찬양과 감사는 기도의 중요한 요소"라고 주장하며 기도에 대한 논의를 마무리하고 있다.

5. 나가며

지금까지 기도에 대한 웨인 그루뎀의 견해를 살펴보았다. 벌코프와는 달리 그루뎀은 기도를 은혜의 방편으로 보고 있으며 신론의 섭리론을 다룬 다음에 기적에 이어 기도를 다룸과 동시에 교회론의 은혜의 방편을 다루는 자리에서도 기도에 대해 다루고 있다. 사실 은혜의 방편으로 기도를 볼 것인가 하는 문제는 문제의 핵심이 아닐 수 있다. 요는 얼마나

---

16 Grudem, 『조직신학 상』, 589f.

17 Grudem, 『조직신학 상』, 592.

18 Grudem, 『조직신학 상』, 592.

기도를 우리의 신앙과 삶에 있어서 그리고 우리의 신학함에 있어서도 불가결의 요소로 생각하는가 하는 것이다. 그루뎀은 자신의 교수 연구실에 찾아오는 학생들을 위해 안수 기도를 하였다고 알려져 있다. 나는 20여년 가까운 교수생활에서 한 번 정도 학생에게 안수기도를 했던 기억이 있다. 한국교회는 기도하는 교회이다. 어찌 보면 기도의 신학보다 중요한 것은 기도의 실천일지도 모른다. 하지만 역설적으로 기도하는 교회인 한국교회에 보다 더 절실하게 기도의 신학이 요청되는 것은 아닐까 하는 생각을 하게 된다. 신학에 있어서 기도의 정당한 자리가 필요한 것이다. 기도는 개인의 경건에만 속하는 덕목이 아니라 교회적으로 실천해야 할 특권이 아닐까 싶다.

박 찬 호

서울대학교 철학과(B.A.)
총신대학신학대학원(M.Div.)
미국 칼빈 신학교(Th.M.)
미국 풀러 신학교(Ph.D.)
(현)백석대학교 조직신학 교수
(현)한국복음주의조직신학회 회장

한국의 인물들

아펜젤러의 기도

이 재 근

1. '조선에 온 첫 감리교 선교사' 헨리 G. 아펜젤러

헨리 G. 아펜젤러(Henry Gerhart Appenzeller, 1858-1902)는 윌리엄 B. 스크랜턴(William Benton Scranton, 1856-1922)과 함께 '조선에 온 첫 감리교 선교사'이자 '한국 감리교회의 아버지'로 널리 알려진 인물이다. 아펜젤러는 1885년 4월 2일에 부산항에 상륙함으로써 감리교 '공식' 선교사로서는 조선 땅을 처음으로 밟은 후, 이어서 4월 5일 부활주일 오후에 제물포(인천항)에 상륙했다. 당시 아펜젤러는 임신한 아내 엘라, 아직 미혼이었던 북장로회 선교사 호러스 그랜트 언더우드(Horace G. Underwood, 1859-1916), 미국 공리회(회중교회) 소속으로 일본에서 목사이자 의사로 활동하던 두 선교사 테일러(Wallace E. Taylor)와 스커더(Doremus Scudder)와 함께 제물포를 밟았다.

잘 알려져 있듯이, 1884년에 일어난 갑신정변의 여파로 외국인이 체류하기에는 여전히 불안한 서울로 임신한 아내를 대동하고 상경하는 것이 합당치 않다는 판단 하에 아펜젤러는 8일간 제물포에 머물다 아내와 함께 일본으로 잠시 퇴거했다. 같이 제물포에 상륙한 언더우드는 미혼이었으므로 바로 서울로 가서, 첫 개신교 및 장로회 선교사로서 1885년 2월에 설립된 첫 서양식 국립병원 제중원(광혜원) 의사로 활약하고 있던 호러스 뉴턴 앨런(Horace Newton Allen, 1858-1932)에 합류했다. 이로써 언더우드는 두 번째 장로회 선교사이자, 직접 복음을 전하고 교회를 개척하는 복음전도 선교사로서는 처음으로 서울에 들어가는 영예를 얻었다. 아펜젤러 부부 및 언더우드와 함께 배를 타고 제물포에 내렸던 미국 공리회의 테일러와 스커더도 언더우드와 함께 상경했다. 그러나 한국이 미국 회중교회의 선교지로는 지역이 협소한 등 여건이 되지 않는다는 판단 하에 이들은 한국선교를 포기하고 돌아갔다.

이어서 아펜젤러 부부는 6월 20일에 다시 제물포를 찾은 후, 7월 19일에 서울로 입경했다. 그러나 아펜젤러 부부가 제물포에서 일본으로 돌아가 요양을 취하고 있던 5월에, 의사이자 목사였던 윌리엄 스크랜턴이 먼저 서울로 입경했다. 이어서 스크랜턴의 아내와 어머니도 6월에 제물포를 거쳐 입경함으로써, 서울에 처음으로 들어가 정착한 첫 감리교 선교사 가족의 영예는 스크랜턴 가족에게 돌아갔다.

임명과 입국, 상경, 정착, 선교사업 시작 등을 둘러싼 여러 다양한 기준과 논란에도 불구하고, 아펜젤러와 스크랜턴 가문은 조선(한국) 감리교회를 창시한 두 개척자 가문으로 널리 인정받는다. 이들은 깊은 우정과 애정, 상호 신뢰를 바탕으로, 초기 내한 감리회 선교사들이 활약한 복음전도, 교회개척, 의료활동, 학교교육, 문서발간, 성경번역, 여성해방 등, 거의 전 영역에서 한국 복음화와 근대화의 주역이 되었다.

스위스 동북부 독일어권 마을 아펜첼(Appenzell)의 개혁파 신앙인 중 1735년에 미국 펜실베이니아 주로 이민한 이들의 5세대 후손으로 1858년에 태어난 아펜젤러는 조상의 개혁교회 전통에서 자라며 1872년에 성인세례를 받았다. 비록 개혁교회 전통에 속해 있었으나, 어머니는 재세례파인 메노나이트 신자였고, 개혁교인인 아버지도 유아세례에 대해서는 동의하지 않았기에, 성인이 되어서 세례를 받은 것이다. 그러나 그가 온 마음으로 회심을 체험한 영적 생일은 1876년 10월 1일로, 웨스트

체스터의 장로교회에서 설교자 풀턴(Fulton)의 설교를 듣고 난 후였다. 2년 후에는 개혁파 학교로 랭카스터에 소재한 프랭클린앤마셜칼리지(Franklin & Marshall College)에 입학한 후 1882년에 졸업했다. 그러나 대학 시절에 랭카스터제일감리교회 교인들과 함께 기도모임을 하며 교제하던 중 감리교의 열정적인 신앙에 매력을 느끼고, 결국 1879년 4월에 감리교인이 되었다.[1] 이로써 개혁교회, 재세례파(메노나이트), 장로교회를 두루 거친 그는 감리교에 최종 정착하며, 길지 않은 기간에 다양한 에큐메니컬 경험을 했다. 이것이 아마도 1885년에 한국에 선교사로서 정착한 후에도 장로교 및 타국 출신의 다른 선교사들과 갈등하지 않고, 깊은 우애관계를 유지하며 동역할 수 있었던 중요한 배경이었을 것이다.

대학 졸업 후 1882년 가을에 뉴저지 주의 북감리회 드류신학교(오늘날의 드류대학 신학부)에 입학한 아펜젤러는 신학교에 다니는 동안 선교사 소명을 확인한다. 처음에는 일본에 관심이 있었다가, 신학교 동료 워즈워스의 영향으로 한국으로 관심을 확장했다. 결국 한국에 선교사로 가야한다는 소명을 받은 그는 북감리회 조선 선교사로 임명받으며 1884년 11월에 신학교를 조기 졸업했다. 12월에는 엘라 제인 닷지와 결혼하고, 공식 선교사로 파송 받고, 한국으로 가는 배를 타기 위해 샌프란시스코에 도착한 이듬해 2월 2일에 목사 안수를 받았다.

안수 받은 다음 날 미국을 떠난 아펜젤러 부부가 서울에 최종 도착하고 정착한 과정은 이미 살펴본 대로였다. 1885년 7월 19일에 서울에 도착한 이후, 1902년 6월 11일에 44세의 이른 나이로 순직할 때까지 아펜젤러의 선교사로서의 생애는 크게 복음전도(순회전도와 교회개척), 교육(학교 설립과 교장), 문서활동(언론인과 성경번역자)의 세 영역으로 나누어 볼 수 있다. 감리교 개척 선교사로서, 그는 건축물로 치자면 아치(arch, 궁륭)와 같은 존재였다. 한국 감리교회는 말할 것도 없고, 언더우드와 함께 한국

---

1 윌리엄 그리피스, 『아펜젤러: 조선에 온 첫 번째 선교사와 한국 개신교의 시작 이야기』, 이만열 역 (서울: IVP, 2015), 68-86.

개신교가 탄생하고 성장한 과정에서 진행된 거의 모든 사역현장을 주도하고 감독한 한국교회의 '교부'(church father)였다.

① 복음전도자

그는 다른 무엇보다도 복음전도자였다. 회심하고 감리교회로 이동한 이후부터 감리교인 특유의 전도 열정에 불탔던 그는 한국 정세 때문에 선교사 입국 직후에는 한국인 대상의 직접 전도를 하지는 못했다. 대신 1886년에 배재학당을 설립하여 교육을 통한 간접 복음전파에 힘쓰고, 서울 주재 외국인 연합교회인 유니언교회에서 시무했다. 그러나 그는 무엇보다도 복음을 전하는 자로 자신을 자리매김했다. 입국 초기에 아직 한국인 대상 복음 전도를 공식 승인받지 못했던 시기에 그가 했던 언급을 통해서 이를 확인할 수 있다.

> 한국에서 나의 사랑하는 교회의 초석을 놓는 데에 내 평생을 기꺼이 바치겠다….아직 건물을 바라보지 말라. 실망할 것이기 때문이다. 다만 그 건물을 위해 기도하라. 그러면 감리교가 고요한 아침의 나라에서 꽃 피게 될 것이다. 내가 가지고 있는 야망이란 이 나라 전체에서 그리스도를 전파하는 것이다.……그것을 위한 내 복무 기간은 최소한 1910년까지 이어질 것이다. 아니, 25년이 걸릴 수도 있다. 주여, 그 기간 동안에 내가 이 한국인들 사이에서 오직 예수 그리스도와 십자가가 알도록 도와주소서. 나는 이곳에서 하나의 메시지를 전하라고 주께서 나를 보내신 것임을 믿는다. 그것은 생명의 메시지이며, 나는 그것을 충실하게 전파하기를 원한다.……영혼을 구원하는 것, 이것이 우리가 해야 할 유일하고 위대한 일이다.……그것은 참으로 영광된 일이 아니겠는가?[2]

---

2 그리피스, 179.

한국인 대상으로는 교육과 의료사업만 허용되던 때였으므로, 배재학당과 유니언교회를 중심으로 일하던 1886년에 아펜젤러는 우선 일본인을 대상으로 성경공부반을 운영했다. 당시 그가 가르친 일본인 중 한 명인 일본공사관 직원 하야카와 데찌야는 1886년 4월 25일에 '한국 최초의 개신교 세례식'에서 세례를 받았다. 같은 세례식에서 유아세례를 받은 두 아이도 있었는데, 스크랜턴 의사의 딸 매리언과 아펜젤러의 딸 앨리스였다.[3]

1887년 10월 9일부터는 한국인에게 성경을 가르치기 위해 구입하여 '벧엘'이라는 이름을 붙인 집에서 한국인과 함께 예배를 시작했다. 다음 주 10월 16일에 매서인 최씨 부인이 한국인으로서는 처음으로 세례를 받았고, 10월 23일 주일에는 조선 감리회 첫 성찬식이 거행되었다. 그해 첫 성탄절에 아펜젤러는 첫 조선말 설교를 했다. 이 벧엘교회가 조선 최초의 감리교회인 정동제일교회가 되었다.[4] 아펜젤러는 정동감리교회를 본부로 두고 목회를 하면서도 동료 선교사들과 함께 평양, 송도, 소래, 의주, 해주, 공주, 원주, 대구, 부산까지 순회 전도여행을 떠나기도 했다. 19세기에 감리교를 미국 최대의 기독교 교파로 성장시킨 '순회전도자'(circuit rider) 유산이 선교지 한국에서도 아펜젤러와 다른 감리회 선교사들을 통해 한국에서도 계승된 것이다.

② **교육자**

스스로 복음전도자로 자리매김하기를 원했던 뜨거운 전도자였지만, 입국한 당시 한국의 정치상황상 아펜젤러는 교육자로 먼저 한국에서 이름을 알렸다. 정부가 선교사들에게 먼저 허락한 영역은 의료였다. 갑신

3 이만열, "아펜젤러의 초기 선교활동과 '한국 감리교회'의 설립", 「한국기독교와 역사」 8 (1998.3), 41f.

4 조성환, 『헨리 G. 아펜젤러: 조선에 온 첫 감리교 선교사』 (서울: 진흥, 2014), 175-180.

정변 당시 중상을 입은 민영익을 치료한 앨런에게 놀란 고종은 앨런을 원장으로 왕립병원 제중원을 설립했다. 입국한 스크랜턴도 처음에는 광혜원에서 앨런을 도왔다. 어느 날 조선 학생 두 사람이 의사가 되고 싶다며 스크랜턴을 찾자, 그는 서양의학을 공부하려면 먼저 영어를 배워야 한다고 조언하며 선생으로 아펜젤러를 추천했다. 이렇게 찾아온 두 학생에게 1885년 8월 3일부터 영어를 가르친 것이 배재학당의 시작으로, 배재학당은 외국인이 설립한 최초의 근대 사학이었다.

조선정부가 남학생 교육을 위탁하며 인건비를 부담하기로 하면서, 학교는 더 빠르게 성장했다. '배재학당'이라는 교명과 현판도 고종이 하사한 것으로, '영재를 배양하는 학당'이라는 뜻이었다. 설립 직후 만들어진 학당훈이 학교의 정신을 잘 보여준다. '욕위대자당위인역(欲爲大者當爲人役)', "너희 중에 누구든지 크고자 하는 자는 너희를 섬기는 자가 되고, 너희 중에 누구든지 으뜸이 되고자 하는 자는 너희 종이 되어야 하리라…. 인자가 온 것은 섬김을 받으려 함이 아니라, 도리어 섬기려 하고 자기 목숨을 많은 사람의 대속물로 주려 함이니라"(마 20:26-28)는 말씀에서 가져온 것이었다.

한편, 배재학당은 한문·영어·천문·지리·생리·수학·수공·성경 등을 가르치며 구한말 한국에 최초로 서양학문을 정식으로 소개했다. 후에 학제를 수차례 개편하면서 산업부를 신설하고, 신학부, 학술부(영어과, 국학문과) 체제에 이어, 비록 실현되지는 못했지만, 의학부까지 설립할 계획을 세웠다. 배재학당 내에 처음 설립된 YMCA와 더불어, 한국에 소개된 근현대 서양 스포츠 대부분도 배재학당을 통해 소개되었다. 연설회, 토론회, 문학회, 학보(신문) 등 현대 학생 문화 대부분도 배재학당이 기원이었다. 열정적인 복음전도자였음에도 불구하고, 교육자로서 아펜젤러는 분리된 신앙 영역에 지식을 가두지 않고, 성속을 초월한 보편성과 다양성, 포괄성에 기초한 근대 지식인 양성을 목표로 둔 인문주의

자의 면모를 보였다.[5]

③ 문서선교사

마지막으로, 아펜젤러는 언론인이자 문서선교사였다. 전도자와 교육자로 활동하며 문서를 통한 선교의 중요성을 절감했던 그는 중국에서 활동하며 문서 및 교육선교에 전문가로 활동한 경험이 있던 프랭클린 올링거(Franklin Ohlinger)가 1887년에 한국으로 전임되자, 그를 전담 문서사역자로 배치했다. 배재학당 지하실에 인쇄소를 갖춘 삼문(三文)출판사가 차려졌는데, 언문(한글), 한문, 영문의 삼문으로 인쇄한다는 의미의 출판사였다. 이 출판사는 당시 조선 전체에 유일한 사설 출판사였다. 여기서 영문 정기간행물인 올링거의 *The Korean Repository*, 헐버트의 *The Korea Review*, 그리고 선교저널 *The Korea Mission Field*, 국문 신문인 아펜젤러의 「죠션 그리스도인 회보」, 언더우드의 「그리스도신문」, 존스의 「신학월보」가 인쇄되었다. 정동제일교회의 「교회지」, 「청년회보」, 「성경강론월보」 등 기독교문헌 외에도, 「독립신문」, 「협성회보」, 「매일신문」 같은 세속 간행물도 인쇄되었다.

배재학당의 여러 교과서들, 아펜젤러의 전도용 문서 『성교촬요』, 감리교 교리해설서 『미이미교회강례』, 『예수행적』, 스크랜턴의 『세례문답』, 『신약문답』, 존스의 『미이미교회문답』, 존스의 번역서 『구약공부』, 게일의 번역서 『천로역정』도 모두 삼문출판사에서 인쇄해서 발행했다.[6] 삼문출판사를 운영한 주역은 올링거였지만, 그를 문서선교 책임자 자리에 배치한 아펜젤러의 안목이 탁월했음을 인정해야 한다.

아펜젤러가 문서사역자로서 가장 심혈을 기울인 것은 두 가지였는데, 하나는 한글신문「죠션 그리스도인 회보」발행과 성경번역위원회 참여

---

5 조성환, 143-150.

6 조성환, 180-183.

였다. 아펜젤러는 1897년 2월 2일자로 창간된 「죠선 그리스도인 회보」가 감리교회뿐만 아니라 다른 교파 교인과 비기독교인 모두를 위한 신문이라고 말한다. 사설, 교회소식, 주일공과, 개화문명 기사, 법 및 정치 기사, 청년용 기사, 일반 소식과 광고 등이 실렸다. 즉, 한편으로는 복음화를 소망하는 복음전도자인 동시에, 다른 한편으로는 한국사회의 근대화를 바랐던 아펜젤러의 통합적 복음화-문명화 선교관이 담겨 있는 문헌이었다.[7]

한편, 아펜젤러는 모국어 성경번역의 절대 필요성을 강조한 전형적인 개신교 선교사이기도 했다. 모국어 성경번역을 시도한 14-16세기 종교개혁자들의 후손인 19세기의 각국 개신교 개척 선교사들은 자신들이 활동한 민족의 언어로 성경을 번역하는 일에 늘 최우선순위를 두었다. 만주의 존 로스역과 일본의 이수정역 한글성경을 선교초기에 확보했음에도 불구하고, 초기 선교사들은 언어적, 신학적으로 더 정확한 성경번역의 필요성을 절감했다. 이것이 1887년 2월에 상임성서번역위원회를 조직하여 새로운 번역을 시도한 이유였다. 언더우드가 회장, 스크랜턴과 존 헤론이 위원이었던 이 초대 위원회에서 아펜젤러는 서기를 맡았다. 이후 선교사들이 추가로 계속 입국하면서, 언어 재능이 뛰어난 윌리엄 레널즈, 알렉산더 피터스 등도 번역위원으로 합류했다. 아펜젤러는 신약의 마태복음, 마가복음, 고린도전후서를 책임지고 번역했고, 정기적으로 만난 위원회 모임에서 서로의 번역을 함께 검토하며 완성도를 높여 나갔다.

아펜젤러 생애의 마지막 날은 그가 성서번역위원회에 참석하러 이동하던 날이었다. 1902년 6월 11일에 아펜젤러는 당시 구약 번역의 주역이었던 남장로회 선교사 레널즈의 목포 집에서 모이기로 한 번역위원회 참여차 일본 선박 쿠와가와마루를 탔다. 아펜젤러의 조사인 조성규와 목포의 고향집으로 돌아가던 서울 정신여학교 학생이 동행했다. 그날 밤, 항해하던 배는 인천항에서 146km 떨어진 어청도(군산/서천 해역) 근해에

7 조성환, 183f.

서 다른 일본 선박과 충돌해 침몰했다. 아펜젤러와 침대칸을 함께 사용했다가 구조된 미국인 탄광기술자 보울비(J. F. Bowlby)의 증언에 따르면, 아펜젤러는 동행한 동료 조성규와 여학생을 구조하려다 이들과 함께 익사했다. 27세에 입국해서 한국 개신교, 특히 감리교회의 개척자로 활약한지 17년째이던 1902년 6월 11일, 44세의 이른 나이에 그는 이렇게 순직했다.[8]

2. 첫 기도와 마지막 기도

① 첫 기도: "그들을 빛과 자유로 인도하소서"

아펜젤러는 1885년 4월 5일 부활주일에 아내와 함께 제물포에 도착한 후 4월 9일자로 본국 선교본부로 보낸 서신 보고서에 당시의 소망을 담은 기도문을 작성했다.

> 우리는 부활절에 이곳에 왔습니다. 부활절에 죽음의 장벽들을 산산이 부순 주님, 이 백성들을 속박하는 굴레들을 깨뜨리시며, 그들을 하나님의 자녀들이 누리는 빛과 자유로 인도하소서.[9]

4월 5일에 제물포에 도착하고 4일이 지난 9일 밤이었다. 장로회 소속의 동료 선교사 언더우드가 이미 서울로 입경한 때에, 제물포에서 어찌할 바를 몰라 고뇌하던 아펜젤러의 절박함이 담긴 기도였다. 부활절이라

---

8 그리피스, 287-301.

9 조성환, 5. 원문은 Rev. H. G. Appenzeller, "Correspondence from Methodist Episcopal Missions, OurMission in Korea," *The Gospel in All Lands* (July 1885), 328. https://books.google.co.kr/books?id=CvavdtCaZtIC&pg=PA326&hl=ko&source=gbs_toc_r&cad=4#v=onepage&q&f=false. *The Gospel in All Lands*은 미국 북감리교해외선교회가 발간한 월간 선교저널이었다.

는 특별한 시기, 한국의 불안정한 정세가 가족에게 끼칠 영향에 대한 두려움, 임신한 아내를 데리고 서울에 들어가야 할지 아니면 일본으로 돌아가야 할지 고민하던 심난함, 아내에게 더 좋은 환경을 마련해 주지 못한 것에 대한 미안함, 첫 감리교 개척선교사로서의 부담감 등이 편지의 마지막 문구가 기도로 마무리된 이유였을 것이다. 예수 그리스도가 죄와 죽음과 어둠과 속박의 권세를 깨뜨리고 부활하셔서 하나님의 자녀된 자들에게 의와 생명과 빛과 자유를 주신 것처럼, 한국인에게도 그런 역사가 일어나기를 그는 간절히 기도했다. 이 기도는 역사 속의 모든 기독교 복음전도자와 선교사가 공통으로 드렸던 기도였다.

② 마지막 기도: "내 영혼을 아버지 손에 부탁하나이다"

한국에 도착한 지 얼마 지나지 않은 1885년 4월 9일에 드린 아펜젤러의 기도는 기록으로 남아 오늘날까지 한국 기독교인의 인구에 자주 회자된다. 그러나 그기 예배의 설교, 식사, 심방, 전도, 성경공부, 일상에서 수없이 했을 다른 기도 중 기록으로 전해진 것은 없다. 따라서 우리는 1885년의 기도 외에는 그의 다른 기도의 내용을 전혀 알 수 없다. 그러나 1902년 6월 11일, 어린 소녀와 동료를 구하려다 깊은 물속에서 죽어가던 그 짧은 순간에 그가 했을 기도는 어떤 내용이었을까?

아펜젤러의 전기를 쓴 그리피스는 아펜젤러가 평소에도 한국의 산하를 그토록 아름답게 묘사했다고 말한다. 심지어 두 번째 안식년 기간에 너무 몸이 야윈 그를 보고 신학교 동창이 한국으로 복귀하지 말고 미국에 남으라고 했을 때에도, 아펜젤러는 "나는 여하한 일이 있더라도 은둔의 나라에서 천국으로 올라갈 거야. 한국이 미국보다 천국에서 더 멀리 있는 것은 아니니까"라고 답했다고 언급한다.[10]

아펜젤러는 한국의 아름다운 땅에 묻히기를 원했다. 그러나 그의 소망

10 그리피스, 277-279.

중 일부만이 실현되었다. 한국에 묻혔지만, 한국의 땅이 아니라, 한국의 바다에 묻혔다. "사람이 친구를 위하여 자기 목숨을 버리면 이보다 더 큰 사랑이 없다"(요 15:13)고 가르치신 예수 그리스도는 십자가에서 약속을 지키셨다. 그리스도의 제자 아펜젤러도 스승의 길을 따랐다. 어둠과 속박과 죽음과 죄에 매여 있던 한국인에게 구속자를 전하여 빛과 자유와 생명과 의로 인도한 아펜젤러의 첫 기도는 성취되었다. 그는 제 할 일을 다 마치고 영원한 본향으로 들어갔다. 그리스도의 가상칠언 중 마지막 두 말씀은 "다 이루었다"(요 19:30)는 선언과 "아버지, 내 영혼을 아버지 손에 부탁하나이다"(눅 23:46)라는 기도였다. 그리스도의 제자 아펜젤러가 물 속에서 본향으로 떠나며 마지막으로 한 선언과 기도 또한 "다 이루었다"와 "내 영혼을 아버지 손에 부탁하나이다"가 아니었을까?

이재근

아신대학교 (B.Th.)
아신대학교 (Th.M.)
합동신학대학원대학교 (M.Div.)
Boston University (S.T.M.)
University of Edinburgh (Ph.D.)
(현) 광신대학교 신학과 교회사 교수
(현) 한국기독교역사학회 회장

한국의 인물들

박형룡 박사의 기도론

이상웅

1. 들어가는 말

죽산 박형룡(1897-1978)은 40여년을 신학 교육에 헌신했고, 그의 생애 후기에 완간한 『교의신학』(1964-1973)은 한국장로교 역사 가운데 한국인이 쓴 최초의 조직신학 교과서로 널리 알려져 있다. 그는 강의와 저술을 통해서 정통 장로교회 내에서 "지로적인 신학자"의 역할을 수행했었고, 그가 소천한 후 42년의 세월이 흘러가지만 예장합동 내에서는 죽산의 신학의 의미와 중요성에 대한 관심이 사라지지 않고 있다. 그러나 또 달리 생각해 보면 죽산이 소천한 이후 그의 신학의 기원과 정체성 등에 대한 본격적인 연구가 그다지 활성화되지 못했다고 하는 점도 사실이다. 이제 역사적 거리 두기가 가능한 시점이 되었으니 그의 교회사적인 평가 작업도 공정하게 수행되어야 할 필요도 있고, 그의 신학에 대해 천착(穿鑿)하는 작업도 더욱 활성화되어야 한다고 생각된다. 또한 한 사람의 신학은 그의 배경이나 신앙적인 이력과 떼려야 뗄 수없기 때문에, 죽산에 대한 표준적인 전기도 나와야 할 것으로 사료되며, 그의 영적인 삶에 대한 연구도 필요하다고 생각된다. 필자는 앞서 죽산의 경건한 삶과 경건에 대한 이해를 주제로 한 연구를 진행한 바가 있는데(이상웅, 2020; 148-184), 이 글에서는 죽산의 기도론을 간단하게 살펴보려고 한다. 경건한 삶에는 기도라는 요소를 빠트릴 수가 없기 때문이고, 죽산은 단순히 이론적인 신학자가 아니라 경건한 신학자로서 기도하는 신학자였으며 기도에 대한 글들을 남겼기 때문에 이러한 고찰이 가능하다.

2. 기도하는 신학자 죽산 박형룡

죽산은 1897년 평북 벽동에서 출생하여 빈한한 가정 형편 때문에 온갖 간난신고를 겪으며 당시 선교사들의 영향으로 우후죽순처럼 서북지역에 세워졌던 여러 소학교를 전전하며 신학문을 배우고 익혔고, 어린시절 서당선생의 지로로 교회를 나가게 되었다. 그리고 최근에 발견되어 2011년에 출간된 죽산의 미국 유학시절 이전의 회상기에 의하면 십대의 나이에도 불구하여 교회에 열심히 출석했고, "성경읽기와 기도와 행인에게 전도하기를 계속"했다고 한다(박형룡, 2011). 그리고 선천 신성중학교에 입학하여 고학을 하면서도 죽산은 신앙적인 훈련을 게을리하지 않았다고 한다. 그 시절의 스승이었던 소열도선교사의 회상에 의하면 중학생 박형룡은 성화를 위해 분투노력하는 열심있는 신자였다. 루터의 기도 이야기에 감화를 받은 죽산은 "새벽에 자리에 일어나면서부터 기도를 시작하여 교실에서 공부하는 시간에도 심중 묵도를 하고 기타 어떤 자리에서나 길을 걷는 중에서난 교실에서 자습 중에나 마음으로 묵상기도를 계속하니 하루에 120번 기도를 할 수 있었다"고 회상하기도 한다(박형룡, 2011: 51). 또한 김익두목사의 재림에 대한 설교를 듣고 주님의 재림을 간구하는 기도를 하기도 하였다고 한다.

이렇게 어린 시절부터 침묵정진하며 내적인 신앙의 훈련을 쌓은 죽산은 그후 시국 설교 때문에 목포감옥에서 수인으로 10개월 살 때나 중국 유학과 미국 유학 기간 동안에도 잠잠히 하나님께 기도하면서 만난을 극복해 나가는 신앙의 여정을 이어갈 수가 있었다. 후일 죽산에게서 배운 제자들의 한결같은 회상에 의하면, 죽산은 다른 사람들에 대한 험담을 하는 것을 무척이나 싫어했고 과묵한 성격에 흐트러짐이 없었다고 하는데, 어린 시절부터 하나님을 의지하고, 침묵정진하며 신앙의 훈련을 쌓은 것이 그의 신앙적 성향이 되어 한평생 그의 삶의 성격이 되었다는 것을 실증해준다고 할 것이다. 노경의 죽산의 집에 기거하며 원고작업을 도왔던 홍정이목사에 의하면 죽산의 가정은 하루에 두 번씩 가정 예배를 드렸고, 죽산이 짧은 설교를 늘 했었다고 한다. 죽산에 비해 외향적이고 적극적인 신여성이었던 박순도사모는 병약한 둘째 아들을 위해 기도에 늘 힘을 썼고, 때로는 남편을 다그쳐 기도하라고 종용하기도 했고, 죽산은 말없이 기도하러 서재로 올라가기도 했다고 한다. 죽산은 제자 김종석목사에게 "나는 대나무를 좋아하디요."라고 고백하였다고 하듯이, 꼿꼿한 기개를 자랑하는 대나무 같은 인격과 신앙을 지니고 살았다. 어린 시절의 고학, 어려운 유학 시절, 중국 피난민신학교, 목숨건 귀국길, 한국전쟁시의 피난 생활, 여러 번의 교단 분열 등을 고스란히 다 겪으면서도 죽산은 개혁과 정통 신학을 이 땅위에 확립하고자 하는 열정으로 매진할 수가 있었던 내밀한 이유는 그의 어린 시절부터 형성되고 훈련된 하나님을 향한 신앙심과 성경읽기와 기도의 훈련 등에 있다는 점을 부인하기 어려울 것이다.

3. 죽산 박형룡의 기도론(1)

이제 죽산의 기도론을 본격적으로 살펴보려고 하는데, 편의상 두 부분으로 나누었다. 그의 기도론은 『교의신학- 교회론』(1973) 제2편 은혜의 방편론에서 본격적으로 제시되는데 4절에서 살펴보기로 하고, 3절에서는 그 전에 죽산이 제시한 기도에 대한 내용들을 간단히 살펴보려고 한다.

기도에 대한 죽산의 최초의 공적인 논의는 그의 박사논문에 나타난다.

죽산은 남침례교신학교에 변증학적인 논문을 제출했는데, "자연과학으로부터 나온 반 기독교적 추론"("Anti-Christian Inferences from Natural Sciences")이라는 제목을 가지고 있다(박형룡 1988). 박사논문에서 제시되는 죽산의 기도론은 변증적인 성격을 가지고 있다. 신적 섭리에 대한 반대를 다루는 중에 신적 섭리에 대한 반대는 논리적으로 기도의 유효성에 대한 거부를 함축한다는 점을 죽산은 지적한다. 자연 법칙의 절대적 연속성과 신의 내재를 그의 우주 안에 가두는 방식으로 이해하는 과학적 결정론의 사고에 의하면 기도의 유효성은 설자리가 없다. 과학적 사고에 물든 신자들 중에는 기도는 묵상이라고 생각을 하는 이도 있다(박형룡 1988: 195-97). 박 박사는 이러한 주장에 대해서 반론을 제기한다. 기도는 자연법칙의 전도나 파괴가 아니다. 특별한 섭리들과 이적적인 것을 혼동하지 말 것. 하나님은 영원 전부터 개인이나 그룹이 그러 그러한 경우에 간구할 것을 미리 보셨으며 허용하기로 결정하셨다. 변화는 원인과 결과의 계기에서 발생하는 것이지, 하나님의 섭리적 계획에서 발생하는 것이 아니다. 박 박사는 기도의 무용론에 대해서 논박을 한 후에 현대 기독교인들이 기도의 습관을 버리고 있는 것을 통탄한다(박형룡 1988: 197-201).

사실 죽산의 다양한 글들(전집 18-20권에 수록된 다양한 설교들) 속에 기도에 대한 언급들이 많이 나타나지만 지면제한상 곧 바로 『교의신학- 신론』(1967)의 "특사와 이적" 부분을 살펴 보기로 한다. 죽산은 특별섭리를 다루면서 기도의 응답과 연관을 짓는다. 인간만사가 하나님의 섭리아래 있지만 특별히 중대한 의의를 가진 일들은 특별섭리로 이루어진 특사이고, 그러한 특사는 기도와 관계없이 이루어지기도 하지만 기도의 응답으로 오는 경우도 많다는 것이 죽산의 주장이다. "경건한 신도들은 항상 그들의 생애에 오인(誤認)될 수 없고 예외적인 신적 지로를 경험한 것을 증언하였다." 죽산은 이러한 특별섭리의 가능성을 초연신론과 범신론이 부인한 것에 대해 비판적으로 다루고 나서, 기도와 특별섭리의 관계에 대해 경험과 역사의 증명을 제시하고, 신앙의 기도의 요건이며, 도덕적 시련과 관계되어 있으며, 궁국에는 기도자가 하나님의 뜻대로 구하여야 한다는 점 등을 설술한다(박형룡, 1967: 475-481).

4. 죽산 박형룡의 기도론(2)

죽산의 보다 구체적인 기도론은 『교의신학-교회론』 제2편 은혜의 방편론에서 제시된다. 죽산은 은혜의 방편론을 다룸에 있어서 말씀과 성례만을 은혜의 방편으로 제시하는 화란 전통과 달리 말씀, 성례, 그리고 기도 세 가지를 은혜의 방편으로 제시한다(박형룡, 1973: 203-387). 죽산은 논의를 전개함에 있어 표준문서들과 다양한 저술들을 참고하지만, 특히 찰스 핫지의 기도론을 많이 원용하고 있다. 그의 논의는 다섯 개의 절로 나누어져있는데 간결하게 살펴보도록 하겠다.

(1) 기도 개관(박형룡, 1973: 367-372).

죽산은 기도를 "영혼이 하나님으로 더불어 가지는 담화(談話)"라고 보며, 기도를 비유적으로 "영혼의 호흡"이라고 하는 말을 인용한다. 기도자는 하나님이 계시어 하늘의 만군 중에와 지상의 만민 간에 자기의 기뻐하시는 바를 마음대로 행하신다는 근거 위에 그를 기도응답자로 알아 우리의 소원을 아뢰게 된다. 따라서 기도는 하나님의 인격성, 내재성, 주권성, 자애성, 무한성 등을 신학적으로 가정하게 된다고 죽산은 말한다. 자연법칙과의 연관성에 관련해서 제기되는 반론에 대해서 죽산은 "하나님은 전능하시므로 이 같은 제한을 받지 않으시고 자연의 법칙과 세력을 사용함 없이도 동작하실 수 있"으며, 신자들은 기도를 통하여 특별섭리에 의한 응답을 경험할 수가 있다고 말한다. 죽산은 이적(miracles)은 대체로 특별계시의 시기에 제한된 것으로 보고, 신자들은 기도를 통해 특별섭리(특사)를 경험한다고 보았다.

(2) 기도의 대상(박형룡, 1973: 372-375).

두 번째로 죽산은 기도의 대상에 대해 다루는데, "기도는 그 대상에 신적 속성들을 돌리므로 오직 하나님에게만 정당히 울릴 수 있"다고 적시한다. 구약에서는 유일신적 존재이신 하나님이 기도의 대상으로 제시되고, 신약에서는 "기도가 삼위일체로서의 하나님에게나, 혹은 판연한 위들로서의 성부, 성자, 성령에게 올려"진다고 계시사적인 설명을 죽산은 제시한다. 또한 예수 그리스도를 신앙의 모범으로 제시하면서 예배나 기도의 대상이 되실 수가 없다고 부인하는 자유주의 신학의 주장을 살펴본 후에 "예수께서는 오직 우리의 종교의 대상이시며 따라서 예배와 기도의 대상이시다."라고 확언해준다.

(3) 열납(悅納)될 만한 기도의 요건(박형룡, 1973: 375-379).

세 번째로 죽산은 열납될 만한 기도의 요건에 대해서 설명해 준다. 첫째 조건은 진실이다. 하나님은 영이시어 사람 마음을 통찰하시므로 단순히 외면적인 공경에 만족하지 않으시고 마음의 진실을 원하신다는 것을 기억하고 진실한 기도자가 되어야 한다.

둘째 조건은 무한히 높으신 존재이시며, 거룩과 지식과 권능에서 무한하신 하나님이시기에 피조물들이 예배와 기도에서 보여야할 자세는 숭경이다. 죽산은 숭경함 또는 거룩한 경외를 참 종교의 제 1되는 요소라고 말한다.

세 번째 요건은 미조물인 인생들이 자신이 미천함을 알고 거룩하신 하나님 앞에 겸비하게 나아가는 것이다. 죽산은 겸비에 대해 "이것은 첫째로 우리의 피조물로서의 미소를 느낌과 둘째로 하나님 앞에 우리의 죄인으로서의 공로 없고 깨끗지 못함을 의식하는 것을 포함"하며, 또한 "이것은 공의롭고 거룩하신 하나님 앞에 죄인인 우리의 성격을 상당히 이해함으로 산출되는 마음의 상태를 표현한다"고 설명한다.

　죽산이 말하는 네 번째 기도의 요건은 간절함이다. 죽산은 하나님께서는 지혜로운 시은자(施恩者)이시어서 "우리가 청구하는 행복의 가치를 높이 평가할 것과 소원의 상당한 간절성을 나타낼 것을 요구하신다"고 말한다.

　다섯 번째 기도의 요건은 복종의 자세이다. 예수님이 겟세마네 기도에서 보여주셨듯이 기도자는 그의 소원하는 바가 무엇이든지 간에 "나의 원대로 마옵시고 아버지의 원대로 하옵소서"라고 말하는 절대복종의 정신을 가져야 한다고 말한다. 죽산은 이것이 예수님이 보여주신 모범임을 힘주어 강조한다. "우리 주께서 겟세마네 동산에서 기도하실 때에 이 점에 관해서 끼쳐주신 모범을 우리는 결코 잊지 말 것이다."

　여섯 번째 기도의 요건은 하나님이 계시며, 그가 우리의 기도를 들으실 수 있을 뿐만 아니라 응답하실 수 있다는 것을 믿는 것이다. 죽산은 하나님께서 우리의 기도에 응답하시고자 하는 성향을 가지셨다는 짐과 우리의 기도가 "그의 지혜로운 목적과 우리의 최선한 유익에 조응(照應)하면 확실히 응답하시리라는 것을 믿어야 한다"고 강조한다. 죽산은 이러한 신앙의 중요성을 "하나님은 우리의 천부이시어서 자녀가 그 지상 부모에게 당연히 가질 바와 같은 신임과 신뢰를 우리에게 요구하신다"고 해설해 준다.

　마지막 일곱 번째 기도의 요건은 그리스도의 이름으로 기도하라는 것이다. 죽산에 의하면 "그리스도의 이름으로 기도하라는 말씀은 그리스도가 누구이시며 그가 하신 바가 무엇이라는 것을 우리의 기도가 응답을 받을 이유로 강조하라 함이"라고 설명한다. 왜냐하면 복음은 오직 그리스도 안에서 그의 중보와 가치의 효능으로 타락한 인생들에게 행복이 주어진다고 강조하기 때문이다.

(4) 기도의 여러 가지(박형룡, 1973: 379-382).

네 번째로 죽산은 기도의 종류에 대해서 다룬다. 첫째는 묵상 기도이다. 기도는 하나님과의 대화이기 때문에 숭경, 감사, 죄로 인한 비애, 의뢰와 본무의 감정 등을 가지고 마음 속에 묵상으로 진행하며 어느 때나 어느 곳에서나 계속 할 수 있는데 이것이 묵상 기도라고 본다. 둘째 은밀한 기도의 시간을 신자들은 매일 가져야 한다고 죽산은 말한다. 죽산은 "신자가 그의 영적 건강과 원기를 유지하려면 정규적인 은밀 기도의 시간을 수요함은 마치 신체가 일용 식사를 수요함과 같다"고 설명하고, "적어도 매일을 하나님으로 더불어 시작하고 회담(會談)하고 종결(終結)할 것이다"고 권면한다. 이러한 설명들은 메마른 지적인 논의들이 아니라, 어린시절부터 훈련된 죽산의 실천에서 제시되는 권면들이라고 할 것이다. 셋째는 가족적인 기도와 사교적 예배를 위하여 모인 회집들에서 기도하는 것이 가능하다고 본다. 넷째는 성소의 공적인 예배들에서 드려지는 기도를 말한다. 죽산은 "성소(聖所)의 공적 예배들은 의식과 교훈을 위해 의장(意匠)된 것"으로서 "의식은 기도와 찬송을 포함하고 교훈은 하나님의 말씀의 낭독과 강도(講道)로 구성된다"고 말한다. 죽산은 공기도의 경우 "기도의 용어는 단순, 장엄, 정확함을 요한다. 기도는 짧은 편이 좋다"고 말해준다.

(5) 은혜의 방편과 능력(박형룡, 1973: 382-387).

마지막으로 죽산이 다루는 내용은 은혜의 방편과 능력으로서 기도에 대한 것이다.

첫째는 은혜의 방편으로서의 기도를 다루는데, 죽산은 은혜의 방편(the means of grace)에 대해 "사람의 영혼에게 성령의 생명을 주며 성화하는 감화를 전달할 목적으로 하나님이 정하신 방편들"이라고 정의내린다. 은혜의 방편으로서 기도는 만복의 근원이신 하나님께 우리를 가깝게 인도하는 것과 감사의 주요 부분이 되며 은혜와 은사를 구하여 얻게 하는 방편이 된다.

둘째, 기도의 능력에 대해 죽산은 다루는데, 세상의 모든 능력들 위에 "세계에 초월한 동시에 내재하는 최고의 능력이 있어 지능적, 자원적이며 만물의 공작들을 협동하며 관할"하시는데 "이 최고 능력이 기도에 의해 행동에 진출하기를 마치 사람의 정력들이 그의 동료 사람들의 간청에 의해서 행동에 나감과 유사한 방식으로 한다"고 설명한다.

셋째 기도의 영적인 영향에 대해 다루면서 죽산은 E. M. 바운즈의 책을 많이 활용한다. 기도의 영적 영향은 경건한 영적 생활의 유지, 성결한 성격을 형성, 지적이고 영적인 능력을 얻어 봉사에 유능하게 한다고 설명한다. 특히 설교자에게 필요한 성령의 능력은 "서재에서가 아니라 밀실에서 설교자에게 임하며, "시간을 많이 소비한 기도는 이 힘을 유지하는데 유일하고도 절대적인 조건"이라고 죽산은 바운즈의 말을 빌어서 강조했다. 목회를 준비하는 이들에게 가장 중요한 준비 요건중 하나가 교회론의 정립인데, 죽산은 수십 년간 신학생들을 가르치면서 기도의 중요성을 이렇게 교회론 말미에서 강조하고 있다는 것은 잘 알려지지 않은 사실이다.

5. 나가는 말

이상에서 우리는 한국 장로교 신학을 정초한 죽산 박형룡의 기도론에 대해서 간단하게 살펴보았다. 보다 더 자세하고 깊은 논의는 학술적인 지면을 통해서 이루어져야 할 것이다. 그러나 간단한 고찰을 통해서 보더라도 죽산은 단순히 냉철하고 이론적인 변증가요 신학자로 살다 간 사람이 아니라, 어린 시절부터 경건의 훈련이 몸에 배었고, 평생동안 기도하는 경건한 신학자로서의 삶을 살면서 신학 작업을 했다고 하는 점을 알 수가 있다. 그러하였기에 그의 다양한 설교집들에서 뿐만 아니라, 변증학적인 박사논문이나 교의학 서적들에서 기도의 중요성과 필요성을 역설하고 있는 것을 확인할 수가 있는 것이다. 이는 종교개혁자 존 칼빈이 『기독교강요』(1559) 3권 20장 전체를 기도론에 할애하여 기도의 중요성을 강조하고 해설한 것을 따라가는 것이라고 볼 수가 있다. 19세기 이래로 과학주의(scientism)의 영향으로 지나치게 이론적이고 과학적인 학문으로서의 신학 작업을 수행하는 것이 유일한 신학의 길인 것처럼 착각하여 기도와 경건을 가벼이 여기는 이들이나 단순히 묵상이나 관상을 기도와 동일시하면서 초월적인 하나님과의 영적인 교통을 알지 못하는 이들이 많은 이 시대에 우리는 죽산의 본과 가르침 속에서 경건과 학식(pietas et scientia)의 조화를 발견할 수가 있고, 우리들이 나아가야 할 길에 하나의 좋은 귀감으로 삼을 필요가 있다고 생각한다. 이제 후일에 시간을 내어 죽산 박형룡의 기도론에 대해 학술적인 논의를 담은 논문을 기약해 보면서 이 개관의 글을 마치고자 한다(*).

참고문헌

박형룡 1967. 『교의신학- 신론』. 서울: 은성문화사.
박형룡 1973. 『교의신학- 교회론』. 서울: 은성문화사.
박형룡 1988. 『저작전집 XV - 학위논문』. 서울: 한국기독교교육연구원.
박형룡 2011. 『박형룡박사 회고록』. 정성구 편집. 서울: 총신대학교 출판부.
이상웅 2020. "죽산 박형룡의 경건한 생애와 경건 이해"「한국개혁신학」65: 148-184.

이상웅

계명대학교 철학과 졸업 (B.A)

총신대학교 신학대학원 졸업 (M.Div.)

화란 암스테르담 자유대학교 신학부 박사과정 수학

총신대학교 일반대학원 (Th.M.)

총신대학교 일반대학원(Ph.D.)

(전) 대구 산격제일교회 담임목사

(전) 대신대학교 전임강사

(현) 총신대학교 신학대학원 조직신학 교수

이성봉 목사의 기도

오현철[1]

성결교회의 전통과 관련해 누구는 웨슬리에게서 누구는 미국 근대 복음주의 성결운동에서 뿌리를 찾으려고 한다. 그러나 비록 교회의 뿌리가 먼 옛날 아브라함에게 있고 기독교회의 뿌리가 예수 그리스도에게 있더라도 또 비록 개신교회의 뿌리가 개혁자들에게 있고 성결교회의 뿌리가 웨슬리와 근대 복음주의 성결운동에 있더라도 우리는 역사의 물결을 단숨에 거슬러 올라가지는 못한다. 최소한 이 모든 뿌리는 가까운 신앙 선배들을 통해 우리에게 전수되었다는 점에서 이성봉 목사의 생애와 설교 그리고 기도를 돌아보는 것은 의미 있는 일이다.

생애와 저서

이성봉은 프랑스의 소설가 생텍쥐페리, 한국의 현진건, 김동인 등과 같은 해 1900년 7월 4일 평안남도 강동군 간리에서 출생했다. 그는 기독교를 받아들인 부모님, 신천 경신소학교, 평양의 감리교회 등을 통해 1907년 평양 대부흥 운동이 전개될 즈음 기독교적 영향을 받고 예수를 영접

---

[1] 연세대학교(B.Sc./B.A.), 성결대학교(B.Th.) Canadian Theological Seminary(M. Div.) 평택대학교 피어선신학전문대학원(Th.M.) Universiteit van Pretoria(Ph.D.) 현 성결대학교 설교학 교수, 한국복음주의실천신학회 회장, 성결설교클리닉 대표, 저서로는 『설교와 설교환경』, Preaching as Interaction between Church & Culture, 『21세기 목회학 총론』(공저), 『실천신학 연구』(공역) 등이 있다.

했다. 하지만 중학교에 진학하지 못하고 경제활동에 참여하면서 청년기에 방황하다 병상에서 몸과 마음이 고침 받고 거듭나는 체험을 한 후에야 하나님께 돌아와 신학을 시작했다.

  1925년 경성 성서학원에 입학, 3년간 신학과 현장 사역을 배우고 1928년 수원교회를 개척, 목회를 시작했다. 1930년 목포교회를 담임하고 1936년 신의주 동부성결교회를 담당하며 가는 곳마다 교회당을 새로 짓거나 증축하고 부흥을 일구었다.[2] 지역교회 목회만 아니라 부흥사로 한국교회의 부흥 운동에 매진하였고 사모 이은실과의 사이에 3녀 현숙, 원숙, 의숙과 손자 손녀 13명을 그리고 3권의 설교집, 3권의 강화집, 1권의 성가집, 1권의 자서전을 포함한 총 8권의 저서를 남겼다.[3]

한국의 무디, 한국의 웨슬리

이성봉은 40년간 전국 1천여 교회를 순회할 뿐 아니라 만주, 일본, 미

---

2 이성봉, 『말로 못하면 죽음으로(자서전)』(서울: 생명의말씀사, 1993); 정인교, 『이성봉 목사의 생애와 설교: 그의 부흥 설교에 대한 설교학적 분석』(부천: 성결신학연구소, 1998), 37-47.

3 이성봉에 관한 주요연구는 정성구, "한국교회와 설교운동: 길선주, 김익두, 이성봉을 중심하여",「신학지남」201 (1984. 6): 140-77; 주승민, "소복(小僕) 이성봉의 부흥 운동 고찰",「신학과 선교」25 (2000): 473-506; 강근환, "이성봉 목사 부흥사역의 특징",「활천」560 (2000. 7); 김동주, "이성봉의 사역과 요나서 설교에 대한 연구",「한국교회사학회지」21 (2007 가을); 전희준, "이성봉 목사의 복음전도와 부흥 성가",「기독교 사상」608 (2009. 8): 252-79; 노재양, "이성봉의 부흥 운동에 관한 연구"(박사학위논문: 호서대학교 연합신학전문대학원, 2004); 홍성학, "한국교회 부흥 운동에 관한 역사적 신학적 고찰: 1903~1910년 부흥 운동과 길선주, 김익두, 이성봉을 중심으로"(박사학위논문: 서울기독대학교 신학전문대학원, 2005); 박성숙, "한국성결교회 부흥 설교 연구"(박사학위논문: 서울신학대학교, 2007); 남덕우, "한국성결교회의 부흥운동사 연구"(박사학위논문: 성결대학교 신학전문대학원, 2008); 정인교, 『이성봉 목사의 생애와 설교: 그의 부흥 설교에 대한 설교학적 분석』(서울: 한들출판사, 1998); 이성봉 목사 탄신 100주년 기념사업위원회, 『이성봉 목사의 부흥 운동 조명』(서울: 생명의말씀사, 2000); 정인교, 『말로 못하면 죽음으로!: 한국의 무디 이성봉 목사의 생애와 부흥 설교』(서울: 청목출판사, 2011) 등이 있다.

국에서까지 부흥 운동을 이끌어 온 거목, 거인, 강단의 거성, 이야기 신학자, 믿음의 아버지, 한국의 무디[4] 등으로 불리며 한국교회 100년사와 한국교회 성도들의 마음속에 강한 흔적을 남겼다. 하지만 정작 하나님과 교회 앞에서 자기를 자신의 아호를 따라 소복(小僕, 작은 종)으로 여겼다. 그는 처음 개척한 수원교회를 400여 명의 교세를 갖춘 교회로 성장시켰고, 목포교회에서 6년을 시무하는 동안 4개의 지교회를 개척했는가 하면, 마지막 목회지였던 신의주 동부성결교회는 1,000여 명의 교세를 갖춘 교회가 되었다. 만주 용정교회 집회는 장로교, 감리교, 성결교 세 교파의 연합집회로 회중이 2천여 명이나 모여 교회 입구에 책상을 두고 교회 안과 밖에 서 있는 사람에게 설교했다. 1년에 최고 82군데 성회를 인도하고 하루 5~6회 집회를 인도한 적도 있다니 한국의 무디가 아니라 '한국의 웨슬리'라 해도 과언이 아니다. 1965년 8월 하나님의 부름을 받기 한 달 전까지 하나님 말씀을 전했다. 그해 7월 성결교회 합동총회에서 설교한 것이 그의 마지막 설교였다.

그는 한국교회 부흥운동사에서 각각 발아기와 성숙기를 이끈 길선주 (1869-1935)와 김익두(1874-1950)를 이어 결실기를 주도했다. 김익두와 이성봉은 활동 시기가 겹치고 꿈에 김익두로부터 안수받은 경험도 있었다. 근대 한국 기독교 역사에서 개신교를 대표하는 인물을 꼽으라면 감리교의 이용도(1901-1933), 장로교의 길선주(1869-1935), 성결교의 이성봉(1900-1965)을 들 수 있다. 이용도는 아시아의 영성을 바탕으로 한국적인 개신교를 강조하며 3.1운동 이후 한국교회의 부흥 운동을 주도했던 인물이다. 길선주는 선교사들의 가르침에 한국적이고 독창적인 교회전통을 세움으로 한국교회의 토착화와 자주성을 이끈 인물이다. 이성봉은

---

[4] 이 별명은 이성봉의 구령열과 부흥사로서의 삶을 무디에 빗대어 얻은 것이지만 그도 자신을 무디와 연결한 바 있다: "무디는 1899년에 졸(卒)하고 나는 1900년 출생했으니 무디 목사님과 함께하신 하나님께서 생을 이어 나에게 함께 하신 것이다." 정운상, "한국의 무디 이성봉 목사 탄생 100 주년 기념: 말로써 못하면 죽음으로!"「활천」560권 7호(2000. 7): 21.

거듭남의 체험과 성경 지식의 균형을 강조하며 6.25전후 초교파적 부흥운동을 이끈 인물이다.[5]

그분의 이야기, 그분의 역사

그의 설교를 들으면 하나님 경험, 부흥 경험, 성도들의 다양한 이야기가 마치 팝업 북처럼 툭툭 튀어나온다. 그 이야기들은 그러나 실상 하나님의 이야기이다. 하나님이 그를 통해 이루신 그분의 이야기(history)이고 그분의 역사(work)다. 1937년 성결교회 총회에서 전국 부흥사로 임명받은 후 안정적으로 사역할 수 있는 지역교회를 사임하고 전국을 순회하는, 부흥회 기간에야 부흥사에게 집중하지만 부흥회 이후에는 아무도 돌보지 않는 외로운 부흥사 역할을 하나님이 내리신 자신의 사명으로 여겨 순종했던 이성봉 목사. 그의 이야기 속에서 그는 작아지고 하나님은 높아진다.

어머니의 임종도 지키지 못하고, 찬바람이 휘휘 도는 냉방에서 배급받은 쌀로 죽을 끓여 연명하는 어린 딸들의 '오리발같이 빨갛게 언 두 손'을 뒤로 한 채 부흥회 장소로 떠날 때마다, 젖 달라고 우는 새끼를 뒤로하고 벧세메스로 향해 여호와의 궤를 매고 걸어간 암소의 심정으로 말씀을 전하러 갔다는 이성봉 목사의 반복된 간증에서 그의 자녀는 간데없고 오직 그가 희생으로 섬겼던 하나님의 자녀만 눈에 들어온다. 그의 성결한 믿음과 깨끗한 열심이 녹아 있는 설교 속에서 언제부턴가 우리에게 각인된 부정적인 부흥사의 모습은 찾아볼 수 없고 세워주시는 곳마다 하나님의 부흥이 임하고 그 하나님 사랑의 열정이 가득하길 애타게 부르짖었던 하나님의 진실한 사역자만 면면을 꽉꽉 채운다.

---

5 고석현, "한국의 무디 이성봉 목사", 「활천」793권 12호 (2019. 12): 67.

이야기, 노래

현대설교의 가장 큰 이슈 중 하나는 메시지가 우리 일상과 연결하는 데 실패한다는 점이다. 이성봉을 기억하는 사람은 그를 가리켜 시대의 언어를 읽고 만들 줄 알았던 사람, 탁월한 이야기꾼, 찬송과 인쇄 매체를 활용한 설교자라고 말한다. 구수한 목소리와 은혜로운 찬양, 쉬운 예화, 일본 강점기와 한국전쟁을 거치면서 자신의 사역을 일종의 영적 전쟁으로 이해하고 사역 용어를 전쟁 용어로 바꾸는 등 시대의 언어를 읽고 만들 줄 알았다. 그는 활용 가능한 모든 것을 동원해 인간의 죄를 하나님의 용서에, 인간의 필요를 하나님의 공급하심에, 인간의 진리에 대한 방황을 하나님의 진리에 연결하려던 소통자였다. 특히 그의 설교에 빠짐없이 등장하는 이야기와 노래는 소통의 도구다. 아니 그는 자신마저도 소통의 도구로 던져버렸다. 그래서 그가 말한 대로 정말 "있는 것 같아도 없는 것은 사람이요, 없는 것 같으나 실재자는 하나님이시다."

천로역정 강화로 대표되는 그의 설교에 나타난 성서해석과 이야기 사용은 최근 문학비평의 적용을 시도한 것으로 평가받는다. 요즘에도 좀처럼 적용하기 어렵다는 내러티브 비평에 입각한 독특한 성경 읽기를 통해 성경의 근본적인 핵심을 읽어냈을 뿐 아니라 성도에게 회개를 촉구할 때 다양한 방법을 활용했다는 점에서 이야기 설교의 효시라 할 만하다.

기도 인생, 무릎 목회

수원교회 담임 전도사 시절 그는 1929년 8월부터 성전건축을 위한 청신기도단을 조직했다. 새벽기도회는 언제나 있었지만 이성봉은 자발적으로 참여하는 기도단을 조직해 성전건축을 목적으로 기도했다. 감리목사의 보고서에 의하면 청신기도단을 조직하고 항상 새벽마다 기도하는 성도가 45명이나 되었다. 기도만 아니라 남자는 매일 1전 이상, 부인은 성미를 성의껏 떠서 하나님께 드리며 기도하도록 가르쳤다. 교회 나온 지 얼마 안 된 성도에게도 성전건축을 위해 헌금하며 기도하되 그들의 수준에서 분량을 정하라고 지도한 것은 기도에 마음과 생명을 더하면 반드시 이루어주시리라는 확신 때문이었다. 그 결과 그해 12월 25일 성전 헌당과 400명 성도의 결실을 보았다. 전도사로 교회를 개척한 지 불과 1년 3개월 만의 일이다.[6]

성전건축만 아니라 어려운 일이 있을 때마다 자신이 친히 기도하며 응답받고 해결 받는 방법을 택했다. 노방전도에서 믿기로 작정한 사람의 가정을 찾아보고 병자를 위해 안수하고 기도할 때 병자가 일어나고 귀신들린 사람들이 회복됐다. 관운장의 그림을 걸어놓고 점치던 무당이 7년 병치레 끝에 이성봉의 전도로 병이 낫고 모든 제구를 불태우고 성도가 되었던 것은 유명한 일화다. 같이 파송 받은 전도부인의 음독자살로 이성봉과 교회가 어려움에 부딪혔을 때도 오직 기도로 이겨냈고 후에 그녀에게 우울증과 정신질환이 있어 음독했음이 밝혀지자 떠나갔던 성도도 돌아오고 교회는 전보다 더 성장했다.

개척해 부흥을 일구었지만 큰 교회가 된 수원교회를 전도사가 주임 할 수 없고 목사를 파송해야 한다는 교단의 입장에 따라 수원교회를 떠날 당시 그의 기도는 자서전에도 소개되었다: "수년간 갖은 어려움을 다 겪어가며 세워놓은 아름다운 성전을 남에게 맡기고 약하고 어려운 셋방살이 교회(목포교회)로 가야 하니 육정으로 생각할 때 기막혀 안 가려고 많이 발버둥도 쳤다. 하지만 내 뜻대로 마옵시고 아버지 뜻대로 하소서 기도하고 순종하는 마음으로 정든 교회를 떠났다."[7]

그는 목포교회에서도 어려움을 이기고 6년간 목회하고 성전건축을 또

---

6 송기식, "목회자로서의 이성봉 목사: 수원교회 개척 목회를 중심으로", 「활천」560권 7호 (2000. 7): 30-31.

7 이성봉, 『말로 못하면 죽음으로』, 42.

이룬다. 하지만 이후 신의주로 파송 받아 목회에 큰 부흥이 있었고 세 번째 성전건축도 이루지만 총회는 그를 전국 부흥사로 임명, 헌당 예배 후 사흘 만에 교회를 떠난다. 그때 그가 남긴 글은 아쉬움과 불만이 아닌 중책의 부담감을 솔직하게 표현하고 성령의 인도하심을 믿고 헌신하겠다는 신앙고백이자 기도였다: "문부태산지로(蚊負太山之路, 모기가 태산을 짊어지고 길을 간다)의 중대한 책임을 생각할 때 황송하고 떨리지 않을 수 없습니다. 어제나 오늘이나 영원토록 변함없이 불타는 주님의 사랑, 그가 사심을 제가 알고 저를 불러 세우신 그 뜻을 알아서 주시는 힘, 임하는 말씀, 인도하시는 성령에 끌리어 순종하고 복종하리니 그 앞길에 장애와 사탄의 훼방도 무수할 터이나 그럼에도 그 염려와 저 불신앙의 죄악을 다 태워 버리고 힘써 매진하렵니다."[8] 하나님은 그를 그렇게 연단시키시고 복음의 전달자로 훈련 시키셨다. 길고 외로운 시절 기도가 그의 인생 버팀목이자 목회의 비결이었고 하나님과 복음 안에서 누리는 기쁨이 그의 위로였다.

기도는 기적보다 크다

이성봉의 목회는 기도하여 응답받은 목회이고 부흥은 기도하여 경험한 부흥이다. 기도로 난제를 풀고 살아계신 하나님이 함께하시는 현장을 경험하고 목회와 부흥은 인간이 아니라 하나님이 하시는 것임을 깨달아 일이 있을 때마다 하나님께 맡기고 기도하며 성도를 돌보았다. 그가 부흥회 때마다 빼놓지 않는 기도가 있다. "흠과 티와 주름 잡힘 없는 수정같이 맑은 마음, 예수의 마음 같게 하옵소서."가는 곳마다 그렇게 성령의 강한 역사가 일어나는데도 교만해지거나 신비주의로 가지 않은 건 또 하나의 대단한 면모이다.

후배 목회자들은 "기도의 복병을 많이 두라"라고 부탁하던 그를 기억

---
8 KIATS, 『이성봉』(서울: 홍성사, 2008), 171-74.

한다. 공부하고 심방하고 설교 준비해야 한다고, 예배 준비 요즘 같으면 온라인방송 준비해야 한다고 심지어 기도회 준비해야 한다며 기도할 시간 없다고 핑계 대는 우리 목회자와 성도가 마음에 새길 말이다. 기도는 기적보다 크다. 기도가 기적이다.

오 현 철

연세대학교 (B.Sc./B.A.)

성결대학교 (B.Th.)

Canadian Theological Seminary (M.Div.)

평택대학교 피어선신학전문대학원 (Th.M.)

Universiteit van Pretoria (Ph.D.)

(현) 성결대학교 설교학 교수

(현) 한국복음주의실천신학회 회장

(현) 성결설교클리닉 대표

한상동 목사의 기도

나 삼 진

한국장로교회의 역사적 흐름을 고려할 때 통합측, 합동측, 고신측, 기장측을 4대 장로교단으로 꼽을 수 있고, 이들 교단은 해방 후부터 한 세대 동안 비슷한 시기에 태어난 박형룡(합동측), 한경직(통합측), 김재준(기장측), 한상동 목사(고신측) 등 네 지도자에 의해 이끌어져 왔다.

한상동 목사(1901-1976)는 일제강점기에 신학을 공부한 목회자였으나, 신사참배가 강요되면서 조직적인 신사참배 반대운동을 전개하다가 투옥되었고, 해방 때까지 6년 동안 평양감옥에서 옥고를 치루었다. 그는 1945년 5월 옥중에서 독일의 패망 소식을 접하고 곧 일본도 망할 것을 예견해 한국교회를 위해 기도하였는데, 해방 후 한국교회를 위해 특별한 봉사를 하였다. 평양 산정현교회를 시무하다 1946년 4월에 평양에서 남하한 그는 박윤선 교수와 신학교 설립의 뜻을 모았고 그 준비과정으로 6월에 진해에서 신학강좌를 개최하고 9월 20일 고려신학교를 개교하였다. 그는 목회와 함께 한국교회 쇄신운동을 전개하였고, 30년 동안 신학교육에 힘쓰다가 하나님의 부름을 받았다. 그는 평생 사역에서 탁월성과 영적인 권위를 보여주었는데, 이는 그의 깊은 영성과 기도생활에 기반한 것이었다.

1. 한상동 목사의 생애와 신앙

한상동 목사는 1901년 부산 다대포에서 출생하였다. 그는 다대포 실용학교를 졸업한 후 동래고보에 입학해 공부하였으나 졸업하지는 못하고, 일본 유학을 꿈꾸었다가 실패했다. 그가 진주 광림학교 교사로 일하던 중에 예수를 믿고 성경을 더 공부하기 위해 피어선 고등성경학교에 입학하였다가 폐결핵으로 공부를 중단했다. 그는 요양 후 경남의 고성과 하동에서 전도활동으로 교역을 시작하였다. 하동에서 전도의 열매를 얻은 그는 본격적인 신학공부를 위해 조선예수교장로회신학교에 입학해 3년 동안 공부하고 1937년 졸업하였는데, 시대가 그를 조용히 목회자로 살도록 두지 않았다. 그가 초량교회에서 강도사로 시무하며 신사참배 반대 설교를 하였고, 목사 임직과 함께 주기철 목사의 후임으로 문창교회의 담임이 되면서 한국교회 역사의 전면에 등장하였다. 한상동 목사는 누구이며, 그는 어떤 삶을 살았는가?

첫째, 한상동 목사는 신사참배 강요를 반대하고 조직적으로 반대운동을 전개한 인물이었다. 그가 목회를 시작할 때는 일제의 신사참배 강요가 노골화되었던 때였다. 그가 신사참배 반대를 공식화하면서 교회에 대한 일본 경찰의 박해가 시작되자 성도들에게 피해가 될 것을 우려해 교회를 사임하였고, 밀양마산교회의 청빙을 받아 목회하면서 조직적인 신사참배 반대운동을 전개하였다. 그는 신사참배가 십계명과 하나님의 말씀에 위반된다는 사실을 확신하고, 교회와 성도들이 이에 동참하지 않도록 가르쳤다. 그는 또 부산경남의 각 지역에 최덕지(마산), 주남선(거창), 황철도(진주), 최상림(남해), 이현속(함안), 이인재(밀양, 남북연락책) 등의 책임자를 두고 조직적인 반대운동을 전개하였다. 그는 1939년 주기철 목사가 병보석으로 잠시 풀려났을 때에는 평양을 방문하여 남북이 함께 조직적인 반대운동을 논의하였다. 이러한 반대운동에는 함일돈, 호킹, 지드 선교사들과 긴밀한 협조가 있었다.

둘째, 한상동 목사는 해방 후 한국교회 쇄신운동가였다. 그는 평양 감옥에서 옥고를 치루던 중에 해방 후 한국교회를 내다보며 집중적으로 기도하기 시작했다. 그의 이러한 준비는 친일목사들이 해방을 불과 두 주 전에도 일본기독교조선교단 조직에 앞장섰던 몰역사적 상황과는 크게 대비되는 일이라 하겠다. 문창교회 후임이었던 그는 주기철 목사가 순교한 후 다시 산정현교회의 청빙을 받으면서 한국교회의 주목받는 인물이 되었다. 그러나 날로 증가되는 공산당의 압박과 모친의 별세 소식을 듣고 남하하였다. 한국전쟁기에 그가 시무하던 초량교회에서는 피난민 교역자들을 중심으로 전국교역자부흥집회를 개최하며 회개운동을 전개하였고, 전쟁중에도 한국교회 쇄신을 위해 제주와 거제도 등 여러 지역을 다니며 집회를 인도하며 회개운동과 교회쇄신운동을 이끌었다.

한상동 목사가 교회쇄신운동을 전개한 과정에서 장로교단 분열의 책임론을 말하는 이들이 있지만, 오히려 일제강점기에 한국교회의 신사참배와 친일부일의 범과에 대한 청산이 이루어지지 않았던 것이 문제였다. 그는 신사참배 반대운동의 동지 최덕지와 결별하면서까지 장로교 총회 안에 머물기를 원했다. 서울 장신대 총장 문성모는 그가 순교하였다면 주기철과 손양원과 함께 3대 순교자로 추앙받았을 것이지만, 살아서 순교 이상의 혹독한 길을 걸었다고 했다. 그는 회개운동과 교회쇄신운동을 전개하면서도 총회에 남아 있기를 원했지만, 대한예수교장로회 제34회 총회에서 친일교권주의자들이 앞장서서 고려신학교는 총회에 하등관계가 없으니 추천서를 써 줄 필요가 없다고 하였고, 제35회 총회에서 이를 재확인하였으며, 제36회 총회에서는 고신측을 지지하는 경남노회 총대를 받지 않는 형식으로 총회에서 축출하였다. 결국 한상동 목사와 고려신학교를 지지하던 기존 경남노회(법통)는 1952년 9월 독자적인 치리회로 대한예수교장로회 총로회를 발회하였다. 이렇게 형성된 대한예수교

장로회 고신측은 오늘날 2,110교회, 41만 성도에 이르고 있고, 미국, 유럽, 대양주에 해외총회를 두고 있다.

셋째, 한상동은 고려신학교를 설립하고 이를 책임지고 운영한 신학교육가였다. 그는 구미에서 유학을 해 깊이 있게 학문을 한 신학자는 아니었지만, 한국교회 쇄신을 위한 목회자 양성의 비전을 가지고 실천한 신학교육가였다. 그는 감옥에서 한국교회를 쇄신하기 위해 신학교를 설립하여 진리를 위해서 한국교회와 운명을 같이 할 목사를 양성할 것, 수양원을 설립하여 일본 정치하에 타락된 목사들을 수양할 것, 전도인을 길러서 교회를 설립할 것 등 세 가지를 기도하였다. 그는 해방 후 한국교회의 가장 시급한 과제로 바른 신학 정립과 신실한 목회자 양성으로 보고, 박윤선 목사와 협력하여 1946년 9월 20일 고려신학교를 설립하여 학교운영을 책임졌다. 설립 초기 여러 어려움을 거쳐 1954년 부산 송도에 교사를 조성, 신학교육의 터전을 마련하였다. 그는 행복한 목회자요, 교회 쇄신운동가요, 신학교육가였다.

2. 한상동 목사의 사역과 기도생활

1) 목회와 기도

한상동 목사는 전형적인 목회자였다. 그가 복음을 전하고 교회를 설립하는 일은 신학교 입학 전에 경남지역 일원에서 전도인으로 교회를 개척하면서부터 시작하였다. 그가 경남 고성에서 전도인으로 사역을 시작했으나 성공하지 못했으나, 하동 진교에서 교회를 개척할 때는 큰 성과를 얻었다. 그는 교역을 하면서 새벽 2시, 3시에 산 기도를 하였는데, 두 세 시간씩 집중하여 기도하며, 기도의 깊은 세계를 체험했다. 이 기간에 전도도 활발하게 이루어져 교회가 뿌리를 내리고 건실하게 성장하였다. 그는 이 시기에 '주께서 나와 함께 하시겠다'고 약속을 들었다고 한다. 이런 경험은 교역에서 외부의 환경이 아니라, 주님에게만 집중하는 결과를 가져왔다고 했다. 그렇게 시작된 하동 진교교회는 왕성한 부흥을 경험하였다.

한상동 목사가 신학교를 졸업하고 목회를 시작하던 때는 청일전쟁 후 일본이 대동아공영권을 꿈꾸고 대륙을 침탈하던 시기였다. 그는 1937년에 4월 조선예수교장로회신학교를 졸업하고, 고향 부산으로 내려와 부산의 대표교회였던 초량교회 강도사로 시무하였고, 이듬해 목사 안수를 받으면서 경남의 대표교회였던 문창교회의 청빙을 받았다. 그가 초량교회와 문창교회를 시무할 때 기도의 세계와 능력을 크게 경험하였다. 그는 '나는 스스로 아무것도 할 수 없다'며 하나님의 은혜를 구하였고, 교회는 크게 부흥하였다. 그는 오직 성경과 오직 기도로 목회하면서, 그의 경건과 목회가 풍성해졌다. 그러한 기도는 그의 신사참배 반대운동의 에너지가 되었다.

한상동 목사는 일제강점기의 그 엄혹한 시절에 성경을 그리스도인의 삶의 표준으로 가르쳤고, 어떤 어려운 일이 있어도 이를 지키고 따르도록 가르쳤다. 그는 신사참배 반대 설교를 하면서 경찰의 감시를 받았고, 계속적인 압박으로 교회를 사임해야 했고, 다시 밀양마산교회의 청빙을 받아 목회하면서 부산·경남지방 책임자로서 조직적인 반대운동을 이끌었다.

그는 해방 후 평양 산정현교회의 청빙을 받아 시무하다가 남하하여 초량교회를 시무했다. 장로교 총회에서 단절될 때 95%의 성도들이 그를 따르고 있었지만 교권주의자들이 교회를 양도할 것을 요구하자 교회가 분쟁으로 들어가면 이웃에 덕이 되지 않을 것을 염려하여 전통있는 교회를 포기하고 삼일교회를 설립하여 30년을 목회하고 정년 은퇴하였다. 그는 목회에서도 자신의 유익보다는 교회의 덕과 이웃의 유익을 나타내는데 큰 관심을 가졌다.

2) 신사참배 반대운동과 기도

문창교회 목회시절에 신사참배가 본격적으로 강요되면서 마산경찰서에서는 목회자들을 모아 신사참배를 해야 할 이유를 설명하고 지역에서 가장 큰 교회를 시무하였던 한 목사에게 찬성의 분위기를 이끌어 주도록 부탁하였으나 그는 이를 강력하게 반대했다. 그가 여러 차례 경찰서에 소환을 당했을 때에 "나와 함께 계시는 주님이시여, 법관 앞에 설 때에 무엇을 말할까 염려하지 말라, 내가 말할 것을 주리라 하신 주님이시여, 이제 나에게 주시옵소서"라고 기도하며 하나님의 지혜를 구하였고, 뜻밖에 석방되기도 했다.

그는 1939년 신사참배 반대하는 이들과 일본 경찰의 눈을 피하기 위해 수영해수욕장에서 수양회를 하면서 신사참배 반대운동의 전략을 마련하였다. 그는 그 기도회로 동역자들이 영적인 대비를 하게 했다. 그때 참석한 이들이 부산경남지역에서 각 지역의 중심이 되어 반대운동을 이끌었다. 그의 신사참배 반대운동은 사실 기도로 이루어졌다. 그가 체포되기 전 밀양마산교회에서 주일 새벽기도회를 인도하기 위해 나갔으나, 강한 압박을 받아 산으로 들어가 집중적으로 금식하며 기도하는 시간을 가졌고, 5일 만에야 돌아왔다. 목사가 산으로 기도하기 위해 떠났기 때문에 교회는 목사도, 또 예정된 성찬식도 없이 주일을 보내었지만, 성도들이 함께 기도함으로써 교회적으로 신사참배로 인한 박해를 대비할 수 있었다.

한상동 목사는 1938년 신사참배 반대운동을 본격적으로 전개하면서, 신사참배 하는 교회에 출석하지 말 것, 신사참배 한 목사에게 성례를 받지 말 것, 신사참배한 교회에 연보하지 말 것, 교회에 출석하지 않는 교인들끼리 모여 가정예배를 드릴 것 등을 지침으로 제시하였다. 그와 그를 따르는 동지들은 기도로 신사참배 반대운동을 위한 힘을 얻었고, 일제의 억압에도 굴복하지 않았다.

3) 옥중 투쟁과 기도

총회가 신사참배를 결의한 후 많은 교회가 심사참배에 동참했으나, 한상동 목사를 중심으로 한 반대운동이 조직적으로 전개되면서 일제는 위기의식을 느꼈고, 1940년 7월에 핵심인사들을 일제히 검거하였다. 그도 경남도 경찰부 유치장에 구금당하였다가 평양감옥으로 이송되었다. 평양감옥은 겨울이면 혹독한 추위에 환경이 열악했고, 영양부족에 벼룩과 빈대가 매일 밤 수감자들을 괴롭히고 있었다. 그는 감옥에서 폐결핵 진단을 받고 고통중에 있었는데, 하나님이 언제 자신을 언제 불러가실 것인가를 생각할 정도였다. 그는 이때 "인생으로서는 차마 견디지 못할 어려움을 당하였고", "숨이 끊어지도록 어려움"을 받았다고 했다. 간수들은 그가 계속하여 감옥에 있을 경우 결국 죽을 수밖에 없음을 알리고, 그를 불쌍히 여긴 나머지 신사참배를 하고 감옥에서 나갈 것을 권유하였지만, 죽음의 위협이 그를 바꿀 수 없었다. 그때 그는 마음속으로 '기도하라'는 특별한 음성을 들었다. 그는 열악한 옥중상황에서 폐결핵을 앓고 있어 이는 곧 죽음을 의미하였지만, 하나님의 특별한 은총으로 치유되었다. 신사참배 강요의 강풍 앞에서 능력있고 뛰어난 목회자들이 여지없이 무너졌지만, 평범한 목사였던 그가 큰 시련에 맞설 수 있었던 것은 기도의 힘 때문이었다.

4) 교회쇄신운동과 기도

한상동 목사는 해방 후 철저한 회개운동을 전개하며 한국교회가 일제강점기의 범과를 청산하고 대한교회를 새롭게 하려 했으나, 교권주의자들의 강력한 저항을 받았다. 그는 이른바 '교회를 지키기 위해' 신사참배를 하고 일제에 협력한 이들을 정죄한 것이 아니라, 새로운 시대를 맞아 함께 회개하고 대한교회를 새롭게 하자고 주창하였다. 그러나 그는 기득권 교권주의자들의 강력한 저항을 받았고, 중도층은 시류에 따라 흔들리고 있었다.

　한상동 목사는 그러한 상황에서도 흔들리지 않고 교회쇄신운동을 전개하였다. "그는 살았기에 타락한 한국교회를 위하여 일하지 않을 수 없었고, 예수님처럼 교권주의자들로부터의 모진 비난과 박해를 받아야 했다. 그를 따르고 존경하던 무리는 배척하고 욕하는 무리보다 소수였고, 그의 교회를 위한 회개의 외침은 귀를 막고 죽이려는 무리에게 왜곡되고 축소되었다… 한상동 목사는 그 와중에서도 하나님의 말씀을 외치고 또 외쳤다."(문성모, 한상동 목사의 설교). 그러한 반대 가운데서도 그는 주님만 바라보며 한국교회 쇄신운동을 전개했다.

　그가 임종을 얼마 앞두고 그의 제자 목회자들이 병실을 방문하고 그의 마지막 가르침을 구했다. 생의 마지막에 제자들에게 한 "주님만, 주님만 바라보며 나가시기 바랍니다. 주님이 살아계시니, 주님만 바라보십시오."라는 말은 그가 평생 간직하였던 목회 철학이기도 했다.

5) 개혁주의 신학운동과 기도

　한상동 목사는 평양감옥에서 독일이 패망하였다는 소식을 듣고, 머지않아 일본도 패망할 것을 확신하고 세 가지 옥중기도를 했는데, 그것이 해방 후 고려신학교 설립으로 나타났다. 당시는 일제의 비호가운데서 부일협력을 하였고, 자유로운 신학적 입장에서 신학교육을 했던 조선신학교가 1946년 4월에 남부총회에서 총회 직영신학교가 되었다. 이에 1938년 휴교한 조선예수교장로회신학교의 전통을 잇는 개혁주의 신학교 설립은 중요한 과업이었다. 그는 박윤선 교수 등과 협력하여 고려신학교를 설립, 진리를 위해 '지사충성'하는 목회자를 양성하기를 힘썼다. 그는 개교 이후 줄곧 목회학과 성경을 가르치며 첫 30년 동안 580명의 제자를 배출했다. 그는 설립하고 운영했던 고려신학교와 칼빈대학을 통해 칼빈주의 신학과 순교정신에 투철한 목회자를 양성했는데, 홍반식, 이근삼, 오병세, 홍창표,

차영배, 허순길, 김의환, 김병원, 전호진 등의 신학자들, 황철도, 윤봉기, 백영희, 김창인, 박희천, 김성환, 최훈, 박창환, 박두욱, 황보연준, 김주오, 최해일, 석원태 등의 목회자들, 김영진, 유환준, 황상호 등의 선교사들, 그리고 박복달, 이화주 등 여러 여성 지도자들을 배출하였다. 한국전쟁 직후에 어렵게 건축되었던 목조건물 송도교사가 30년이 지나면서 노후화되어, 그는 자매관계를 맺고 있던 네덜란드 개혁교회의 지원과 전국교회의 협력으로 새로운 본관을 건축하고 준공한 후 이듬해 별세했다.

고려신학교는 고려신학대학원이 되어 중부지역과 수도권을 염두에 두고 천안에 캠퍼스를 두었는데, 지난 75년 동안 5천 명에 가까운 목회자를 양성하였다. 고려신학교는 오늘날 부산경남을 대표하는 기독교대학 고신대학교로 발전해 신학대학, 의과대학, 간호대학과 부속 복음병원을 두어 의학교육과 함께 지역사회 보건의료를 책임지고 있다. 고신대학교 의과대학과 간호대학은 한국에서 가장 많은 의료선교사를 배출한 대학이 되었다. 그의 옥중기도는 고려신학교를 설립해 한국에서의 개혁주의 신학운동의 기초를 놓았고, 기독교대학으로 발전해 개혁주의 신앙에 기반한 지도자들을 양성해 세대를 이어가며 풍성한 열매를 거두고 있다.

3. 한상동 목사의 기도생활에서 배우는 기도

한상동 목사의 기도생활에서 우리는 몇 가지 교훈을 얻을 수 있다. 먼저, 한상동 목사는 기도의 사람으로 개척 전도 사역과 목회도, 일제강점기에 순교 직전까지 갔던 극도의 시련을 이기는 힘도 그의 깊은 기도와 하나님과의 깊은 교제에서 나왔다. 그는 뛰어나고 강인한 사람이 아니었지만, 극심한 어려움 앞에서 이를 이겨내게 해 달라고 기도했다. 그가 고성 학림에서 전도자로 나섰을 때 지역 사람들이 교회로 사용할 수 있는 가옥도 빌려주지 않았고 완고하여 사람들과의 접촉이 불가능했다. 그는 교역의 어려움에 한 주 동안 금식기도까지 했으나 성과가 없어 철수했는데, 개척 전도에 실패한 것으로 여겨졌다. 그런데 오랜 후에 그의 전기작가 심군식 목사가 그 지역을 방문했을 때 교회가 건강하게 자라고 있었고, 그들은 한상동 전도사의 수고를 잊지 않고 있었다.

또한 한상동 목사는 평소 깊은 기도생활로 그의 시대에 몰아친 종교적 박해와 신앙적 역경을 기도로 잘 이겨내었다. 그는 자신의 부족함을 잘 알아 한결같이, "나는 할 수 없습니다"고 고백하며 모든 것을 주께 맡길 때, 주께서 견디고 이길 힘과 용기를 주셨다고 했다. 그가 일제강점기에 부산경남지역에서 조직적인 신사참배 반대운동을 전개하고, 또 이북지역을 잇는 일을 하였던 힘도 그의 집중적인 기도에서 나온 것이었다. 평범한 그리스도인도 깊은 기도의 영성으로 무장하여 복음과 하나님 나라를 위해 얼마나 큰일을 할 수 있는가를 그의 기도생활에서 볼 수 있다.

그리고 한상동 목사는 학문으로서의 신학을 깊이 배우지는 못하였지만, 오직 성경과 오직 기도가 그의 신학이 되었다. 그것이 일제강점기의 그 엄혹한 시절에 신사참배 반대운동과 해방 후 교회쇄신운동을 전개하는 에너지가 되었다. 그는 신사참배 강요를 거부하며 목숨을 건 투쟁을 했을 때 기도로 그 시련을 이길 힘을 얻었고, 하나님은 한국교회를 새롭게 하기 위해 신학교 설립과 신실한 목회자 양성의 비전을 따라 고려신학교(현 고신대학교와 신학대학원)을 주셨고, 그가 소천할 때까지 많은 목회자를 양성해, 이들이 이룬 건강한 교회를 보았다. 이 모든 것이 그의 기도의 신학의 결과였다.

나아가서 한상동 목사는 기도생활에서 자주 특별한 은혜와 신비한 은혜를 경험하였다. 그가 옥중에서 폐결핵을 앓았는데, 당시의 보건과 의료 상황으로는 장기수는 곧 죽음을 의미했지만, 신유의 은총으로 회복되었다. 그는 이러한 신유 체험을 누구에게도 간증하지 않았는데, 그의 옥중기를 구술로 기록한 박윤선 교수는 "주님을 위한 수난 성도의 고난을 자세히 기록하여 다른 성도들에게 알려서 신앙적 유익을 받게 함이 필요하나, 한상동 목사님은 이것은 한사코 반대하신다. 불초자가 애걸복걸하면서 그 옥고의 일부분이라도 기록하여 달라"고 요청해 그 사실이 알려졌다고 했다.

그가 평양 산정현교회를 목회하다가 날로 압박해 오던 공산당의 위협과 모친의 별세 소식을 듣고 남하할 때도, 경계중인 소련군을 몇 차례 맞닥뜨렸지만, 그들이 먼 산을 보며 외면하여 준 기적같은 일도 있었다. 깊은 기도가 때로 우리의 경험을 넘는 신비한 세계로 이끌기도 하는 것이다. 그는 기도의 사람으로 신비적 체험을 많이 하였지만, 신비주의에 빠지지는 않았다. 1955년부터 박태선의 간증집회가 선풍적인 인기를 얻고 결국 사교로 발전해 한국교회에 심각한 부작용이 있었지만, 한상동 목사의 리더십 영향에 있던 고신교회가 흔들리지 않았던 것은 그가 신비주의를 경계했기 때문이었다.

4. 맺는 말

오늘의 고신대학교와 신학대학원은 그가 평생 견지했던 '하나님 앞에서'(Coram Deo)를 학교의 표지로 삼고 있다. 한상동 목사가 그의 시대의 한국교회를 위해 탁월한 봉사를 한 것은 오직 성경과 오직 기도가 그의 신학이었고, 현실보다는 오직 주님만 바라보았기 때문이었다. 그는 일제강점기에 한국교회의 신앙이 훼절되었을 때 옥중에서 신학교육을 위한 비전을 세웠고, '돈없이 건물없이 인물없이' 고려신학교를 설립, 운영하였다. 그는 개혁주의 신학교육으로 평생 신실한 목회자들을 양성했는데, 주님만이 그 힘의 원천이었다. 초기 개척 전도와 목회도, 일제강점기의 극심한 박해도, 조직적인 신사참배 반대운동도, 6년에 걸친 죽음을 불사한 옥중투쟁도, 해방 후 한국교회를 위한 외로운 투쟁도, 고려신학교를 통한 개혁주의 신학운동도 하나님이 기도 가운데서 그를 만나주셨고, 그에게 힘을 주셨기 때문에 가능한 일이었다.

그는 제자들이 고신교단을 위해 마지막 기도를 청하였을 때, "사랑하는 주님, 세상 끝날까지 너희와 항상 함께하시겠다고 약속하신 주님, 지금도 우리와 함께하여 주심을 감사합니다. 과거에 함께 하신 주께서 장래에도 우리 교단을 맡아 주옵소서, 온 교회 성도들이 주만 바라보게 하시고 화평으로 지나게 하옵소서. 우리 신학교를 주님이 맡아 주옵소서. 주님께서 끝까지 붙들어 주옵소서."라고 기도했다. 생애 마지막까지 그의 한결같은 관심이 고려신학교를 통한 개혁주의 신학교육과 신실한 목회자 양성이었음을 보여준 것이다.

우리는 위대한 스승들에 비해 깊이있는 기도를 하지 못하고 있다. 오늘의 한국교회가 다 나은 환경, 더 나은 교육, 더 나은 여건을 가지고서도 이렇게 무기력한 것은 목회자들과 그리스도인들이 학문의 깊이에 비해 기도의 깊은 경지에 나아가지 못함 때문이 아닐까? 한상동 목사의 기도 생활을 통해 다시 한국교회가 나아가야 할 방향을 깨닫게 된다.

나삼진

고신대와 동 신학대학원(M.Div.)

미국 탈봇신학대학원(M.A, M.A.C.E.)

고신대학교 대학원(Ph.D.)

(전)) 대한예수교장로회(고신) 총회교육원 원장

(전) 고신대, 고려신학대학원, 아세아연합신학대학원 외래교수

(전) 「복음과 교육」 편집위원

(전) 한국복음주의기독교교육학회 회장

(현) 미국 Evangelia University 교수

(현) 오렌지카운티 샬롬교회 담임목사

손양원 목사의 기도

김호욱

1. 그의 양력

송양원(1902-1950)은 1902년 6월 3일 경남 함안군 칠원면 구성리(咸安郡 漆原面 龜城里) 685번지에서 장남으로 태어났다. 그는 1909년부터 신자가 된 부친 손종일(孫宗一, 1871-1945)을 따라 교회에 출석하기 시작했고 1919년 10월 3일 호주장로회 선교사 맹호은(孟皓恩, F. J. L. Macrae)에게 세례를 받았다. 손양원(본명, 손연준)은 향리의 서당에서 한학을 배운 후 칠원공립보통학교(1914-1919)를 졸업한 후 서울 중동중학교(1919. 4-)에 입학했으나 퇴학을 당하여 고향에 내려와 마산 창신학교에서 수학했다(이상규, "해방 이후 손양원의 생애와 활동").

그는 공부를 지속하고 싶어서 1921년 동생 손문준과 함께 일본으로 건너가 동경의 스가모[巢鴨]중학교 야간부에 입학하여 공부한(1921-23) 후 귀국하였다. 고향에 돌아 온 그는 부모의 권유로 1924년 1월 17일 정양순(정쾌조)과 혼인하였다. 그는 1924년 3월 23일 다시 일본으로 건너가 약 7개월간 머문 후 그 해 10월 귀국하였다. 귀구한 후 "진주의 경남성경학원(1926. 3-1929. 3)에서 수학한 그는 울산방어진교회, 양산교회 전도사로 일하면서 남창교회, 원동교회, 그리고 밀양수산교회를 설립하는 등 전도사로 활동했다(1926-1934). 특히 부산 감만동의 나병환자 수

용원의 상애원교회에서 일하면서 메켄지(Noble Mackenzie) 선교사와의 접촉을 통해 나병환자에 대한 관심을 갖게 된다"(이상규, "해방 이후 손양원의 생애와 활동").

그는 정식으로 신학을 공부하여 목사가 되기로 결심하고 1935년 4월 5일 평양신학교에 입학하여 1938년 3월 16일 제33회로 졸업했다(장영학, 「평양신학교 제33회 졸업앨범」/조선예수교장로회총회, 『야소교장로회연감』). 손양원은 평양신학교 졸업 후 "경남노회 부산지방 시찰회 순회전도사로 파송 받아 부산을 비롯하여 김해, 양산, 함안 등지를 순회하며 14개월간 활동했다." 그가 애양원(愛養院)교회에 부임한 것은 1939년인데, 부임할 당시 그는 전도사 신분이었다. 그는 "여수 애양원교회의 교역자로 부임하여 일하던 중 1940년 9월 25일, 신사참배반대 및 거부로 체포되어 5년간 투옥되어"옥고를 치룬 후 "1945년 해방을 맞아 석방되었다"(이상규, "해방 이후 손양원의 생애와 활동").

그가 애양원교회 시무 중이던 1948년 10월 19일 여수반란 사건이 발발하였고, 그 때 그의 두 아들 동신(순천사범학교 재학)과 동인(순천중학교 재학)이 순교했다. 그는 두 아들을 죽인 안재선을 사형장에 도착하기 전에 구출하여 양아들로 삼았다. 손양원은 애양원교회를 섬기면서 나환자를 위해 헌신하였고, 자신의 아들들을 죽인 자를 사랑으로 품어 양아들로 삼는 "사랑의 원자탄"이었다. 하지만 6.25 동란이 발발한 후 여수지역을 점령한 공산당은 송양원과 윤형숙 등 많은 우익계 인사와 목사, 전도사 등을 체포 감금하였다. 인천상륙작전이 성공하자 1950년 9월 28일 여수지역을 점령했던 공산군이 퇴각하면서 감금하고 있던 인사들을 처형할 때 손양원도 순교했다.

2. 어린 시절 새벽기도 훈련

손양원은 부모님 따라 새벽기도를 다니기 시작하면서 혼자 기도하는 훈련을 쌓았다. 새벽기도 출석은 부모의 권유가 아니라 그의 자발적 참여였다. 부모는 오히려 어린 손양원이 새벽기도에 출석하는 것을 말렸다고 한다. 손양원이 교회에 출석하기 시작한 것은 1909년부터였으니 그가 새벽기도회 참석하기 시작한 때의 나이는 정확히 알려져 있지 않으나 10세 이전이었던 것은 분명하다.

손양원의 부친 손종일과 모친 김은수가 참여했던 새벽기도회는 부흥회 기간 중에 열린 것으로 보인다. 한국장로회가 새벽기도회를 공식적으로 시작한 것은 1930년부터이기 때문이다.

3. 부모의 기도 모범

손양원의 기도 생활은 새벽기도뿐만 아니라 범사의 기도 훈련 역시 부모로부터 받은 영향이 컸다. 한 가지 예를 들어 보자. 손양원이 소학교(칠원공립보통학교)에 다닐 때였다. 그 소학교의 일본인 교장은 다른 학교 교장보다 더 극성스럽게 학생들에게 동방요배를 강요했다. 동방요배는 우상숭배라고 믿었던 손양원은 동방요배를 거부하였고, 이에 분노한 일본인 교장은 어린 손양원의 뺨을 후려쳤다.

이 소식을 들은 손종일은 이렇게 기도하였다. "주님 이 부족한 자의 미천한 아들에게 이런 시련을 주시니 감사합니다. 쇠는 두드릴수록 강해진다고 했는데 앞으로 더 큰 일에 사용하기 위해 내 아들을 더 큰 망치로 두드려 주십시오. 하나님 보시기에 합당한 일꾼이 되기까지 망치질을 아끼지 말아 주십시오"(손동희, 『나의 아버지 손양원 목사』).

손양원은 부친이 일본 교장에게 분노하면서 자신을 위로해 주기를 바랐을 지도 모른다. 어린이 마음은 다 그런 것 아닌가? 그런데 자신의 예상을 깨고 기도하는 부친의 모습에 큰 충격과 함께 깊은 감명을 받았을 것으로 보인다.

4. 산상금식기도

손양원의 어린 시절부터 싹트기 시작한 기도 훈련은 나이가 들어가면서 더 깊어졌다. 그의 기도는 중학교시절에도 여실히 드러났다. 손양원은 그의 신앙 때문에 힘들고 어렵게 철원보통학교를 1917년에 졸업한 후 더 공부를 하고 싶은 마음에 1918년 2월 고학을 결심하고 상경하여 1919년 서울 중동중학교에 입학했다. 그는 안국동에 있는 교회에 출석하면서 만두집에서 일하면서 공부해야 하는 힘든 여건 속에서도 늘 주일성수와 십일조 생활을 충실히 했다.

손양원이 중학교에 입학한 1919년 3월 1일 만세운동이 일어났다. 그는 3.1운동에 참여하지 않았지만, 부친 손종일이 3.1운동(마산은 4월 3일) 주동자로 지목되어 마산형무소에 수감되었고, 손양원이 입학한 서울 중동중학교는 공민학교였기에, 일제는 그를 불순사상을 가진 자의 아들이라는 이유로 퇴학 조치했다(손동희, 『나의 아버지 손양원 목사』). 이런 때는 어린 마음에 하나님을 한 번쯤 원망하면서 불평할 만도 한데, 그는 이 문제를 놓고 3일 동안 산에 올라가 금식하며 기도를 했다(심군식, 『한국교회 순교자들의 생애』). 손양원이 중동중학교에서 퇴학을 당한 때는 4월이었던 것으로 보이는 데, 이때도 여전히 산속은 추웠겠지만 날씨가 많이 풀려 그런대로 추위를 견딜 만 했을 것이다.

그의 마음속에는 보통학교 다닐 때 동방요배 거부로 결국 3학년(1915년) 때 퇴학을 당하여 졸업을 할 수 없게 되었던 상황에서도 맹호은(F. J. L. Macrae) 선교사를 통해 도움의 손길을 허락하사 무사히 졸업하게 하신 하나님은 기도하는 자녀의 기도를 외면하지 않으신다는 확실한 믿음이 있었다. 모든 환경은 하나님의 능력으로 능히 해결될 수 있다는 신앙이 그의 마음속에 굳게 자리하고 있었다.

5. 여호와 삼마의 신앙

손양원은 중동중학교에서 퇴학을 당한 후 산 속에서 3일 동안 기도했으나 복교하지 못했다. 그는 하는 수 없는 고향으로 내려와 1년 동안 머물다가 1921년(만19세) 일본 스가모중학교로 편집할 수 있는 길이 열렸다. 하나님은 그를 중동중학교로 다시 보내시지 않고 일본으로 유학하는 방법으로 그의 3일 간의 산상기도에 응답하신 것이다.

일본 스가모중학교에 편집한 손양원은 부모님이 보내주는 것으로는 부족했기 때문에 장남으로써 자신과 그리고 함께 유학 온 동생 손문준의 학비와 생활비를 충당하기 위해 주경야독을 해야 했다. 그러니 가끔은 힘들고 고독감 들기도 했다. 그럴 때면 그는 평소의 묵상기도 아닌 소리 높여 기도하기 위해 인기척이 거의 없는 숲 속이나 공동묘지로 가곤했고, 여름에는 갈대밭으로 들어가 늦은 밤까지 소리 내어 기도했다.

손양원이 동생 손문준과 함께 일본으로 가기 전 부친 송종일은 "자신의 재산을 털어 고향에 칠원교회를 설립하고 1919년 5일 장로로 장립"하였기 때문이 집안 재정이 그 전보다 더 어려워졌다. 이에 더하여 삼일운동을 주동했다는 이유로 붙잡혀 "마산형무소에서 1년 6개월 동안 옥고를"치루고 "풀려난 손종일 장로는 1923년에 개최된 칠원교회 부흥집회에 은혜를 받아 자신의 전 재산인 논 다섯 마지기(1천 평) 중 두 마지기는 가족들의 생계를 위해 남겨두고 나머지 세 마지기를 예배당 건립에" 바쳤는데, 모친은 이 보다 한 술 더 하여 "나머지 두 마지기(4백 평)도 헌금으로 바쳐버렸다."(김호욱, 『광양제일교회 110년사』). 이로써, 손양원의 일본 생활 중 그의 부모의 재정 형편은 그가 출국할 때보다도 귀국할 때가 가까워졌을 때 더 힘들어졌음을 알 수 있다.

손양원은 어려움이 닥쳐오고 고독이 밀려올 때면, 그 문제를 육신적인 방법으로 해결하지 않고 성령의 위로하심을 기대하면서 하나님께 기도하는 영적인 방법으로 극복하였다. 한국에서 자신과 함께 하신 하나님은 일본에서도 여전히 자신과 함께 하시는 하나님이심을 확실하게 믿는 여호와 삼마의 신앙이었다.

6. 산상 철야기도

손양원의 기도 생활은 세월이 흘러 나이가 들고 맡은 바 직분이 무거워질수록 기도시간이 많아지고 깊어져갔다. 그가 결혼을 하고 1935년 4월 평양신학교에 입학하였던 시절, 일제는 문하정치를 표명하면서 전쟁 승리를 위한 내선일체를 강하게 시행하고 있었다. 일제의 황민화 정책의 핵심에는 신사참배와 동방요배가 있었다. 일제의 신사참배 강요는 전국 미션스쿨(Mission School)뿐만 아니라 평양신학교와 같은 신학교도 예외가 아니었다. 이러한 현실 속에서 손양원의 산상기도는 철야기도로 바뀌었다. 한 번 산에 올라가면 밤중부터 다음 날 해가 떠오르기까지 며칠이고 기도하였다. 손양원의 기도생황은 평양신학교 학우들이 따라 하기 어려울 정도였다(심군식, 『한국교회 순교자들의 생애』).

손양원이 여수 애양교회와 역사는 애양원교회 전도사로 시무하던 양용근이 1939년 "애양원교회를 손양원 전도사에게 맡기고 고흥군 포두면 길두교회로 부임"한 것이 출발점이다(김호욱, 『광양제일교회 110년사』). 그의 애양원교회 부임은 어린 시절부터 평양신학교를 졸업하기까지 기도로 무장된 그를 "사랑의 원자탄"이요, "순교자"의 길을 가는 서막으로 이끌었다.

7. 살인자를 양아들 삼게 하는 기도

손양원이 그의 두 아들 동인과 동신을 죽인 살인자 안재선을 양아들로 삼을 수 있었던 것은 기도의 힘이었다. 그는 "기도하는 중에 하나님의 사랑을 실천하기로 각오하고, 특히 두 아들을 죽인 범인 안재선을 양자로 삼기로"했기 때문이다(이상규, "해방 이후 손양원의 생애와 활동"). 그의 두 아들의 장례식장에서 했던 9가지 답사 내용을 들여다보면 그것 역시 감사의 기도라 해도 손색이 없다:

1. 나 같은 죄인의 가정에서 순교의 자식이 나게 하셨으니 감사하고 2. 허다한 성도 중에 이런 보배를 나에게 주셨으니 감사하고 3. 삼남 삼녀 중에서 가장 귀여운 맏아들과 둘째 아들을 바치게 하셨으니 감사하고 4. 한 아들의 순교도 귀하다 하거늘 두 아들이 순교하게 하셨으니 감사하고 5. 예수 믿고 와석종신(臥席終身)해도 복이거늘 전도하다 총살 순교 했으니 감사하고 6. 미국 가려고 준비하던 아들이 미국보다 더 좋은 천국으로 갔으니 더욱 감사하고 7. 사랑하는 아들 죽인 원수를 회개시켜 양자 삼고자 하는 마음 주신 것을 감사하고 8. 아들의 순교가 열매 맺어 무수한 천국의 열매가 생길 것을 믿으니 감사하고 9. 역경 속에서 하나님의 사랑 깨닫게 하시고 이길 수 있는 믿음 주시니 감사하다(안용준, 『사랑의 원자탄』/이상규, "해방 이후 손양원의 생애와 활동").

8. 끝까지 겸손한 기도의 사람

성경은 "선줄로 생각하는 자는 넘어질까 조심하라"(고전10:12)고 가르친다. 인간 내면에 웅크리고 있는 교만이 언제 발현하여 자신과 가정과 공동체에 해를 가져올지 알 수 없기 때문이다. 손양원은 사람들이 두 아들을 죽인 살인자를 양아들로 삼았다고 그를 칭찬할 때, 교만이란 죄악이 불쑥 튀어나와 활개를 칠까 매우 두려웠다. 그래서 간증집회나 부흥회 인도를 갈 때는 다음과 다짐을 했다:

1. 하나님을 의지하고 나의 지식을 믿지 말 것. 2. 주님을 나타내지 않고 자기를 나타낼까 조심할 것. 3. 성경원리 잘 모르고 내 지식대로 거짓말 하지 않게 할 것. 4. 간증시에 침소봉대하여 거짓말되지 않게 할 것. 5. 나도 행하지 못하는 것을 남에게 짐 지우지 말 것. 6. 내 한마디 말에 청중의 생사가 좌우되는 것임을 알고 말에 조심하고 열심히 전하고 충성할 것. 7. 음식과 물질에도 크게 조심할 것(주님 대신 받는 대접이니 대접받을 자격 있는가 살피라. 배 위하여 입맛에 취해 먹지 말고 일하기 위하여 먹으라. 물질 선물에는 하등의 관심을 두지 말 것)(안용준, 『사랑의 원자탄』/이상규, "해방 이후 손양원의 생애와 활동").

그리고 마지막에는 다음과 같이 기도했다. "오, 주여 이 한 시간에 주 앞에서 범죄 되지 말게 해 주시고 사람 앞에 비 없는 구름같이 은혜 못 끼치고 돌아올까 주의하게 하소서. 또 내 생애 유일한 참고서는 오직 성경 66권 되게 하시고, 교수의 지능은 오직 기도가 되게 하소서"(안용준, 『사랑의 원자탄』/이상규, "해방 이후 손양원의 생애와 활동"). 손양원은 평생의 기도 생활을 통하여, 다짐이나 각오는 인간의 이성과 의지로 얼마든지 세울 수 있지만 그것을 실천하려면 성령의 도우심이 반드시 필요함을 잘 알고 있었던 것이다.

9. 정리

손양원의 기도 습관은 어린 시절 새벽기도회에 참석하면서부터 시작되었다. 그는 범사에 기도하였지만 개인적으로 또는 교회적으로 특별한 어려움이 닥쳤을 때는 산상금식기도, 묘지주변기도, 갈대숲기도, 그리고 산상철야기도 등 별도의 기도 시간을 가졌다.

그는 기도가 그의 삶의 일부였기에 기도를 자랑하는 신앙인이나 목회자가 아니었다. 기독교인이면, 목회자이면 당연히 해야 하는 것이 기도였기 때문이다. 그러므로 그의 기도는 곧 삶으로 실천되었다. 기도라는 x축이 증가하면 삶이란 y축도 증가하는 기도와 삶이 비례하는 목회자였다.

박형룡(朴亨龍, 1897-1978)은 1950년 10월 29일 서울 남대문교회에서 개최된 손양원의 추모예배 설교에서 다음과 같이 말하였다:

그는 위대한 경건인이요, 전도자요, 신앙의 용사요, 나환자의 친구요, 원수를 사랑한 자요, 성자이다. 그의 일생은 기도로 호흡삼고, 성경으로 양식을 삼아 영적 만족과 감사, 충만함으로 찬송을 끊지 않은 희세의 경건인이었다(이상규, "해방 이후 손양원의 생애와 활동").

박형룡은 순교한 손양원을 추모하면서 그를 여러 가지로 평가했는데 그 중에 "그의 일생은 기도로 호흡삼고" 살았다는 내용을 포함시킴으로써, 손양원이 순교하기까지 기도하는 목회자로 평생을 살았음을 인정하였다.

김호욱

(현) 광신대 역사신학 교수

한국의 인물들

강태국 박사의 기도

박 태 수

　일립(一粒) 강태국 박사(1904-1998)는 한국교회의 원로로서 민족복음화를 위하여 많은 복음전도자와 학자를 배출한 교육가이자 목회자이다. 그는 살았던 시대는 일제에 국권을 빼앗기고, 힘없는 민족으로서 고통을 겪었던 시대였으며, 해방 이후에는 6.25한국전쟁과 격동기를 겪으면서 가난으로 인한 굶주림, 낙후된 사회 경제 등으로 인해 우리 민족이 말할 수 없는 어려움을 겪던 시대였다. 뿐만 아니라 대부분의 국민들이 우상숭배와 사대주의, 사농공상 등으로 망국적인 민족정신을 가지고 있어 희망이 보이지 않았던 시대였다. 一粒은 이러한 민족의 현실을 직시하고 민족복음화를 위해 천국운동 50년 계획을 세우고 자신의 모든 삶을 던지셨던 분이다. 그는 민족복음화를 위해 헌신하면서 기도의 사람으로 하루를 기도함으로서 시작하였으며 평생을 기도하기를 멈추지 아니한 삶으로서 그리스도인의 참 기도와 경건의 삶을 보여 주었다. 그는 기도를 통해 하나님 아버지와 인격적인 사귐을 갖고 성서에 나타난 하나님의 뜻을 이루어 나갔으며, 자기 자신의 영달을 위하지 않고 오직 주의 영광을 드러내기 드러내며, 이 땅에서 생명력 있는 복음 전도자의 삶을 살았다. 이처럼 一粒은 하나님을 전적으로 의지하는 기도를 통해 하나님의 주시는 힘으로 그에게 주어진 소명을 감당하였기에 오늘날 한국교회에 귀한 모델이 된다고 사료된다. 이 글에서는 일립 강태국 박사의 기도의 정의와 필요성, 기도의 내용과 기도의 실례 등을 살펴봄으로써 그의 기도의 특징을 제시하여 그리스도인의 기도의 삶이 얼마나 중요한 지를 알아보고자 한다.

1. 기도의 정의와 필요성

一粒은 "기도는 인간의 본능적인 요구"라고 보았다. 이 세상에 태어난 모든 사람들은 본능적으로 어떤 절대자에게 무엇을 요구하는 생각이 본능적으로 주어졌으며, 심지어 무신론자라 할지라도 또는 종교적인 숭배의 대상이 다를지라도 자신의 능력이 닿지 못하는 것을 당할 때에 자기보다 나은 이상적인 절대자에게 부르짖고 싶어 하는 공통적인 심리를 가지고 있다고 보았다. 세상 사람들은 여러 종교 앞에 다양한 모양으로 기도하기도 하나 참 되신 하나님을 알지 못하므로 헛된 기도를 드리는 경우가 많다고 보았다. 그에 반하여 그리스도의 기도란 살아계신 하나님과의 실제적인 신앙의 관계에서 하나님께 나아가 구하고 받는 것이라고 보았다. 즉 기도는 우리의 부족하고 필요한 것을 살아계신 하나님께 그리스도 안에서 구하고(ask) 찾고(seek) 두드리는(knock) 것이다. 그리고 하나님은 우리에게 '구하라'고 하시는 분이시며 구할 때 응답하시는 분으로 보았다. 그리스도인에게 있어서 기도란 삶의 자리에서 곤고하고 어려운 상황을 만났을 때에든지 아니면 어떠한 것이 필요할 때 살아계신 하나님께 달려가서 그분께 구하는 것임을 강조한다.

또한 기도는 그리스도인에게 있어서 영혼의 호흡이라고 보았다. 기도란 호흡이요 생활이요 생명이다. 호흡이 끊어질 때 생명이 끊어지는 것처럼 기독자에게 있어서 기도가 끊어질 때 하나님과의 교통이 끊어짐과 같다고 하였다.

더 나아가 기도는 하나님과 대화라고 보았다. 하나님은 우주를 창조하시고 또한 우주를 지배하시며 인간의 호흡과 생명을 주장하시는 분일뿐만 아니라 인간의 역사를 지배하며 우리의 기도를 들으시는 인격적인 하나님이시므로 살아계신 하나님 앞에 나아가 신령한 교제를 하며, 자기의 사정을 아뢰고 대화하는 것이다.

一粒은 그리스도인이 기도해야 하는 이유로는 하나님이 바로 "복의 근원의 하나님"이시기 때문임을 강조한다. 하나님은 창조주이시고 인간은 그의 피조물이기 때문에 하나님만이 하늘에 속한 모든 신령한 복으로 전 인류를 축복할 수 있으며, 따라서 하나님 외에는 아무도 사람을 축복할 수 없는 것이기 때문에 하나님께 기도로 나아가는 것이 필요하다고 보았다. 그리고 무엇보다 인간은 연약하기 때문에 기도하여야 한다는 점을 강조한다. 인간은 무력한 존재이기에 하나님의 도우심이 있어야 하며, 기도가 없다면 그 심령이 기갈을 면치 못할 것이요. 기도를 통해서 참된 안위와 기쁨을 누리며 능력을 받을 수 있기 때문이다. 기도가 없는 삶은 물 없는 샘과 같고 풀 없는 사막과 같아서 신령한 은혜의 기갈을 당하게 된다고 보았다.

2. 기도의 내용

一粒은 기도를 하되 가장 필요하고 중요한 것을 위하여 기도할 것을 요청한다. 그는 신자의 가장 필요한 기도는 주기도문에 잘 예시된 것처럼 하나님과의 관계, 다른 사람과의 관계, 자기 자신의 신앙생활을 위한 기도라고 보았다. 우선적으로 기도할 것은 첫째, 하나님에 관한 일이라고 보았다. 하나님의 영광을 위하여 하나님의 나라가 이 땅에 이루어지도록 위해서 기도해야 함을 강조한다. 이 하나님의 나라는 사탄의 세력권 내에 있는 세속적이요 현실적인 나라가 아니요 오직 그리스도께서 가르치시는 하늘나라로서 모든 그리스도인의 가슴속에 하나님이 지배하시는 나라를 의미한다. 이 하나님의 나라가 기독자를 지배하게 하여 달라고 기도해야 하며, 더불어 하나님의 뜻이 이 땅에 이루어지도록 위해서 기도해야 한다. 둘째, 다른 사람과의 관계를 위한 기도를 해야 한다는 것이다. 죄는 대개가 사람과 사람사이에 많이 일어나고 우리의 행동과 생활이 다른 사람에게 피해를 입히고 다른 사람의 마음에 상처를 주는 범죄를 지을 때가 많으므로 우리 자신이 다른 사람을 죄를 범케 한 죄와 다른 사람에게 입힌 죄를 위해서 하나님께 자복하고 기도하므로 다른 사람들과 올바른 관계 회복을 위해서 기도하는 것이 중요하다고 보았다. 셋째, 자기 자신의 신앙생활을 위해서 죄 용서를 간구해야 한다. 우리 자신이 다른 사람의 죄를 먼저 용서해 주고 자신의 죄사함을 위해서 하나님께 기도하며, 시험에 들지 않도록 하기 위해서 기도해야 하는 데 그 이유는 그리스도인은 완전한 사죄의 은혜를 받은 자들이나 아직도 범죄성을 가진 인간이므로, 언제나 범죄의 경향에 빠질 수 있기에 시험에 빠지지 않도록 기도해야 함을 강조한다. 그 뿐 아니라 육신에 관한 것 즉, 일용할 양식을 위해서 기도해야 할 것을 말하고 있다. 이 기도를 통해서 우리 몸에 필요한 모든 것을 구함으로 하나님의 보호하심에 맡기고 그를 신뢰하는 것이다. 우리는 악으로부터 보호받기 위하여 계속되는 사단과의 싸움에서 승리를 얻을 수 있도록 우리는 이 시험을 피하기 위해서 기도하여야 하고 예수의 힘, 곧 하나님의 능력을 의지하여 나아가야 할 것이다. 또한 섬기는 교회를 위해서, 복음전파를 위해서, 조국과 민족을 위하여 기도할 때는 국가의 위정자가 비록 하나님을 믿지 않을 지라도 위정자의 영육간의 행복을 위해서 기도하며 사회와 국가의 안녕과 질서를 위해서 기도하여야 할 것을 강조한다. 그리고 꼭 원수를 위한 기도를 드릴 것을 강조하였다. 즉 예수님이 십자가 선상에서 자신을 못 박는 이들을 위해 드렸던 기도와 자기를 돌로 치는 원수들을 위해 기도했던 스데반의 기도를 강조한다. 그는 원수들을 위한 기도는 모든 기도 중에서

"가장 고귀한 극치의 기도"라고 하였고, 오늘날의 교회가 꼭 회복하여야 할 기도제목으로 보았다.

3. 기도의 실례

一粒의 기도의 실례들은 그의 자서전 「나의 증언」에 잘 나타나 있다. 1904년에 출생한 일립은 11세가 된 어린나이에 가산이 파산하였고 그로인해 제주도 모슬포에 소재한 단추제조공장에 들어가 식당에서 요리하는 일과 가게 점원으로 어린 시절 노동자로서 삶을 살아야만 했었다. 1919년 15세 때 소년 일립은 인생의 전환기를 맞이하게 되었다. 그가 들었던 설교의 본문은 마태복음 7:7절이었다. "구하라 그러면 주실 것이요, 찾으라 그러면 찾을 것이요, 문을 두드리라 그러면 너희에게 열릴 것이니"라는 말씀을 통해 하나님은 일립을 부르신 것이다. 그는 그 때의 일을 다음과 같이 기록하고 있다.

이것이 나의 인생의 전환기였다. 그날 밤에 나는 무엇이든지 구하면 하나님이 이루어 주신 다는 것을 꼭 믿었다. 그리고 그 다음날 아침부터 나는 구하기를 시작 하였다. 나는 식사 준비를 하는 책임이 있었기 때문에 다른 직공보다 일찍 일어나야 될 형편이였다. 그런데 그 다음날 아침부터는 기도하기 위해서 더 일찍 일어나 후원에 있는 바위에 엎드려서 기도하기 시작한 것이다. 그때의 기도가 오늘날 까지 계속 된 것이다. 나는 그때에 무엇을 구하였던가? 무엇이 그렇게도 소원이 었던가? 내가 가장 원하는 것은 하나가 있었으니 이는 보통학교를 한 번 가보는 것이었다…. 그래서 나는 「하나님! 저를 보통학교에 가서 공부하게 해 주시옵소서. 그리고 보통학교뿐만 아니라 미국에까지 가서 공부하게 해 주시옵소서」라는 기도를 서투르게나마 하기 시작했다…. 그리하여 나의 일과가 또 하나 늘었으니, 이는 기도하는 것과 성경 읽는 것이었다 (나의 증언, 149).

一粒은 마태복음 7:7절을 가슴에 품고 기도하기 시작함으로 삶의 전환기가 시작이 되었다. 소년 때부터 기도하였던 그의 기도의 제목은 훗날 1951년 5월 30일 그의 나이 47세에 밥존스 대학교에서 철학박사학위 받게 되므로 이루어졌다. 하나님이 한 소년의 기도를 응답하여 주신 것이라고 일립은 훗날 증언하고 있다.

一粒은 십대시절에 식당에서, 그리고 병원의 청소부로서 때로는 간호보조일 일을 하면서 하나님께 기도하기를 멈추지 않았던 그는 나이 18세가 되던 해에 하나님은 기도의 응답으로 그에게 공부할 수 있는 길을 열렸고, 바로 제주도를 떠나 광주사립 숭일학교에 입학을 하게 되었다. 그곳에서 미국 남장로교 소속 남대리 (L.T.Lewland)선교사가 제공하여 준 일자리를 통해 노동을 하며 학업을 지속하였고, 그가 20세가 되던 해에 초등학교 졸업장을 받을 수 있었다. 그는 더 공부하고 싶었다. 당시에는 중.고등학교가 따로 있었던 때가 아니었으므로 5년제 중학교였던 숭실학교에 들어가기로 작정하였지만 그에게는 학비가 없었다. 그래서 그는 기숙사에서 그의 동기생과 함께 간절히 눈물로 기도하였다. 강태국은 이것을 다음과 같이 서술하고 있다.

[저 황량한 제주도 바닷가에 지극히 작은 한 알의 모래알 같은 이것을 오늘까지 인도하신 하나님 이제 갈 길을 보여주시옵소서]라고 그날 밤 간곡하게 기도했다. 나는 하늘과 바다가 맞닿은 망망한 제주바다 저편 호라이존을 쳐다보던, 옛날의 제주도 해변으로 다시 돌아온 느낌이였다. 숭실학교를 가겠다고 했으나, 길도 막히고 문도 닫혔다. 그러나 나

는 실망하지 않고 문을 두드렸다. 문을 두드리는 자에게 열어주신다는 하나님의 약속을 믿었기 때문이다(나의 증언, 29-30).

그의 나이가 21세가 되던 해인 1925년 3월 말에 그의 간절한 기도는 응답되었고, 마침내 평양에 가서 공부할 수 있는 길을 열렸다. 그는 향학열에 불타는 가슴을 안고 평양으로 가면서 그의 속에서 "주여 미지의 세계를 향하여 달리는 나그네인 나에게도 소망을 가져오는 성령의 단비를 주옵소서!"라고 기도하였다. 그의 간절한 기도는 기도의 응답으로 이어졌고, 숭실중학교 3학년에 편입하였을 뿐만 아니라 등록금은 미국의 독지가로부터 받게 되는 축복을 받았다. 그는 기도의 능력을 믿고 새벽마다 다른 학생들이 기상하기 전에 혼자 숭실 중학교 후문에 가서 기도하기를 쉬지 아니하였다고 증언하고 있다. 그는 기도와 성실한 학업을 통해 1928년 4월에 평양 숭실전문학교에 입학시험에 응시하여 합격을 하였고 고학생활을 하면서 하나님께 기도하기를 쉬지 아니하였다.

一粒은 평양숭실을 졸업을 즈음에는 이전에 공부하게 해 달라는 단순한 기도제목에서 넘어서서 그는 나는 왜 태어났는지? 인생의 목적이 무엇인지? 그리고 나의 소명이 무엇인지? 심각하며 고뇌하며 기도하였다. 그리고 조선의 젊은이로서 조선의 암울한 현실을 직시하기 시작하였고 일제압박에 대하여 절규와 탄식을 하면서 지금까지와는 다른 차원의 기도를 시작하였다. 그는 오랫동안 일제의 압박과 멍에 아래 시달리고 또 시달리며, 쌓이고 쌓였던 원한과 울분을 품고 조선 독립을 위해서 자기 자신을 던지기로 작정하고 간절하게 기도하였다. 이 후 비참한 민족의 현실을 보고 조선 독립을 실현할 목적으로 독립자금을 마련하기 위해 숭실 공제회를 만들어 운영하였으며, 나중에는 평양만세운동을 주도하여 평양 구치소에 들어가 옥고를 치르기도 하였다.

一粒은 숭실전문학교를 졸업한 후에 독립운동을 할 목적으로 일본으로 건너가게 되었다 그곳에서 재일유학생들을 중심으로 독립운동을 위한 연설을 하였고, 그의 나이 28세 때 1932년 3월 고베중앙신학교에서 사상의 전환기를 맞게 되었다. 조선독립을 위해서 읽고 있던 막스의 자본론을 버리고 신학을 전적으로 공부하기 시작한 것이다. 그는 이때를 하나님이 사망의 음침한 골짜기에서 자신을 건저주신 것이라고 하였다. 1934년 30세 때에 강태국은 간절한 기도와 함께 중앙신학교에서 민족복음화를 위한 중대한 계획 세우고, 이 복음전파를 위해 선교사들이 한국에 와서 전파하여 준 것을 감사하며 전국복음화를 위해 그의 여생을 바치기로 결단한다. 그는 복음의 일꾼을 양성할 기관을 창설할 것을 구상하고, 이를 위해 '천국운동 50년 계획'을 추진하기로 하였다. 신학교를 졸업하고 말씀을 깊이 연구하면서 하나님의 영적 교제 속에서 신학교에서 배운 내용을 중심으로 예수 그리스도의 생애를 다룬 책「종합사복음 연구」를 1936년 9월에 출판하였다. 一粒은 1936년 선교사와 함께 지방순회를 하면서 전남지방을 중심으로 복음을 전파하기 시작하였으며, 20여명의 청년들과 매일 아침 새벽기도회를 하며 50년 천국운동을 위한 간절한 마음으로 기도하였다. 그들은 특별히 두 가지 문제를 놓고 기도하였는데 먼저는 대한 예수교 장로교회 분열을 막는 것이고, 둘째는 신사참배를 거부하는 것이었다. 그러나 그의 신사참배거부운동은 일립과 기도동지들이 일제에 전원 체포되어 가혹한 신문을 받으므로 큰 고비를 맞이하였다. 그는 신사참배를 거부함으로 일제의 감시대상이 되었으며, 잠시동안 유한양행에 3개월정도 근무하였다. 그러나 一粒은 신사참배 거부자로서 조선총독부 일경에 의해 전국 수배령을 내려졌고, 생사가 오가는 위급한 상황에서 하나님께 간절히 기도 하였다. 그의 간절한 기도는 "주여 사막에라도 가겠사오니 나를 신사참배 강요하지 않는 곳으로 보내 주시옵소서"라는 것이었다. 하나님은 그의 기도를 들으시고 삼엄한 일본 경찰의 감시망을 벗어나 만주로 도주할 수 있었다. 만주에서 一粒은 대한예수교장로교로부터 목사안수를 받아 목회자로서 개원교회에서 담임 목회와 봉천신학교에 가르칠 수 있게 되었다. 그는 이 시기를 그의 만주의 밧모섬 생활이라고 기술하였다. 그만큼 그는 하나님과 홀로 대면하여 기도하는 시간이 많았음을 말하는 것이었다. 그 기도의 결실로서 「신약단권주석」을 한국교회 앞에 출판하였다.

해방 후 1947년에는 강태국은 천국운동 50년 계획의 동지들을 얻기 위해서 그가 기도하였던 대로 미국유학을 계획하였다. 그는 구하라! 찾으라! 두드리라! 는 마태복음 7:7절 말씀이 오늘까지 나의 생애를 지배하였다고 고백하였다. 1947년 12월 23일 아내와 자녀를 하나님께 맡기고 미국유학으로 출발하였다. 미군함정으로 태평양에서 2주간 깊고도 넓은 바다를 향해하면서 자신의 연약함을 생각하였고 그는 갑판 위에서 그 높은 기상을 배우면서 하나님께 감사의 기도하였다고 고백한다. 그는 기도하며 웨스트민스터신학교, 웨이스신학교, 콜럼비아신학교에서 학업을 지속하였고, 하나님의 인도하심으로 밥존스대학교에 입학하여 박사학위를 공부할 수 있게 되었다.

一粒은 밥존스대학교 재학 중 12명의 맴버와 함께 "Come over into Korea and help us"라는 주제로 매주 3회 씩 모여 한반도복음화를 위해 간절히 기도하는 시간을 가졌다. 그들의 간절한 기도는 결실을 맺게 되어 (Korean Evangelical Movement, 이하 K.E.M)을 창설하게 되었다. 기도의 결과로 一粒은 사단법인 한국복음주의 운동 단체를 설립하고, 약 3000불 이상을 모금할 수 있었을 뿐 만 아니라 귀국 후 하나님의 특별한 섭리 가운데 극동방송국을 미국 팀선교부의 후원으로 개설할 수 있게 되었다. 훗날 그는 "제주도 모슬포 해안에 자리 잡고 있던 한 단추공장에서 직공들의 밥을 지어주던 무의무탁한 한 소년의 기도를 전능의 하나님은 거절하지 아니하시고 응낙하시고, 이루어 주셨으니 이는 나를 위해서가 아니요 다만 하나님께서 쓰시기 위하여 선택하셨기 때문이다"라고 증언하였다. 즉 그의 기도의 응답이 한 개인의 유익을 위한 것이 아니라 하나님의 나라를 위한 민족복음화의 길을 열게 되었다.

미국 유학을 마친 후 귀국한 一粒은 기도하는 가운데 천국운동 50년 계획을 위해 복음 농민 전수학교, 용인에 복음 농도원을 설립하였고, 세문안 교회 목사로 취임하여 6.25 전쟁 와중에도 새벽 기도회를 인도하였다. 천국운동 50년 계획을 위한 기도단원들을 구성하고 함께 기도하였으며, 하나님의 응답하심으로 한국성서대학교의 전신인 한국성서학교를 세문안 교회 지하에서 시작하여 주의 나라와 주의 뜻을 위해 쓰임을 받을 일꾼들을 양성하게 하였다.

이러한 그의 기도생활은 1955년 유럽행 여객선을 타고 덴마크로 가는 중에도 계속되었다. 그는 여객선에서 존 베일리의 『기도수첩』을 고요할 때나 고독할 때나 고향의 향수가 날 때도 읽었고 그 책을 통해 살아계신 전능한 창조주의 품안을 느끼며 번역하였다. 그는 『기도수첩』을 1956년에 출판하였는데 수많은 그리스도인들의 요청으로 무려 31쇄를 이후 발행하였고, 이책은 한국교회 성도들의 기도생활에 크게 도움을 주었다. 그는 나중에 중앙성서교회를 1956년에 창립하여 초교파적 독립교회를 세우고 성경에 입각한 복음전파를 하였다.

4. 기도의 특징

一粒의 소년시절 기도는 공부를 할 수 있게 해달라는 단순한 기도였다면 그의 청년시절의 기도는 자신의 삶의 소명이 무엇인지 그리고 인생의 궁극적인 목적이 무엇인가를 알기 원하는 기도였다. 그의 삼십대에는 민족의 정신을 그리스도의 정신으로 바꾸기 위해서 천국운동이라는 분명한 목표를 가지고 기도하였고 그의 중년 때는 민족복음화를 위한 구체적인 동지와 재원을 구하였고 그 이후의 삶은 실제적으로 민족복음화를 위한 복음전파의 일꾼을 양성하기 위한 기도였다. 이 시기에 복음 농노원, 복음농민학교, 한국성서대학교를 설립하여 오직 주의 뜻을 이루기 위해 기도하였다. 一粒의 삶을 통해 나타난 기도는 개인적인 기도로부터 시작해서 하나님의 영광을 나타내기 위한 기도로 승화되어 가는 것을 볼 수 있다. 즉 그의 생애는 기도의 생애였고 그의 기도는 자신의 개인의 유익을 구하는 기도가 아니었고, 늘 하나님의 뜻을 이루기 위한 기도였으며 복음전파를 최우선으로 하는 기도였음을 볼 수 있다.

一粒의 기도의 특징을 살펴본다면 무엇보다 一粒은 삶의 구체적인 영역에서 간구하는 것을 중요하게 여겼다는 점이다. 기도의 본질에 있어서 실제 삶의 구체적인 영역에서 기도하며, 실제 삶속에서 하나님의 응답을 강조하였다. 앞에서 밝힌 대로 일립은 어린 시절부터 삶의 구체적인 영역에서 개인적으로 하나님께 나아가 필요한 것을 위해 기도하였다. 삶의 현재적 상황을 두고 기도하였고 하나님께 응답을 받았다는 점이다. 둘째, 一粒의 기도는 언제나 성서적 기도였다. 앞에서 살펴본대로 그는 성경말씀의 원칙을 따라 근거하고 기도하며 말씀가운데서 하나님 앞에 겸손하게 자신의 무가치함을 알고 자신의 필요한 것들을 내어놓고 하나님의 도우심을 간구하였다. 그의 기도는 진심과 열정을 담은 기도였으며 믿음과 분명한 확신을 가지고 기도하였는데 이것은 성경의 가르침과 일치한다. 셋째, 一粒의 기도는 하나님의 나라와 뜻을 이루기 위한 기도였다. 기도의 내용들을 살펴보면 자신의 일신의 영달이나 개인의 부귀영화, 현세의 윤택한 삶을 누리게 하여 달라고 기도하지 않았고, 신비주의적인 것이나, 마술적인 것이나, 방언과 신유를 강조하는 것이 아니었다. 오직 복음을 위해서, 하나님과의 관계, 사람과의 관계, 그리고 자신의 신앙생활을 위해서 하나님이 주신 소명을 이루기 위해서 하나님의 도움을 구하는 기도였던 것이다. 넷째, 一粒의 기도는 기도로 끝나지 않고 실천하는 삶으로, 감사하는 삶으로 나타났다. 그는 입술을 열어 기도하고 거기서 머무는 것이 아니라 기도하였으면 성경에 입각한 기도의 원리를 적용시켜 그 길을 찾고, 하나님이 그의 기도를 들으실 것을 믿고 문을 두드리며 나아 간 것을 볼 수 있다. 一粒에게 있어서 기도는 살아 있는 믿음의 증거였고 그의 기도는 언제나 행동하는 믿음으로 나타나 삶의 실천으로 이어졌다. 뿐만 아니라 자신에 삶에 이루어진 모든 일들이 하나님의 말할 수 없는 은혜로 이루어 진 것을 믿고 지극히 감사하는 자세를 가졌다. 그는 '최후의 증언'에서 감사의 기도를 다음과 같이 표현하고 있다.

> 마지막으로 나를 창조하신 하나님! 내가 나의 범죄로 인하여 영원한 사망아래 있을 때 독생성자를 십자가의 번제단에서 나의 죄의 댓가를 지불하시려고 번제물로 삼으시고 나를 구속하신 하나님! 내가 모채에 있을 때부터 … 오늘까지 이 생명, 이 호흡을 연장하시고 주관하시며 … 주님의 목장에서 주님이 맡기신 양떼를 돌볼 수 있게 하신 하나님! 이제 나를 위하여 영원한 면류관을 준비하시고 … 기다리시는 하나님께 영광과 찬송과 감사를 드리며 나의 지난날의 증언을 마치려고 한다 (나의 증언, 325).

이처럼 一粒의 기도관은 오늘날 우리에게 기도의 중요성과 필요성을 인식케 하고, 하나님께 구하여 받는다는 살아있는 믿음을 불러일으키게 하며, 기도가 기독자의 삶과 복음의 사역에 근간이 됨을 알게 한다. 따라서 우리도 삶의 구체적인 영역에서 적극적으로 간구하며 하나님의 뜻을 이루기 위하여 믿음으로 간절하게, 담대하게 기도생활을 실천하는 것이 중요하다고 본다.

박태수

한국성서대학교 졸업

미국 Averett University (B.A.)

미국 Bob Jones University (M.Div.)

미국 Bob Jones University (Ph.D.)

(현) 한국장로교신학회 서기

(현) 한국복음주의 조직신학회 부회장

(현) 한국성서대학교 조직신학 교수

대천덕 신부의 기도

김현진

1. 대천덕 신부의 생애

　대천덕(R. A. Torrey III, 1918~2002) 신부(성공회)는 중국 산동성 제남에서 태어났다. 신부의 아버지는 중국 산동성 주재 선교사였으며, 태평양 전쟁으로 한쪽 팔을 잃고서 중국과 평양에서 불구자를 위한 목회에 전념하였다. 특히 신부의 할아버지인 토레이(R. A. Torrey) 박사는 무디(D. L. Moody) 선생과 함께 사역한 훌륭한 신학자요, 전도자, 설교가로서 성령운동에 앞장 선 것으로 잘 알려졌으며, 여러 권의 신학서적을 남겼고, 무디성경학교를 설립하여 초대 원장을 지내기도 했다.
　대천덕 신부는 중국 산동성과 한국의 평양 외국인 학교에서 고등학교를 졸업했으며 중국 연경대학, 그후 미국에서 무디 성경학교, 데이빗슨 대학교, 프린스턴 신학원, 남부 대학교, 하버드 대학교, 영국의 성 어거스틴 중앙 신학원에서 수학했다. 그는 또한 선원생활, 목회생활, 정치참여 등 다양한 사회경험도 쌓았다. 그후 1957년 한국 선교사로 부름받아 성공회 미카엘 신학교 교장으로 있다가 1965년 예수원을 설립하여 운영하였다. 그는 그의 할아버지처럼 20세기 성령운동의 탁월한 지도자이며, 이 시대의 영적 지도자였다.
　대천덕 신부 부부가 하나님의 인도하심으로 서울을 떠나 강원도 깊은 산골짜기로 옮기게 된 것은 무엇보다도 먼저 노동과 기도의 삶을 영위하며 기도의 실제적인 능력 여부를 실험해 보는 실험실을 갖기 위해서였다. 예수원은 세 가지 실험을 의도하는데, 이 세 가지 실험이란, 첫째 하나님과 개인으로서의 인격적인 관계, 둘째 기독교 공동체 안에서의 신자 상호간의 관계, 셋째 기독교 공동체와 비기독교적 사회와의 관계를 실험하고 검증 연구하는데 이 세 가지 실험은 구체적으로 기도와 코이노니아와 선교의 세 영역으로 이뤄진다.

그는 성경과 성령에 의한 회심을 중요하게 생각하는 복음주의 전통에 서 있으면서도, 사회정의 문제에 깊은 관심을 보인 신학자로 평가받는다. 그는 토지는 하나님의 것이므로 아주 사고팔지 못한다는 레위기 말씀과 미국의 헨리 조지(Henry George)의 경제학에 근거해 성경에서 말하는 경제 정의를 실천하고자 하였다. 2002년 하나님의 부름을 받은 대천덕 신부의 뒤를 이어 아들 벤 토레이(Ben Torrey, 대영복) 신부가 예수원 사역을 이어가고 있다. 부인 현재인(Jane Torrey) 사모는 2012년에 소천하였다.

2. 대천덕 신부의 기도 생활과 원리

1) 예수원과 중보기도

대천덕 신부의 기도에 있어서 중요한 것은 중보기도 사역이다. "예수원은 중보기도의 용사를 키우는 곳이다"라고 한다. 그리스도인들이 하나님의 뜻을 이루기 위해 가장 우선적으로 할 일은 이 세계가 복음화 되고 교회가 순결해지도록 중보기도를 해야 한다고 한다. 예수원에서 가장 중요하다고 보는 사업은 정회원, 지원자, 수련자 모두가 기도에 진력하여 기도의 불을 일으키는 것과 그 기도의 불이 예수원에서 부터 한국교회와 전 세계에 퍼져 나가게 하는 일이라고 한다.

예수원은 한국교회의 부흥, 민족, 세계평화, 세계선교를 위한 중보기도의 집이다. 중보기도 사역은 1965년 예수원 건물을 건축하기 위하여 군용 텐트를 쳤을 때부터 시작되었다. 예수원은 또한 중보기도 용사들을 세우는 기지 역할도 감당하고 있다. 대천덕 신부는 "진정한 사역은 중보기도이며, 진정한 기도는 남을 위해 기도하는 것"이라고 말한다. 그러므로 그리스도인은 성경 말씀대로 국가, 정치가, 교회, 병자, 선교사, 미전도 종족 선교 등을 위해 기도해야 하는 것이다.(딤전 2:1-4)

예수원의 모든 회원은 어디에 있든지 기도하기 위해 하루에 세 번 모든 일을 멈춘다. 종이 울리면 5분 동안 짧은 묵상기도를 드린다. 종은 오전 6시, 정오 12시, 저녁 6시에 울린다. 더 긴 기도는 아침기도, 정오 중보기도, 저녁 프로그램이다. 또한 개인기도의 시간이 있다. 매일 아침기도회와 수요일 저녁기도회는 찬송가, 시편, 구약과 신약의 낭독이 포함되며 필요한 기도제목을 가지고 기도드린다.

정오의 중보기도는 다른 사람을 위해 중보기도 한다는 의미로 대도(代禱)라고 한다. 예수원은 한국과 전 세계에서 중보기도 요청을 받고 있다. 중보기도 형식은 한국 교회와 국가를 위한 기도로 시작하고 기도 제목은 요일별로 변한다. 예수원은 두 가지 방법으로 중보기도를 드린다. 한 방법은 "외향적 중보기도"라는 것으로 매일 낮 12시에 공동 기도문과 요일별로 교회 및 국가의 제 문제들, 그리고 나라의 지도자들, 성직자들을 위하여 기도하고 편지나 직접 기도를 부탁하던 분들의 요청에 따라 다양한 제목을 두고 다함께 기도한다. 다른 하나는 금요일 오후 2-4시까지 성령의 인도하심으로 몇 가지 기도 제목을 정한 후 집중적으로 기도하는데, 이것을 "내향적인 중보기도"라고 한다.

2) 대천덕 신부의 중보기도의 삶

대천덕 신부는 일주일에 33시간을 기도하였는데, 즉 일하는 시간의

42%를 기도하면서 보냈다. 그는 새벽 4시 반에 일어나 혼자서 경건의 시간을 가진 후에 한 시간 동안 예수원의 아침 기도회를 인도하였다. 개인 경건의 시간에는 하루 일과를 하나님께 맡기며, 그날의 기적을 위해 기도하며, 전날 했던 일을 점검하며, 자신이 얼마나 많은 일을 했고 어떤 기적이 있었는지 점검하였다. 또한 하루를 인도해 달라고 기도하고 하루의 계획을 세운다. 그리고 그 계획을 아침 공동기도회 때 주시는 말씀에 따라 수정하거나 예수원 운영회의를 통해 수정하였다.

정오에는 공동체가 함께 모여 30분 동안 중보기도회를 하며, 그 후에 또 혼자서 중보기도를 드렸다. 그런 후에 드린 기도를 간략하게 일기장에 기록하였다. 대천덕 신부 개인의 중보기도는 날마다 드리는 중보기도와 일주일에 한 번 금요일에 공동체와 함께 집중적으로 드리는 중보기도로 구분된다. 그는 매일 부르짖으며 기도해야할 제목들이 계속 늘어나서 한 시간 안에 기도를 다 끝내지 못하였다고 한다. 선교기관이나 그 밖의 단체가 보내준 기도제목 뿐 아니라 개개인이 요청한 기도 제목을 놓고 중보기도를 드렸다.

3) 중보기도의 중요성

대천덕 신부는 중보기도를 "인간적인 노력에 전혀 결과를 기대할 수 없을 때, 하나님께서 직접 개입하셔서 권능을 나타내시도록 요청하는 기도"라고 하였다. 복음이 세계에 널리 전파된 것은 중보기도의 필요성에 대하여 널리 자각했기 때문이었다. 이에 반하여 오랫동안 복음이 더디게 전파된 것과 어떤 지역에 복음이 퇴보된 것은 중보기도가 없었기 때문이다. 남모르게 기도한 중보기도 용사들의 기도가 없었다면 복음 전파에 관한 아무 일도 일어나지 않았을 것이며, 교회는 사라졌을 것이다. 그러므로 중보기도 하지 않는 것은 하나님만이 하실 수 있는 일이 일어나지 못하도록 하나님의 일을 방해하는 것이다. 이렇게 그는 중보기도의 중요성을 강조하였다.

4) 효과적인 중보기도의 비결

첫째, "너희 중에 지혜가 부족하거든 모든 사람에게 후히 주시고 꾸짖지 아니하시는 하나님께 구하라. 그리하면 주시리라,"(약 1:5) 는 약속의 말씀을 붙잡고 성령을 강하게 의지하면서 중보기도를 어떻게 드려야할지 그 방향성과 내용을 위해 인도하심을 받으라.

둘째, 마음으로 기도할 뿐 아니라 "성령으로 기도"하라(롬 8: 26; 고전 14 14-15; 엡 6:17-18; 유 20). 성령으로 기도하는 것은 "방언으로 기도"하는 것을 말한다. 중보기도에 관하여 에베소서 6장은 중요한 것을 가르쳐준다. 우리의 싸움의 대상은 사람이 아니라 사회와 정부의 부패 배후애서 역사하는 "악한 영"들이라고 말한다(6: 12).

사도 바울은 악한 영들과 싸워 이길 수 있는 실제적인 전투 방법은 모든 종류의 기도와 함께 특별히 "성령으로(안에서) 기도"(prayer in the Spirit)하라고 말한다(6: 18). 이 기도는 성령께서 우리를 통로로 사용하시고 우리가 아는 것보다 더 올바르게 기도할 수 있도록(롬 8:26-27) "방언으로 기도"하는 것을 말한다. 방언 기도는 악한 영들과 싸울 수 있는 가장 강력한 전투 방법이다.

셋째, 응답 될 때까지 기도를 쉬지 않고 끈질기게 기도하라(눅 18:1).

대천덕 신부는 기도에 대하여 종합적으로 다음과 같이 말한다: 기도는 하나님 나라의 기초이다. 기도는 선택 사항도 아니고, 모든 인간적인 수단이 실패했을 때 쓰이는 최후의 수단도 아니다. 기도하지 않는 것은 죄이다(삼상 12:23). 기도는 일이다. 기도할 때에야 비로소 우리는 전능하신 하나님의 동역자가 될 수 있다. 우리가 일할 때에는 우리가 일을 하지만, 우리가 기도할 때에는 하나님이 역사하신다. (When we work, we work. When we pray, God works.)

3. 대천덕 신부의 기도문

오래 참으시고 주무시지 않는 주 하나님!

오늘 밤도 이 우주를 주관하시고 저의 삶을 붙들어 주시는 하나님! 제가 책임을 맡고 있는 이 사람들과 저 자신을 잘 보살필 수 있게 도와주시고, 오늘 제게 맡겨주신 일들도 잘 감당할 수 있도록 도와주소서. 매 순간 무엇을 해야 할지 알려 주옵소서. 해서는 안 되고 변화시킬 수 없는 일들은 하지 않게 해주시고 해야 할 일과 변화시킬 수 있는 일은 할 수 있는 용기와 열심을 주소서. 그리고 그 두 가지를 구별할 수 있는 분별력을 주소서.

모든 성공이 당신의 것임을 기억하게 하시고 모든 영광이 당신의 것이라는 것을 알게 하소서. 제가 해야 할 모든 일을 마쳤을 때 나는 무익한 종이라는 것을 알게 하소서. 그리고 필요한 것 이상의 일은 할 수 없다는 것을 알게 하옵소서.

당신과 당신의 피조물을 사랑하는 마음으로 저의 영혼을 채워주셔서, 당신의 영광으로 인해 그리고 제게 주신 모든 일로 인해 기뻐하게 하소서. 당신의 얼굴을 갈망하는 마음과 당신의 음성을 애타게 기다리는 마음을 주시고 다른 이들에게 당신에 대해 들려주게 하시고, 모든 손님을 그리스도와 같이 맞이하게 해주시고, 저를 사랑과 긍휼로 채워주소서. 아픔을 주는 사람과 함께 아파하고 회개하지 않는 영혼을 위하여 회개하고, 다른 이들의 죄와 강퍅한 마음의 어려움을 함께 져주고 그들을 비판하는 마음으로 보지 않게 하소서. 죄를 생각할 때 슬퍼하는 마음을 주시고 당신을 생각할 때는 기쁨과 평안이 가득하게 하소서.

좌절하거나, 무거운 짐을 질 때 배반당할 때, 다른 사람의 반대를 받을 때 오래 참으며 견디게 하소서. 오직 하나님의 은혜를 생각하며 즐겁고 놀라워하는 마음을 주소서. 오늘 저 자신에 대해 무슨 말을 들었던지 무슨 일을 당하였던지 간에 기쁨과 평강이 저를 다스리게 하소서.

악하고 상처 입히는 자들과 자신의 문제로 제 생활을 곤란하게 하는 이들에게도 부드럽게 대할 수 있는 마음을 주소서. 다른 이들의 관점을 존중할 수 있게 해주소서. 예수님의 자비하심이 저를 통해 나타나게 하소서. 특별히 제 아내와 자녀들과 함께 사는 이들에게 예수님의 자애로움을 끼치게 하소서. 아내에 대해 늘 사려 깊은 마음을 갖게 하시고 혹 상처가 될 말을 하려 할 때는 저의 혀를 묶어주소서.

그리스도의 선하심이 저를 통해 나타나게 해주셔서 예수님께서 향기로운 화목 제물로서 자신을 내어주신 것 같이, 저도 당신의 청지기로서 저의 가진 것을 기쁨으로 나누게 하시고 제 주위에 있는 모든 이들도 그들의 좋은 것을 서로 나누게 하옵소서.

모든 일에 충성되게 일하되 모든 것보다 당신께 가장 큰 충성을 드리게 하소서. 모세의 온유함을 제게도 주셔서 저 자신을 방어하는데 염려하지 않게 하시고, 억울한 사람과 눌려있는 사람들을 수호하는데 주저하지 않게 하소서. 결코 저의 영광을 구하지 않게 하시고 오직 당신의 영광을 구하게 하소서.

오, 주님! 저를 다스려 주소서! 성령님을 떠나서는 결코 제 자신을 다스릴 수 없습니다. 제 혀를 자랑과 불평과 과장하는 말과 남을 하찮게 보는 말과 다투는 말에서부터 보호해 주옵소서.

오, 주님! 구하는 모든 이에게 지혜를 주시겠다고 말씀하셨습니다. 우리에게 주신 사명을 감당할 수 있는 지혜를 주시고 어떤 가르침을 받을 때, 당신의 것인지 아닌지를 분별하여, 당신의 뜻만을 행하려고 하는 온전한 갈망을 주옵소서. 우리가 또한 당신 안에 쉬게 하시고, 당신의 현존 안에서 기쁨을 누리게 하시고 당신과의 교제를 즐겨하는 저희가 되게 하소서.

오, 주님! 제 마음속에 두어서는 안 되는 것들을 가져가 주시고 마음속에 간직해야 하는 것들은 제 마음속에 넣어 주옵소서. 저 자신의 지혜나 힘보다 훨씬 우월하신 당신의 지혜와 힘을 주시고 오늘도 기적을 기대하는 마음을 주소서.

오, 주님! 우리에게 필요한 것을 감사함으로 당신께 구하라고 하셨습니다. 그러면 당신께서 예수 그리스도를 통해 저희의 모든 필요를 채워주겠다고 약속 하셨습니다. 또한 당신께서 몸소 우리의 짐을 져주시고, 모든 빚과 우리의 원수들까지도 제해 주시겠다고 하셨습니다. 그리고 당신의 영광을 위해 우리가 구하거나 생각하는 것에 훨씬 넘치도록 풍성히 채워주시겠다고 약속 하셨습니다. 오늘도 저희에게 일용할 양식과 필요한 것들을 공급해 주실 줄 믿고 감사드립니다. 예수님의 이름으로 기도 드립니다. 아멘.

김현진

(현) 태안 사귐의 공동체 원장

이병규 목사의 기도

정 규 철

이병규목사(1924-2014)는 1924년 평안북도 정주군 고독면 관내동 출생하였다. 1948년에 들어서 이목사는 황해도 금산교회 시무 후 평북 정주 갈산교회 2년 목회하였다. 1953년에는 고려신학교를 제7회로 졸업하고 명륜교회를 개척했다. 1954년부터는 삼각산 기도원과 관악산 기도원에서 사경회를 시작하였다. 그 때 강사는 아현교회 김현봉 목사였다. 1956년에 고신측 경기노회 소속으로 목사안수를 받았고, 1960년에는 김현봉 목사 등과 함께 공의회 조직하였다. 1965년에 창광교회를 개척하고, 1967년에 계약성경고등학교를 설립하였다. 1969년에는 계약신학교를 설립하였고, 1975년에 대한 예수교 장로회 총노회를 조직하고, 경기도 의왕에 고천기도원을 설립하였다. 1980년 대한 예수교 장로회 총회(계신측)를 조직하고 총회장이 되었다. 1981년 5월 9일에 미국 훼이스신학교(Faith Theological Seminary)에서 신학박사학위(D.D.)를 받았다. 1986년에는 신약강해서 12권을 출간하고, 1990년 구약강해서 16권을 완간하였다. 1993년에는 광주제일기도원을 준공하고, 한국성경공회를 창립하였다. 1999년에 바른성경을 출간하였다. 2000년에 계약신학대학원대학교를 설립하고 이사장이 되었다. 2010년에는 신구약 설교집 총40권을 완간하였다. 2014년 7월20일 0시 15분에 향년 91세로 서울 아산병원에서 소천하였다. 이병규목사의 기도생활은 다음과 같은 특징이 있다.

1. 산기도

　이병규목사의 기도는 산기도였다. 이병규목사는 산에서 기도를 많이 하였다. 그가 소천할 무렵까지 기도한 산은 그가 설립한 경기도 광주제일기도원과 계약신학대학원대학교가 산자락에 위치하는 마름산(일명 백마산)이었다. 목회 초창기에는 산에 텐트를 치고 기도하는 것을 즐겨했다. 그것은 예수님과 바울과 같은 기도생활을 닮으려 한 것이다. 그가 산에서 텐트 치고 기도할 때는 개인 침낭 하나 그리고 식사의 도구를 챙겨서 혼자서 밥을 손수 해먹고 기도하였다.

　연세대 뒷산인 봉원산에 마련한 기도실에 매일 아침 새벽기도를 마치고 11시까지 쉬지 않고 기도생활을 80세가 넘어서까지 하였다. 광주제일기도원에서는 보통 한 주에 2일을 머물면서 기도하였다.

　이병규 목사는 생전에 1월 첫째 주간에는 서울의 창광교회당에서 그리고 5월 5일주간과 8월 15일이 있는 주간에는 경기 광주제일기도원에서 전국의 교단소속 교역자들과 교인들을 상대로 사경회를 개최하기 위하여 한 주간 전에 겨울에는 기도원으로 5월과 8월에는 산에 가서 기도하면서 사경회를 준비했다. 5월과 8월의 산기도에는 보조하는 조사 한 사람을 데리고 갔다. 조사는 식사를 준비하고 몇 가지 심부름도 하였다. 그것은 골방의 기도만이 영력을 얻고 성도들에서 말씀의 생수를 먹일 수 있는 능력을 얻을 수 있다고 믿었기 때문이다.

　이병규목사는 "새벽 오히려 미명에 예수께서 일어나 나가 한적한 곳으로 가사 거기서 기도하신"(막 1:35) 성경 구절을 기억하고 그대로 실천하기를 원했다. 그렇다고 해서 이런 기도는 신비주의자들이 말하는 소위 '불 받으려는' 기도가 아니었다. 이런 기도시간에 이병규목사는 하나님과의 깊은 교제와 성령의 큰 감화와 감동을 얻으면서 사경회를 준비하는 시간이었다.

이병규 목사는 이런 일들을 후배 교역자들에게 교훈하였다.[1]

이병규목사의 이러한 기도생활은 그의 스승이라고 할 수 있는 김현봉 목사의 영향이라고 할 수 있다. 김현봉 목사(1884-1965, 사진)는 1950년 6.25 전쟁 때에 삼각산에 피신하여 9일 동안 금식한 일이 있었다. 이 일을 통하여 그의 영성은 놀랍게 신장되었고 그의 영력 있는 설교에 교인의 수는 날로 증가하여 10년 후에는 1,200명이나 되었다.[2] 그의 일과는 나이 80의 고령에 이르도록 항상 규칙적이었다. 저녁 6시경에 잠자리에 들어서 한밤중인 12시에 기상하였으며, 냉수마찰하고 묵상 후 새벽 통행금지가 해제되면 연세대 뒷산에 있는 기도실에서 오전까지 기도하였다. 그리고 낮 12시가 되면 산에서 내려와 교인들을 심방하였다. 김현봉 목사는 후배를 기르는 일에 무척 애를 써서 그의 감화를 받고 김 목사를 따르던 목회자들과 청년들 중에 이병규(신촌), 백영희(부산), 안병모, 이한영, 안길옹(알래스카)와 그의 아들인 안정남목사(나성성약교회)가 있다. 이병규목사는 김현봉목사의 목회와 기도생활을 많이 본 받았다.

2. 소리 없는 기도

이병규 목사는 그렇게 많은 기도를 했어도 통성기도가 아니었다. 소리 없는 기도를 하였다. 어떤 면에서는 강원도 태백의 대천덕신부가 운영했던 예수원의 침묵기도가 연상될 정도이다. 필자가 경기도 광주제일기도원에 처음 갔던 때는 1998년 무렵 얼음이 얼었던 추운 겨울이었다. 그런데 나는 그곳의 조그만 산골짜기 냇가에 이불이 둘려 있는 것을 보았다. 자세히 보니까 어떤 사람이 이불을 몸에 둘둘 말아서 추위를 견디면

---

[1] 나은기, "이병규 목사 강해설교의 형태와 특징 연구"(미간행석사학위[Th.M.]논문, 계약신학대학원대학교, 2009), 6.

[2] "이렇게 교회가 성장하고 그렇게 잘 훈련된 교회가 되고보니 당시에는 전국에서 영락교회 다음으로는 김 목사의 아현교회 만한 교회는 없었다." 엄두섭, 「좁은 길로 간 사람들」(서울: 도서출판 소망사, 1989), 231.

서 말없이 기도하고 있었다. 그 모습을 보고 얼마나 놀랐는지 지금도 그 장면이 생생하게 떠오른다. 이렇게 기도하는 모습이 계신 교단의 기도의 특징이라고 할 수 있겠다. 이렇게 소리 없이 가도하는 습관도 역시 김현봉목사의 영향이라고 할 수 있다.

김 목사는 오후 6시만 되면 잠자리에 들어 밤 12시에 일어나 묵상을 했고, 새벽 통행금지 해제 사이렌이 울리면 곧바로 연세대 뒷산에 돌로 만들어놓은 기도실로 올라갔다. 그는 그렇게 아침 해를 바라보며 점심 무렵까지 깊은 황홀경에 잠겨 있곤 했다. 김 목사의 기도의 삶을 따라 그대로 실천해온 창광교회 이병규(83) 목사가 김 목사가 "세상을 보지 않고 하나님의 뜻에 의해서만 살았다"고 회고했다. 나중엔 아현교회의 수많은 신자들까지 김 목사를 따라 나무 하나씩을 정해 그 밑에서 정좌한 채 명상에 잠겨 연세대 뒷산 일대는 장관을 이뤘다. 김 목사는 교회에서도 소리 내어 기도하지 못하게 했다. 그는 동네에서 방앗간 하나 놓으려고 해도 동민들의 허락을 받기 전에는 못 놓는 법이라면서 기독교인들이 이성을 잃고 다른 사람들이 어떻게 하든 상관없이 부흥회라고 떠들고 소란스럽게 해 이웃 주민들의 감정을 상하게 하는 것은 하나님도 용납할 수 없다고 했다. 찬송은 하나님과 연락해서 영혼으로 부르는 것이지 자기 육체가 흥분하자는 게 아니라는 것이었다. 고요히 하나님과 교통하는 가운데 회개해 양심을 찾아 자신을 만들어야한다는 게 그의 가르침이었다. 그는 누구든지 자기가 된 만큼 밖에 남을 만들지 못하는 법이니 요는 나 하나 만드는 일이 급선무라고 했다. 내가 바로 서지 못하고 누구를 바로 서게 하겠느냐는 것이었다.[3]

이병규목사가 설립한 계신교단의 목사들은 이병규목사의 가르침을 따

---

3 「한겨레신문」, 2007. 7. 9. 사회종교면.

라서 소리내서 기도하지 않고 소리 내지 않고 기도한다. 수도권에서 목회하는 계신교단 목사들이 대부분 경기도 광주제일기도원의 개인기도실에 금요일에 와서 토요일까지 기도하면서 주일 설교 준비를 한다. 이때도 그들은 소리를 내지 않고 기도한다. 그래서 각개인 기도실에 사람이 들어있는데도 소리는 나지 않는다. 간혹 사경회 때 소리 내어 통성으로 기도하라고 해도 회중들 가운데 큰 소리는 별로 나지 않는다.

3. 성경 말씀을 실천하려는 기도

이병규목사는 기도를 많이 하면서도 성경말씀을 매우 강조했다. 그것은 그의 활동으로 나타났다. 먼저는 사경회를 통하여 성경 말씀을 강조하였다. 심지어 성지순례를 가는 것보다 성경을 보는 것이 더 좋다고 강조할 정도였다. 그의 제자들이 이병규목사에게 성지순례를 다녀오도록 300만원을 선물했지만 이목사는 그 돈으로 광주제일기도원에 "너희는 먼저 그의 나라와 그의 구하라"는 큰 돌비를 세웠다. 뿐만 아니라 이병규목사는 기도하면서 성경 말씀을 강조한 것을 성경 66권 강해서 출간과 성경 66권 설교집 출간 그리고 보수교단들과 연합하여 「바른성경」을 출간하였다. 이러한 사역은 그의 기도와 기도응답이라고 할 수 있을 것이다.

(1) 성경공회 설립과 「바른성경」 출간

이병규 목사는 철저한 보수 신앙에 입각하여 한국성경공회를 설립하고 '바른성경'을 발간하였다. 「바른성경」은 2000년부터 10여 년간 10억 이상의 경비를 들여 번역 출판된 하나님의 말씀이다. 한글개역 성경의 저작권이 만료되는 시점에 맞추어 보수 개혁신학자들이 심열을 기우려 번역한 '성경'이다. 기존의 한글개역 성경보다 원문과 일치하게 반역된 부분이 많은 것으로 평가된다. 그런데 이와 비슷하게 성서공회에서 「표준새번역」을 한국교회의 강단용 성경으로 삼고자 출간했으나 번역 내용 중 현대 자유주의신학이 노출되어 한국교회의 강단용 성경으로 사용되지 못했다. 그래서 성서공회는 부랴부랴 개역개정판을 급조하여 출판하고 큰 교단들의 사용을 허락받았다. 결과적으로 「바른성경」은 한국교회 전체의 강단용 성경이 되지 못하는 아쉬움을 간직하게 되었다. 더구나 성서공회는 성경공회에 표절이라는 법적 고발을 하여 재판이 완료되었다. 한국성경공회는 1994년 창립해 현재 예장 고려 · 합동진리 등 보수 성향의 107개 군소교단들이 참여하고 있다. 「바른성경」은 99년 2월에 성경공회 번역위원회가 구성되었고, 개신대, 광신대, 고신대등 17개 보수복음주의적 신학대, 총 43명의 번역위원들이 편찬 작업에 참여했다. 이들은 2005년 5월까지 6년간 초역 및 합의를 거쳐 용어 통일을 위해 7개월, 감수위원 및 목회자들에게 2년간의 검토를 거쳤다. 이 성경은 정통적인 보수 개혁교회 신앙을 채택하고 문어체와 구어체를 혼용한 표준말을 원칙으로 하고 있다. 그러나 아직까지 이를 공식 채택한 교단은 없는 상황이다.[4] 그럴지라도 성경 말씀을 강조하려는 이병규목사의 기도는 성경공회 설립과 「바른성경」 출간으로 표출되었다고 할 수 있다.

(2) 성경 66권 강해서 출간

이병규목사는 기도하는 중에 성경 66권에 대한 강해를 28권에 담아 출판했다. 즉 「창세기」, 「출애굽기」, 「레위기 · 민수기」, 「신명기」, 「여호수아 · 사사기 · 룻기」, 「사무엘」, 「열왕기」, 「역대기」, 「에스라 · 느헤미야 · 에스더」, 「욥기」, 「시편」, 「잠언 · 전도서 · 아가」, 「이사야, 예레미야 · 예레미야애가」, 「에스겔 · 다니엘」, 「소선지서」, 「마태복음」, 「마가복음」, 「누가복음」, 「요한복음」, 「사도행전」, 「로마서」, 「고린도서」, 「바울서신」, 「옥중서신」, 「히브리서」, 「공동서신」, 「요한계시록」 등이다.

4 「크리스천튜데이」, 2010.02.27, 교계교단기관단체면.

(3) 성경 66권 설교집 출간

이병규목사는 기도하는 중에 성경 66권에 대한 강해서 출간으로 만족하지 않았다. 그는 강해서가 뼈대라면 설교집은 그 뼈대에 살을 입힌 것이라고 할 수 있을 것이다. 그래서 그는 목회하면서 설교한 성경 66권 전체 설교를 40권에 담아 책으로 출간했다. 즉「창세기上」,「창세기下」,「출애굽기上」,「출애굽기下 · 레위기上」,「레위기下 · 민수기上」,「민수기下 · 신명기上」,「신명기下」,「여호수아 · 사사기上」,「사사기下 · 룻 · 사무엘상上」,「사무엘상下 · 사무엘하上」,「사무엘하下 · 열왕기상上 · 中」,「열왕기상下 · 열왕기하上」,「열왕기하下 · 역대상」,「역대하上 · 中」,「역대하下 · 에스라 · 느헤미야」,「에스더 · 욥기上 · 中」,「욥기下 · 시편上」,「시편中」,「시편下」,「잠언 · 전도서」,「아가 · 이사야上」,「이사야下 · 예레미야上」,「예레미야中 · 下」,「예레미야애가 · 에스겔上 · 中」,「에스겔下 · 다니엘 · 호세아 · 요엘」,「소선지서 암-말」,「마태복음上 · 中」,「마태下 · 마가 · 누가上」,「누가복음中」,「누가下 · 요한上」,「요한下 · 사도행전上」,「사도행전中 · 下」,「로마서」,「고전 · 고후上」,「고후下 · 갈 · 엡上」,「엡下 · 빌 · 골 · 살전」,「살후 · 딤 · 딛 · 몬 · 히上」,「히下 · 약 · 벧전」,「벧후 · 요한서신 · 유 · 계上」,「요한계시록中 · 下」등이다.

이처럼 이병규 목사의 기도는 성경말씀을 실천하려는 특징이 있었다. 그래서 이목사의 기도는 신비주의에 치우치지 않았다. 성경공회 설립과「바른성경」출간, 성경 66권 강해서 출간과 성경 66권 설교집 출간은 이병규목사가 얼마나 기도하면서 성경말씀을 실천하려 했는가를 보여준다고 할 수 있다.

4. 성경 중심의 신학교를 이루는 기도

 이병규 목사는 기도하면서 성경을 바르게 교육하고 성경 말씀을 한국과 세계에 전파하고자 신학교를 설립하였다. 신학교 이름을 계약이라고 명명한 것은 계약이 성경을 뜻한다는 의미에서 이다. 이병규목사는 기도하면서 1969년에 교역자를 양성하기 위해 계약신학원의 문을 열었다. 학교법인 계약학원이 1999년 12월 9일 교육인적자원부로부터 설립 인가를 받았고 2000년에 계약신학대학원대학교의 문을 열었다. 소재지는 경기 광주시 초월읍 진새골길 151-30(대쌍형리 산 42-2)이다. 설립이념은 성경 중심, 기도 중심의 바른 신학 교육으로 교회의 발전을 꾀하고, 국가와 사회에 이바지할 수 있는 경건하고 유능한 목회자와 지도자를 양성하는 것이다. 개교 당시 목회학 석사(M.Div.) 과정이 개설되었다. 2003년에는 신학석사(Th.M)과정을 신설했다. 이병규 목사가 기도하면서 설립한 계약신학대학원대학교는 칼빈주의 및 보수적 복음주의 신학을 지향하며 하나님 중심, 성경 중심, 기도 중심의 신학교육을 통해 하나님을 경외하는 목회자, 성경에 능통하여 설교를 잘하는 목회자, 기도를 많이 하여 영성이 가득한 목회자, 행동과 신앙이 일치되어 모범을 보이는 목회자를 양성할 목적으로 세워졌다. 이를 위해 하나님을 경외하는 목회자, 성경에 능통하고 설교를 잘 하는 목회자, 많은 기도로 영감이 충만한 목회자, 윤리와 도덕을 실천하는 덕망 있는 목회자 양성을 세부 목표로 삼고 있다. 계약신학대학원대학교는 현재 2년제의 신학석사과정(Th.M)과 3년제의 목회학석사과정(M.Div.) 그리고 목회연구과정으로 운영되고 있다. 필수과목은 구약신학, 신약신학, 조직신학, 역사신학, 선교신학, 실천신학 부문으로 나뉘고 구약원전강독, 신약원전강독, 교회사, 신학서론, 인죄론, 기독론, 구원론, 교회론, 종말론, 변증학, 현대신학비판, 목회학, 설교학, 성경해석학, 요한복음, 구약총론, 모세오경, 시가서, 역사서, 신약

총론, 복음서연구, 구약배경사, 선지서, 바울신학, 신약주해방법론, 논문작성법, 초대교회사, 근세교회사, 중세교회사, 종교개혁사, 기독교강요, 한국교회사, 장로교회사, 청교도신앙, 장로교헌법 등 여러 강좌들이 개설되어 있다. 웨스트민스터 신앙고백서와 대소요리 문답을 가장 충실한 성경의 해석과 교리교육서로 채택하고 있다.

입학생 정원은 목회학석사과정 81명, 신학석사과정 18명 등 총 99명이다. 입학 전형방법은 영어, 성경, 면접 등 세 과목 시험을 통해 선발한다. 목회학석사과정 및 신학석사과정의 학생에게는 등록금의 100%를 장학금으로 지급한다. 도서관은 2만여 권의 신학 분야 장서와 정기간행물, 참고열람, 대출실, 자유열람실을 갖추고 있다. 기숙사는 28실을 갖추고 64명을 수용한다. 졸업 후 소속 교단 강도사 고시를 거쳐 목사 안수를 받을 수 있고, 선교사로 지원하는 자는 소속 교단의 심사를 거쳐 선교사로 파송될 수 있다. 이 모든 것이 이병규목사가 기도한 결과라고 할 수 있다.

5. 이병규목사의 기도에 관한 설교

이병규목사는 마가복음 9:1-29을 본문으로 "기도 외에는 이런 유를 나가게 할 수 없느니라"는 제목으로 설교를 한 적이 있다. 그 내용 중 일부를 소개하면 다음과 같다.

> 기도하지 않는 성도는 생명이 없습니다. 아무리 목사라도 마찬가지 입니다. 최근 기독교 어느 신문에서도 기도하지 않는 목사는 바로 된 목사가 아니라는 기사가 났었습니다. 기도하는 성도가 생명 있는 성도이고, 마귀를 이기는 성도이고, 시험을 이기는 성도이고, 믿는 일을 바로 하는 성도가 될 것입니다. 기도하면 하나님의 역사가 임합니다. 기도하면 하나님이 가까워지고, 하나님과 교통이 되며, 하나님의 능력

이 임하게 됩니다.[5]

이상과 같이 이병규목사는 평생 기도를 많이 하면서 성경 중심의 생활과 아울러 성경 말씀을 한국과 온 세상에 전파하기 위하여 산 기도를 하되 소리를 내지 않고 기도하면서 교역자와 선교사 양성을 목적으로 신학교와 신학대학원을 세우고 성경공회설립과 「바른성경」 출간에 헌신하였다. 또한 강단에서 기도를 구체적으로 어떻게 할 것인지를 교인들과 신학생들과 교역자들에게 강조하였다.

정 규 철

총신대학교 (B.A)

총신대학교 신학대학원 (M.Div.)

총신대학교 대학원 (Th.M.)

총신대학교 대학원 (Ph.D.)

(전) 계약신학대학원대학교 교수

(현) 국제신학대학원대학교 초빙교수 및 이사

(현) 예수인교회 협동목사

한철하 박사의 기도

한 상 화

1. 들어가는 말

필자가 어려서부터 늘 보며 자란 것은 아버지의 너른 등이다. 부친은 상도동 집 안방에 벽장 쪽을 향하여 놓여 있던 커다란 좌식 책상에 앉아 항상 책을 읽거나 글을 쓰셨다. 필자는 부친이 TV를 보시거나 특별한 취미생활을 즐기시는 것을 본 적이 없다. 가족을 위하여 종 종 여가 시간을 함께 보내시는 것 외에 집에 계실 땐 항상 서재에서 밤낮으로 연구하셨다. 어린 필자는 아버지의 책상 뒤 방바닥에 펼쳐진 이불 위에 혼자 뒹굴면서 아버지의 등을 보는 것이 왠지 싫지 않았다. 필자의 기억 속에 부친은 항상 책상에 앉아 연구하시는 모습이었다. 하지만 시간을 훌쩍 뛰어넘어 언제부터인가 그의 연구 생활에 보다 두드러지게 나타나는 묵상과 기도의 모습은 그의 존재를 현세 넘어 어딘가 다른 공간으로 옮겨 놓은 듯했다. 성경과 『기독교 강요』를 펼쳐놓고 묵상 하다가 때때로 하늘을 향해 두 팔을 높이 든 채로 형언할 수 없는 빛에 휩싸여 있는 모습을 엿보았을 때 그는 틀림없이 진정한 신학(vera theologia)의 영적인 충만의 경지에 이르러 하나님의 임재 가운데 주체 못할 감동 속에 있었으리라.

2. 기복신앙과 복음신앙

『한철하 박사 화갑기념 논문집』(1984)에 실린 "나의 생애와 신학"을 보면 그는 자신의 신학적 삶을 할아버지의 식사기도를 회상하며 시작한다.[1] 물론 그 기도는 기독교 신앙의 잣대로 보면 혼합주의적 기도였던 것 같다. 예수 그리스도의 이름으로 기도를 하지만 천지신명도 부르고 다른 서너 가지 이름도 불렀다고 하니 말이다. 하지만 그러한 기도가 부친의 기억 속에 박힌 종교적 행위의 원형이 아닌가 한다. 이른 새벽 정화수 떠 놓고 자식들을 위하여 간절히 기도하는 우리네 전통 속 어머니들의 마음은 비록 그 기도의 참된 대상에 대한 신앙지식은 부재했겠지만 창조주 하나님께서 모든 인간의 마음에 심어 놓으신 신지식(sensus divinitatis)의 표현 즉 종교의 씨앗으로서 "알지 못하는 신"을 향한 간절한 염원의 몸짓일 것이다. 필자도 두 자녀의 엄마로서 기도할 때 가장 원초적으로 솔직하고도 간절하게 드는 마음은 두 자녀의 안위와 행복에 대한 간구이다. 물론 성령 하나님의 역사하심에 따라 죄에 대한 깊은 회개와 함께 그리스도의 십자가 묵상으로 인도되어 하나님 아버지의 사랑 안에서 충만함을 경험하게 되는 복음적인 기도가 보다 온전한 종교요 참된 경건이지만 말이다.

이와 같은 맥락에서 한철하 박사는 원초적 종교 행위로서의 기도의 본질을 칼빈의 가르침을 따라서 간구(petition)에 있다고 보았고 인간의 구체적인 삶의 현장에서 현세적인 모든 필요를 하나님께 간구하여 받아 누리는 소위 순수한 "기복신앙"을 종교의 기본으로 이해하여 그에 대하여 결코 부정적으로 말하지 않았다. 그의 이러한 종교적인 의미에서의 "기복신앙"에 대한 옹호가 최근 한국 교회 강단에서 흔히 만날 수 있는 세속적 성공주의와 결탁되어 있는 잘못된 "기복주의 신앙"에 대한 옹호로 오해되기 쉽지만 그는 결코 그런 타락한 종교적 형태인 자기중심적 "기복

---

[1] 한철하, "나의 생애와 신학" 『학성 한철하 박사 화갑기념논문집』 이형기, 정규남, 홍성현 편. (아세아연합신학대학출판부, 1984): 367.

주의 신앙"을 긍정한 것이 아니다.

한철하 박사가 기도를 기본적으로 종교행위의 원형으로서 하나님께 복을 구하는 "기복신앙"으로 보고자 하는 강조는 먼저는 그의 변증적인 관심으로 말미암는다.[2] 그는 칸트의 『이성 한계 내의 종교』 마지막 부분에서 주장하는 칸트의 종교론을 언급하며, 칸트가 기복종교와 도덕종교를 나누고 기존의 종교를 기복종교로 취급하며 미신적인 것으로 거부하고 도덕종교를 지향하는 것에 대하여 비판한다. 그가 비판하는 것은 종교의 윤리성 자체가 아니라 종교를 추상화하여 성경의 모든 초자연적인 하나님의 행위가 신화적 상징으로서 그 실재성은 제거되고 의미론적으로만 취급 되는 합리주의적 방향성이다. 한 박사는 이와 같은 기복신앙 부정의 배후에 있는 합리주의적 불신앙에 대하여 가장 크게 문제 삼고 이후 현대신학의 방향이 모두 그러한 영향 하에 있는 것으로 보고 있는 것이다. 그리하여 한 박사가 순수한 종교행위로서의 기복신앙을 확보하려 하는 것은 오늘의 번영신학적인 기복주의 신앙을 옹호하려는 것이 아니고 자유주의신학에 대한 변증적인 관심에서 신에게 순수하게 복을 비는 종교성에 대한 옹호이다. 즉 삶의 구체적인 갖가지 고난의 현장 속에 하나님의 간섭을 애타게 기도하는 인간의 간구와 초자연적인 하나님의 간섭과 응답이야말로 모든 종교성의 기초이고 특별히 성경의 하나님 중심적 종교의 특성이기도하기 때문이다.

둘째로, 한 박사가 기복신앙을 옹호하는 이유는 무엇보다 그것이 없이는 목회가 가능하지 않다고 보기 때문이다. 즉 성도들의 삶의 절박한 상황 가운데서 필요한 어떤 것을 하나님의 약속에 의지하여 간구하여 받게 되는 삶의 현실이 바로 성도들의 신앙생활의 실재이기 때문이다. 이것이 바른 동기에서 되던 그른 동기에서 되던 즉 성도의 신앙성숙의 정도가

---

2 기복신앙에 대한 그의 논의는 『21세기 인류의 살길』 해설판 (칼빈아카데미 출판부, 2016), 82 참조. 또한 곧 출간될 〈현대인을 위한 기독교강요 해설과 토론〉 뒷부분에 집중적으로 나온다. 이 책은 1975년부터 작고하실 때까지 이어간 길균 세미나 후반부 논의를 집약한 것이다.

어떻든 그에게 있어 더 중요한 것은 하나님의 실재적인 간섭과 역사하심의 현실성이다. 다음의 인용은 그가 목회 상황을 이해하고 지원하는 기도신학을 하였음을 보여준다.

그러나 목회 현장에서 목사들이 날마다 봉착하는 "교인"의 문제는 "우선 육신"의 문제임을 인정해야 합니다. "의식주의 기본문제", "각종 질병 문제", "사업"즉 돈벌이가 되느냐 안 되느냐의 문제, 기타 "입학" 문제 등… "산떠미처럼 밀려오는 문제들"이 거의 "이 세상 삶"의 문제입니다. 이와 같은 "교인"의 문제에 대하여 하나님께 매달려 해결해 주시기를 간구하지 않을 수 없으며 이 산더미 같은 문제들의 반면은 "복"받은 상태입니다. 그리하여 목사가 날마다 교인이 "복"받도록 간구하는 "기복신앙" 없이 목회가 성립되지 않습니다. Calvin이 말한 "기도" 즉, "간구해서 어떤 것을 얻는 일"(obtain something by petition)을 사실로 이루어나가는 목사 특히 "신유"를 일으키는 목사가 목회에 성공할 것이 명확하며, 한국 교회의 오늘의 번영이 이점에 많이 달려 있음을 우리가 부인할 수 없으며, 우리 신학자들이 이것을 막아서는 안 된다고 봅니다.[3]

한 박사는 또한 상을 당한 성도들이 항상 있는 교회에서 "천국신앙"이 명확하지 않고는 목회가 불가능하다고 말한다.[4] 하나님께 복을 구하여 받는 "기복신앙"을 옹호하는 것은 이와 같이 종교의 구체적인 삶의 현실성에 대한 이해에 근거하고 있는 것이다.

그럼에도 불구하고 그는 초보적인 "기복신앙"의 상태가 하박국의 신앙 즉 하박국 3:17-19절의 말씀처럼 현세적인 것들의 결핍 가운데서도 <u>여호와로만 만족하는 신앙인 참 "성경적 신앙"</u>으로 자라가야 함을 인정

---

3 한철하, "제1회 symposium에서 주요토론 내용, Calvin의 '기복신앙'에 대하여", 7. 이 글은 한상수신학기금 칼빈아카데미 신학 Symposium에서 제1회에서 토론한 내용에 대한 한철하 박사의 총평을 담은 미간행 글이다.

4 "제1회 symposium에서 주요토론 내용, Calvin의 '기복신앙'에 대하여", 7.

한다. 더 나아가 그는 참된 "성경적 신앙"은 그리스도 중심의 복음 신앙이며 그로 말미암은 구원이 훨씬 더 많이 강조되어야 함을 말한다. 그에게 있어서는 복음신앙을 통한 구원이야말로 기독교 종교의 본질이기 때문이다. 그의 복음주의 신학의 최대의 강조점인 기독교의 중심 진리, 즉 "그리스도를 구주로 삼아 죄사함과 거룩함을 얻어 사탄과 죄와 사망에서 구원함을 받아 마지막에는 천국으로 인도됨을 받는 일"에 대한 강조는 90년대 이후로 그가 작고할 때까지 지치지 않고 반복하여 설명한 내용이다.

여기에서 기도와 관련되어 중요한 점은 한 박사에게 있어서 기복신앙에 입각한 기도는 성경이 중심적으로 가르치는 참된 신앙인 복음신앙과 전혀 배치되지 않고 그 모두가 하나님의 호의, 선의, 자비를 얻어야만 살 수 있는 인간 존재의 신 의존적 상태를 의미한다는 점이다. 그리하여 그에게 있어서는 기복신앙이나 복음신앙이나 그 본질이 하나님에 대한 신앙이고 특별히 우리의 간구에 선하게 응답하시는 하나님에 대한 사랑으로 표현된다. 실제로 그는 항상 신앙을 칼빈의 『기독교 강요』 3권 2장 7절에 요약된 정의에 따라 우리를 향하신 하나님의 선하심을 아는 지식으로 말한다. 그의 『21세기 인류의 살길』 제 1부 3장 "신앙이란 무엇입니까?"를 보면 부제로 그의 간략한 답을 제시하고 있다. "-하나님의 우리를 향하신 선의의 확신으로 뜨거운 사랑이 마음에 넘치게 되는 일-"로 말이다.[5] 하나님은 우리에게 복을 주시는 하나님이시고 더 나아가 독생자를 주시는 하나님이시다. 그리하여 우리가 하나님 앞에 나아갈 때 반드시 그리스도의 십자가 앞에서 모든 죄를 회개하고 그의 십자가 대속의 은혜로 말미암아 사랑과 감사로 넘치게 되어야 하는 것이다. 이로부터 참 복음 신앙은 우리 안에 하나님에 대한 뜨거운 사랑과 함께 이웃에 대한 뜨거운 사랑으로 넘치게 하도록 이끈다.[6]

---

5 한철하, 『21세기 인류의 살길』 해설판 (칼빈아카데미 출판부, 2016), 79.
6 한철하, 『21세기 인류의 살길』 해설판 (칼빈아카데미 출판부, 2016), 79-98.

3. 한철하 박사의 기도신학

　실제로 한 박사의 기도에 대한 논의는 그의 논문 "칼빈과 칼 바르트에 있어서의 기도론의 비교"[7]에 잘 나타나 있다. 이 논문에서 칼 바르트의 기도론을 그가 얼마나 공정하게 취급하였는지는 보다 심도 있게 따로 논의해 볼 주제이다.[8] 하여 여기에서 다루지 않을 것이다. 반면 한철하 박사가 해석한 칼빈의 기도론은 곧 그 자신의 기도론이기 때문에 간략히 살펴볼 필요가 있다. 한 박사는 칼빈의 『기독교 강요』 3권 20장에서 다소 길게 다루고 있는 기도론의 핵심을 "하나님께 간구해서 무엇을 얻는 일 (to obtain Something from God)"이라고 간략히 정의한다. 그리고 이것은 기복종교를 제거하는 현대신학의 입장과는 정 반대에 서는 것으로 본다. 이어서 그가 제시하는 칼빈의 기도론의 핵심을 다음의 문장으로 인용한다.

　분명히 하늘 아버지는 충분한 이유로 우리에게 확신을 주신다. 우리의 유일의 안전한 피난처는 그의 이름을 부르는데 있다. 그의 이름을 부름으로서 우리는 그의 섭리의 임재를 불러 일으켜 우리의 모든 일들을 지켜 주시고, 또 연약하여 쓰러져 가는 우리를 그의 능력으로 붙들어 세우시고 비참하게 죄짐에 깔린 우리를 그의 선하심으로 은총 안으로 영접하여 주신다. … 우리의 질병도 한가지도 그에게 숨기울 수는 없다는 것을 알 때 우리는 그에게서 쉴 수 있고 그는 우리를 잘 돌보아 주시기를 원하실 뿐만 아니라 또 돌보실 능력을 가지고 계심을 우리는 확신한다.(§2)[9]

---

[7] 한철하, "칼빈과 칼 바르트에 있어서의 기도론의 비교", 「신학정론」 Vol.1 no.2 (1983): 260-272.

[8] 이보민, "Karl Barth의 기도관에 대한 소고", 『학성 한철하 박사 화갑기념논문집』 이형기, 정규남, 홍성현 편. (아세아연합신학대학출판부, 1984): 297-307 참조. 이글에서 이보민 교수의 한 박사의 바르트 기도론 해석에 대한 비판은 주목하여 볼만하다.

[9] 한철하, "칼빈과 칼 바르트에 있어서의 기도론의 비교", 264.

여기에서 그는 하나님의 이름을 부르는 일을 기도로 보고 있고 피난처로 표현하는 듯하다. 이어서 칼빈이 설명하는 기도해야 하는 이유를 여섯 가지로 제시한다. 첫째, 우리는 무슨 일이 있든지 그에게로 달려가는 습성을 길러야 하며, 둘째로 우리의 바라는 것 우리의 중심을 그의 앞에 토하여 냄으로서 그를 증인으로 삼는 일을 부끄러워 말아야 하며 셋째로, 그의 은택을 감사함으로 받게 되며, 넷째로 이와 같이 우리가 기도로서 구한 것을 그의 응답으로 받게 될 때 우리는 그의 친절하심을 더 뜨겁게 깨닫게 되고, 다섯째로, 기도로서 얻게 된 것들은 기도로서 얻게 되었기 때문에 더 큰 기쁨으로 받게 되고, 마지막으로 그의 섭리의 실재를 더 확신하게 되기 때문이란 것이다. 이를 종합하면, 기도는 하나님께서 친히 그의 손으로 그에게 속한 자들을 도우시되 다만 빈말로만 하시는 것이 아니고 실제적인 도움을 주신다는 것을 경험케 하여 확신에 이르게 한다는 것이다. 한 박사는 이것을 기도의 "구함-주심"의 공식이라고 해석한다.[10]

이어서 한 박사는 칼빈의 바른 기도의 네 가지 규칙(rule)도 같은 내용을 가르친다고 하며 제시한다. 첫째, 우리의 기도는 마음을 예리하게 가다듬어 반드시 하나님께 향하여 올려 져야 하며, 우리 중심의 감정도 마땅히 이에 수반되어야 한다. 둘째 규칙은 우리의 구하는 것에 대한 절박한 필요성이 있어야 하고 우리 자신의 무력감을 절감하는 가운데 불타는 심정으로 간구해야 한다는 것이다. 이 점에 있어서 바르트는 즉석기도(extemporary prayer)를 배격하지만 반대로 칼빈은 기도문을 기계적으로 낭독하는 것을 공격한다. 무엇보다 이 둘째 규칙과 함께 셋째 규칙은 "통회와 회개"를 강조한다. 무엇을 하나님께 구하려고 할 때 먼저 심각한 회개가 앞서야 한다는 것이다. 아무리 거룩한 사람일지라도 하나님 앞에 화목함을 얻지 못하고서는 하나님께 얻고자 바라서는 안 된다.(§ 9) 그리하여 참으로 하나님 밖에 다른 길이 없다는 생각으로 겸손하게 구해야 한다

---

10 한철하, "칼빈과 칼 바르트에 있어서의 기도론의 비교", 264.

는 것이다. 하지만 인간의 부패는 극도에 달해서 왕왕 많은 것을 형식적으로 구하기는 하지만 속마음으로는 그의 친절한 손에서 받으려 하기 보다는 다른 방법으로 올 것을 계산에 넣고 기도하기 때문에 이것은 하나님을 조롱하는 것과 마찬가지라는 것이다. 한 박사는 우리가 기도할 때 하나님을 조롱해서는 안 된다고 경계하는 칼빈의 말에 동의하며 우리 한국교회의 예배에서 참으로 하나님을 경배하기 보다는 하나님을 조롱하고 있다는 느낌을 더 가지게 되는 경우가 많다고 했다. 한마디로 간절하게 하나님 앞에 죄인으로서 겸손하게 하나님 밖에 다른 소망이 없음을 진정으로 깨달으며 구해야 하는데 그렇지 못하고 기도하면서도 일반상식에 따라 계산하는 우리의 모습을 말한다. 기도의 넷째 규칙은 확신의 기도다. 즉 우리의 기도가 꼭 응답을 받게 될 것이라는 확신이다. 막 11:24, "무엇이든지 기도하고 구하는 것은 받은 줄로 믿으라. 그리하면 너희에게 그대로 되리라"또한 마 21:22, "너희가 기도할 때에 무엇이든지 믿고 구하는 것은 다 받으리라"마지막으로 야고보서 1:7, "오직 믿음으로 구하고 조금도 의심하지 말라"등의 말씀들에 따라서 하나님의 선하심과 약속하심에 대하여 흔들리지 않는 확신을 가지고 기도해야 하는 것이다.[11]

이와 같은 기도의 규칙들은 그리스도인에게는 모든 것이 그리스도 중심적으로 되어야 한다. 즉 "그리스도의 이름으로 구하고 그의 이름으로 받음"을 의미하는데 이는 특별히 승천하신 그리스도께서 하늘에서 우리의 중보자로서 사역하고 계시기 때문이다. 우리는 모든 것을 그리스도의 이름으로 구하고 또 하나님께서 응답해 주실 때는 그의 이름으로 주시는 것이다.[12]

결론적으로 기도는 다름 아니라, 그리스도인이 "어떤 어려움을 당하든지 하나님께로 피하여 가는"(fleeing to him in every need) 그리스도인의 본능적 행위이며 기도 생활을 통해서 그리스도인은 하나님 아버지께서 사

---

11 한철하, "칼빈과 칼 바르트에 있어서의 기도론의 비교", 265.

12 한철하, "칼빈과 칼 바르트에 있어서의 기도론의 비교", 267.

랑으로 섭리하고 계시다는 사실을 경험하게 되고 더 확실히 알게 된다는 것이 칼빈의 기도론이고 곧 한 박사의 기도론이다.

4. 한철하 박사 신학의 실천으로서의 기도

앞서 언급한대로 한 박사는 자신의 삶의 신학을 되돌아보며 할아버지 식사기도를 회상하며 시작한다. 또한 그는 에밀 부르너의 『우리의 신앙』(Unser Glaube)을 읽으며 신학에 입문할 때 「기도를 위한 기도」를 처음 배웠다고 회상한다. 이후 칼 바르트 신학을 처음 접하면서 그의 기도 생활에 큰 고통과 어려움을 느끼게 된 체험은 그가 신학을 학문으로만 하는 것이 아니라 기도로 또 삶으로 실천하며 검증하기 때문이며 훗날 바르트 신학을 늘 비판적으로 읽게 되는 이유가 되기도 한다. 한마디로 그에게 있어서 신학과 신앙과 삶은 하나였고 그것은 기도로 실천되고 검증되는 것이었다. 이와 같은 그의 신학의 실천으로서의 기도는 목회, 선교 더 나아가 그리스도인의 사회 혹은 현실참여의 주된 방식으로 제시되기도 한다. 그의 논문, "선교 2세기를 향한 한국교회 신학 – 화해와 구원"[13]에서는 한국교회의 사회적 관심의 신학은 우선적으로 회개운동을 중심으로 하는 하나님 중심의 방법으로 진행해야 할 것이고 이 방법은 기도라고 제안한다. 하나님의 직접적인 역사가 일어나기를 기도하고 또 그러한 하나님의 직접적인 관여를 위한 기도를 통하여 기독교의 참된 역사는 형성되어 왔고 또 형성되어 갈 것으로 보기 때문이다. 이와 같이 그는 "하나님의 일하심"을 바라고 기도하는 것이야말로 그리스도인의 모든 실천의 열쇠임을 고백하고 가르치는 기도의 신학자였다.

---

13 한철하, "선교 2세기를 향한 한국교회 신학 – 화해와 구원", 『성경과 신학』 Vol.3 (1986): 5-23.

5. 나가는 말

　부친의 기도는 무시로 그의 책상에서 이루어졌다. 때로 그의 기도는 감탄이 새어나오는 특유의 숨소리를 동반하였다. 앞서 말한 대로 기도와 묵상 가운데 환하게 빛이 나는 모습도 엿보았다. 하지만 무엇보다 그의 기도는 그의 가르침대로 하나님을 향한 간절한 간구였다. 그 간구를 통하여 ACTS를 세우고 이어가는데 필요한 모든 것을 하나님께로부터 받았고 또 하나님께서는 그의 기도를 통하여 일하셨다. 그러한 영적인 여정 가운데 갈수록 부친은 눈물이 점점 더 많아지셨다. 어느 시점에서는 강단에만 올라서시면 눈물과 함께 하나님의 은혜를 나누시고 전하셨다. 수업시간은 온통 감동의 도가니였다. 어떤 학생은 신유도 체험했다고 들었다. 필자도 거의 유일하게 눈물 흘리며 감동받으며 강의를 들은 수업이 바로 부친의 수업이었다. 그야말로 우리 신학자들의 이상인 학문과 경건이 하나로 어울린 경지를 보여주셨다. 아주 연로하셔서 더 이상 강의를 못하셨을 때도 학교의 신앙수련회나 졸업식 등 중요한 예배에는 꼭 참석하셨다. 주로 축도만 하셨는데 필자는 그 축도를 받으며 가슴이 뜨거워지는 체험을 하였고, 충만한 은혜를 체험했다는 학생들의 인사도 제법 들었다. 하나님께서 한국 교회에 그런 말씀의 교사, 기도의 신학자를 주신 것에 감사한다. 필자는 그 무엇보다 그와 같은 분이 나의 아버지라는 것이 무한 감사함과 동시에 늘 자신에 대해 부끄럽게 느끼며 되돌아보게 된다. 3년 전에 소천하신 부친에 대한 그리움이 아직도 가슴에 절절하기에 그 분이 그리도 강조하셨던 "천국사모신앙"에 한걸음 더 다가선 느낌이다.
　우리를 선대하시는 하나님이여, 모든 영광 홀로 받으소서!

한 상 화

숭전대 철학과 졸업

아신대학교 수학

영국 Cambridge 대학교 Westminster College 목회학 석사

미국 Westminster Theological Seminary (Th.M. 수학)

미국 Westminster Theological Seminary (Ph.D.)

(현) 아신대 조직신학 교수

(전) 한국복음주의조직신학회 회장

영적 거장들의 기도

초판 1쇄 인쇄 | 2021년 12월 15일
초판 1쇄 발행 | 2021년 12월 20일

편　집 | 안명준
자문위원 | 노영상, 이상규, 이승구
발행인 | 최현기
발행처 | 홀리북클럽
주　소 | 경기도 남양주시 진접읍 내각2로12
연락처 | 070-4126-3496 / happyday3496@naver.com
등　록 | 제399-2010-000013호

ISBN | 979-11-6107-035-303230
정가 | 39,000원

잘못 만들어진 책은 교환해 드립니다.
저자와 출판사의 허락 없이 본서의 내용을 사용할 수 없습니다.